江苏省社会科学院专家文集

实践与自由

陈刚 著

凤凰出版传媒集团 凤凰出版社

图书在版编目（CIP）数据

实践与自由 / 陈刚著. -- 南京：凤凰出版社，2010.12
（江苏省社会科学院专家文集）
ISBN 978-7-5506-0169-7

Ⅰ．①实… Ⅱ．①陈… Ⅲ．①哲学－文集 Ⅳ．①B-53

中国版本图书馆CIP数据核字(2010)第264454号

书　名	实践与自由
著　者	陈　刚
责任编辑	王华宝
出版发行	凤凰出版传媒集团
	凤凰出版社（原江苏古籍出版社）
	南京市中央路165号　邮编210009
	发行部电话 025—83223462
集团网址	凤凰出版传媒网 http://www.ppm.cn
照　排	南京凯建图文制作有限公司
印　刷	江苏凤凰通达印刷有限公司
	南京市六合区冶山镇　邮编211523
开　本	880×1230毫米　1/32
印　张	17.875
字　数	498千字
版　次	2010年12月第1版　2010年12月第1次印刷
标准书号	ISBN 978-7-5506-0169-7
定　价	54.00元

（本书凡印装错误可向承印厂调换，电话：025—57572508）

江苏省社会科学院专家文集

编委会

主　任：宋林飞
副主任：张德华　陈　刚　周祥宝
委　员（以姓氏笔画为序）：
　　　　田伯平　包宗顺　孙克强
　　　　张　卫　杨颖奇　吴先满
　　　　陈　颐　陈爱蓓　胡发贵
　　　　胡传胜　姜　建　葛守昆
　　　　韩璞庚

江苏省社会科学院专家文集

总　序

2010年,我们迎来了江苏省社会科学院建院30周年!

30年来,在江苏省委、省政府的领导下,在社会各界的大力支持下,我们社科院各项事业不断发展,尤其是科研队伍不断壮大,科研成果不断增加、积累,学术影响和地位不断扩大、提升。据不完全统计,建院30年,我院研究人员牵头主持国家社会科学基金课题共63项,牵头主持江苏省社会科学基金课题共208项,共发表学术论文14100多篇,出版学术著作900多部,共有246项成果获得省部级哲学社会科学优秀成果奖和国家、江苏省精神文明建设"五个一工程"奖。这些成果来之不易,是全院广大科研人员勤劳智慧之结晶。

30年不断发展创新的科研过程,形成了我院一大批学者、专家和学科带头人,特别是那些荣获国家"有突出贡献的中青年专家"、国务院"政府特殊津贴"享受者和江苏省"有突出贡献的中青年专家"称号的教授、研究员,他们为我院科研事业发展做出了突出贡献。因此,在庆祝建院30周年之际,我们决定为我院享有以上三类专家称号的教授、研究员出版个人文集,作为江苏省社会科学院专家文集隆重推出,委托凤凰出版社出版,每位专家1本,每本40万字左右,主要汇集已公开发表的学术论文。以后,我们还将为我院上述三类专家称号的新获得者(已出专家文集者不重复出)和学科带头人出版专家文集。

首次列入出版专家文集的这21位专家,涵盖了我院经济学、社学、马克思主义研究与政治学、文学、历史学、哲学等多种学科,他们在各自的工作岗位辛勤耕耘,在各自的学科领域长期探索,形成了丰富的成果,积累了宝贵的经验,创新了研究方法,走出了一条各具特色的成功的科学研究之路,在全国和江苏省享有较高的知名度,受到社会的广泛称赞和好评。这是我院事业兴旺发达、科研持续发展的一笔宝贵的精神财富,值得全院同志特别是青年科研人员学习借鉴。如今,这些专家,他们中有些年事已高,却依然忙于笔耕;更有不少年富力强者,他们任务重,压力大,积极作为,发挥着学术带头人的作用。

江泽民同志强调社会科学的认识世界、传承文明、创新理论、咨政育人、服务社会等功能作用,强调以科学的理论武装人。胡锦涛为总书记的党中央倡行科学发展观,强调党和国家的各项工作都要以人为本。我们社会科学工作者要深入学习领会中央领导同志的这些重大战略思想,努力把这些重大战略思想贯彻落实到自己的科研实践中去。在我院事业发展的最近十多年的时间里,我们继承发扬我院已有的解放思想、实事求是、重视实际调查和科研团队协作等优良传统与作风,与时俱进,进行一系列新的开拓创新。最近十多年来,我们坚持理论研究和应用研究相结合,贴近现实,贴近决策,努力创建一流的地方社会科学院。我们陆续推出了江苏经济形势分析会、重点课题研究、江苏经济社会形势分析与预测蓝皮书、《咨询要报》、江苏研究报告、江苏研究丛书、院学术文库和青年学者文库、比较优势学科基地建设、研究员论坛、《江苏通史》、《历代江苏名人辞典》、《江苏历代名人传记丛书》等重大科研工程项目与活动,有效调动了全院科研人员的积极性和创造性,科研成果增长加快,成果质量不断提高,社会影响不断扩大,使我们的科研工作让领导满意、学界认同、社会欢迎。这些重要的开拓创新与努力及其形成的成果为我院事业以后的发展打下了深厚扎实的基础。

当前,我国正处在深化改革开放与发展的关键时期,江苏也正处于建设更高水平的全面小康社会进而率先基本实现现代化的关键时期,有大量的理论与实践问题亟待我们社科工作者去研究探索。我们社科院的同志要戒骄戒躁,踏实前进,不断创新,多出成果,多出精品力作,通过多出成果,多出精品力作,而多出人才,多出专家、名家甚至大家。不仅深入研究江苏,而且要重视研究全国性、普遍性的问题,还要有世界眼光,博采众长,兼收并蓄,加强学理性,突出重点,搞好协作攻关,努力提升工作水平,进一步彰显我院的特长与优势,为国家和江苏省的社会主义现代化建设做出更大的贡献。

今天正是30年前江苏省政府批复江苏省哲学社会科学研究所扩建为江苏省社会科学院的日子,仅以上述所言为专家文集总序。

江苏省社会科学院院长、党委书记、教授

宋林飞

2010年6月3日

作者小传

陈刚,1954年10月生,江苏省泗洪县人,1968年12月初中毕业赴泗洪县陈集公社插队,1972年12月入伍,1977年退伍进厂,1978年考入南京师范学院政教系,1982年考入复旦大学哲学系,师从著名哲学家胡曲园教授研究哲学原理,1985年毕业获硕士学位,分配至江苏省社会科学院从事研究工作,1998年评聘为研究员。2004年被评为江苏省优秀哲学社会科学工作者,2005年经国务院批准享受政府特殊津贴。现任江苏省社会科学院副院长。

20年来,出版个人学术专著《马克思的自由观》、《西方精神史》等8部(共计260余万字),主编4部,合作撰写4

部,合译学术著作 5 部,在《中国社会科学》等杂志发表论文 100 余篇,共计 400 余万字。其中数十篇论文被《新华文摘》、中国人民大学复印报刊资料全文转载。多部著作被一些高校列为研究生必读书目。主持国家及省社科基金项目多项。

目　录

学海漫游(代序) ………………………………………………（1）

第一编　马克思主义研究

实践与自由
　　——论马克思的自由观 …………………………………（3）
马克思主义人道主义新探 ………………………………（22）
社会主义是对私有制的积极扬弃 ………………………（33）
马克思主义实践论与马克思主义人道主义
　　——兼谈哲学工作者的责任与使命 …………………（46）
马克思的异化劳动理论及其现代意义 …………………（57）
马克思人的自由全面发展观及其当代意义 ……………（72）
以人为本与科学发展观 …………………………………（84）
社会主义的再认识 ………………………………………（96）
马克思的物的概念 ………………………………………（108）
马克思的资本理论及其当代意义 ………………………（123）
市场经济再认识
　　——重温马克思市场经济理论的时代意义 …………（138）
马克思的和谐社会思想及其当代意义 …………………（154）

第二编　中西方文化

民主生长的历史条件
　　——五四精神与中西文化……………………………（169）
从理性精神看近代科学的生长点
　　——五四精神与中西文化研究之二…………………（180）
中西艺术特征之比较
　　——从艺术的价值与功能谈起………………………（190）
孔孟的价值追求与历史悲剧……………………………（204）
罪感与救赎
　　——基督教的基本精神及其嬗变……………………（223）
机械决定论的困惑
　　——18世纪启蒙思想家的"必然"观…………………（235）
全球化与文化认同………………………………………（248）
全球化与民族主义………………………………………（259）
波兰尼对自由主义市场乌托邦的批判…………………（273）
论气节
　　——中华气节观的意蕴、内涵与作用…………………（286）
也谈超越与道统…………………………………………（298）

第三编　当代中国：文化与社会

文化转型时期的价值关怀
　　——当代国人的精神危机及价值重建………………（307）
"人文精神失落"新议……………………………………（326）
"五四"意义再评价………………………………………（337）

后现代主义离我们有多远？ ………………………………（350）
精英文化的衰落与大众文化的兴起 ……………………（365）
从身份社会到契约社会 …………………………………（378）
转型时期的人文关怀 ……………………………………（391）
转型时期的社会公正 ……………………………………（406）
转型的阵痛
　　——重读亨廷顿《变化社会中的政治秩序》………（425）
问题与主义 ………………………………………………（436）
精神家园：心系何处与如何共建？ ……………………（447）

第四编　语调哲学

语调哲学：一种新型的话语哲学 ………………………（465）
作为价值哲学的低调主义 ………………………………（478）
高调主义、低调主义的冲突和超越 ……………………（490）
低调主义：一种行动的哲学 ……………………………（503）
以言行事与以行表言 ……………………………………（516）

第五编　自序与译序

《西方精神史》自序 ……………………………………（531）
《自由史论》著译者言：自由的真义 …………………（536）
《新自由主义批判》译序：必须另有选择 ……………（543）
《马克思主义理论的当代意义》自序 …………………（549）

陈刚著作要目 …………………………………………（552）

学 海 漫 游（代序）*

最初接触哲学是1970年农村插队之时，曾在邻村一知青处借一哲学教科书生吞活剥地阅读。后来在部队服役期间与马列原著有了直接接触，因所在连队是学哲学先进连队，而自己因好学也被作为理论骨干。其实当时所学只是一些皮毛，但学理论的氛围无疑影响到日后人生道路的选择。1978年考入南京师范大学政教系后受到较为系统的马克思主义理论教育，当然真正有深度的学习是在复旦大学读研究生以后。

在南京师范大学求学期间，担任马克思主义哲学史授课的是南京大学知名学者孙伯鍨先生。孙先生的观点较为正统，也很有特色，主张马克思思想两次转变，至《德意志意识形态》才成熟，并对当时许多人热衷谈论的人的自由、解放和价值斥之为抽象的人和唯心主义。当时我深为孙先生的理论逻辑折服，但到复旦大学以后许多年轻人的观点却感染了我。他们谈起人的问题慷慨激昂，虽然难免有抽象的弱点，但对现实问题的强烈关注却给我留下强烈印象。我开始思考那么多人赞同的观点想必有它的道理，如对极"左"路线漠视人的价值现象的批判和对未来人的能力与个性能得到充分发展美好理想的向往等。我开始修正以前的观点并尝试综合两种不同观点中合理的要素，进而对马克思

---

* 本文最初发表于《一个智库学者群体》（社科文献出版社2006），转用时对近年来的情况作了少量补充。

的历史观和人的学说作出新的解读。我的硕士论文《马克思的自由观》就是在此思路下完成的。该论文曾得到李泽厚教授的较高评价,并推荐至《中国社会科学》杂志发表。后来我围绕人与自由等问题曾主持一国家课题,出版两本专著,发表数十篇论文,其中许多为《新华文摘》和中国人民大学报刊复印资料转载,在全国产生较大影响。

20世纪90年代以来我开始将研究重心转向历史、文化和现代化问题,撰写《西方精神史》。当时一方面因受20世纪80年代启蒙思潮影响,另一方面也因在撰写《兴衰与追求》一书过程中对价值观特别是时代精神对历史文化的影响产生浓厚兴趣。这方面的情况我在《西方精神史》"自序"中有如下描述:

> 精神是更核心的东西……我们似乎可以以时代精神的历史演进及其与社会实践的互动为主线,对东方乃至西方的历史作出全新的理解。这样一种理解既显且微,既外且内,既是理性的又是感性的,既是本质又是现象,既是整体又是部分,既是断代的也是连续的,既有大人物的活动又有小人物的追求,既有理论也有实践,文史哲经社法,还有宗教、科学,各种形上的和形下的历史全部打通,因为它们所描述的对象即川流不息的现实生活本来就是浑然一体的,而精神则是其中贯穿性的灵魂、起统摄作用的东西,它最精致、最精微、最有生气,始终骚动不宁,又直指人心……我为这样一个想法所激动,并决心用几年的时间分别撰写《西方精神》、《中国精神》和《当代中国精神》三本书。

我研究西方精神的着眼点仍是现代化,即探讨现代精神产生的历史条件,想搞清楚现代化为何产生于西方而不是东方,中国搞现代化为何这样难。问题是80年代式的,或带有那个时代的色彩,但研究和解答则是纯学理的,即必须花大力气对所有相关的材料进行深入的研究乃至创造性的综合,才可能作出真正有价值的学理性回答。笔者当年不知深浅,以为用三年左右的时间即可完成,没想到耗去近十年的时光,个中甘苦,唯有自知。有意思的是,这一过程恰与90年代"思想淡出,学问凸显"的学界取向相合。

　　我决心以太史公为楷模,"究天人之际,通古今之变,成一家之言",写出一部高质量的著作,纵不能有把握看到其出版,也争取藏之名山,传之后世。回想起来,颇有些"早岁哪知世事艰,北望中原气如山"的味道……正是因为有这种抱负和使命感,我才敢拿青春作赌注,十年如一日,撰写谁知道能不能出版的《西方精神史》。回过头来看,我不为过去的选择而后悔。但若放到今天,我也许没有这样的豪气了,因为牛犊已老,时过境迁。

　　两卷本110余万字的《西方精神史》2000年由江苏人民出版社出版,很快获学界好评并售之一空,许多大学将之列为研究生必读书目和参考教材。

　　进入21世纪以来,我的研究重点逐渐转向当代中国文化,特别是转型期的价值冲突与重建,围绕"我们从何处来,向何处去?我们的凭藉是什么?或者说我们是否有精神的凭藉,内以安身立命,外以兴国兴邦?在巨大的文化转型和价值冲突面前,知识分子责任何在,人文关怀是否有其价值"(《文化转型时期的价值关怀》,《南京社会科学》1995年第2期)进行研究,发表了一些相关文章,出版专著《转型时期的人文关怀》。另外,近年来还就社会公正与马克思主义的当代价值做一些理论思考。

　　学术贡献主要体现在以下五个方面。

　　1. 马克思的自由观与人的哲学研究。特点是超越强调主观与强调客观、强调自由与强调必然的二元对立,从科学与价值结合的角度把握马克思人与自由的观点,或对之作新颖而富有时代气息的阐释。曾主持国家课题:"马克思主义自由观"。代表作有《人的哲学》(20万字),南京大学出版社1992年出版;《马克思的自由观》(26.7万字),河南人民出版社1996年出版。前一本书国内著名哲学家李连科曾在《读书》杂志发表长篇书评予以肯定,后一本书获北方十五省优秀著作奖。两本书至今仍被一些大学作为研究生必读书。论文《实践与自由》

(《中国社会科学》1986年第3期),曾被《新华文摘》、中国人民大学复印报刊资料《伦理学》和《哲学原理》三本杂志全文转载,产生较大影响。另有多篇论文被转载。

2. 历史、文化与现代化问题研究。1988年出版专著《兴衰与追求——价值观与东西方社会发展》,贵州人民出版社出版。2000年出版的两卷本110余万字代表作《西方精神史》首创从时代精神的历史演进及其与社会实践互动角度对历史给予系统的重新研究与解释,获广泛好评。许多大学将之列为研究生必读书目。台湾知名学者洪镰德教授曾在《哲学与评论》杂志发表书评,对之给予肯定。另有一些相关论文在台湾及内地的学术刊物上发表,也产生一定影响。

3. 当代中国文化研究。2000年曾与所里同仁合作并主编出版了《当代中国文化走向》,河海大学出版社出版。代表作《转型时期的人文关怀》,南京出版社2004出版。另有一些相关论文为中国人民大学复印报刊资料转载。

4. 语调哲学研究。此亦为个人首创。如从高调主义与低调主义的不同角度研究历史文化、政治思潮和人物特征,并给予新的解释。已发表系列论文,其中《语调哲学:一种新型的话语哲学》为《新华文摘》2004年第5期转载。专著《语调哲学》30万字已完成,即将出版。

5. 马克思主义当代价值研究。近年来着力于马克思主义当代价值和现实意义研究。主要探讨马克思关于资本、商品、市场、异化劳动、物质财富和拜物教以及社会主义和人的自由全面发展的理论,并努力挖掘其现代意义。如指出对市场经济的负面因素要有清醒认识,要扬其利而弃其弊。系列论文在《马克思主义研究》、《东岳论丛》、《社会科学》、《学海》、《江汉论坛》等杂志发表。专著《马克思主义理论的当代意义》2008年由光明日报出版社出版。

第一编

马克思主义研究

第一编

马克思主义研究

实践与自由

——论马克思的自由观

"自由"问题是哲学的中心问题之一。许多重大问题,例如:人作为主体与客体、自然、社会和历史规律的关系,人的价值、尊严和生活的意义,人与真、善、美的关系,等等,都有这条线索贯穿其中。特别是近代以来,哲学界群星争辉,竞相探索"自由之谜"。但是,他们所鼓吹的,要么是绝对的自由,要么是消极的自由,始终未能解开"自由"的真谛。

自由问题也是马克思主义哲学的中心问题之一。马克思以劳动实践概念为基础,对旧哲学作了根本改造,批判地继承了近代欧洲哲学家们关于自由学说的合理内核,扬弃、升华出新的科学的自由观。他在批判亚当·斯密把自由和幸福消极地理解为摆脱劳动的重负时指出,他并不懂得一个人在通常的健康、体力、精神的状况下,也有从事一份正常劳动和停止安逸的需求。"诚然,劳动尺度本身在这里是由外面提供的,是由必须达到的目的和为达到这个目的而必须由劳动来克服的那些障碍所提供的。但是克服这种障碍本身,就是自由的实现,而且进一步说,外在目的失掉了单纯外在必然性的外观,被看作个人自己自我提出的目的,因而被看作自我实现,主体的物化,也就是实在的自由,——而这种自由见之于活动恰恰就是劳动,——这些也是亚当·斯密料想不到的。"[①]这段论述包含了马克思自由概念的最基本的含义,也正是他超越近代哲人之处。让我们循此渐进,逐步深入探讨马克思的自由

---

① 《马克思恩格斯全集》第46卷(下),人民出版社1974年版,第112页。

学说及其对人类的不朽贡献。

作为自由之源的劳动实践

自由是人所特有的类本质,是人与动物的根本区别之一。在动物那里无所谓自由,有的只是占支配地位的本能活动,或用欧洲哲学史上流行的但并不那么确切的说法,动物世界是受盲目的因果必然性统治的王国。只有人才有标志着自由的自我意识,才能成为自由的主体。那么,自由主体及其意识从何而来呢?

马克思认为,人类历史是通过劳动自我生成自我创造的历史,也是自然界对人说来的生成史。人类通过劳动实践探索自然界的奥秘,探索与己相联系的物质世界的规律,同时产生和发展着人的认识能力、人的意识与自我意识。人的意识与自我意识体现着人对自然、对社会的能动关系,体现着人从客观世界中窥见的具有普遍性和必然性的规律,体现着人利用这些规律为己所用的水平。因此意识与自我意识实际上是人类实践能力的积淀与升华。甚至人们思维和交流思想所用的工具如语言、概念、逻辑、范畴等也是人类实践普遍性的凝结,是人类历史的精华。这些普遍性的东西又转过来成为指导实践的强大力量,并通过语言、文字的获得性遗传,推动人类征服自然、改造自然的斗争不断深化。因此,意识或精神实际上是人类所特有的能动性的表现,是人类自由的表现。它表示人类超越了生物本能和盲从自然必然性的动物式生活,而开始自觉地利用自然、改造自然,这就是自由。一切唯心主义者都强调意识的能动性,这本身没什么错,其错误在于颠倒了自由意识与其源泉——自由的实践活动的关系,把能动性抽象发展了。马克思剥除了他们的唯心主义神秘外衣,以劳动实践活动为基础给自由活动和自由意识以全新的科学解释,这是马克思的巨大功绩。[①]

---

① 参阅《马克思恩格斯全集》第23卷,第535页。

劳动是人以自身的活动来引起、调整和控制人和自然之间的物质变换的过程。为了在对自身生活有用的形式上占有自然，人使自身的自然力运动起来。"当他通过这种运动作用于他身外的自然并改变自然时，也就同时改变他自身的自然。他使自身的自然中沉睡着的潜力发挥出来，并且使这种力的活动受他自己控制"。① 马克思这段论述生动地概括了劳动的自由本质。如前所述，在马克思看来，自由既在于摆脱或超越外在的障碍，又在于自觉自愿的创造性活动。劳动活动使人超越了原先与自然的狭隘关系，超越了空洞的自在之物式的自然，超越了自身单纯的自然存在，从而使人能够控制自然力，使之为自身服务。不仅如此，劳动活动更重要的特征在于是有目的的活动，目的作为自由意识能动地指导整个劳动过程，从而成为劳动过程不可分割的内在要素。正如马克思所说："劳动过程结束时得到的结果，在这个过程开始时就已经在劳动者的表象中存在着，即已经观念地存在着。他不仅使自然物发生形式变化，同时他还在自然物中实现自己的目的，这个目的是他所知道的，是作为规律决定着他的活动的方式和方法的，他必须使他的意志服从这个目的。"② 这就是说，人类劳动活动超越了纯自然过程的因果必然性序列，在这里，作为结果的东西可以超前或先验（先于将要出现的经验过程）地以目的的观念形式存在，并作为原因和规律制约着整个劳动过程，它使自然物按自己需要发生形式变化，从而出现完全不同于自然发生物的东西——劳动产品，或如亚里士多德所说的人造物。目的在这里起了律令的作用，因而在劳动中人是自我决定、自我创造、自我实现的，这恰恰是人的最宝贵东西——自由。

必须指出，马克思这些论述是从最一般意义上考察劳动的，这种考察是抽象的、纯形式的，无此就不能从一般进入个别，考察具有特定社会历史形式的劳动，这种最一般意义的劳动与自由是一切社会所共有

---

① 《马克思恩格斯全集》第 23 卷，第 202 页。
② 《马克思恩格斯全集》第 23 卷，第 202 页。

的。因此,在进行这种考察时,"不必来叙述一个劳动者与其他劳动者的关系。一边是人及其劳动,另一边是自然及其物质,这就够了"①。马克思在《1844年经济学——哲学手稿》中说,"而人的类特性恰恰就是自由的自觉的活动"②;在《资本论》中称劳动是人的"正常的生命活动"或"生命的表现和证实"③。这些论述都是从这个角度出发的。

从更深的意义上讲,马克思站在整个人类发展的高度,从总体的劳动实践出发论述人类劳动的自由本质。许多人不懂得这一点,只是囿于具有特定社会历史形式的劳动(这一点也很重要,但不能仅限于此),因而不能理解一般的或总体的人类劳动何以具有自由的本质。他们把《1844年经济学——哲学手稿》中"自由自觉的活动"的论述归结于费尔巴哈的影响,甚至归结于规范目的论,但对《资本论》及其手稿中的有关论述却困惑不解,讳莫如深,原因就在于此。

自由的实现与主客体的统一

在对劳动过程与劳动生产力作一般分析时,马克思揭示了简单劳动过程之要素与决定劳动生产力的多种因素。为进一步考察,马克思又把这些因素分为主观方面与客观方面,前者是劳动的主体,后者是劳动的客体或客观条件。劳动过程是这两方面因素的结合或统一。没有劳动主体,劳动客观条件只是僵死的物;没有劳动客观条件,劳动主体只是纯主观的存在,其愿望、需求和目的没有现实性。只有两方面结合起来,劳动才成为塑造形象的活火,劳动的客观条件被这团火焰笼罩着,被当作劳动自己的躯体,被赋予活力,在劳动过程中执行与它们的概念和职务相适合的职能;劳动主体也不顾《圣经》的劝告,延长了自己

---

① 《马克思恩格斯全集》第23卷,第209页。
② 《马克思恩格斯全集》第42卷,第96页。
③ 《马克思恩格斯全集》第25卷,第921页。

的肢体,扩大了自己的存在。① 总之,劳动主体与劳动客体都在两者的统一中获得新生,客体被打上人类劳动的印记,按照人类的目的与需要改变了自己的存在形式,成为人类的为我之物;主体在活动中实现和证实了自己的力量,并锻炼出新的品质。

如果我们把视野扩大,把简单劳动过程的主客体关系扩展到人与自然的关系,扩展到整个社会历史中历史主体与其客体的关系,我们就能更深刻地把握马克思的实践观与自由观。

在马克思看来,历史可从两方面来考察,即自然史与人类史;只要有人存在,这两方面就相互联系相互制约。当然,马克思承认外部自然界的优先地位,这对坚持唯物主义立场非常重要,但马克思主义哲学的特点在于把自然同人的实践活动和社会历史过程联系起来考察。马克思对离开人的劳动实践抽象地谈存在不感兴趣。换言之,马克思对与体现人类自由无关的存在不感兴趣。罗素指责马克思过分关注地球上的人类②,而这正是我们应为马克思感到骄傲的地方。只有抽象思辨的经院哲学才会把时间和精力耗费在超验的上帝和诸如此类的存在上。

从主客体统一和人类实践史与自然史统一的立场出发,马克思把自然界当作"人类的本质力量的体现"、人的对象性存在和无机身体,同时又把人类历史发展归于自然历史过程和历史科学的对象;把物质财富世界归于"不断消失又不断重新产生的人类劳动的客体化"③。生产力生产关系不过是"社会的个人发展的不同方面"④;人类历史发展的各阶段不过是"劳动主体的生产力发展的一定阶段,而和该阶段相适应的是劳动主体相互间的一定关系和他们对自然界的一定关系"⑤。可

---

① 参见《马克思恩格斯全集》第23卷,第203、208页。
② 参见罗素:《西方哲学史》(下),商务印书馆1976年版,第343页。
③ 《马克思恩格斯全集》第26卷Ⅲ,第473页。
④ 《马克思恩格斯全集》第46卷(下),第219页。
⑤ 《马克思恩格斯全集》第46卷(上),第496页。

以说,劳动实践活动、人与自然的分离与统一、历史主体与客体的分离和统一、自由的产生与实现,是同一个过程。自然界、客体、外部环境或物质条件对人类主体活动说来不是单纯的外在存在,而是内在本质的存在,它既为人类的活动提供条件和舞台,又始终以此制约着人类的实践活动。因此人类所能实现的自由总是具体的、相对的和有条件的,它始终受到两种因素——外部客观因素与内部主观因素的制约。这两种因素相互联系相互影响,不断推动主客体在更高形态上获得统一,不断推动人类获得更高的自由。正是在此意义上,马克思说:"人创造环境,同样环境也创造人。"①

在主体与客体、人与外部客观条件的问题上,我们注意到这样两种倾向:一种认为在马克思那里,物质条件无关紧要,充其量为主体的活动提供消极的质料;决定作用仅来自主体,人与环境的关系并不对称。②这种解释否认物质条件对人的制约作用,显然把人的主体能动性抽象地扩张了。另一种则贬低主体的能动作用,主张在人类社会中起主要决定作用的是物质条件,认为这才是马克思的观点。按此理解,人毫无能动性与自由可言,仿佛变成上帝用线从暗室里拉出来的傀儡。布哈林正是基于这种理解,才把人看作填满环境影响的香肠,一团被压缩了的凝聚物。③必须指出,由于种种原因,这种观点在我国理论界有很深的影响,例如,在不久前还有人把社会各种因素的关系系列按主次排列成一条因果链:社会物质生活条件→社会发展的客观需要和人们的利益→人们的意志和意识→人们的行动→某种结果,等等。这种排列带有浓厚的机械决定论色彩。因果链条中的第一环节是作为主体活

---

① 《马克思恩格斯选集》第1卷,人民出版社1972年版,第43页。
② 参见 Gould: *Marx's Social Ontology*, The MIT Press 1978, p. 83.
③ 参阅布哈林著《历史唯物主义理论》,第106页。

动的客体的物质条件,这种物质条件离开人的活动就成为僵死的存在①,而推动力与第一因却来自先在的物,以后发展链条中的各环节也一步一步被这个第一因决定了。也就是说,一切都是预成的,先定的,第一因才有自由。这显然是对马克思思想的极大误解。这种误解正是资产阶级学者攻击马克思的借口之一,如穆勒就是这样攻击马克思主义的:"在实践中,个人解放的目标看来在消逝;而在理论中,主体与意识成为客观物质条件的附属品。"②在马克思那里,环境与人从来就是互相创造的。人不仅仅是环境或客观条件的消极产物,他更是一个能动的创造者;条件也只有同人的活动联系起来才有意义。在前辈活动的基础上,每一代人都在进行新创造、新活动。诚然,这种创造受到环境即上一代人活动的结果或客观条件的制约,但他们也同样改造着这些客观条件,当然也改造了自己。这样,每一代人都以自己的新贡献加入到生生不息的大自然和绵绵不绝的历史长河之中。我们许多同志为捍卫客观性的纯洁性,总是不惜贬低人的能动作用;他们不懂得,即使是一滴水滴入不同温度的水盆中,其温度也要相互影响,虽然程度各有不同,更何况活生生的人类实践活动之对僵死的物质条件呢!

因此,对主体与客体、人与外部客观条件的关系应从它们的相互作用上去把握。正确的理解应当是:主体 ⇌ 客体或人的活动 ⇌ 客观物质条件(环境)。

---

① 如果说在社会物质生活条件中包括作为生产力重要组成部分的人,那么谁是社会物质生活或使用这些条件的主体呢?阿尔都塞歪曲马克思的思想,主张"无主体过程",大概就是从此出发的。而且在公式中,人的行动不过是第三环,已被排除在第一因的物质条件之外。

② *History and Human Existence*, University of California Press 1978, p.100。

历史规律与人的活动、选择的自由

人的实践活动和主客体的统一是符合规律的现象,能动性也不是纯粹主观自生的东西,它们始终受到社会历史规律的制约。概括起来,这些规律大致有以下特征:

首先,历史规律具有客观必然性,也就是说,它们不以某个人任意的主观意志为转移,在社会历史领域起着不可避免的制约作用,决定着历史总的发展方向和进程。

其次,历史规律具有条件性和历史性。马克思从不脱离具体条件和特定历史环境来谈规律。规律总是有条件的和历史的变化着的,即使在主要条件大致类似的情况下,也会因具体情况的差异而使同一个规律表现出多种形式;何况从来没有纯粹的普遍规律和必然性,偶然性、特殊性总是在起作用。社会历史现象的纷繁复杂,实践活动的丰富多彩,人类个性的千差万别,其无尽源泉就在这里。

再次,历史规律具有统计性。它不是毫无例外的单因单果单线条发展的命定,而是从宏观角度和历史发展长过程中显示出来的轨迹。对某个具体现象和过程来说,往往存在着多种可能的发展模式。例如,在马克思看来,人类从原始共同体向私有制社会过渡就存在着多种可能性,在不同条件下,可能向奴隶制,也可能向封建制或农奴制过渡,甚至直接向资本主义制度过渡。① 即使同一社会形态,也往往存在着多种所有制。这里,一切都取决于条件,更确切些说,取决于劳动主体与客观条件的关系,取决于主客体统一的方式和主体所获得的自由的程度。

社会历史规律也有依赖于人的活动的一面。这就是说,社会历史

---

① 参见《马克思恩格斯全集》第 46 卷(上),第 498~516 页;第 19 卷,第 435 页。

规律在人的活动中形成,从这个意义上也可以说是人的社会历史活动的产物;在人的实践活动之外,没有社会历史的创造主,也没有社会历史规律的创造主。社会历史规律实际上体现了个人与环境、与客观条件以及与社会之间的能动关系。人是通过自己能动的物质实践活动加入到与己相连的物质世界运动发展的链条中的。在这个链条中,人的活动绝不是可有可无的或者有与没有全一个样的。人的活动必然深刻地影响到周围的客观过程,周围的客观过程也同样深刻地影响到人自己,而社会历史规律就是在这相互影响中形成和起作用的。例如,资本主义必然灭亡、共产主义必然胜利的规律,是同无产阶级对自身历史地位的自我意识和觉悟,对改变自己处境和获得自由、解放的要求,对实现每个人都自由而全面发展的美好理想的热烈向往,以及在此推动下积极从事的无产阶级革命运动息息相关的;没有这些,谈不上革命和改造,也谈不上规律的实现。

其实,人们对自然规律的认识,也总是要受到主体能动活动的制约和影响。这种影响也许在宏观世界并不突出,但并非全然没有,至少,人们认识世界所用的语言、概念、逻辑是人类长期社会历史实践的积淀,这本身就体现了人类主体的能动性,绝不是纯客观的东西;我们不可能抛开这一切去把握规律。在微观领域主体的影响更为突出,人的活动内在地参预着我们所认识的基本粒子运动规律,著名的"测不准关系"就是这种现象的生动概括。有些人只看到规律与条件制约着人,看不到人也参与着规律与条件的形成。他们不懂得,"只有把客观条件和人们的活动放在其相互依赖性中加以考察,人们的存在、他们的生活才能在它们的规律性中表现出来"①。

还有些人担心,承认主体参与着规律与条件的形成,会陷入二元论,这种担心也是多余的。因为主体能动因素本身无论从类的发生还是从个体发生来看都是物质实践的产物。而且,在马克思看来,精神与

---

① 鲁宾斯坦:《存在与意识》,第350页。

物质的对立只有相对的意义,精神本质上是一种特殊物质的机能;它的产生,恰恰证明了物质的胜利,而不是证明物质的无能。因此,社会历史的客观因素任何时候都不会消融到主观因素之中,即使在人的能动因素和主体性得到极大发展的未来共产主义社会;同样,社会历史的主观因素也任何时候都不会完全消融到客观因素之中,即使是在对物的依赖占支配地位的资本主义社会。科拉克夫斯基说马克思认为共产主义社会中社会意识将决定社会存在,具有必然性的规律在革命实践的场合将不存在[1],这是对马克思思想的歪曲。在马克思看来,实践活动着的人,既是历史的主体,又是历史的客体;既是能动者与创造者,又是受动者与被决定者;既必然又自由。他的名言,把社会历史中的人既"当成剧作者又当成剧中人物"[2],在理解自由与必然、社会规律与人的活动的辩证统一关系上具有永久的价值。

选择是人类能动的实践活动的关键一环。马克思在青少年时代就敏锐地发现人比其他存在物优越的地方在于能够自己选择行动的目标和手段,同时也发现这其中包含着使人陷入不幸的危险,但他决心使自己的选择同人类的幸福和自我完善联系起来。正是这个崇高的选择,使他的名字永远同普罗米修斯联系在一起,使他成为全世界被压迫人民的导师和科学共产主义运动的奠基人,而科学的选择观也由此诞生。

在马克思看来,人从事能动选择的根据在于社会历史现象既是必然的又是偶然的,人的行动既是受动的又是能动的,其必然和受动在于从宏观角度和发展长过程看,现象和行动受到统计规律的决定和制约,而每个现象本身也以自己的客观存在加入到发展总过程中;其偶然和能动在于具体现象和行为并不是一切都被预定的,它具体如何,很大程度上同人的能动活动有关。而人的活动处处受到认识能力、意志、情

---

[1] Leszek Kolakorski: *Main Currents of Marxism*, Oxford University Press 1978, p. 415, 345。

[2]《马克思恩格斯选集》第1卷,第113页。

感、欲望、利益、价值观及由此形成的目的的制约,主客体的统一也处处需要具体条件。因此,社会历史进程和具体社会历史现象的形成与发展,从可能到现实,常具有多种模式或途径。这些模式或途径在实现主体的目的和符合规律性的程度上会有所差别,也可能迥然不同,甚至截然相反。然而被实现的可能性只有一个,现实只有一个。实现的这一个是否是主客体统一或实现主体目的的最佳模式,取决于主体对自己与客体关系的认识和自身能动性的发挥。选择则是主体能动作用的关键一环。这一环节,集中地体现了人的自由。能够进行能动的选择是人类的伟大、人的无穷无尽的创造力和与动物的本质区别所在;也是人的苦难、人对错误选择的痛悔与愤恨所在。因此,我们任何时候都不能因我们有选择能力而忘乎所以,陶醉于我们对动物、对自然的胜利。我们连同我们的血和肉都是属于自然界的。我们的选择任何时候都要受到客观条件的制约,受到我们的实践能力和认识能力的制约,受到我们的意志、情感、需求和利益的制约,它们是我们永远不可超越的舞台和地平线。萨特就是在这里陷入幻觉,他只看到人的选择自由,但把它孤立起来,并抽象地夸大扩张,因而得出"没有决定论——人是自由的,人就是自由"①的抽象结论。

既然人们的选择影响着他们的活动和结果,因而现在尚未出现的东西、未来的东西似乎"超前"决定着现在的东西,现在又受到过去的东西——打上前人劳动印记的客观条件和物化劳动的制约,这样,通过能动的现实的实践活动,时间三要素——过去、现在、未来统一起来了。当然,现实中永远有新东西,它既不完全受过去决定,也不能完全决定着未来。人的选择和活动目的以及为实现目的所用的方法在活动过程中,也要根据情况变化而迅速调整。现实实践的无限可能性和人的自由发展的无限可能性,总是同人正在进行的新创造、新选择联系在一起。

---

① 转引自《分析的时代》,商务印书馆 1984 年版,第 125 页。

既然人能够从事自觉的能动选择，人就要对自己的选择和行动负责。

那些在社会浪潮之上，成为社会集团领袖的人物必然会对人类历史的进程发生深刻的影响，因而负有更大的责任。马克思曾说过，一开始就站在运动前列的人物的性格这种"偶然情况"会在很大程度上影响历史的发展，就是从这个意义上讲的。

从必然王国到自由王国的历史发展

马克思的全部历史考察和理论探讨有两条主线，即社会发展与个人发展、社会自由与个人自由。的确，对马克思说来，再也没有什么比社会与个人更重要的了。个人不是超出世外、离群索居、不食人间烟火的个人，而是社会关系中的个人；社会也不是一种与个人无关或先于个人存在的抽象实体，而由具体现实的个人所构成。因此，社会与个人，同是马克思理论考察的中心。我们不赞成那种认为马克思的基本出发点只是社会的观点，同样，也不同意"马克思的基本出发点是人类个体和个人问题"[①]的说法。这两种观点各执一端，也都不难从马克思的某些论述中找到根据，但都没做到从总体上把握马克思的思想。必须指出，前一种观点在我国具有更大的影响。实际上，马克思对社会历史所作大量考察的着眼点仍放在社会关系中的个人过去、现在和未来如何发展上，不懂得这一点就不懂得马克思思想的真髓。

从个人与社会的关系的角度来看，人类自由的历史发展经历了三个阶段。以对人的依赖为基本特征的前资本主义共同体是第一阶段。在这个阶段中，个人对自然的占有和劳动实践活动通过共同体来实现；人与人相互依赖，个人只是共同体的一个成员。征服自然的自由属于整个共同体，从此意义上说，单个人无所谓自由，只有必然。

---

① 沙夫：《马克思主义与人类个体》，转引自《哲学译丛》1981年第5期。

以对物的依赖为基本特征的资本主义社会是第二阶段。在这个阶段中，人与人的关系以商品为中介，劳动者与劳动客观条件相分离，被迫向劳动客观条件占有者即资本家出卖劳动力，成为为其生产剩余价值的工具。马克思称此现象为主客体的颠倒①和异化。这种现象是人类自由发展的否定性形式。但马克思揭示，在这种形式下积累起巨量的物质财富并提供越来越多的剩余劳动时间：一是把它们具有的狭隘社会形式——资本的形式扬弃掉，财富直接表现为人的创造性天赋和自由的绝对发挥；二是剩余劳动时间直接转化为每个人可在创造性领域自由而全面发展的自由支配时间。②这样，马克思日夜憧憬并且毕生为之奋斗的崇高理想——共产主义自由王国就来到了。在这个社会中，"每个人的自由发展是一切人的自由发展的条件"③。

上述历史发展实际上展现了人类不断从必然王国向自由王国发展的历史进程。

然而，必须指出，共产主义也不是绝对自由的天国。马克思即使在抒发理想和情怀的激动时刻，也从未陷入诸如此类的空想。他清醒地知道，人类永远不可能完全摆脱必然王国的羁绊，因为最高意义上的"自由王国只是在由必需和外在目的规定要做的劳动终止的地方才开始"④，而人类为自己的物质需求永远必须同自然作斗争，因此，人类必然永远受到外在的需求、外在的目的和外在的自然的制约，不可能完全超越它们。在这个特定意义上，现代人与野蛮人没有什么根本区别。然而，人类可以在此前提下极大地发展生产力，用最少的时间和在最符合人类本性的条件下从事这种活动，这就是文明人在必然王国领域取得的区别于野蛮人的自由。另一方面，更主要的是，作为目的本身的人

---

① 参见《马克思恩格斯全集》第47卷，第124页；第49卷，第26页。
② 参见《马克思恩格斯全集》第46卷（上），第486页；第46卷（下），第221、222页。
③ 《马克思恩格斯选集》第1卷，第273页。
④ 《马克思恩格斯全集》第25卷，第926页。

类能力的发展,真正的自由王国就开始了。马克思指出,"这个自由王国只有建立在必然王国的基础上,才能繁荣起来。工作日的缩短是根本条件。"①

马克思关于人类社会有规律地不断发展的论述和共产主义自由王国的论述,常常被资产阶级学者抨击为目的论。例如,古尔德说:"目的论的价值理论是马克思在《政治经济学批判大纲》中借以发现自由的历史发展的模式"②;波普尔说:"像黑格尔一样,马克思认为自由是历史发展的目的"③;海尔布隆纳说:马克思认为,"历史的方向就是实现人类自由"④。凡此种种,不一而足,表现了资产阶级学者否定马克思主义的企图。对此,我们不能不给予有说服力的回答。

在马克思看来,人是历史的主体,是自己历史的创造者;人类社会历史是由许多代人的活动所构成的有规律的发展过程。每代人的创造都离不开上一代人活动的结果和物质条件,在此制约下从事新创造,从而形成自己的历史,同时又为后代人的活动提供前提和条件。随着时间的推移和人类世代的更替,历史表现出有规律的似乎是合目的的发展过程。因此,历史发展的规律性和合目的性之谜不过是人的劳动实践不断发展之谜而已。规律不是机械的宿命论式的必然性,在人的能动的实践活动之外,不存在能从外面注入历史目的和推动历史前进的创造主和狡黠理性。资产阶级学者囿于阶级偏见和固有的反历史主义,不可能懂得这一点。

由此可见,马克思对共产主义社会的科学预见,是以对社会发展规律的深刻洞察为基础的。在这个理想社会中,人与社会、人与自然、人与规律、自由与必然、应有与现实的矛盾,不是通过一方牺牲或屈从另一方消除的,而是它们自身就内在地、辩证地和谐统一着。这种统一,

---

① 《马克思恩格斯全集》第 25 卷,第 927 页。
② Could: *Marx's Social Ontology*, p. 119。
③ Popper: *The Open Society and Its Enemies*, Vol. Ⅱ, p. 104。
④ 海尔布隆纳:《马克思主义:赞成与反对》,第 57 页。

只有对历史主体——人来说才有意义。历史不过是人类的活动而已，它本身无所谓目的，也无所谓意义。

真、善、美与自由

劳动实践活动是主客体统一与自由实现的最基本形式，但不是唯一形式。以实践活动为基础，还有几种派生的方式，如认识的、伦理的、艺术的。它们分别以真、善、美为目标，实现主客体的统一与自由。马克思说，除了对世界的认识的掌握之外，还有"对世界的艺术的、宗教的、实践精神的掌握"，这些掌握主要发生在思想领域，"实在主体仍然是在头脑之外保持着它的独立性"。[①] 因此从根本上说，它们永远不能脱离自己植根的土壤——活生生的人类物质资料的生产活动。然而，这些方式又有着自己的相对独立性和发展规律，无论对指导能动的实践活动还是对丰富人的内心世界，扩展人的精神自由，都有着不可替代的意义。

真是指人对规律的认识、把握和运用，本身就意味着人的自由。追求真理，就是追求自由，获得了真理也就是获得了自由。人们在实践中产生和积累了关于外部世界和自己的一些知识并用以指导新的实践，实践的发展又转过来推动认识的深化。在此基础上人类越来越在更高的程度上把握客观规律，改造自然，改造社会；也越来越超越对周围世界的茫然无知状态，更加远离浑浑噩噩的动物式生活。自然也仿佛人化了，越来越成为属人的自然。自由是对必然的认识，这句由斯宾诺莎表述出来并得到黑格尔赞同的名言永远具有不可忽视的价值，只是要赋予新的更加科学的解释和补充。问题在于，规律、必然、真，并不处于与人的活动对立的另一极；并不是人在一端，规律与必然在另一端，人的任务只是摆脱自我，去把握和认识另一端的东西。这样理解，人仍然

---

① 《马克思恩格斯全集》第46卷（上），第39页。

在排除自我把握理念的柏拉图主义内兜圈子,还是没有主体的自由。实际上,在人的实践活动中,主体与客体相互深刻地影响着,规律就在此影响中表现出来并发生作用;人对规律的认识、把握和运用,始终离不开人的活动。明白了这一点,适当地处理好主体能动活动与客观世界的关系,认识论领域的与求真相联系的自由就在其中了。

善的领域是"应有"的领域、理想的领域,也是道德价值的领域。当然,善、应有、理想、价值,不限于道德意义,如价值概念通常还含有"有用"、"有利"的含义。但无论如何,善、应有、理想、价值、道德,是同人的自由紧紧联系在一起的。在对善、理想、价值、道德的追求中,人能超越自然欲望,自觉自愿、自律地从事新创造,从而显示人的自由本体的价值与尊严。在伦理道德领域,这种现象尤为突出。

一个严守道德规范和执著于道德理想的人,会把他所追求的价值原则看得高于一切,甚至不惜为之牺牲自己的生命。这种超越自己肉体存在的行为是道德自由的极端表现。正因为道德律令有着如此巨大的力量,才深深影响了从苏格拉底、柏拉图到康德、费希特的漫长的欧洲哲学。然而,由于时代和阶级的局限性,这些哲学家都没能跳出规范目的论的唯心史观窠臼,即使其中有人在自己的道德生活中也许是个完人,但他们都未能找到整个社会从理想到现实、从应有到实有的道路。他们的自由仍是消极的。

马克思在包括价值观在内的整个哲学领域实现了根本变革。在马克思的心目中,一位有价值的人,不仅是具有高尚道德、独善其身的人,还更是一个用全部身心和热情关注人类的疾苦、愿为人类的自由和幸福献出一切的人。因此,个人价值只有同大多数人的利益和社会进步联系起来才有意义。这种联系不是受外力强制的,而是植根于对社会发展规律的深刻洞见和对社会进步的坚定信念之上的,是出于对全人类利益的关心而作出的自我选择、自我决定。科拉克夫斯基攻击马克思主义理论漠视人的肉体存在和痛苦欢乐,只把它们当作历史发展的材料、工具和纯粹的事实。我们劝他还是稍微再认真地读一读马克思的著作吧!从《1844年经济学—哲学手稿》到《资本论》,乃至他的所有著作,无不渗透着马克思对全世界劳动人民受剥削和压迫这个最大痛苦的深切关注,以及对资本奴役劳动的异化现象所作的道义上的谴责和价值观上的否定性评价;无不渗透着以科学世界观为基础的人生价值观。当然,科氏的攻击也不是事出无因的,从第二国际以来,许多号称马克思主义理论家的人所着力发挥的恰恰是马克思强调客观必然性的一面,似乎非如此就不能划清同唯心主义的界限,以至于马克思主义在他们那儿被扭曲了,变形了。对此,我们也不能熟视无睹,安之若素。

马克思是熟谙辩证法的大师,他深知人类自由的发展是通过一系列否定环节渐次实现的。人类只有经历一系列深重苦难和曲折,才能逐渐积蓄起埋葬那些不合理、不人道、不自由现象的力量。但是,他绝不像浪漫主义者们那样,去抛洒廉价而无谓的感伤之泪,而是确信人类解放事业将同生产和科学携手同步,高歌猛进。他的著作中洋溢着浮士德式的乐观主义和普罗米修斯式的献身精神。在他那儿,规律与价值,应有与现实,真和善,是完全统一的。

审美活动与艺术创造也是人类实现主客体统一的特定方式。在艺术活动中,人们摆脱"肉体的需要"进行生产,只是为了满足审美需要和表现自己的个性与创造力。通过艺术形象的创造,人们把自己划分为二,在创造的对象中直观自身。[①]正是通过这种方式,人类才魔力般地创造出许多具有永久的魅力的文学艺术珍品。欣赏这些不朽的作品,人们会摆脱一时的烦恼,甚至进入一种迷狂的状态,忘记自己的一己存在;或直接把自己融合到艺术作品之中,同审美对象及它所表现的大千世界和大自然永恒的生命联系起来。主客体就是这样在艺术活动中实现了统一。我们常说美是和谐,美是自由,意义就在于此。

然而,审美活动毕竟只发生在精神领域中,它不可能真正消除物质生活领域那些压抑人、强制人的力量;迷狂状态过去以后,艺术家不难发现异己的强大的自然必然性和社会必然性依然存在,并常常压得人

---

① 参见《1844年经济学—哲学手稿》,人民出版社1979年版,第51页。

喘不过气来。弥尔顿的《失乐园》,只卖了5镑;贝多芬一生都与贫穷、灾难为伍;即使是米开朗琪罗这样在当时就极负盛名的人也多次屈从于罗马教廷的压力,去干教皇迫使他干的工作;曹雪芹,这位能毫无愧色地跻身于世界一流艺术家之林的天才,也不得不过着"举家食粥酒常赊"的生活。这甚至是世界文化史上带有规律性的现象。这些现象充分说明,美的实现同真和善尖锐地对立着,艺术创造常常受到客观物质条件的阻碍。马克思把注意力就放在如何消除这些物质条件的羁绊上。他明白,不可能每一个人都具有拉斐尔的才能,但社会应使每一个有拉斐尔才能的人都不受阻碍地发展;为此应变革旧的社会条件,创造新的让每一个人都能自由而全面发展的社会条件。正是在这里,马克思超越了他的所有理论前辈。

必须指出,随着实践的发展,真善美统一问题日益突出。人们所要实现的理想和目的,不仅要符合"真",而且要尽可能地"善"和"美"。举个简单的例子,人们造房子,不仅要符合牛顿力学,而且常要考虑式样、风格与环境。可见,在人们关于实践对象的"内心的图像"[①]中,不仅有真,而且有善和美。经过实践活动,应有与实有获得了统一。这就是说,善与美,和人的认识一样,不仅仅停留在思想领域;作为主体活动的目的,它们也进入本体领域,加入到主客体统一的物质活动中,并物化在结果中。在统一与物化的过程中,人就获得了自由。当然,从整个社会范围来看,真与善和美,现实与理想则长期处于尖锐对立状态。但马克思揭示,这种对立不会永远继续下去,在人类历史发展的一定阶段,真善美,理想与现实终将会获得统一,整个人类将获得真正的自由。由此不难理解,马克思所期望的社会,不仅是一个按照历史规律必然要到来的社会,而且也是一个人们所憧憬的社会,一个善和美的社会。在这个社会中不仅有物质需要的充分满足,而且有最符合人类天性的生

---

① 《马克思恩格斯全集》第46卷(上),第29页。

产①，有人的个性与创造能力自由而全面的发展。

马克思离开人世已整整一个世纪了。一个世纪以来，世界发生了巨大的变化。在人与自然关系的领域，马克思的许多预言已变成现实。人不仅在更大规模上征服自然，而且在更高形式上实现了与自然的统一。人与自然的关系更加透明了。

但是，浮士德式的创造与毁灭的矛盾依然折磨着人类。科学作为人类支配自然程度的标志和自由智慧的结晶，既带来了神奇的劳动生产率，也被利用去制造毁灭人类的武器。当今世界，必然性在许多方面还在禁锢、支配着我们；无论是在与自然还是在自身内部的社会关系上，亦已获得一定限度自由的人类还很不自由。惟其如此，深入研究马克思的自由观，发扬他毕生探索人类通向自由之路的献身精神，理应是哲学社会科学工作者义不容辞的责任。

（原载《中国社会科学》1986 年第 3 期，《新华文摘》、《人大复印资料》（伦理学）、《马克思主义》转载）

---

① 参见《马克思恩格斯全集》第 25 卷，第 927 页。

马克思主义人道主义新探

马克思主义与人道主义关系问题是个重大的理论问题。前几年这方面的讨论刚刚展开就停止了。近来,随着经济改革步伐的加快,迫切要求进一步搞好哲学改革、理论创新、政治民主和学术自由,在此情况下重新深入探讨马克思主义人道主义问题,具有重要的意义。

人道主义概念的一般含义

一般认为,人道主义概念有广狭之分。广义的指这样一种思潮或观点,它主张尊重人的价值和尊严,主张让每个人的个性和能力都得到自由而全面的发展。狭义的指欧洲文艺复兴时期资产阶级思想家所奉行和宣扬的一种思想,它与禁欲主义与神道主义相对立,是资产阶级主张自由、平等、博爱、人权,反对封建压制和宗教蒙昧的思想武器。但人道主义绝不仅资产阶级人道主义一种形式。社会主义人道主义,虽几经曲折,但已为世所公认。因此,狭义人道主义实际上是一般人道主义的特定表现,也可以说,是具有特定社会历史形式的人道主义。

前几年关于人道主义的许多争论,多属概念问题。只主张狭义概念的人当然认为广义人道主义概念宽泛化了;反之,承认广义概念的人当然也主张马克思主义人道主义或社会主义人道主义。我觉得,在社会主义人道主义已深入人心的今天,要承认两种意义并非难事,问题在于不能停留在这里,而应深入下去,探讨人道主义思想产生和发展的基础与特征。

我认为,除去特定的社会历史形式,人道主义首先是人对自身力量和地位的自我意识。人是"自然之主宰","万物之灵长",能通过能动的劳动实践活动征服自然、改造自然,"制天命而用之",能超越有限的感性生活和自然存在,自觉地追求真善美,追求理性和价值。这些无疑是人的本质所在。人作为有自我意识的理性存在物,其优越性在于能够意识到自身的力量,意识到自己在世界中的地位和与自然的关系。这种主体意识本质上是人道主义的。它不相信在人的活动之外有更高的超验力量,也不相信人注定要受制于自然,受制于神。它认为世界是人的世界,社会是人的社会,人定能做自然和世界的主人。因此,这种意识所由产生的人的实践能力、生产力是人道主义植根的深厚基础。人道主义思想从古至今,绵绵不绝,原因也许就在这里。

人道主义是一种人生观,一种积极向上的乐观主义人生观。它相信人的才能和创造力,相信通过人的努力,定能使未来更美好和创造新生活,相信人能自己支配自己的命运,相信人类的不断完善和不断发展。因此,在人道主义看来,人不应该想到死,而应想到生活,想到创造,想到工作。个体的生命虽然有限,但同人类,同事业和创造联系起来,就获得永生,获得超越,生活也就富有意义和价值。无疑,这是以人的实践能力不断发展为基础的。

人道主义实质上是一种价值意识或价值观,一种带有理想、规范色彩的价值观。它是主体设定一定的价值标准或规范原则对历史进行评价,对自身进行反思,对理想进行追求,因而它不是实有,而是"应有",总是同人应该如何,人生活于其中的世界应该如何相联系的。这种原则与标准,与其说是形而下的,不如说是形而上的。但它不是纯粹主观自生的。它作为人对世界的一种价值评价关系,产生于社会实践。评价的能力、评价的标准、评价的对象都来自实践,实现于实践。当然,它也影响和作用于实践。它的特点是以人为目的,以类和每个个人的发展与幸福为目的。这就使它远比那些神道主义、兽道主义、利己主义、贵族主义和种族主义价值观显得博大和高尚(当然"高尚"本身也包含了价值评价在内)。它超越了个人或小集团的一己私利,超越了彼岸的超验的同人现世幸福无关的虚幻假象,而同个体乃至人类的幸福联系在一起。人是目的,这就是说,每个人作为人类伟大共同体的一员具有同等尊严和价值,其他一切不过是实现其利益的手段,仅仅在此意义上才具有次等的价值。当然,这并不排斥人在一定条件下也会作为手段。实际上最先提出"人是目的"的康德也明白这一点,他只是在没有什么比人本身更重要意义上说"人是目的"的。因此,人道主义思想实乃人类思想文化的优秀遗产(所谓"优秀",也有价值评价含义在其中,否则无所谓优秀)。

尽管人道主义思想源远流长,博大、崇高,但是在处理具体社会问题时常显得软弱无力。当然,在个人生活和道德践履中,人道主义思想培育了许多道德上的完人,许多心地善良、品德高尚的人。但一当他们把视角转向社会,特别在想解决社会问题时,都常常碰壁。这是什么原因呢?因为人道主义作为一种价值观,主要同"应有",同理想相联系,而人类社会迄今的发展,现实与理想、事实与价值、必然与自由、实有与应有,从社会范围来看一直是分裂的或不一致的。社会的发展不具备统一这些对立的条件,如你一厢情愿地去统一,只会碰得头破血流。

但是,这种现象难道会一直继续下去吗?人类难道永远生活在巨大冲突的"二律背反"之中,永远摆脱不了现实、盲目的必然性规律和社会物质条件的奴役,而人道主义关于每个人都得到自由、全面发展的理想永远是个可望不可及的海市蜃楼?这个难题折磨着许多人类思想家,人们苦思冥想,希望找到超越这些"二律背反"、实现美好理想的途径和力量,但他们都失败了。正是在这里,马克思超越了所有旧人道主义者。

马克思对旧人道主义的超越

马克思是人道主义传统的伟大继承者和创新者。早在少年时期,马克思就立志献身于人类的幸福和完善。在《博士论文》中他把为人类盗火的普罗米修斯作为自己的楷模。然而,如何实现这个理想,道路和途径是什么,依赖的力量是什么,马克思当时没有也不可能作出正确的回答。因此,当时的马克思的有关思想尚停留在旧人道主义中。

以后,马克思把注意力转向寻找实现理想的现实道路和现实力量,寻找自古以来主体与客体、自由与必然、价值与事实、理想与现实一直对立的根源和历史发展规律,寻找这些对立在当代社会发展到顶点的原因与规律,决心为创造扬弃它们的社会条件而努力,从而创立了唯物史观与剩余价值规律学说,使社会主义从空想变为科学;而人道主义理想也从天上降到人间,成为现实的人道主义进而发展为马克思主义人道主义。

这种人道主义与旧人道主义的根本区别在于它奠立于唯物史观与剩余价值学说基础之上。旧人道主义不懂得人征服自然、改造自然的能力从何而来,不懂得人为何能超越一己的私欲和存在,追求价值,追求理想,追求自由,献身于他人乃至全人类的幸福。马克思在劳动发展史上找到解开奥秘的钥匙。他指出,劳动是人生存和发展的基础,在劳动中人超越了外在自然的束缚,培养和发展征服自然、认识自然的能力,也超越了自身原来浑浑噩噩的动物式生活,去自觉地追求真善美,追求理想和价值。在劳动中人自我创造、自我生成,而理想、价值、自由,也就实现在其中了。因此人道主义思想只有同劳动发展史联系起来才能得到深刻理解。许多人执著于人道主义的特定社会历史形式,不可能跳出来,从这样的高度来理解。

在马克思看来,人们在劳动中形成一定的社会关系。这些社会关系与其他物质条件既为实践提供场地和舞台,同时又以此制约着人类的发展。因而人类实践能力在特定历史阶段总是有限的。在一定历史阶段,劳动必然具有这样的社会历史形式:生产资料属少数人占有,劳动者受生产资料占有者及自己劳动产品的奴役。这样,目的与手段就出现倒置。劳动对劳动者说来就不是创造和自由,这就是劳动异化。历史剧烈冲突的"二律背反",事实与价值、现实与理想、必然与自由的矛盾植根于生产力与生产关系的冲突;只有把握生产力与生产关系的基本规律,才能以高度的历史感把握这些矛盾与对立,揭示只有生产力高度发展和生产关系彻底变革,劳动者联合起来占有生产力总和,成为社会和自然的主人,才能使每个人的能力与个性都得到自由、全面发展的共产主义理想和人道主义原则成为现实。

剩余价值学说的创立,更具体地揭示了资本主义生产关系如何制约生产力发展和最终成为生产发展障碍,以及如何为人的全面发展创造条件的。马克思指出,资本拼命追求剩余价值和物质财富,以此大力发展生产和科学,竭力缩短必要劳动时间,"于是,资本就违背自己的意志,成了为社会可以自由支配的时间创造条件的工具,使整个社会的劳动时间缩减到不断下降的最低限度,从而为全体[社会成员]本身的发展腾出时间"。"于是,以交换价值为基础的生产便会崩溃,直接的物质生产过程本身也就摆脱了贫困和对抗性的形式。个性得到自由发展,因此,并不是为了获得剩余劳动而缩减必要劳动时间,而是直接把社会必要劳动缩减到最低限度,那时,与此相适应,由于给所有的人腾出了时间和创造了手段,个人会在艺术、科学等等方面得到发展"①。这些论述充分说明只有在唯物史观与剩余价值学说基础之上,才能找到理想与现实冲突的根源,找到消除冲突的途径与道路。

在唯物史观与剩余价值学说基础之上,马克思揭示了实现人的全面发展理想的现实力量和道路、途径。现实力量不是天上的神,也不是抽象的人,而是与大工业、大生产相联系的现代无产阶级。现实道路是无产阶级革命,无产阶级联合起来,用暴力打碎私有制的锁链,推翻资产阶级统治,建立能促进生产力更高发展的公有制和人民群众当家作主的社会主义与共产主义。当然,马克思主义并不盲目崇拜暴力。暴力、阶级斗争,并不是马克思的发明,而是在一定历史时期必然出现的社会历史现象,不以任何人的意志为转移。无产阶级在同资产阶级决战时也许很难避免使用暴力,这是不得已而为之的事情,是无产阶级对付资产阶级反扑和实现共产主义人道主义、解放全人类所不得不付出

---

① 《马克思恩格斯全集》,第46卷(下),第221页、第218页,第219页,(上)第486页、第487页,(下)第112页。

的代价。但马克思主义并不排斥在一定条件下实行和平过渡的可能性。在马克思主义看来,如能用和平方式实现这个变革那是再好也不过的事情。在《资本论》中,马克思也曾经谈到资本主义社会出现的工人合作工厂是对资本主义生产方式的积极扬弃,然而这终究属于局部范围的部分改变,在整个社会范围内或一个国家、一个民族能否通过工人合作生产等形式和平过渡到社会主义乃至共产主义,马克思没有给我们现成的结论,它有待于实践来解答。但无论如何,革命不是目的而是手段,是实现那个自由个性与人的全面发展社会理想的手段。对无产阶级说来,最重要的是创造实现人道主义原则和共产主义理想的社会条件。变革旧的落后的生产方式,创造新的更高的劳动生产率和生产资料公有制,合理地调节人与自然、人与社会的关系,统统围绕这个目的。

今天,社会主义实践已有力证明了马克思的许多重要思想,一代社会主义新人在成长,在向着马克思的理想——自由个性与人的全面发展——迈进。但由于种种原因,社会主义社会还不可能一下子使每个成员都自由而全面地发展,工作有时还成为谋生的手段。因此,我们不能脱离条件抽象地谈实行人道主义和人的全面发展,同时又要努力为更高程度地发扬社会主义人道主义积极创造条件。

把握马克思主义人道主义的关键

关于马克思主义人道主义,一些人的理解主要存在这样几种倾向:一是拒人道主义于马克思主义之外,认为人道主义是资产阶级思想体系,是抽象的人,单纯的"应有"和伦理规范原则,是空洞的道德说教和善良意志,把它同马克思主义联系起来就会影响无产阶级世界观以及历史规律的客观必然性的纯洁性;二是把人道主义原则作为马克思主义理论的核心,或把马克思主义归结为人道主义;三是区分世界观的人道主义与伦理道德观的人道主义,在事实与价值、规律与应有之间划个界,认为前者唯心,后者合理,马克思主义人道主义属伦理道德原则。

我们认为,历史规律的客观必然性固然很重要,但历史规律不是注定如此不可变更的宿命。唯一不变的是过去的历史（即使如此，人们对历史的理解与解释也常有分歧）。当下的实践与未来的发展永远处在变动之中，永远包含着发展的各种各样可能性。大千世界的勃勃生机和万千气象，人的能动性、创造性，其无尽源泉就在这里。把握这种变动不居的社会历史的规律，就要从宏观和总体的高度对发展倾向和可能趋势作出概括，它不排斥多样性。这种规律观与其说是宿命的拉普拉斯式的，不如说是统计决定论的。而人在当下的实践中面对各种趋势和可能性作出选择时总力图作出最合适的选择，并努力参与新创造，以使理想变为现实。这样，人的理想，人的价值观，就不是可有可无的东西，它直接影响着人的实践，从而直接影响未来的发展和历史规律的实现，即加入到至高无上的本体王国中去。当然，对于社会改造来说，个体信念的力量是很弱小的，对普通人来说尤其如此。但历史发展到今天，无产阶级成为巨大的社会力量，他们一旦从自在的阶级变为自为的阶级，联合起来要求共同占有生产力，实现每个人自由而全面的发展，这种信念、理想、价值追求和革命意识，或者说，这种对自身地位和使命的自我意识和阶级觉悟，必将成为参与着社会历史创造和规律的形成的巨大力量。

那些把人道主义奉为根本的人，确实也很难避免规范目的论之嫌。理想、价值、应有，虽然对实践有影响，但本身毕竟属于主观的东西，不可能超越社会物质条件。而且，马克思对旧人道主义的超越不在于强调每个人自由和全面发展（这是人道主义共同原则，不是马克思的创造），而在于把人道主义原则置于科学基础之上，置于唯物史观与剩余价值学说基础之上，指出了实现这个理想的现实道路和力量，从而使社会主义从空想变为科学。而马克思主义理论或科学社会主义学说实际上是以科学观为基础的科学观与价值观的统一。我们不能简单地把马克思主义或共产主义归于人道主义。

区分世界观的人道主义与伦理原则的人道主义，这种观念具有较大的合理性，但过于强调区别，则在伦理原则与世界观、事实与价值、现实与理想之间划了一个界。实际上，马克思主义的特点正在于超越这些分裂与对立,把事实与价值、自由与必然、规律与活动统一起来。

因此我认为,把握马克思主义人道主义的关键是将此理解为科学观与价值观的统一。马克思主义人道主义可以说是马克思主义价值观的根本原则,但它不是独立自在的东西,而渗透于科学观之中,融合于马克思的历史观、经济观,以及对资本主义的批判和科学社会主义理论之中。完全可以说,马克思的全部理论,科学的东西与价值的东西是统一的。

例如,马克思说劳动是人自由自觉的类活动,是人的正常的生命活动或积极的创造性活动,是人的自我创造、自我生成,是人的自由的自我实现;人是"自然之主宰";在共产主义社会人的才能的发挥将是最大的生产力①。迄今为止的人类历史是史前史,只有消灭了剥削、私有制和资本主义制度,实现自由个性与人的全面发展的第三大社会形态才真正开始人类的历史的②。资本来到世间,从头到脚都滴着血和肮脏的东西。它剥削工人创造的剩余劳动,使劳动力变为商品,受物、劳动产品以及科学技术的支配、奴役,使劳动者片面畸形地发展,因而它"鄙俗"、"非人"、"不崇高",是"异化"。但在资本狭隘的或"异化"的形式中,却发展起巨大的生产力;一旦把异化的形式扬弃掉,劳动者就能得到自由而全面的发展。③

所有这些论述都既是描述的又是评价的,科学的东西与价值的东西水乳交融,统一在一起,不可能把它们截然分开。

而且,如前所述,在马克思看来,无产阶级运动和社会主义革命是同无产阶级对自身地位的自我意识和觉悟,对美好理想的向往与追求,对共产主义定能实现的坚定信念紧紧联系在一起。如果不对私有制和资本主义剥削、异化作否定性的价值评价,他们怎么可能会积极地投身

---

① 《马克思恩格斯全集》,第46卷(下),第112页;第23卷,第60页。
② 《马克思恩格斯选集》,第2卷,第83页。
③ 《马克思恩格斯全集》,第46卷(下),第221页、第218页、第219页,(上)第486页、第487页,(下)第112页。

于旧世界的打碎和新社会的创造的实践活动中去呢？

至于马克思对未来共产主义社会的阐述,科学预见与价值理想更紧密结合在一起:"代替那存在着阶级和阶级对立的资产阶级旧社会的,将是这样一个联合体,在那里,每个人的自由发展是一切人的自由发展的条件。""建立在个人全面发展和他们的共同的社会生产能力成为他们的社会财富这一基础上的自由个性,是第三个阶段。第二个阶段为第三个阶段创造条件"。在共产主义条件下,"劳动会成为吸引人的劳动,成为个人的自我实现"。"社会化的人,稳定起来的生产者,将合理地调节他们和自然之间的物质变换,把它置于他们的共同控制之下,而不让它作为盲目的力量来统治自己;靠消耗最小的力量,在最无愧于和最适合于他们的人类本性的条件下来进行这种物质变换"①。

这里,对规律的阐述与对理想和价值观的论述融为一体。在马克思所描述的共产主义社会中,事实与价值、必然与自由、规律与活动,获得内在的统一;当然也不是没有对立,一片和谐,共产主义社会也存在矛盾与对立,存在必然性的外在制约,因为人为物质需求必须永远同自然作斗争。但既然能把必要劳动时间减少到最低程度,最合理地调节人与自然的物质变换,实行最合人类天性的生产,分裂和对立也就获得超越了。

马克思的所有这些重要论述,如果不同马克思主义人道主义价值观联系起来,就很难理解。就事实谈事实,无所谓"异化"、"鄙俗"、"不崇高"、"令人厌恶";也无所谓史前史——所有过去的都是历史;无所谓符合人类天性的生产——所有生产都是特定时代产物,都有其存在理由,都是符合或规定当时人本性的。

因此,应该从科学观与价值观的统一上,去认识马克思主义人道主义,去认识马克思。

---

① 《马克思恩格斯选集》,第1卷,第273页;《马克思恩格斯全集》,第46卷(下),第113页;第25卷,第927页。

澄清几个模糊认识

关于马克思主义人道主义,有很多模糊认识,这里仅择要澄清几个。

一是认为成熟的马克思摒弃人道主义。这种说法在国外很少见,也许阿尔都塞是个例外。国内却不算少。其实,只要承认人道主义原则的一般含义:尊重人的价值和尊严,努力实现人的个性与能力的自由、全面发展,就不会对马克思主义人道主义思想视而不见。前面所引的《共产党宣言》中那段名言把马克思主义人道主义思想阐述得再清楚不过了。马克思关于资本如何剥削工人和使工人异化的,又如何为全面发展的个人创造条件的思想,都闪烁着共产主义人道主义思想的光辉。

二是认为人道主义是抽象的个人利己主义,而共产主义本质上是集体主义。这种看法是非常片面的。资产阶级人道主义是从抽象的个人出发的。但在马克思看来,抽象的个人是特定历史条件的产物。它的出现是同商品关系普遍化、人与人关系必须通过物来中介相适应的。资产阶级人道主义实际上是其理论表现,但不是唯一表现。利己主义、个人主义也是其表现。把人道主义同自私自利、个人主义等同起来,这实际上是一种误解。不错,人道主义强调尊重个人的价值和幸福。但它更强调人是目的,强调每个人都像自己一样是人类共同体的一员,都具有同等的价值和本体尊严。人道主义者应为实现人道主义原则自觉地贡献自己的力量,因而人道主义实际上是超越一己私利和个人欲望的。

把共产主义本质仅理解为集体主义也是很片面的。在马克思看来,没有集体就没有个人自由,但他是在把集体与获得个人才能全面发展的手段联系起来时肯定集体的这种价值的。在马克思心中,个人与集体乃至与社会相比,绝不具有二等价值。因为集体与社会都不是个人之外的抽象实体,而是由社会关系中的个人所构成。他反对个人仅仅作为分子、成员参加集体,而主张作为有个性的个人确定下来,主张共产主义的前提和基本特征是每个人都得到自由和全面发展。关于这些思想,马克思表述得非常清楚。当然,个人自觉为集体、为社会利益献身属另外一种情况,下面就要讨论。

三是反对讲人道主义,因为人道主义注重个人利益,而马克思说过历史发展必须以牺牲一些个人、集团甚至阶级为代价,因此我们不要讲个人利益,而应安于牺牲。这种看法混淆了三种不同的牺牲。马克思所说的牺牲指历史发展客观上以牺牲某些个人或集团为代价。这种牺牲不以牺牲者主观意志为转移。而为社会发展和集体利益、他人幸福,自觉牺牲个人利益或献生,乃是由于对历史规律的深刻洞见和坚定信念以及博大的人道主义原则指导所自觉作出的自我选择、自我决定。牺牲者本来不是非如此不可的,但他为社会利益自觉从事这样的行为。这种献身或牺牲,实践上超越了外在束缚和个人私利,是真正的自由活动。至于不把人当人看的官僚主义、兽道主义、极端利己主义,它们为满足一己私欲而要人民勒紧裤带,作出牺牲,这种牺牲同前面两种根本不是一回事。

四是认为人道主义滋长个人主义,会影响执行政策。这也是对人道主义的曲解。如前所说,我们主张的人道主义不仅不是利己主义,甚至是与之相反的。人是目的,每个个人都自由而全面发展。这些原则意味着人道主义者不满足于一己的幸福和得失,而应关心他人、关心社会的幸福,以天下兴亡为己任,先天下之忧而忧,后天下之乐而乐,并为此积极贡献自己的力量。因而人道主义实际上是超越利己主义、唯我主义的。而且,马克思主义从来不脱离具体历史条件抽象地谈"人道"、说"自由",而是在条件所许可的范围内,同时主张积极为更高程度的发展创造条件。社会主义条件下还不具备使每个人都自由、全面发展的条件,正因为如此,我们应该积极地为之努力。

我们要理直气壮地宣传马克思主义人道主义或社会主义人道主义,使其成为十亿人民的自觉意识,这必将有利于社会主义的实践和一代新人的成长。

(原载《江海学刊》1988年第2期,《新华文摘》转载)

社会主义是对私有制的积极扬弃

社会主义改革是一场实践,深度和广度都前所未有。许多问题不可能在老祖宗那里找到答案,而要靠我们自己去摸索,去创造。我们现在面临的问题是,寻找社会主义与现代化的结合点,或者说,如何既走社会主义道路,又实现经济、制度、文化与观念方面的现代化,同时又不失民族本色。这也即是探索有中国特色的社会主义现代化道路问题。显然,这个问题只有靠我们自己来回答。

然而,改革不仅仅是实践,它作为理性的人从事的理性活动需要理论来指导。我们所熟悉的马恩论述有许多在新形势下仍能挖掘出新的意蕴,也有一些过去为我们所忽视,在今天却能放出奇光异彩。本文所论述的中心命题"社会主义是对私有制的积极扬弃"就是一个长期被人们所忽视但却对今天的改革与社会主义实践具有重大现实意义的马克思主义理论原则。

下面试从历史、理论、现实与未来四个角度对此原理作出阐述。

历史回溯:私有制的重大作用

社会主义诞生以前有文字记载的人类文明史主要是私有制的历史,不少丑恶的东西,如暴力、流血、剥削、压迫、个人的贪欲都因它而起,但它在人类历史上发挥的巨大作用不可否认。黑格尔肯定恶与贪欲的历史作用,马克思揭示人类历史发展理想与现实的二律背反,原因正出于此。可是,我们要进一步追问,为何私有制及私有观念在历史上具有重要地位？社会主义作为与之对立的制度和观念与其关系如何？这里我们先回答第一个问题。

私有制及其观念所以具有一定的历史作用，乃是因为它是人类在一定历史阶段借以实现自己利益的特定形式，或者用历史唯物主义的语言说，是社会生产力在一定历史阶段所赖以实现的生产关系、社会结构或所有制形式。

按照马克思主义观点，利益，或者说物质利益在人类历史发展中起着决定性的作用，人们活动的一切，无不同对物质利益的追求有关。因此，对人类说来，利益以及同利益占有、利益分配联系在一起的所有制形式、生产和分配的关系十分重要。它直接决定着社会乃至个体的发展。

因此，问题的关键在于：只有利益追求、利益实现的机制合理化，个人才有积极性与主动性去从事各种历史活动，特别是创造性活动，从而带来自己个性与能力的发展，也推动社会历史的发展。否则，若利益追求和实现的机制不合理，历史行动者的利益无保障，充斥社会的是：奸诈、欺骗、掠夺、暴力，则人们就没有积极性去发展生产、培养能力、从事各种创造性活动，因而很难发展出资本主义生产方式与现代化来。

从西方历史的角度看，古希腊民主制的诞生，城邦文明的繁荣自梭伦改革开始。梭伦改革的核心正是保护私有财产，保护工商业者和自由民的利益。西方历史上源远流长的私有财产不容侵犯的观念即滥觞于此，在此前提下，才有后来的繁荣及一切发展。从历史的角度看，东方缺少严格保护私有财产不受侵犯的制度与观念，缺少利益合理化的机制，缺少商品经济独立成长的土壤和条件，因此缺少孕育资本主义生产的文化氛围，而走了与西方完全不同的路。这两种文化孰优孰劣不宜简单评判，但它们都是各自特定条件下的产物。但毫无疑问的是，那个把大多数人变成奴隶，少数人的财产意识、权利意识却很强烈的文化更有利于资本主义生产方式的生长，一旦资本主义生产方式占据主导地位并创造出巨大的生产力，推动现代化潮流风起云涌，新的时代也就来临了。

理论探讨:社会主义是对资本主义的积极扬弃

在西方文化背景下发展起来的资本主义生产方式,其优越性是显而易见的。它推动人们去探索自然、戡天役物、为人类造福,推动人们去改进技术、发展科学、建设城市,推动生产的迅速发展。它仿佛咒语般地呼唤出巨大的生产力,这些生产力不久前似乎还长眠于地下。它在100年内创造出的生产力超过了以往人们世代生产力的总和。马克思在《德意志意识形态》、《共产党宣言》、《资本论》中对资本的历史功绩都曾给予高度的评价。

但资本或资本主义私有制有着不可克服的致命缺陷。少数资本家凭借对生产资料或资本的占有剥削工人创造的剩余价值,为此去发展生产、发展科学,但它的狭隘形式却容纳不了它所创造的巨大生产力。一方面,它的私人占有与它为追求剩余价值而推动起来的生产社会化尖锐矛盾,以致成为生产的桎梏;另一方面,剥削压迫强制的现象同人人自由平等的理想也大相径庭。而这理想千百年来已成为人类所最珍视的价值。马克思揭示,资本为追求巨额剩余价值而发展起来的巨大生产力已经为自身的灭亡创造了条件,联合起来的个人共同占有高度发达的生产力,从而把狭隘的资本形式乃至私有制扬弃掉,在此基础上才有每个人的个性与能力的充分发展。这就是马克思恩格斯所阐述的社会理想。

因此,马克思的社会主义理想是与资本主义私有制乃至所有的私有制根本对立的。数千年来私有制社会把私有财产不可侵犯视为根本准则,西方几千年文明史都奠定在它的基础之上,可是社会主义理想恰恰是以全体社会成员共同占有生产资料为基础。当然这也不是马克思的发明,而是社会主义的共同理想。马克思的贡献是创立唯物史观和剩余价值学说,从而使之奠立于科学基础之上。马克思恩格斯在《共产党宣言》中所说的两个决裂正是揭示社会主义公有制与私有制的根本对立。

然而,社会主义是对私有制的积极扬弃。马克思在《1844年经济学—哲学手稿》中阐述的这个观点长期以来不为人们所注意,但我以为它对我们今天搞社会主义具有非常重要的指导意义。

积极扬弃不是消极扬弃,消极扬弃是简单否定。恩格斯在《反杜林论》中曾列举过简单否定的例子,①如把大麦粒磨碎就否定了大麦粒,把正数 a 涂掉也就否定了正数 a,等等。恩格斯批评这种简单否定体现了形而上学思维方式的狭隘性。对大麦粒尚且如此,对曾在人类几千年文明史上起过重要作用的私有制更是不能如此消极简单地否定。

马克思本人也曾尖锐批评过对私有制的简单否定,如他在论述共产主义是对私有制财产的积极扬弃的同时,批评"粗陋的共产主义"想用强力抹杀天赋,只看到劳动的共同性和工资的平等,甚至怀有嫉妒和平均欲。他指出:"粗陋的共产主义不过是这种嫉妒和这种从想象的最低限度出发的平均化的顶点。它具有一个特定的、有限的尺度。对整个文化和文明的世界的抽象否定,向贫穷的、没有需求的人——他不仅没有超越私有财产的水平,甚至从来没有达到私有财产的水平——的非自然的单纯倒退,恰恰证明私有财产的这种扬弃决不是真正的占有。"②马克思的批评是有所指的,主要是批评当时许多人宣扬的小生产空想社会主义,妄图通过简单地否定私有制乃至人类文明的成果一蹴而就地实现所谓共产主义。

一年以后,马克思恩格斯在《德意志意识形态》中论述了消灭私有制以及资本奴役人现象的两个条件,一是资本主义异化成为不堪忍受的力量,二是无产阶级力量的壮大及其与资本主义的对立。马克思认为,这两个条件都必须以生产力的巨大增长和高度发展为前提,这种发展是绝对必需的,"因为如果没有这种发展,那就只会有贫穷的普遍化;而在极端贫困的情况下,就必须重新开始争取必需品的斗争,也就是

---

① 《马克思恩格斯选集》第3卷,第18页。
② 《马克思恩格斯全集》第42卷,第118页。

说,全部陈腐的东西又要死灰复燃"。①

另外,恩格斯有一段论述也颇给人以启发。1844 年 11 月恩格斯在给马克思的信中谈到:"在我们能够为某一件事情做些什么以前,我们必须首先把它变成我们自己的事,利己的事,——因此,从这个意义上说,抛弃一切可能的物质上的愿望不管,我们也是从利己主义成为共产主义者的。"②

马克思、恩格斯的这些论述很少被人们注意,其实很有现实意义。离开生产力的发展和个人的利益搞共产主义,只会有贫穷的普遍化,一切落后的东西都会死灰复燃。这也是对私有制的消极否定。

那么,什么是马克思、恩格斯所设想的积极扬弃呢?在《手稿》中,马克思的论述还比较抽象:"对私有财产的积极的扬弃,也就是说,通过人并且为了人而对人的本质和人的生活,对对象化了的人和属人的创造的感性占有,不应当仅仅被理解为对物的直接的、片面的享受,不应当仅仅被理解为享有、拥有。人以一种全面的方式,也就是说,作为一个完整的人,把自己的全面的本质据为己有。"③这里,马克思以抽象的人本学式的语言论述了共产主义的价值理想;人的个性与能力充分发展,人与自然、与社会的和谐统一。马克思为此理想终生不渝,后来在《共产党宣言》、《资本论》及其手稿中一再阐述了这个原则,不过语言更为科学,更为精炼。

积极扬弃的价值理想已经明确,如何做到呢? 问题和难点正在这里。马克思的论述不是很多,也不太明确。在《手稿》中马克思只是说要自觉保存"以往发展的全部丰富成果"。在《资本论》中我们看到,马克思在论述信用在资本主义生产中的作用时谈到对资本主义的积极扬弃和消极扬弃。马克思认为,信用制度和股份企业的出现是对资本主义的消极扬弃,工人自己的合作工厂是对资本主义矛盾的积极扬弃。

---

① 《德意志意识形态》,人民出版社 1961 年版,第 29 页。
② 《马克思恩格斯全集》第 27 卷,第 12 页。
③ 《1844 年经济学—哲学手稿》,人民出版社 1979 年版,第 77 页。

这种积极扬弃以资本主义生产方式中产生的工厂制度与信用制度为基础。

还有一段论述是大家所熟悉的,马克思在谈到资本主义积累的历史趋势时指出,资本主义生产方式是对独立的个体劳动的私有制的第一个否定。"但资本主义生产由于自然过程的必然性,造成了对自身的否定。这是否定的否定。这种否定不是重新建立私有制,而是在资本主义时代的成就的基础上,也就是说,在协作和对土地及靠劳动本身生产的生产资料的共同占有的基础上,重新建立个人所有制"。①不过,何为劳动者的"个人所有制",许多人感到困惑不解。马克思为何既说不重建劳动者私有制,又说建立劳动者个人所有制?显然,它们不是一回事。

我认为,马克思说的劳动者个人所有制即是他早年所设想的对私有制的积极扬弃。积极扬弃是既克服,又保留,克服消极的弊端,保留有价值的合理的东西,合理的东西即为物质利益。否定私有制并不意味着否定物质利益,而是要使它在更高更合理的基础上发展,即让每个劳动者的利益都落到实处(不受损害),从而焕发其主动性和创造性,使整个社会循环向更合理的方向发展。马克思在《哥达纲领批判》中揭示的"各尽所能,按劳分配"的社会主义原则也与此精神一致。

确实,社会主义社会也不能背离物质利益原则。价值、理想、观念的能动作用是有的,但离开了物质利益就会出丑。舍生取义毕竟属于极端场合,不是通则,不能作为普遍的经常性的原则。只有把物质利益落到实处,劳动者所干预其所得联系起来,他们的行动才有积极性。其实,即使共产主义社会也不能完全脱离物质利益原则,因为如马克思所说,"自由王国只是在由必需的和外在的规定要做的劳动终止的地方才开始;因而按照事物的本性来说,它存在于真正物质生产领域的彼岸。像野蛮人为了满足自己的需要,为了维持自己的生命,必须与自然进行

---

① 《资本论》第 1 卷,人民出版社 1975 年第 1 版,第 832 页。

斗争一样，文明人也必须这样做；而且在一切社会形态中，在一切可能的生产方式中，他都必须这样做。这个自然必然性的王国会随着人的发展而扩大，因为需要会扩大；但是，满足这种需要的生产力同时也会扩大。这个领域的自由只能是：社会化的人，联合起来的生产者，将合理地调节他们和自然之间的物质变换，把它置于他们的共同控制之下，而不让它作为盲目的力量来统治自己；靠消耗最小的力量，在最无愧于和最适合于他们的人类本性的条件下来进行这种物质变换。但是不管怎样，这个领域始终是一个必然王国"。物质利益、物质需求在未来社会中的作用，已论述得非常透彻，无须多说。

不过，这样的论述仍嫌抽象。问题在于如何使抽象的原则落到实处，正是在这里暴露出我们体制的弱点与缺陷。建国几十年来我们在此方面问题不少，13年来的经济体制改革，也正是在此方面取得突破的。

现实思考：13年改革的主旋律

从"十一届三中全会"以来，改革已进行了13年。我国这13年的经济体制改革，在我看来，回荡着一个主旋律：利益与自由。对旧体制而言，这是个重大的突破，也是向着马克思所揭示的对私有制积极扬弃的方向大踏步前进。

过去，由于古老传统的影响，也由于几十年来对社会主义的误解，亦即对私有财产和个人利益消极否定等因素的影响，我们长期以来对劳动者个人的利益和自主权利缺少足够的重视，以致经济体制缺少足够的活力、刺激与驱动力。其实，现实的个人追求，现实的利益，这即使在社会主义社会也是个基本事实，无可否认。虽然在战争环境下，或建国初期，人们凭着朴素的感情和虔诚的信仰可以不在乎自己的利益、财产与得失，但长此以往，难以为继，更难想象在贫瘠的土地上建设起宏伟的社会主义大厦。

新中国成立后不久，合作化的潮流一浪高过一浪，有许多是官方人为推广,而不是经济组织发展的内在要求。离开了生产力发展搞所有制变革,似乎越大越公越先进,直至建立人民公社。在人民公社中"平调风"盛行。农民的财产上级可以任意调拨侵犯;他们也没有多少人身自由,户籍制度与社队组织把他们捆绑在土地上,他们不得经商、做工、搞副业,甚至也没有怎样种田的自由。其众所周知的恶果是:积极性低落,劳动生产率低下,上亿人长期挣扎在半饥饿状态中,给国民的心理素质和生理素质都带来严重的不良影响,也大大损害了"社会主义"的声誉。10年前一个贫困地区的省委在一份报告中写到,过去我们不仅忽视了农民的财产,也忽视了农民的自由。这是造成农民贫困状况几十年来改变甚少的两个重要根源。农民之所以至今还没有起来打扁担,主要是由于我们在战争年代与农民有过非常牢靠的血肉关系,后来在结束战争之后,建立了人民政权,给了农民几十年和平生活,但如果今后还不对过去的农村政策作出重大调整,农民终究会起来打我们的扁担。①这段话应引起我们猛省!

城市工人的情况也许比农民稍好些,但也长期被抑制在低工资、低需求状态。全民所有制与集体所有制成为城市企业的主体,私营与个体户几乎被扫之殆尽。但无论是全民所有制还是集体所有制,其所有者实际上是虚置的,工人像农民一样缺乏主人翁之感,厂长、书记也代表不了,其实只是国家所有制。领导机关又高高在上,大权独揽,对企业利益也无关痛痒,难免出现官僚主义、主观主义甚至以权谋私。总之,企业劳动者的利益、权利与责任都没落实,更没有很好地统一起来,因此他们并不感到自己是企业(更不用说国家)的主人,积极性丧失,管理混乱,生产率低下,是极为普遍的现象。

因此,改革围绕"利益"与"自由"展开并取得重大进展,并非偶然。

改革首先在农村打响。改革的主题是重建财产权利和身份自

---

① 引自《经济研究》1987年第1期:《农民、市场和制度创新》。

由。这种重建已被经济学界一些有识之士誉为"双重解放"。改革的基本形式是包产到户,确立承包集体财产与农民自己的利益之间的密切联系,即突出劳动者的利益,权利(自由)和责任,从而调动广大劳动者的积极性和主动性,包产到户像潮水一样迅速席卷全国,这种席卷不是官方的人为推广,而是经济发展的内在要求,农民发自内心愿意干的事,必然具有极大生命力,并在很短时间内取得重大成效。据国务院农村发展中心统计,改革前我国农户只有很少的归他们自己所有的财产,1978年全国农民自有财产不足800亿元,还负有很多债务;到1985年全国总资产已在7000亿元以上,较1981年年平均增长27.37%,农村总的商品率已达63.9%;1987年,农村工业、建筑业和商业等非农业总产值首次超过农业总产值。中国农民的生活从来没有同如此大规模的商品经济和工、副业联系在一起,这的确是一个历史性的飞跃。

财产权利重建的同时也就是自主权的扩大,广大农民不仅享有经营自己承包的土地的充分权利,而且还有经商、做工、搞副业的充分自由。据统计,现在每年都有上千万农民在农闲时间进城做工,谋求各种营生,城乡之间的差别大大缩小了,农民,从而绝大多数国民的素质也有了很大的改变,农民的眼界开阔了,效益观念、责任心、竞争意识和创造性才能都得到前所未有的发展。实践证明:"财产权利和身份自由是包产到户变革中的两大法宝,它们唤起8亿中国农民对土地、劳动和生活的热爱",因而极大地促进了农村生产力的迅猛发展。如国务院农村发展中心发展研究所的报告所指出的:这个事实有助于总结在农民占人口多数的国家里如何从事社会主义事业的经验:"无论如何不应该凭借政权的取得而剥夺农民的财产和限制农民的自由。在社会主义时代,如果试图把农民剥夺成无产者,然后再强制其参加'社会主义建设',那么,这样的主张必定要遭到农民群众消极的、但却是最难于制服的反抗。无论哪里这样做,总要付出农村社会生产力停滞不前的代价。而任何地方只要纠正剥夺农民财产的错误,都能获得巨大的经济和政治方面的矫正效益"。①

　　城市改革要比农村改革复杂,也难得多,但千头万绪,万变不离其宗,不外乎围绕利益与自由。具体地说,就是要把企业乃至劳动者的利益机制理顺,使其所得与其所干联系起来,责、权、利联系起来,保障其利益,调动其积极性,焕发其主动性、创造性和主人翁精神,从而推动整个社会生产力的发展,也促进新一代个性的成长。

　　由此不难理解,城市改革为什么表现为推广各种形式的责任制,特别是以承包经营责任制为主要形式,原来是为了突出企业与劳动者的利益、权利与责任;发展商品经济、价格改革,扩大企业自主权、私营、股份制的实行,都是围绕这个中心进行的。据有关材料统计,全国大多数企业都实行了承包经营责任制,吉林省搞承包的甚至在90%以上。继农村改革之后,承包也成了城市改革的主流。

　　改革与承包责任制的推广给城市企业带来了活力,直接推动了社会生产力的发展。人民生活水平也有了很大提高。"封闭、僵化的经济体制向充满活力的经济体制的转化,带来了生产力的解放,人民群众聪明才智的解放。我国经济发展进入最旺盛、最稳定、国力增加最快的新时期"。②

　　"包"在农村战果赫赫,在城市也成效显著,这是颇有意味的事,也许,在社会主义初级阶段走有中国特色的社会主义道路,"特"就特在"包"字上,至少在当前是如此。我认为,主要因为我国向来缺少保障财产所有权或私人利益不受侵犯的传统,大锅饭的"空想社会主义"又强化了这个传统,这两方面因素结合到一起严重妨碍利益机制合理化,劳动者个人的利益很难落到实处,而"包"却能在现阶段历史条件下一下子突出劳动主体的利益、权利、责任和自由,因此成效显著。事实上,"包"是财产权利的重建,是一种新型的社会结构与经济形式,也是受法

---

① 引自《经济研究》1987年第1期:《农民、市场和制度创新》。
② 引自《文汇报》1988年8月5日。

律保护的契约关系。它的特点和长处在于,帮助企业和劳动者划一个界限,把种种能干涉、侵犯自己应有利益、权利与自由的东西限在外面,因而能放心大胆、积极主动地工作,推进祖国的现代化建设,同时也增加自己的收入,提高自己的生活水平。它一下子打通国家、集体与个人之间的关系,不要任何多余无用的东西横亘于其间,利益、权利、责任(对国家对企业对自己的责任)统一在一起,因此它能极大地调动农民、工人和广大劳动者的积极性,从而推动社会生产力迅速发展。

当然,在现在的历史条件下,承包制的局限性也很明显。承包的成效主要来自收入刺激,它其实并未解决"所有者虚置"的问题。为追求承包期内的最大收入,承包者的短期行为在所难免。对工人来说,他们的眼睛主要盯住工资奖金,仍没有多少主人翁之感。承包以承包者的行为合理为前提,其实他们的行为未必都会合理,即使主观上想如此,但由于权力仍高度集中,官僚主义、主观主义、超经济力量干涉企业的现象仍难免发生。各行各业情况千差万别,承包制缺少统一的行为规范。与此相联系的是,"父爱式"管理和大锅饭仍然存在。若承包指标完成,兑现合同是刚性的,若完不成指标就很难真的兑现。有的厂长宁可企业亏本也要多拿回扣。有的厂已濒临破产,但奖金照发。因为社会主义不能让人没饭吃。从更大范围来看,缺少独立发展商品经济和保障个人利益的传统,民主与法制还不够健全,缺少完善的经济立法和市场机制,价格不合理,还有不正之风,官僚主义在兴风作浪,所有这些都给改革带来重重困难,妨碍经济向更合理的方向发展。

显然,承包制只是个过渡性形式,只是一个达到对私有制积极扬弃的过渡点,我们还应寻找新的更合理的经济形式。

改革面临着新的选择。

未来瞻望:改革向何处去?

改革向何处去?我认为,在当前,进一步深化改革,或从更高角度寻求社会主义与现代化的更合理的结合点,实现对私有制的积极扬弃,关键仍在"利益与自由",在于如何进一步使利益分配与追求的机制合理化,理顺国家、集体、个人之间的利益关系,突出劳动者的利益与自由,从而推动他们发挥自己的聪明才智,发挥主动性和创造性,进而带动改革与现代化事业的发展。改革的难点在这里,突破口也在这里。

完全可以说,利益与自由是衡量改革成功与否的试金石,也是衡量对私有制积极扬弃还是消极扬弃的试金石,迄今为止改革所取得的一切成绩,归根结底都是在此方向上取得的突破和进展;所遇到的一切难题,也都是在此方面所遇到的阻碍和挫折。前面所说的承包责任制的局限,并不是因为它突出了利益与自由,而是种种内在的或外在的原因,突出的还不够,或利益机制不够合理。对于这种局限,应或者通过完善承包责任制来消除(如在农村),或是用新的更高更合理的形式来代替。

马克思在《资本论》中关于积极扬弃的论述仍能给我们以启发。马克思在论述信用在资本主义生产中的作用时,把资本主义的信用制度和股份企业称作对资本主义的消极扬弃,把工人自己的合作工厂称作对资本主义的积极扬弃。如果我们把这段论述综合起来理解,保留信用制度与股份企业对资本主义的扬弃,不要资本家的私人占有,而有工人自己的合作工厂式的共同占有,这种合作工厂是在经济体制内部自然而然生长起来的。这样不就把马克思所设想的"积极扬弃"具体化了吗?

的确,股份制与银行金融信用制度应在未来的经济改革中发挥重要的作用。经济学界许多人已对此有所认识。凡承包制暴露出缺陷的地方,股份制都表现出某些优势。在股份制下,所有企业都必须接受由广泛社会生产过程所决定的统一资产收益率的度量,增加收益。增加收益必须通过努力经营、扩大投资、改进技术、增强市场竞争力才能达到。这样,在整个社会范围,利益机制更趋合理。如经营失败,股东必须依据一定的责任制度负亏。政府部门干涉大大减少,企业的独立性加强。"借助股票价格,能够对当时的资产收益率、追加投资预期效益状况,经营者实绩等作出较准确的判断。股票价格这种综合而高效率的功能,是因为在它背后有一个充分发展了的金融市场"。[①]

　　这里说的当然是一种理想情况,事实上,股份制的有效推行还需要比较好的社会氛围与外部条件,需要良好的市场机制、价格体系和经济立法,也需要政治体制方面的配套改革和价值观念的更新。目前当然有较大的距离,因此股份制也难以充分发展。目前对实行股份制采取慎重稳妥的方针是对的,但步伐似乎还应更大些。

　　总之,"随着改革的深入,我们可能会遇到种种意想不到的困难,这就需要改革者有坚强的信心和勇气,也需要表现出极大的主动性和创造性,去克服前所未有的困难,说老话走老路,都无济于事,但可以断言,无论在未来进程中改革表现出多么纷繁复杂的形式,突破口与主旋律仍将是利益与自由",[②]仍将是马克思所说的对私有制的积极扬弃。这是没有疑义的。对此我们必须有清醒的认识,应时时不忘按此主题调整我们的政策,制定我们的战略,教育我们的人民,推进我们的改革,否则我们就会犯极大的错误。

（原载《学术季刊》1992年第2期）

---

　　① 引自《经济研究》1991年第1期,《公有制经济内在矛盾及其解决方式》。
　　② 参见拙文《十年改革的主旋律:利益与自由》,《江苏社联通讯》(学术版)1989年增刊。

马克思主义实践论
与马克思主义人道主义

——兼谈哲学工作者的责任与使命

马克思主义实践论与马克思主义人道主义都是非常大的研究课题，非一两篇短文所能说清，本文试从方法与价值观的角度切入，谈一谈自己的粗浅看法，同时对当代哲学工作者的责任与使命作一简单探讨，以求教于学界。

一、引入新的研究方法

让我们先从学理层面马克思主义话语特别是实践论的角度谈起。

我赞成把实践范畴或者马克思主义实践论作为马克思主义的基石。这种理解主要有这样三方面的理由：第一，从历史的和逻辑的角度看实践概念是马克思主义哲学的出发点，也是他对前人思想的超越处；第二，在马克思主义哲学理论体系中，实践是个总体的贯通性概念，许多概念和理念均以此为基础或与此密切相关。第三，实践概念具有巨大的开放性与包容性，可以吸收当代自然科学进步的一切最新成果，从而使马克思主义理论永葆青春的活力。

不过关于这些这里不想展开讨论，只想谈谈运用新的研究方法对马克思许多论述作出新的理解的问题。当然，这种新的理解不是离经叛道，而是立足马恩的原意和基本观点，同时努力作出富有新意和体现时代精神的阐释。

我注意到长期以来在马克思主义理论研究中存在着两种对立的倾向，一种是强调客观，强调必然，强调规律，强调社会；另一种强调价值，强调理想,强调自由与个性以及一些主观的方面。在马哲史研究方面前一种强调马克思的《1844年经济学—哲学手稿》与《德意志意识形态》的质的区别甚至"断裂",后一种重视《手稿》,强调前期与后期的一致性,甚至认为前期比后期还要重要。两种观点各执一端,互不相让,各讲各的。其实这两种观点在马克思那里都能找到一些根据。从马克思思想形成的角度看,马克思从1843年转向唯物主义以后,思想确实经历了重大的变化,这个变化,经《手稿》、《神圣家族》到《德意志意识形态》,特别是《德意志意识形态》,确实特别重视强调历史规律的客观性,不以人意志为转移,所以有人认为这时马克思的思想出现了深层结构的转变或断裂,这个说法不是没有理由的。马克思这时的思想也表现出受到当时西方流行的普遍主义和决定论思想的影响。在西方,普遍主义的思想,决定论思想主要自16、17世纪科学革命、18世纪启蒙运动以来深入人心,人们普遍相信客观规律是普遍存在的,只要发现了就能利用它、遵循它,甚至戡天役物,为人类造福。至于有些现象还没有把握,那是因为科学尚未发展到那一步。将来水平提高了,一定能够发现,并利用它为人类服务。马克思在理论初创阶段,阐述历史规律也特别重视强调其客观必然性、普遍性,以证明自己理论的科学性,并批判种种从理想、价值、规范出发的唯心史观。但即使如此,我们仍然注意到马克思在进行理论阐述之时,无论是早期还是后期都忽隐忽现地表现出特有的价值取向、价值关怀以及对理想与信念的执著追求。这种追求尤其在《1844年经济学—哲学手稿》和《1857—58年经济学手稿》中表现得特别明显。

因此我尝试提出运用一些新的方法来研究马克思的思想。一是把科学的东西与价值的东西结合起来,二是把哲学、经济学和科学社会主义的研究结合起来,三是把前期马克思的思想与后期结合起来,完整动态地考察马克思思想,运用这些方法可以对马克思的许多理论范畴乃至马克思主义的理论精神作出新的阐释。

例如,实践是个总体性概念,也是个贯通性概念,类似的贯通性概念还有:主体、人与人的发展、自由、异化等,每个概念都贯穿马克思思想始终,并在马克思思想理论体系中占有牵一发而动全身的地位。我认为,运用上述方法,可以对马克思的许多理论范畴乃至马克思主义的理论精神作出新的阐释。

如劳动实践概念在马克思那里曾出现两次分解,两次对马克思思想的形成和发展都至关重要。一次是分解为劳动的物质内容与社会形式,即生产力与生产关系,而生产力生产关系矛盾运动正是唯物史观的极重要内容,因而推动唯物史观的创立。另一次是把劳动分解为具体劳动与抽象劳动,具体劳动创造使用价值,抽象劳动创造价值。第一次分解在《手稿》《神圣家族》中便见端倪,但主要是在《德意志意识形态》和《哲学的贫困》中系统完成。第二次分解则主要在马克思的《1857—58年经济学哲学手稿》和《资本论》中,根据《资本论》观点,劳动又可分为必要劳动与剩余劳动,劳动时间则分为必要劳动时间与剩余劳动时间。社会进步、劳动生产率提高表现为生产单位产品所耗费的劳动时间减少,而资本家剥削工人则是把剩余劳动时间所创造的价值占为己有。此即资本家剥削工人的秘密,也是著名的剩余价值学说。有此学说,再加上以前所创立的唯物史观,社会主义才从空想变为科学。

我以为,理解马克思的劳动实践概念、自由概念、人的全面发展概念、异化概念以及三大社会形态学说都必须以唯物史观与剩余价值学说为基础,把科学的观点与价值的观点、哲学与经济学、科社理论、前期与后期结合起来理解。按此观点,社会主义理论至剩余价值学说创立才成为科学,与此相联系,马克思的劳动实践观、自由观、异化观、人的全面发展观都可以从此角度作一理解。也就是说,至《德意志意识形态》,作为哲学观点的自由观、异化观、人的全面发展观等已经成熟,但作为科学理论的马克思主义的自由观、异化观、人的全面发展观等仍未完全成熟,仍带有一些哲学思辨和抽象的弱点,因为资本主义社会的内在机制是什么没有具体说明,规律的阐述也主要是理论概括和逻辑推论。到1857—1858年写《资本论》第一稿即《政治经济学批判大纲》,所有这些学说都在剩余价值学说基础之上得到科学的阐述。

例如,人的全面发展观,在《形态》中主要是哲学推论,也是一种信念,在《大纲》中则揭示,劳动时间分为必要劳动时间和剩余劳动时间,剩余劳动时间也是人可自由支配时间因而是人的能力发展的时间,但在资本主义社会却具有异化的形式,即被资本家私人占有的形式。一旦把此形式扬弃掉,剩余劳动时间就可直接成为人自由支配时间,自由支配时间又成为人的能力和创造性充分发展的时间,这也即是马克思的价值理想。在这里,规律与自觉意识、必然与自由、事实与价值获得了统一。因此,马克思的理想社会,不仅是物质财富极大丰富,不仅是吃得好、穿得好,当然这些是基础,但更重要的是人的能力与个性自由而充分的发展。从此角度,马克思的劳动实践概念、自由观、规律观、异化观、人的全面发展观、社会形态理论全部得到全新的理解。

也就是说,所有这些理论,若从这些方法和角度进行理解,在《手稿》中已经产生,但还比较抽象,若孤立地看,近似于前马克思主义抽象的人的弱点,但若同后期论述联系起来,则是天才思想的萌芽,后期思想是从此递嬗发展而来,因此同抽象的人有本质区别。至《形态》,创立唯物史观,《手稿》中抽象的弱点在很大程度上得到了扬弃,但由于没有进一步具体揭示资本主义社会劳动的内在机制和奥秘,因此没有具体说明如何扬弃异化,实现人的自由和全面发展的共产主义理想,就此而言,仍带有抽象的弱点。到《大纲》,马克思创立剩余价值学说,扬弃了以前的抽象,包括自由、人的全面发展在内的社会主义理论不再是空想,而是科学,异化观、自由观、劳动观、人的全面发展观、三大社会形态理论才完全成熟。

上面阐述是从科学与价值观,哲学与经济学、科社,前期与后期相结合角度理解马克思思想的一个新的思路。

二、高举马克思主义人道主义的旗帜

我认为,我们不仅要高举马克思主义实践论,而且还应高举马克思主义人道主义的旗帜,因为实践论是"实有",而"马克思主义人道主义"是"应有",是"理想"。我们知道"实有"推不出"应有","是什么"推不出

"应当是什么"。对马克思主义的理解不能只从"实有",从"是什么",从"规律"与"必然"的角度去理解,尽管这些非常重要,但是如果仅停留在这里,那么马克思主义的理论就会失去生气和活力。我们知道价值观是文化的灵魂,没有价值观的马克思主义是很难想象的,西方学者也正是从此出发攻击马克思主义忽视人。而从马克思思想发展线索来看,这样理解也不符合马克思原意。当然我们也不能只看到价值,而否定必然,否定规律,或用"应有"去取代"实有",那样就纯粹是乌托邦,是空想了,关键是把握它们的结合和张力。

我理解,马克思主义人道主义是马克思主义价值观的根本原则,这个原则贯穿马克思革命实践和理论创造的一生。即使在《形态》中,这个原则仍然在忽隐忽现地起着作用。在《大纲》中,则在更高基础上光辉再现。我们不能否认这一点。就事实,论事实,无所谓"鄙俗",无所谓"非人",无所谓"异化"。这些都是后期马克思对资本主义社会作的否定性价值评价,若从实有出发,就事实谈事实,存在与本质总是相符的,无所谓异化、非人。

人道主义有一般人道主义,也有具有特定社会历史形式的人道主义。虽说作为一种思潮人道主义主要是文艺复兴以后兴起的,表现了市民阶级反对封建专制与宗教禁欲的要求,但在此之前其实也是有的。一般意义上的人道主义主要指这样一种价值原则,肯定人的价值、人的地位、人的尊严,追求人的个性与能力的发展。但人可以从两个角度来理解,一是个体,二是群体或社会、类。资产阶级人道主义主要从第一个角度,强调个性解放和追求个人的幸福,马克思主义则超越了这种狭隘的个人利己主义,着重点在于类,人类的解放、社会的解放,让每个成员的个性与能力都能得到充分的发展。有人担心肯定人道主义会造成个人利己主义泛滥,其实这是对马克思主义的误解。马克思主义人道主义恰恰强调为人类解放事业而奋斗,对个体来说,为此事业奋斗乃至牺牲、献身都是非常高尚的行为,应该提倡。当然这是主体的自觉选择,而不是出于外力强制。因此马克思主义人道主义恰恰是超越狭隘的个人主义的。

现在已肯定社会主义人道主义,但主要把它局限在伦理领域。确实,价值观、人道主义是应有,但在能动的实践中,它不仅仅停留在纯粹的主观领域,而是通过人的能动活动之中去指导实践,加入到"实有"之中,成为改造世界的强大力量。于是,"实有"与"应有"不再处于僵硬的对立之中,而在能动的实践活动中获得了统一,并影响到现实。举个例子,人们造房子,不仅要考虑符合力学定律和建筑学规律,而且要考虑式样、风格,这就表现出价值观的影响了。这种价值观不能仅用伦理原则来说明,而是直接影响人的实践活动从而影响到现实性的广义的价值观原则。

在马克思主义理论体系中,价值观不仅具有伦理的地位,因为在马克思看来,哲学家只是用不同的方式解释世界,关键则是改造世界。社会历史规律,在能动的实践的马克思主义看来,绝不是注定如此不可变更的宿命,不是同人的主观努力毫无关系的自在之物式的存在,特别是在社会主义革命的时代,规律的实现必须有无产阶级自我意识这个环节,否则连接不起来。在历史发展的转折点和分岔点常有很多种选择,这时能动性、价值观显得特别重要。也就是说,社会主义不是从天而降或自然而然到来的,它的实现与发展都有赖于人们自觉的实践。

那么用实践观能否替代这些功能,我认为是不够的,实践观虽然要阐述价值和理想的作用,但不是价值观本身,它主要还是回答"是什么",而不是"应当是什么",所以马克思主义人道主义作为价值观根本原则的功能无法取代。我们应把马克思主义人道主义的旗帜高高举起。即使现在这样说也许多少还有些不合时宜,但我相信迟早会得到大多数人的认同的。这不仅因为它符合马克思的本意,而且因为社会历史的发展进步、现代化的进展,本质上是人的能力的发展,因此人道主义应该得到多数人的认同和肯定。事实上,马克思主义人道主义是人类思想宝库中最有价值的一部分,它提供了一个无比光辉和博大的境界,永远指导着我们为之努力。换言之,我们不是为了必然,为了客观规律而努力的,而是为了自由、为了善、为了价值理想而努力的,虽然为了实现自由必须遵循规律。事实上资本主义社会一个多世纪以来的发展很大程度上是由于马克思运用他的价值观原则对之弊端进行尖锐批判的结果,迫使它自我调整和改善,而不全然是生产力进步的结果。那么我们为什么不能高举马克思人道主义价值理想的旗帜作出更大的进步呢?

有人担心这样恐难同资产阶级抽象人道主义划清界限,其实这是不必要的,因为马克思主义人道主义奠定于唯物史观与剩余价值学说基础之上,两个学说缺一不可,并水乳交融地结合在一起,渗透在一起,资产阶级人道主义没有这两个学说,因而在历史观上是唯心主义,在价值理想上是空想。

从当前现代化建设的角度看,现代化主要是发展社会生产力,它能够提供财富,提供充裕,但不见得能提供善,而马克思的理想社会不仅是一个按照规律必然要到来的社会,一个真的社会,而且也是善和美的社会,在那里有每个人的个性与能力充分发展。也就是说,现代化需要有价值观念导引。那么我们今天能拿出什么来充当这一任务呢?拿必然性理论吗,肯定不行,因为实有推不出应有。社会主义、共产主义的旗帜当然要举起,但对普通群众来说,共产主义的名词还是有些抽象和虚玄,在空头政治破产、大众政治热情衰退的今天,很难引起多少内在的冲动,只有价值观原则才是照耀人的心灵的内在之光,从此角度看马克思主义人道主义永远具有不可磨灭的价值,社会主义事业的成败应很大程度上同此联系在一起。

三、马克思主义哲学的前途与命运, 当代哲学工作者的责任与使命

今天我们纪念马克思的《提纲》和《形态》写作150周年,当然意在现在,重视挖掘现代意义,特别重视探讨当代马克思主义哲学的前途和命运,我们这一代哲学工作者有何责任和使命。

我认为,以邓小平为代表的中国共产党人或者说马克思主义者在当代所着力解决的是把握三个结合点,一是马克思主义与现代化的结

合点,或者说社会主义与现代化的结合点,即如何既走社会主义道路又实现现代化,此为第一大要务。二是传统文化与现代化的结合点。三是现代化与中国特色的结合点。这三个结合点是当前所要着力解决的问题,也是事关社会主义事业成败和民族兴亡的大事。从当前情况看可以说取得了相当成绩,但问题也不少。小平同志说只有到了下个世纪赶上发达国家我们才能理直气壮地说我们搞的社会主义够格,正是出于这种危机感。目前只能说社会主义在实践中,任务还相当艰巨。作为哲学工作者,应当关注这些重大问题,研究这些重大问题,不能只停留在烦琐的书斋考证,从本本到本本,那是经院哲学,没有生命力。同改革开放有关的许多重大问题都值得研究,如管理哲学、经济哲学等。如在现实的管理领域,以人为本已是管理学常识,可是我们的马哲领域还常常在批以人为本是唯心史观,这就是理论同实践脱了节。这样的研究没有生命力。

以上都是从马克思主义话语的角度进行的探讨,下面我们不妨从更一般的视角讨论哲学的前途和命运以及哲学工作者的责任与使命。

让我们从衣俊卿先生的话题谈起,我很同意衣先生的文化分析。的确,当前的话语系统产生了分化,过去靠权力,靠狂热的渗透一切的极左思潮整合在一起的话语一分为三,一方面是官方主流意识形态话语,一方面是精英知识分子话语,一方面是大众话语。特别随着改革开放现代化建设的深入和市场经济的发展,大众文化崛起和精英文化衰落是非常引人注目的现象。大众是市场的主体,也是文化的主体,甚至成为文化的消费者,当然是大众文化、市场文化,也是通俗文化,市井文化。过去大众被权力和意识形态强制整合在一起,没有自己的独立地位和意识,现在不同了,极左政治通过文革把一切荒谬的东西发展到极致,噩梦醒来人们普遍政治热情衰退,对主流意识形态话语产生疏离感,而思想解放也给人们的精神与思想较大的空间、弹性和自由度,于是,人们不再对自己不感兴趣的东西感兴趣,而只关心自己的当下存在,衣食住行,物质利益,充满着感性的东西,特别是钱和性。这就是大众关注的中心。官方一下发现如何在市场经济和现代化建设条件下从意识形态角度整合大众是个非常难的问题,思想氛围的宽松并未唤醒人们的政治热情,而重走回头路肯定不通。

知识分子呢,更加成了尴尬的一群,过去自以为是道统的继承者,或者启蒙思想的宣传者,现在突然发现大众哈哈一笑走开了,他们对精英知识分子的话语不感兴趣,感兴趣的是另外一些事情,于是知识分子发现自己成了受冷落的一群。你诚然可以继续讲治国平天下的道理,讲民主自由平等人道和科学理性,讲物质第一性、精神第二性、实践是基石,讲人类解放的理想等,但谁来听呢?精英和大众各自有不同的话语系统。

于是许多知识分子产生了强烈的危机感,这种危机感在文艺界尤甚。过去作家以文以载道为己任,必然要宣传道德教化的道理,教育人民,诗言志,这既是几千年的传统,也是近几十年以来一直视之为当然的道理,但这一切在市场大潮下溃退了。于是许多知识分子从启蒙的立场后退,不再以启蒙为己任,不再关心思想深度、道德教化。后现代文化关于无深度、平面感的论述也为之推波助澜。最典型的就是王朔,从"渴望"到"痞子文化",他的名言是"玩的就是心跳,过把瘾就死,我是流氓我怕谁"。"快餐文化"、"色情文化"、"凶杀文学"等成为大众文化的主流,那些善于炮制文化快餐和描写色与性的通俗作家也的确腰包鼓起,活得潇洒,只剩下张承志、梁晓声等少数人在苦苦支撑。

在此情况下,哲学出路何在?知识分子出路何在?北大陈平原君提出不要有什么社会责任感,以天下为己任,这是自作多情,露导师心态,为天下师。学术归学术,政治归政治,游戏规则不一样,知识分子应力戒浮躁,争取在学术上有所建树。

可是我对他的说法不禁有些怀疑,一个个人私德高尚的人诚然可以不关心政治,但所有的知识分子都这样行吗?过去跟得太紧诚然不对,但若连社会责任感一起否认,那么最高尚的东西与最庸俗的东西也就没有什么区别了。

从现代化建设的角度讲,现代化需要有合理的价值观念作导引。经济繁荣,科技进步同价值观并没有什么必然的联系。例如,希特勒式的现代化也是现代化。二战以后审判战犯,法官们发现仍得运用古老的自由平等自然法原则,否则战犯们声称自己是执行上级的命令,行动具有合法性,因此必须用更高的价值原则,请出天理良心来审判之。可见,合理的价值导引是绝对必需的。因为我们的目标不仅是一个物质财富充裕的社会,而且也是一个善和美的社会。

从人民大众的角度看,应该有安身立命的东西。一个人和一群人诚然可以只关心赚钱享福,但一个民族一个社会都这样肯定不行,总是应该有比形而下追求更高的东西。我们现在的情况是,传统文化被批得七零八落,西方文化也理解得枝枝节节,马克思主义在大众的层面相对说来影响也不深,于是没有比物质利益更高的追求,只剩下感官需求、性和欲,于是世风就败坏了。当然,法律和政纪党纪还在,违背要受到惩罚。但那属于外在的强制,一个人没有内在之光的照耀,只凭本能行事,最多害怕法律制裁,而不敬畏心中的道德律令、价值理想,那比动物又能高明多少?许多人甚至置法律于不顾,那就同动物境界差不多了。一个民族的价值取向都这样肯定不行。

当然,我们民族缺少宗教背景和超越的传统,对形而上的东西不感兴趣,但这方面追求不是没有,否则,基督教、佛教在大众层面发展怎么那么快呢?

目前我们面临着文化转型和文化重建问题,除经济建设外,最重要的也许就是价值观重建,在大众的层面树立合理的价值导向,建立那终极关怀和安身立命的东西,以确保我们的民族文化和现代化建设向着合理的方向发展。

从知识分子角度看,不能都去炮制快餐文化,而失去自我,应该有自己的独立地位和人格,不做意识形态话语的传声筒,也不做小市民金钱的俘虏。诚然,他可以关心大众文化,但更应该有一种责任感和使命感,意识到自己作为"社会良心的承担者",有责任抨击不公,提倡正义,这不是追求过去那种中心的地位,而是尽其所能维护"善"的理想,为社会发展提供合理的价值导引。

对作为"社会良心承担者"的知识分子来说,有三种传统可以继承,一是马克思主义人道主义传统,马克思的价值理想,为人类幸福献身的普罗米修斯精神。此境界最博大,又同主流意识形态贴近,社会主义和共产主义理想都可以作为指针,其意义是十分重大的。二是西方启蒙的传统,主要是西方文明史所积淀下来的一些价值理念,如民主、自由、平等、正义、理性等,通过启蒙运动被启蒙思想家所光大。当代西方许多人已视之为古典,尼采价值重估,而后现代主义主张无深度、平面人,对这些传统理念自然不屑一顾,但这些理念仍然在社会深层结构中发挥极重要的作用。中国由于历史发展的道路不同,长期缺少这些传统,更需要提倡,而不能学西方的后现代主义者。现在有些人嘲讽启蒙,其实先知后知的区别总是存在的,面对愚昧与落后奋起抗争,并宣扬进步的思想还是有其价值的。一定的启蒙也是必要的。

三是中国文化的道统,忧患意识,以天下为己任,存亡继绝,为天地立心,为生命立民,为万世开太平的"民胞物与"观念都是非常优秀的精神财富,我们不能随便否定,而应有存亡续绝的意识,继往开来,发扬光大。

所有这些都显示出文化关怀特别是哲学的价值,有人认为当代知识分子已从启蒙的立场倒退,人文精神失落,其实这种现象主要在文学创作领域更突出一些,在其他领域,特别是哲学界文化界并非如此,仍有相当一部分知识分子高举人文精神的旗帜,关心民族的命运、大众的利益、社会的进步,并努力为民族文化的发展提供合理的价值导引。事实上,也只有哲学与文化才能担当起终极关怀与安身立命之重任。

对于马克思主义哲学来说,则应以弘扬马克思主义为己任,同时也承继后两个优秀传统,从而完成一个大综合、一个大创造,为我们的社会主义现代化事业以及在此基础上的民族文化再造贡献力量。哲学的重任在这里,哲学的希望也在这里。

(原载《学海》1997年第1期)

马克思的异化劳动理论及其现代意义

160年前,马克思在一部未完成的手稿(《1844年经济学—哲学手稿》,以下简称《手稿》)中提出了著名的异化劳动理论,并以此为出发点批判资本主义,阐述他的扬弃异化和实现共产主义的理想。如今这部手稿作为研究马克思主义理论形成史的重要材料而吸引了众多国内外学者的关注,有关文章和著作已汗牛充栋。但我以为,《手稿》以及异化劳动理论的价值不仅在于理论史,迄今仍可成为我们理解与认识当代中国社会问题的一个重要理论与方法。遗憾的是理论界对此尚未有足够关注,本文在此方面作一尝试,以期抛砖引玉,并以此纪念这部天才著作写作160年。

一

异化思想不自马克思始,最早在霍布士《利维坦》中已露端倪、黑格尔《精神现象学》中的主观辩证法甚至将之同劳动联系起来,但将之同现实社会的工人劳动相联系,从而丰富、发展并使之闻名于世的还是马克思的《手稿》,以及后来的《政治经济学批判大纲》(以下简称《大纲》)和《资本论》。

异化概念的基本含义是人创造出来的物不受人支配,反而转过来成为支配人奴役人的力量。可见异化本是人化,即产生于社会而非自然,产生于人的活动和来自于人的创造,但它作为人的创造物却不为人所用,反而与人的力量相对抗乃至转过来奴役人压迫人,此即为异化。

所谓异化实际上包含了一种价值评价,即人创造出来的东西应该为人所用,与人相统一,至少不应与人对立,敌视人甚至奴役人。如马克思在《手稿》和《资本论》中说人所创造的劳动工具是人的肢体的一种延长,它帮助人征服自然,还生产出产品供劳动者享受,在此情况下人与其创造物的关系就是和谐统一的主客关系,不存在异化。反之即为异化。把异化现象与人的劳动活动特别是当代工人的劳动联系起来,并分析扬弃异化的历史条件,提出异化劳动理论,是马克思的一大创造。这个创造是在《手稿》中完成的,在《大纲》和《资本论》中得到进一步的发展。

在《手稿》中马克思指出,人类社会是通过劳动自我创造自我生成的过程。自由自觉的劳动是人的生命活动,也是人的类本质。然而在资本主义社会有一种关系使劳动变形。劳动产品本是人的活动的创造物,也是体现人的创造力的对象,但在资本主义社会却转过来成为支配人奴役人的力量。于是,劳动者在生产中不是感到幸福,而是感到不幸;不是感到自由,而是感到受奴役和强制。劳动对他说来不再是自觉自愿的了,人区别于动物的类本质也丧失了;劳动产品被他人占有,人与人的关系也异化了。这就是著名的异化劳动四规定。至于资本主义社会中的其他关系,如货币、商品、利润、利息等都从异化关系中产生,用马克思的话说:"一切奴役性的关系不过是这种关系的各种变形和结果罢了。"

马克思指出,自我异化与异化的扬弃走同一条道路。人类发展在一定历史阶段不得不采取异化的形式,但却为扬弃异化和人的解放准备了条件。共产主义是人的自我异化的积极扬弃,是通过人并为了人而对人本质的真正占有,是向社会人即合乎本性的人自身的复归。这种发展是保存了以往全部成果的,是人与自然、社会之间矛盾的解决,也是存在和本质、个体和类、自由与必然之间抗争的真正解决。

在《大纲》和《资本论》中马克思扬弃了《手稿》中的人本学思辨式语言,从更为具体的经济学理论出发剖析资本奴役劳动的异化现象。劳动二重性学说即是他创立的经济学理论,这是他的剩余价值学说的基础,也是异化理论的出发点。在马克思看来,异化现象的产生有两个前提,一是生产商品的具体劳动与抽象劳动、私人劳动与社会劳动相分离,二是劳动者与劳动的客观条件相分离。抽象劳动的分离是生产和分工发展的结果,同时又转过来促进了生产与分工的发展。但这种分离也包含着一种危险,即分离出来的抽象劳动在人面前独立化,并成为与人对立的力量,人不能控制它,反而可能受它的控制,其典型表现就是商品拜物教和货币拜物教。马克思理想的社会个人与社会直接统一,不需要迂回地通过一种中介物来联系。他没预见到至少在社会主义社会还离不开商品、货币和市场,当然他也并不认为商品货币直接就是异化。在他看来,抽象劳动的分离只是异化产生的抽象可能性,从可能到现实还需要一系列历史条件,如货币财富的积累,如劳动者与劳动客观条件的分离,一无所有的雇佣劳动者出现,货币转化为资本。所有这些历史条件结合到一起,就诞生了资本主义生产关系,异化劳动现象也随之应运而生。

马克思指出,资本的谜也就是异化的谜。资本的秘密在于剥削工人的剩余价值,资本家是资本的人格化,他的灵魂是资本的灵魂。他不惜一切手段延长工人的劳动时间赚取绝对剩余价值,或发展科学技术缩短必要劳动时间赚取相对剩余价值。分工使工人片面畸形化,机器大工业使工人成为附属物,一个无足轻重的孤立点,生产资料与人类智慧的结晶都纳入资本的体系中,成为帮助资本家奴役工人的力量。当然,工人不仅是异化者,更是革命者,一旦资本体系容纳不下在它推动下发展起来的财富和生产力,它的丧钟就敲响了。无产阶级必将承担埋葬资本统治和扬弃异化的伟大历史使命,代之以全体劳动者成为生产资料主人的共产主义社会。在此社会,财富所具有的狭隘的资本形式被扬弃掉,每个人的创造性能力成为最大财富和生产力,这样异化就被真正扬弃了,马克思所憧憬的自由个性全面发展的第三大社会形态就来临了。

以上概括的是马克思的异化理论,也是他的共产主义理想,在一个多世纪的漫长岁月里它一直是鼓舞包括我国在内的无数革命者参与国际共产主义运动和进行社会主义革命与建设的巨大精神力量,直到上个世纪末才受到严峻的挑战,但其理论的夺目光辉仍在。

二

贯穿整个20世纪并震撼世界的中国革命一方面是亿万国人应对西方挑战、实现从传统到现代转变的努力,另一方面也是马克思主义理论传播及其与中国革命实践相结合的成果。当然,它与经典的理论乃至与俄国革命相比不那么正统,也可以说是非典型革命。因为它发生在一个生产力相对落后的东方国家,而且走的是农村包围城市的道路。但是它成功了,一次成功的实践胜过一百次失败的探索,即使后者从理论的角度看更为典型。但这里所说的成功指政治权力的改朝换代和社会制度的颠覆,即共产党掌握了政权,并按照马克思主义理论进行生产关系和经济基础方面的社会变革,或者说社会主义革命。至于革命能否取得预想的效果,还是未定之数,有待于实践的检验。众所周知,从20世纪世界史的角度看,一战后诞生了第一个社会主义国家——苏联,二战后则出现了一批,十多个国家走上社会主义的道路,出现了与资本主义阵营对抗的社会主义阵营。但不久即出现了矛盾与分裂,至1989年国际风云变幻,大多数社会主义国家改变了颜色,放弃了马克思主义,投向西方世界。变化之大,可谓沧海桑田。当然中国未变,但改革开放特别是市场大潮兴起以后中国社会的变化之大也可谓天翻地覆。对此不妨从马克思异化理论和价值理想的角度作一考察。

我国1949年取得新民主主义革命的胜利,1956年完成工商业的社会主义改造乃至在农村全面实现合作化,从而取得社会主义革命的巨大胜利。按照经典理论,中国的民主革命分两个阶段,包括旧民主主义革命和新民主主义革命。旧民主主义革命以资产阶级、小资产阶级民主派和其他开明进步人士为主体,以孙中山为代表的中国国民党为领导,以民族、民生和民权即三民主义为鹄的。新民主主义革命以中国共产党为领导,以马克思列宁主义为指导,以工人、农民、热心青年和其他进步爱国人士为主体,以建立社会主义为目标。其中,农民的人数最多,革命的根据地又是在广大农村,因此中国的新民主主义革命完全可以说是农民革命。于是在半封建与半殖民地的中国出现了马克思当年始料未及的情况:农民而不是工人是革命乃至现代化运动的最大主体和参加者。按照《共产党宣言》的分析,农民的社会地位原本应随着包括工业化和城市化在内的现代化过程而走向衰落的。可是由于中国革命的特殊性,农民反而比工人成了更为热心的革命者。城市暴动除了热血青年和激进的革命党人外,在工人那里响应者始终寥寥,也无一例外地以失败而告终;在农村即使同样有血雨腥风的威胁,但却始终能够得到农民最强大的支持和最无私的援助。这也就是效法俄国的立三路线迅速失败而毛泽东农村包围城市的革命道路最终取得辉煌胜利的主要原因。

然而,以农民为主体的中国革命终究是中国现代化漫长过程的一个阶段和组成部分,从传统到现代转变的规律从长远角度看终究要发挥作用。在50年代农民欢欣鼓舞迎接社会主义革命的到来,土地改革、互助组、合作社、人民公社,还有城市工商业的社会主义改造,一系列社会变革纷至沓来。包括工人农民在内的社会各界对之无不抱着欢迎的态度。在新建立的社会主义秩序中,工人是领导阶级,也是社会主义现代化的主力军,农民则是同盟者和被领导阶级。当然,昔日造反成功的农民在经历了枪林弹雨的洗礼之后多成为革命干部,完成了身份的转变。只有那些多年来一直在田野里劳作不已的泥腿子和本分庄稼人仍保持农民的身份,继承先祖的事业。不过同旧社会当长工做牛做马已不一样,毕竟是领导阶级的同盟军与革命主要参加者,土地、工厂乃至国家理论上属人民所有,工人农民则是人民的基本成分,翻身当家做主人并非完全是政治家的空洞口号和文艺家的诗意描述,而是很大程度上的活生生现实。完全可以说,长期以来劳动者与劳动资料相分离的异化现象得到了初步扬弃。工人和农民既是自己生产资料的主人,当然有权支配这些生产资料,并有充分的权利享用自己的劳动成果。但是暂时还不能过于追求享受,因为城里依然是秦砖汉瓦,农村则是牛耕草房如故,生产的产品并不是那么充裕;还因为世界上仍有三分之二的阶级兄弟生活在水深火热之中,等着我们去解放,农民应把最好的粮食交给国家,或低价卖给城里人,以支持他们的革命与建设。工人则应努力抓革命促生产,为国家生产更多的产品,以支持社会主义建设乃至国际共产主义运动。

还有,个人劳动与社会劳动的分离乃至对立也在很大程度上被扬弃了,因为几乎所有的生产资料都公有化了。城里有举国一体的全民所有制,农村则有一大二公的人民公社。当然也有少量的小集体,但那实是全民所有制的附属与补充,而且资产绝对接受其支配,即实质上仍姓公。真是普天之下,莫非公土,率土之滨,莫非公士。既然天下姓公,主人同一,其产品当然可以一平二调。这是公有制的逻辑。在此情况下即使有商业活动存在,也是形式上的商品交换,实质是一家人的内部分配。从此视角来看,任何个人的活动都直接是社会活动,过去横行已久的私人劳动与社会劳动之间的分离与对立当然被扬弃了。

但所有这些都在很大程度上是理论上而非实际内容上的,或更准确地说,从实际内容角度看还有很大距离。如在政治权力方面,国家那么大,人民又那么多,不可能每个人都参与管理。事实上绝大多数工人农民仍得靠种田做工为生,政治上的事无暇也没有能力顾及,得交给代表他们的干部或官员。官员名义上是人民的公仆与勤务员,实际上作为人民的代表享有的权力、地位和待遇远高于普罗大众。他们也拥有支配国民财富的全权。名义上授权给他们的人民或工农大众反而没有多少支配的权利,终日劳碌流汗,生活得却相当艰难。用马克思的话说这似乎是一种异化,用毛泽东的话说这是一种资产阶级法权,但对人类文明史而言,这种异化与法权却难以避免:毕竟治理国家的经国大业得靠专门的阶层来进行。当然社会主义社会的官员仍不同以往,他们得兢兢业业地为人民工作,想人民所想,急人民所急,甚至同吃同住同劳动,还得经受许多政治运动的考验。从此角度看人民群众的确受到前所未有的尊重,甚至也可以说主人翁地位名不虚传,当然实际上仍有很大距离,仍处于被领导和被管辖的地位,没有多少自由。

于是出现了这样有意思的现象:一方面工人农民是社会主义现代化建设的主体,并且在政治上是领导阶级,虽然是理论上的,但毕竟理论也会在一定程度上影响到现实,影响到许多普通劳动者的命运。另一方面,除了少数提拔上去的积极分子外,大多数劳动者的生活状况实际并无根本改变。城市的工厂由国家任命的厂长经营管理,农村人民公社则有社长、队长和书记,普通劳动者似乎只有接受领导和按要求劳动的自由,并无多少主人翁之感,也没有多少劳动的积极性。生产效率和生活质量长期低下是可想而知的。改革开放前的社会主义经济建设取得了一定的成绩,但与理想有相当距离。特别是三年困难时期,由于大跃进、共产风和一平二调、一大二公的恶果,无数人挨饥受饿,国民经济到了崩溃边缘,原有模式已难以为继。不得已农村核算单位从人民公社退回到村或生产小队,城市则是厂矿企业核算。政府作为人民理论上的代表对其所有仍可无偿调拨,但得有度,因为生产出来的财富实在有限,将之随意调拨或挥霍,许多人的生命就会遭受涂炭,人民已无法承受三年困难再来。当然计划经济仍勉力坚持,但商品货币市场已被证明无法取消,虽然经济学家绞尽脑汁试图从理论上证明社会主义的商品货币如何在性质上不同于资本主义,但其作为分离出来的抽象劳动和交换价值异己的独立地位明摆在那儿,对此马克思已有明证,毛泽东也对此甚为不满,但取消资产阶级法权的设想始终停留在理论上,实践中未尝能有一日如此。

总之,改革开放前夕,普遍贫穷和一大二公的社会主义暴露出诸多问题,概括地说主要有三个方面:第一,它没有提供效率。本来社会主义是以解放生产力著称的,这也是它取代资本主义生产关系的合法性所在。但我们是在一个较为落后的半封建半殖民地国家建设社会主义的,经济基础和技术水平本来就差,计划经济又压抑了人们的积极性与创造性,效率低下不奇怪。第二,它没有提供富裕。效率差、浪费多和生产力水平落后的社会不可能有富裕,只可能有贫穷。但社会主义应当提供富裕,否则其优越性和吸引力何在?当然人民在特殊情况下为长远利益短期内可以作出一定牺牲,和平时期一直如此就难以为继。

正如马克思在《德意志意识形态》中谈到社会主义必须以生产力的高度增长为前提时所言:"生产力的这种发展之所以是绝对必需的实际前提,还因为如果没有这种发展,那就只会有贫穷的普遍化;而在极端贫困的情况下,就必须重新开始争取必需品的斗争,也就是说,全部陈腐的东西又要死灰复燃。"① 对改革开放前特别三年困难时期有记忆的国人在此方面都有切身体会。第三,它没有提供自由。一方面严格的户籍制度和城乡之别束缚了人们迁徙乃至日常生活的自主行为;另一方面还有无数政治运动在整肃人们的身心。绝大多数人被强制到农村或工厂某一个单位进行劳动,没有多少选择的自由。在此情况下他的劳动活动谈不上什么自觉自愿,也很难感到自由和幸福。举个简单例子,人民公社期间一个众所周知的常识是自留地的庄稼普遍好于公田,几乎每个农民都对自己那一小块田给予最大关注,在公田的劳动则出于应付,也得益甚少。所有这些现象都很难让人不联想到马克思在《手稿》中论述最多的那个词——异化或异化劳动。当然这种联想是与马克思的崇高理想比而非与旧中国比,与旧中国比仍有很大进步,毕竟千百年来地主对农民的剥削以及近代以来资本对劳动的奴役现象被铲除或基本铲除了,工人农民确实在一定程度上有当家作主之感。然而对照马克思的理想乃至与世界先进水平比,我们仍有充分的理由批评其在提供效率、富裕乃至自由方面有很大差距,不改革就没有出路。

三

1978年中共十一届三中全会以后,中国走上了改革开放之路,改革开放的中心点是发展生产力,亦即提高效率。中国过去问题丛生,但最主要的还是缺少发达的生产力,改革开放和现代化建设的所有举措都是为了解放生产力。在发达生产力的基础之上才可能建立巍峨的社

---

① 《马克思恩格斯选集》第1卷,人民出版社1972年版,第39页。

会主义大厦,也才可能有富裕,有自由。这样一种认识已成为无数国人根深蒂固的信念,它与前引马克思《德意志意识形态》中的论述精神完全一致,而一致不是因为人们对此论述有多熟悉,而是因国人的经验无不昭示于此,这其中包含着许多深刻的切肤之痛。

在农村改革的形式主要是包产到户,农民以承包的形式直接获得了土地,即与最基本的农业生产资料获得了统一,也获得了如何生产与迁徙、就业的自由,这是自古未有之幸事,农民兴高采烈,以饱满的热情全身心投入到生产之中。劳动生产率迅速提高,千百年来一直折磨着国人的温饱问题很快解决,正如马克思在《共产党宣言》中论说资本历史作用时所言,有谁知道这样巨大的生产力隐藏在农民承包之中呢?

像农村一样,城里的改革也围绕效率展开,这是宏观层面,微观层面对个人而言则主要围绕利益与自由,特别是利益,只有给人带来实际利益的改革才可能调动人们的积极性从而获得成功。当然改革总的模式和导向是市场经济。市场经济不再被看作资产阶级法权和形式上的异化,而是资源配置的最佳手段。它不是资产阶级专利品,资本主义可以用,社会主义也可以用。在社会主义市场经济条件下个人合理合法的利益应当受到肯定,但对工矿企业来说则应努力提高效率,多生产优质产品,并追求利润的最大化,工人的利益还排在其次。道理很简单,只有企业富了工人的利益才可能有保证。对国家和政府来说也一样,只有GDP搞上去了,才有人民的利益,否则一切都是空的。社会公平只有在效率优先的前提下才能予以兼顾。所有这些都有些道理,应当实行,但不能太过,过犹不及,对此下面再谈。

更具体地说,城市改革主要是国有企业的转轨,与此同时还有民营经济的崛起与外资的进入。国有企业在当初的奖金鼓励效力渐微后逐渐过渡到资产经营责任制、承包制、股份制,还有最近正在进行的拍卖与改制,等等。所有这些改造都是贴近市场导向和围绕企业经营者与企业的利益关系而进行的,工人劳动者则变化不大。当然也有大的变化,工人原来至少形式上属于领导阶级,现在此形式已残缺不全,在大多数改制的、民营或外资企业中则完全没有了。尽管某些改制企业的老板还挂有党委书记桂冠,但谁都知道那只是空洞的符号和一个具有某些利用价值的虚名。但我们仍应指出,从贴近市场和提高效率的角度看,改革的方向总体上正确,因为市场经济中的地位的确是资本最为重要,其次是技术,最后才是工人或普通劳动者,特别在我们这样一个资本紧缺而劳动力相对过剩的国家,这样一种导向的出现更有其合理性。但是从公平、平等的价值理性与维护社会稳定的功利目的角度看结论则有些重要差异,若从扬弃异化的社会主义理想角度看差异就更大。

在谈及差异时仍有必要再次指出,我国改革开放二十多年的发展和市场经济与现代化建设总的说来取得了很大成绩,综合国力有了很大提高,人民群众生活水平也有了根本改善,特别在沿海发达地区有相当一部分人已越过小康走向富裕,这是非常了不起的成就。但也无须讳言,存在的问题不少,有的很严重,其中最突出的就是社会公平,现实与理想有些脱节。改革的好处多落入强势群体之手,而工人农民等普通劳动者成为相对弱势的群体,处于强势的是权力、资本,其次是技术。普通劳动者若找到一个好单位好行业如电力电信仍能有较高收入,但总的说来工资水平一直较低。这里面有按劳取酬的因素,但更多是因为弱势的地位,工人在工资收入方面几无与资本讨价还价的能力。民营与外资企业的劳资关系纯粹是雇佣被雇佣的关系,老板颐指气使、工人劳碌不已并忍气吞声的情况是可以想见的。许多民资企业加班熬夜成常态,工人每天超负荷地工作十几个小时,马克思在《资本论》中论述的资本家想方设法延长劳动时间以赚取超额剩余价值的情形在许多地方并不罕见。当然许多做出口的企业超额利润被国际资本赚走,因为由于相互竞争、内耗,出口的产品价格往往很低。许多中小企业劳动条件差,劳动负担重,而政府有关部门失于监督,以至于一些有同情心和责任感的国际企业承担起制约的功能,声称若国内企业在对工人的人道主义待遇方面有问题就拒绝与之签单,致使这些企业的老板不得不对之高度重视。我们有社会主义的信念,三个代表的思想,但给劳工人道主义待遇方面竟要国际资本来上课,这似乎很滑稽,值得我们深思。

在此境遇中的工人精神面貌,大概同马克思《手稿》中关于异化劳动的描述也相去不远。

农村的问题更为突出。80年代农民欢欣鼓舞对待包产到户,温饱问题的解决确实是千百年未有之盛事,但近十年来情况却有了很大变化,农业生产资料的价格急剧上升,需交纳的各种税费也大幅度增加,农产品的价格却没多少变化,农民的负担大大加重,生活状况也日益恶化。交不起费、上不起学和看不起病的不在少数,干群关系也变得日益紧张。关于当代农民的恶劣处境,曹锦清《黄河边的中国》、李昌平《我向总理说实话》与陈桂棣、春桃《中国农民调查》有非常详细的描述,特别是李昌平关于"农村真苦,农民真穷,农业真危险"的名言已为世人皆知,也引起了上上下下的关注,已采取了不少措施,但效果未尽如人意,农民的生活状况迄今无根本改变。

另一方面,权力腐败和两极分化现象非常严重。一个强大的资本阶层在兴起,其成长很大程度上得益于市场经济的发展和改革开放,当然它们也转过来促进市场经济的发展,同时资本的兴起也多同权力阶层有千丝万缕的联系。在政府处于强势的国情下这种情况的出现也可以理解。对于官员说来支持资本发展既能促进经济增加税收,又能体现自己政绩并符合党的政策,何乐而不为? 但什么事情都应有度,若无原则地支持资本发展则可能损害群众利益和国家的长远利益,还容易发生权钱勾结和腐败。这样的事在当今中国已多得令人无法容忍了。如低价征用农民土地出售给开发商,据有关数据,20年来农民在此方面的损失超过两万亿,开发商和房产商趁机大赚其钱。双轨制的实行使有权者依靠批文成万上亿地赚钱。改制中有无数国有资产合法流失,有些人还巧取豪夺本属工人的资产。工人在改制过程中显然处于弱势的地位,而资本的后面常有权力作靠山。

所有这些无不说明,中国的改革开放和现代化建设到了一个非常关键的时刻。一方面确实取得了很大成绩,另一方面确实存在着严重问题,特别是社会不公、腐败和两极分化。当然,若用马克思的异化理论和社会主义理想来衡量则还有劳动者主体地位的失落和异化问题。

的确,从马克思理论的角度看,抽象劳动与具体劳动、社会劳动与私人劳动相分离,商品、货币、资本,还有雇佣劳动的出现,都是异化劳动或劳动的异化,社会不公、腐败和两极分化则是其衍生物或者说现象形态。马克思理想的劳动是自由自觉自主的创造性活动。但他在《资本论》中也谈到这样的自由王国存在于必然王国的彼岸,而人为了生存永远无法完全摆脱为生存而进行的必要劳动,即永远受必然王国的制约。综合这些论述并对照我们多年的社会主义实践可以得出结论,马克思关于取消抽象劳动与具体劳动、私人劳动与社会劳动的分离从而扬弃异化的论述有些理想化了,实践证明至少社会主义社会不可能没有商品货币,也需要有市场经济来实现资源的更佳配置和提高效率。但是我们也不能把市场经济和商品货币资本过于理想化,它们的弊端和问题也明摆在那儿,马克思的尖锐批评我们也不应忘记。市场经济从来就是一把双刃剑,我们为了效率搞了市场经济,是既得其利,也得其弊。对此我们应该有清醒的认识,应尽可能使问题少些,弊端少些,而不是相反。很遗憾,90年代市场经济大潮兴起以来,我们许多地方恰恰走了另一条路,即只重效率,不重公平;只重速度和GDP数字,不重效益和人民生活水平的提高;只重城市,不重农村;只重资本,不重工人和普通劳动者的权益;只重权力阶层的利益而忽视民众个人权利的扩张。因此才腐败丛生、权钱勾结和两极分化现象严重,离马克思的理想似乎渐行渐远,社会蕴藏了极大的不稳定因素。其实自上个世纪以来,即使是西方资本主义国家对市场经济也不是完全放任。完全放任必然会导致资本愈富、劳工愈穷和两极分化,以强凌弱的事也难免发生。西方自凯恩斯和罗斯福新政以来就提倡政府承担更大的社会责任,用公平公正的价值理性导引或限制市场经济的发展,即用看得见的手调控看不见的手。福利经济学、社会民主主义和罗尔斯的正义论也都贯穿此精神。我们有马克思的社会主义理想、扬弃异化的理论,还有三个有利于和三个代表思想等,立意更高,理应在此方面做得更好。当然,我们对市场经济实际上也没完全放任,众所周知,美国和欧盟至今还因为我们的政府介入太多,拒不承认我国是市场经济国家。同西方比,我们政府的权力确实很大，但遗憾的是却有很强的权力意志和计划经济色彩，即较多地发挥了计划与市场的弊而不是利，因此才有前述一系列重大问题亟待解决。

我们很高兴地看到，中央最近提出用包括人的自由全面发展观在内的科学发展观指导我们的工作，这标志着发展理念和指导思想的重大变化，向着解决问题的正确方向前进了一大步。人的自由全面发展是马克思的崇高理想，既是社会理想又是人格理想。它与扬弃异化的理论互为表里，相互印证，是其不可分割的核心内容。以此为标准规范我们方方面面的发展非常有积极意义，当然目前距离理想状态还很远。

四

如何缩短距离、扬弃异化和科学发展，窃以为从当前角度看至少应该做到：

第一，关注社会公平，改变前述的五重五不重。为此应该在政策上向弱势群体倾斜，至少应不与罗尔斯"公平的正义"与福利经济学派所说的帕累托最优这些当代的底线公平相抵牾，即任何发展经济的措施都不应伤害最弱势群体的利益，能使其利益增进则更为理想。从中国目前的情势看应该对权力有所限制，对资本有所约束，同时尽可能地扩张和发展普通民众的权益。当然，限制不是取消，而是防止其滥用，如为GDP的扩张和个人政绩而大兴土木，消耗过量资源并损害普通民众的利益，甚至权钱勾结乃至腐败；以及以一定的价值理性为导引，让其在社会公平和共同富裕方面承担更大的责任。对资本的约束也是一样，绝不是限制其发展，而是让其发展得更为干净些，更加合理合法，也更为人道。概括地说，当前应当以民主来限制权力，以公平来约束资本，以人文精神来引导科学技术，以科学发展观来指导政府的行为，以人的自由而全面发展来扬弃异化。

第二，以人的自由而全面发展来扬弃异化，或至少把异化弊端减少到最低限度。资本、雇佣劳动和剩余价值在马克思看来都是异化，商品、货币和市场则是其必备条件。但实践证明这些东西至少在当前对于发展生产力来说不可或缺,至于以后是否需要有待于实践的检验,但无论如何我们应对其弊端或负面的东西保持清醒认识。另一方面,我们应该保持崇高的理想,对那些有利于人的自由全面发展的积极东西努力弘扬之。要知道这种发展对人来说不是手段而是目的本身,是具有最高价值的东西。

第三,如何弘扬理想,实现人的自由全面发展,从马克思的论述看有这样两段话值得注意。一是《手稿》中所言:"对私有财产的积极的扬弃,也就是说,通过人并且为了人而对人的本质和人的生活,对对象化了的人和属人的创造物的感性的占有,不应当仅仅被理解为对物的直接片面的享受,不应当仅仅被理解为享有、拥有。人以一种全面的方式,也就是说,作为一个完整的人,把自己的全面的本质据为己有。"[①]另一段是在《资本论》第三卷中把股份制说成是对资本主义私有制的消极扬弃,而在工人自己的合作工厂那里,"对立是积极地扬弃的。"[②]另外马克思在《资本论》中还说到"自由人的联合体"与重建"劳动者个人所有制"[③],我们可以把这些论述联系起来理解。两段论述一抽象、一具体,当然对未来的事说得越具体越容易陷入空想,我们不应拘泥于具体的结论而应理解其精神实质,特别应注意理解马克思批判资本和私有制弊端的价值理性和深刻洞察力,同时关注如何避免这些弊端。笔者重提马克思关于合作工厂与自由人联合体的论述并非要回到过去。过去那套以国家为名义、以政府为代表、一大二公、一平二调的全民所有制已被证明失败,但它毕竟代表了人类想避免私有制弊端的一种尝试,失败并不意味私有制完美无缺。其实哪种制度都有弊端和恶,问题在于哪种多些、哪种少些和如何更少。我们应根据实际情况选择问题

---

① 马克思:《1844年经济学—哲学手稿》,人民出版社1979年版,第77页。
② 《马克思恩格斯全集》第25卷,人民出版社1974年版,第498页。
③ 《马克思恩格斯全集》第23卷,人民出版社1974年版,第832页。

最少和最合适的制度。以后即使着眼于人的自由全面发展重建马克思所说的自由人联合体和劳动者个人所有制、实现对资本与私有制的积极扬弃，也应是在社会经济内部自然而然产生并成长起来的，而不是脱离实际的人为设计。各种所有制应该和平共处、和平竞争，一切让实践来检验，让人民自己来认同和选择。退一万步说，即使现在和未来的某一阶段不适宜建立这样的合作制与联合体，以及不宜对商品货币市场和资本实现完全的扬弃，社会特别是政府也应对其弊端有清醒的认识，应自觉采取一切措施，把这些弊端和问题减少到最低限度，让我们的社会尽可能公平、文明和富裕，并尽可能让每个人都有发挥能力的机会。这样才符合人的尊严，也才符合马克思扬弃异化实现人的自由而全面发展的理想之精神实质。

也许，这就是马克思异化劳动理论的现代意义。

(原载《东岳论丛》2005年第1期)

马克思人的自由全面发展观
及其当代意义

人的自由全面发展是马克思的崇高理想，也是他价值观的核心。马克思对社会历史发展规律的考察，对资本主义私有制及其所带来的剥削、强制的批判，对未来共产主义社会人如何发展的理想之憧憬，都与之密切联系在一起。可以说马克思所有的理论探讨都直接或间接与之有关。从此角度看其思想无疑是丰富而博大的，也有着重要而深远的意义，因而它历来是国内外学术界关注的焦点。然而人们对之的理解却不尽一致，特别对其所蕴涵的当代意义和价值似仍缺少充分的认识。本文试从此角度切入，对马克思人的自由全面发展观包含的深刻内涵作出概括，进而联系实际挖掘和阐述其在当代的重要意义。

概括地说，马克思的人的自由全面发展观包含着这样一些内容：

1. 提倡人的全面发展，反对片面畸形发展。

"人的全面发展"在马克思这里主要有四层含义：第一，身与心的全面发展。第二，人的需要的全面满足。第三，人的能力的全面发展。第四，人与自然的全面关系与和谐统一。

马克思在《1844年经济学—哲学手稿》（下简称《手稿》）和《资本论》中批评资本主义社会劳动和分工使人异化，大工业把人分割得零零碎碎，被迫一直从事机械单调并只有局部功能的动作，因此只能片面畸形地发展。他指出从历史的角度看统治阶级由于占有了生产资料和劳动产品，因而获得了发展自己智力和文学艺术能力的机会，劳动者则被迫每天流血流汗，不能在这些方面得到发展。在《德意志意识形态》中他甚至还谈到未来社会人可以上午打鱼，下午写诗，晚上搞批判等。这段论说常被人指责为空想社会主义。其实马克思这里只是随便举例，旨在表达对每天从早到晚只从事一种活动不能让身心同时得到发展的不满以及对体脑各方面都能得到全面发展的向往，我们应理解其精神实质，而不应简单拘泥字意。不过，至少从目前看一定的职业分工仍是必要的，它能够提升劳动熟练程度和专业化的发展，从而推动产品多样化乃至经济繁荣和社会进步。当然我们不应强化它，毕竟分工只使得人的一部分能力得到发展。我们应该做的是，让劳动生产率不断提高从而让社会必要劳动时间不断减少和闲暇时间不断增多，让人能够在此时间内充分发展自己的各方面能力。

在马克思看来，人的需要、人与自然与社会的关系是多方面的。问题是在私有制下人的需要只能得到片面的满足，还有人与自然与社会的关系也只是片面发展。例如，只知道征伐自然戡天役物的功利关系就是片面的，人利用人和奴役人的关系是片面畸形的；还有城乡对立、阶级对立和体脑对立均是如此。马克思在《手稿》中批评资本主义私有制所造成的这种人本质的异化和片面发展，同时指出在人类历史发展的一定阶段人的片面发展也许不可避免。正是通过此阶段人类才积蓄起埋葬异化和实现人的全面发展的力量。理想的实现需要条件，需要我们付出一定的努力，它不可能突然从天而降。因此我们现在应在可能的情况下尽量为改变片面发展创造条件，而不是相反。

2. 反对物统治人和客体支配主体，提倡人的行动自觉自愿自主从而自由。马克思与之有关的论述很多，也很丰富，其中主要有：

① 异化劳动理论。人所创造的物不为人所用，反而与人相对立，甚至转过来支配人奴役人，这就是异化。所谓异化包含了一种价值评价：即认为人或者说主体与其所创造的物或客体应当是统一的，人应当支配物而不是相反，否则就是异化，就是强制和不自由。异化是自由的反面。马克思的贡献在于把异化现象同工人的劳动联系起来，指出劳动产品本来是人的活动的创造物，是体现人的创造力量的对象，但在资本主义社会却转过来成为支配人奴役人的力量，于是劳动者在劳动中不是感到幸福而是感到不幸，感到受奴役和强制。劳动不再是自由自

觉的了，它不再是体现人的本质力量的创造性活动。劳动产品也被他人占有了，人与人关系也异化了。这就是著名的异化劳动四规定。

马克思指出，自我异化与异化的扬弃走同一条道路，人类在发展一定阶段出现异化，但它却为扬弃异化、共产主义革命、人的自由与解放准备了条件。共产主义是人的自我异化的积极扬弃，是通过人并且为了人而对人的本质的真正占有，是人与自然、与社会之间矛盾的真正解决，也是存在和本质、个体和类、自由和必然之间抗争的真正解决。

以上阐述的是《手稿》中的异化劳动概念，在《德意志意识形态》中马克思很少谈异化，但他关于分工与私有制及其所产生力量对人的统治、公共利益与私人利益的对立与偶性对个性的压抑实际上讲的就是异化。在《资本论》初稿即《1857—58年经济学手稿》中再次出现大段关于异化劳动的内容，可见其思想一以贯之，不过由于同剩余价值理论的创立还有劳动二重性理论等联系在一起，论述得更为深刻了。限于篇幅，兹不细述。

② 商品货币资本和剩余价值理论。马克思的商品货币资本和剩余价值理论是从劳动价值论特别是劳动二重性理论出发，一步步严格推演和逻辑建构起来的科学理论，该理论曾被恩格斯誉为与唯物史观并列的马克思两大历史发现之一以及社会主义从空想到科学的标志。我们这里要指出这样一种科学理论不是与价值观无涉，而是内在地潜含着马克思对物统治人现象的批判以及洋溢着他的人的自由全面发展的价值理想。

马克思指出，不同种类的商品之间之所以能够进行交换乃是因为它们都耗费了人类劳动，可以从劳动时间量的角度对它们进行比较和交换。因此我们对劳动可以从两个角度进行理解，一方面生产商品的具体劳动创造使用价值，另一方面生产商品的抽象劳动创造价值，这就是著名的劳动二重性理论，《资本论》的巍峨大厦就是从此构建的。马克思指出，生产商品的具体劳动或有用劳动平淡无奇，并且与一切社会形式无关；而抽象劳动则与具体的物质形态无涉，因为它只体现人类互相交换劳动的社会关系。这种社会关系，一方面体现交换双方的平等互利关系,另一方面个人劳动抽象为人类劳动一般即还原为社会总劳动一部分才能够进行比较。马克思揭示,这样抽象与还原非同小可,一方面它促进了商品经济迄今为止的所有繁荣,并且仍在继续,另一方面却为异化、物统治人乃至剥削压迫现象提供了可能。因为生产商品的抽象劳动或者说价值取得了独立的形式,并成为社会财富的标志,人类个人的劳动从此只有通过它才能获得社会的承认,从而能够与其他劳动产品进行交换。这种具有独立形式的价值本是人类劳动的创造物,但它却不以劳动者意志为转移,反而使劳动者对之顶礼膜拜。这样一种现象马克思称之为商品拜物教与货币拜物教。

马克思指出,人类劳动的等同性,取得了劳动产品的价值形式;用劳动时间来计量的个人劳动,取得了劳动产品的价值量的形式,生产者之间劳动的社会关系取得了劳动产品的社会关系形式,使得商品充满形而上学的微妙和神学的怪诞。占有它等于能够占有他人的劳动,没有它更使人产生无限的遐想、渴望乃至崇拜。一轮轮拜金狂热由此而来。实际上"只是人与人之间的一定的社会关系,但它在人们面前采取了物与物之间的关系的虚幻形式。我们只有在宗教世界的幻境中才能找到这个现象的一个比喻。在那里,人脑的产物表现为具有特殊躯体的、同人发生关系并彼此发生关系的独立存在的东西。在商品世界里,人手的产物也是这样,这可以叫做拜物教。"①

生产商品的劳动异化和物统治人现象更突出地表现为剥削,表现为剩余价值被资本家无偿占有,商品或劳动产品成为帮助其所有者奴役工人和剥削剩余劳动的力量。马克思在《资本论》中详细论述了资本家如何使雇佣工人的劳动时间超过社会必要劳动时间而产生剩余价值,其中单纯延长剩余劳动时间所产生的价值为绝对剩余价值,提高效率减少社会必要劳动时间的为相对剩余价值。《资本论》中这方面内容很多,也很充分,因篇幅关系不再一一细述。马克思穷几十年时间几乎

---

① 《资本论》第一卷,中国社会科学出版社1983年版,第52页。

用毕生精力创立剩余价值学说并不是单纯为在理论上扬名,而是要揭示社会历史发展的规律,为科学社会主义运动提供理论指导,同时也是对资本奴役劳动、物统治人现象的深刻批判和强烈抗议。他向往人的自由而全面发展的价值理想也由此充分显现。

然而,在马克思看来,商品的价值与使用价值、抽象劳动与具体劳动、私人劳动与社会劳动三种分离的出现仅只是异化现象的抽象可能性,而不是现实性,要使可能变为现实,需要一系列历史条件,如货币财富的积累与一无所有的雇佣劳动者出现。这些条件的产生需要长期的历史累积,一旦出现就会改变整个历史时代。众所周知,这个时代是以资本主义载入史册的。在此之前,商品货币及与之相联系的各种分离并不直接就是异化。即使如此,马克思对这些现象和三种分离所包含的物对人的统治、商品拜物教和异化的潜在抽象可能性仍明确表示厌恶之情。在他所设想的共产主义社会,生产力充分涌流,生产资料和劳动产品共同占有,按需分配。在此情况下个人劳动直接就是社会劳动的一部分,无需迂回地抽象成一般劳动或通过货币中介才能得到社会认可,否则便为物统治人、货币财富的所有者奴役劳动者埋下伏笔。如在《资本论》中他设想"一个自由人联合体",用公共的生产资料进行劳动,人们在劳动中的社会关系与自己对劳动产品的关系都是简单明了的,在此情况下就没有商品拜物教的存身之处。在《哥达纲领批判》中马克思指出:

> 在一个集体的、以共同占有生产资料为基础的社会里,生产者并不交换自己的产品;耗费在产品生产上的劳动,这里也不表现为这些产品的价值,不表现为它们所具有的某种物的属性,因为这时和资本主义社会相反,个人的劳动不再经过迂回曲折的道路,而是直接地作为总劳动的构成部分存在着。①

---

① 《马克思恩格斯选集》第2卷,第10页。

当然,马克思深知在从资本主义脱胎而来的共产主义第一阶段,由于生产力水平和旧社会影响等原因仍必须实行各尽所能按劳分配,在此情况下商品等价交换的原则实际上仍然存在,还有与之联系在一起的资产阶级法权等。这在刚从资本主义产生出来的社会也许不可避免,因为"权利永远不能超出社会的经济结构以及由经济结构所制约的社会的文化的发展"。关于市场经济本身,还有抽象劳动与具体劳动的分离以及与之联系在一起的物对人的压抑和异化未来社会是否存在,马克思没有直接谈,但他对之否定的意思非常明显。当然这种否定是否成立还得经受实践之火的考验。另一方面,否定归否定,他关于这一阶段仍通行商品交换原则和存在资产阶级法权的论述仍给我们留下了充分的想象空间。对此后面再谈。

③ 三大社会形态理论。马克思的三大社会形态理论是科学观与价值观的完美结合,人的自由与全面发展思想正是贯穿于其中的价值理想,这种贯穿不是外在的,而是与对社会发展与人的发展的考察、前瞻内在地水乳交融般结合在一起。

马克思三大社会形态理论考察的视角是人与物以及人与人的关系,还有人的个性与能力的发展,自由的发展。马克思指出,在社会发展第一阶段人与人是相互依赖的,个人是共同体的一分子,离开共同体无意义,也无自由。在此情况下社会或共同体生产物质财富的能力与人的个性发展是狭隘的和有很大局限性的。这种发展与局限是同当时生产力水平相对应的,所以马克思称之为"原始丰富"和"有局限的满足"。在第二大阶段,出现了普遍的社会物质交换。它体现在两个方面,一方面人与自然的物质变换能力大大加强,即生产力水平大大提高;另一方面,人与人的交往通过商品货币市场而效率大大提高并日益丰富。这两个方面是相辅相成的,它们共同推动了社会进步和经济发展。从社会角度看出现了全面的关系、多方面的需求和全面能力的体系,从个人角度看却有些不一样,因为只有相对较富的人和有闲阶级才有发展自己智力和多方面能力的机会与条件,更多的人特别是劳动者阶级则为生计所迫被迫种田打工,终身从事繁重的体力劳动,让地主收租,让资本家赚取剩余价值,自己却只能得到片面畸形的发展,没有多少自由。前面谈到的异化劳动与物对人的统治主要与此有关。商品、货币、资本、剩余价值等在马克思看来都是异化出去的人类劳动,本来是人的创造物,却取得了物的形式,与人相对立,并且转过来压迫人奴役人。这就是马克思在《手稿》、《资本论》中反复批判的异化劳动现象。

还有,与市场经济相联系并在资本主义社会占有压倒地位的货币崇拜现象实质仍是人对物的崇拜,因此马克思才名之为拜物教。在他看来,市场经济社会人与人的关系通过商品货币来中介,是赤裸裸的利害关系,也是物的关系和物的依赖。马克思批评这样一种物的依赖"鄙俗"、"非人"。当然通过此关系和形式发展起繁荣的商品经济和发达的社会生产力也是不争的事实。因此马克思从资本主义社会巨大的财富堆积中既看到人与物的关系,看到资本对劳动的奴役、压迫和异化,还有物对人的统治,同时也指出其促进生产力发展的巨大作用,这种促进将为人类最终扬弃异化、实现人的自由而全面发展创造条件:

> 事实上,如果抛掉狭隘的资产阶级形式,那么,财富岂不正是在普遍交换中造成的个人的需要、才能享用、生产力等等的普遍性吗?财富岂不正是人的创造天赋的绝对发挥吗?①

问题在于如何抛掉或如何扬弃财富的资产阶级狭隘形式,让人的需要、能力和创造天赋与普遍的生产力充分发展或绝对发挥?马克思所向往的人的自由而全面发展的理想实现之关键正与之联系在一起。

④ 必然与自由理论。必然与自由实际上体现了人与物的关系。对人说来,外在的自然或物之存在具有铁一般的必然性,不以人意志为转移,人的所有活动都不可避免地受之制约或约束。而人的能动与自

---

① 《马克思恩格斯全集》第46卷上,第486页。

由则表现为想超越这种约束或制约,按自己的意志去行动,戡天役物,制天命而用之,同时表现出自己的主动性和创造力,亦即自觉自愿自主自律,自我创造和自我实现。从宏观角度看,人类从猿到人乃至从生产力水平低下的原始社会到当代工业革命和科学技术革命确乎表现为从必然王国到自由王国的一种历史过程。但是所有这些进步都是相对的,完全超越自然必然性的制约,从心所欲,为所欲为,乃是一种空想和僭越。一方面,人的力量,无论体力还是脑力都有其限度,也有其不可或缺的物质条件,不可能离开这些条件无限制地发展;另一方面,人类作为肉体凡夫其生理存在仍是自然的一部分,即隶属物的世界,受制于物的规律。当然人在自然必然性和外在事物面前也不是完全无所作为,认识自然驾驭自然正是人类自由的开始,只是这种自由不能脱离必然和物的存在须臾。关于自由与必然、人与物的辩证关系,马克思在《资本论》第三卷有非常精彩的论述。

3. 人的创造性能力的充分发挥。

人的创造性能力的发展在马克思那里具有至关重要的地位,亦有着非常丰富的内容。具体说来大致包括这样几个方面:① 创造是人的类本质,也是人与动物的根本区别;② 人的创造性能力的充分发展既是马克思的崇高价值理想,也是未来共产主义社会的原则、基础和重要特点;③ 物质财富是人的创造性能力或天赋的外化或体现,资本主义社会发展起巨大的财富,这是其历史功绩。但是资本主义社会的财富具有异化的形式;④ 扬弃异化实现人的能力特别是创造性能力自由而全面发展是无产阶级伟大历史使命,也是历史发展的必然;⑤ 人的能力发展的关键是把剩余劳动时间转化为可自由支配时间,可自由支配时间成为人的创造性能力充分发展的时间。这几个方面可写出很多大文章,因篇幅关系,本文不再一一细述。

现在我们探讨一个更令人感兴趣的问题,那就是马克思人的自由全面发展观当代意义何在?

首先似应回答,马克思人的自由全面发展观点在当代是否还有其意义与价值?答案显然不容置疑。我们是社会主义国家,共产党领导,马克思主义是我们各项工作的指导思想和理论基础,在马克思主义理论中具有至关重要地位的人的自由全面发展观理所当然地作为重要的理念和原则指导着我们的行为实践。然而这样说似有些笼统与抽象,有些像官样文章。我们不应满足于抽象的口号,而应联系现实以及联系马克思人的自由全面发展观具体内容来对此问题作出切实的回答。从此角度来审视我们的现实实践就会发现有很多问题值得思考。

如所周知,马克思人的自由全面发展观反对人的片面畸形发展,反对异化与强制,反对人的行动依赖于外在的物,甚至也反对人与人的关系通过物来中介,不管这物表现为商品、货币还是市场与资本。可是我们知道我国目前正实行并大力发展社会主义市场经济,商品、货币、市场乃至资本都是拉动经济发展的强大杠杆。当然,我们过去也曾在较长时间里按照马克思的理想实行计划经济,清一色的公有制,在农村是人民公社,一大二公,在城市也是全民所有制占有压倒性的地位,集体所有作为补充,原有的工商业资本受到彻底的改造,公有制可以说无所不在。当然商品和商业还存在,但那多是同一所有者内部的交换,被认为只具有形式上的商品外观,实质仍是全民所有制内部的调拨。这样一种状况抽象地看的确离马克思扬弃异化的理想相距不远,至少看上去如此。马克思的确早就指出,只有在同一公有制条件下个人劳动才能够获得直接的社会性,个人劳动与私人劳动的对立以及价值与使用价值、具体劳动与抽象劳动的分离才能够被否定,与之联系在一起的物对人的压抑、资本对劳动的奴役和物统治人现象也就顺理成章地被扬弃了。然而所有这些都应以生产力高度发展为基础,没有此基础,不切实际地搞共产主义,就会如马克思在《德意志意识形态》中所说,出现贫困的普遍化,而在此情况下一切陈腐落后的东西都会死灰复燃[①]。我们正是在经过多年的曲折并在此方面有很深刻的教训之后才痛定思痛,走上了改革开放之路,搞起了社会主义市场经济并以之推动现代化

---

① 参见《马克思恩格斯选集》第1卷,第39页。

建设。所有这些措施都是为了消灭贫困和提高生产力,也为了提高我们的综合国力和人民生活水平。在此基础上才有可能去实施更高的理想,这是三个有利于的真髓,也是三个代表的落脚点所在。二十多年改革开放的实践充分证明市场是我国现阶段实现资源更佳配置和促进生产发展不可或缺的手段。目前我国市场经济建设可以说成绩辉煌,取得了历史性进展。

可是,市场经济无所不在,商品货币资本成为经济生活主角的社会还是社会主义吗?还有当代社会到处膨胀泛滥的金钱崇拜和物欲横流,伴随资本崛起而出现的劳动者主体地位的失落,随着现代化工业化和城市化进程加快而出现的环境污染生态破坏和资源危机,以及人与人之间关系的疏离感和心理失衡价值困惑道德危机……从马克思人的自由全面发展观角度看这样的状况合于马克思的理想吗?如果不合问题出在哪里,究竟是理论还是现实出了问题?

按照马克思主义观点,实践是检验真理的标准,理论应当符合实际,如果不合那么应当修改的是理论而非实践。用此观点来看,马克思的理论可能在某些细节方面过于理想化了。完全取消商品货币和市场,至少对社会主义社会不太现实,因为生产力水平不是那么高,物质财富没有充分涌流;因为实行各尽所能,按劳分配,而人的能力总是千差万别的;因为人的思想觉悟不是那么高,在物质不是极大丰富的情况下人们总是优先考虑自己的利益;因为有遗存的旧传统在掣肘;还因为社会是个开放系统,拥有无限多的发展可能性,把一切都纳入计划经济的统管管道,很难保证不是空想。

那么,马克思关于未来社会人的自由全面发展的理想难道只是一种海市蜃楼,可望而不可即,就像康德的"善良意志"和"绝对命令",只有崇高性而没有现实性?非也!如在前引《哥达纲领批判》中马克思曾谈到,共产主义第一阶段带有它所由脱胎而来的那个社会的痕迹,在此阶段实行按劳分配,通行商品交换原则,存在资产阶级法权。关于外在物对人的制约现象可能更普遍存在,马克思对此也有清楚认识,如前述他在《资本论》中指出在一切可能的生产方式中人们都得从事满足自己需要的劳动,亦即受外在需要和目的的制约,从此角度看仍停留在必然王国。真正的自由王国则存在于这样一种必然王国的彼岸。

如此说来马克思人的自由全面发展观现实价值与意义在哪里呢?窃以为概括地说主要有两点,一是从否定方面看对所有强制人、奴役人、束缚人的不合理现象的批判,二是对实现人的自由全面发展这样一种美好理想的提倡。用此观点来看待我们的改革开放和周遭的所有社会现象,不难发现,商品货币市场乃至资本在现阶段对于繁荣经济和促进生产力发展诚然有其不可或缺的价值,但弊端也非常明显,我们不能对之视而不见。这些年我们的社会随着市场经济发展和商品货币资本地位的提升暴露出很多问题,如贫富分化,分配不公,三农问题,竞争加剧带来对人与人关系的破坏,拜金主义泛滥带来对社会伦理道德的侵蚀,还有与之联系在一起的社会对财富与金钱的崇拜、政府官员对速度与 GDP 的痴迷及其带来的对生态与环境的破坏以及对资源的浪费……所有这些弊端和现象与商品货币和市场经济负面因素均有着千丝万缕的联系。因此我们不应在生产力水平不高的情况下拒斥市场经济和商品货币,甚至也不排斥给资本以一定的发展,只要限制在社会主义的框框里,完全可以为我所用;但另一方面,我们千万不能对其负面因素掉以轻心,而忘记了马克思对其的揭露和批判,即从一个极端到另一个极端,从对市场和资本的完全排斥到不分青红皂白地盲目崇拜。当前许多社会问题程度不同地与这种盲目性有关。

从此角度看和在此意义上,马克思人的自由全面发展观巨大的现实意义就凸显了:一方面,我们在充分利用商品货币和市场经济作为资源合理配置的手段,以促进生产力迅速发展的同时不忘马克思对其弊端和负面因素的批判,并努力采取措施对之进行限制和约束,使其积极因素尽可能发挥得多些,负面因素则尽可能少些。如社会公正,反腐倡廉,保护弱势群体的利益,减少恶性竞争和两极分化,走共同富裕的道路,实现三个代表、以人为本和科学发展。另一方面,牢记马克思关于人的自由全面发展的崇高理想,并尽可能向此方向努力,建构我们的制度,发展我们的能力,提升我们的境界,让我们在巨大的物欲诱惑和外在压力面前保持心灵的清明和人性的尊严,并努力让自己的能力特别是创造性能力尽可能得到自由而充分的发展。

这就是马克思人的自由和全面发展观的当代意义。

(原载《江苏社会科学》2005 年第 6 期,《人大复印资料》(哲学原理)2006 年第 4 期转载)

以人为本与科学发展观

以人为本是一种高度重视人的地位和作用的价值观。本文先从思想史角度梳理以人为本观念的三种形态,并对其对立面特别是以物为本思想进行分析和批判,进而联系实际阐述以人为本的价值理念与科学发展观的巨大作用。

一、理论溯源:以人为本思想的三种形态

对以人为本的价值观我们至少可以从四个角度来进行把握:第一,作为一般意义的价值理念和思想原则;第二,作为一般哲学观念与范畴;第三,作为近代以来的人文主义思潮和人本主义哲学;第四,作为马克思主义人学原则和价值理想。

让我们先从最宽泛意义谈起。从历史可知,大约在公元前6—4世纪世界各主要文明差不多同时或先后出现"哲学的突破",其突出表现就是人的觉醒,主体意识萌生和理性意识产生。当然,终极关怀意识也在发展。各主要文化的代表人物,孔子、释迦牟尼、苏格拉底大致出现于这个时期,耶稣出现的时间稍晚,但其思想渊源犹太教教义仍可追溯到这个时期。这是很有意思的现象。在这样一个人的觉醒或主体意识萌生时期出现重视人的地位、作用和价值的思想是非常自然的。如古希腊著名政治家伯里克利在伯罗奔尼撒战争期间一次讲话中说:"人是

第一重要的,其他一切都是劳动成果。"①人本意识非常鲜明。我国春秋时期政治家子产更早在公元前525年就说过:"天道远,人道迩"②,也有人比自然优先的思想。但作为哲学观念的以人为本意识一般认为自普罗泰戈拉始。

普罗泰戈拉是古希腊著名的智者哲学家。他的名言"人是万物的尺度,是存在的事物存在的尺度,也是不存在的事物不存在的尺度"③,已成为人本主义哲学诞生的标志。虽然其相对主义色彩也非常明显,但从哲学角度对人的地位之推崇前所未有。黑格尔曾高度评价这是一个伟大的命题,从此"一切都是围绕这个命题旋转"。共同完成价值中心点从自然到人转变的还有与普罗泰戈拉同时或稍晚一些的苏格拉底。苏格拉底只研究人的活动,对人以外的自然不感兴趣,他宣称从树木和石头那里学不到什么东西。西塞罗因此说他把哲学从天上带到人间,带到人们的日常生活中。黑格尔曾高度评价苏格拉底对人类主体地位和能动性的推崇,说苏格拉底唤醒了人类的良知和主体意识,知道自己选择自己行动,并对之负责,从此世界精神开始了一个转折。青年马克思也曾著文称赞这一转变:"实体的这一观念性转化为主观精神,脱离实体本身而独立这一事实,是一个飞跃。"④

以人为本的人本主义哲学发展的第二阶段乃是近代。近代是人本主义思想空前繁荣的时期,一个个思想大家星汉灿烂,如出其里。最早可以追溯到文艺复兴的人文主义思潮,其突出表现是讴歌人的伟大,赞颂人的价值和尊严。如莎士比亚借剧中人之口称赞:人类是一件多么了不得的杰作!多么高贵的理性,多么伟大的力量!宇宙的精华,万物的灵长!拉蒂尼也声称,天上天下万事万物都是为人造的,而人是为人

---

① [古希腊]修昔底德:《伯罗奔尼撒战争史》,谢德风译,商务印书馆1960年版,第103页。
② 《左传·昭公十八年》。
③ 《古希腊罗马哲学》,商务印书馆1961年版,第133页。
④ 《马克思恩格斯全集》第40卷,人民出版社1982年版,第67页。

本身造的。这些赞颂乃是对千百年来压抑人的神本主义、禁欲主义和宗教蒙昧的抗议,距真正的人本主义哲学还有些距离,因为未上升到哲学高度,也未完全摆脱宗教的束缚,但它们无疑为近代人本主义诞生直接开辟了道路。

近代人本主义的突出标志是主体意识的崛起,还有个性意识与个人主义成为哲学家解释世界和构建体系的重要力量。其突出代表是笛卡尔和18世纪法国启蒙思想家与机械唯物论者,费尔巴哈为晚近的高峰与终结。笛卡尔"我思故我在"的名言以"我思"作为存在的根据和构建整个理论体系的出发点,开近代主体哲学先河。当然他与此同时在主体与客体、心与物之间划了界,前者属于自由意志,后者受制于客观规律。但他却在界域之内把主体的能动性扩张到前所未有的高度:"我体现出这个自由意志或意志是非常大、非常广的,什么界限都限制不住它。""我心里的其他一切东西里,没有一个能比它更大、更完满的了。"[①]贝克莱后来的"存在就是被感知"正是从此出发的。这些观点正如马克思所言,把人的能动性抽象发展了,但撇开其所包含的唯心主义立场不谈,不难看出其对人的能动性的弘扬与哲学人本主义有相通之处。

18世纪法国唯物主义者是自然主义者,也是人本主义和人道主义者。人本主义、人道主义和人文主义在西语中原是一个词,只因不同情境而含义略有差异。只是人本之"本"在他们那里主要是人的本性和对幸福的追求。人的本性在他们看来是趋乐避苦和自爱自保。他们充分肯定这些抽象人性的巨大作用,并从之出发解释社会、历史和人。另一方面他们作为启蒙思想家又认为人性的形成受到社会法律和教育的影响,因此想通过改良法律和教育来改造人性进而改造社会,亦即从人本学话语出发引出革命的结论。如爱尔维修在《论人的理智能力和教育》

---

① [法]笛卡尔:《第一哲学沉思集》,庞景仁译,商务印书馆1986年版,第59页。

中写道："哲学家研究人,对象是人的幸福。这种幸福既取决于支配人们生活的法律,也取决于人们所接受的教育。要使这些法律和教育完善,必须首先认识人心,认识人们的精神及其各种活动,以及妨碍科学、道德、政治、教育进步的种种障碍。……所以哲学家必须一直追溯到人类各种理智能力和各种感情的既单纯又丰富的根源。唯有这个根源能够向他昭示人类各种法律和教育所能达到的完善程度。"①霍尔巴赫也在《社会体系》中说:"人是一个有感觉、有理智、有理性的东西,就是凭着自己的本性、构造、机体,能够感受快乐、感觉痛苦,并且由于自己的本质本身,不得不寻求快乐、逃避痛苦的东西。"为此人不仅自爱自保,而且应该互相帮助,共同追求幸福;同时向专制主义和宗教蒙昧作不妥协的斗争,因为它们有悖人的本性和妨碍人的幸福。抽象的人性论成为批判封建专制和弘扬新思想的启蒙利器,但从其成为社会历史观的出发点和理论基础角度看仍有唯心史观之嫌②。

费尔巴哈是近代人本学的高峰,也是终结。这当然不是说人本学从此就没有了,而是说高扬抽象人本质的近代人本学无论优点还是缺点至费尔巴哈都被发展到极致,很难再前进,前进只能期待新的突破。它也确实很快被突破了。费尔巴哈人本学的长处或超越前人之处在于进一步高扬人的地位,当然这种高扬仍是在抽象层面上。如用人的本质和本性来解释神和宗教的本质,进而引出批判的结论。如在《基督教的本质》中说:"宗教……就是人对自己的本质的关系,不过他是把自己的本质当作一个另外的本质来对待的。属神的本质不是别的……正就是属人的本质。"③在《未来哲学原理》中他说:"近代哲学的任务,是将上帝现实化和人化,就是说,将神学转变为人类学,将神学融解为人

---

① 《十八世纪法国哲学》,商务印书馆1963年版,第478页。
② 《十八世纪法国哲学》,商务印书馆1963年版,第649页。
③ [德]费尔巴哈:《基督教的本质》,荣震华译,商务印书馆1984年版,第44页。

类学。"①

马克思在其理论创立初期就对曾给自己很大影响的费尔巴哈理论进行深刻的批判:"费尔巴哈把宗教的本质归结于人的本质。但是,人的本质并不是单个人所固有的抽象物。在其现实性上,它是一切社会关系的总和。费尔巴哈不是对这种现实的本质进行批判,所以他不得不:(1)撇开历史的进程,孤立地观察宗教感情,并假定出一种抽象的——孤立的——人类个体;(2)所以,他只能把人的本质理解为'类',理解为一种内在的、无声的、把许多个人纯粹自然地联系起来的共同性。"②马克思这里批评得非常透彻、清楚,以致不需要我们再作过多的阐释。下面我们直接对马克思人学观点和以人为本思想进行概括和论述。

二、马克思的以人为本观

首先,马克思人学最基本的观点和出发点是现实的人。如前所言,马克思在批判费尔巴哈抽象的人时指出人的本质在其现实性上是一切社会关系的总和,在《德意志意识形态》中他进一步指出:我们不是从抽象的或口头上说的人出发来理解真正的人。我们的出发点是从事实际活动的人。

> 社会结构和国家经常是从一定个人的生活过程中产生的。但这里所说的个人不是他们自己或别人想象中的那种个人,而是现实中的个人,也就是说,这些个人是从事活动的,进行物质生产的,因而是在一定的物质的、不受他们任意支配的界限、前提和条件下表现自己的。③

---

① 《费尔巴哈哲学著作选集》,三联书店1959年版,第122页。
② 《马克思恩格斯选集》第1卷,人民出版社1972年版,第18页。
③ 《马克思恩格斯选集》第1卷,人民出版社1972年版,第29~30页。

马克思认为,现实的人所以现实,是因为在一定的现实关系中从事现实的活动,并且受一定的物质条件和现实前提的制约,所有这些现实的东西是可以经验感知和把握的。可以经验感知的最重要现实活动是生产活动,因为人必须满足衣食住行基本需求才能从事其他历史活动,最重要和最现实的关系是经济关系,特别是人们在生产中结成的关系更至关重要。在此基础上才可以理解社会的经济、政治、文化和全部上层建筑。唯物主义历史观正从此而来。可见对费尔巴哈人学观点的批判和从抽象的人到现实的人之转变对于马克思所实现的理论变革具有决定性地位。

其次,以人为本是马克思价值观的根本原则。如果我们把马克思人学观点分解为几个部分,它们分别与"人是什么"和"人应当是什么"、"人希望什么"几个康德式问题有关,那么,马克思的人的本质学说可以说是对"人是什么"问题的回答,而回答人是什么又必须深入回答社会是什么即社会的本质,从而产生关于人与社会的本体论即唯物主义历史观。"以人为本"学说作为马克思主义价值观的根本原则是对"人应当是什么"问题的回答,由此产生马克思的价值观和马克思主义人道主义。而人的自由和全面发展作为马克思的崇高理想则是对"人希望什么"问题的回答。在马克思主义理论中这三个方面是密切联系在一起的,对之不能作任何割裂或分割。其中,尤以对"人是什么"问题的回答最为重要,因为正是对此问题的回答产生了唯物主义的历史观,而对"资本主义社会的人是什么"问题的进一步回答,则产生了更为深入具体的剩余价值学说。恩格斯曾指出,唯物史观和剩余价值规律两大发现是社会主义思想从空想到科学的标志,而马克思主义之成为马克思主义也主要与此联系在一起。另一方面,这两大理论并不是马克思主义的全部。马克思并不是为学术而学术或为理论而理论的单纯学问家,他对"人是什么"和"社会是什么"问题的解答与对"资本主义社会中的人是什么"问题的探索与批判全都渗透着他关于社会与人应当是什么的价值观,而他关于未来社会人如何发展的构思与阐述则理所当然地融进了他的希望与理想。关于这些理想、希望与价值观的论述若孤立地看字面上与以前一些思想家没有多少差别,以人为本和人的自由全面发展马克思以前都有人说过,但若同唯物史观和剩余价值学说联系起来就不同了,空想就变成了科学。科学不排斥价值,相反,价值观与希望理想均融于其中。其标志就是马克思的共产主义学说。可以说"人是什么"与"人应该是什么"、"人希望什么"这些问题在他的共产主义学说中获得了统一。正如《共产党宣言》所揭示的:

> 代替那存在着阶级和阶级对立的资产阶级旧社会的,将是这样一个联合体,在那里,每个人的自由发展是一切人的自由发展的条件。①

在此情况下,人类社会几千年来那横亘在事实与价值、现实与理想、实然与应然,现象与本质、自由与必然、个人与社会与自然与历史规律之间的巨大对立与鸿沟全部被填平,还有真善美之间亦即人是什么与人应当是什么和人希望什么之间的分裂和异化获得了扬弃。用马克思在《手稿》中的话说:

> 共产主义是私有财产即人的自我异化的积极的扬弃,因而也是通过人并且为了人而对人的本质的真正占有;因此,它是人向作为社会的人即合乎人的本性的人的自身的复归,这种复归是彻底的、自觉的、保存了以往发展的全部丰富成果的。这种共产主义,作为完成了的自然主义,等于人本主义,而作为完成了的人本主义,等于自然主义,它是人和自然界之间、人和人之间的矛盾的真正解决,是存在和本质、对象化和自我确立、自由和必然、个体和类之间的抗争的真正解决。它是历史之谜的解答,而且它知道它就是这种解答。②

---

① 《马克思恩格斯选集》第1卷,人民出版社1972年版,第273页。
② 《1844年经济学—哲学手稿》,刘丕坤译,人民出版社1979年版,第73页。

由此引出第三个结论,那就是马克思的以人为本的价值原则不完全停留在抽象的理论领域,它还要影响到实践,影响到人的行动,从而影响到社会现实。从此角度看马克思的以人为本学说既是重要的价值论原则,也是重要的实践原则和行动原则。这一点可以说是马克思与包括费尔巴哈在内的所有前马克思主义人本学观点的根本区别。马克思对费尔巴哈抽象人观点乃至唯心主义者抽象能动性的批评,对资本奴役劳动和异化现象的批判,乃至唯物史观与剩余价值学说的创立,对未来共产主义社会人的自由全面发展理想的阐述均是价值的观点和科学观点的结合,并且同时渗透着实践的原则,因而不是空想,而是激励人们为之奋斗的动力、指南与科学。

三、以人为本与科学发展观

以人为本虽然是马克思价值观的基本原则,但在我国多年来却受到遮蔽。在马克思主义独执思想界牛耳的年代似乎令人费解,但仔细想想也不奇怪,在过去的一个世纪绝大多数时间充斥着暴力、对抗、革命和阶级斗争,在此情况下强调让所有人都得到尊重和发展似乎显得幼稚可笑,近乎痴人说梦,阶级分析、革命和崇拜暴力与冲突的理论占据上风是很自然的,可以说是历史的选择。马克思主义这方面的论述也理所当然地得到了格外重视。即使在革命胜利以后的社会主义建设时期这样一种以阶级斗争为本的思维方式仍有着很大的惯性,在很长一段时间盛行,看任何事情都要戴上它的有色眼镜,再加上极左思潮推波助澜,十多年来使我们吃亏不少。直到改革开放的春风吹起,还有思想解放运动和实践标准讨论的冲击,将那些极左的东西一一淡去。然而流风余韵还在,如在理论领域仍长期把"以人为本"当作抽象的人观点加以批判,"人道主义"一词也忌讳提起,似乎不如此就不能捍卫马克思主义的纯洁性。20世纪80年代一场著名的争论因此而起,小的争论则一直不断,然而社会生活领域的逻辑却一直向前走,特别在90年代市场经济大潮兴起以来一方面大众文化兴起,精英文化退居边缘,另一方面在经济界特别是企业文化建设必须以人为本已成为人所皆知的企管常识,在医疗界即使战争年代也提倡实行救死扶伤的革命人道主义,在和平时期更不可能以阶级斗争来指导医疗手术,新生的公益事业更高高举起社会主义人道主义大旗。"社会主义人道主义"的提法得到小平同志首肯,从此在理论和意识形态方面也取得了合法性,在实践方面更成为许多人的行动指南和价值信念。时至今日,与之密切联系在一起的"以人为本"观念已成为千百万人的共识,马克思的人学理论和人的自由与全面发展的理想也被学界一再研究,国家级的人学学会已成立数年,有关著作也出了多本。在此情况下中央把人的自由全面发展写进党的重要文件,并强调以人为本和全面、协调、可持续的科学发展观有何现实意义呢？要回答这个问题必须从其他与之相抵牾的发展观或发展模式谈起。

从社会形态发展和科学观与价值观相结合的角度我们可以把迄今为止的人类历史发展区别为人的依赖、物的依赖与人的自由全面发展三大阶段。这也就是马克思的三大社会形态理论。从价值观的角度看人的自由全面发展是以人为本,物的依赖则是以物为本,如资本主义社会对商品、货币、利润、剩余价值的崇拜和追逐,还有泛滥的物欲与对财富的崇拜。前资本主义社会的人裹挟在等级、血缘、地域、部落和阶级等各种关系中,生产主要满足人的需要,从此角度看马克思认为比资本主义社会崇高,而资本主义社会纸醉金迷,物欲横流,显然鄙俗。但在阶级分化的社会中,劳动者生产出的财富主要供统治阶级消费,从更高的角度看也不够公正,并缺少平等和自由,实际是以阶级为本,更准确地说是以统治阶级即奴隶主与封建主利益为本。因此这样一种社会仍不合马克思的理想。马克思的理想是人高于物、以人为本和实现人的自由全面发展。如前所述,马克思在《共产党宣言》和其他一系列著作中对这个未来社会的理想与原则阐述得非常清楚。

若从行动哲学、价值理念和意识形态角度作更细致的区分,西方中世纪可以说是以神为本,近代资本主义兴起以后是以资为本,也可以说是以物为本。若从政治角度看古代与近代的民主制是以民为本,中国古代的民本思想略有近之,如孟子的民贵君轻,但更为强大和更为有影响的观念无疑是以君为本,忠孝仁义的传统价值观均以君为核心。当然若从哲学家视角看历史常被想象成自己心爱观念的历史,这一点恩格斯早有明言,如柏拉图、黑格尔的抽象理念,法国18世纪唯物主义和费尔巴哈的抽象人,都是以理念为本。我国改革开放前极左观念猖獗,也是以抽象的理念为本。但这些观念自改革开放和思想解放运动兴起以来已经受到重创,20世纪90年代以来更受到市场大潮的冲击,昔日的影响已经不再。在此情况下自上而下地强调树立以人为本的科学发展观另有其缘由。我以为最重要的原因就是当代社会以物为本的思想再度泛滥成灾,已不能令人容忍。

以物为本的思想主要表现为对物质财富的痴迷、物欲横流及对商品货币的崇拜。这样一种痴迷和崇拜古已有之,但至资本主义社会才得到极大发展,并普遍化。马克思说这是一种特殊的以太,一种普照的光,其他一切到这里都改变了颜色。关于资本对财富的崇拜和商品拜物教马克思《资本论》有很精彩的论说,因篇幅关系这里不一一详述。我们感兴趣的是这样一种物本观念在新中国成立后受到革命思想激烈批判和诸多政治运动深刻荡涤之后又如何泛起的。

毫无疑问,市场经济大潮是物本观念在当代泛滥的最深刻根源。市场经济的兴起在我国当代当然有其巨大的进步意义,如优化资源配置,促进生产力水平的提高和现代化建设的发展。我国目前最需要的就是生产力水平提高和现代化,因为我们的底子太薄,生产力水平太低,人民生活欠账太多,而渴望过现代化生活的要求又很强烈,改革开放和发展社会主义市场经济之受到拥护,原因正出于此。然而,市场经济是一把双刃剑,它既能调动人们从事经济活动的积极性,并促进资源的更佳配置,从而促进生产发展和经济繁荣,又能从内心深处调动人们的物欲和贪心,从而使物欲横流和物本主义泛滥,并使包括马克思主义在内的理想主义、英雄主义和其他传统的道德观念受到冲击甚至亵渎。若社会的制度建构存有缺陷,则贪欲意识和物本观念作为特殊的以太会无孔不入,钻制度的漏洞,腐蚀人们的心灵,权力寻租,以权谋私,发不义之财。搞得整个社会拜金主义泛滥,享乐主义盛行。

另一方面,当代物本主义还突出地表现为官员对经济发展速度的热衷与崇拜。我们不否认这里面有官员的责任感与事业心,但谁都无法否认与此同时可能还有更多的政绩冲动与物本崇拜。在中国尽快实现现代化是多少代人挥之不去的情结与梦想,发展生产力当然是当务之急,资本作为紧缺资源也应该受到扶持。但问题在于应当有度,应科学、协调和可持续发展,应该让人民群众从中得到实惠,同时不能以破坏资源与环境为代价,即不能影响可持续发展和人与环境与社会和谐相处,这才是以人为本与科学发展观的精髓。我们这些年的许多问题正出在这里。

其中最突出的表现有二:一是盲目扩张上项目对资源与环境的巨大破坏,二是两极分化和分配不公及其带来的对社会道德的破坏与社会稳定方面的消极影响。关于前者,众所周知,我国目前用了世界三分之一左右的资源与能源只生产了世界百分之三的财富,而许多河流已经变黑,许多湖泊已经发臭,许多青山已经变秃,资源日渐枯竭,进口矿产资源则受到国际资本的挤压,原有的粗放式和盲目扩张的发展模式已经难以为继。关于后者,有痼疾已深的三农问题,有日渐穷困的城市弱势群体问题,与此形成鲜明对照的是社会财富迅速向富人手里转移,其中包含着许多巧取豪夺与利用权力化公为私,富人的生活纸醉金迷,基尼系数早已超过警戒线,社会蕴藏着极大的不稳定因素。这样下去,从最低意义上不符合稳定原则,从一般意义上不符合社会公平,从更高意义上则不合马克思主义以人为本的价值观和人的自由全面发展的社会理想。

从此角度看,党中央提出并倡导以人为本和全面、协调、可持续的科学发展观意义就凸显了:在最低层面它有利于社会稳定,在更高的层面有利于实现社会公平和促进人文关怀,在最高的意义上则是在实现马克思人的自由全面发展的社会理想,或至少,向着马克思所向往和倡导的崇高理想方向在前进。这样一种境界是我们的价值追求、精神支撑和终极关怀,也是我们民族繁荣、国家兴盛和人民幸福的希望所在。

为此我们在现阶段诚然要大力发展社会主义市场经济,努力提高生产力水平和生产尽可能多的物质财富,但与此同时对市场经济的负面因素应有清醒的认识,更不能以物为本,让物转过来束缚人。我们应牢记马克思人的自由全面发展的理想和他对资本、物本负面因素的批判,自觉地扬其利而弃其弊,让物为人所用,让经济发展受到人文精神的导引与制约,做到以人为本和全面协调可持续发展,并向实现人的自由而全面发展方向努力。

(原载《江汉论坛》2005 年第 6 期)

社会主义的再认识

一个多世纪以来,社会主义浪潮风起云涌,取得了伟大成就,令世人瞩目,也有巨大的失败与挫折,令人难以忘怀。中国特色社会主义至今仍在发展中,并显露出勃勃生机。现实生活中有很多问题亟待解决,促使我们认真应对并思考。本文尝试基于科学社会主义的原初理念,对社会主义实践从作为运动与革命的社会主义、作为制度与建设的社会主义和作为反思与改革的社会主义三个维度予以重新认识,以便为我们应对新世纪的挑战提供一些新的启迪与思考。

一、作为运动与革命的社会主义

社会主义渊源已久,但作为运动而兴起是19世纪以后的事情。这当然同工人阶级成熟程度与社会结构变化有关,作为工人运动指南的马克思主义在19世纪40年代以后才逐渐成熟。从那以后社会主义运动风云激荡,高潮迭起,其突出标志就是19世纪60年代以后相继出现的第一国际、第二国际和第三国际亦即共产国际。

工人运动的兴起是工人阶级对自身地位和利益的一种自觉,他们团结起来维护自己的利益,捍卫自己的权利,加强自己的地位。工人运动由此产生。不过,早期的运动常是被动、零散和不自觉的,如劳资纠纷、捣毁机器等,这样的事件只能说是小的工潮,后来工人逐渐组织起来提出自己的利益诉求,工潮才转化为运动。当运动把矛头指向私有制本身时,工人运动与社会主义运动就融合为一。在马克思生活的时代,有布朗基、魏特林的空想社会主义、德国的所谓"真正社会主义"和蒲鲁东、拉萨尔的社会主义等,马克思的科学社会主义正是在与形形色色的非马克思主义思想不懈斗争的过程中发展的。具体过程这里不予细述,需要指出的是,所有社会主义运动均是国际工人阶级企图战胜久已存在的剥削、压迫等不平等不公正现象的重要尝试。

社会主义是运动,也是革命。所谓革命不仅仅是权力更替和改朝换代,而是社会制度的变革,即涉及到政治制度与经济制度的变革。政治变化最为敏感,而经济变化最为深刻。共产主义革命又比一般的革命更为深刻,因为它对所有的传统制度和观念进行彻底的变革。正如《共产党宣言》所言:"共产主义革命就是同传统的所有制关系实行最彻底的决裂;毫不奇怪,它在自己的发展进程中要同传统的观念实行最彻底的决裂。"[①]

革命是运动的最高形式,也是阶级斗争的一种极端表现。阶级矛盾不断激化而难以调和,被统治阶级终于团结起来采用极端的手段来夺取权力,并利用其改造社会,此之谓革命。在许多情况下革命常采取暴力的形式,因为原有统治阶级常不会自动退出历史舞台,他们必然会利用各种力量来维护其统治。在此情况下出现激烈对抗乃至暴力革命难以避免。马克思并不盲目崇拜暴力。在他看来,暴力革命只是无产阶级改造社会的途径与手段之一,只是在不得已的情况下而为之。如果能以其他方式获得成功那就再好不过。马恩在晚年通信中以及早年恩格斯在《共产主义原理》中都流露出此想法。但他们知道这种可能性很小,因此把暴力革命看作社会主义革命取得胜利的主要手段。

具有重要历史意义的无产阶级革命至少有三次,一是巴黎公社,二是1917年俄国社会主义革命,三是中国革命。1871年巴黎公社是第一次由无产阶级领导的社会革命。后来虽然在各种反革命势力的反扑下失败,但意义和原则永存。马克思指出:"公社的真正秘密就在于:它

[①] 《马克思恩格斯选集》第1卷,人民出版社1995年版,第293页。

实质上是工人阶级的政府,是生产者阶级同占有者阶级斗争的产物,是终于发现的可以使劳动在经济上获得解放的政治形式。"[①]1917年俄国十月社会主义革命的意义在于使社会主义革命在一国先获得突破,然后波及全局。这对马克思、恩格斯原先关于社会主义革命在几个主要资本主义国家同时取胜的设想是个突破与发展。中国革命的胜利更具有特殊意义。首先,它不是产生于一个发达的资本主义国家,而是在一个相对落后的半封建半殖民地国家爆发并取得成功。其次,革命的主体是农民而非工人。因为旧中国工业基础较弱,工人力量较小并且革命的意识相对较弱。农村广大农民苦大仇深,迫切需要改变自己的境遇,是革命可以依赖的深厚力量。第三,革命的道路不是城市暴动而是农村建立革命根据地进而包围城市最后夺取城市。这是以毛泽东为主要代表的中国共产党人把马克思主义普遍原理同中国革命具体实践相结合的成果。这个成果确实令共产党人骄傲,因为中国是个有世界四分之一人口的东方大国,历史悠久,文化厚重,而且是自己打出来的胜利,不像有的国家主要靠外部输入。但中国革命像俄国革命一样面临的更大的考验来自革命的第二天和第三天。

革命第一天干什么?起义造反,即马克思所说的暴力推翻资产阶级统治和夺取政权,使无产阶级上升为统治阶级。第二天是利用手中权力摧毁旧有的经济关系,建立新的社会主义制度,即马克思所说的联合起来的个人消灭私有制。第三天是搞建设,即利用新的经济基础推动社会生产力迅速发展。社会主义革命乃至社会主义的理论与实践的真正考验更在这里。

二、作为制度与建设的社会主义

社会主义取代或战胜资本主义的理由和根据有四:第一,能够提供

---

① 《马克思恩格斯选集》第3卷,人民出版社1995年版,第58~59页。

更高的效率,亦即更有利于推动生产力的发展。而资本主义之所以被取代的理由首先是因为它再也不能容纳它所创造出来的巨大生产力。第二,能够提供更多的财富。生产力水平提高了,生产出来的物质财富自然增多,人民生活的富裕就有了物质基础。第三,社会主义比以往任何社会都更加公正。阶级社会普遍存在剥削与压迫,当然极为不公,社会主义社会把之扬弃掉,而代之以联合起来的劳动者共同占有生产资料与国家权力,同时实行各尽所能,按劳分配。但社会主义的价值关怀并非止于公正,因为公平公正只涉及到利益问题,即仍与满足外在的需要有关。这在马克思看来仍属较低的关怀,更高的价值是人的自由、个性与能力的全面发展。而社会主义优越性亦即马克思最看重的第四个根据是比以往任何社会都能够提供更多更充分的自由。所有这些理论无疑崇高而博大,但关键在于实践。

作为实践的苏联社会主义取得了伟大成就,虽然在20世纪90年代初夭折,但成绩不应被抹杀,教训也可圈可点。苏联社会主义一个突出成绩是证明在一个生产力水平相对落后的国家能够建成社会主义并在相当长时间内成功维持和发展之,同时也探索了如何建设社会主义的道路与途径。例如,公有制加上工业化和电气化,还有计划经济,差别很小的工资制,集体农庄与高度的中央集权等。所有这些后来均被人冠以斯大林模式之名。如所周知,这套模式如今被人批评甚多,但其积极的影响和成绩仍无人能够否认。东欧和亚洲的一批社会主义国家包括中国都曾深受其影响,光荣与痛苦、胜利与挫折均与之脱不开干系。二战的胜利离不开苏联的奋战,而苏联的奋战固然有爱国主义和英雄精神的鼓舞,但若无20年的社会主义建设所奠定的雄厚基础仍无法想象。

我国1949年取得新民主主义革命的胜利,建立中国共产党领导的以工农联盟为基础的人民民主专政。继而逐步实行社会主义改造,在农村从互助组到初级社、高级社,1958年普遍建立"一大二公"的人民公社。在城市则由对资本的限制和利用到公私合营、赎买再到全面建立社会主义公有制。主体是全民所有制,辅以集体所有。集体所有又分大集体、小集体,其实无论集体还是全民支配权仍在政府,就此而言,无根本区别。与之相联系的是:计划经济,差别不大的8级工资制。市场因素虽存在,但只居从属地位,商品交换被认为是形式上的,特别公对公之间仍被认为实质是同一所有制内部的产品交换,与之并存并经常出现的是指令性调拨。当然个人与家庭仍有少量的生活资料,但不居主流地位。

以苏联为代表的社会主义国家确实在相当长时间内取得很大成就。存在了几千年的阶级剥削现象被扫除,这从任何角度看都很了不起。生产力水平和人民生活水平也获得相当大的提高,甚至横向地比也不令老牌资本主义国家小视。苏东解体前许多东欧国家的人均GDP已达数千美元,苏联的经济总量比美国也差不了多少,军事实力更旗鼓相当。然而,这样一个强大的国家和阵营在20世纪90年代轰然倒塌,个中缘由颇值人们深思。原因当然很多,如治国经验不足,竞争对手狡猾和内部民族矛盾等。但更为重要的也许是前述几个方面,即没有在效率、财富、公正和自由诸方面表现出实实在在的优越性和竞争力。以苏联为例,其国民生产总值和国民收入在20世纪50年代以来出现持续的下降和停滞。与此同时,西方资本主义国家无论生产力水平还是国民收入与福利都有较快的增长。在此情况下一旦有风吹草动,出现20世纪90年代的局面也就难免了。

中国共产党的天下主要是自己用枪杆子打下来的,同苏联关系不是那么密切,而且在20世纪70年代末已主动开始改革开放和狠抓四个现代化建设,共产党领导的基础比较扎实,因此在20世纪80年代末经受住了考验,但动荡与挑战仍惊心动魄。实际上苏联东欧社会主义存在的一些问题我们在不同程度上也存在,有些还更严重,因为我们是在一个半封建和半殖民地的东方大国建设社会主义的,底子更薄,难度也更大。正是有了改革开放,才使得我国的社会主义制度有可能经受住各种考验,并为科学社会主义未来的发展留下了希望与火种。

三、作为反思与改革的社会主义

对社会主义发展现状进行反思,进而在反思的基础上进行一些改革与调整,这样的做法由来已久,最早可以追溯到列宁的新经济政策。

列宁新经济政策始于1921年,当时实行的战时共产主义在战后暴露出很多弊端,继续无偿征粮、取消贸易和对生产分配实行指令性调配已行不通。正如列宁所言:"我们计划……用无产阶级国家直接下命令的办法在一个小农国家里按共产主义原则调整国家的产品生产和分配。现实生活说明我们错了。"[①]新经济政策的核心是粮食税代替余粮征集制,其实质是确立和保护农民的合法权利,农民在履行交税义务后可以把余粮出售,因此与之相联系的是商业贸易的发展,还有国家资本主义的实行。列宁说,在小农占优势的无产阶级国家,必须采取审慎的改良主义方法向社会主义过渡。即"不摧毁旧的社会经济结构——商业、小经济、小企业、资本主义,而是活跃商业、小企业、资本主义,审慎地逐渐掌握它们"[②]。改良是"权宜之计",甚至是一种"退却",但退是为以后更好地进。列宁没预计到商业、税收乃至资本更长久的价值,但新经济政策所蕴藏的改革精神完全可以成为后来改革者的精神支援。

由于斯大林领导的社会主义苏联在二战中的巨大作用及其在战后的巨大影响,许多东欧国家社会主义制度的建立都赖其所赐,在此情况下斯大林模式几乎成了唯一选择。鉴于自身的特殊性,于是有了改革的需要和冲动。最初这种冲动被视为越轨,如铁托从20世纪40年代开始的工人自治改革。后来逐渐成为普遍的要求。20世纪50年代特别斯大林逝世以后社会主义阵营改革浪潮此伏彼起,接连不断,如匈牙

---

① 《列宁全集》第42卷,人民出版社1987年版,第176页。
② 《列宁全集》第42卷,人民出版社1987年版,第245页。

利、波兰、捷克斯洛伐克的改革。总的说来,这些改革更为重视劳动者的利益与主动性,更为贴近市场,也相对更为民主与开放。改革收到一些成效,20世纪80年代不少厉行改革的国家人均GDP达到数千美元可以说与此不无关联。然而从根本上说问题仍然存在,而且随着时间推移和改革开放深入各种内外压力也许更严重了。从外部角度看,西方资本主义国家由于战后对制度与政策的调整而取得更快的发展,对社会主义阵营的压力与诱惑更大。从内部角度看,由于政治改革对民主的过分强调使人们产生更大的预期和不满,而反共势力也充分利用政治氛围宽松迅速发展并使社会不满情绪得到进一步蔓延,从而使社会蕴藏极大的不稳定因素,一旦风云际会就有可能激化成危机,从而使局面不可收拾。

中国的改革开放滥觞于1978年党的十一届三中全会。改革的主要动因不是来自于外而是来自于内。在此之前的中国社会主义经过二十多年的建设已初具规模,经济也有一定的发展,但仍暴露出不少问题,于是才有了改革开放。首先是思想解放,以实践为检验真理的标准,并以人民利益和提高生产力发展水平作为最高的价值与根本目的。三中全会把经济建设确立为全党工作的中心,从此现代化建设作为压倒性的任务成为时代主旋律。改革开放则是实现这个任务的最强大杠杆。改革开放受到全党全国人民的热烈拥护。1992年邓小平发表南方谈话以后,兴起建设社会主义市场经济热潮。1993年《中共中央关于建立社会主义市场经济体制若干问题的决定》号召人们解放思想,实事求是,转变计划经济的传统观念,从中国国情出发,借鉴世界各国包括资本主义发达国家一切反映社会化生产和市场经济一般规律的经验,进而建立社会主义市场经济,在分配方面实行效率优先,兼顾公平,允许一部分人先富起来,为以后实现共同富裕创造条件。

改革开放二十多年成绩斐然。成绩主要体现在三个方面:第一,生产力水平有了很大提高。改革开放以来中国经济(GDP)年均增长达9.3%,外贸进出口总量排名世界第三,对世界经济增长的贡献率仅次于美国。第二,综合国力有了很大提高。2005年GDP总量世界排名第五位。若按国际货币基金组织按购买力平价最新公布的计算结果，我国经济总量仅排在美国和欧盟之后。当然按人均算数字仍然较低。第三，人民生活水平有了较大提高。按平均汇率折算，2005年中国内地人均GDP达1700美元，在东南沿海地区，得改革开放风气之先，收入已向中等水平迈进。所有这些离开改革开放带来的经济发展是很难想象的。

然而无须讳言，我国的社会主义建设乃至社会生活中也有不少问题，有些还非常严重，如贫富分化、社会不公、以权谋私和腐败严重，在人与自然关系方面还有环境污染、生态破坏和资源枯竭等。社会贫富悬殊两极分化严重至少暴露出三方面问题：第一，市场经济本身的缺陷。市场经济本身是一把双刃剑，它既能促进生产并给经济带来活力同时又有内在的缺陷和负面因素。第二，政策失误与制度偏差所造成的人为不公使贫富分化现象进一步加剧。第三，一些官员化公为私、贪污腐败、违法乱纪和一些私营企业主巧取豪夺、为富不仁、不当牟利使之进一步恶化。

社会不公是当前中国所面临的最突出问题，前述贫富分化以及"三农"问题、教育医疗方面上不起学、看不起病的问题，还有弱势群体问题等都是其表现，或与之有着非常密切的联系。凡此种种均说明我们前些年的发展观似乎出了问题，还有我们的体制、理论乃至实践都需要对之进行认真的反思与思考。毫无疑问，改革，开放，发展没有错，社会主义原则也没有问题，问题在于如何改革，如何开放与发展，如何把社会主义原则落到实处。也许，首先应确立价值理念和最高目的，与此相比，其他都是手段，仅仅因有助于最高目的的实现而具有次等的价值。从此角度看，人民利益是我们的最高目的，增进人民的利益与福祉是我们的价值理想或理念，改革开放、发展与建设则是服务于之的手段，本身不是目的。但由于这些手段很重要，在一定阶段更可能具有举足轻重的地位而成为人们奋斗的目的和努力的目标，当然是次一级的目标。次一级的目标对于实现更高目标不可缺少，因而受到人们的普遍关注是可以理解的。例如，效率、财富，经济发展与GDP数字等对实现人民幸福生活的重要性毋容置疑,但若视之过重或把之作为目的本身就有可能损害更高目的的实现,那就得不偿失甚至适得其反了。

在此情况下,对改革开放以来发展的状况进行反思,并对相关的政策、制度进行某些调整是非常必要的。新一届中央领导集体近年来提出的科学发展观等重大战略思想,在全国各地受到热烈欢迎绝非偶然。其深远影响还将进一步显现。

四、关于社会主义的几点思考

无论从理论还是实践的角度看,科学发展观与和谐社会理论的提出的意义都非常明显。然而,着眼于当代社会主义发展,从理论研究角度看,仍有一些重要问题需要我们再作一些思考。

1. 市场与计划的关系

市场今日已强大无匹,成为推动经济发展的有力杠杆。但是,马克思当年对市场经济负面作用的批评言犹在耳。实践证明,市场经济确有其局限与弊端,如缺少人文关怀和容易造成两极分化,需要社会与政府从外部加以引导和调节。当然我们认真总结了经验教训,并以全党智慧提出科学发展观与构建和谐社会理论来应对。也就是说,对市场,当前我们要大胆发挥其积极方面,同时又要努力减少其弊端,如从市场外部注入人文关怀,以人为本,社会公正,政府作为公共权力应在此方面发挥积极作用。目前全国上下正在为此而努力,我们有理由对此抱有乐观的期待。

然而仍有必要作些思考。窃以为处理计划与市场关系的精义在于扬两种手段(或体制)之长而避其短。但前些年所出的问题常常是在此方面做得不够好,认识也有些模糊。具体地说,在该走市场的时候不走,不该走时又大走特走;对政府官员说来则是该行使权威的地方没有行使或行使得不够,不该行使的地方又过分介入。如实现社会公平和防止两极分化是现代政府的公共职能和义不容辞的责任,但我们在此方面却经常缺位,或做得不够,对上项目、搞工程、城市建设和房地产开发等却表现出过多热情。有资料说这些年许多政府投资归于无效,或浪费惊人,还有许多腐败与之伴生。有的地方甚至卖医院与学校,即把教育和医疗也推向市场。高收费使许多困难家庭上不起学、看不起病,已遭到一片指责。中央提出科学发展观正是对此问题的纠正,但旧传统的巨大惯性还在,许多人甚至许多官员对市场负面因素和政府公共责任仍缺少清醒认识,更不能自觉地扬两种体制之长而避其短。对此问题,党和政府应当重视并加以解决。

2. 公有制与社会主义的关系

社会主义的所有制应当是公有制,这是没有疑义的。对此,马克思、恩格斯也说得非常明白。然而,正是在这个最明白的问题上如今一些人有了疑问。疑问来自于理论,也来自于实践,更准确地说来自于理论与实践的紧张关系。理论上,我们作为社会主义国家仍是公有制为主体,但众所周知,经过二十多年改革开放特别是近十年来招商引资、扶持民资和国营企业在许多竞争领域的退出使得我国的所有制结构发生了重大变化。当然,目前为发展经济需要有这样一些变化,但问题是,到处都是非公企业的社会还是社会主义吗?

马克思说社会主义是对私有财产的积极扬弃,把生产的社会化特别是股份制、银行等理解为对资本主义私有制的消极扬弃,而工人合作社是对资本的积极扬弃,也谈到劳动者个人所有制与联合起来的生产者共同控制人与自然的物质变换等。综合这些论述,我们也许可以得出大致结论,那就是社会主义社会应当是对私有制的扬弃,并且是积极扬弃。这是从否定意义上说。从肯定意义上说,社会主义社会的劳动者应当是自己生产资料的主人。对大多数人来说,无需为现实实践与抽象理论之间的紧张关系而困惑。但对以马克思主义为指导思想的执政党来说似乎还不够,目前能够拿出的满意回答还不多。也许,我们可以这样来回答:对马克思主义来说,人是目的,而制度只是手段,我们之所以主张公有乃是因为认为在此体制下才能够消灭所有与私有制联系在一起的剥削压迫和不公正。从逻辑角度看不通过公有制来消除私有制弊端也许很难。而且无论将来出现什么变化,马克思主义原则和社会主义理想仍然是不可超越的。

3. 公平正义与人的自由全面发展的关系

众所周知,改革开放以来的分配政策是效率优先,兼顾公平。这个政策的提出在当时有其合理性,但它有个缺点就是公平的地位相对较弱,容易受到忽视,效率则容易受到过分重视和强调。改革开放以来各地都特别重视发展速度、GDP数字和政绩工程与此不无关联。所有有利于提高效率和速度的东西都可能受到过分关照,如资金、资本、技术和权力,普通劳动者地位则相对弱化而在竞争中处于劣势。另外速度优先的粗放式经营也容易破坏环境与生态,也会消耗过多的资源而使发展难以为继。当然初期问题还不十分突出,在生产有了一定发展和效率有了一定提高时就变得严重起来,前述贫富分化、社会不公和环境污染生态破坏资源枯竭均与之有密切关联。因此中央提出科学发展观和构建和谐社会的重大战略思想确是有见之举。

社会主义和谐社会的六大特征,即民主法制,公平正义,诚信友爱,充满活力,安定有序,人与自然和谐相处,也是六大价值,特别前三个涉及到建构社会制度和指导人的行为的价值取向,格外重要。和谐社会理论一提出就受到国人充分肯定,实属当然。但我以为人们对之的理解似仍有可提高之处,强调民主法制公平正义等当然很必要。如果一个人能够在这些方面身体力行那就是一个称职公民,而且是值得嘉许的,但对于马克思主义者来说仅停留于此似乎还不够,因为我们还有更高层次的追求。如前所言,在马克思主义看来,民主法制、公平正义、诚信友爱等只是手段,人才是目的,人的自由全面发展才是理想。当然为实现理想我们应先在这些方面有所作为,承认和尊重普世价值,并努力实现之。为此我们也应承认与现代化先行国家的差距,并努力向所有做得好的国家学习。但与此同时也不应忘记还有更高的价值理想与追求,那就是马克思阐述的价值原则:代替资产阶级旧社会的是这样一个联合体,在那里每个人的自由发展是一切人自由发展的条件。为此我们应当在社会主义现代化与和谐社会建设的同时努力创造条件,尽可能让更多的人的能力与个性得到自由而全面的发展,或向此方向努力。

中央提出的科学发展观首先说以人为本,而和谐社会与市场经济建设前面有社会主义的限定词可以说体现了这样一种理想与精神,对此我们应有清醒的认识,并自觉用其指导我们的行动、发展和建设。

(本文各部分分别发表于《马克思主义研究》2006年第6期、《徐州师大学报》2006年第5期)

马克思的物的概念

物作为世界之本质、存在之基础和人类社会须臾不可离开的客观条件,历来在马克思的哲学视野中占有重要地位,但对马克思的物的概念,学界似一直没有给予足够关注。本文拟从存在论和价值观等不同角度对之给予尝试性研究,希望能够抛砖引玉。

作为一般唯物主义的物的概念

对物的概念可以从存在论、价值论等诸多角度进行考察。存在论是关于世界本质或性质的理论。马克思作为存在论的物的概念,我们可以从两个层面来加以理解,一是一般唯物主义,二是历史唯物主义。即所谓一般本体论与社会本体论。当然也有人谈实践本体论,对此学界仍有争议。这里主要从一般唯物主义谈起。

一般唯物主义是唯物主义关于世界本质共通的观点。马克思的哲学无论历史唯物主义还是实践唯物主义都是对以前所有唯物主义观点的超越,但超越不是全盘否定,而是扬弃,即把前人合理的东西包容于其中,在此基础上创新与发展。所以马克思对一般唯物主义有批评,也有肯定。从肯定角度看,马克思的作为一般唯物主义的物的概念主要有这样几方面内容:(1) 事物;(2) 物质;(3) 自然。下面试分述之。

事物是具体的物质存在,如《资本论》中提到的木头、桌子、上衣、麻布等,都是具象的物质。当然这些具象的物质都是人造物,更确切些说,它们的存在花费了人类劳动。在马克思看来,自然物提供了人造物的质料,而人类劳动则赋予其存在的形式。当然也有物的存在没有花费人类劳动,马克思在《资本论》中谈到:"一个物可以是使用价值而不是价值。这就使一个物可以对人有用而不必是人的劳动的产物。例如,空气、天然草地、处女地,等等。"①

事物一词只是指称具体的物质存在,本身还谈不上是哲学概念,物质就不同了,不仅在哲学领域登堂入室,而且是唯物主义哲学的核心概念,在马克思那里也具有举足轻重的地位。当然对马克思来说,更重要的是唯物史观之物,如物质生活、物质生产、物质条件、物质利益、物质需要等。即使一般意义上的物,在马克思看来也同人的活动有着非常密切的关系,如他在《手稿》中说,抽象的脱离人的非对象性的自然界是无②,在《神圣家族》中,批评黑格尔的实体是经过"形而上学地改了装的、脱离人的自然"③,在《提纲》中,批评"从前的一切唯物主义——包括费尔巴哈的唯物主义——的主要缺点是:对事物、现实、感性,只是从客体的或者直观的形式去理解。所以,结果竟是这样,和唯物主义相反,唯心主义却发展了能动的方面,但只是抽象地发展了,因为唯心主义当然是不知道真正现实的、感性的活动本身的"④。许多人据此把马克思的唯物主义称作实践唯物主义不是没有理由的。但若认为马克思没有关于物质的一般看法也有失偏颇。其实马克思这方面的观点是有的,只不过时隐时显。早期不太明显,可能是为批判旧哲学所需要,但后期特别是《资本论》中这方面论述非常明确。如把劳动说成是人与自然之间的物质变换,并说这个过程中一边是人及其劳动,一边是自然及其物质,这就够了⑤。自然及其物质,就是马克思所理解的物质。马克思认为,自然物质为人类活动提供前提、条件和质料,而人的劳动只能

---

① 《资本论》第1卷,中国社会科学出版社1983年版,第17页。
② 马克思:《1844年经济学—哲学手稿》,人民出版社1979年版,第132页。
③ 《马克思恩格斯全集》第2卷,人民出版社1965年版,第177页。
④ 《马克思恩格斯选集》第1卷,人民出版社1972年版,第16页。
⑤ 《资本论》第1卷,中国社会科学出版社1983年版,第172页。

使其存在的形式发生变化,但物质还是物质。如《资本论》在谈到上衣、麻布等商品时说,"种种商品体,是物质和劳动两种要素的结合。如果把上衣、麻布等等包含的各种不同的有用劳动的总和除外,总还剩有物质,剩有某种天然存在的、完全不依赖人的东西。人只能像自然本身那样发挥作用,就是说,只能改变物质的形态"①。可见在马克思看来,世界是物质的,不论其具体形态如何发展变化。

马克思关于自然的论述更多更丰富。择其要大致包括这样几个方面:第一,自然对人类始终具有优先的地位。这种优先既是时间上的,也是逻辑上的。马克思认为,人类出现从时间上看是上一个自然过程的结果,这个过程从更大范围看,是地球演化史的结果,从具体角度看,则同从猿到人的进化有着密切关系。早期人与自然的关系狭隘,甚至具有动物的性质,后来在实践推动下,人才逐渐成为社会的人。从逻辑的角度看,自然作为人类社会存在的前提与基础理所当然具有优先地位。第二,自然为人类提供生存的场所、劳动对象和许多生活资料,对人类说来不可或缺。这是功利的角度。马克思《资本论》及其《手稿》中有很多这方面的论述,这里不再赘述。第三,自然界有着自身的发展规律,此规律不以人的意志为转移,也可以说对人类具有铁一般的必然性,不可违背,不可抗拒,否则就要受到惩罚。众所周知,马克思在著名的《资本论》第一版序言中说,学家为了认识自然过程,是在现象表现得最确实、最少受干扰时考察这些现象,或是在尽可能保证现象按自身规律展开的条件下从事实验。他还把资本的规律与自然规律相类比,说"问题在于这些规律本身,在于这些以铁的必然性表现出来并且正在实现的趋势"②。这些论述可充分体现马克思关于自然规律具有铁的必然性的观点。第四,人与之打交道的自然大都经过人类的改造,而或多或少留下人类活动的印记。从此角度看,自然不是与人无关的抽象存

---

① 《资本论》第 1 卷,中国社会科学出版社 1983 年版,第 19 页。
② 《资本论》第 1 卷,中国社会科学出版社 1983 年版,第 2 页。

在,而是感性的可以触知把握和认识乃至可以加以改造和利用的外部对象世界。马克思在《德意志意识形态》中说,人们周围的感性世界决不是某种开天辟地以来就存在的、始终如一的东西,而是工业和社会状况的产物,是历史的产物,是世世代代活动的结果;并说只要有人类存在,自然史和人类史就彼此相互制约,都是在揭示自然与人类的密切关系。当然它们毕竟又有所区别,因为能动的实践活动只属于人类。虽然马克思常说,自然是人类的无机身体和自然存在,旨在说明自然对人类不可或缺的关系,已成为人类存在的一部分,但毕竟是自然存在而不是社会存在,人的社会存在和本质要到社会关系和社会生活中去寻找,亦即要到作为唯物史观的物的概念中寻找。

作为唯物史观的物的概念

作为唯物史观的物的概念在马克思理论体系中具有更为重要的地位。毕竟,唯物史观本身在马克思主义理论中具有核心的地位,而其作为一种历史哲学所"唯"之"物"重要性可想而知。不过唯物史观的物的概念所指称的内容多年来已被研究得非常透彻了,这里只作简单概述。

作为唯物史观的物的概念主要包括这样几方面内容:物质前提、物质需要、物质生产、物质实践、物质生活、物质利益、经济基础、社会存在和物质的社会关系,等等。这些内容相互联系、相互渗透又有所区别。

关于物质前提和物质条件,马克思在《德意志意识形态》中指出,历史的每一阶段都遇到有一定的物质结果、一定数量的生产力总和、人与自然和社会的关系。一方面这些东西为新一代人的活动所改变,"另一方面,它们也预先规定新的一代的生活条件,使他们得到一定的发展和具有特殊的性质。由此可见,这种观点表明:人创造环境,同样环境也创造人。每个个人和每一代当作现成的东西承受下来的生产力、资金和社会交往形式的总和是哲学家们想象为'实体'和'人的本质'的现实基础"①。因此,我们开始要谈的前提不是任意想出的,也不是教条,而是一些只有在想象中才能加以抛开的现实的前提。"这是一些现实的个人,是他们的活动和他们的物质生活条件,包括他们得到的现成的和由他们自己的活动所创造出来的物质生活条件。因此这些前提可以由纯粹经验的方法来确定。"②

那么,使现实的人所以现实并可以用纯粹经验的方法来确定的物质前提和物质生活条件是什么呢?马克思认为,那就是看他们的物质需要是什么以及如何满足这些需要。而人们的物质需要是什么,这确实可凭纯粹经验的方法来确定。首先,每个人必须活下来才能够去干别的什么事。也就是说,必须先满足基本的生存需要,才能够去从事其他任何历史活动。即如马克思所揭示:"我们首先应当确定一切人类生存的第一个前提,这个前提就是:人们为了'创造历史',必须能够生活。但是为了生活,首先就需要衣、食、住以及其他东西。因此第一个历史活动就是生产满足这些需要的资料,即生产物质生活本身。"③马克思还说,第二个事实是已经得到满足的第一个需要本身、满足需要的活动和已经获得的为满足需要用的工具又引起新的需要。这种新的需要的产生是第一个历史活动。在批评青年黑格尔派观点时马克思指出,人们的需要即他们的本性,还有满足人的需要的方式把人们联系起来组成社会和发生关系④。综合这些论述不难得知,物质需要就是人的最基本的生存需要,即满足衣食住行等人的肉体存在和发展的最基本需要,其对人类存在的重要性无需多言。

接下来是更为重要的物质生产。需要本身还比较抽象空洞,只有得到满足的需要才是真实有效的需要,只有为满足这些需要所进行的

---

① 《马克思恩格斯选集》第1卷,人民出版社1972年版,第42页。
② 《马克思恩格斯选集》第1卷,人民出版社1972年版,第24页。
③ 《马克思恩格斯选集》第1卷,人民出版社1972年版,第32页。
④ 参见《德意志意识形态》,人民出版社1961年版,第504页。

历史活动才是真正重要而有影响的历史活动。而满足这些需要的历史活动显然就是生产、劳动或物质生活资料的生产。这方面的观点马克思同样阐述得很清楚:人们生产他们必需的生活资料,同时也就间接地生产着他们的物质生活本身。因此,人是什么样的,"这同他们的生产是一致的——既同他们生产什么一致,又和他们怎样生产一致"①。生产什么其实已很清楚,关键是了解人们"怎样"进行生产。正是从这里出发,马克思创立了伟大的唯物史观。更具体地说,马克思通过对生产劳动的分析,把物质生产分解为劳动者、劳动资料及其在生产劳动过程中的社会关系,或者说,分解为生产力和生产关系,它们之间的相互联系和矛盾运动构成了一个社会的物质生活和经济基础之硬核,也是人类社会从古到今不断发展的动力与源泉所在。关于这些理论,马克思在《政治经济学批判〈序言〉》中有非常经典的阐述:

> 人们在自己的社会生产过程中发生一定的、必然的、不以他们意志为转移的关系,即同他们的物质生产力的一定发展阶段相适应的生产关系。这些生产关系的总和构成社会的经济结构,即有法律的和政治的上层建筑竖立其上并有一定的社会意识形态与之相适应的现实基础。物质生活的生产方式制约着整个社会生活、政治生活和精神生活的过程。不是人们的意识决定人们的存在,相反,是人们的社会存在决定人们的意识。社会的物质生产力发展到一定阶段,便同它们一直在其中活动的现存生产关系或财产关系发生矛盾。于是这些关系便由生产力的发展形式变成生产力的桎梏。那时社会革命的年代就到来了。随着经济基础的变更,全部庞大的上层建筑也或快或慢地发生变革。②

---

① 《马克思恩格斯选集》第 1 卷,人民出版社 1972 年版,第 25 页。
② 《马克思恩格斯选集》第 2 卷,人民出版社 1972 年版,第 82 页。

马克思这段论述早已成为唯物主义历史观的经典,现在所有的历史唯物主义教科书差不多都可以看作是对此段论述的诠释与注解。当然各人强调重点可能有所不同,但关于唯物史观之物的基本观点与理念原则并无二致。例如前面提到的历史唯物论主义关于物质生产、物质生活、生产方式、生产力与生产关系、经济基础与上层建筑、社会存在与社会意识和物质的社会关系等主要概念和原理均已包含于其中,还有一些没直接提及,但完全可以从中推导出来。由于这些理论人们已耳熟能详,这里就不展开了。下面将讨论我们更感兴趣的作为价值观的物的概念,并将之与历史观作一比较。

作为价值观的物的概念

以上我们考察了马克思的作为一般唯物主义和历史唯物主义的物的概念。应当说,马克思的这些论述基本上是中性的,因为马克思在阐述这些理论时,尽量想做不带偏向的纯客观分析,这样才能够更接近真实与科学。正如前面所提及,马克思在《资本论》序言中说,物理学家为了认识自然过程是在现象表现得最确实、最少受干扰时考察它们,或是在尽可能保证现象按自身规律展开的条件下从事实验。马克思自己也想这样做,即像科学家把握自然过程一样把握社会历史过程,以做到客观公正和准确。即使如此我们仍注意到,马克思在对唯物主义的物的概念作出阐述时,仍是肯定的含义大于否定,特别作为历史唯物主义的物的概念更是如此。例如,物质生产、物质利益、生产方式、物质条件、社会存在、经济基础,无不具有决定意义,令人不能不起敬畏之心。特别在批判唯心史观时,贬精神扬物质之意溢于言表。当然,马克思的臧否出自对科学和真理的尊重与对谬误和伪科学的贬斥,但个人的主观偏好和立场倾向也是非常明确的。真理本来就令人敬畏,一如当年老康德之于自然律令和道德法则,而谬误本来就令人厌恶,就像启蒙思想家之于他们的立场。

然而,我们注意到,在价值观的领域,马克思对物的态度却否定多于肯定,贬抑多于称赞。例如,对物的意义之评价多与消极、被动、外在、强制(必然)等负面含义联系在一起。这是很有意思的现象,值得我们进一步关注。

概而言之,马克思的作为价值观的物的概念包括这样几层含义:(1)物化、异化和物统治人;(2)物的依赖;(3)货币拜物教;(4)财富观;(5)物的制限。

1. 物化、异化和物统治人。物化概念在马克思那里主要有两层含义,一是劳动,二是异化,这里主要是第二层含义,即在异化与物统治人、奴役人的意义上。异化概念最初来自霍布斯的利维坦怪兽,即与人对立的国家机器。异化的一般含义指人创造出来的力量或物不受人支配,反而转过来与人相对立甚至支配人。在马克思那里异化主要是劳动异化,即资本主义社会的劳动者不能支配其劳动产品、劳动过程和劳动工具,反而受它们及其主人的支配和奴役,这就是异化。马克思指出,在资本主义社会中,劳动者生产的财富越多,他的产品的力量和数量越大,他就越贫穷。劳动者创造的商品越多,他就越是变成廉价的商品。"这一事实不过表明:劳动所生产的对象,即劳动产品,作为异己的东西,作为不依赖于生产者的独立力量,是同劳动对立的……劳动者的这种现实化表现为劳动者的非现实化,对象表现为对象的丧失和为对象所奴役,占有表现为异化、外化。"① 在此情况下劳动对劳动者成为外在的东西,他在劳动中不是感到幸福和自由自在而是相反。可见,所谓异化实际上包含了一种价值评价,即人作为创造活动的主体应该支配其创造物,在此情况下存在与本质是相符的,人的活动自觉自愿自主,因而自由。但在异化条件下劳动资料属资本家所有,产品也归其占有,因此他生产的产品越多,资本家的力量越大,他自己越贫穷,劳动及其产品反而成了帮助资本家奴役工人的力量。这就是异化。马克思指出,自我异化与异化的扬弃走同一条道路。人类发展在历史的一定阶

---

① 马克思:《1844年经济学—哲学手稿》,人民出版社1979年版,第44页。

段不得不走异化的道路,但却为扬弃异化与人的解放准备了条件。共产主义是人的自我异化的积极扬弃,是通过人并为了人对人的本质的真正占有,是向社会人的自身复归。这种发展是保存了以往全部成果的,是人与自然、与社会之间矛盾的解决,也是存在和本质、个体和类、自由与必然矛盾的真正解决。

在《资本论》及其手稿中,马克思从更为具体的劳动二重性理论出发分析资本主义异化现象,但得出的结论与蕴含的评价与之一致。由此可见,马克思关于异化、物化和物统治人现象的论述包含了对资本奴役劳动现象的否定性价值评价,同时从中引出革命的结论,马克思的人统治物的价值理想也洋溢于其中。

2. 物的依赖。物的依赖也是马克思对资本主义社会人受制于物现象的批判。该理论出自《政治经济学批判大纲》中关于三大社会形态的论述。这段论述非常有名:

> 人的依赖关系(起初完全是自然发生的),是最初的社会形态,在这种形态下,人的生产能力只是在狭窄的范围内和孤立的地点上发展着。以物的依赖性为基础的人的独立性,是第二大形态,在这种形态下,才形成普遍的社会物质变换,全面的关系,多方面的需求以及全面的能力的体系。建立在个人全面发展和他们共同的社会生产能力成为他们的社会财富这一基础上的自由个性,是第三个阶段。第二个阶段为第三个创造条件。①

马克思这段名言是科学观与价值观的完美结合。从人的依赖到物的依赖再到自由个性与人的全面发展三大形态的划分是科学概括与预见,同时又渗透着他的崇高理想与价值观。古代社会的人裹挟在血缘、地域、等级、部落、宗教等各种关系与传统中,有种种身份掣肘,因此彼

---

① 《马克思恩格斯全集》第46卷(上),人民出版社1965年版,第104页。

此间是相互依赖的。资本主义社会人与人关系更加密切,但彼此之间的关系却是通过物来中介。物就是商品,就是货币。这是一种特殊的以太,其他一切都淹没在它的色彩中。商品货币成了组成资本主义社会最基本的元素和尺度,一切都可以还原为一定的货币单位来衡量乃至购买。于是人与人的关系变成物与物的关系,是为物的依赖。马克思不喜欢这种状况,人与人关系要迂回地通过物来中介不合马克思的理想。在他看来这样一种迂回和依赖包含了异化的抽象可能性。当然可能变为现实需要一定的条件,条件就是资本主义生产方式的出现。在此情况下出现了前述种种异化与物奴役人的现象。但马克思揭示,通过此形式或在此形态下却"形成普遍的社会物质变换,全面的关系,多方面的需求以及全面的能力的体系"。当然这种发展仍具有异化的形式,但只要把此形式扬弃掉,就有可能实现自由个性与人的全面发展。从此角度看,第二大形态的发展为第三大形态的到来创造了条件。

3. 商品拜物教与货币拜物教。对物与财富的崇拜和拜物教现象的批判是马克思对资本主义批判的重要内容,这种批判洋溢着他的以人为本和实现人的自由而全面发展的价值观。在马克思的理想中人作为主体和创造者应当是物的主人和支配者,但资本主义社会却与此相反,其中一个突出表现就是对物与财富的痴迷与崇拜。马克思对此现象深恶痛绝。在《1844年经济学—哲学手稿》和后来的《资本论》手稿中他多次引用莎士比亚的有关诗篇:

  金子?贵重的、闪光的、黄澄澄的金子?
  不,是神哟!我不是徒然地向它祈祷。
  它足以使黑的变成白的,丑的变成美的;
  邪恶变成良善,衰老变成年少,怯懦变成英勇,卑贱变成崇高。
  ……万恶的金钱,你这人尽可夫的娼妓,

你这在各国人民之间挑起纷争的祸根。①

在《资本论》中,马克思把这种对金钱的狂热崇拜称作货币拜物教,并深入分析其产生的根源和实质。马克思指出,货币的谜实际上是商品的谜,因为货币作为商品的一般等价物实际上是一种特殊的商品。而商品作为使用价值平淡无奇,一张桌子只是一张桌子,但一旦成为商品就充满形而上学的微妙与神学怪诞,仿佛能够头脚倒立,用木脑袋跳舞。其实是"人类劳动的等同性,取得了劳动产品的价值形式;用劳动时间来计量的个人劳动,取得了劳动产品的价值量的形式;最后,生产者之间体现他们的劳动的社会性的关系,取得了劳动产品的社会性的形式"。因此产品变成了商品,其实劳动产品的价值关系与其物理性质无关,它"只是人与人之间的社会关系,但它在人们面前采取了物与物之间的关系的虚幻形式。我们只有在宗教世界的幻境中才能找到这个现象的一个比喻……这可以叫做拜物教。劳动产品一旦表现为商品,就带上拜物教的性质,拜物教是同这种生产方式分不开的"②。前资本主义社会的人笼罩在各种身份关系中,劳动者生产的产品被特权阶层直接占有,人们崇拜特权和血缘,而无须崇拜产品。在共产主义社会,人与人和社会的关系是简单而明了的,无须迂回地通过物或商品来中介,在此情况下,也不存在对物与商品的崇拜。马克思指出:

> 只有当劳动条件和实际生活条件,在人们面前表现为人与人之间的明白而合理的关系时,现实世界的宗教反映才会消失。物质生产和它所包含的关系是社会生活的基础,这种社会生活只有当它一旦表现为自由结合、自觉活动并且控制自己的社会运动的人们的产物时,它才会把神秘的纱幕揭掉。但是,这需要社会上有

---

① 马克思:《1844年经济学—哲学手稿》,人民出版社1979年版,第104页。
② 马克思:《资本论》第1卷,中国社会科学出版社1983年版,第52页。

一系列的物质生存条件,而这些条件本身又只是长期的、痛苦的发展的产物。①

4. 对资产阶级财富形式与粗野的物质拜物教的批判。这方面的内容也颇令人感兴趣。我们注意到马克思对财富一般的看法是中性的,如果说有倾向,也是肯定多于否定。因为在他看来财富或者说物质财富是人类劳动和创造的结晶。它们服务于人类,对人类具有使用价值和有用性。关于使用价值,马克思在《剩余价值理论》中肯定贝利等人的看法,说"value、valeur"这两个词"表示物的对人有用或使人愉快等等的属性",并说"使用价值表示物和人之间的自然关系,实际上是表示物为人而存在。交换价值则代表由于创造交换价值的社会发展后来被加在 Wert(=使用价值)这个词上的意义。这是物的社会存在"②。另外,他还批评资产阶级政治经济学家的无产阶级反对派的庸俗财富观,即取消人与物的区别,低估物化劳动的意义,是"粗野的物质拜物教"。他说政治经济学以自己的分析破坏了财富的那些借以表现的表面独立形式,于是:

> 财富的独立的物质形式趋于消灭。财富不过表现为人的活动。凡不是人的活动的结果,不是劳动的结果的东西,都是自然,而作为自然,就不是社会的财富。财富世界的幻影消失了,这个世界不过表现为不断消失又不断重新产生的人类劳动的客体化。任何物质上的持久的财富都只是这个社会劳动的转瞬即逝的物化,是生产过程的结晶化,生产过程的尺度是时间,即运动本身的尺度。③

---

① 马克思:《资本论》第1卷,中国社会科学出版社1983年版,第59~60页。
② 《马克思恩格斯全集》第26卷Ⅲ,人民出版社1965年版,第326页。
③ 《马克思恩格斯全集》第26卷Ⅲ,人民出版社1965年版,第473页。

马克思这段论述有很强的人本主义色彩,但马克思同以前所有人本主义的一个重要区别在于并不停留在此,因为他还更深入地分析财富的特定社会历史形式,揭示其发生发展和演变的规律,并从更高价值观角度对当代资本主义社会财富形式作强烈的否定性评价。如在《政治经济学批判大纲》中他说"现今财富的基础是盗窃他人的劳动时间";并说"以劳动时间作为财富的尺度,这表明财富本身是建立在贫困的基础上的,而可以自由支配的时间是同剩余劳动相对立并且是由于这种对立而存在的……"①否定的含意溢于言表。

当然,马克思深知,在人类历史的一定阶段财富发展的这种形式和尺度不可避免,同时他揭示,这种形式下发展起来的巨大生产力为财富形式的转变奠定了基础和创造了条件。"在这个转变中,表现为生产和财富的宏大基石的既不是人本身完成的直接劳动,也不是人从事劳动的时间,而是对人本身的一般生产力的占有,是人对自然界的了解和通过人作为社会体的存在来对自然界的统治,总之,是社会个人的发展。"②马克思所说的社会个人的发展主要指人的能力发展特别在科学技术方面的发展及其带来的生产力水平巨大提高,同时还有对商品货币与劳动产品分裂为价值与使用价值对立现象的扬弃。在此情况下,劳动时间不再是财富的尺度,群众的剩余劳动不再是发展一般财富的条件。"于是,以交换价值为基础的生产便会崩溃,直接的物质生产过程本身也就摆脱了贫困和对抗的形式。个性得到自由发展,因此,并不是为了获得剩余劳动而缩减必要劳动时间,而是直接把社会必要劳动缩减到最低限度,那时,与此相适应,由于给所有的人缩减了时间和创造了手段,个人会在艺术、科学等方面得到发展。"③

至此,我们已讨论了马克思关于物对人的统治和依赖物的崇拜等

---

① 《马克思恩格斯全集》第 46 卷(上),人民出版社 1965 年版,第 222 页。
② 《马克思恩格斯全集》第 46 卷(上),人民出版社 1965 年版,第 218 页。
③ 《马克思恩格斯全集》第 46 卷(上),人民出版社 1965 年版,第 218 页。

论述,然而这还不是他有关理论的全部,他对物的否定性价值评价中还有一个重要内容值得我们关注,那就是更为普遍的"物的制限"。

5. 物的制限。人是自然之子。自然或者说物质世界为人类发展提供不可或缺的条件,同时又以此制限着人类的发展。这种制限是人类永远不可能完全超越的地平线。对此马克思在《资本论》中有很精彩的论述:

> 自由王国只是在有必需和外在目的规定要做的劳动终止的地方才开始;因而按照事物的本性来说,它存在于真正物质生产领域的彼岸。像野蛮人为了满足自己的需要,为了维持和再生产自己的生命,必须与自然进行斗争一样,文明人也必须这样做;而且在一切社会形态中,在一切可能的生产方式中,他都必须这样做。这个自然必然性的王国会随着人的发展而扩大,因为需要会扩大;但是满足这种需要的生产力同时也会扩大。这个领域内的自由只能是:社会化的人,联合起来的生产者,将合理地调节他们和自然之间的物质变换,把它置于他们的共同控制之下,而不让它们作为盲目的力量来统治自己;靠消耗最小的力量,在最无愧于和最适合于他们的人类本性的条件下来进行这种物质变换。但是不管怎样,这个领域始终是一个必然王国。在这个必然王国的彼岸,作为目的本身的人类能力的发展,真正的自由王国,就开始了。但是,这个自由王国只有建立在必然王国的基础上,才能繁荣起来。工作日的缩短是根本条件。①

这段论述包含马克思许多重要思想:第一,人的真正自由在于活动的自主、自觉、自愿即自我决定,而不是受制于外在的物;第二,人类为了生存必须从事物质生产活动。这对人说来是一种双重的限制:一方

---

① 《马克思恩格斯全集》第25卷,人民出版社1965年版,第926~927页。

面,是来自自身肉体需要的限制;另一方面是为满足需要而从事的活动受到外部世界和物质条件的限制。这两个方面对人类来说都是必然而非自由;第三,即使如此,人在物质生产领域仍有着属于这个领域相对最大限度的自由,即社会化的人和联合起来的劳动者合理调节人与自然之间的物质变换,使之最适合于人类本性,亦即在提高效率基础上把工作日减到最小;第四,真正的更高意义上的自由是作为目的本身的人的能力的发展。但它必须以必然王国领域的自由即生产力发展和效率提高为基础与条件。也就是说,自由与必然、人的发展与物的制限始终脱不了干系。

马克思的物的概念包含着丰富的内容,以上从存在论和价值观角度对之进行了考察,我们还可以从其他角度如实践论、认识论和主客体角度进行研究。从一般唯物主义角度看,就是尊重客观事实和实事求是;从历史唯物主义角度看,就是重视发展生产力,还有经济基础、物质利益均不能忽视;从价值观角度看,则应该坚持以人为本,不能受物的束缚和奴役。对之又可从两个角度来理解:从个人角度看,不要沉迷于贪婪物欲,更不要对金钱货币顶礼膜拜,丧失尊严和原则,而应有更高的追求,同时应重视能力的发展;从政府角度看,则应在发展市场经济的同时,对其负面因素有清醒的认识,应尽可能扬其利而去其弊,并积极创造条件,让每一个社会成员都尽可能得到自由而全面的发展。这就是我们考察和概括马克思关于物的概念而得出的重要结论。

(原载《社会科学》2006 年第 3 期)

马克思的资本理论及其当代意义

资本问题一直是马克思毕生关注的焦点,关于资本的理论更构成了马克思主义理论的核心与基石。恩格斯指出,社会主义从空想到科学的标志是唯物史观和剩余价值学说的创立,后一学说正是马克思资本理论的主要内容,其在马克思主义理论中的决定性地位已无须多说。我们这里感兴趣的是其当代意义。众所周知,批判资本主义、实现社会主义是马克思毕生为之奋斗的理想,也是他理论的精髓。我们当前正在建设社会主义现代化,但在经过许多曲折之后却发现要实现此目标仍必须大力发展市场经济,资本市场也不可缺少,为此要引进外资,扶持民资,并对许多国有企业进行改制等。在此情况下重温马克思的资本理论有何现实意义呢?这正是本文所要关注的。

一、马克思的资本理论:批判与扬弃

毫无疑问,马克思是人类有史以来对资本弊端批判最力者;但另一方面,对资本伟大历史作用的肯定也是他最早最充分。如《共产党宣言》中的这段名言世人皆知:

> 资产阶级在它的不到一百年的阶级统治中所创造的生产力,比过去一切世代创造的全部生产力还要多,还要大。自然力的征服,机器的采用,化学在工业和农业中的应用,轮船的行驶,铁路的通行,电报的使用……过去哪一个世纪能够料想到有这样的生产

力潜伏在社会劳动里呢?①

马克思这里说的是资产阶级,但资产阶级在他看来不过是资本的人格化,因此谈资产阶级实际就是谈资本。所谓资本是通过市场运作能够带来价值增殖的财富。当然,市场和货币古已有之,甚至旨在赚钱的资本也早已出现,但当时都不占主导地位。马克思在《资本论》及其手稿中多次把它形容成伊壁鸠鲁的神,只生活在世界的隙缝中,不干扰尘世的生活。其实当时商品货币对社会的影响还是有的,但总体上肯定不大。这是古代的情况。在中世纪后期,市场、货币乃至资本的影响逐渐加大,但也只是在新兴城市中。作为资本代表的资产阶级的出现则是较为晚近的事,作为资本赢利工具雇佣劳动的出现也同样较晚。因此我们这里所说的资本、资产阶级和资本主义都是近代的概念,它体现了资本奴役劳动的社会关系。

总的说来,马克思对资本作用的肯定主要有这样几个方面:第一,指出其在冲破封建社会桎梏以及所有陈旧关系和观念过程中的巨大革命作用。《共产党宣言》中这方面的论述很多,也很有名,因篇幅关系,不再细述。第二,在推动科学技术和生产力发展过程中的巨大作用。如前引论述。第三,推动全球化进程的加快与多元文化的互动。如《共产党宣言》中说资产阶级开拓了世界市场,使一切国家的生产和消费都成为世界性的了;并说精神生产也如此,由于"各民族精神产品成了公共的财产,民族的片面性和局限性日益成为不可能,于是有许多种民族的和地方的文学形成了一种世界的文学"②。在《德意志意识形态》和《资本论》中也有很多这方面的论述。第四,资本的出现与发展为社会主义乃至共产主义社会的到来以及为人的自由而全面发展准备了条件。这主要从价值理想和生产力基础角度而言。消灭剥削压迫、实现人的自

---

① 《马克思恩格斯全集》,第1卷,人民出版社1972年版,第256页。
② 《马克思恩格斯全集》,第1卷,人民出版社1972年版,第255页。

由全面发展和实现共产主义是马克思的崇高理想。但崇高理想的实现需要基础和条件，特别是生产力的高度发展。前资本主义时代生产力水平低下，不可能具备这样的条件。只有在资本主义社会，在市场机制和追求资本增殖的动机的驱动下，才可能产生巨量的物质财富和发达的生产力。当然这样一种机制在马克思看来具有异化的形式，但他同时也指出资本在此形式中发展起来的巨大生产力为人的全面发展和社会主义社会的到来创造了条件。这显然是一个了不起的历史作用。

然而，资本的问题与弊端更为突出，马克思从唯物史观出发并站在理想高度对之进行一系列严厉批判。概括地说，他的批判主要集中在这样几个方面：

第一，揭露资本雇佣工人剥削剩余价值的秘密，并努力谴责之。马克思的出发点是劳动价值论，劳动二重性理论是他的伟大创造。马克思指出，生产商品的劳动可区分为具体劳动和抽象劳动两个方面，前者创造使用价值，后者创造价值。资本增殖的关键是在市场上找到一种能够在使用过程中创造新的财富从而使资本增殖的商品，即雇佣劳动。资本家使劳动力工作的时间延长，超过购买其价值即工资部分，在此时间创造的财富或价值即为剩余价值。当然延长有两种，一为外延即单纯时间上的拉长，一为内涵即劳动效率的提高。前者产生绝对剩余价值，后者产生相对剩余价值。无论哪一种都是资本十分向往的，因为金钱没有臭味。它投资办厂开公司，想方设法搞好管理，殚精竭虑改进技术都是为获得更多的剩余价值。这是资本下金蛋之谜，也是资本扩张的冲动和活力所在。资本为此不断发展生产和创新技术，从而推动社会经济的发展。马克思对此给予充分肯定，但对其无偿占有工人的剩余劳动则明确给予否定性的价值评价。

其次，资本奴役劳动，使劳动者从劳动主体变为客体并反过来受客体的统治，因而感到不自由、受强制、遭奴役，这是一种异化。异化包含了一种价值评价，即与理想的东西疏离甚至对立。理想的符合人的本性的劳动主体当然应是劳动者，劳动过程及其结果体现了他的创造力，他也应有充分权利支配自己的产品。这样他在劳动中就不会感到不幸。但资本由于购买了劳动力并使之为其生产剩余价值服务，于是劳动活动发生了变形，劳动及其产品反而与人相对立，成为支配人的力量，这就是异化。马克思在《资本论》手稿中写道："关键不在于物化，而在于异化，外化，外在化，在于巨大的物的权力不归工人所有，而归人格化的生产条件即资本所有，这种物的权力把社会劳动本身当作自身的一个要素而置于同自己相对立。"① 另外，马克思认为，商品货币的出现，抽象劳动与具体劳动、私人劳动与社会劳动相分离，即包含了异化的抽象可能性，但从可能到现实需要条件，那就是劳动者与其劳动客观条件相分离和一无所有的雇佣劳动者的出现，还有货币财富的积累。所有这些条件结合到一起才能开辟一个新的时代——资本的时代。

第三，资本的生产方式造成了严重的两极分化、恶性竞争和经济危机，从而从促进生产力发展到阻碍生产力发展，乃至逐渐丧失自己存在的合法性。马克思认为，任何一种生产方式在其所有的潜力完全发挥出来前是不会灭亡的。资本主义经过一个多世纪的发展在马克思时代已败象渐露，突出表现就是恶性竞争和两极分化。恶性竞争源于对利润的追逐。追逐利润最大化是资本的本性，为此它不惜采取一切手段，一方面同行之间相互倾轧，无所不用其极；另一方面对贫者弱者为富不仁，以强凌弱，特别在原始积累阶段此现象尤甚。所以马克思说资本来到世间从头至尾每个毛孔都滴着血和肮脏的东西。其实市场经济难免有竞争与分化，竞争的存在对于经济发展方面的优胜劣汰和资源的较佳配置也不无裨益，特别在资本发展初期更需要自由竞争。但问题是不能太过，否则难免带来伤害和破坏。竞争也可能造成垄断和两极分化，贫者愈贫，富者愈富，从而为社会埋下不安定的因素。由于资本的逐利本性在资本主义社会不仅存在，而且被发展到极致，所以它会产生严重危机并酝酿社会变革的火种，社会主义运动因此而风起云涌。

另外，资本的发展进一步掀起对金钱货币的狂热崇拜，从而把古已

---

① 《马克思恩格斯全集》第46卷下，人民出版社1972年版，第360页。

有之的商品拜物教和货币拜物教推向极致,践踏了几乎所有的传统价值和美德,并对人性构成巨大挑战。因篇幅关系,不再细述。

二、建国30年的社会主义实践
——扬弃资本主义的初步探索

我国的社会主义实践是在马克思列宁主义指导下进行的。最初的理论传自俄国。毛泽东说十月革命一声炮响,给我们传来了马克思主义,说的正是这个情况。不过与俄国相比我们的革命不那么正统,也可以说是非典型革命,因为它发生在一个生产力相对落后的东方国家,而且走的是农村包围城市的道路。但是它成功了。一次成功的实践胜过一百次失败,即使后者从理论的角度看更为典型。但这里所说的成功是指政治权力的改朝换代和社会制度的颠覆。至于革命能否取得预期效果,还有待于实践检验。

我国1949年取得新民主主义革命的胜利,1956年完成工商业的社会主义改造乃至在农村全面实行合作化,从而取得社会主义革命的巨大胜利。过去的地主与资本家或被打掉,或被赎买与改造。在经过改造或新建立的国营工厂与农村人民公社中,工人和农民成了生产资料的主人,他们有权支配这些生产资料,并有充分的权利享用自己的劳动成果。于是千百年来劳动者与劳动条件及其产品的对立与分离就被扬弃了。翻身当家做主人并非完全是政治家的空洞口号和文学家的诗意描述,而是活生生的现实。千百年来剥削阶级骑在人民群众头上作威作福的现象得到根本扭转。

在此基础上,个人劳动与社会劳动的分离乃至对立也在很大程度上被扬弃了,因为几乎所有的生产资料都公有化了。城里有举国一体的全民所有制和计划经济,农村则有一大二公的人民公社。当然也有少量的小集体,但那实是全民所有制的附属与补充,而且资产绝对接受其支配,即实质上仍姓公,其资产仍可以一平二调。这是公有制的逻辑。在此情况下即使有商业活动存在,经济学教科书也告诉我们这是形式上的商品交换,实质是一家人的内部分配。从此视角来看,任何个人的活动都直接是社会活动,过去横行已久的私人劳动与社会劳动之间的分离与对立被扬弃了。作为剥削雇佣劳动手段以及作为一种生产方式的资本已失去生存的土壤,甚至有千百年历史并且根深蒂固的商品、货币与市场的存在也受到严重的挑战。因为在一大二公、全民所有、计划经济和按劳分配的制度模式下必须按劳动时间来计量和等价交换的市场经济法则在很大范围内已失效,或即使理论上有也已徒具形式,于是马克思十分厌恶和毛泽东非常想摆脱的资产阶级法权从根本上被动摇了。

在此情况下,劳动者由于成了生产资料的主人,并且能够根据自己的劳动得到报酬,劳动积极性必油然而生;又由于实行计划经济,自由竞争的资本主义市场经济条件下所有盲目浪费和竞争所带来的巨大消耗被排除,劳动财富必将充分涌流。在这一阶段,由于旧的国家机器被打碎,新的政府官员实际上是人民勤务员。他们为了人民的利益担任社会公职,在计划经济、社会生产与分配方面承担管理协调监督等功能(当然他们本身也受到人民的监督),这就使旧社会常有的剥削压迫、恶性竞争与经济危机不致再现,从而必然促进社会财富的增加和人民幸福的增长。同时千百年来横亘在城市与乡村、体力劳动与脑力劳动以及官员与民众、人与自然之间的矛盾也将得到圆满解决。

然而,所有这些都很大程度上是理论上而非实际内容上的。一大二公的全民所有并不能让普通劳动者强烈而直接感受到自己与生产资料和劳动成果之间的联系,特别在农村,粮食往往被要求低价卖给城市,甚至被无偿调拨,农民感到自己无权支配自己的成果,劳动积极性并不是那么高涨,劳动效率也相对低下。一个人人皆知的事实是自留地的庄稼总是比公田好。城市工厂的所有者实际上也是虚置的,工人也没有多少主人翁之感。当然他们至少名义上已是国家的主人,过去连这名义也没有,这个区别很重要。但国家那么大,人民又那么多,不可能个个都参与管理。事实上绝大多数工人农民仍得靠种田做工为生,政治上的事无暇也没有能力顾及,得交给代表他们的干部或官员。

官员名义上是人民的公仆与勤务员,实际上享有的权力、地位和待遇远高于普通大众,后者反而生活得相当艰难。当然对人类文明史而言,这种现象难以避免:毕竟治理国家的经国大业得靠专门的阶层来进行。

改革开放前的社会主义建设取得了一定的成绩,但与理想有相当距离。特别是在三年困难时期,国民经济到了崩溃边缘,农村核算单位不得不从公社退回到村或生产小队,城市则是厂矿企业核算。计划经济仍勉力坚持,但商品货币市场已被证明无法取消。虽然经济学家绞尽脑汁试图从理论上证明社会主义的商品货币如何在性质上不同于资本主义,但其作为分离出来的抽象劳动和交换价值异己的独立地位明摆在那儿。毛泽东虽对之甚为不满,曾发起学习无产阶级专政理论和破除资产阶级法权运动,但实践中未尝能有一日完全如此。

总之,改革开放前夕,普遍贫穷和一大二公的经济制度暴露出诸多问题,概括地说主要有三个方面:第一,它没有提供效率。第二,它没有提供富裕[①]。第三,它没有提供自由。当然这是与马克思的崇高理想比而非与旧中国比。与旧中国比仍有很大进步,毕竟千百年来地主对农民的剥削以及近代以来资本对劳动的奴役现象被铲除或基本铲除,工人农民确实在一定程度上有当家作主之感。然而对照马克思的理想乃至与世界先进水平比,我们仍有充分的理由批评其在提供效率、富裕乃至自由方面有很大差距,不改革就没有出路。

三、改革开放以来的现代化实践:
重新引入市场与资本

1978年三中全会以后中国走上了改革开放之路。改革的中心点是发展生产力,亦即提高效率;改革的突破口则是市场经济。当然,最初的提法是"计划经济为主,市场经济为辅",鸟在笼子里飞,只是起调

---

① 《马克思恩格斯选集》,第1卷,人民出版社1972年版,第39页。

节作用。也有远见卓识之士如孙冶方大声疾呼"千规律,万规律,价值规律第一条","到了共产主义也要讲价值规律"!

价值规律是商品经济的根本法则,有价值规律当然有商品和市场,甚至有资本。而且这些东西对于社会主义现代化建设非常重要。但是有商品、市场和资本的社会还是社会主义吗?让我们先从商品和市场谈起。在马克思的理论中,至少共产主义第一阶段离不开商品与市场,如马克思在著名的《哥达纲领批判》中曾说过,权利的发展无法超越社会的经济结构及其所制约的文化,共产主义第一阶段难免带有它所由脱胎而来的那个社会的痕迹,交换与分配必须按劳动时间来计量。按劳动时间来计量的交换与分配显然同商品经济联系在一起。因此理论上可以肯定,社会主义仍需要商品货币和市场经济。当然市场经济并非完美无缺,但在现有条件下要发展生产力、实现资源的最佳配置与促进现代化建设,没有比它更好的手段了。这一点我们大多数人是到了小平南巡讲话以后才认识得比较清楚的。小平同志高瞻远瞩,以其特有的智慧魄力与求实精神指出,计划与市场都是手段,资本主义可以用,社会主义也可以用。从此人们对市场的恐惧心理才彻底抛弃,一心一意投入建设社会主义市场经济大潮。中共中央关于发展社会主义市场经济的决定更为此指明了方向。从此市场经济大潮在中国这块古老的土地上蓬勃兴起,如火如荼,方兴未艾。

对市场作如是观,对资本呢?对资本的看法同样要更新观念。显然,没有资本的市场经济就不完整,特别在现代社会。当然对资本在许多情况下可以仅从其用的角度即从货币和资金的角度来加以理解。社会主义现代化建设需要大量的资金。政府即使在文革前也鼓励人民多储蓄支援社会主义建设。存款在银行可以拿到少量的利息,这似乎是有限的奖励,至于微薄回报的性质是什么,人们并不去深究。但不深究不代表问题不存在,特别在当代以经济建设为中心、资金的需求量很大的情况下,问题更为突出,亟待解答。要知道在市场经济条件下经济建设所涉及的资金不只是价值尺度和交换手段,而且是以投资逐利和增殖为目的。民资与外资自不待言,即使是国有资本,必须兼顾社会效益与公共责任，但在市场经济中也有保值增殖的问题，否则资金岂不越来越少，责任也无法履行。从经济发展的角度看，这种以营利增殖为目的的资本也为现代社会所必需，因为市场经济的活力很大程度上来源于它。但资本有活力是一回事，有活力的资本是否与社会主义社会相容又是一回事。要回答这个问题需要更新传统的资本观，而且不是一般的更新，而是要突破一些思想意识形态方面的障碍。就在这时我们有了实践标准的讨论和小平同志的"三个有利于"，这是我们当代国人之幸，也是民族之幸。

用"三个有利于"为尺度来衡量，资本在现阶段对于经济发展显然有积极的作用，可以拿来为我所用。我们的经济发展长期以来水平低，资本一直是紧缺资源，为经济建设所急需。还有，资本的许多具体运作方式乃技术性工具性的东西，经过多少代人的探索成了集体智慧的结晶，如股份公司、证券市场、金融银行等，其不可替代的巨大作用早已为现代经济所证明，而且不分中西，不分社资，大家都可以用。至于这个过程中有无剥削和如果有剥削是否还允许存在，这在很大程度上是一个经院的问题，教条的问题，若仍为此争论不休甚至噤若寒蝉不敢逾雷池一步，我们就可能贻误时机和一事无成。过去这方面的教训甚多，现在完全可以实践标准和"三个有利于"为尺度把这些问题搁置一边，以后的事留待后人去考虑，目前只要对我们有利就可以拿来为我所用。当然是否有利还要经得起实践检验。实践标准和"三个有利于"是我们新时代的"奥康剃刀"，没有用的假问题和以后才可能成为问题的问题一律砍去或悬置。

于是有了思想解放运动，也有了社会主义市场经济建设如火如荼，还有金融证券银行业的大发展。其实马克思当年在《资本论》第三卷中也曾说过银行和股份公司的出现是对资本主义的扬弃，但那是消极扬弃，工人自发成立的合作社是积极扬弃。这番话在20年前挖掘出来有振聋发聩的作用，但在现在也许并不那么为人注意，因为银行金融在社会生活中的重要性是明摆在那儿，其巨大作用与影响已无人能够否认。《资本论》还说现在是商人、将军和银行家的时代，我们时代银行家的作用也许更大。君不见前几年搞经济调整,总理亲兼银行行长,可见银行重要性已在各部之上。这足见货币资本市场之重要。在实体领域资本同样是关注的焦点。如发展民资和引进外资,都是基本的国策,也是各地方政府的大政方针。国资的重要性更无须多言。现在实行市场经济和改革开放,在一些竞争性领域可以充分放开甚至让国资退出,但在事关国计民生和国家命脉的重要领域仍必须保持国资的优势地位。在两者之间广阔的中间地带则可以开展平等的市场竞争,优胜劣汰,从而实现资源的最佳配置,促进社会经济的繁荣发展。

经济确实繁荣起来了。完全可以说,二十多年来以利益为中心,以市场为导向,以资本市场的发展为突破口的改革开放与社会主义现代化建设取得了巨大成功。其突出表现就是生产力的迅猛发展,综合国力的大大提高,社会生产的物质财富大大增加和人民群众生活水平的相应提高。资本市场也有了前所未有的发展。据国家统计局公报,2005年我国广义货币供应量(M2)和各项存款余额均达30万亿元,贷款余额也过20万亿元。证券市场各类上市公司达1381家,市价总值3万多亿元。工业经济效益大幅度提高。规模以上工业企业实现利润总额8152亿元,其中国有及国有控股企业实现利润6447亿元,集体企业实现利润551亿元,股份制企业实现利润7420亿元,外商及港澳台投资企业实现利润3997亿元。引进外资台资较多的地区,如苏州外资台资已占据大半江山,昆山甚至超过百分之八十。

改革开放和现代化建设确实取得了巨大成就,市场经济和引入资本的作用也有目共睹,无须多说。但瑜不掩瑕,当前社会问题和矛盾同样不少,而且似乎更值得人们的关注。其中十分突出的是社会不公,弱势群体的利益没有得到充分保护,贫富分化和腐败,急功近利的建设所导致的对资源与环境的巨大破坏,拜金意识泛滥带来的道德意识缺失和对传统价值的严重伤害等等。

社会生活中资本的地位在迅速崛起,普通劳动者的地位则相对弱化。从贴近市场和提高效率的角度看,改革的方向总体上正确,因为市场经济中作用的确是资本最为重要,还有权力,其次是技术,最后才是工人或普通劳动者,特别在我们这样一个资本紧缺而劳动力相对过剩的国家。但从公平、平等的价值理性与维护社会稳定的功利目的角度看,结论则有重要差异,若从马克思理想的角度看问题就更大。

当然改革开放以来人民群众生活整体上了一个台阶,温饱问题解决和小康社会建设均是千百年未有之历史性进步。但 90 年代以来社会经济发展的好处大多落入强势群体之手,处于强势的是权力、资本,然后是技术。工人农民等普通劳动者成为相对弱势群体。这里面有按劳取酬的因素,但更多是因为弱势的地位,如工人在工资收入方面几无与资本讨价还价的能力。民营与外资企业的劳资关系纯粹是雇佣被雇佣的关系,许多连工会都没有,老板颐指气使,工人劳碌不已并忍气吞声的情况是可以想见的。许多民资企业加班熬夜成常态,工人每天超负荷地工作十来个小时,马克思在《1844 年经济学—哲学手稿》和《资本论》中批评的情形在许多地方并不罕见。农村的问题更为突出,特别近十年来农业生产资料的价格急剧上升,还有需交纳的各种税费也大幅度增加,农产品的价格却没多少变化,农民的负担大大加重,生活状况也日益恶化。交不起费、上不起学和看不起病的不在少数,干群关系也变得日益紧张。关于当代农民的不利处境,曹锦清的《黄河边的中国》、李昌平的《我向总理说实话》与陈桂棣、春桃的《中国农民调查》都有非常详细的描述。特别是李昌平关于"农村真苦,农民真穷,农业真危险"的名言已为世人皆知,也引起了上上下下的关注,采取了不少措施,但效果未尽如人意。

另一方面,权力腐败和两极分化现象非常严重。一个强大的资本阶层在兴起,其成长很大程度上得益于市场经济的发展和改革开放,当然它们也转过来促进市场经济的发展。同时,资本的兴起也都同权力阶层有千丝万缕的联系。在政府处于强势的国情下这种情况出现也可以理解。对于官员说来,支持资本发展既能促进经济,增加税收,又能体现自己政绩,何乐而不为?但什么事情都应有度,若无原则不惜一切代价支持资本发展,则可能损害群众利益和国家的长远利益,还容易发生权钱勾结和腐败。这样的事在当今中国已司空见惯和多得令人无法容忍了。如低价征用农民土地出售给资本。据有关数据,20年来农民在此方面的损失超过两万亿,开发商和房产商趁机大赚其钱。双轨制的实行使有权者的批文也能成万上亿地赚钱。改制中有无数国有资产合法流失。有的还巧取豪夺强占本属工人的资产。笔者去年听说苏北不少企业家被上面反复动员以低价买下工厂;还收到一工人来信说工厂被低价卖给外地老板,工人愿出更高的价买却不行。最近到苏南一著名县级市,闻知两个效益很好的大厂管理层利用改制强买工人手中的股份,结果工厂的效益更好了,工人的收入却更少了。告诉我情况的是这两个厂的书记。他们也不知道这样做是否合适,但所以能做成,无疑是得到了上面的默许。工人在改制过程中显然处于弱势地位,而资本的后面常有权力作靠山。

所有这些无不说明,中国的改革开放和现代化建设到了一个非常关键的时刻。改革开放一方面确实取得了很大成绩,另一方面也确实存在着严重问题,需要我们认真解决,否则就可能出现严重危机。窃以为,上述所有问题差不多均与我们没有很好地处理马克思所批评过的市场经济和资本的负面因素有关。事实上,市场经济与资本都是双刃剑,对社会经济发展是既有其利,也有其弊。工人阶级起来革命以及马克思等倡导国际工人运动和共产主义就是想革其弊。小平同志倡导改革开放和建设社会主义市场经济是想用其利,给经济发展带来活力。我们这些年在用其利方面确实取得不俗的成绩。但千万不能忘记市场与资本都还有弊的一面,我们应该对此有清醒的认识。特别是政府应该勇敢地负起自己的责任,尽可能地扬其长而避其短,努力减少社会不公和扶持弱者并适时引导资本努力承担更大的社会责任,至少不能允许为富不仁、以强凌弱和赚黑心钱。遗憾的是,前些年恰恰在此方面没有给予较多关注。由于我们的经济基础薄弱而资本一直是紧缺资源,因此在许多政策的制定上往往只重效率,不重公平;只重速度和GDP数字,不重效益和人民生活水平的提高;只重城市,不重农村;只重资本,不重工人和普通劳动者的权益;只重权力阶层的利益而忽视民众个人权利的保障。因此才腐败丛生,权钱勾结和两极分化现象严重,离马克思的理想似乎渐行渐远,社会蕴藏了极大的不稳定因素。

现在是我们回过头来重新审视马克思的市场与资本理论的时候了。的确,从马克思的角度看,抽象劳动与具体劳动、社会劳动与私人劳动相分离,商品、货币、资本,还有雇佣劳动的出现,都是异化劳动或劳动的异化,社会不公、腐败和两极分化则是其衍生产物或者说现象形态。马克思理想的劳动是自由自觉自主的创造性活动。但他在《资本论》中也谈到这样的自由王国存在于必然王国的彼岸,而人为了生存永远无法完全摆脱为生存而进行的必要劳动,即永远受必然王国的制约。综合这些论述并对照我们多年的社会主义实践可以得出结论,马克思关于未来社会将取消抽象劳动与具体劳动、私人劳动与社会劳动的分离从而消灭资本和扬弃异化的论述有些理想化了,至少目前和可以预见的将来条件还不具备。实践证明至少社会主义社会不可能没有商品货币和资本,也需要有市场来实现资源的更佳配置和提高效率。但是这些东西的弊端和问题也昭然被揭,马克思的尖锐批评我们不应忘记。市场与资本从来都有两面性,我们为了效率搞了市场经济,发展资本市场,是既得其利,也得其弊。对此我们应该有清醒的认识,应尽可能使问题少些,弊端少些,而不是相反。其实自上个世纪以来即使是西方资本主义国家对市场经济也不是完全放任。完全放任必然会导致资本愈富、劳工愈穷的两极分化,以强凌弱的事也难免发生。西方自凯恩斯和罗斯福新政以来就提倡政府承担更大的社会责任,用公平公正的价值理性导引市场经济的发展,即用看得见的手调控看不见的手。福利经济学、社会民主主义和罗尔斯的正义论也都贯穿此精神。我们有马克思的社会主义理想与批判资本弊端的理论,还有"三个有利于"、"三个代表"思想等,立意更高,理应在此方面做得更好。

四、资本作用再认识:用其利而弃其弊

我们很高兴地看到,中央最近提出用以人为本的科学发展观指导我们的工作,这标志着发展理念和指导思想的重大变化。而且我们看

到这样一种理念正在到处得到贯彻。如城市提高最低生活费标准,大幅提高拆迁补偿费用,农村逐步减免农业税,还有从总理亲自为民工讨工资到立法保护民工的合法权益。最近网上还有沃尔玛在国家总工会压力下同意自己在华企业职工自建工会的消息。这些都是非常好的变化,当然这只是开始。

如何继续努力,做到对资本与市场扬其利而弃其弊从而实现科学发展,窃以为从当前角度看至少应该做到:

第一,对市场经济与资本负面的东西有清醒的认识并努力采取措施限制之与减少之。当然,对其正面的作用仍应充分肯定,但对其负面的东西不能有一点放纵。看不见的手不可能自动修复,因为市场经济起作用的是工具理性,任其发展难免导致两极分化甚至以强凌弱,为此需要社会和政府以人文精神与价值理性加以限制引导,即用看得见的手加以调控。特别在政府已经很强大的情况下更应对此有清醒认识,否则若只考虑政绩而向资本倾斜,甚至权力与资本合谋,则负面因素可能愈演愈烈,危害更大。

其次,关注社会公平特别是弱势群体的利益。为此应该在政策上向弱势群体倾斜,至少应不与罗尔斯的"公平的正义"与福利经济学派所说的帕累托最优这些当代的底线公平相抵牾,即任何发展经济的措施都不应伤害最弱势群体的利益,能使其利益增进则更为理想。从中国目前的情势看应该对权力有所限制,对资本有所约束,同时尽可能地扩张和发展普通民众的权益。当然,限制不是取消,而是防止其滥用,如为 GDP 的扩张和个人政绩而大兴土木,消耗过量资源并损害普通民众的利益,甚至权钱勾结乃至腐败等等。要努力避免吴敬琏先生批评的"权贵资本主义"。要以一定的价值理性和人文精神为导引,让资本在社会公平和公共利益方面承担更大的责任。对资本的约束也是一样,绝不是限制其发展,而是让其发展得更为干净些,更加合理合法,也更为人道。

第三,牢记马克思的崇高理想,摒弃商品拜物教和货币拜物教,保持心灵的清明与纯洁。即使有市场经济和货币资本在,也不要为之冲昏头脑，沉迷于金钱和物欲，甚至对之顶礼膜拜。要知道这些东西都是服务于人的手段。对个人说来金钱并非万能，生命中有些价值远高于金钱，如真善美、自由和爱。对官员说来更应该关注公共利益，努力献身于社会进步和人民幸福。没有理想就会在权力金钱利诱下迷失方向。

概括地说，当前应当以民主来限制权力，以公平来约束资本，以人文精神来引导科学技术，以"三个代表"、以人为本和科学发展观来指导政府决策，以马克思主义理论和人的自由而全面发展的理想来洞察市场经济与资本的弊端并努力创造条件减少其负面因素增强其积极因素，以为我们的人民造福。

也许，这就是重温马克思的资本理论的当代意义。

（原载《南京师大学报》（社会科学版）2007年第3期）

市场经济再认识

——重温马克思市场经济理论的时代意义

市场经济的力量在当今世界已无远弗届。我国改革开放以后肯定了市场经济的地位,邓小平南巡以后更大张旗鼓地建设社会主义市场经济,二十多年来成绩斐然,但问题同样也不少。市场经济从来就是一把双刃剑,我们这些年来是既得其利,也得其弊。对于市场经济的弊端,马克思曾站在社会主义的高度给予深刻的分析与批判,凯恩斯等人也曾从体制内的角度给予批评和修正。遗憾的是,我们近年来过于关注市场经济所带来的效率,即过于关注其正面的东西,而对其负面注意不够。目前社会生活中的一些严重问题即与此相关。在此情况下,本文提出重温马克思的市场经济理论,对市场经济方方面面进行再认识,以更好地指导今后的社会主义现代化实践。

一、市场经济的兴起

市场经济几乎与人类文明史一样古老,有人类文明存在的地方就可能有交换,有以物易物互通有无的互惠互利行为发生。不过,最初的交换多发生在部落的边缘地带,只是原始部落自给自足生活的补充,就像马克思多次形容的伊壁鸠鲁的神,住在世界的隙缝中,不干扰尘世的生活。但由于这种交换逐渐增多和经常进行,开始有了相对固定的集市和市场,也就有了商品的等价物——货币。最初的货币不太固定,从牲畜到贝壳等,后来才过渡到贵金属以及作为商品一般等价物并由国家权力作为后盾的金属货币,世人对商品货币的狂热崇拜也由之而来。

然而,在前资本主义时代,商品经济始终是社会的补充,不占主体地位,占主导地位的是消费经济,当然主要是有产者的消费。马克思多次说过,封建社会与奴隶社会、封建主与奴隶主的消费构成了经济发展的界限,他们没有超出边界进一步扩展的冲动。古代也有商业民族,如地中海边的迦太基,但对世界似乎影响不大,马克思所说的伊壁鸠鲁的神就包含了他们。当然,古希腊和古罗马商品经济很繁荣,但奴隶制仍是其经济主体,封建社会更是自给自足的庄园经济一统天下。不过,欧洲中世纪后期出现的新型城市文明有些不一样,市民经济或者说市场经济逐渐成为经济的主体。这些城市起初只生长在封建社会的边缘地带,如意大利的城市特别是威尼斯,也多处在交通要道,后来逐渐由集市到城镇再到更大的城市。这些以市场经济为主体的新型城市的诞生利用了封建的契约关系,通过赎买效忠等形式取得了城市自治的自主权,进而把自己城市建设得很繁荣,后来直接成为资本主义的前身。

新兴城市赖以繁荣的市民经济是完全不同于以往其他经济的新型经济,其基本的原则是等价交换,平等互利。由于分工、技术和环境的不同,人们生产出来的产品并不一致,对这些不同产品按平等互利原则进行交换调剂显然对不同所有者与劳动者说来是一件互惠的幸事。这里涉及到产权与契约,还有平等与自由等,对此不予多谈。我们更感兴趣的是,市场经济不仅唤起每个参加者的利益冲动和经商热情,而且使其合理化,即在资源的合理配置和激发劳动者全身心投入社会的生产分工和交换过程中发挥巨大作用,从而大大促进社会经济的发展与繁荣。对此,亚当·斯密有非常精彩的论述,他说:市场中的人"通常既不打算促进公共的利益,也不知道他自己是在什么程度上促进那种利益……由于他管理产业的方式目的在于使其生产物的价值能达到最大程度,他所盘算的也只是他自己的利益。在这场合,像在其他许多场合一样,他受着一只看不见的手的指导,去尽力达到一个并非他本意想要达到的目的。也并不因为事非出于本意,就对社会有害。他追求他自己的利益,往往使他能比在真正出于本意的情况下更有效地促进社会的利益"①。

这是亚当·斯密著名的看不见的手的理论,对此下面还要谈及。总的说来,市场经济的积极作用除互通有无、互惠互利外还表现在三个方面:第一,优化资源配置,促使人的行为从而推动社会经济向更为良性的方向发展。第二,市场经济通行的自由平等原则对于冲破封建特权和等级观念,树立更为自由平等的社会秩序与价值观念是个巨大的推动。第三,为资本主义并通过资本主义为现代社会的到来奠定了基础和准备了条件。

资本主义是市场经济发展的高级阶段。它的诞生不仅是商品生产经营方式的转变,更是经济结构和社会组织方式的变化,还有生产手段与技术工具的革新。当然,许多转变在新型市民经济中已经出现,如数字核算、资金活用、复式簿记、银行保险、股份公司等,但所有这些在资本主义生产关系中才焕发出极为巨大的力量。对此,马克思在《共产党宣言》等著作中有过非常精彩的论述。

二、市场经济的局限与弊端——马克思的批判

市场之手绝非万能,也远不是完美无缺。它的局限或缺陷像优点一样明显。对这些局限和弊端揭露最力的当然是马克思,他几乎为之耗费了毕生的精力。概括地说,马克思的批判主要有这样几个方面。

首先,市场或商品经济所蕴涵的自由平等原则在很大程度上是形式上的,在形式自由平等的背后仍潜藏或包含着内容或实质上的不平等。特别是在资本主义社会,此现象尤甚。马克思指出:"商品表现为价格以及商品的流通等等,只是表面的过程,而在这一过程的背后,在深处,进行的完全是不同的另一些过程,在这些过程之中个人之间表面

---

① [英]亚当·斯密:《国民财富的性质和原因的研究》,下卷,郭大力等译,商务印书馆1983年版,第27页。

上的平等和自由就消失了。"① 当然,资本只是市场发展的较高阶段,在此阶段得到充分发展的东西在以前可能只是以萌芽形式潜存着,但毕竟是从之演进发展而来。

其次,市场经济或商品货币使生产商品的具体劳动与抽象劳动、交换价值与使用价值以及私人劳动与社会劳动相分离,使异化现象的出现与蔓延成为可能。异化一般指人创造出来的物不受人支配,反而转过来成为支配人、奴役人的力量。可见,所谓异化实际上包含了一种价值评价,即人创造出来的东西应该为人所用,与人相统一,至少不应与人对立。把异化现象与人的劳动活动特别是当代工人的劳动联系起来分析,并分析扬弃异化的历史条件,提出异化劳动理论,是马克思的一大创造。

马克思在《1844年经济学—哲学手稿》中指出,人类社会是通过劳动自我创造自我生成的过程。自由自觉的劳动是人的生命活动,也是人的类本质。然而,在资本主义社会有一种关系使劳动变形,使劳动产品转过来成为支配人、奴役人的力量。于是,劳动者在生产中不是感到幸福,而是感到不幸,不是感到自由,而是感到受奴役和强制。劳动对他来说不再是自觉自愿,人区别于动物的类本质也丧失了;劳动产品被他人占有,人与人的关系也异化了。这就是著名的异化劳动四规定。在《政治经济学批判大纲》和《资本论》中,马克思扬弃了《1844年经济学—哲学手稿》中的人本学思辨式语言,从更为具体的经济学理论出发剖析资本奴役劳动的异化现象。在马克思看来,异化现象的产生有两个前提,一是生产商品的具体劳动与抽象劳动、私人劳动与社会劳动相分离,二是劳动者与劳动的客观条件相分离。抽象劳动的分离是生产和分工发展的结果,同时又转过来促进了生产与分工的发展。但这种分离也包含着一种危险,即分离出来的抽象劳动在人面前独立化,并成为与人对立的力量,人不能控制它,反而可能受它的控制。如商品,如货币,如市场。其典型表现就是商品拜物教和货币拜物教。在马克思理想的社会,个人与社会直接统一,不需要迂回地通过一种中介物来联

---

① 《马克思恩格斯全集》,第46卷(上),人民出版社1980年版,第200页。

系。他没有预见到至少在社会主义社会还离不开商品、货币和市场,但他也并不认为商品货币直接就是异化。在他看来,抽象劳动的分离只是异化产生的抽象可能性,从可能到现实还需要一系列历史条件,如货币财富的积累,如劳动者与劳动客观条件的分离,一无所有的雇佣劳动者出现,货币转化为资本。所有这些历史条件结合到一起,就诞生了资本主义生产关系,异化劳动现象也随之应运而生。

第三,市场经济撕去了人与人之间温情脉脉的面纱,使之变成赤裸裸的利害关系,并使竞争普遍化和贫富分化加剧,使社会矛盾激化,甚至向恶性冲突的方向发展。当然,利益冲突什么时候都有,但冲突与抗争在多数情况下并非常态,而在市场经济条件下则把之变成正常的生活方式和交往方式,特别在资本和大工业推动下,竞争尤为剧烈。古典经济学理论家如亚当·斯密认为市场之手强大无匹,能自然调节社会关系并使之向和谐合理的方向发展。自由主义和自由贸易自由竞争论者均持此观点。实际上,市场之手从来不是如此完美,虽然竞争有助于实现资源的合理配置,但也难免出现贫富分化和各种对抗与冲突,也有很多不仁不义之事发生。对此,马克思在一系列著作中有很深刻的批判,如在《德意志意识形态》中指出:"普遍的竞争使所有人的全部精力极度紧张起来。只要可能,它就消灭意识形态、宗教、道德等等,而当它不可能做到这一点时,它就把它们变成赤裸裸的谎言。它首次开创了世界历史,因为它使每个文明国家以及这些国家的每一个人的需要的满足都依赖于整个世界……它把自然形成的关系一概消灭掉,它把这些关系变成赤裸裸的金钱关系……[它的发展]造成了大量生产力,对于这些生产力说来,私人[所有制]成了它们发展的桎梏,正如行会制度成为工场手工业的桎梏和小规模的乡村生产成了日益发展的手工业的桎梏一样。在私有制的统治下,这些生产只获得片面的发展,对大多数人说来成了破坏的力量,而许多这样的生产力在私有制下根本得不到利用"[①]。

---

① 马克思,恩格斯:《德意志意识形态》,人民出版社1961年版,第58页。

这差不多是马克思对资本的最严厉的批判了：资本主义私有制及其造成的竞争束缚了生产力的发展，因而在历史的一定阶段将丧失它的合理性与合法性，退出历史舞台。当然，我们不能把资本与市场相混同，但资本的出现肯定是市场经济发展的一个逻辑结果，也是历史必然，只不过从可能到现实需要条件，而资本则把市场经济中隐含的许多不合理因素推向极致，表现得淋漓尽致罢了。

第四，市场经济是商品拜物教与货币拜物教现象泛滥之源。商品与货币出现在历史上当然功不可没，特别是作为商品一般等价物的货币出现更大大推动了市场经济从而推动人类社会的发展。关于货币的性质和作用，《资本论》中有很精当的概括。但是从理想的角度看，马克思并不喜欢商品货币以及资本，因为在他看来，它们从根本上都是一种异化，它们的产生乃是由于在一定历史阶段人类劳动分裂为具体劳动与抽象劳动、使用价值与交换价值以及私人劳动与社会劳动，后者取得了独立的形式，也有特殊的功能如价值尺度，从而使人们对之产生崇拜和幻象。马克思指出："商品是一种很复杂的东西，充满形而上学的微妙和神学的怪诞。"当然，就其使用价值而言，没有什么神秘的地方，如木头桌就是木头桌，不过由木头所做成，但一旦作为商品就不同了。"它同时既是可感觉的，又是不可感觉的，它不再满足于用脚站在地上；可以说，它在其他商品面前用木脑袋倒立着，醉心于比它自己跳起舞来还要奇怪的狂想"①。其实是人类劳动的等同性取得劳动产品的价值形式，而"价值形式和劳动产品的价值关系，是同劳动产品的物理性质完全无关的。这只是人与人之间的一定的社会关系，但它在人们面前采取了物与物之间的关系的虚幻形式。我们只有在宗教世界的幻境中才能找到这个现象的一个比喻。在那里，人脑的产物表现为具有特殊躯体的、同人发生关系并彼此发生关系的独立存在的东西。在商品世界里，人手的产物也是这样，这可以叫作拜物教。劳动产品一旦表现为

---

① 马克思：《资本论》，第1卷，中国社会科学出版社1983年版，第51页。

商品,就带上拜物教的性质,拜物教是同这种生产方式分不开的"①。

马克思指出,自从把交换价值当作商品保持以来,求金欲就产生了。"随着商品流通的扩展,货币——财富的随时可用的绝对社会形式——的权力日益增大。"②他引用很多名人的言论以揭露人们疯狂崇拜金钱的丑态及其所带来的对社会道德的败坏。如哥伦布说:"金真是一个奇妙的东西!谁有了它,谁就成为他想要的一切东西的主人。有了金,甚至可以使灵魂升入天堂。"又如莎士比亚说:"金子!黄黄的,发光的,宝贵的金子!只这一点点儿,就可以使黑的变成白的,丑的变成美的,错的变成对的,卑贱变成尊贵……该死的土块,你这人尽可夫的娼妇。"再如索福克洛斯说:"人间再也没有像金钱这样坏的东西到处流通,这东西可以使城邦毁灭……把善良的人教坏,使他们走上邪路,做些可耻的事情。"③

其实,人类并非必然如此,马克思指出,在欧洲昏暗的中世纪,人都是相互依赖的,领主与农奴、俗人与牧师之间的关系以人身依附为特征,在此情况下,劳动及其产品直接以物和劳役的形式表现出来,不需要表现为不同的虚幻形式。而在他所设想的自由人联合体中,人们用公共生产资料劳动,并按照计划来分配劳动及其产品,用劳动时间来调节,那么无论是生产还是分配,人们之间的关系都是简单明了的,无需迂回地通过物——商品或货币——作为中介。在《哥达纲领批判》中马克思指出,按劳取酬和等价交换的平等权利"仍然是资产阶级的法权",但在共产主义第一阶段不可避免,因为权利永远不能超出社会的经济结构以及由经济结构所制约的社会文化的发展。

> 在共产主义高级阶段上,在迫使人们奴隶般地服从分工的情形已经消失,从而脑力劳动和体力劳动的对立也随之消失之后;在

---

① 马克思:《资本论》,第1卷,中国社会科学出版社1983年版,第52页。
② 马克思:《资本论》,第1卷,中国社会科学出版社1983年版,第113页。
③ 马克思:《资本论》,第1卷,中国社会科学出版社1983年版,第112~113页。

劳动已经不仅仅是谋生的手段,而且本身成了生活的第一需要之后;在随着个人的全面发展生产力也增长起来,而集体财富的一切源泉都充分涌流之后,——只有在那个时候,才能完全超出资产阶级法权的狭隘眼界,社会才能在自己的旗帜上写上:各尽所能,按需分配。①

马克思这段论述非常有名,他的共产主义两个阶段的理想和原则在这里得到经典的表述,对超越资产阶级法权的条件与愿望也阐述得非常清楚,而资产阶级法权主要与商品按劳动时间等价交换这个现象相联系,亦即同市场经济的基本原则和理念相联系。可见,在马克思的理想社会中,没有商品货币和市场经济的容身之地,因为这些东西从根本上仍被他视作资产阶级法权。当然,要超越这些东西并不容易,即使在乐观的马克思看来也要到共产主义高级阶段和生产力高度发展、物质财富充分涌流的基础上才有可能实现。

马克思的理想无疑是崇高的,对市场经济弊端的批判也十分有力,当然,他的理论是否完全正确仍有待于实践的检验。

三、实践与反思:从一大二公到改革开放和建设社会主义市场经济

重温马克思的市场经济理论特别是对市场经济负面因素的批判,再来考察我们的社会主义实践,是有重要指导价值的。众所周知,我们是在一个半封建半殖民地的国家从事社会主义革命和建设社会主义的。与马克思的最初设想以及与俄国革命相比,可以说,我国的革命是非典型革命,因为它发生在一个生产力相对落后的东方国家,而且走的是农村包围城市的道路。但是它成功了,一次成功的实践胜过一百次

---

① 《马克思恩格斯选集》,第3卷,人民出版社1972年版,第12页。

失败，即使后者从理论的角度看更为典型。但这里所说的成功是指政治权力的改朝换代和社会制度的颠覆。至于革命能否取得预期的效果，还有待于实践的检验。

我国 1949 年取得新民主主义革命的胜利，1956 年完成工商业的社会主义改造乃至在农村全面实现合作化，从而取得社会主义革命的巨大胜利。在新建立的社会主义秩序中，工人是领导阶级，也是社会主义现代化建设的主力军，农民则是同盟者和被领导阶级，翻身当家做主人并非完全是政治家的空洞口号和文学家的诗意描述，而是很大程度上的活生生的现实。完全可以说，长期以来劳动者与劳动资料相分离的异化现象得到了初步扬弃，掌权者在人民群众头上作威作福的现象也得到有力扭转。在经过改造或新建立的国营工厂与农村人民公社中，工人和农民成了生产资料的主人。他们有权支配这些生产资料，并有充分的权利享用自己的劳动成果。于是，劳动者与劳动的客观条件及与其产品的对立和分离就被扬弃了。当然暂时还不能过于追求享受，因为城里依然是秦砖汉瓦，农村则是牛耕草房如故，生产的产品还不是那么丰富。

还有，个人劳动与社会劳动的分离乃至对立也在很大程度上扬弃了，因为几乎所有的生产资料都公有化了。城里有举国一体的全民所有制和计划经济，农村则有一大二公的人民公社。当然也有少量的小集体，但那实质是全民所有制的附属与补充，而且资产绝对接受其支配，即实质上仍姓公，其资产仍可以一平二调。这是公有制的逻辑。在此情况下，即使有商业活动存在，经济学教科书也告诉我们，这是形式上的商品交换，实质是一家人的内部分配。从此视角来看，任何个人的活动都直接是社会活动，过去横行已久的私人劳动与社会劳动之间的分离与对立被扬弃了，有千百年历史并且根深蒂固的商品、货币与市场的存在也受到严重的挑战，因为在一大二公、全民所有和计划经济按劳分配的制度模式下必须按劳动时间来计量和等价交换的市场经济法则在很大范围内失效，或即使有理论也徒具形式，于是，马克思十分厌恶和毛泽东非常想摆脱的资产阶级法权从根本上受到动摇了。

在此情况下,劳动者由于成为生产资料的主人,并且能够根据自己的劳动得到报酬,劳动积极性油然而生;又由于实行计划经济,自由竞争的市场经济条件下所有盲目浪费和竞争所带来的巨大消耗、低效被排除,劳动财富必将充分涌流。在这一阶段,由于旧的国家机器被打碎,新的政府官员在计划经济、社会生产与分配方面承担管理协调监督等功能(当然他们本身也受到人民的监督),使旧社会常有的剥削压迫、恶性竞争与经济危机不致再现,这样一来,必然促进社会财富的增加和人民幸福的增长,同时,千百年来横亘在城市与乡村、体力劳动与脑力劳动以及官员与民众之间的矛盾也得到圆满解决。

然而,所有这些在很大程度上是理论上而非实际内容上的。一大二公的全民所有并不能让普通劳动者强烈而直接感受到自己与生产资料和劳动成果之间的联系,特别在农村粮食往往被要求低价卖给城市,甚至被无偿调拨,农民感到自己无权支配自己的成果,劳动积极性并不是那么高涨,劳动效率也相对低下。一个众所周知的事实是,自留地的庄稼总是比公田好。城市工厂的所有者实际上也是虚置的,工人也没有多少主人翁之感。当然,他们至少名义上已是国家的主人,过去连这个名义也没有,这个区别很重要。但国家那么大,人口又那么多,不可能个个都参与管理。事实上,绝大多数工人农民仍得靠做工种田为生,政治上的事无暇也没有能力顾及,得交给代表他们的干部或官员去做。官员名义上是人民的公仆与勤务员,实际上享有的权力、地位和待遇远高于普通大众,后者反而生活得相当艰难。对人类文明史而言,这种现象难以避免。

改革开放前的社会主义经济建设取得了一定的成绩,但与理想还有相当距离。特别是三年困难时期,国民经济到了崩溃边缘,不得已农村核算单位从公社退回到村或生产小队,城市则是厂矿企业核算。计划经济仍勉力坚持,但商品货币市场已被证明无法取消,虽然经济学家绞尽脑汁试图从理论上证明社会主义的商品货币如何在性质上不同于资本主义,但其作为分离出来的抽象劳动和交换价值异己的独立地位明摆在那儿,毛泽东也对之甚为不满,曾发起学习无产阶级专政理论和破除资产阶级法权运动,但实践中未尝能有一日完全如此。

总之,改革开放前夕,普遍贫穷和一大二公的经济制度暴露出诸多问题,概括地说,主要有三个方面:第一,它没有提供效率;第二,它没有提供富裕①;第三,它没有提供自由。当然这是与马克思的崇高理想相比而非与旧中国相比,与旧中国相比仍有很大进步,千百年来地主对农民的剥削以及近代以来资本对劳动的奴役现象毕竟被铲除或基本铲除,工人农民确实在一定程度上有当家作主之感。然而,对照马克思的理想乃至与世界先进水平相比,我们仍有充分的理由批评其在提供效率、富裕乃至自由方面有很大差距,不改革就没有出路。

1978年中共十一届三中全会以后,中国走上了改革开放之路,改革的中心点是发展生产力,亦即提高效率,改革的突破口则是市场经济。最初的提法是"计划经济为主,市场经济为辅",市场只是起调节的作用。有一个很形象的提法是"鸟在笼子里飞",笼子当然是计划经济,市场则是笼中之鸟。"笼中之鸟"当然无法振翅高飞,飞高了怕回不来就偏离社会主义轨道了。也有远识之士,如孙冶方大声疾呼"千规律,万规律,价值规律第一条","到了共产主义也要讲价值规律"!

价值规律是商品经济的根本法则,有价值规律当然有商品和市场。但是,有商品和市场的社会还是共产主义吗?在马克思的理论中,至少共产主义第一阶段是,如在《哥达纲领批判》中马克思曾说过,权利的发展无法超越社会的经济结构及其所制约的文化,共产主义第一阶段难免带有它所由脱胎而来的那个社会的痕迹以及交换与分配必须按劳动时间来计量等。如今,我们对市场经济重要性与长期性有了进一步的认识,有一个很有名的提法是,社会主义初级阶段也许需要几十代人。几十代是什么概念?从孔夫子到现在不过数十代,几乎是迄今为止的大部分中国文明史了,由此可见,完全超越商品与市场经济的高级阶段几乎被无限期推延了。这种推延有没有根据?从马克思著作来看可以

---

① 《马克思恩格斯选集》,第1卷,人民出版社1972年版,第39页。

说既有也没有。说没有,是因为马克思曾想象他下面一代人能看到共产主义的到来,即使是第二阶段在他心目中肯定没有那么远;说有,乃是因为他在《资本论》及其他著作中曾说过:"以劳动时间作为财富的尺度,这表明财富本身是建立在贫困的基础上"[1],真正的"自由王国只是在由必需和外在目的规定要做的劳动终止的地方才开始;因而按照事物的本性来说,它存在于真正物质生产领域的彼岸"[2]。但在任何社会,人们都必须从事物质生产,所以"这个领域始终是一个必然王国"。当然,在未来生产力高度发展的共产主义社会必然王国的领域会逐渐缩小,在它的彼岸作为目的本身的人类能力发展这个真正的自由王国会不断扩展,但缩小不等于取消,人类向自由理想的接近就像两条渐进线,不断靠近,但很难完全合一。因此,作为计量尺度的劳动时间乃至商品货币也许仍有其存身之处。不过,这样的事过于遥远,我们还是以关心更为切近的事为宜。

可以肯定的是,社会主义仍需要商品货币和市场经济。然而,市场经济并非完美无缺。但在现有条件下,要发展生产力、实现资源的最佳配置和合理分配与促进现代化建设没有比它更好的手段了。对于这一点,我们大多数人是到了小平南巡以后才认识得比较清楚。邓小平同志高瞻远瞩,以其特有的智慧魄力与求实精神指出,计划与市场都是手段,资本主义可以用,社会主义也可以用。从此,人们对市场的恐惧心理才彻底抛弃,一心一意地投入建设社会主义市场经济大潮中。中共中央关于发展社会主义市场经济的决定更为此确定了调子与指明了方向。市场经济大潮在中国这块古老的土地上终于蓬勃兴起,如火如荼,迄今方兴未艾。

以利益为中心,以市场为导向和突破口的改革与开放无疑取得了巨大的成功,其突出的表现就是生产力的迅猛发展,综合国力的大大提

---

[1] 《马克思恩格斯全集》,第46卷(下),人民出版社1980年版,第222页。
[2] 《马克思恩格斯全集》,第25卷,人民出版社1975年版,第926页。

高,社会生产的物质财富大大增加和人民群众生活水平的相应提高。

农村改革的主要形式是包产到户,农民以承包的形式直接获得土地,即与最基本的农业生产资料获得了统一,也获得了如何生产与迁徙、就业的自由,这是亘古未有之幸事,农民兴高采烈,以饱满的热情全身心投入到生产之中,劳动生产率迅速提高,一直折磨国人的温饱问题很快解决。昔日自给自足尚有困难的自然经济大规模转向市场,反过来促进了生产的发展。正如马克思在《共产党宣言》中论说资本的历史作用时所言,有谁知道这样巨大的生产力隐藏在农村改革之中呢?

城市改革主要是国有企业的转轨,与此同时还有民营经济的崛起与外资的进入。国有企业在奖金鼓励效力渐微后逐渐过渡到资产经营责任制、承包制、股份制,还有拍卖与改制等。所有这些改造都是贴近市场导向和围绕企业经营者与企业的利益关系而进行的。资本的地位在迅速崛起,普通劳动者的地位则相对弱化。从贴近市场和提高效率的角度看,改革的方向总体上是正确的,因为在市场经济中的地位的确是资本最为重要,其次是技术,最后才是工人或普通劳动者,特别在我们这样一个资本紧缺而劳动力相对过剩的国家。但从公平、平等的价值理性与维护社会稳定的功利目的角度看,结论则有些重要差异,若从马克思理想的角度看,差别与问题似乎更大。

目前最突出的社会问题是不公平,现实与理想有些脱节。改革的好处多落入强势群体之手,而工人农民等普通劳动者成为相对弱势群体,处于强势的是权力、资本,其次是技术。这里面有按劳取酬的因素,但更多是因为弱势的地位,如工人在工资收入方面几乎没有与资本讨价还价的能力。民营与外资企业的劳资关系纯粹是雇佣与被雇佣的关系,老板颐指气使,工人劳碌不已并忍气吞声的情况是可以想见的。许多民资、外资企业加班熬夜成常态,工人每天超负荷地工作10来个小时,马克思在《资本论》中论述的情形在许多地方并不罕见。农村的问题更为突出。20世纪80年代,农民以欢欣鼓舞的热情对待包产到户,温饱问题的解决确实是千百年来未有之盛事。但近10年来,情况却有了很大变化,农业生产资料的价格急剧上升,需交纳的各种税费大幅度增加，而农产品的价格却没多少变化，农民的负担大大加重，生活状况也日益恶化。交不起学费、上不起学和看不起病的不在少数，干群关系也变得日益紧张。关于当代农民的不利处境，曹锦清在《黄河边的中国》、李昌平在《我向总理说实话》与陈桂棣、春桃在《中国农民调查》中都有非常详细的描述，特别是李昌平关于"农村真苦，农民真穷，农业真危险"的话已引起上上下下的高度关注，并已采取不少措施，但效果尚未尽如人意。

另一方面，权力腐败和贫富分化现象非常严重。一个强大的资本阶层正在兴起，其成长很大程度上得益于市场经济的发展和改革开放，它们转过来又促进了市场经济的发展，同时，资本的兴起也多同权力阶层有千丝万缕的联系。这种情况在政府处于强势的国情下出现也可以理解。对于官员说来，支持资本发展既能促进经济增加税收，又能体现自己政绩并符合党的政策，何乐而不为？但什么事情都应有度，若无原则不惜一切代价支持资本发展则可能损害群众利益和国家的长远利益，还容易发生权钱勾结和腐败。这样的事在当今中国已多得令人无法容忍。所有这些无不说明，中国的改革开放和现代化建设到了一个非常关键的时刻。一方面，确实取得了很大成绩，另一方面，确实存在着严重问题，特别是社会不公、权力腐败和两极分化。若用马克思的理论和社会主义理想来衡量，则还有劳动者主体地位的失落和对市场经济负面因素缺少清醒认识，更缺少必要限制的问题。

如前所言，商品、货币、市场、资本，这些东西均不符合马克思的理想。但总结多年的社会主义实践我们可以得出结论，马克思关于消除抽象劳动与具体劳动、个人劳动与社会劳动的分离乃至取消劳动时间作为财富尺度的论述有些理想化了，实践证明，至少在社会主义社会初级阶段不可能没有商品货币，也需要有市场经济来实现资源的更佳配置和提高效率。但是，我们也不能把市场经济和商品、货币、资本过于理想化，它们的弊端和问题也明摆在那儿，马克思的尖锐批评我们也不应忘记。市场经济从来就是一把双刃剑，我们为了提高效率构建了市场经济，是既得其利，也得其弊。对此，我们应该有清醒的认识，应尽可能使问题少些,弊端少些,而不是相反。很遗憾,20世纪90年代市场经济大潮兴起以来,许多地方恰恰走了另一条路,即只重效率,不重公平;只重速度和GDP数字,不重效益和人民生活水平的提高;只重城市,不重农村;只重资本,不重工人和普通劳动者的权益;只重强势群体的利益而忽视民众个人权利的扩张。因此才致使腐败丛生,两极分化现象严重。其实,自上个世纪以来,即使是西方资本主义国家对市场经济也不是完全放任。自凯恩斯和罗斯福新政以来就提倡政府承担更大的社会责任,用公平公正的价值理性导引或限制市场经济的发展,即用看得见的手调控看不见的手。福利经济学、社会民主主义和罗尔斯的正义论也都贯穿此精神。我们有马克思的社会主义理想、扬弃异化的理论,立意更高,理应在此方面做得更好。当然,我国对市场实际上也没完全放任,众所周知,美国和欧盟至今还因为我国的政府介入太多,拒不承认我国是市场经济国家。同西方国家相比,我们政府的权力确实很大,但遗憾的是,有很强的权力意志和计划经济色彩,即较多地发挥了计划与市场的弊而不是利的一面,因此才产生一系列重大问题亟待解决。

我们很高兴地看到,中央提出用包括以人为本和人的自由全面发展在内的科学发展观指导我们的工作,这标志着发展理念和指导思想向着解决问题的正确方向前进了一大步。特别是人的自由全面发展是马克思的崇高理想,既是社会理想又是人格理想。它与扬弃异化的理论互为表里,相互印证,是其不可分割的核心内容。以此为标准规范社会方方面面的发展当然非常有意义,但目前距离还相差很大。

如何缩短距离,对市场经济扬其利而弃其弊并做到科学发展,笔者以为,从当前角度看至少应该做到以下几个方面:

第一,对市场经济负面的东西有清醒的认识并努力采取措施限制与减少它。对其正面的作用仍应充分肯定,但对其负面的东西不能有一点放纵。看不见的手不可能自动修复,因为市场经济起作用的是工具理性,任其发展难免导致两极分化甚至以强凌弱。为此,需要社会和政府以人文精神与价值理性加以限制引导,即用看得见的手加以调控。

特别是在政府已经很强大的情况下更应对此有清醒认识,否则,若只考虑政绩而向资本倾斜即权力与资本合谋,则负面因素可能愈演愈烈,危害更大。

第二,关注社会公平特别是弱势群体的利益。应该在政策上向弱势群体倾斜,至少应不与罗尔斯"公平的正义"与福利经济学派所说的帕累托最优这些当代的底线公平相抵牾,即任何发展经济的措施都不应伤害最弱势群体的利益,能使其利益增进则更为理想。从中国目前的情势看,应该对权力有所限制,对资本有所约束,同时尽可能地扩张和发展普通民众的权益。当然,限制不是取消,而是防止其滥用,如为GDP的扩张和个人政绩而大兴土木,消耗过量资源并损害普通民众的利益,甚至权钱勾结乃至腐败;以及以一定的价值理性为导引,让其在社会公平和公共利益方面承担更多的责任。对资本的约束也是一样,绝不是限制其发展,而是让其发展得更为干净些,更加合理合法,也更为人道。

第三,牢记马克思的崇高理想,摒弃商品拜物教和货币拜物教,保持心灵的清明与纯洁。即使有市场经济和货币资本存在,也不要为之冲昏头脑,沉迷于金钱和物欲,甚至对之顶礼膜拜,要知道,这些东西都是服务于人的手段。对有理想有追求的个人来说,金钱并非万能,生命中有些价值远高于金钱,如真善美、自由和爱;对官员来说,更应该关注公共利益,努力献身于社会进步和人民幸福的事业,没有理想就会在权力金钱利诱下迷失方向。

概括地说,当前应当以民主来限制权力,以公平来约束资本,以人文精神来引导技术理性与经济理性,以"三个代表"、以人为本和科学发展观来指导政府的行为,以马克思主义理论和人的自由而全面发展的理想来洞察市场经济的弊端,并努力创造条件减少其负面因素,增强其积极因素,从而为我们的人民造福。

也许,这就是重温马克思市场经济理论的时代意义。

(原载《徐州师范大学学报》(哲学社会科学版)2008年第2期)

马克思的和谐社会思想及其当代意义

中华大地上上下下正兴起构建社会主义和谐社会的热潮。这是功在当代利在千秋的事业,其意义之大怎么估计也不会过分。马克思主义作为我们党的指导思想理所当然地是构建和谐社会的行动指南。但目前理论界阐述和探讨马克思和谐社会思想的文章还不多,本文抛砖引玉,试作一探索和尝试。

马克思直接谈和谐社会的论述确实不多,但他毕生为之奋斗的共产主义理想,用《1844年经济学—哲学手稿》中的话说,正是人与人、人与社会和自然以及现实与价值、必然与自由之间矛盾与抗争的解决。这种解决不正是社会和谐吗?而他对阶级压迫剥削现象的深恶痛绝,对资本主义社会物统治人、异化和资本对劳动奴役现象的批判也正是为了消除种种不和谐或阻碍和谐实现的障碍。因此在构建社会主义和谐社会的今天重温马克思的有关论述,或从和谐社会角度对这些论述作一理解,把握其对今天实践的指导意义,无疑是富有教益的。

具体地说,马克思的和谐社会思想主要表现在这样几个方面:

第一,社会和谐的价值理想。马克思关于未来共产主义社会的理想,有这样几段经典论述:一是《共产党宣言》中那段经常被人引用的名言:"代替那存在着阶级和阶级对立的旧社会的,将是这样一个联合体,在那里,每个人的自由发展是一切人的自由发展的条件。"[①]二是前述

---

① 《马克思恩格斯选集》第1卷,人民出版社1972年版,第273页。

《手稿》中一段常被人引用的论述:"这种共产主义,作为完成了的自然主义,等于人本主义,而作为完成了的人本主义,等于自然主义,它是人和自然界之间、人和人之间矛盾的真正解决,是存在和本质、对象化和自我确立、自由和必然、个体和类之间的抗争真正解决。它是历史之谜的解答,而且它知道它就是这种解答。"①后一段所说的"矛盾"与"抗争"就是不和谐,矛盾的解决就是和谐的实现。前一段说共产主义社会所要取代的旧社会是阶级和阶级对立的社会。阶级对立也是不和谐,并且是有文字记载以来人类历史中最大的不和谐,消除之或取代之即和谐之。这是从否定方面说。从肯定方面说新社会通过每个人的自由发展来实现一切人的自由发展,这样一种发展可以说是和谐社会的最重要表现。我们构建和谐社会应向此方向努力。

再引一段经典论述:"在共产主义社会高级阶段上,在迫使人们奴隶般地服从分工的情形已经消失,从而脑力劳动和体力劳动的对立也随着消失之后;在劳动已经不仅仅是谋生的手段,而且本身成了生活的第一需要之后;在随着个人的全面发展生产力也增长起来,而集体财富的一切源泉都充分涌流之后,……只有在那个时候,才能完全超出资产阶级法权的狭隘眼界,社会才能在自己的旗帜上写上:各尽所能,按需分配。"②对这段论述的和谐思想我们仍能从否定和肯定方面来理解。从否定方面看,"奴隶般地服从分工"、"脑力劳动与体力劳动的对立"与劳动仅仅是谋生手段都不符合马克思的价值理想,也都是社会不和谐的表现。从肯定方面看,"个人全面发展生产力"的增长与劳动本身"成了生活的第一需要"和"各尽所能,按需分配"都是社会和谐的表现,都符合马克思的价值理想。马克思献出毕生精力探讨社会发展规律,分析资本主义社会矛盾,对不合理想的负面因素进行毫不留情地批判,并致力于阐述共产主义理论与投身于理想的实现,亦即创立科学社会主

---

① 《1844年经济学—哲学手稿》,人民出版社1979年版,第73页。
② 《马克思恩格斯选集》第3卷,人民出版社1972年版,第12页。

义理论和从事国际共产主义运动,都是以此为指导。和谐思想像"自由发展"一样是个贯穿性原则,只是强调重点有所差别。相对而言,自由更强调个体,和谐更强调群体;自由更重视主体感受,和谐更突出社会关系相互之间状态,但在马克思的社会理想中它们指称的是同一个现象即未来共产主义社会,这是没有疑义的。

第二,用阶级斗争理论与方法分析社会历史并对阶级压迫和剥削现象进行批判和谴责。阶级斗争是马克思分析社会历史的一条主线,这条主线其实也是人类自有文字以来的历史一直不和谐的标志。马克思对之的态度是一方面用科学的方法分析之,另一方面以价值的观点谴责之。众所周知,《共产党宣言》中有段名言:"到目前为止的一切社会的历史都是阶级斗争的历史。自由民和奴隶、贵族和平民、领主和农奴、行会师傅和帮工,一句话,压迫者和被压迫者,始终处于相互对立的地位,进行不断的、有时隐蔽有时公开的斗争。"揭示阶级斗争贯穿历史是科学分析,压迫与被压迫的概括则包含了价值评价,道义上的批评谴责与对社会和谐的向往均蕴含其中。1883年恩格斯在《共产党宣言》德文版序言中对之阐述得更为透彻:"(从原始土地公有制解体以来)全部历史都是阶级斗争的历史;而这个斗争现在已经达到这样一个阶段,即被压迫被剥削的阶级(无产阶级),如果不同时使整个社会永远摆脱剥削、压迫和阶级斗争,就不再能使自己从剥削它压迫它的那个阶级(资产阶级)下解放出来。"①恩格斯的概括,对阶级剥削压迫现象的否定及对消除剥削压迫实现社会和谐的理想之向往溢于言表。

第三,对资本奴役劳动这个当代社会最大不和谐现象进行分析批判,并致力于揭示其蕴藏的奥秘,亦即揭示其产生的历史条件和剥削工人剩余劳动之谜,指出雇佣劳动的形式自由内含实质上的不自由、不平等与不和谐。马克思一方面从科学观点出发指出其产生与存在的历史条件与必然性,另一方面从价值观点出发对之进行谴责批判,同时也指

---

① 《马克思恩格斯选集》第1卷,人民出版社1972年版,第232页。

出其在特定历史时期推动社会经济发展的历史作用,这种发展为以后扬弃异化、消除实质上的不自由不平等和不和谐创造了条件。马克思为这样一种理论创造付出了毕生精力。其代表性成果就是《资本论》。在这部举世闻名的著作中马克思从分析资本主义社会最常见的商品现象出发,指出其所包含的价值与使用价值的对立,这种对立与生产商品的具体劳动与抽象劳动相分离有关。资本剥削工人的秘密是无偿占有工人的剩余劳动。其中减少生产商品的社会必要劳动时间产生相对剩余价值,靠延长社会必要劳动时间之外的剩余劳动时间产生绝对剩余价值。这就是资本雇佣劳动的形式自由所包含的实质上的不自由不平等与不和谐。资本的使命就是多获取剩余价值,为此它大力推动市场竞争,同时想方设法改进技术,以及尽可能增加工人的剩余劳动时间。这样一来工人就处于生产愈多愈受剥削的悲惨境地。阶级对立阶级矛盾和不和谐更加加深。社会财富因此推动而大大增加了,但可能生产过剩,卖不出去,从而造成经济危机。危机使社会矛盾与不和谐进一步加剧,靠资本本身很难克服,因而为工人革命和共产主义运动的兴起提供了动力、根据和历史合法性。马克思的科学社会主义理论正由此而来。

第四,对人与物关系的种种不和谐如物对人的统治、主客体颠倒、异化、粗野的物质拜物教、商品拜物教、物的依赖以及人对自然的破坏等现象进行深刻批判,进而阐述他的主客统一人物和谐的价值理想。这方面的论述非常丰富,这里只能作一简要概括。

前述物对人的统治、主客体颠倒、异化、粗野的物质拜物教、商品拜物教、物的依赖以及人对自然的破坏等不和谐现象均不合马克思的理想。在马克思的理想中,人与物、与自然、主体与客体、劳动者与劳动对象及劳动的物质条件和劳动成果应当是统一的。这种统一也是和谐。在此情况下人是物、自然与劳动条件、劳动成果的主人,这样的劳动成了表现劳动者创造力的活动,也是劳动者属人的本质力量的体现。用马克思《手稿》中的话说:"正是通过对对象世界的改造,人才实际上确证自己是类的存在物。这种生产是他的能动的、类的生活。通过这种生产,自然界才表现为他的创造物和他的现实性。"①在《德意志意识形态》中马克思到生产劳动中了解著名的"人和自然的统一性"②。在《政治经济学批判导言》中马克思说"主体是人,客体是自然,这总是一样的,这里已经出现了统一。"③所有这些论述都是从逻辑或理想的角度抽象概括,现实生活中当然没有这么完美。特别当代资本主义社会的经济关系使劳动活动及其结果发生变形,从而使这种统一或和谐遭到破坏,出现了主客体关系的颠倒或异化。

异化。异化的一般含义指人创造出来的力量或物不受人支配,反而转过来与人相对立甚至支配人。在马克思那里异化主要是劳动异化,即资本主义社会的劳动者不能支配其劳动产品、劳动过程和劳动工具,反而受它们及其主人的支配和奴役,这就是异化。马克思指出,在资本主义社会中,劳动者生产的财富越多,他的产品的力量和数量越大,他就越贫穷。劳动者创造的商品越多,他就越是变成廉价的商品。"这一事实不过表明:劳动所生产的对象,即劳动产品,作为异己的东西,作为不依赖于生产者的独立力量,是同劳动对立的……劳动者的这种现实化表现为劳动者的非现实化,对象表现为对象的丧失和为对象所奴役,占有表现为异化、外化。"在此情况下劳动对劳动者成为外在的东西,他在劳动中不是感到幸福和自由自在而是相反。可见所谓异化实际上包含了一种价值评价,即人作为创造活动的主体应该支配其所创造物,在此情况下存在与本质是相符的,因而是和谐的,人的活动自觉自愿自主,因而自由。但在异化条件下劳动资料属资本家所有,产品也归其占有,因此他生产的产品越多资本家的力量越大,他自己越贫穷,劳动及其产品反而成了帮助资本家奴役工人的力量。这就是异化。马克思指出,自我异化与异化的扬弃走同一条道路。人类发展在历史

---

① 《1844年经济学—哲学手稿》,人民出版社1979年版,第51页。
② 《马克思恩格斯选集》第1卷,人民出版社1972年版,第49页。
③ 《马克思恩格斯全集》第46卷上,人民出版社1979年版,第22页。

的一定阶段不得不走异化的道路,但却为扬弃异化与人的解放准备了条件。共产主义是人的自我异化的积极扬弃,是通过人并为了人对人的本质的真正占有,是向社会人的自身复归。这种发展是保存了以往全部成果的,是人与自然、与社会之间矛盾的解决。在此情况下和谐社会的理想就实现了。

在《资本论》及其手稿中,马克思从更为具体的劳动二重性理论出发分析资本主义异化现象,但得出的结论与蕴含的评价与之一致。由此可见,马克思关于异化、物化和物统治人现象的批判包含了对资本奴役劳动导致劳动者不自由和社会不和谐现象的否定性价值评价,同时从中引出革命的结论,马克思的社会和谐的价值理想也洋溢于其中。

物的依赖。物的依赖是马克思对资本主义社会人受制于物即人与物关系不和谐现象的批判。该论述出自《政治经济学批判大纲》:

> 人的依赖关系(起初完全是自然发生的),是最初的社会形态,在这种形态下,人的生产能力只是在狭窄的范围内和孤立的地点上发展着。以物的依赖性为基础的人的独立性,是第二大形态,在这种形态下,才形成普遍的社会物质变换,全面的关系,多方面的需求以及全面的能力的体系。建立在个人全面发展和他们共同的社会生产能力成为他们的社会财富这一基础上的自由个性,是第三个阶段。第二个阶段为第三个创造条件。①

马克思这段名言是科学观与价值观的完美结合。从人的依赖到物的依赖再到自由个性与人的全面发展三大形态的划分是科学概括与预见,同时又渗透着他的崇高理想与价值观。古代社会的人裹挟在血缘、地域、等级、部落、宗教等各种关系与传统中,有种种身份掣肘,因此彼

---

① 《马克思恩格斯全集》第46卷上,人民出版社1979年版,第104页。

此间是通过这些身份相互依赖的。资本主义社会人与人关系更加密切，但却是通过物来中介。物就是商品，就是货币。这是一种特殊的以太，其他一切都淹没在它的色彩中。商品货币成了组成资本主义社会最基本的元素和尺度，一切都可以还原为一定的货币单位来衡量乃至购买。于是人与人的关系变成物与物的关系，是为物的依赖。马克思不喜欢这种状况，人与人关系要迂回地通过物来中介不合马克思的理想。在他看来这样一种迂回和依赖是个人与社会关系不和谐的表现，它包含了异化的抽象可能性。当然可能变为现实需要一定的条件，条件就是资本主义生产方式的出现。在此情况下出现了前述种种异化与物奴役人的现象。但马克思揭示，通过此形式或在此形态下却"形成普遍的社会物质变换，全面的关系，多方面的需求以及全面的能力的体系"。当然这种发展仍具有异化的形式，但只要把此形式扬弃掉，就有可能实现自由个性与人的全面发展和社会和谐。从此角度看，第二大形态的发展为第三大形态的到来创造了条件。

商品拜物教与货币拜物教。对物与财富的崇拜和拜物教现象的批判是马克思对资本主义批判的重要内容，这种批判洋溢着他的以人为本和实现人的自由而全面发展的价值观。在马克思的理想中人作为主体和创造者应当是物的主人和支配者，但资本主义社会却与此相反，其中一个突出表现就是对物与财富的痴迷与崇拜。马克思对这种人物关系的颠倒与不和谐深恶痛绝。在《1844年经济学—哲学手稿》和后来的《资本论》手稿中他多次引用莎士比亚的有关诗篇：

> 金子？贵重的、闪光的、黄澄澄的金子？
> 不，是神哟！我不是徒然地向它祈祷。
> 它足以使黑的变成白的，丑的变成美的；
> 邪恶变成良善，衰老变成年少，怯懦变成英勇，卑贱变成崇高。
> ……万恶的金钱，你这人尽可夫的娼妓，

你这在各国人民之间挑起纷争的祸根。①

在《资本论》中马克思把这种对金钱的狂热崇拜称作货币拜物教，并深入分析其产生的根源和实质。马克思指出，货币的谜实际上是商品的谜，因为货币作为商品的一般等价物实际上是一种特殊的商品。而商品作为使用价值平淡无奇，一张桌子只是一张桌子，但一旦成为商品就充满形而上学的微妙与神学怪诞，仿佛能够头脚倒立，用木脑袋跳舞。其实是，"人类劳动的等同性，取得了劳动产品的价值形式；用劳动时间来计量的个人劳动，取得了劳动产品的价值量的形式；最后，生产者之间体现他们的劳动的社会性的关系，取得了劳动产品的社会性的形式。"因此产品变成了商品，其实劳动产品的价值关系与其物理性质无关，它"只是人与人之间的社会关系，但它在人们面前采取了物与物之间的关系的虚幻形式。我们只有在宗教世界的幻境中才能找到这个现象的一个比喻……这可以叫做拜物教。劳动产品一旦表现为商品，就带上拜物教的性质，拜物教是同这种生产方式分不开的。"前资本主义社会的人笼罩在各种身份关系中，劳动者生产的产品被特权阶层直接占有，人们崇拜特权和血缘，而无须崇拜产品。在共产主义社会人与人和社会的关系是简单明了而和谐的，无须迂回地通过物或商品来中介，在此情况下也不存在对物与商品的崇拜。因此，拜物教现象不是从来就有的，也不会永远存在，就像宗教崇拜现象一样。马克思指出：

> 只有当劳动条件和实际生活条件，在人们面前表现为人与人之间的明白而合理的关系时，现实世界的宗教反映才会消失。物质生产和它所包含的关系是社会生活的基础，这种社会生活只有当它一旦表现为自由结合、自觉活动并且控制自己的社会运动的人们的产物时，它才会把神秘的纱幕揭掉。但是，这需要社会上有

---

① 《1844年经济学—哲学手稿》，人民出版社1979年版，第104页。

一系列的物质生存条件,而这些条件本身又只是长期的、痛苦的发展的产物。①

人与规律、必然与自由。在人与规律、必然与自由关系方面马克思强调尊重客观规律,认识客观规律,在此基础上利用规律和发挥人的主观能动性。如在《德意志意识形态》中马克思说要按照事物本来面目和产生情况来理解事物,理解人与自然的关系与统一性;在《资本论》中说自然与社会历史规律具有"铁的必然性",并说要像科学家那样抛开干扰与表象认识事物的内在规律。当然,规律有两种,自然规律与社会规律。马克思在人与自然方面强调对客观规律的认识,争取做到明白而合理,就像透明一样。在社会历史规律方面强调生产关系适应生产力、上层建筑适应经济基础的发展,同时注意后者对前者的反作用,以化解矛盾实现和谐。

人与规律的关系也是必然与自由的关系,处理好关系方有自由,也才有和谐。恩格斯关于自由是对必然的认识与改造名言是大家熟知的。马克思在《资本论》中也有精彩论述,这段论述也很有名:

> 自由王国只是在有必需和外在目的规定要做的劳动终止的地方才开始;因而按照事物的本性来说,它存在于真正物质生产领域的彼岸。像野蛮人为了满足自己的需要,为了维持和再生产自己的生命,必须与自然进行斗争一样,文明人也必须这样做;而且在一切社会形态中,在一切可能的生产方式中,他都必须这样做。这个自然必然性的王国会随着人的发展而扩大,因为需要会扩大;但是满足这种需要的生产力同时也会扩大。这个领域内的自由只能是:社会化的人,联合起来的生产者,将合理地调节他们和自然之间的物质变换,把它置于他们的共同控制之下,而不让它们作为盲目的力量来统治自己;靠消耗最小的力量,在最无愧于和最适合于

---

① 《资本论》第1卷,中国社会科学出版社1983年版,第52页、第59页。

他们的人类本性的条件下来进行这种物质变换。但是不管怎样，这个领域始终是一个必然王国。在这个必然王国的彼岸，作为目的本身的人类能力的发展，真正的自由王国，就开始了。但是，这个自由王国只有建立在必然王国的基础上，才能繁荣起来。工作日的缩短是根本条件。①

这段论述包含马克思许多重要思想：① 人的真正自由在于活动的自主、自觉、自愿即自我决定，而不是受制于外在的物；② 人类为了生存必须从事物质生产活动。这对人说来是一种双重的限制：一方面，是来自自身肉体需要的限制；另一方面是为满足需要而从事的活动受到外部世界和物质条件的限制。这两个方面对人类说来都是必然而非自由；③ 即使如此人在物质生产领域仍有着属于这个领域相对最大限度的自由，即社会化的人和联合起来的劳动者合理调节人与自然之间的物质变换，使之最适合于人类本性，亦即在提高效率基础上把工作日减到最小；④ 真正的更高意义上的自由是作为目的本身的人的能力的发展。但它必须以必然王国领域的自由即生产力发展和效率提高为基础与条件。

如何理解马克思所说的社会化的人和联合起来的劳动者合理调节人与自然之间的物质变换，使之最适合于人类本性，以及如何理解真正的更高意义上的自由是作为目的本身的人的能力的发展？窃以为前者说的就是社会主义乃至共产主义社会生产力和科学技术高度发展，另一方面在此基础上实行生产资料的公有制和各尽所能按劳分配乃至更高的按需分配，消灭折磨人类很久的剥削压迫竞争和异化，这才是符合人类本性的生产和自由与和谐。当然这种自由属于必然王国里的自由，亦即人为满足外在物质需要而从事生产活动领域的自由。在此领域之外即人不是为满足外在需要而只是为发展自己能力而从事的活动

---

① 《马克思恩格斯全集》第25卷，人民出版社1974年版，第926～927页。

才被马克思视作目的本身和真正的自由王国。马克思在《资本论》及其手稿中多次说在生产力发展的基础上把生产物质财富的社会必要劳动时间缩减到最低限度,在此之外的闲暇时间努力发展人的能力和丰富个性,这是他所向往的更高意义的自由,也是更高意义的社会和谐。

概述了马克思的和谐社会思想,再回过头来看我们的社会主义实践。如所周知,建国后我们按照马克思的理论与斯大林模式进行了社会主义革命和生产资料的社会主义改造,实行按劳分配与计划经济,取得了一些成绩,但总的说来不太成功。生产力水平不高,劳动者积极性也不够高,按劳分配的制度实际上搞成了平均主义,计划经济到处捉襟见肘,使经济发展缺少活力,也缺少效率。在此氛围中的中国社会看起来死水微澜,实际上矛盾很多,也不和谐。十年"文革"更使国民经济到了崩溃边缘。改革开放正是在此背景下出现的。经过思想解放运动,改革开放紧紧抓住生产力水平和人民利益的核心,凡能促进生产力水平提高和增进人民利益的就是好的,就是善,就要大胆去做。经过农村的包产到户、城市企业的承包经营责任制等,终于选定以市场经济作为改革的主要突破口,市场成了资源配置和经济发展的主要手段,昔日受尽批判的资本也登堂入室,成为香饽饽,招商引资,搞开发区,发展民资,国企的股份制改造和从竞争领域退出,城市住房的私有化与商品化,等等。市场大潮扑面而来,如火如荼。

改革取得了异乎寻常的成功。据温家宝总理《政府工作报告》,2006 年我国国内生产总值达 20.94 万亿元,财政收入 3.93 万亿元;进出口贸易总额 1.76 万亿美元,人民生活有较大改善。城镇居民人均可支配收入 11759 元,农村居民人均纯收入 3587 元。要知道,1978 年国民生产总值只有 3488 亿,1952 年 680 亿,即使考虑到价格变动因素,涨幅仍十分惊人。但是社会生活中仍存在一些非常突出的问题,如贫富分化、社会不公、三农问题,以及环境污染、资源破坏、世风日下,还有腐败等,使社会生活中存在着严重的不稳定和不和谐。产生这些现象的原因有很多,有体制问题、制度问题、观念问题、文化问题,等等。例如,制度设计中对农民和农村的歧视,权力过于集中于上而缺少有效监督,双轨制所产生的巨大权力寻租空间,官员的政绩冲动与GDP的崇拜,分配上的两极分化,经济发展的成果越来越多地落入强势群体而不是弱势群体之手……目前这些问题已引起全社会的关注,已采取一些重要措施着手解决。构建社会主义和谐社会就是中央提出的具有战略意义的举措,其伟大的战略意义前面已提及。知识界对构建和谐社会也很关心,有很多相关文章问世,对其内涵、原则和意义多有阐述,对影响不和谐的因素与问题也提出一些具体的分析与对策建议。这些都是有益的。但总的说来对马克思和谐社会思想似乎注意得不够,因而对当前社会存在的不和谐现象种种之认识不够深刻,也未能从更高的高度理解中央所提出的构建社会主义和谐社会的重大意义。

我认为,前述许多社会问题如两极分化、社会不公、强势群体对弱势群体的挤压与资源环境的破坏以及社会对物欲的沉迷和对货币的崇拜等均与前述马克思尖锐批判过的那些社会不和谐现象有着非常密切的关系。因此马克思的论述对我们的应对无疑富有现实意义。两极分化、贫富对立、资本对劳动的奴役、人受商品货币的束缚与货币拜物教和物统治人,所有这些现象均不合马克思的价值理想,因此受到马克思的激烈批判。可是经过多年的社会主义实践,我们已经知道不搞市场经济、取消商品、完全靠计划来搞生产分配和发展经济,这条路走不通,特别在我们这样一个生产力水平相对落后的国家。甚至资本也不能完全取消,还有私人的财产所有权,因为历史唯物主义承认物质利益在社会历史上的杠杆作用,而在现阶段个人的财产权利正是对这一原则的法权承认。正当的物质利益受保护各位社会主体才有积极性去从事各种创造性和生产性活动,从而推动经济发展和社会繁荣。因此,商品生产、各种市场活动乃至资本存在的必要性正是在这一前提和逻辑下得到承认和获得发展。但是,它们的弊端和缺陷也是明摆在那儿的。我们不能因为其有积极的一面而对其弊端和缺陷视而不见,这样就忘记了马克思的谆谆教诲,在现实生活中可能出大问题。事实上,商品、货币、市场和资本,对人来说只是手段,只是因有助于人的发展、自由与和谐而具有次等的意义。因此,我们在发挥和利用其积极作用的同时应对其负面的因素保持足够的警惕,并尽可能地限制和减少之。

例如,对于市场中的恶性竞争政府应出面加以限制和制止,对于其所造成的贫富对立和两极分化更应从源头上加以防止。如效率优先兼顾公平的分配原则在改革开放之初曾发挥过作用,但缺点是公平容易受到忽视,在经济有了一定发展的今天用效率与公平并重的口号取代是适合的。其实政府应以公共服务为最重要和最基本的职能,从此角度看公平对政府说来更应优先考虑,效率方面的事主要留给市场,政府则负责提供公平公正的环境与服务。对于资本,应在利用其活跃市场的同时对其负面因素尽可能加以限制。目前已提出培养社会资本的责任意识和树立诚实守信的价值观,这是对的,但是还不够,还应对其奴役劳动和使劳动者异化的倾向加以限制,即使目前不可能完全消除,也应努力使其负面作用减至最小,使其正面作用增至最大,而不是听之任之、放任自流,甚至使其负面作用更大。正是在这里,中央提出以人为本的科学发展观和构建社会主义和谐社会伟大而深远的意义凸显了。对这种深远意义,我们只有把其同马克思的社会和谐理想和理论联系起来才能加以深刻的理解。从此角度看,我们对马克思的和谐社会理论仍应给予足够的重视和领悟。

(原载《江苏社会科学》2008年第1期,《人大复印资料》2008年第3期转载)

中西方文化

第二編

中西文化

民主生长的历史条件

——五四精神与中西文化

吾辈生也晚,对五四运动的了解只局限在书本上,但五四人物的精神风采早已令我神往。遥想当年,陈胡周诸精英,反封建专制,斥孔教迷信,扬科学与民主的巨幡,倡自由、平等之观念,推动新文化运动风起云涌,五四爱国热潮汹涌澎湃,"虽以顽劣之伪政府,犹且不敢撄其锋[①]",是何等地英勇,何等地畅快!读中国历史,特别是近代史,也许只有到这里才有扬眉吐气之感。然而,70年风雨过去,现实距五四精英的理想仍相差很远,正如一些人所指出:"中国的许多事情,似乎都必须从'五四'重新开始。"

这是怎么回事呢?为什么五四精英大力倡导的民主与科学的精神在中国生根这样难?为什么民主与科学产生于西方而不是中国?我们今天应如何继承五四精神,重建民族文化?

本文试图围绕民主的生长条件对这些问题作出回答,以此纪念五四运动七十周年。

自五四以来,民主常被人狭义地理解为一种近代出现的,同自由、平等、人权联系在一起的政治制度和价值观念。这种理解表现了五四人物视野的局限,他们没有从更广阔的社会历史背景中考察民主精神萌生的历史条件与文化氛围。其实,民主精神在西方源远流长,其源头至少可追溯到古希腊。明了这一点对于我们把握民主生长的条件,是

---

① 《孙中山全集》,第482页。

非常有益的。

民主,可以理解为一种社会政治制度,亦可理解为一种社会结构,一种价值观念,其基本点是主权在民,民有民享民治。当然,"民"在不同历史时期有不同内容,如古希腊奴隶与妇女就被排除在公民之外,但总的说来,民主比专制更能提供一个自由平等和更人道的社会,这是没有疑问的。

据对远古史考察,人类社会由野蛮状态走向文明社会几乎无例外地出现了普遍王权。也许这是人类向野蛮状态告别所不得不付出的代价。另一个普遍存在且最难摆脱的束缚是血缘关系,这种关系是原始先民生活与联系的纽带,作用最顽强,最难打破,这两个普遍存在和最难打破的东西,在古希腊都被打破了。

我以为,其中最重要的是开放、动荡、多元的社会生活与航海经商殖民的活动帮助古希腊人挣脱原始血缘关系的锁链,冲破专制主权的束缚,发展出个性意识、理性精神和主体的创造性,去构建新型的社会关系与政治形式。

古希腊文明同它的地理条件有着密切的关系。古希腊濒临爱琴海和地中海,海岸曲折,岛屿众多,到处都是天然良港;地中海风平浪静,又连接欧亚非三大洲,特别适宜航海经商。陆地上山岭纵横,水流交错,把古希腊分割成上百个单元。这些单元成为独立的城邦国家,著名的雅典不过是其中的一个。国家小,统治者与被统治者一起长大,没有多少神秘的地方,众多的小国并存,君权神授的观念也难以生长。航海经商活动不仅锤炼人的能力、品质和个性,而且也渐渐产生了同商品经济有关的契约观念、所有权观念、自由平等的观念。商品交换本身就是平等交换的过程,交换双方相互承认平等和所有权,否则交换不可能发生。这些东西必然猛烈冲击着一切旧有的关系与观念。而且,开放流动的经商活动必然促进各地区多种文明的相互交流,促进古希腊人向其他地区人民学习先进文化知识和技能。其实,古希腊文明是二次文明或三次文明,构成文明的一些主要因子几乎都是舶来品,但古希腊人加进了自己的能动综合和创造,而这是最重要的,在此基础上才有灿烂的古希腊城邦文明。

航海殖民活动对冲破旧的血缘关系与君权观念也作用极大。根据古希腊史料,民主作为制度最早产生于古雅典在小亚细亚的子邦,以后才影响到母邦。汤因比先生认为,这是因为航海殖民活动需要一种同舟共济的伙伴关系。海上活动与陆上活动不一样,一船人只能装一船人,不可能把陆上的各种社会关系都带进来。在船上每天都要同风浪搏斗,原有的社会组织、价值观念往往不起作用,需要建立一种新型的关系,协调全船人同心协力,共同奋斗;抵达陆地上又人地两生,也要紧密团结,艰苦创业。这就得把原有的关系和观念抛在一边,让那些在实践中显得能力出众、意志坚决、见识过人的人担任指挥,这就是最初的民主制萌芽。以后由于强敌入侵,小亚细亚海岸的民主制中途夭折,未及发展,但它传入了母邦,并结出了更为丰硕的果实——雅典民主制。

雅典民主制开始于梭伦改革与克利斯提尼改革,繁荣于伯利克里时代。雅典民主制的基本原则是主权在民,轮番为治。古希腊城邦小,公民少,使轮番为治有可能实行。主权在民的原则更为基本,近代启蒙思想家说的"人民主权",林肯说的"民有、民享、民治",我们现在常说的"人民当家作主",思想都渊源于此。

但是,我们更感兴趣的是产生雅典民主制的文化氛围与历史条件,这些条件主要是:

第一,保护私有财产,以及与此相联系的从血缘关系到契约关系,从身份社会到法人社会的转变。

保护私有财产的观念与制度在历史上作用极大,人类社会从野蛮向文明过渡、古希腊文明的繁荣同确立私有财产权紧紧联系在一起。有此确立,个体的利益才落到实处,他们活动才有积极性、主动性、个性意识、创造意识才能萌生和发展,社会才能进步与繁荣。从历史上看,梭伦改革的核心正是保护私有财产所有权,这样保障民主才能落到实处,才有稳固的社会基础。民主与财产权利其实是互为表里的。

与此相联系的,是契约关系代替血缘关系,法人社会代替身份社会。这里讲的法人不同于现在讲的经济实体法人,而是指受法律保障享有一定权利的公民个人,权利主要是财产权,还有人身权、参政权等。这个转变是个长期过程,在古希腊古罗马不过开其端。但这个开端非常重要,马克思在《资本论》及其手稿、恩格斯在《家庭、私有制和国家起源》以及梅因在《古代法》中都曾高度评价这个转变。

第二是阶级斗争。这里讲的阶级斗争不是广义的,而是指利益集团为保障自己的利益权利自觉进行的斗争,这种斗争是中国古代所没有的,正如中国没有公民、立法者、法人、民主、自然法一样。中西文化差异正从此见出。我们读西方史常常能感受到这种斗争的作用。各利益集团相互冲突,为避免两败俱伤,它们商议改革政制,制定法律,明确权利,相互制约。这种斗争贯穿着整个西方史。

第三是自由、平等、法治、自然法观念的萌生。人的行为从来就同价值观念的能动指导紧紧联系在一起。当然,价值观也受到行为公式的制约,它们是相辅相成的。商品经济的发展促进了自由、平等、契约、所有权等观念的产生,这些观念的产生又反过来促进商品经济的发展。民主制因此应运而生。如梭伦改革就宣称不分贵贱,一律平等。但最能表现古希腊民主精神的也许要算伯利克里的这段名言:

> 我们的制度之所以被称为民主政治,因为政权是在全体公民手中,而不是在少数人手中。解决私人争执的时候,每个人在法律上都是平等的;让一个人负担公职优于他人的时候,所考虑的不是某一个特殊阶级的成员,而是他们有的真正才能。任何人,只要他能够对国家有所贡献,绝对不会因为贫穷而在政治上湮没无闻。正因为我们的政治生活是自由而公开的,我们彼此间的日常生活也是这样的。当我们隔壁邻人为所欲为的时候,我们不至于因此而生气;我们也不会因此而给他以难看的颜色,以伤他的情感,尽管这种颜色对他没有实际的伤害。在我们私人生活中,我们是自由的和宽恕的;但是在公家的事务中,我们遵守法律。这是因为这

种法律使我们心服。①

古罗马时民主制衰微,但平民与贵族之间的利益冲突比古希腊有过之无不及,契约关系、法人精神、所有权观念以及自然法的观念更有发展。古罗马对人类文明的最大贡献是罗马法,其基本精神有二:一是保护私有财产不受侵犯的所有权观念;二是自然法与实在法的两分法;主张自由、平等、理性、正义、自然的自然法理论已非常完善,这就为古代民主精神的继承和发展提供了条件。

古罗马后是中世纪,史称"千年黑暗"。其实,这段时间并非一片黑暗。它为保存古代文明火种乃至促进近代市民经济的发展创造了条件。古罗马帝国(指西罗马)公元五世纪灭亡,过去的蛮族——日耳曼人大量涌进,成为欧洲主宰。一时战火遍地,民不聊生。如果说黑暗,这段时间可以算。这种状况持续了三四百年,社会渐渐复苏,产生了一种新型的文明。其特点是把古罗马的法人精神、所有权观念与古日耳曼首领与随从之间赏赐与效忠的互惠关系结合到一起,从而产生新型的封建文明。领主把土地分封给向自己效忠过的附庸随从,今后不得随意侵犯其所有权;附庸向领主宣誓效忠,平时提供服务,战时提供保护。双方人格平等,领主不得侵犯附庸人身权,也不得侵犯其财产;否则契约无效,附庸可向领主宣战,社会亦承认此举正当。这种封建文明同我们的封建制其实不是一回事,许多人把它们混为一谈,是不了解这段历史。西欧封建文明带有契约色彩,尊重财产所有权,这一点非常重要!近代市民阶级的发展,资本主义生产方式的出现及民主的近现代形式都是以此为历史前提的。

具体些说,有了财产所有权,早期的市民才能使其扩展,用钱赎买自由、土地,急缺钱用的封建主得钱后保证不得随意侵犯昔日农奴的人身与财产,这样,他们才能放心地经商做工、建设新家园。中世纪的新

---

① 修昔底德:《伯罗奔尼撒战争史》,商务印书馆1960年版,第130页。

兴城市多是这样发展起来的。这个过程大约始于公元十世纪,至十二、十三世纪,新型城市已星罗棋布,封建贵族基本上没落了,王权却乘机强大起来。这就是文艺复兴、宗教改革、启蒙运动的社会基础。这些思想解放运动的根深扎在社会的物质生活中,深扎在前几个世纪市民经济的发展之中,其源头则可追溯到古希腊。现在搞文化比较的人,动辄说中国曾长期处于世界领先地位,十六、十七世纪西方出现近代科学与资本主义后才落后。这种说法失之偏差,仿佛西方的民主制度、市民经济、资本主义生产方式、近代科学以及自由、平等、人道等启蒙思想是十六、十七世纪一下子从地底下冒出来的。五四以来国人对民主与科学理解狭隘,与这种片面看法也不无关系。

现在我们再考察民主精神在近代的进展,这至少可从三条线索上来考察。

一是新兴城市市民阶级立法与政治的实践。这条线索往往为人所忽视,其实它也是民主发展进程的不可缺少的一环。年轻的市民阶级在获得自由后为管理城市、民主参政做了大量创造性工作。从史料上看,新兴城市充满了混乱、斗争、暴力、流血,但几乎所有的城市都是宪治的和自治的。市民凭宪章治理城市,他们选出议会、市政府,成立公社、股份公司,几乎所有的政体形式都试过了。每个市民至少在法律上是平等的,当时流行的一句名言是:"城里的空气使人自由。"

二是贵族与王权的斗争。利益集团之间的冲突、协调始终是推动民主精神进行的力量,这在当时的英国表现得特别典型。如韦尔斯所指出:"在英国,私有财产所有者反对'君主'的侵犯的公开斗争远在十二世纪就已经开始了。"1215年贵族造反迫使约翰国王签署"自由大宪章","它列举若干基本权利,使得英国成为一个法治的而不是王治的国家。它否定国王有支配任何一种公民的个人财产和自由的权力——除非获得与那个人同等的人们的同意。"[①]后来,贵族与王权的冲突又推

---

① 《世界史纲》,人民出版社1982年版,第874页、875页。

动了国会两院制、陪审团等政治形式的诞生，从而使民主具有了新的发展。

第三条线索是启蒙思想的传播与启蒙运动的兴起。启蒙运动是启蒙思想家在思想领域反对封建专制，批判神学蒙昧，弘扬人的个性、自由、平等和理性的运动。它是文艺复兴、宗教改革的继续，但在深度广度上则远超过前者。其主流是法国启蒙运动，其代表人物是洛克、卢梭、伏尔泰、孟德斯鸠。其中，在传播民主观念，提倡人民主权，创立三权分立与制约的近代民主理论方面，贡献最大的是洛克与孟德斯鸠。

这三条线索汇聚在一起，促成了资产阶级革命浪潮的兴起。通过革命，资本主义生产方式与资产阶级民主制占据了支配地位。民主，意味着主权在民，民有民治民享，但这毕竟是抽象原则和价值理想。雅典民主制把奴隶、妇女、异邦人排除在外，中世纪城市政权多掌握在少数特权者手里，英国的民选议会"民"有财产、地位等多方面限制。普选权的扩大，两院制的完善，洛克、孟德斯鸠向往的理想落到实处只是近一两个世纪的事。民主从古典形式发展到现代形式关键的动力来自三大革命，即资产阶级革命、科学革命与工业革命，特别是工业革命，如拉枯摧朽，从根本上摧毁了旧的关系与观念，推动了工业化、专业化、知识化、都市化，产生了新型的社会结构与阶级关系，从而为现代的民主参与、普选和代议制提供了可能与条件。这是民主潮流在当今世界方兴未艾的强大源泉。

下面我们来考察中国的历史。

自有文字记载以来中国文化就同专制王权紧紧联系在一起。殷商甲骨文中有不少关于"予一人"的记载，《尚书》中也不乏不听王命就要严惩的训诫。在商代，这种专制王权同神祖合一的宗教崇拜观念联系在一起；到周时则与一种天命观相联系，天子受天命统治天下，天下臣民不过是上天授予他统治的一己私物，归他占有，即所谓"普天之下，莫非王土；率土之滨，莫非王臣"。古汉语"民主"同西方的民主概念根本不是一回事，这个不同颇能反映中西文化之差异。西方是民为主；中国是天子为民之主，即民之主人或父母，因此对臣民有生杀予夺之权，顺之者昌,逆之者亡。至于天子必须爱民亲民的诫言则渺不可信,因此天子可为所欲为,无所忌惮。当然,绝对君权的出现主要是秦汉以后的事。但是在此之前君主的权威就大得吓人,商纣暴虐无道、杀人如儿戏的史实人所皆知。周朝有宗法贵族牵制,王权稍弱,我国古代文化的繁荣,人的发现和主体意识的增强,百家争鸣的出现,都在这个时期。但这个时期却没出现类似于西方民主的制度与观念,所有思想家都没有这方面的要求,没有这种价值取向。秦汉以后中央集权制建立,绝对君权凌驾一切,推重君权的价值取向压倒一切,人人都把它作为天经地义之事,即使暴君鱼肉人民,也默默忍受,许多人在被赐死时还叩谢君恩,说什么天子圣明,臣罪当诛。在我们现代人看来,这种愚忠真到了死心塌地的地步。为什么会一愚至死呢?因为在传统文化范围内难以产生与绝对君权相抗衡的力量,提供不出多少可供选择的其他价值取向,儒家又把忠君孝父的价值取向神圣化、道德化,抬到安身立命、天道之意的高度,再加上官方提倡,社会自然趋之若鹜了。

与西方历史相比,我们缺少利益集团之间的对抗,缺少那种自觉捍卫自己财产、权利的阶级斗争,缺少从身份到法人、从血缘到契约的转变,缺少商品经济的发展、多元文明的交融和开放动荡的社会生活,也缺少与之相联系的权利意识、所有权意识、个性意识和自然法的观念,因此产生不出冲破旧的专制王权与血缘关系的力量,价值追求只去忠君孝父纲常名教的圈子里打转,民主意识也难以萌生。

这两条道路孰优孰劣,似乎不宜简单下结论,因为评价优劣需要价值标准,标准不同答案自然不同。若从传统儒家的观点看,西人讲自由平等博爱,不分君臣父子,无异于禽兽;若从现代文化学的角度看,各种文明都有其存在理由,都是特定历史条件产物,无所谓优劣;若从人的个性、自由与创造性能力充分发展的角度看,民主优于专制不证自明;若从生产力发展、富国强兵和现代化的角度看,西方优于东方也是非常明显的历史事实。问题全在于你怎样看。

谈到民主与专制,有必要指出,专制王权在西方历史上也屡见不鲜,但同东方的专制有很大差别。西方自民主制诞生以来,专制制度与观念就受到很大冲击，即使在某时某地因机缘凑巧复辟，也无法回到以前一般权威，因为它有一个对立面存在，无法再肆无忌惮。人民也知道有更好的制度存在，这个制度更能保护自己的利益、权利，知道人生来自由平等是民主的真义和自然的法则，甚至上帝也不能随意改变，因此不愿意轻易受人奴役。在此文化大背景下搞专制，权力其实很有限。换言之，西方的专制在本义上是民主的对立物，是权利、自由、财产等观念的对立物，有贬义的价值评价在内，并受到这种贬义评价的制约。因此，西方的专制君主一般不能随便侵犯臣民的财产，人身与自由不能违反自然法，不得反对上帝，一般也不能与教会对抗。而在中国，君父的"君"，大权独揽，权力无限，既是君临天下的帝王，又是万民百姓的君父；既是政权主宰，又是上帝之子。西方的上帝之子（耶稣）却管不了尘世的事，即所谓"凯撒的归凯撒，上帝的归上帝"。君父的"父"也不像西方，儿子成人后人格独立，相互尊重，荣誉财产都不得随意侵犯。中国的父是身体发肤的创造者，终生享有绝对的支配权，即所谓"君叫臣死，臣不死为不忠；父叫子亡，子不亡为不孝。"这就是传统价值观的支配性导向。按此导向行事即是尊天命天道，是忠臣孝子好百姓，否则就是大逆不道、衣冠禽兽。在此情况下，臣民的独立个性意识怎能发展呢？

简言之，中国的专制是一种没有对立面比较、没有相反价值取向制约的专制，是一种臣民百姓皆不知民主、权利为何物的专制，一种被视作天道、天命，天不变，道亦不变的专制。当然，不是说中国百姓均无一点财产与自由。一个社会要能够生存下去，统治、剥削、压迫必须保持一定的度，否则就会崩溃。为了维持统治或所谓施仁政，中国社会有时是有不少的宽松度的，百姓偶然也能过上小康的生活，但这是出于统治者的策略或思考，而且明君或千年一出，可遇不可求。若君主暴虐，臣民只有忍受，铤而走险、暴动起义乃不得已之事，而且多走改朝换代的老路。人民百姓关于财产权利、民主的要求仍然没有，这是最致命的缺陷，就是民族文化的最大悲剧。

上面用了不少篇幅讨论民主精神为何产生于西方而不是中国。完全由于一系列历史机缘和条件所限，中西文化走了不同的路。传统文化缺少民主生长的历史条件,发展起来的是一些与之相反的东西。孤立地看,这些东西不一定劣于西方,因为它们产生于不同的历史条件,产生于不同民族在不同条件下从事的历史活动之中,但很显然,它们却不利于工业文明和现代化的生长。而工业文明与现代化的发展,必然使世界连成一片,不同文化的碰撞是不可避免,同内陆农业文明、自然经济、宗法社会联系在一起的传统文化就厄运难逃了。

从理论上说,既然条件制约着文化,我们若改变历史条件,完全可以创造出新型的文化。而且,只要我们能确立一个普遍认同的价值标准,如民族繁荣与个性发展,那么就不必为西化还是东化的争论所烦恼,因为它们都是手段,都具有次等的意义,只要有益于最高价值,都可拿来为我们所用。但问题在于,传统中与民主精神相悖的东西牢牢盘踞在国人心中,阻碍着新的价值意识生长,而新的价值意识如民主与科学的精神又是民族繁荣与个性发展所必需,如陈独秀所指出:"盘踞吾人精神并根深蒂固之伦理、道德、文学、艺术诸端,莫不黑幕层张,垢污深积"[①]。由此不难理解高扬民主与科学大旗的五四精英反传统为何如此激烈,因为他们深深热爱我们的民族,向往自由与进步,所以不顾个人得失,顶住社会重重压力,对产生不出民主与科学的传统进行最猛烈的攻击。

而且,近代以来我们的民族危机深重,压倒性的任务一直是救亡图存,文化启蒙则居次要地位,且常被当作工具和手段——富国强民和现代化的手段。新中国成立后毛泽东说民主看来像是目的,其实是手段,集中才是目的。因此建国以来民主不健全、知识受轻视,人权受践踏的现象严重存在是完全可以理解的,其极端就是文化大革命。

这十年的情况已有很大改观,但要民主要科学的口号却一直不绝于耳,德、赛二先生虽经千呼万唤,却犹抱琵琶半遮面,没有在制度上牢牢落实,更没有在十亿人心中生根。实践证明,搞现代化需要调动人的

[①] 《中国近代政治思想论著选辑》,中华书局1986年版,第840页。

积极性、主动性，需要民主与科学；社会主义国家尤其如此。为此需要改革制度，需要更新观念，在一定意义上讲，后者比前者更重要，因为亿万民众科学与民主的意识增强了，现代化的大厦才能牢固。因此，文化启蒙，价值重建和民族精神之再造都是极为重要的事。有人把当代中国现代化进展不快归于没有经历一个类似于西方文艺复兴、启蒙运动的文化启蒙阶段，这是有些道理的，正是在这里显示出五四精神的伟大历史意义，至今不可超越。

然而，我以为，五四以来极重要的历史经验是，仅有文化启蒙是不够的。单纯的思想武器无力回天，甚至连民智民风也难以改变。历史的经验告诉我们，要让民主与科学生根，现代化成功，需要进行深刻的全方位的社会变革，这种变革未必需要流血和暴力，但一定得涉及人们的利益与灵魂，即财产与观念。西方民主精神的深厚基础在物质生活之中，在开放动荡多元的社会生活和航海经商殖民活动之中，在利益集团的冲突与协调之中，亦在从血缘到契约、从身份到法人社会的转变之中。科学精神的源泉则在源远流长的理性精神与近代市民经济发展的结合之中。现代工业文明是它们的最强大基础。我们没有必要也不可能走西方的老路，但我们应吸取其中的合理因素，以创造民主、科学生长的文化氛围和社会条件。我以为，最基本的也许是产权重建，利益机制合理化，发展商品经济与契约关系，变身份社会为法人社会，进而提供民主与科学的坚实基础。

我只想强调指出，关键是造成一种社会机制与条件，保障劳动者的利益、权利不受侵犯，以发挥他们的积极性和创造性。在此基础上进行政治体制改革与思想观念更新，这样，才可能在现代化基础上重建中华民族文化。

（原载《江苏社联通讯》（学术版）1989年第1期）

从理性精神看近代科学的生长点

——五四精神与中西文化研究之二

科学与民主是五四运动的两大旗帜,也是五四精神的集中体现,在纪念五四运动七十周年之际。我以为最好的纪念乃是研究科学与民主生长的历史条件。亦即研究近代科学与民主精神为何出现在西方而不是东方,为何它们在中国生根这样难,我们今天在重建民族文化和现代化过程中如何发扬科学与民主的精神。这当然是非常重大的课题,非少数人所能为,而需整个学术界乃至全社会的关注。本文只是抛砖引玉尝试从理性精神的角度探讨中西文化差异及近代科学的生长点(关于民主精神的生长点,有兴趣者请参见拙文"民主生长的历史条件——五四精神与中西文化"《江苏社联通讯》(学术版)一九八九年创刊号),希望能引起学术界同仁对此问题的重视。

近现代意义的科学是在十六、十七世纪以后诞生的,其标志是哥白尼的太阳中心说、开普勒关于行星运动的三大定律,牛顿力学,特别是后者更带动了一场深刻的科学革命,它直接推动资本主义生产方式的诞生与资产阶级革命,推动了十八世纪的工业革命,从而从根本上改变了世界的历史,科学革命如近代民主一样不是十六、十七世纪突然产生的,其深厚基础在前几个世纪发展起来的市民经济和文艺复兴运动中,思想渊源则可追溯到古希腊时代就出现的理性精神。

理性意识源于主体与客体的分离,或者说,源于人的自我意识或主体意识的确立,人意识到自己的存在,意识到自己与客体的区别,他把自己与客体拉开一定的距离,对客体进行观照,并以此调整与指导自己与世界的关系。按亚里士多德的说法,远古先民第一次面对大海一定产生一种惊异感,赞叹大海真大、真美,从此即萌生了自我意识,这只是一种象征的说法,我更以为古希腊人的主体意识来源于他们同大海的搏斗,来源于他们的航海经商殖民及创建新城邦的活动。

航海需要毅力和勇气,更需要严密协调,精心组织,经商也是一种理性活动,交换双方互通有无、互惠互利,更需要精明灵活、能打会算,殖民活动从一无所有的荒野创建新城市,新国家更需要强烈的理性精神,否则难以生存,这些活动一定大大锤炼了人的品质、培养人的能力、发展人的个性意识和理性精神。

理性精神,在我看来,包括四个层面:(1)纯粹理性;(2)实践理性;(3)分析的精神;(4)实证的方法。

所谓纯粹理性,指人超出一己的感性欲望和利害关系,不求功利不计得失地探索各种抽象思辨的问题,如世界的来源,事物的本质,思维的形式,存在的意义,以及绝对,无限和永恒,这种探讨是一种抽象的思辨,一种形而上的玄思,其动机也许是为了追求绝对和完美,也许是出于不可遏止的创造冲动,也许是纯粹为了满足求知欲和好奇心,但无论如何,它们产生的影响都极深远。

实践理性,指人以精明的实用主义态度处理自己与周遭世界的关系,一切动机和目的都意在使结果对人有利,因此这种态度是功利主义的。因为它无利不行;同时它又是人道主义的。因为它以人为目的,以人道主义价值原则作指导,一切活动目的的确立、手段的选择和运用、过程的实施与终结都是为了人的利益,这就是我所理解的实践理性。

分析的精神,指人自觉地区分主体与客体,并与之拉开距离、加以客观观照,并把目光透进其内部、把它分解成各个部分各个方面、加以逐个研究,然后加以综合、概括、找出事物过程的内部联系,把握本质与规律,这种分析的精神对于西方理性乃至文化的发展都至关重要。

实证的方法,指重视经验观察,第一手的认识,重视理论的验证与实践、重视搜集大量的材料、不教条、不迷信、不盲从,这对科学的发展也相当重要。

西方自古希腊起就发展出鲜明的纯粹理性精神,它追求外在的超越,超越主体与客体、灵与肉、理性与感性之间的紧张关系与僵硬对立,去沉思冥想,追求真、善、美的理念;同时又推崇创造,希望通过静观的沉思与能动的创造超越对立、实现统一,如毕达哥拉斯把万物本原归于神秘的数;柏拉图、亚里士多德把本原归于理念,万事万物皆被视作理念的摹本。德谟克利特、伊壁鸠鲁把世界本原视为原子,后来欧几里德几何学先设定公理,再推出定理及整个体系的演绎方法即渊源于此。他们的思想深深影响了后世科学与哲学的发展,在当时也产生了很丰硕的成果,如柏拉图的理念论、亚里士多德的形式逻辑以及关于形式与质料、原因与结果等学说,至今还不失其光彩。

古希腊人的实践理性精神也很强,他们航海经商殖民、建设城市、创立主权在民,轮番为治的民主制度,制定法律、发展艺术、追求自由,无不表现出强烈的实践理性精神,国家制度也没什么了不起,不过是用来替人的利益服务的机构、政治设施,因此可以对之说长道短、议论其得失、革除其弊端,而且可以设计一种全新的制度,以保障公民的利益、权利,据说梭伦改革、来库古立法前都曾到许多地区考察许多国家的政制利弊。亚里士多德写《政治学》更研究了一百多个国家的政制兴衰得失,古希腊典籍中记载的伯利克里的论述,还有古罗马西塞罗及许多法学家关于自然法的论述,实践理性精神非常强,我们现在读来也深受感染。哪像我们古代,视国家为神器,视君主为天子,天命所在不敢怀疑,更不敢说长道短、加以改造。

分析的精神是一种知性的方法,更是一种世界观、一种认识世界把握世界的基本原则,在古希腊,分析的精神表现为,注意把握事物的内部联系、结构、规律与本质,区分形式与质料、原因与结果,以及探讨各种政体得失;更表现在人与自然、个人与社会、现实与理想、事实与价值的二元对立中,表现在他们主客二分、灵肉二分以及感性与理性二分的内心世界中。为此他们追求外在的超越,超越分裂实现统一;为此他们去沉思、去创造;去征服自然、改造世界、戡天役物,使自然物为人所用,去从事政治、宗教、艺术、体育等各种活动,这就是永不安宁、追求创造的浮士德灵魂,西方所有文明都从此而生。

实证的方法在古代也有,但主要随着近代经验主义兴起而兴起,如培根主张广泛搜集材料,分门别类地研究整理,重视经验、重视实证,在近代思想史上它是作为唯理论对立面出现的,其实它也具有理性的精神。试想,培根主张知识就是力量,岂不理性精神洋溢?经验与理性、实证与推理,是西方精神中互补的两端。

理性精神在中世纪受到压抑,但不绝如缕,潜存在各种异端学说,唯名论甚至正统神学家如阿奎那的学说中,在中世纪后期、文艺复兴、宗教改革、启蒙运动相继兴起,理性精神又成为主导性原则,思维着的悟性成为衡量一切的尺度,一切都被扣上理性的审判台,因此黑格尔说那时世界是用头立地的。这种用头立地的精神与市民阶级发展经济的强大要求结合到一起,终于促发了十六、十七世纪的科学革命。科学革命离不开少数科学天才的创造,但它所以能形成潮流并产生世界性的影响,究其根本,源还在物质生活中,在古代传统之中。

为什么我国文明源远流长,发明创造也不少,但近代科学却未能在我国产生呢?原因可找出很多,除经济外最重要的也许就是缺少类似于西方的理性精神传统。当然,这绝不是说中国人没有理性意识。广义地说,理性是人的本质特征之一,凡人皆有,何况我们勤劳勇敢智慧著称于世的中华民族呢?本人绝不敢厚诬我们民族,但平心而论,比较一下中西文化,不难发现,我们民族确实缺少西方那种思辨、超越、分析实证的理性精神。西方人历来就有主与客、灵与肉、感性与理性、人与自然、与社会、与国家的紧张关系,一直在分裂的两端受煎熬,因此向内静观玄思、追求心灵的自由、追求理念与上帝;向外征服自然、征服世界,构建各种政治制度和经济形式。我们民族似乎一直没有西方人这种紧张关系,有也没有他们这样厉害,这样剑拔弩张、不可调和。主宰我们民族精神的是和谐,是人与自然、与社会、与国家的内在统一,即所谓天人合一,也可以说是内在超越。儒家主张内圣外王、修齐治平、尽心知性知天,也就是说,按照儒家那套忠孝仁义、温良恭俭让的道德价值去做,即能既实现各种社会关系(国家君臣、家庭血缘人伦)的和谐,又能实现个人道德的完善,它们其实无二致。因此善不仅是道德上的,而且是政治的人伦的,甚至就是天命天道天意,至高无上的法则与规律,从而具有一种本体或超越的意义,对绝对、无限、永恒的追求也就实现在其中了。可见,儒家观念不讲或不强调人天、主客的分裂与对立,只要求和谐即天人合一,而天人合一,实是个无所不包、无行不通、无所不能的大杂拌,各种关系搅在一起,到底有何确切含义,由你去当下领会,靠直觉、靠神秘的顿悟和当时的感受。中国的佛教(特别是禅宗)、道教也推崇天人合一,不过少道德色彩。这种天人合一,对一些人来说,也许能解决"统一"、"和谐"、"超越"甚至信仰的问题,只要你愿相信,那是你自己的事,你可认为已经找到了安身立命之本,或实现了与自然与社会的和谐统一。但其实这并不能代替对自然规律的认识,更不能代替对自然的变革,社会政治制度维系于此也靠不住,因为人总有七情六欲、灵肉冲突,没有法与制度的制约一定会出乱子。要认识事物、对象或客体,必须用知性的方法把对象打开,剖析其各个层面,然后综合、得出知识、指导行动,囫囵吞枣、神秘感悟的天人合一学说于认识事物内在规律无补,更不能取代对世界的变革与改造。

简言之,中国文化缺少那种无止境地追求无限、绝对和永恒的外在超越精神,缺少那种永不停歇地创造、追求的浮士德式精神,缺少那种即使为了满足好奇心、求知欲和表现自己能力的冲动也要刨根究底、探索不已的纯粹理性精神,因此难以形成产生柏拉图理念论、亚里士多德逻辑学、欧几里德几何学的文化氛围,正是这氛围以后孕育了近代科学。

中国文化有实践理性精神,在某些方面甚至很强烈,但很狭隘,中国人平时不烧香、临时抱佛脚的实用主义态度是非常有名的。孔子说:"未知生,焉知死"、"敬鬼神而远之",表现出关心现实世界,而对人事之外的世界,对超越不感兴趣,即所谓"六合之外,圣人存而不论"。孔子的思想颇能反映我们这个民族的心态或价值取向,确实,很少有民族比我们更关注尘世的生活、关注伦常日用、衣食住行、礼节礼俗,以致抽象的思辨,本体论、玄学、神的世界向来受到忽视,唐玄奘宣扬的烦琐思辨的唯识宗未能在中国流行,只关心超越个体灵肉分离的基督教在其他地区很有进攻力,但在中国却未能发展,甚至被中国文化所同化,这都说明我们以实用为特征的民族精神或文化是有极强的生命力和亲和力。我们的先人就是跳不出忠孝仁义的圈子,内圣外王、立德立功立业,代代如斯,没有变化。对传统不满的人至多退隐山林,"赏菊东篱下,悠然见南山",这就是异端的极致了。按此路子走,发展不出自然法观念、公民观念、自由平等观念、民主与法治的观念;发展不出法人精神、契约关系和所有权观念;也发展不出能力与创造的观念;不敢对君主讲人格平等权利平等;不敢对君父强调自己的财产不容侵犯;亦不敢与不能在实践中设计一种制度制约统治者,保障人民权益,相反,如何帮助帝王玩权术搞专制的论述却多得不可胜数,因此中国的圣贤无论多么富有智慧,富有同情心和社会责任感,就是设计不出民主制度、股份公司,讲不出《伯罗奔尼撒战争史》所记载的伯利克里关于民主制度的那番话来,这不是哪一个人的局限,而是整个文化使然,这也就是我们民族实用理性的狭隘所在。

中国文化亦缺少分析的精神,这当然不是说国人没有一点分析问题的能力,而是指分析的能力没有上升到民族理性的高度,成为统御文化的客观精神。天人合一不仅是个体当下神秘的感悟,而且把主与客、人与天笼统不分地搅到一起,不可分析,不可言喻,不可重复,不可否证,这当然与分析的精神南辕北辙。按此路子走,固然也能提供和谐、提供统一、提供个人安身立命之本,却很难发展近代科学。中国的伟大发明也不少,但支离零碎,未上升到理性与科学的高度;社会对之也不重视,像野花一样让其自生自灭,以致指南针、火药等伟大发明在中国用作算命先生罗盘和小孩鞭炮,而在西方却成为改变世界的伟大手段。

按理,中国人重实用,实证精神应很发达,但并非完全如此,因为实证的东西需要理性来统御,并能上升到理性那里去。我们的实证与经验一般没有达到如此高度,更重要的是整个文化占支配地位的精神是轻视实证、轻视经验、轻视生产实践,孔孟对体力劳动者的鄙视是众所周知的。儒家士大夫均以经商言利从事生产为耻,修齐治平、内圣外王才是正途,整个社会的价值取向皆向此方向走,即使有少数发明创造的思想火花,多不被社会重视,一个静止守旧的农耕宗法专制社会确实没有多少这方面的需要,因此科技成果经常失传。作为一种社会制度,一种新的世界观,一种新的时代精神的科学,最终未能在中国产生,这种情况绝非偶然。

按现代观念,科学是人类智慧的结晶,是人类能动性的凝聚,体现了人类漫长历史发展过程的全部精华。另一方面,科学表现了人对自然的征服,人驾驭自然、改造自然,使高山低头、河水让道,为人类服务。

科学也体现了人与自然关系的和解,人破译自然界的密码,洞察其奥秘、把握其规律、顺其势而用之,为人类造福,也为自然添辉。

科学是生产力,亦是一种新型的世界观,它不仅帮助新兴资产阶级积累起巨大的物质财富,使他们经济上迅速强大起来,而且也提供了摧毁旧封建主城堡的手段,提供了战胜封建专制,神学蒙昧的新文化、新观念。

因此,科学在人类历史上起着非常革命的作用,它带来生产力迅猛发展,亦推动西方社会从传统到现代、从农业文明到工业文明、从封建制向资本主义社会的巨大转变。从人类文明史的角度看,资本主义只是人类社会发展的一定历史阶段,因此前两个转变意义更深远,它们不仅影响了欧洲的历史,而且从根本上左右了世界历史的进程,因为它们具有极强的扩张力,必然要把自己的制度、观念与生活方式推广到全世界,而其他地区传统的生活方式,必然要对之进行顽强的抵抗,因此冲突不可避免,由于西方资产阶级掌握了科学技术与工业文明之魔,胜利已注定在它们这一边,因而这个冲突对于殖民地与半殖民地人民,以及被压迫被侵略民族说来,是失败、是痛苦、是心爱东西的毁灭。鸦片战争以来中西文化冲突,中华民族一直落后挨打,悲剧就在这里。

怎么办?是抱住老祖宗留下的遗产不放,坐以待毙,还是认真学习西方先进的东西,使之为我所用,富国强民?一切有现实感的爱国志士与精英人物都选择后一条路。五四精英比前人高明的地方在于抓住了要害,打出了科学与民主的旗帜,即德、赛二先生,如陈独秀先生所指出:"西洋人因为拥护德、赛两先生,闹了多少事、流了多少血,德、赛两先生才渐渐从黑暗中把他们救出,引到光明世界,我们现在认定,只有这两位先生可以救治中国政治上、道德上、学术上、思想上一切的黑暗,若因为拥护这两位先生,一切政府的压迫,社会上的攻击笑骂,就是断头流血,都不推辞。"

光阴如流水,一转眼五四运动过去七十年了。今天的情况当然非昔日可比,但现代化进展与科学精神的传播的状况仍不能令人十分满意。

原因当然可以举出很多,但我以为有一个非常重要的原因迄今仍未引起充分注意,这就是:缺少理性精神,缺少西方那种萌生近代科学的理性精神与文化氛围,因此科学救国的口号喊了多少年,也做了不少工作,但落到实处却效果不明显。

这种状况迄今仍在继续,就学术界而言,科学主义的影响一直有限。这几年出版重视译介西方思想,大量西方著作潮水般涌进,但受到重视或影响较大的主要是人文主义思潮,非理性主义的东西,如叔本华、尼采、萨特、弗洛伊德,政治理论至今深受黑格尔主义的影响。科学主义的、分析哲学的、经验主义的著作和代表人物向来受冷落,这个现象不是孤立的,它表现了中国知识界的兴趣,而知识界代表了社会大多数人的心理、取向与潜意识,更影响着全社会。

还有不少人迷恋传统思维方式、迷恋天人合一、迷恋一己自我消融在自然之中的和谐,特别近年来某些西人写出《现代物理学与东方神秘主义》这类著作后,更喜形于色:连西人都说自己的思维方式不行了,现代科学与我们古代的思维方式,与神秘的道、禅、天人合一相一致,还是我们的老祖宗高明!殊不知西人赞扬与我们自赏不同。自古希腊以来,灵肉二分、主客二分、感性与理性二分的矛盾就一直折磨着西方人,为此他们发展个性、发展科学、征服自然、追求自由。但近代历史表明,科学技术并非万能,在它推动下发展起来的工业文明不但未能消除人与自然、主与客、灵与肉之间的分裂,而且使分裂更加明显更加尖锐,因此从卢梭以来,西方许多思想家激烈抨击人与自然的分裂、抨击工业文明带来的异化及对人的压抑。

另一方面,现代科学的发展表明,分析的、实证的、理性的东西无论在对微观还是对宏观领域的认识都有很大局限,因此一些著名的科学家开始对古代东方神秘的天人合一理论感兴趣,这种兴趣不是发思古之幽情,而是借助古代东方神秘主义的思维方式,达到对世界的新理解,这种理解与其说是科学的,还不如说是哲学的、美学的,这是在科学无能为力的地方引入哲学与诗来补充,实现对世界的认识从而统一。不似我们的文化,未经受过分析的实证的理性精神充分洗礼(这一点对科学的发展非常重要),很多方面仍未摆脱传统思维方式的束缚,反以西人重视东方神秘主义自得,这就可悲可笑了。

我们现在也仍缺少实践理性的精神,实践理性精神的含义是使行为合理化,以得到合理的结果,或使结果对人有益有利。西人发展商品经济、创建城市文明、创造民主制度,其行为观念无不透着实践理性的精明。我们现在问题很多,但概括起来,不外经济政治体制没有合理化或向不合理的方向发展。

经济上由于产权不明确、市场不发育、超经济力存在并干预经济合理化,自身就有内在活力因而能不断发展的商品经济一直没有建立起来。相反,通货膨胀、官倒、化公为私、长官意志、大吃大喝、官僚主义、基建过热与效益差等,使经济的形势越来越严峻。

政治方面权力高度集中,缺少有效的监督与制约,社会上损人利己、损公肥私、见死不救的现象时有出现。一些人类最基本的道德观念与价值原则也受到破坏,许多人惊呼出现道德危机,有人称之为价值空白、价值断裂,甚至世纪末心态。

政治、经济、思想各领域混乱无序,不合理的状况看起来同我们正在讨论的问题范围相距甚远,其实,产生这些现象的一个极重要原因是缺少合理的实践理性精神来统御,而这种精神,与纯粹理性、分析实证的精神一样,正是科学生长繁荣的土壤与条件。

因此我以为,我们现在纪念五四运动、发扬五四精神,一定要吸取过去的教训,不能空喊口号,要努力使理性精神真正深入人心,为亿万人民所掌握,并凝聚在政治经济文化等各个领域的活动中和运行机制中。这样,民主科学的大厦根基才牢固,现代化事业才有希望成功。

让理性的光芒照耀我们!

(本文著于1989年4月,发表于台湾《中华文化月刊》1991年第11期)

中西艺术特征之比较

——从艺术的价值与功能谈起

艺术是人以形象或感性的方式表现人生活于其中的世界,表现人,表现美,创造美。它的价值与功能也首先在于以此方式帮助人超越感性与理性、灵魂与肉体、个体与类之间的分裂,实现与审美对象、与客体、与具有绝对、无限和永恒意义的世界之和谐统一。

本来,人的认识活动、科学活动以及道德宗教活动等,都是体现人本质的活动,也都是人对动物式浑噩生活,对个体自身有限、相对、暂时的超越,但认识活动与科学活动主要是把认识提高到纯粹理性的水平,以在现象深处找到本质的东西。但这样一来就过于抽象枯燥。道德理性主要是用实践理性或价值理性,用意志克制自己的感性欲望与生理需求,使之从属于自己心中的道德律令和价值原则。高则高矣,但过于严峻,人总不能一天到晚板着面孔压制欲望一直按教条生活,感性的一面过于压抑。宗教毕竟虚玄,也太神秘,离我们太远。感性的物质生活则是功利和欲望的世界,人束缚于一己需求,斤斤计较于蝇头小利和个人私欲的满足,普遍性的东西被丢置一边。用西方哲人的话说,人一方面是自然存在物,受外在的自然必然性与因果规律的制约,没有自由;另一方面,人作为理性存在物,追求价值、真理与普遍,追求自由。然而这两个方面一直是分裂着的,人一直在相互冲突的对立两端之间受煎熬,恰如歌德笔下的浮士德,心中一直冲突着两个灵魂;或弗洛伊德所说的可怜自我,一仆侍三主,本我、自我、超我相互冲突,难以调和,弄得人精神好不痛苦。

灵肉分离,感性与理性的分裂以及试图超越之的努力,是西方文化的一个基本主题。冲突给人带来无尽的痛苦,也激励人们进行永恒的创造。几乎西方文化特别是近代西方文化所有成果均同此痛苦与创造有关。正如黑格尔所言,这些矛盾自古以来就以各种方式占领并搅扰着人类的意识,不过只有近代文化教养才把它们推演成为最尖锐最剧烈的矛盾。而人在任何一方面都得不到满足,"因为从一方面看,我们看到人囚禁在寻常现实和尘世的有时间性的生活里,受到需要和穷困的压迫,受到自然的约束,受到自然冲动和情欲的支配与驱遣,纠缠在物质里,在感官欲望和它们的满足里。但是从另一方面看,人却把自己提升到永恒的理念,提升到思想与自由的领域;因为心灵只有在虐待自然和剥夺自然的权利中才能维持自己的权利与价值。"[①]这里说的是理性的统一,艺术的统一则不需要虐待自然,同样能够实现与世界的和谐统一,同时又实现了自由与永恒,因为艺术活动能够发现美和创造美。

美是一种特殊的价值与意义,它体现在审美主体与客体的统一之中。在此统一中,客体或审美对象的存在及其属性给主体带来不含功利的快感。审美或创造美的能力来源于人类历史实践。在实践中,人类不仅为物质需要改造自然,而且在被改造物中反观自然,使自然物形式发生变化,符合自己的要求与理想。同时还可以载歌载舞、绘声绘色,使自己的生命本能和原始欲望充分释放,并实现与无限的带有神秘意味的自然的更高统一。原始艺术与审美活动同原始先民的劳动狩猎活动甚至同巫术联系在一起。先民们在长期劳动实践过程中培养起独立的审美能力,并开始按照美的规律来生产,以后逐渐出现舞蹈、音乐、绘画、诗歌、戏剧等多种艺术活动。能够从事这些审美和创造美的艺术活动是人之为人的本质特征,也是人对动物式浑噩生活的超越。

审美活动是个体的活动,总是同个体的当下感受、体验快感和喜悦联系在一起;也是类活动,因为审美能力本质上来源于类,是一种普遍性的东西。当我们进行审美活动,凝视审美对象时,不仅有一种愉快的

---

① 黑格尔:《美学》第 1 卷,商务印书馆 1984 年版,第 66 页。

心情和感受,而且能够忘记自己的一己存在,人世间烦恼种种统统抛到脑后,而进入一种纯净、宁静的状态,感到自己和对象和谐统一在一起,甚至出神狂喜,觉得自己与大千世界,与绝对、无限和永恒内在地统一到一起,真是一种极乐境界,有限与无限、个体与类、主体与客体、灵与肉、必然与自由的对立也就获得超越了,或者说,它们之间的界限在刹那间消融了。因此审美活动本质上同异化无缘。

艺术能表现人的精神和人性,亦能丰富人的个性,洋溢人的生命与创造力。舞蹈、音乐、诗歌、绘画、雕塑等艺术活动都表现人,凡是属人的东西,人性、人情、人之价值、人之精神包括理想、希望、情感、欲望乃至人的所有生命活动,都可以得到充分的表现。也只有充分表现了这些属人的东西才是真正的艺术。痛苦、欢乐、忧愁、哀伤、焦虑、不满、憎恨、希望以及内心潜藏的各种活动和对更高理想的热烈追求,所有这些都构成了人的精神生活,是人之为人不可或缺的内容。人不是神,神没有匮乏,也没有苦恼与希望,整日在琼楼玉宇之中,高处不胜寒,起舞弄清影,何似在人间。

因此艺术本质上属于人道而不属于神道,即使宗教题材也要以人为模特,并留给人自我观照。总之,凡是属人的东西对艺术都不陌生。而真正的艺术必然经历人的痛苦与狂喜,表现人内心感情世界大起大落剧烈冲突;或唤醒各种本来沉睡着的情感、愿望,使之活跃起来,激发人心灵深处潜在的力量与冲动,展示人对自然,对生命、爱情和美的爱,从而使人性丰富、生命力勃发,并和外在世界和谐统一。

艺术能观照人生,讴歌正义,鞭挞黑暗,给人以教养与启示。一般认为重视德育与教化是中国艺术传统的基本特征,这是对的。《尚书》就谈到"诗言志";儒家要求诗歌"无邪","发乎情,止乎礼义","文以载道"。这些观念确实给传统艺术以极大影响。当然中国艺术同时还深受道家虚静超逸、自然无为思想的影响。另一方面,西方实际上也有注重德育的传统,如柏拉图就提出要诗人只写善和美的东西,不许描写罪恶、放荡、卑鄙和淫秽,以使青少年耳濡目染优美的东西,就像从清凉境界呼吸一阵清风。亚里士多德也谈到艺术具有教育、净化和精神享受的多方面功能。可见在此方面东西方是相通的。因为艺术表现人生，人生中的光明与黑暗、正义与邪恶的斗争及其伴随的内心冲突不可能不成为艺术关注的中心。而作家作为艺术创造的主体不可能不注入自己的价值观。诚然，艺术可以是形式的，但是有意味的形式。形式不可能没有内容，否则空洞抽象，难以引起同时代人的共鸣。"意味"也是内容的积淀。达·芬奇、米开朗琪罗的绘画和雕塑，哪一个不具有丰富的内容？即使是贝多芬的交响乐也有不同主题的冲突，和洋溢着对生命、正义和美的爱。小说诗歌更不待言。当然，不是所有的艺术活动都贯穿着道德的内容，有的主要表现人的情感，有的主要歌颂自然之美和人之美，有的重在游戏和娱乐，不一定都同道德纠缠在一起。但肯定有相当多的艺术同表现人的社会生活、人对善和价值的追求、对恶的谴责与揭露联系在一起。因此，讴歌正义、鞭挞黑暗必然是文学艺术的一个基本的社会功能。

另外，艺术还能娱乐、游戏、陶冶情操和锻炼身心，这里就不详述了。下面着重联系不同民族文化背景比较一下中西艺术之差异。首先从西方谈起。

西方艺术的基本特征是重人生、重冲突、重再现。这些特征均同其文化背景有关。

重人生是注重享受人生，注重对人生幸福的追求，歌颂人生之乐趣，并努力唤起和表现人的生命力勃发与冲动。这在前苏格拉底时代的古希腊已表现得非常充分。丰收以后的人们彻夜狂欢、高歌纵欲：

> 啊，欢乐啊，欢乐在高山顶上，
> 竟舞得筋疲力尽，使人神醉魂消，
> 只剩下来了神圣的鹿皮，
> 而其余一切都一扫精光，
> 这种红水奔流的快乐，
> 撕裂了的山羊鲜血淋漓，

拿过野兽来狼吞虎噬的光荣……①

歌颂人生同人对自身身体美的欣赏联系在一起。古希腊人向来不以裸体为耻。他们用人的形象造神,因为他们认为人体最美。青年男女裸体出现在游乐场,供众人欣赏,也没什么了不起。丹纳曾谈及,当时心灵并未占据至高无上的地位,肉体也没沦为纯粹的附属品,让纯粹理念来驾驭。即使在禁欲主义盛行的时代,米开朗琪罗仍把几百个裸体画到西克斯廷教堂的屋顶上。面对禁欲主义者的批评,保罗教皇竟回答说:"我们在审判日都得赤裸裸地站在上帝面前。"正是在此背景下,才可能出现表现人体美的"维纳斯女神"、"大卫"、"末日审判",出现卢本斯的洋溢着生命冲动的"甘尔迈斯"、"罗西普的女儿被劫"。与此相类似,诗歌、戏剧、小说也都以表现人性,表现人的内心冲突和爱为目标。这些都是人文精神的表现。

人文精神在西方源远流长。古希腊普罗泰戈拉"人是万物的尺度"首开哲学人本学先河。古罗马朗吉弩斯说过,大自然把人带到宇宙这个生命大会场里,让他不仅来观赏这全部壮观,而且还热情地参加其中的竞赛,显然不是把人当作一种卑微的动物。人往往还要游心骋思于八极之外。一个人如果四方八面地把生命审视一番,看出在一切事物中凡是不平凡的、伟大的和优美的都巍然高耸着,他就会马上体会到我个人是为什么生在世间的。黑格尔也指出,理想的中心是人,人生活着,他不应满足与自然安处,而应工作,应进行创造。所有这些人文思想都洋溢着艺术中人文精神的生长。

西方艺术的第二个特征是重再现、再摹仿,重形似与逼真,给人惟妙惟肖、栩栩如生的真实感。这同西方纯粹理性精神发达有关。赫拉克利特认为艺术是对动物的摹仿,柏拉图认为艺术是一面观照外物的镜子,亚里士多德则认为摹仿是人的本能。显然,这种摹仿论同西方哲

---

① 罗素:《西方哲学史》上卷,商务印书馆1986年版,第44页。

学史上主客体拉开间距,再进行观照的理论和反映论、形式说联系在一起,因此体现出一种理性主义精神。当然,注重真实与逼真,也表现出现实主义的精神。主体通过艺术活动对客体进行观察和再现。这种理性主义和现实精神一直影响到西塞罗、阿奎那、达·芬奇、莎士比亚、狄德罗、巴尔扎克直至马克思和车尔尼雪夫斯基。

　　在此思想指导下,艺术家崇尚以一种客观的、科学般精密的态度对待现实,并重视观察在艺术创作中的作用,强调忠实,从而创造出一套忠实于人的感觉经验、符合科学原理、能忠实再现对象的艺术手段(色彩、光彩、三角透视、黄金分割)和知识(光学、几何学、人体解剖学、建筑学)等。据说,为忠实再现人体,达·芬奇曾亲自动手解剖几十具尸体。这种严格认真的科学态度为他再现人体美创造了坚实的基础。当然再现本身不一定就是艺术,否则摄影会取代一切绘画。更重要的是表现人的精神、感性和生命力。这就需要艺术家在作品中灌注生气,创造无限的意蕴。因此西方艺术也同样有着深厚的"重表现"的传统。苏格拉底就主张艺术家不应只描绘外貌细节,而应现出生命,应该通过形式把内心的活动表现出来,使人看到就像是活的。① 其实,真正优秀的艺术作品必然表现人的情感、精神和内心世界。一幅"蒙娜丽莎"的神秘微笑不知使多少人倾倒,而莎士比亚的"汉姆雷特"形象所蕴含的意义永远挖掘不尽。

　　西方艺术的第三个特点是重冲突,特别是重视灵肉分离。灵肉分离是西方文化的一个基本主题。西方人向来认为,人一方面是属灵的存在物。作为属灵的存在物,他具有精神、理性、自我意识和自由,能够自己追求真、善、美和灵魂的纯净,追求绝对、无限和永恒。另一方面人又是属肉的存在物,浊浊肉身具有感官欲望、七情六欲和生理需求,因而是有限的存在,有生也有死。人时时想超出自身有限,去把握绝对、无限和永恒,获得自由,同时又沉迷于肉体感性存在不能自拔,想超越

---

① 《回忆苏格拉底》,商务印书馆1984年,第122页。

又无法超越,因而矛盾与痛苦。这样一种灵肉分离意识及其产生的精神痛苦是影响西方文化的基本因素之一。基督教的产生与传播也同此关系极大。艺术自然也深受其影响。另一方面,艺术也力图去表现这个冲突,以之作为永恒的主题。这是相辅相成的。在这历久常新的表现中艺术实现了自身的发展。

例如,生命力、审美快感、欲望和冲动、迷狂与陶醉,这些在艺术活动中起重要作用的东西都是感性的东西,同时又超感性,当然也超理性,而带有神秘的色彩。言不尽意,妙不可言,很难用语言描述,只能个体当下感受和体验。如古希腊神话中的酒神精神,苏格拉底的"出神"与柏拉图的"迷狂",斯多葛派、新柏拉图主义的神人合一。另一方面,摹仿、再现、写实的科学主义和理性精神则属于可观的世界,可以言说,可以忠实地再现。其体现是古希腊神话中冷静自律的日神精神,及美学理论与艺术活动中以摹仿论为代表的理性主义审美意识。这两方面的对立也是科学与宗教对立的来源。可见,灵肉分离观念对包括艺术在内的西方文化影响至深至巨。

中国传统艺术的第一个特征是重视德育、教化,提倡文以载道。如前所言,《尚书》、《左传》就谈到"诗言志"。孔子更把"思无邪"作为编定"诗三百"的基本标准。他提出"志于道、据于德、依于仁","兴于诗、立于礼、成于乐",把诗、礼、德统一起来,即把艺术、政制、伦理结合起来,使前者从属于后者,或者说受后者的制约。如孔子云:"诗,可以兴,可以观,可以怨。迩之事父,远之事君;多识于鸟兽草木之名。"(《论语·阳货》)无论如何,孔子肯定诗的价值与功能,比起柏拉图在《理想国》中不要诗人的态度开明多了。

孔子还提倡"乐而不淫,哀而不伤"和"文质彬彬",既要"尽美"又要"尽善"的审美原则。《礼记》更明确提出:"入其国,其教可知也,其为人也,温柔敦厚,诗教也。"荀子则提出:"乐者,圣人之所乐也,而可以善民心,其感人深,其移风易俗,故先王导之以礼乐而民和睦。"(《荀子·乐论》)刘勰云:"文之为德也大矣,与天地并生。"(《文心雕龙》)柳宗元提出:"文者以明道,是固不苟为炳炳烺烺,务采色、夸声音而以为能也。"

(《柳宗元文集》卷三十四)欧阳修"君子之于学也,务为道"(《欧阳文忠公文集》卷六十六)。精神可谓一以贯之。

如前所言,西方也有重视德育的传统,强调艺术应具有道德教化的功能,但与我们相比程度远远不及。因为在传统文化中道德伦理具有统御性的地位。三纲五常既是根本的价值观念,又是政治制度与社会结构的根本原则,道德、政治、宗教一体化,因此道德教化在艺术活动中具有举足轻重的地位。这样一来至少产生了两方面的影响。

一方面,出现了许多忧国忧民、德行高尚的志士仁人和充满忧患意识的文艺作品。这是我们民族文化的精华与骄傲。他们即使身处困境、多经磨难,仍时时想着拯世济民。孔颜居陋室,一瓢饮,人不堪其忧,他们却不改其乐,因为心中有比物质追求更高的价值理想。屈原爱国爱民,却屡受打击,被迫流放。不得已行至江溪,被发行吟,颜色憔悴,形容枯槁,依然不悔。并著《离骚》、《天问》,抒发忧国忧民之情:"长太息以掩涕兮,哀民生之多艰。"终于抱石投江,成为中华民族千古景仰的伟人。杜甫身居破屋,还想着千万间广厦,庇天下之寒士,以及"致君尧舜上,再使风俗醇。"范仲淹"先天下之忧而忧,后天下之乐而乐",也是广为传颂的名言。他们的文学作品构成了中华民族艺术宝库的瑰宝,他们的精神则构成了一代一代的民族魂。

另一方面,纲常名教、忠孝仁义的道德信条也限制着人的个性的发展,这种限制同艺术形式结合起来影响就更大。当然这也体现了传统文化的局限。如《水浒》人物描写个性鲜明,栩栩如生,是一部难得佳作,其"写鲁达为人处,一片热血直喷出来,令人读之,深悔虚生世上,不曾为人出力。"(金圣叹)但其价值观仍停留在传统范围内,如只反贪官,不反皇帝。李逵是粗人,公然要杀上东京,夺了皇位,这在封建社会是大逆不道了,目的也不过是让宋大哥当皇帝,不可能把矛头指向皇帝专制制度本身。《窦娥冤》是古代少有的带有悲剧色彩的戏剧,但若从西方观点看几乎算不上什么悲剧。悲剧,在古希腊表现为人与神、与命运的冲突;在近代则是不同性格之间的冲突。按黑格尔的说法,悲剧产生于二律背反,冲突双方各有各的价值理念和存在理由,又不可调和,于是产生悲剧冲突,但窦娥信守三从四德,她的死很大程度上是由于判官糊涂。当然从更广的意义上讲窦娥的命运体现了旧中国妇女的悲惨境遇,从此角度看可以说是一种时代悲剧。当然作品本身没有上升到此高度。更令现代人不满的是窦娥的父亲窦天章,在戏中俨然一正面人物。他早年用十两银子把女儿送给别人当童养媳,自己走读书做官的路,一举成名后与女儿失去联系,十多年后当了两淮提刑廉访使,这时女儿已作古三年。他利用手中权力替女儿翻了案,把陷害女儿的人或充军,或凌迟,颇有点包龙图的味道。但在今人看来,为自己读书做官享受荣华富贵,把7岁的女儿卖掉是有悖人性的行为,为什么自己不能抚养孩子和挣钱还账呢?想那窦娥,3岁丧母,7岁被卖,好不悲惨!窦娥的悲剧很大程度上是他造成的。当然,从根本上说,是旧的封建社会使然。但窦天章难道没有自己的个人责任吗?即使在旧社会,穷人家,一家骨肉相依为命有的是。不过西人对此也不能过于讥笑。18世纪名人卢梭把自己的几个孩子全都送进育婴堂,行为似乎还有所甚之。只是卢梭一开始就狠心了断,反没有孩子7岁以后再骨肉分离的痛楚。不过卢梭的行为在当时已为时人所不屑,窦天章虽是文艺创作人物,但在传统文化中却是响当当的英雄。也许这里面能反映出中西文化和价值观的一些差异。

旧社会的文艺作品,即使是具有反封建伦理色彩的《红楼梦》,描写人的个性与爱情也遮遮掩掩,"犹抱琵琶半遮面"。无数青年男女渴望自由与爱情,但没有力量冲决封建伦理网罗,至多归于释道,消极反抗,或游戏人生。传统艺术作品的价值取向没有超越这些。当然这是时代造成的,对此不能过分苛求。但这样说并不意味着不能从今天的观点出发对之进行价值评价,指出其历史局限。

传统艺术的第二个特点是温柔敦厚、委婉、含蓄、圆通。这也同儒家的价值观关系密切。孔子对诗的要求是"乐而不淫,哀而不伤。"《礼记》提出:"其为人也,温柔敦厚,诗教也。"孔颖达的解释是"温谓颜色温润,柔谓情性和柔,诗依讳讽谏,不指切事情,故云温柔敦厚是诗教也"(《礼记正义》),这些论述一方面要求人注意道德教化,另一方面不要锋芒太露,咄咄逼人,要温和柔顺、委婉圆通。在此思想指导下中国的文学艺术方面有教化的功能,另一方面提倡含而不露,含蓄温顺,委婉曲折,有说不完道不尽的意蕴与内涵。这诚然是一种非常特殊和高深的意境,寓意无限,妙不可言,但毕竟有些嗫嗫嚅嚅、不够痛快。要求所有的诗文都向此路子走,难免成为禁锢与限制。

的确,总的说来,我们的古代诗文艺术表现人的内心冲突与情感激荡不够,因此具有瑰丽想象与形上玄思的作品较少,表示热烈感情的浪漫情诗也不多。(也许屈原的作品是个例外,但屈原时代,儒家思想尚未流行)还有,表示崇高壮观、雄奇豪健的作品少,鞭挞与暴露、愤怒与谴责,饱含血与火的作品少,真正震撼人心的悲剧作品几乎没有。当然,这个特点也同我们的民族性格有关。农业民族,大陆文明,安土重迁,性格温良,爱好和平,与世无争。儒家温柔敦厚的价值取向即体现了这一特点。关于民族性格这里权且不谈,无论如何,人性是丰富的,缺少崇高、雄奇、瑰丽、热烈以及对内心冲突的充分把握,从艺术角度看不能不说是个大的缺憾。正如闻一多所言:"中国缺少情诗,有的只是'忆内'、'寄内',或由喻隐指之作;坦率的告白恋爱者绝少,为爱情而歌咏爱情的更是没有。"(《中国新文学大系·诗集》导言)"诗的女神善良的太久了,她受尽了侮辱与欺骗,而自己却天天还在抱着温柔敦厚的教条,做贤妻良母的梦。中国的诗向来缺少药石性的猛和鞭策性的力。"(《魂散》序)闻一多甚至还说从"温柔敦厚,诗之教也"的古训闻到数千年的血腥,说的也许重了些,但确是警世之言。温柔敦厚的负面因素确实不少,在它的束缚下,很难想象会出现类似于《神曲》、《浮士德》、《哈姆雷特》、《战争与和平》这样的不朽巨著。

温柔敦厚的教条在明清时期已受到怀疑与冲击。李贽在《焚书》中说,世之真能文者,"其胸中有如许无状可怪之事,其喉间有如许欲吐而不敢吐之物……蓄极积久,势不能遏。一旦见景生情,触目兴叹,夺他人之酒杯,浇自己之块垒,诉心中之不平,感数奇于千载,既已喷玉唾珠,昭回云汉,为章于天矣,遂亦自负,发狂大叫,流涕恸哭,不能自止。宁使见者闻者切齿咬牙,欲杀欲割,而终不忍藏于名山,投之水火。"

(《焚书》卷三)这段论述抒发心中块垒痛快淋漓,同时也表现出对旧教条的反叛。陈子思更直接把矛头指向温柔敦厚的诗教教条,指出:"自儒者之言出,而小人的文章杀人也日益甚。"(《陈忠裕全集》卷21)贺贻孙提出诗歌像天地间雄风,要怒而激,"吹沙走石,掣雷走电。"这些论述都给儒家教条以极大冲击,并预兆着新时代文学艺术的新价值取向。

传统艺术的第三个特征是重表现,重神似,特别推重虚静空灵、超逸恬淡、物我融合的天人合一境界。这个特征深受老庄哲学的影响,而与前两个特征互补,构成中国传统艺术的主流。恰如儒道互补,构成中国传统文化和思想的主流。不过在整个文化系统中,老庄只是补充,但在艺术中影响却不亚于儒家,也许还更大些。因此儒家主要提供一些价值理念,从外部规范艺术的发展,而老庄更多是从内部提供了艺术创造和审美活动的独特境界和基本原则。

老子的原则是自然无为、虚静空灵。所谓"道可道,非常道,名可名,非常名。玄之又玄,众妙之门"。里面的奥妙与人生境界不可言传,只能靠自己当下把握和领悟。正所谓"道之为物,恍恍惚惚,惚兮恍兮,其中有象;恍兮惚兮,其中有物。"庄子"天地有大美而不言";"天地与我并生,而万物与我合一。"并向往"乘天地之正,而御六气之辨,以游无穷。"即向往一种齐物我、泯生死,融万物为一的绝对自由的境界,从而实现对主体与客体、感性与理性、人与自然分裂的超越,即天人合一。这种天人合一的境界确实说不完、道不尽,充满神秘的意味。老庄哲学,经过魏晋玄学,对中国传统艺术的理论与实践产生了深远的影响。当然其中也有儒家理论的作用,如孟子"万物皆备于我","吾善养浩然之气"学说也有相当影响。

从艺术理论看,中国画讲究气韵生动、传神写照,诗强调"言有尽而意无尽","不着一字,尽得风流","羚羊挂角,无迹可寻"。所谓"此中有真意,欲辩已忘言。"(陶渊明)"自然灵气,恍惚而来,不思而至。怪怪奇奇,不可名状。"书法要"仰观宇宙之大,俯察品类之盛",以一管之笔,拟太虚之体(王微)。总之,画什么,写什么,都要胸罗宇宙,思接千古,上接天,下着地,表现整个世界的气韵、生命和生机,蕴含深沉的宇宙感与人生感。"登山则情满于山,观海则意溢于海。"(刘勰《文心雕龙》)艺术家在静观对象的同时以主观的情感旁及万物乃至世界,从而实现天人合一。纵观南北朝以后的中国美学史,思想境界和艺术范畴都离不开此路子,如刘勰强调"风骨"、"隐秀"、"神思";孙过庭"同自然之妙有";荆浩"度物象而取其真";张璪"外师造化,中得心源";张彦"凝神遐想,妙悟自然,物我两忘,离形去智。"司云图《二十四诗品》更提出一整套范畴,如"真体内充"、"返虚入深"、"妙机其微"、"生气妙出"以及雄浑、冲沉、沉炼、劲健、飘逸、旷达、超诣、委曲、清奇等,所有这些都充溢着虚静超逸之美,即所谓天人合一。具体如何,只能靠个体当下感受和领悟。因此中国美学的境界有着神秘的色彩,难以言喻,艺术是表现型的而不是再现型的。

从艺术实践来看,中国诗画,特别山水画确实创造了特有的空灵静谧、超逸恬淡的审美境界。中国画以山水为主,或峰峦叠嶂、苍松怪石;或林木葱茏、曲径通幽;或云烟明灭、水波粼粼;或小桥流水、斜阳古道以及松、竹、梅、鹤等,皆强调气韵与神似,强调远观其势、虚空相间、意境高远,并且意在象外,不看重形似。也很少有人物画;即使有,也主要表现超逸洒脱的风采。北京黄休复评画把逸品作为最高,位于神品、妙品、能品之上,因为逸品"得以自然,莫可楷模"。诗歌受推崇的也是这种境界。"千山鸟飞绝,万径人踪灭,孤舟蓑笠翁,独钓寒江雪。"(柳宗元)多么静谧的世界,多么静谧的人生!诗中有画,画中有情,人与世界融为一体。陶渊明的诗更受到历来文人的推崇。"采菊东篱下,悠然见南山。"人生、自然、艺术和谐统一,人间的所有烦恼皆抛脑后,真是中国文人称羡的极致。当然是退隐山林的文人,不是那些官场得意的文人。官场上的人主要想的是功名利禄的外王之道,闲情逸致即使有也少了许多。

总之,中国诗与中国画艺术提供了一个虚静飘逸的奇特境界,其蕴藏的底蕴永远也探究不尽。它确实能够陶冶人的情操,净化人的心灵,美化人的生活,使人与周遭环境和谐相处。这种境界正是西方所缺少的,但仅局限于此就太狭隘了。人生不可能总是虚静空灵恬淡,总是有冲突矛盾、欢乐痛苦、大起大落、心灵激荡的一面,有热情、希望和理想及对理想的追求,也许这一面更能体现人之为人的性格与生命力。美也不皆在于自然。人生中还有很多东西值得歌咏与描绘,人体也许更美。自然的地位过高,人的地位就相应低了。人不应是自然的附属物,而应是主宰,是创造者。人应该成为艺术的中心,因为艺术本质上是属人的。中国古代文人所欣赏的虚静恬淡的境界实际上多是那些失意的封建士大夫知识分子退隐生活的理想、也是静观和慢节奏的农业文明自然境界田园生活的理想化。如果没有辛勤劳动,南山采菊远不可能那么"悠然","虚静恬淡"不可能当饭吃。如果强行泯灭自己的理智与情感,回归自然,"堕肢体,黜聪明,离形去知,同于大道"(《庄子大宗师》)。人性、生命力和创造力以及文化就没有了,即使入乎其内,还能出乎其外,反观自然,但没有热情,没有希望,没有创造力的勃发与心灵的颤动,没有理想、希望与追求,生活中最美好最激动人心的东西就没有了。

上面关于中国传统艺术的特征特别是局限与弱点谈了不少,主要因为现在仍有人拿诗教这一套来诠释艺术。艺术发展有自身的规律。极左思潮强行用政治教条约束文艺的发展,使文艺沦为政治的附属物,特别是"文革"十年浩劫给文艺发展造成很大伤害,致使我们很多年没有产生与我们民族相匹配的伟大作品。记得几年前报载一位读者写信给曹禺,说他以前是大海,现在是涓涓小溪,作品缺少热情、生气与创造力。据说曹禺读信时热泪盈眶、不胜感慨。对此我们应引起注意。

另一方面,似也不能走向另一个极端,一味追求为艺术而艺术,忘记了艺术家、作家肩负的责任。近年来否认作家的社会责任感成为一种时髦,认为知识分子忧国忧民,自以为是"社会的良心",自任以天下之重是自作多情。玩艺术,玩人生的痞子文化却很流行。这似也不正常。不错,艺术归艺术,政治归政治;人各有志,一个人当然可以只喜欢艺术而不喜欢政治,甚至也可以不以天下为己任,不忧国忧民,只关心自己,只要不损人利己、违法缺德,都未尝不可。但不能因此否认文学艺术也有教化的功能,艺术家、作家难免会把自己的价值观渗入作品之中,从而影响社会,因此理应具有一定的社会责任。更不能一概否认忧患意识、社会责任感、以天下为己任精神的价值。否则,伟大与卑劣之间没有任何区别,我们历史文化中最激动人心的东西就没有了。这是大多数人所不能同意的。而且,如果每一个人都非常世故,不关心国家与民族的命运,那么这个民族就不可能有希望。所幸,存亡续绝、忧国忧民者总是代有其人。他们代代相承,构成了我们的民族魂。他们是我们民族振兴的希望所在,也是《诗经》、屈原以来的中国文学艺术走向繁荣的希望所在。

(原载《学海》1998年第3期)

孔孟的价值追求与历史悲剧

孔子(公元前551—前479年)是儒家学说的开创者,孟子(公元前385—前304年)是孔子学说的杰出继承者,两人同为思想文化界的巨人。他们的思想构成了中国文化的主流,渗透在社会生活的各个领域;渗透在每一个中国人的行为规范、心理结构中。

忧 患 意 识

徐复观与牟宗三先生认为中国文化起源于忧患意识[①],西方基督教文化起源于恐怖意识,印度佛教文化起源于苦业意识。忧患,所以悲天悯人,注意道德和生命;恐怖,所以崇拜上帝,摒弃现世,向往天国;苦业,所以看破红尘,四大皆空,人生无常,念佛念经而寻求解脱。因此,这三种感情同属宇宙悲情,但只有忧患意识是积极的、入世的,"恐怖"与"苦业"均消极,以出世为解脱。这个看法颇给人以启发。但我认为,中国文化之滥觞首先与敬畏意识有关,畏天、畏地、畏祖宗、畏上帝。卜筮就是畏的表现。周革殷命后,仍对天命畏惧不已,他们使天人相分,强调以德配天,再重新实现人与天的和解,即天人合一。以受天命来论证革命的合理性,同时又惟恐此戏重演,因此屡屡告诫子孙对天命要时时敬畏。可见,注重德和民归根到底还是出于"畏",而不是出于"忧

---

① 参见牟宗三《中国哲学的特质》,台湾学生书局1984年版,第16~23页。

患"。人类从野蛮社会向文明社会过渡难免要出现恐惧意识和原始宗教观念,应该说畏是普遍存在的,虽然原始敬畏主要是一种集体意识,与近代西方个体对无援无助状态的孤立感与恐惧不同。远古时期普遍存在的恐惧感经过一系列不同的社会历史演变,才在西方发展为一种同罪感意识联系在一起的恐怖意识,在印度发展为一种苦业意识,在中国发展为一种忧患意识,从而产生了基督教、佛教和儒家的学说。

忧患意识产生的前提是旧秩序的瓦解和个性的崛起,一些进步思想家如子产对远离人间的天道鬼神不感兴趣,而把注意力集中到人事,集中到救国救民上来。至孔子、孟子出,终于发展为一种集现实感、危机感、责任感和使命感于一身的忧患意识。

现实感即强烈的现实主义精神,它一方面表现在对虚无缥缈的鬼神不感兴趣,"未知生,焉知死?""未能事人,焉能事鬼?","子不语怪力乱神","六合之外,圣人存而不论"。另一方面,把注意力集中到人世;集中到人应该怎样做人,君应该怎样为君,臣应该怎样为臣;集中到抨击社会黑暗上。孟子激烈批评他的时代"庖有肥肉,厩有肥马,民有饥色,野有饿莩",称此为"率兽而食人"(《孟子·梁惠王》)。他说,孔子曾诅咒第一个做殉葬偶像的人该断子绝孙,对泥塑像尚且如此,怎能让百姓活活饿死呢?忧愤之情,溢于言表。

危机感来源于理想幻灭感。孔孟都有自己的价值理想,即仁、义、礼。孔子对周礼和周公之治十分赞赏,"周监乎二代,郁郁乎文哉!吾从周。"认为周礼是实现君像君、臣像臣、人际关系和谐和人天统一的最理想状态。孔子时周礼早已礼崩乐坏,天下滔滔尽是无道之事,因此孔子产生一种危机感,希望凭借自己的努力回天补天。但各国的当权者对此早已失去兴趣,孔子凭借自己的意志力"知其不可为而为之",因而他的忧患意识带有一种悲剧感。一次楚国的狂人接舆对孔子唱道,"凤兮凤兮!何德之衰?往者不可谏,来者犹可追,已而!今之从政者殆而!"(《论语·微子》)他的话可说是孔子境遇的真实写照。还有一次一个叫桀溺的农民说,像洪水一样坏东西到处都有,你们同谁去改革呢?孔子听了怅然若失,说,如果天下太平了,我就不会同你们一道从事改革了。孔子的改革与忧患,正出于这种危机感。

责任感与使命感是更高层次的自我意识。主体意识到自己身处历史潮流之中,意识到自己所处的继往开来的地位,认为自己应该并相信自己能够在社会上做一番事业,用孟子的话说,"天之生此民也,使先知觉后知,使先觉觉后觉也。予,天民之先觉者也;予将以斯道觉斯民也。非予觉之,而谁也?"(《孟子·万章》)这种先知先觉的意识是一种卑视百姓的贵族意识。孔孟事实上是非常轻视人民群众的,所谓"民可使由之,不可使知之","惟上智与下愚不移也","君子之德风,小人之德草",都暴露出孔孟的阶级优越感。但任何道理,确实很难一下子为世人所掌握,而需要一些鼓吹者。一旦鼓吹者以其强烈的使命感和事业心,认为自己将在历史上具有重要地位时,确实能以近乎宗教般的虔诚与热情干出一番大事业。即使历尽坎坷,也不屈不挠,无所畏惧,正所谓"天将降大任于斯人也,必先苦其心志,劳其筋骨,饿其体肤,空乏其身,行拂乱其所为,所以动心忍性,增益其所不能。人恒过,然后能改,困于心,衡于虑,而后作;征于色,发于声,而后喻。入则无法家拂士,出则无敌国外患者,国恒亡。然后知生于忧患而死于安乐也"(《孟子·告子》)。

忧患不是患一己的得失。对孔孟说来,君子坦荡荡,从不为一己的私事而忧虑,即使生乱世,居陋室,一箪食,一瓢饮,人不堪其忧,君子也不改其乐。但"君子有终身之忧"(《孟子·离娄》),忧自己的德行修养不如圣贤,忧百姓的生活不够安乐,忧尧、舜、禹、汤的理想没有实现。孔子说:"君子忧道不忧贫。"(《论语·卫灵公》)"德之不修,学之不讲,闻义不能徙,不善不能改,是吾忧也。"(《论语·述而》)孟子说:"君子有终身之忧,无一朝之患也。乃若所忧则有之:舜,人也;我,亦人也。舜为法于天下,可传于后世,我由未免为乡人也,是则可忧也。忧之如何?如舜而已矣。"(《孟子·离娄》)"乐民之乐者,民亦乐其乐;忧民之忧者,民亦忧其忧。乐以天下,忧以天下。"(《孟子·梁惠王》)忧国忧民之情,出自肺腑,感人至深! 忧患意识不仅是推动孔孟创论传道的强大动力,而且也成为中华民族精神的重要组成,从那以来无数志士仁人爱国忧民,虽赴汤蹈火也在所不辞,构成了代代相承的民族魂。

由亲亲以言仁　由尊尊以言义

　　孔孟的理想是周礼或周公之治。为了实现这一理想应从哪里着手呢?孔子抓住了周礼的核心原则:"亲亲"与"尊尊",并由此作了重大发挥和创造,从而提出两个最基本的价值原则:仁与义。

　　"仁"是孔子思想体系中最重要的范畴。它在孔子前已出现,但很少为人注意,《尚书》、《诗经》中无"仁"字。孟子说:"仁也者,人也。"何新认为仁的含义是"人人",即以人之道对待人。仁按孔子理解,最基本的含义是由亲亲以言仁,即把亲爱亲人作为仁的根本,然后由己及人,推至天下万民百姓以及天下万物。先孝父母,悌兄长,敬长辈,亲亲人,然后老吾老以及人之老,幼吾幼以及人之幼。孟子说:"亲亲而仁民,仁民而爱物。"(《孟子·尽心》)讲的就是这个意思。亲亲人是最要紧的,即使父亲犯了罪,子女也要为他隐罪,这才算"直";父亲若死了,儿子即使当天子也要把国家抛开三年,不问政事,一心守孝才算"孝"。

　　显然,由亲亲以言仁同古老的祖先崇拜、血缘关系的传统关系密切。这个传统在原始社会步入文明社会过程中从未受到致命冲击,反而在商代神祖合一,西周先王以德配天,敬天法祖和亲亲尊尊的观念中得到了强化。春秋时期随着生产力的发展和分封制、井田制的破坏,礼与宗法观念也受到很大冲击,社会面临着一个向何处去的问题,思想家纷纷对此作出解答。老子的回答是返朴归真,回到无知无欲的自然状态中;庄子向往主观上进入超越一切束缚的理想的逍遥状态;墨子主张兼爱、非攻、明鬼;法家把天下大治的希望寄托在掌握绝对权力的君王身上,普通百姓被视作刍狗草民;孔孟则在由亲亲以言仁、由尊尊以言义上下功夫。当时社会虽酝酿新变动,但并未产生出能冲垮血缘关系的力量,宗法贵族虽已衰微,但普通百姓的血缘观念和亲族意识反加强了,"姓"的出现和普遍化即是明证。显然孔孟学说既合传统,又合人心,其后成为中国文化主流不是偶然的。

仁的含义并不限于亲亲。若此,孔子就不成为"孔子",仁也就不成为"仁"了。仁的意义与价值更要向外透,体现到仁爱万民上,即仁者爱人。在此意义上的仁主要有两重含义,从否定的意义上讲,是"己所不欲,勿施于人"。自己不愿干的事情,不强迫别人去干。从肯定的意义上说,是"己欲立而立人,己欲达而达人"(《论语·雍世篇》),自己行事通达天道,也要别人这样。可见,仁的含义既积极又博大。儒家不像西方的许多哲人圣贤,只关心自己灵魂的得救,其他一切均不放心上。斯多葛派即使自己亲人遭遇不幸,也首先想想这件事是否会成为自己德行的障碍。奥古斯丁生当乱世,他的国家与民族正遭受蛮族入侵,他对国家安危、人民困苦关心的程度远不及他对一个少女保护童贞所表现出的关切,更不用说他自己的灵魂得救了。这种价值追求同儒家忧国忧民的意识比起来显然既狭隘又自私。这种自私只有同一种深深的罪感意识和灵肉紧张关系联系起来才能理解。儒家不患个人一己的得失与利欲,它只求人与人关系的和谐,以达到尽善尽美的境界,以此为终极目的,并愿为此贡献一生。但我们也不应忘记,儒家的爱是有差等的,首先爱亲人,然后再推及他人,推及天下。因此,杨朱讲为我,墨子讲兼爱,都被孟子痛斥为无父无君,是禽兽学说。这反映了儒家思想受制于血缘观念的局限性。在排斥异端方面,儒家向来是不遗余力的。

由尊尊以言义是儒家思想的一个极重要方面。本来,亲亲与尊尊在周礼里是紧紧结合在一起的。到春秋战国时期,由于贵族的衰微和宗法之网的松弛,君主力量反强大起来。这是当时历史发展的一个大特点,表征着未来中国两千年历史发展的大方向:绝对君权制。

这种大一统绝对君权制非常需要周礼的亲亲、尊尊原则来强化,这样才可能在中国文化中深深扎根而难以超越。显然,老子重自然,庄子重超逸,于专制集权无补;墨子讲兼爱,不能突出君主尊严;法家的法、术、势虽可助君主玩权术,搞独裁,甚至富国强兵,但难使专制制度"长治久安"。这个任务历史地落到儒家身上,虽然其本意并非如此,而是要克己复礼,回到古老的但理想化了的周公之治去。

人格理想与社会理想

孔孟都是理想主义者。他们信而好古,崇尚周礼,但着眼点还是想着老百姓将来能过好日子,不过他们认为周礼或仁义原则是实现理想的必然途径罢了。孔孟学说都是谈人的,探究应该怎样做人;同时也是谈社会的,因为,人的价值、尊严、责任、使命都在人际关系中显出。人际关系和谐即为理想的社会,为此境界而尽心尽力奋斗终生即为理想的个人。

这样的理想个人是一个有强烈的自我意识的道德主体,他集各种美德于一身。《论语》中有很多关于君子美德的论述,概而言之,他温良恭俭让、恭宽信敏惠,简直是个圣徒,是个道德人。远古先民只有敬畏的意识,西周后道德意识彰著,孔子集西周以来道德意识发展之大成,提出了系统的道德学说,从而大大突出了人的主体地位和意识。道德从来就是同主体能动活动和自觉选择联系在一起的。人意识到自己是个独立的存在,他面临的世界复杂多样,怎样行事也有多种可能性,他必须自己在其中作出选择,为此他意识到自己的追求和责任。人不能像动物那样浑浑噩噩,或只顾自己的私利,而应有更高的追求和理想,为此甚至不惜牺牲自己的生命。正是在此自觉选择和献身中,人显示了主体的尊严。中国文化自孔子起,这样一种道德主体意识就壁立千仞地建立起来了。

孔子说:"三军可以夺帅也,匹夫不可夺志也。"(《论语·子罕》)一个真正男子汉的人格与志向没有力量可以改变,大军压境、暴君严刑也改变不了,因为人格与志向属于人的内心自由,他有什么样的志向,完全是他自己的事。匹夫尚且如此,一个以仁为德的君子不更应如此么?孔子说:"为仁由己,而由人乎哉。"(实践仁义全靠自己,难道还要靠别人吗?)一个理想在胸、仁德在身的君子,即使居陋室,生乱世,"一箪食,一瓢饮,人不堪其忧",他也"不改其乐"。他所忧虑的只是国计民生、仁义之道这个根本。孔子并不一般的反对富贵,只是反对以不正当手段得之,反对为富不仁,亦反对贫而谄富,丧失气节。儒家也并不一般的反对享乐、主张禁欲,它只希望与民同乐。

孟子关于理想人格的论述更为精彩。他对孔子思想的发展主要表现在对主体能动性的阐述上。他说:"鱼,我所欲也,熊掌亦我所欲也;二者不可得兼,舍鱼而取熊掌者也。生亦我所欲也,义亦我所欲也;二者不可得兼,舍生而取义也。"孟子认为:如果人们热爱生命甚于一切,因而为了生存什么事都会干;人们最厌恶的就是死亡,所以一切能避死的方法都会去用。但人们有时却不愿贪生怕死,一箪食,一豆羹,得之则生,不得则死,带侮辱性地给他,走大路的人都不会要。万贯家财,"不辨礼义而受之,万钟于我何加焉?"(《孟子·告子下》)主体意识巍然挺立,充分显示了人性的光辉。

然而,这还不是主体能动性的极致。在孟子心目中,真正的理想人格是"居天下之广居,立天下之正位,行天下之大道;得志,与民由之;不得志,独行其道。富贵不能淫,贫贱不能移,威武不能屈,此之谓大丈夫。"(《孟子·滕文公》)这样的大丈夫,志向顶天立地,气节惊鬼泣神,心无畏惧,不卑不亢,其精神可使"顽夫廉,懦夫有立志","薄夫敦,鄙夫宽。奋乎百世之上,百世之下闻者莫不兴起也。"(《孟子·尽心》)

孟子自己正是这样身体力行的。他见梁惠王、齐王,高谈阔论,言词犀利,直指其短处,令他们大惊失色,或"顾左右而言他"。可惜,秦汉前后,随着大一统专制君主权力的加强,儒家知识分子这种"说大人则藐之"的气势不见了,而成为君权的奴婢,成为帝王任意利用、俯仰由人的工具,这是一个大悲剧。

社会理想同个人理想联系在一起,因为仁在于己欲立而立人,己欲达而达人,君主与大丈夫都应行天下之大道,达则兼济天下,穷则独善自身。然而,仁还不是孔子的最高理想,他的最高理想在于"圣"。一次子贡问孔子,如有博施于民而能济众者,能否称仁? 孔子说:"何事于仁! 必也圣乎! 尧舜其犹病诸!"(《论语·雍也》)意思是:博施于民而济众,让天下老百姓都过好日子,其境界高于一般的推己及人的"仁",而进入"圣"的最高境界,连尧舜尚未全做到。孔子曾称"惟天惟大,惟尧则之",连他自己尚未进入圣的境界,可见此境界在孔子心目中地位有多么高!因此,对博施于众的人,孔子就大为赞赏,即使他在其他方面有缺点。如曾佐齐桓公成霸业的管仲,在事桓公前曾事桓公兄弟公子纠,后来他们弟兄争王位,桓公先得手并杀死公子纠,当时公子纠手下一位叫召公的自杀殉主,管仲却转而做了桓公的宰相,后来才干了一番霸业。管仲这番经历自然使迷信忠君忠主观念的人不满,子路、子贡也先后在孔子面前批评此事,孔子回答说:"管仲相桓公,霸诸侯,一匡天下,民至今受其赐。"并赞赏道:"如其仁,如其仁。"在孔子看来,忠君自杀同博施于众相比不过是匹夫匹妇的小仁小义罢了。

孔子仁的学说也包含着内在的矛盾。他的人格理想与社会理想——亲亲与爱人、尊尊与爱民,有时并不一致。孔子在评价管仲时的立场是爱民重于忠君,在论述"子为父隐,直在其中"时则是孝父重于国法。这种矛盾到了孟子变得更尖锐起来。例如,曾有人向他提出一个道德上的难题,若舜为天子,皋陶为臣,舜父杀人。怎么办?这个问题确把儒家学说中包含的内在矛盾表述得非常突出。孟子的回答是:舜不会阻止皋陶把其父抓起来,因为皋陶这样做是对的;但另一方面他又认为舜应该偷偷背着父亲逃走,择一僻静处而居,乐以忘天下。按孟子的主张,孝父重于尽天子责任,为亲亲之情可置国家利益与百姓安危于不顾。

可另一方面,孟子又竭力称赞大禹为治水三过家门而不入。这显然又把天下利益置于家庭和一己亲亲之情上了。孟子自己也以继承尧舜之道自诩,"自任以天下之重","将以斯道觉斯民",要使天下百姓万民皆享受尧舜之道的好处,若有人没享受到,便仿佛是自己把他们推到沟里去的(《孟子·万章》)。这里不仅有博大的爱,而且有深刻的忧患意识,强烈的社会责任感和历史使命感。如果说,佛教与基督教的理想是在虚幻的天国彼岸,那么孔孟的理想就是在现实的人生此岸了。

天人合一

如前所述,春秋时礼制崩溃,天命观、宗法观随之淡薄,而注重人事人情。孔子的一部《论语》几乎全谈人,很少谈天。他对鬼神与命的问题的解释有明显的怀疑主义倾向和实用主义态度,如"祭神如神在"、"敬鬼神而远之"。这固然表现了主体意识的觉醒,但人总应有更高的追求和终极的关怀,把自己的有限生命同某种具有绝对意义的东西联系在一起,使行为获得一种超越的价值感和意义感。

孔子的思想反映了他那个时代的精神,即个性从鬼神天命的桎梏下解放出来。但孔子绝非不承认终极价值的存在,只管自己的行为处世。黑格尔把《论语》看成仅仅是一部道德箴言集,甚为轻视,他不了解中国式的超越与西方不同,是在内而不在外,就在现世的伦常日用道德践履之中,即天人合一。当然,这种超越到孟子才形成整个理论体系的基础和根本,成为宇宙论、本体论、价值论合一的学说。但孔子也并非没有。孔子整日恓恓惶惶,席不暇暖,四处游说,倾毕生精力宣扬仁义道德,克己复礼,肯定有他终极的价值关怀,自认为他的所作所为与天命天道有某种内在的联系,否则,产生不出如此强烈的责任感与使命感。一次宋国的司马桓魋要杀他,他逃走时还说:"天生德于予。""唯天唯大,唯尧则之。"这是对尧知天法天的赞赏。

天人合一学说到孟子彰著起来,他从人心人性推到天。他说:"尽其心者,知其性也,知其性,则知天。存其心,养其性,所以事天地。夭寿不二,修身以俟之,所以立命也。"(《孟子·尽心》)这是孟子关于天人合一的最重要的一段话。概而言之:尽心,知性,知天;存心,养性,事天;修身立命,即天人合一了。

为什么如此就是天人合一呢?

孟子认为,天体现在性上,性即人性。喜怒哀乐,人皆有之,人为天地所生,人性即天道,即天命。"天生烝民,有物有则,民之秉彝,好是懿德。"(《诗经·烝民》)这首诗是孟子十分喜欢引用的。据他说,孔子也很赞赏这首诗的作者深通天道。孟子进而认为性由心见,这个心不是动物之心,而是人之心,是人同此心,心同此理的心。人在这里是个类概念,即有能动性、道德意识、自由自觉自律,因而与动物有本质区别的人。人性是指这种属人的性,人心是指这种属人的心。由此心即见此性,见此性即知天命,知天命即天人合一了。人心、人性、天命,贯通为一,人与具有绝对意义的天也就获得统一。这就是儒家的心性本体论或宇宙论。

然而,孟子并不满足于如此抽象地贯通天人关系,他还使之具有道德的内容,具有他所宣扬的仁与义的内容。为此他提出了一个著名的人性善的人性论体系。他说:"恻隐之心,人皆有之;羞恶之心,人皆有之;辞让之心,人皆有之;是非之心,人皆有之。恻隐之心,仁也;羞恶之心,义也;辞让之心,礼也;是非之心,智也。"(《孟子·告子》)仁义礼智,不是外在的东西,是与生俱来的。如果人没有这种心性,那简直不能算人,而如同禽兽。他认为,"恻隐之心,仁之端也;羞恶之心,义之端也;辞让之心,礼之端也;是非之心,智之端也。"(《孟子·公孙丑》)人皆有此四端,就像人皆有四肢一样。有人认为自己不行,那是自暴自弃,贬损自己;若明确意识到这四端,扩而充之,就会如星火燎原,如江河汇海,外可以安定四海,治国平天下,内可以成圣成贤成君子。这样的圣贤君子,"所过者化,所存者神,上下与天地同流,岂曰小补哉。"(《孟子·尽心》)如此境界,可谓天人合一了。

孟子的理论有很多深刻之处,知是非、辨善恶的道德意识确是人的主体能动性的突出表现,也是人与动物的本质区别之一。很难想象,一个全然没有道德意识、只关心自己的私欲私利、浑浑噩噩、对任何人间的痛苦与灾难没有丝毫同情心的人,能在社会上生存立足。而一个具有强烈的道德主体意识的人,就能自觉自律,按自己的道德信念和价值理想行事,不畏艰难坎坷,为之付出一切也在所不惜。这样,他就超越了动物式的浑噩生活和品德卑下者的无耻,使自己成为一个自由的人,这就是道德主体的崇高所在。如果他认为自己所追求的理想与价值是具有绝对意义的东西,如孔孟的道、天命和仁义,或如耶稣所说:"我就是道,真理和生命",那么,主体更会产生一种同无限联系在一起的使命责任感、充实感和超越感,他就会以履行天职般的虔诚和热情去从事自己选择的事业。

当然,超越有两种,一是外在超越,主与客、灵与肉、人与上帝是分开的。人要超出自身的有限,就必须舍弃自身,例如耶稣上了十字架,牺牲自己的血肉之躯来实现道和绝对。但耶稣只有一个,普通人至多能成为圣徒,成为上帝钟爱的选民,不可能自身就是道,就是真理。但孔孟式的超越是内在的,尽心知性即知天,天性就在每个人心中,通过修身养性,成仁成义,每个人都可成为舜尧圣人,即每个人都可以与天地合一。至此境界,每个人都可说,我就是道,就是真理和生命。因此,在中国没有西方和印度式的宗教迷狂,"吾道自足,不假外求。"道就在伦常日用之中,"修身、养性、齐家、治国、平天下,皆是也"。

显然,以今天的眼光来看,孔孟的这种天人合一学说确有严重的缺陷,由于它在中国文化中具有的根远源长、举足轻重的地位,这些缺陷无疑也对整个中国文化乃至中国社会的发展产生了严重的消极影响。

第一,孔孟认为人的道德意识是与生俱来的,是天道天命的表现。其实,它们是在人们长期的社会实践中形成的,是人在社会实践中产生的主体能动性的历史的积淀。因此,任何价值观念都不是从来就有的,不应万古不易,而应随社会历史条件的变化而变化。孔孟所推崇的仁与义、德与礼、忠与孝,本质上不过是那个血缘关系。自然经济、专制集权占主导地位的封建社会的时代精神凝聚罢了。在孔孟的天人合一学说中却被视为一种先验存在的天道、天命,数千年以降,它固然也孕育了中华民族某些优秀传统精神,但同时也成为阻滞个人与社会创新发展的沉重的精神镣铐。

第二,人的主体性并不全通过道德来体现,人与天(世界)的统一也不是仅有道德这一方式。道德实践只是社会实践的一小部分。道德不能代替理性思维和科学,真是真,善是善;实有是实有,应然是应然,二者有联系,但毕竟不是一回事。天人合一是一种神秘的艺术式或宗教式语言,这种境界如果有也只能靠个体的直观领悟,不可言喻,不可分析。但天人合一学说却一股脑儿包容了人与天（世界）的所有关系、所有活动，把其他一切都排除在外，从而影响了科学、理性和实践、创造精神的发展。

重义轻利

一次孟子去见梁惠王，梁惠王说："您不辞千里远道而来，将有利于我的国家吗？"孟子说："何必要说利呢？只要有仁义就行了，如果上上下下都追逐利，国家就很危险了。人的欲望是没有止境的，有百辆兵车的大夫也想杀掉有千辆兵车的国君，讲仁义的人是不会遗弃父母和怠慢君主的，因此讲仁就行了，何必说利呢？"

孟子的这段流传千古的名论涉及到儒家的一个重要价值原则：重义轻利。重义轻利，孔子就有论述："君子喻于义，小人喻于利"，"君子怀德，小人怀土；君子怀刑，小人怀惠"等等。但把此倾向推到极端的是孟子。

重义轻利这个学说有其合理的一面，即突出了人的道德主体能动性。道德自律者的价值追求高于那些孜孜于蝇头小利和一己私事的人，这一点是无可否认的。而且，孔孟并不一般的反对富贵与欲望，只是反对以不正当手段去获得。他们认为，天下无道时个人富且贵是耻辱，天下有道时不富不贵也是耻辱。孔子本人也"食不厌精，脍不厌细"。总之，儒家并不禁欲，但把重义轻利不仅作为一种道德伦理信条，而且作为一项具有普遍意义的政治、经济、生活准则，推广到各个领域，讳言利，取消利，其弊害就不言而喻了。事实上，道德价值的力量是有限的，经济利益总在起着更为根本的作用。孔子时，已是天下熙熙，皆为利来；天下攘攘，皆为利往。孟子不言利，只言义的理想只能是空想。它在战国勃勃生长的经济军事力量面前注定要打败仗，而最后结束群雄纷争混战局面，统一中国的是寡仁少义、狠如虎狼的秦始皇与法家。这不啻是对儒家信条的最大嘲弄。

当然，法家并未成为历史上的胜利者。重血缘、重人伦、重道德、重义轻利的儒家学说一统中华数千年,深深渗透在中国传统文化中,溶化在炎黄子孙的血液里。

首先,它在儒家士大夫和知识分子中造成了一种价值取向,以言利为耻,只关心个人的修身养性、齐家治国、辅助君主平天下,亦即内圣外王。生产、功利、科学、经验皆不在视野之内。儒家知识分子从小就受到这样的教育,读书做官,致君尧舜上,只关心道德文章,其他一概视为卑下之业,只有小人才去干,君子不屑一顾。如果官场不得意或屡试不第,他们或者遁入山林,洁身自好;或者隐居田园,怡情养性,注重个人独善其身。如果因种种机遇学会了琴棋书画或其他技艺,而未能在仕途有番作为,一个虔诚的儒家信徒就会有深深的犯罪感和失职感,他认为所操之术不过是雕虫小技,非经世济民之术。即使有个别知识分子走火入魔,坠入科技领域的旁门左道,有所发现,社会也不予重视。因为它们无助于道德与仁义,而任其自生自灭,形不成系统的发展。就一个社会来说,其优秀分子和精英们的价值取向影响至大。若他们的精力、智慧和注意力都放在仁义忠孝、内圣外王上,而不关心科学、功利和经验、生产,很难想象这些领域会有引人注目的创新和发展。

其次,从整个社会的范围来看,重义轻利的价值取向严重阻滞了商品生产的发展。基于轻视生产与经验的价值观,商品经济被贬为末流,主张重本抑末。因而对商品生产的发展既造成了心理上的障碍,更造成了政策上的障碍。这同西方中世纪后期促使商品经济合理化的新教伦理恰成鲜明对照。当然,商品经济的合理化更要有所有制的保证,即财产与权利不得受侵犯,这样,个人才有积极性去从事积累财富的活动。我们的专制王权过于强大,血缘关系与宗法伦理又渗透一切,根本无个人权利可言,何况在"重义轻利"的千仞壁垒下,从商被打入末流,社会压根不存在商品经济充分发展的土壤!

民贵君轻

民本思想在孟子以前已流行,赶走暴君的事也出了不少,但到孟子时才理论化和系统化。孟子的名言是"民为贵,社稷次之,君为轻"(《孟子·尽心》)。一次齐宣王问孟子公卿之事,孟子说,卿有两种,一是王族之卿,二是非王族之卿,后者的责任是:"君有过则谏,反复之而不听,则去;"前者的责任是:"君有大过则谏,反复之而不听,则易位。"(《孟子·万章》)说得齐宣王勃然变色。由此可见,孟子心中还是有江山属君主家族所有的观念,遇到暴君,只能在王族中另择一人,但他敢当君主面说此事,胆量可谓够大的了。君权问题是个最敏感的问题,君主向来忌讳臣下议论。汉景帝时曾有两派儒生辩论:一派认为臣应永远忠君,即使君主昏暴无道;一派认为应对暴君进行讨伐,并以汉代秦、周代商为证。这显然是个两难的问题,若不主张臣应绝对忠君,君将来就有被赶下台的危险;若不主张讨伐暴君,自己祖宗取代暴君得来的天下岂不是名不正言不顺了。于是景帝下令不许讨论此事。以后随着专制集权日益加强,大臣与知识分子地位日见卑微,根本无人敢再提此事了。孟子时君主权力尚未有秦汉以后那样大,但也炙手可热,孟子的勇气也算得上了不起了。

还有一次,齐宣王问孟子,商汤放桀,武王伐商是以臣弑君,对吗?弑君在任何君主制下都属大逆不道之罪,齐宣王的提问很尖锐,可是孟子的回答更尖锐。他说:"闻诛一夫纣矣,未闻弑君也。"(《孟子·梁惠王》)孟子根本不把破坏仁义、涂炭生灵的君主看成君,而当作独夫民贼,人皆曰可杀。可见,在孟子心目中,民高于君,仁高于忠。这个思想与孔子称赞管仲不遵匹夫之仁而博施于民和济众完全一致。这种思想似乎不可谓不民主,但也不可谓真民主。因为,民贵君轻,诛暴君如诛独夫的思想与西方近代人民高于国王,并有权推翻暴君统治的精神虽相近,但近似不等于真是。西方说的人民高于国王,指人民有主权,有立法、参政和监督之权,这种权利是通过法律和政治制度来体现的。孟子说的民贵君轻是个抽象的观念,同法律、权利没有联系,实际主权在天,在君,不在民。君主通过受天命统治万民,受天命的标志就是拥有帝位,握有最高权力,关于权力是从祖宗那里继承而来,还是自己用暴力夺来那是另外一回事,只要他占有帝位,即可声称这是上帝恩宠和受天命。主权在君不在民,在于天和祖宗,因此民贵君轻思想没有实际约束力,虽然它代表了传统价值观中较有人民性的一面,即重视民心、民情、民意的一面,但却是虚幻的一面。

孔孟的悲剧与局限

孔孟一生都带有悲剧色彩。他们都生当旧秩序崩溃、新秩序产生的乱世,礼崩乐坏、民不聊生、诸王争霸是这个时代的特点。孔孟对此现象痛心疾首,他们以深刻的忧患意识和强烈的责任感、使命感去四处游说,希望各国的君主能行仁政,复周礼,认为这是救民于水火的唯一途径,然而他们却失败了。历史并未按他们的意愿发展,礼崩乐坏之后难以重建,君主们耽于享乐和争霸,并不采纳他们的主张。在他们死后,吞并诸雄的是崇尚法家、寡仁少义的秦,这正是他们的政治理想归于破灭的最突出标志。以孔孟的智慧与敏锐,实际已感到自己的学说主张难以实现。因此,极力推崇周礼、周公的孔子不得不感叹:"甚矣吾衰也!久矣吾不复梦见周公!"(《论语·述而》)"凤鸟不至,河不出图,吾已矣夫!"(《论语·子罕》)他所崇拜的周公一直不来与他相见,象征吉祥的凤凰与河图也未出现,他这一生恐怕是完了。既然如此,他为什么还要恓恓惶惶,四处游说,吃尽白眼而不悔呢?他为什么不像自己在《论语》中提到的那些隐士如接舆、长沮、桀溺那样隐居呢?按他的主张:天下"有道则仕,无道则隐",他明知生于无道之世,为何却一直不愿隐退,相反对朝中之事时刻耿耿于怀,一心盼望得到君主际遇呢?概而言之,孔子是知其不可为而为之。正是在这里,显示出了一种深刻的悲剧精神。

正如黑格尔说的,悲剧是一种二律背反,冲突的双方都有自己的根据和理由,双方又不可调和,于是产生了悲剧的冲突。孔孟的理想与乱世的冲突显而易见,他们是在强烈的忧患意识与责任感促使下这样做的。退隐山林固然能怡情养性,独善其身,但人民生活于水火之中,于心何忍!孔孟深信,惟周礼能拯生民于乱世,因此他们怀着秉承天命的虔诚去尽自己的职责,游说诸王,推行自己的理想。"道之不行,已知之矣",但"知其不可为而为之"。这种为理想而献身的精神当千古不朽!他们功业虽未成,德与行俱在,长传人世,尽管后世毁誉不一,在中国历史上他们的人格的深远影响是无可否认的。

孔孟学说的历史命运更带有悲剧色彩。海内外不少学者认为,孔孟的学说是伟大、完美的,只是后来被封建统治者及御用文人歪曲篡改了,现在应正本清源,还其本来面目,以此作为中华民族文化的根。这种主张失之迂腐,带有一种怀旧的情绪和盲目的自尊,显然缺乏现实危机感。

笔者认为,以孔孟人格之伟大、智慧之卓越、胸怀之宽广、理想之崇高,不幸却把民族精神引向了亲亲尊尊、仁义忠孝的狭路,经过历代血缘宗法观念和大一统专制集权的强化,积淀内化在民族心理结构的集体意识乃至无意识之中,甚至成为20世纪80年代的今天阻滞我们民族与社会腾飞的无所不在的幽灵。这是儒家学说的最大历史悲剧!

春秋战国时期是我国历史上社会空前变动、生机勃发的时代,出现了一批强大的集权国家和君主,也出现了富有朝气和创新精神的士的阶层,改革者、思想家、政治家成批涌现,这本来是一个在社会发展进程上最有可能摆脱旧束缚,走向新路的时代。孔孟怀着秉承天命,救民于水火,求天下大同的崇高理想和献身精神,奋斗一生,垂典范于后世。然而,正是他们的学说泯灭了人们平等、自由、自主的意识,一切都消融在宗法血缘、纲常名教中。从而也阻滞了社会经济和政治发展过程的合理化。可以说,中华民族几千年文明史的全部光荣与全部苦难,概源于此!

关于儒家价值观念的长处与短处,前面已谈了不少,这里再扼要概括一下它的局限。

首先,它是泛道德主义的。这种泛道德主义同血缘关系、祖宗崇拜和忠君孝父原则联系在一起,并把这些原则扩展到政治、法律、宗教、哲学等各个领域,从而不利于这些领域的独立与合理化,不利于民主、自由、法治精神的生长,也使整个中国文化带有泛道德主义的色彩。一方面,它使应然局限于亲亲尊尊的狭隘含义;另一方面,又使之无限扩散成统御一切领域的一切原则。

儒家主张性善,认为人皆可为尧舜,即每个人都能成为道德上的圣人贤人。但人间并不是天国,人世间能成圣成贤的人即使有也极少,孔子自己也说过他"未见好德如好色者","君子之德风,小人之德草"。草是没有什么知觉和自由意志的,它倒向哪边取决于风的吹拂。风就是指孔孟这样的先知先觉者和位居高位的帝王将相,只有他们才有个性、自由意志和价值追求,于是德治变成了人治,要实现仁政和亲亲尊尊的宗法统治秩序就得假定帝王与当权者有无限的德、无限的圣明,因而也享有无限的权力。对于这样的无限者来说,除了虚无缥缈的天命和德以外,没什么东西限制他。但天命毕竟空洞虚幻,解释权也在至尊者手里,道德的作用又靠自律,完人既然很少,物质享受与擅权弄权又很有诱惑力,于是,昏君暴君层出不穷,这是完全可以理解的。在后世儒家的神化下,君为全社会的价值凝聚点,他的利益就是最高价值,他的意志就是最高的法,主权在民的民主观念、法治观念、自由的意识何由产生!

其次,它缺少一种理性主义精神,或者说,它有理性主义精神,但很狭隘。如前所述,理性主义主要表现在两个方面,一是纯粹理性,前提是主客体分离,主体再对客体和对象进行客观的观照。这种观照不是囫囵吞枣、主客不分的,而是对客体进行知性的分解,把握其本质与现象、形式与内容,或概括出理想类型(概念或理念),然后分析、比较、综合、演绎,推出公理的体系。这样既可使对象为我所用,又可满足主体的求知欲和好奇心。沿此方向发展,可产生发达的本体论、逻辑学;在一定条件下,可能引出近代科学来。儒家天人合一的特征与此迥异。主体与客体一开始就搅到一起,寻求一种主客不分、天人不分的境界。这是一种"万物皆备于我"的主观状态,"上下与天地同流","所过者化所存者神",天地人贯通在一起,很有点神秘主义的味道。个中味道究竟如何,别人也很难领会,主体也很难言传。"道可道,非常道;名可名,非常名。"道家天人合一的境界也是如此,不过少一些仁义道德色彩而已。这种境界,固然玄之又玄,但毕竟不能取代主体对客体的知性分解、理性认识和客观把握,不能代替对事物规律、本质和联系的认识。因此,沿此方向走,当然发展不出发达的理论科学、纯粹理性和逻辑出来。我国古代只有墨子和名家对思辨与逻辑有些兴趣,但他们的学说不是传统文化的主流,且包含着重大的缺陷,而天人合一学说从商时神祖合一、周时先祖以德配天受天命到孟子尽心知性知天都有一条线索贯穿,代表了中国文化的主流。

理性精神第二方面是实践理性,即合理地处理对象与事物(合理的估计、采用适当的方法与技术手段、创造性的活动),使之为我所用,因此既有功利的因素(对人有利)又有价值的因素(以人为目的,其他均是手段)。从道德伦理角度看儒家的实践理性精神很强,"正德利用厚生","修己以安百姓"。但显然是从亲亲以言仁,尊尊以言义的原则推出,划地为牢,严重束缚、制约了人们的客观认知验察事物的能力。后世儒家更将之神化,僵化,提出三纲五常。至此,儒家的实践理性精神已被捆死在忠君孝父的狭隘观念上。在对社会政治、经济、宗教和法以及统治者的观察认知上已全无"实践理性"可言。而在西方,人们远从古希腊时代开始就开始探讨什么样的社会形式才能培养具有权利与责任意识的最好的公民。梭伦与来库古(古斯巴达的立法者)都曾到国外考察许多国家的制度,目的是为他们的国家制定最合适的法律。这才是一种真正的实践理性精神。

第三,它影响了经济发展的合理化。这不仅表现在重义轻利的价值观使之不能形成发展商品经济所必须的重视生产与功利的经济伦理,而且表现在缺少独立的财产与权利意识,即缺少能有效保护财产与权利的合理的政治、法律制度和观念来推动经济发展的合理化,也表现在"不患寡而患不均"(《论语·季氏》)的绝对平均主义上,表现在因循守旧、敬祖法先王、恪守传统的心理素质和价值观念上。这些都是发展开放的合理化的商品经济的巨大障碍。在此价值氛围中,纵使能产生个别伟人、天才和科学家,产生少数精明强干的商人,也很难在整个社会范围内形成一股不可阻挡的推动经济发展合理化的力量。

第四,它在很大程度上束缚了人们个性的发展。上述儒家思想对民主与法治、理性精神以及经济合理化的束缚,可以综合地归结为对个性的束缚,因为社会发展归根结底是人的发展。儒家思想不是不讲人性、个性、人格和主体能动性,相反,把它们放在非常突出的地位。恻隐之心为仁之本,礼让之心为义之本,尽心知性知天,能动性不可谓不突出;杀身成仁,舍生取义,道济天下,仁爱万物,胸怀不可谓不博大,境界不可谓不崇高。可惜,它所关心的不是个性的发展、个人能力的发展和个人权利地位的肯定,而是以亲亲尊尊为原则的人际关系的和谐。前者只有在商品经济取代自然经济、契约关系取代血缘关系、法治取代人治的社会里才能生长。伯利克里推崇自由、平等、宽恕、勇敢的原则和丰富的个人生活;亚里士多德关心个人的完善和个人创造性能力的发挥;马克思在《共产党宣言》、《大纲》、《资本论》中把自由个性与人的创造性能力全面发展作为共产主义社会的基本原则,作为最大的生产力和最宝贵的财富,甚至作为"目的本身"。显然,伯里克利、亚里士多德、马克思都没有离开社会的发展来论个人,在这一点上,他们的思想是一脉相承的。儒家的人格理想则是道德人,个性主要是道德性,道德又主要同亲亲尊尊原则相联系,个性的发展远没有道德原则的实现和宗法血缘、亲亲尊尊的人际关系和谐重要,前者是手段,后者才是目的。可以说,在中国数千年漫长的历史发展中不曾改变过这个基本价值取向,因此个性意识不彰著,权利观念不发展,能力的领域也一片荒凉,这是我国历史长期停滞的根。

(原载《中华文化月刊》1993年第10期)

罪感与救赎

——基督教的基本精神及其嬗变

罪感意识是基督教的基本精神,也是西方文化的重要特征。至少从基督教诞生以来,西方人就时常受罪感意识所缠绕,认为人生来就有原罪,因而在尘世受苦受难,还有死之威胁。他们一心想摆脱这种威胁,使灵魂获得救赎,生命获得永生,因而产生对天国的渴望与对上帝的追求。上帝与天国本属超验,是否存在不得而知,但西方人却在此追求过程中发展出灿烂的文明和现代化。为何西方人从人生负面入,反有尘世文明的发展?本文试从基督教罪感意识的产生、发展、演变及其与资本主义精神关系的角度对此问题作一分析。

罪感意识:灵魂与肉体的冲突

罪感意识在基督教那里有广狭两义,广义指一切人都生有原罪,这种原罪是从始祖亚当、夏娃那里继承来的,因为他们不听上帝的劝告,偷吃了善恶树上的智慧果,因而被罚下凡尘,连及子孙过有生有朽的生活。从此角度看罪是普遍存在的,无人能外。狭义指不信上帝之罪,主要指异教徒及道德败坏之事。本文主要从广义角度探讨。

基督教罪感意识主要有两大来源,直接地来自犹太教,间接地来自古希腊罗马灵肉分离的观念。如原罪说来自《旧约》,思想原是犹太人的,不过至基督教才变得彰著起来。这主要是保罗与奥古斯丁的贡献。

罪包括原罪,也包括那些违反律法、不信上帝、破坏人神之约及其他胡作非为之事。律法和"约"在犹太人那里指摩西当年在西奈山与耶和华所立之约；在基督徒看来则是耶稣舍弃自身，上十字架代人赎罪，以自己的鲜血与众信徒立约，凡相信他为上帝之子、代人赎罪，是真理、道路与生命者，在世界末日到来之时可免永劫之苦。

但人世间违约之事仍不断发生。对犹太人说来，行肉体割礼易，遵摩西十诫难，因为尘世生活极有诱惑力。对基督徒说来，尘世的享乐可以摒弃，但肉体欲望难以摆脱，即使他们离群索居，修道苦行，那植根于生命本体的本能冲动与色食之欲仍强大有力，折磨着他们的心灵。当年连圣徒边奈狄克特也受过肉欲诱惑。

可见所谓罪感意识，其实植根于古老的灵肉冲突，植根于人心中的价值理想与肉体感官欲望的冲突，一方面，人作为有自我意识和价值追求的主体知道自己应按理想与规范行事，另一方面感官欲望与生理需求仍强大有力，冲动时常能使人冲破束缚，把感性需求放在首位。但人的属灵的一面也不甘于被击败的地位，它必然利用主体的价值评价能力对人放纵肉体本能行为进行谴责与批评，从而造成人的内心冲突和精神痛苦，使人有一种沉重的犯罪感，明知价值理想、宗教戒律在，仍受感官欲望所驱使，干出那蝇营狗苟之事。对那些宗教感强的人说来，即使倾全力压抑住自己的本能冲动，但心中欲念仍无法摆脱，因而也觉得自己有罪。

的确，感官欲望，生理本能，与生俱来，普遍存在；饮食男女，人生之大欲，天地生之、父母传之，不可离弃，也无法离弃。这种根深蒂固的生理本能和生命冲动在基督徒眼里就成了原罪，而人对感官欲望既迷恋又畏惧的心情则是罪感意识的来源。

违反神律、神约是要受天谴神责的。全能的上帝洞察一切，定会惩治一切罪恶。这种惩治可能在尘世兑现，但更根本的是末日之审判。既然尘世充满罪恶，全能的上帝完全可以把世界毁掉再造一次，或只把心爱的选民接上天享福，其他人则打下地狱万劫不复。因而罪的观念又衍生出苦的观念、罪人观念、末日审判观念与拯救灵魂追求永生的救赎意识。

不过苦的学说非基督教所特有,它作为对社会与人生的否定性价值评价普遍存在于禁欲主义的宗教之中,特别在佛教那里具有更重要的地位。四谛之首是苦谛。人生皆苦,四大皆空,由此才有清心寡欲、出道修行以至涅槃的所有教义。不过佛教超越痛苦的道路与途径不一样,认为人只要摒弃一切声色享受,看破红尘,一心修道,即可出苦海、成正果,得道成佛。基督教则在人与神之间划了一个界,人是人,神是神,人永远不可能达到神一般的尊严。例如,人类从始祖那里继承下来的原罪谁也免不了,除非神才有这个力量。神是全能的,公义的和仁慈的。全能,意味着能施罚,也能收回,但神却不愿这样,因为背神之事应受惩罚,否则不合公义原则。但仁慈的上帝不愿看到人类无限期受苦。人类地位卑微,力量弱小,无力赎罪。为此他派爱子下凡,代人赎罪。上帝爱子乃无罪之身,并且是从真神而来的真神,只有他的牺牲才赎得了人类的深重罪恶。

赎罪的理论由来已久。《旧约》中有不少这方面的记载。犹太人常用牛羊作赎罪祭,仿佛这样就能堵住上帝的嘴,罪就得到赦免。基督教则宣扬基督以自己的生命为赎罪祭,承担人类的所有罪恶;只要相信基督,就能超沉沦,出苦海,获永生。如保罗在《罗马书》中所言:"如今那些在基督耶稣里的,就不是罪了。因为赐生命圣灵的律,在基督耶稣释放了我,使我脱离罪和死的律了。"

罪感意识后来在奥古斯丁《忏悔录》里有进一步发展。奥氏曾长期沉湎于情欲冲动,直到他皈依上帝。这时他回转过来,反省并忏悔自己的行为,深深的犯罪感萦绕在他的心头。他不能自已,自责不已,同时以带罪之身赞美上帝之伟大:

> 从我粪土般的肉欲中,从我勃发的青春中,吹起阵阵浓雾,笼罩并蒙蔽了我的心,以致分不清什么是晴朗的爱、什么是阴沉的情欲。二者混杂地燃烧着,把我软弱的青年时代拖到私欲的悬崖,拖

进罪恶的深渊。①

保罗·奥古斯丁的思想被基督教奉为正宗,罪感意识也成为基督教教义的核心。有罪才有罚,才有苦,才有死,也才有赎罪的欲望,有对永生的向往和对不朽的追求,也才进而显出耶稣代人赎罪之伟大,信耶稣为主之必要。对人类说来,只有摒弃现世、笃信基督,才有得救的希望。因此信仰耶稣,义无反顾,责无旁贷。基督教的基本精神正从此而来,这种精神统治欧洲人的心灵至少上千年。从此角度看,说西方文化为基督教文化,甚至罪感文化,并不为过。

救赎意识:对永生的渴求

救赎意识是罪感意识的又一面,这两方面一正一负,构成基督教精神的主干。罪是否定性因素,有了罪才有赎罪,才有拯救的希望和对永生的渴求。这种希望与渴求,是维系基督教信仰的深厚根源。

罪的否定是对人生和现世的否定。在基督教文献中,同罪感意识相联系的有一系列概念,如罚、苦、死、朽、世界末日、地狱、炼狱、魔鬼、邪恶、黑暗、肉欲等。同救赎意识相联系的正面观念有灵魂不朽、肉体复活、永生、幸福、天国、上帝、绝对、无限、至善、光明等。两个系列的观念相互对立,相互渗透,为基督教的生长与发展提供了丰富内容。

当然许多观念非基督教所特有,有些几乎为所有宗教所共有,如灵魂不朽,正义邪恶等。黑暗与光明的观念来自摩尼教,苦的观念在佛教那里更为突出。至善和幸福曾是古希腊思想家的追求。永生和不朽,更是所有宗教孜孜以求的目标。其实,不仅宗教界,它甚至也是整个人类根深蒂固的关怀。人作为有自我意识的主体,意识到自己与客体、与世界的区别,意识到自己对动物式浑噩生活的超越,意识到自己是个主

---

① 《忏悔录》,商务印书馆1989版,第25页。

体,能够自由、自觉、自律,自己立法自己遵守,追求真善美和绝对无限永恒,这样人就超越了前因后果的自然锁链,超越了动物式浑沌生活,成为一个自由的人。

可是人的主观能动性有其限度,在通常情况下感官需求仍是十分强大的力量,很大程度上决定着人的行为举止。但价值理想赫然还在,于是人们的心中产生灵与肉的冲突,每个人都在对立的两端备受煎熬,难以超越又渴望超越。

另一方面,人在与大自然的对抗中深感自己软弱无力,更何况还深受生老病死的折磨。死是不可抗拒的普遍法则,有生有死,无人得免,有自我意识的人明知这一点又无能为力,怎能不陷入极度恐惧与痛苦之中呢?于是产生对不死的向往与对永生的渴求。

所有这些给宗教的生长提供了肥壤沃土,宗教实际上是一种努力,人试图以带有神秘色彩的信仰、礼仪、巫术等活动实现与自己生活于其中的,具有绝对无限永恒意义的世界和谐统一。因此,宗教也是一种关怀,一种对终极的关怀。人不满于所处的孤立无助弱小状态,而试图同那有超越意义的东西,即与绝对无限永恒联系起来,从而获得一种依赖感。人觉得自己不再是一无旁依,而与世界联成一体,因而行动具有一种价值感。他自觉自愿用信仰来规范自己的行动,以此超越灵魂与肉体、有限与无限的分裂。人生的渺小与有限也就被扬弃了。天国的大门已洞开,无限和永生在向信徒招手,怎能不令善男信女信之若狂、趋之若鹜呢?由此不难理解奥古斯丁的论述:

> 永生是至善,永劫是极恶,而我的生活的目的,则在于求永生,避永劫。①

其实,宗教并不能真的提供不朽与永生,但肯定能提供对永恒和不

---

① 《忏悔录》,商务印书馆1989版,第25页。

朽的追求，而追求不朽，正是植根于人性深处根深蒂固的愿望和冲动。人作为有自我意识的存在物，不可能不意识到自身之有限，而向往无限与永恒，关心超越界的东西，凡夫不问，爱智者会问，否则人同动物差不多了。在宗教中，人有了终极的价值关怀，一切行动都有了特殊的意义，人似乎把握了无限、绝对和永恒。当然在唯物主义看来，宗教所把握的神之绝对、无限、永恒，实际上是物质世界之无限、绝对与永恒。

在摒弃现世、笃信上帝、向往彼岸、寻求永生方面，基督教与其他宗教并无实质区别，它的特点是用罪感意识与救赎意识把这些观念综合起来，从原罪说到基督代人赎罪、肉体复活、末日审判和天国永生，形成一个独特的宗教理论体系，宗教的负面因素（否定现世）与正面因素（寻求永生）都格外深了一层，出世感与宗教意识大大加强了。从此角度就不难理解为何像奥古斯丁、杰罗姆这样的一代圣贤在自己祖国遭受蛮族围攻危在旦夕之时对民族安危毫不关心，宁可关心处女童贞、婴儿受洗这类问题，同中国儒家修齐治平、内圣外王的价值取向相比，相差太远。原来尘世生活在他们心中充满罪恶，不值留恋，更不会为之斗争，他们全身心向往的是彼岸的幸福、天国的永生。

恰巧，基督教关于死后永生的许诺与此岸火山地震、战争动乱种种威胁结合到一起。这个倒霉透了的世界灾难频仍，似乎正在预示世界末日将临，加上信徒与教父的不懈努力，越来越多的人被基督教所征服。是啊，天国将近，谁不愿在肉体复活之时在天国拥有自己的位置呢？这个充满罪恶的世界注定要毁灭，对此，《圣经》已多次明示，届时只有得救的信徒才能喝生命水，获永生。于是一批批人涌向基督教寻找避难方舟。教会是信耶稣者的组织，也是圣灵的代表，充当"诺亚方舟"当之无愧也责无旁贷。教会势力今非昔比，从那时开始的欧洲一千年历史成为基督教凯歌行进的历史，也成为人们战战兢兢静候世界末日来临的历史。

一代又一代人过去了，基督亲临人世千年的许诺迟迟没有兑现，但许多信徒的盼望并不因此稍减，因为他们心中的灵肉冲突依然如故，仍时时希望耶稣能拯救他们出苦海，获永生。教会因此发了起来。它宣布自己是基督的代表,彼得的继承人,唯一能拯救大家出苦海的"诺亚方舟","教会外无救恩",只有靠教会才能得救。因此人们竞相到教会寻找避难所,心甘情愿把统御自己心灵的权力交给教会。教会也充分利用了这一点。它宣布只有自己才能施洗礼,做弥撒,让信徒在面包和水里吃到耶稣的血和肉,帮助信徒悔罪赎罪,以在来世或末日审判之时清清白白上天堂。

古代教会规定,教徒如犯重罪,必须在教会面前庄严举行赦罪仪式,当众悔改。中世纪则通行私下忏悔。公元789年查理大帝下令,凡有拯救灵魂责任的教士,均可听取本教区信徒忏悔。过去,赦罪方式是祈求上帝宽恕,到1200年前后变为教士庄严宣布:"我赦免你!"赦罪的效力随教士等级递增。主教在平时只能赦40天的罪,在奉献教堂时可赦一年的罪,教皇则可以赦免一切罪。

就这样,教会通过私下忏悔、赦罪、补赎等方式控制了所有教徒的心灵,宗教力量在中世纪常甚于世俗力量的奥秘正在这里。教皇因此发迹成为凌驾一切世俗力量之上的精神主宰。尽管他手下没有千军万马,但世俗君主却常拜倒在他的脚下,因为君主也担心死后进不了天国。如此看来,末日审判、天国迟迟没有到来,教会特别是教皇的收益最大。

嬗变:新教伦理与资本主义精神

中世纪后期,欧洲迅速地世俗化了。一方面,新兴城市文明如雨后春笋般兴起,市民阶层日益壮大,市民经济获得了长足的发展;另一方面,追求财富与享乐的市民伦理与人文精神也在兴起,文艺复兴运动就是这个精神勃兴的结果。在教会内部世俗化也在发展,特别是上层教士,由于权力与财富而迅速腐化。显然,社会酝酿着大的变化与转型,资本主义已呼之欲出了。

资本主义的诞生以商品经济的充分发展与合理化为前提。然而,经济发展的进一步合理化却有一个思想上的障碍,这就是基督教的罪感意识与禁欲主义价值观。基督教认为,现实生活充满罪恶,经商享乐、迷恋尘世都是有罪的行为,应予反对。显然这些观念阻碍着市民经济的进一步发展,应予清除、摒弃,至少应改造和更新。

也就是说,奠立于罪感意识之上的基督教禁欲主义并不绝对阻碍生产力的发展,在一定条件下对之加以改造也能使之成为促进的因素。问题在于如何改造和更新。意大利新兴城市的商人策略是不予理睬,只关心自己享福与赚钱,其他一切少烦心,即使死后有进炼狱的危险。本来经济活动有自己的规律与动力,这就是物质利益原则。商人丢开文化、宗教、哲学等形而上的东西,可照样赚钱享乐,甚至整个城市只关心赚钱赢利,也照样能够繁荣。从历史上看,并不是先有文艺复兴、宗教改革,后有市民经济和资本主义,而是相反。这说明经济是基础,是自在自为的因素,而不必依据其他。但虽不依据,也不能离开一定的精神与价值观,合理化本身即是一种精神与价值观。

更重要的,资本主义不是一个城市,甚至也不是许多个各自为政的城市,而是许多城市与地区内在联系的一个整体、一个运动、一个包括政治、思想、经济等全方位的社会有机体,如此才算真正的合理化,才可能产生真正的资本主义。

当然,中世纪后期的城市不是没有信仰。基督教仍是独一无二的宗教,教堂与教会各城市都有,但市民所为同教义提倡相差何止万里!对于虔诚的信徒说来,这种现象必然造成内心灵魂与肉体的紧张关系,肉体所为妨碍了灵魂的得救。一时赚钱诚然快活,但行动失去了价值感与意义感,又没有新的来填补,必然造成巨大的真空与混乱。意大利就是这方面最好的例子。意大利是个最少封建化的国家,也是对基督教最不敬重和市民经济最早萌生的国家。威尼斯、佛罗伦萨等城市多次与教皇对抗,甚至被全体破门,仍不思悔。充斥这个国家的就是缺乏道德感的混乱、唯利是图、贩卖奴隶、抢劫暗杀、争权夺利,除了复兴文化和发展艺术,几乎什么缺点都有。如此精神状态,能发展出繁荣的城市和培养独特的个性,甚至能产生文艺复兴,却很难将市民经济合理化再推进一步,产生成熟的资本主义。在德、英、法等国市民阶级中,道德状况要好一些,但灵肉关系却更紧张,迫切需要改革,代之以一种能肯定自己世俗活动,有助于灵肉统一,从而有助于人与上帝新和解的新型宗教,这就是16世纪在德国首兴的宗教改革运动的背景。

宗教改革因反对教廷1517年在德国进行赎罪券买卖而爆发。路德在维登堡教堂贴出《关于赎罪券效果的辩论》,即著名的95条论纲,主要思想是:(1)教会赎罪券只能赎去教会的惩罚,不能赎去上帝的惩罚;(2)真正悔悟的基督徒无需赎罪券即已得到上帝的宽恕;(3)真正的善功圣库是上帝的恩典,神圣的福音。在市民和大学生的支持下,路德进而提出"因信称义",每个教徒都可以理解《圣经》,教会也可能犯错误。

路德的理论不算很激进,在他之前的约翰·保尔、塔博尔派及稍后的闵采尔派都比他激进得多,但过于激进,离时代太远,反成空想。路德的理论切中时弊,一下子抓住时代的重大问题,即能在社会历史中掀起巨澜,整个欧洲都为之震撼了。

过去基督徒一直苦于灵肉分离,担心灵魂不能得救,个人与上帝不能统一。按传统教义,灵与肉、个人与上帝之间楔入一个教会,本来是很崇高的内心自由的事,却被一个外在力量所控制,人的自由就没有了。一切均交给教会支配,这个教会早已腐败堕落,人间的疾苦乃至个人内心的灵肉冲突却依然如故,甚至更尖锐了。因此路德的改革才得到广大群众特别是市民和大学生的热烈拥护。

路德的改革是理性主义的。初看起来,天主教理论更带有理性色彩,因为要主张人有自由意志,个人可经选择去恶从善,灵魂得救仰赖个人善功。路德则取消善功和人为赎罪所作的种种努力,后来的加尔文教更带有明显的命定论色彩,但实际上路德及后来的新教理论更突出人的理性地位。因为天主教中的善功与努力须借助于外在的教会,并通过一系列非理性活动实现,如行圣礼等各种折磨自己的禁欲活动,这些活动近似巫术,如面包与酒化成基督之身。路德把这些无用的东西一刀斩断,得救之路在于自己信仰,在于自己对《圣经》的理解。这些理论比起那些巫术毕竟更理性化了。

宗教改革是个人主义的,这也许是最重要的特点。过去救赎之权掌握在教会手里,广大信徒在灵肉分离的两端受煎熬,深恐被上帝遗弃,而在他们与上帝之间,还横亘着一个庞然大物——教会。现在路德清除了教会,人与上帝的关系一下打通,"上帝知道人心",信仰是自己的事,别人无权干涉,这使广大信徒多么高兴啊!

宗教改革还体现着一种自由平等的精神。自由这里主要指精神自由或信仰自由,既然人与上帝的关系被一下打通,一切外在权威与强制都变得不必要。信仰是自己的事,不能强制,有强制就没有自由,灵魂得救之事别人不能代替,唯有靠自己对上帝的信仰。

路德的学说产生了广泛的影响。路德以后,新教纷起,宗教改革成为一股不可遏止的浪潮,其中最有影响的是加尔文教派。加尔文像路德一样提倡"因信称义"和"信仰得救",但更加激进,主张人的得救与否由上帝前定,人们的世俗活动成功与否是自己是否得到恩宠的标志。韦伯曾引述他的教义:"人,由于堕入罪恶状态,已经丧失了一切追求任何随获得拯救而来的精神善德的意志能力。""按照上帝的判决,为了显示上帝的荣耀,天使和一些人命中先定永生,其他人则命中先定永亡。"①

如韦伯所言,这种理论是极端没有人性的,它唯一关心的是上帝,人类只是作为荣耀上帝的手段才有意义。人类也没有自由,因为每个人的命运都隐藏在既不能看透也不能随意探究的朦胧神秘之中。它必然会给那些有虔诚信仰的人带来前所未有的孤独感;他们一生道路早已前定了,谁也不能帮助他。

怎么办?靠自己,靠自己绝对的信仰,靠自己坚信已被选中,尘世生活的成功就是被选中的标志。而要实现尘世生活的成功,就要努力不懈地工作,勤奋刻苦,摒弃贪欲。因此,成功与合理的世俗活动成为上帝恩典的标志,成功本身就是荣耀上帝。于是,过去人们鄙夷的商业

---

① 《新教伦理与资本主义精神》,四川人民出版社1986年版,第80页。

活动具有了一种神圣感、价值感,同颂扬上帝、赞美上帝这个最崇高价值联系在一起。因此当事人能怀着一种虔诚的宗教心情把自己最普通最平凡的活动当作天职,兢兢业业、一丝不苟地去完成。灵与肉这对古老的矛盾在加尔文教学说中却获得了统一,尽管统一具有神秘的非理性和命定论形式。但正是这种形式在当时的条件下推动着人们去从事尘世的事业。商人一心一意经商,市民一心一意建设城市,科学家一心一意探索自然的奥秘,这一切都是在荣耀上帝,用不着担心来世的炼狱之苦。因此,近似严酷而无人性的加尔文教在许多地方很受欢迎。

要而言之,路德完成了人与上帝的和解,但人在他那里主要指人的灵魂,人还有属肉的一面,即世俗活动的一面,它如何与灵魂统一从而与上帝统一呢?路德未能作出圆满回答。到加尔文这里,上述两个方面获得了统一与和解。从此市民阶级能全身心去从事他们在人间的伟大事业。一种新型的资本主义精神诞生了。

首先,它表现为一种独特的责任感与天职观。赚钱、贪欲、唯利是图现象到处都有,这种东西不等于资本主义,更不是合理的资本主义经济伦理。意大利,这个充满财富欲和利己主义的国家,虽然最早产生发达的市民经济,但未能再向前跨上一步,发展出现代资本主义的生活生产方式,其中很重要一个原因就是缺少合理的经济伦理,缺少一种"良心"的观念。而商品经济本身是一种平等的契约关系,要形成一种合理的商品经济机制,必须形成一种约束当事人的经济伦理和价值规范,若各自不尊重规范就不可能使整个机制合理化。

新教把劳动、赚钱看作一种天职。天职即神赋使命,人因之具有一种责任感与使命感,去努力从事自己的工作。合理的计算,小心而有远见地追求经济上的成功,而不是通过损人利己实现这一切。贪欲和损人都是弃民行为,新教徒作为上帝选民通过自己的努力与奋斗获得经济上的成功,这样他的世俗活动具有了一种道德的宗教的意义,由此才能一往无前地从事自己的工作。

第二,合理的功利主义。功利主义追求什么时候都有,但合理的功利主义自新教始,合理不仅体现在追求功利的活动具有节欲,勤奋、守信、公正等传统美德上,更体现在能打会算实用理性上。

第三,合理的禁欲主义。基督教禁欲主义在新教中被改造和合理化了,不是折磨人的苦行,而是入世的自强不息的奋斗,最大限度地利用时间工作,利用金钱投资以取得事业成功,以此荣耀上帝,尽自己天职。因此,对新教徒说来,浪费时间,不仅愚蠢,而且有罪,人的一生无比短暂,应用来为"派他来的人行善",这就是人生的意义与价值所在。也许在今人看来,这样活一生毫无乐趣,人变成了单纯的工具。但我们看问题不能离开当时的历史条件,这种合理的禁欲主义在当时条件下,成为孕育市民经济向资本主义转变的必不可少的经济伦理,它造成了一种新的价值取向,推动成千上万的人献身于工作,献身于科学,献身于新兴市民经济的繁荣与发展,资本主义运动乃至近代化浪潮正在此过程中诞生!

由此可见,基督教罪感意识在市民经济的强大作用下发生变形,经宗教改革推动,嬗变为新教伦理与资本主义精神,这种伦理精神又转过来成为推动生产力发展和社会转型的巨大力量。我们今天也正值文化转型和建设市场经济的重要时期,搞现代化不一定非得经宗教的炼狱之火,但精神方面的支撑、整合和合理化是绝对必要的,从此角度看,了解基督教的基本精神及其嬗变在近代化过程中的巨大作用,无疑是十分有教益的。

(原载《江海学刊》1995年第6期)

机械决定论的困惑
——18世纪启蒙思想家的"必然"观

18世纪是机械唯物主义和决定论盛行的时代。机械决定论古代就有,但只有在这个时代才登峰造极,成为统御人思想的普遍精神和世界观,而且成为一种进步的力量,启蒙的力量,它帮助启蒙思想家摧枯拉朽,摧毁旧的目的论等级制神创世界的理论,而代之以一种重视规律、重视普遍,重视客观与利益,相信科学与理性,并对人类未来充满信心的新型世界观。这是18世纪法国的特殊历史条件使然。

所谓机械决定论指这样一种观点,它认为世界受一种抽象而普遍的规律或法则制约或决定,因此一切都注定如此,且恒久不变,有变化也是循环往复,周而复始。这样一种观点非常古老,也非常重要,因为世界观向来是协调人与世界关系的基本原则。

在古希腊,人们很早就受一种运命观的支配。这种运命或命运是不可抗拒的宿命,连大神宙斯都不能违反。这种运命观即决定论,带有宿命论色彩的决定论。奥尔弗斯教认为人束缚于永不休止的生死循环巨轮,这种循环也是一种宿命,奥尔弗斯信徒希望通过生命的净化和神合一来加以摆脱。毕达哥拉斯把生命的本质理解为神秘的数,这种神秘的数也是一种抽象普遍。逻各斯的学说也如此。米利都学派用具体形态的物质变化过程解释世界,如泰勒斯用水,赫拉克利特用火,阿那克西美尼用空气,气变成水,水变成土等。这样一种变化过程是非人格化和非神化的,类似于机械过程。柏拉图代之以神秘的目的论和理念论,但他的理念决定论仍带有宿命论色彩。

基督教主张神创世界、目的论与等级制、罪感与救赎说,这些当然同机械决定论大相径庭。但保罗与奥古斯丁都认为神意先定,且不可抗拒,不可捉摸,这也是一种决定论,神意决定论,带有神秘色彩。后来加尔文的神意决定论即是对此的继承和发展。总的说来,中世纪通行目的论等级制的宇宙观,世界万物等级森严,通行不同的法则,天上完美,地上缺陷,人间不如天堂,人又高于动物,动物高于植物,一切都体现神的目的。这样一种观点在笛卡尔那里受到重创。

笛卡尔是近代机械哲学的鼻祖,在他那里,精神与物质是分开的,分别通行不同的规律。在物质领域最基本的性质是运动和广延。当然上帝还存在,但他在创世之后即不问世事,世界万物按照他在创世之前赋予的不变法则运行,对此可从广延、运动、质量、时空角度进行把握。至于其他次要性质可以不予考虑。这样我们就可以从最抽象最普遍的角度把握世界,甚至可以用抽象数学公式来计算。他的名言是:"给我运动和广延,我就能构造出世界。"①这样的世界通行同样的规律,而不分天上地上,人间万物,日复一日,年复一年,周而复始,受同样的机械规律决定。于是旧的世界观被否定。

更致命的打击来自科学革命,特别是牛顿的万有引力学说,用动态的表量的可以用数学公式来计算,可以用实验来证明的力学理论来说明整个物质世界的运动,偌大的世界受极简单的定律支配,而这定律已完全被人把握。这个成就非常辉煌!"自然与自然律隐藏在黑暗中,上帝说要有牛顿,于是一切皆光明"的赞美声响起。当然牛顿的理论并非凭空自生,哥白尼、伽利略、开普勒、胡克等一系列响亮的名字对此都有贡献。但完成这一伟大综合的是牛顿,牛顿的观点在他的伟大著作序言中表述得非常明确:

> 我提出这部著作,作为哲学的数学原则,因为全部哲学的任务看起来就在于这一点——从种种运动现象来研究各种自然力,再

---

① 梅森《自然科学史》,上海译文出版社1980年版,第159页。

以这些力来表征其他现象;……我愿我们能用同样推理方法,从机械原则导出其余的自然现象,因为许多理由引我揣测这些现象可能都依赖于某某几种力,通过这些力,物体的粒子,由于一些迄今不明的原因,或被迫而互相趋近,内聚为有规则的形体,或被斥而彼此离开①。

牛顿谈到"揣测"、"迄今不明",可见他的态度还是谨慎的,据说他曾把自己比作在大海边戏耍而偶尔捡到几个贝壳的孩子,而大海还是那样汹涌澎湃、变幻莫测。但其他人就没那么谨慎了。随着科学革命的深入,牛顿关于引力随距离平方的反比变化的规律,逐渐被看作宇宙的根本规律,磁力、电力、光源与热源都服从平方反比律。于是普遍决定论在科学家和启蒙思想家那里普遍流行,其典型例证就是达朗贝弟子、科学家拉普拉斯的神圣计算者设想,这个计算者只要知道世界上一切物质在某一时刻的速度和位置,就能计算出过去和未来的一切。此设想一出,"拉普拉斯"成了绝对决定论的代名词。不过在社会上,机械决定论思想的流行主要得益于启蒙思想家的宣传。

起初,学术界重视的是笛卡尔的机械论。1699年笛卡尔主义者丰特列尔当选为巴黎科学院学会秘书,他使笛卡尔的影响在相当一段时间内骤增。就在这一年他写道:"几何学精神并不是和几何学紧紧捆在一起的,它也可以脱离几何学而转移到别的知识方面去。一部道德的,或者政治的,或者批评的著作,别的条件都一样,如果能按照几何学者的风格来写,就会写得好些。"②我们知道,斯宾诺莎的哲学名著《伦理学》就是以此风格写的,所有理论均以"公则"、"命题"、"证明"、"附释"的形式展开。斯宾诺莎本人即是一位决定论者,他的一个著名命题是:"自然中没有任何偶然的东西,反之一切事物都受神的本性的必然性所

---

① 《历史上的科学》,科学出版社1983年版,第276页。
② 梅森《自然科学史》,上海译文出版社1980年版,第272页。

决定而以一定方式存在和动作。"① 因此他认为应该用普遍的自然规律和法则去理解一切事物的性质。甚至仇恨、愤怒等情感也如其他事物一样出自自然的同一的必然性和力量,所以它们也有一定的原因,通过这些原因可以了解它们。

斯宾诺莎的论述具有古典的思辨的形式。更有力量的是牛顿学说的传播。在18世纪的法国传播最力的要数伏尔泰,当时一位学者写道:伟大的牛顿已被埋藏在那位勇于印刷他的著作的出版商的书铺子深处了,最后出现了伏尔泰,人们马上听说了牛顿,整个巴黎哄传着牛顿的名字。

霍尔巴赫对普遍决定特别是机械的物质决定论的宣传也很有名,在《自然的体系》中霍尔巴赫指出:"在宇宙中,一切都必然在秩序之中,一切都按照存在物的性质活动和运动;……在这个自然之中,没有偶然,没有属于意外的事物,也决没有没有充分原因的结果,一切原因都遵循着固定的、一定的法则而活动。"② 拉美特里在《心灵的自然史》中也指出:"物质本身就包含着这种使它活动的推动力,这种推动力乃是一切运动规律的直接原因。"③

然而,启蒙思想家不满于对普遍决定论的一般强调,他们的更大特点是把这种决定论推向社会,推向人类,不仅生理的人,而且包括精神的人。这样不仅使机械决定论更加彻底、更加典型,而且也从中引出一些重要结论。

把普遍决定论引向生理意义的人的典型是拉美特里,其代表作《人是机器》、《人是植物》即把此特征表现得更淋漓尽致。在《人是机器》中拉美特里写道:

> 这是一架多么聪明的机器!……比最完善的动物多几个齿

---

① 《伦理学》,商务印书馆1991年版,第29页。
② 《自然的体系》,第66页。
③ 《十八世纪法国哲学》,商务印书馆1963年版,第203页。

轮,再多几条弹簧,脑子和心脏的距离成比例地更接近一些,因此所接受的血液更充足一些,于是那个理性就产生了;难道还有什么别的不成?有一些不知道的原因,总是会产生出那种精致的,非常容易受损伤的良知来,会产生出那种羞恶之感来……总之,会产生出人们在这里所假定的一切差别。①

在《人是植物》中,人成了倒转的树木,树木的脑子就是根,肺是叶子,花片与花瓣类似于胳膊和腿,等等。这些比喻简直匪夷所思,但若从生物借助器官与外界交换信息与能量的抽象角度而言,肺与叶子确实具有可比性,但据此把人说成是植物还是有些牵强。

更多更重要的论述是有关人的思想观念、情感精神的解释。在戴上机械决定论有色眼镜的启蒙思想家看来,人的思想情感好恶和价值观,总之精神界的一切都可归结为感觉,归结为利害关系。人本能趋乐避苦,追求快乐,追求利欲的满足。这是决定人的精神的最重要力量。如伏尔泰所言:"任何一个人只要忠实地考量一下他理解时的全部经过,就会毫不费力地承认他的各种感官为他提供了他的一切观念。"②如卢梭所言:"我存在着,我有感官,我通过我的感官而有所感受。这就是打动我的心弦使我不能不接受的第一个真理。""现实的利益才是使人走得又稳又远的唯一的动力"③。爱尔维修指出:"人身上的一切都是感觉;因此肉体的感受性乃是人的需要、感情、社会性、观念、判断、意志、行动的原则。……人是一部机器,为肉体的感受性所发动,必须做肉体的感受性所执行的一切事情。"④霍尔巴赫也谈到,"我们的一切观念、意欲、活动,都是这个自然所赋予我们的本质和特性的必然产物,也

---

① 《十八世纪法国哲学》,商务印书馆1963年版,第263页。
② 《十八世纪法国哲学》,商务印书馆1963年版,第73页。
③ 《爱弥儿》,商务印书馆1978年版,第383页,第136页。
④ 《十八世纪法国哲学》,商务印书馆1963年版,第499页。

是自然强迫我们通过并且加以改善的那些环境的必然结果。"①

类似的论述还可举出许多,这里不再一一列举,关键是启蒙思想家从中引出许多重要结论。

第一,既然支配人性的是自然法则,趋乐避苦、追求感性快乐是人的自然习性,那么所有与此相对立的宗教信仰、神学观念、传统价值观和世界观以及专制制度、暴君统治统统都没有存在理由,而应坚决予以批判。

第二,既然人的习性是趋乐避苦,追求感性的快乐,追求利益的满足,那么人为自爱自保所结成的社会必须对人性加以限制或作合理的价值导引。人性本身无所谓善或恶,只有同社会同他人的利益联系起来,能促进社会利益和他人幸福的就是善,反之即为恶。价值导引或限制就是尽可能使人性向善的方向发展。由此产生合理的利己主义,起限制和导引作用的是理性、道德和法律,其中理性和道德是内在的限制,而法律是外在的强制。

第三,既然人是自然的产物,受制于自然法则,人的精神取决于人的生理心理,而人的生理心理又同他的健康状况,物质需求满足情况有关,那么就可以通过科学革命技术进步和社会发展来改善人的生理心理素质。

另一方面,人是环境的产物,或者说人受制于他所处的环境,这个环境既包括自然环境,也包括社会,因而要改变人性,使人类文明幸福,就必须改变环境,改造社会。孟德斯鸠《论法的精神》强调地理环境、气候与土壤对社会的影响,布丹也有这方面的论述。这也是一种物质决定论,环境决定论。当然孟德斯鸠同时也强调人类的勤劳和法律、理性的作用。伏尔泰就对孟德斯鸠的环境决定论不以为然。他更认为人是社会的产物,人性的改变只能诉诸于改造社会。霍尔巴赫也同意伏尔泰的观点,他认为这种改革是个长期的潜移默化的过程:"各族人民以及统治他们的首领的完备的文明,各国政府、风俗、恶习的如愿的改革,

---

① 《自然的体系》,第11页。

只能是若干世纪的工作,只能是人类精神继续不断努力的结果,只能是再三反复的社会实验的成品,凭着思想的力量,人们将会察知他们的各种苦难的原因,并投之以适当的药剂。"霍氏的论述很有代表性。

第四,要改造社会,关键在于教育,在于启蒙。既然人是环境的产物,特别是教育的产物,那么只要改变环境,建立良好的法律制度,让人民特别是青少年一代从小受到良好教育,学到科学,文化和知识,使他们更有理性,更文明,更善于控制自己的情感,也更有活动能力。这样人类的前景一定非常灿烂美好,因此启蒙思想家普遍重视教育和启蒙,重视传播科学文化知识,他们希望藉此来改善人性,改造社会。如爱尔维修在《论人的理智能力和教育》中指出:"我曾经把人身上的精神、美德和天才看成是教育的产物。这种看法……我认为永远真实……教育对于天才,对于个人的性格和民族的性格有意想不到的影响","要是我证明了人果然只是他的教育的产物,那就毫无疑问是向各国昭示了一项重大的真理。它们将会知道,自己手里掌握着强大和幸福的工具,要使自己幸福和强大,问题只在于改善教育的科学。"[1]狄德罗在《百科全书》中批评"一些人受了恶劣教育的腐蚀,沉溺于淫荡的行为,长期地养成了作恶的习惯,自然的习性受到了严重的败坏,理性被践踏在脚下"。[2] 霍尔巴赫也认为,"正是教育,在启发我们的真实的或错误的意见或观念时,就给了我们一些最初的冲动,我们是依照这些冲动才以有益或有害于自己或别人的方法来行动着"。[3]

卢梭的《爱弥儿》更为有名,他在该书主人公爱弥儿身上灌注了他的新人理想。新人在自然教育的氛围中成长,自然教育是服从自然法则,尽力让人的身心都得到自由而充分的发展。尽管卢梭本人不是一位好父亲,他把几个孩子都送进了育婴堂,他认为这是最好的处理方

---

[1] 《十八世纪法国哲学》,商务印书馆1963年版,第478页。
[2] 《十八世纪法国哲学》,商务印书馆1963年版,第426页。
[3] 《自然的体系》,第132页。

式。也许他太穷了,没有力量承担做父亲的责任,但许多穷苦家庭不照样骨肉团聚相依为命过正常的家庭生活吗?卢梭的辩解似难辞其咎,但他的教育思想在教育史上占有重要地位,这是无可否认的。

启蒙运动正是在教育改变世界的思想下展开的,启蒙思想家努力教育人民,传播知识,教化人心,端正风俗,推进人民幸福,把启蒙运动搞得生气勃勃。但正是在这里,启蒙思想家遇到了两难的困惑。

第一个困惑:究竟是意见支配世界还是世界支配意见?

按机械决定论观点,当然是世界支配意见,即人所处的环境和支配人的思想。但若一味只承认这种支配,那么人在环境面前永远无能为力,启蒙思想家的努力,包括教育、知识和启蒙也就没有意义。启蒙思想家当然不愿承认这些,所以他们又往往主张意见支配世界,即思想观念,教育能够影响社会,影响人性。因而他们投身启蒙运动,从事新思想新观念的宣传,企图塑造良好个性,从而推进社会进步与人类幸福,但是这样,他们的观点岂不自相矛盾?

启蒙思想家也觉察到这个矛盾,他们许多人也想解决这个矛盾,其中一个办法是在现实中找到一个开明的专制君主,从而能够超越这些矛盾,既能够支配社会制度又能够支配人类意见,进而把人类推向进步。普鲁士国王腓特烈大帝、俄国女皇叶卡特琳娜都是他们所寄予厚望的君主。他们中不少人也确实与这两位君主交往甚密,如伏尔泰与腓特烈、狄德罗与叶卡特琳娜。他们希望借助君主的力量改变社会。当然他们的希望大都落了空,他们的启蒙思想注定在民众中而不是在君主那里生根开花。事实上,腓特烈大帝本人对他们的观点也有严厉的批评,对于《自然的体系》,他说:

> 在作者罗列了全部证据,以表明人的全部活动是受一种宿命的必然性所支配的以后,他不得不得出这样的结论:我们只是一架机器,只是由一种盲目的力量所牵动的木偶,可是他接着来了个180°大转弯,突然爆发出一种反对牧师、政府和我们的整个教育体系的热情,他甚至认为,能够这样的人是自由的。与此同时,他又

竟然向他们证明他们只是奴隶！多么愚蠢，何等的胡言乱语！如果万物是由必然原因所推动的，那一切劝告、指教和赏罚岂不是既多余又无法解释了吗？与其如此，我们还不如向一棵橡树说教，说服它变成一株橘树呢！①

腓特烈的批评是切中要害的，这也正是启蒙思想家为之苦恼的地方。由此产生第二个困惑：

在铁一般的法则或机械决定论面前，人究竟有无自由？

在启蒙思想家机械决定论的世界是，只有广延、运动、时空，因果和普遍起作用的法则与必然性，这样一来，五光十色、丰富多彩的世界被归结为抽象与普遍，偶然性没有了，多样性也没有了，只有铁一般的法则与必然，这种法则既决定过去，也决定未来，那么人的能动性与自由何在？这使得启蒙思想蒙受到两方面的指责：世界缺少了丰富性，人没有了自由。

关于第一种指责，伯特曾有概括：

> 牛顿的权威丝毫不差地成为一种宇宙观的后盾。这种宇宙观认为人是一个庞大的数学体系的不相干的渺小旁观者（像一个关闭在暗室中的人那样），而这个体系的符合机械原理的有规则的运动，便构成了这个自然界。但丁与弥尔顿的富于光辉的浪漫主义情趣的宇宙，在人类想象力翱翔于时空之上时，对人类的想象力不曾有任何限制，现在都一扫而空了。空间与几何学领域变成一个东西了，时间与数的连续变成一个东西了。从前人们认为他们所居处的世界，是一个富有色、声、香，充满了喜乐、爱、美，到处表现出有目的的和谐与创造性的理想的世界，现在这个世界却被逼到生物大脑的小小角落里去了。而真正重要的外部世界则是一个

---

① 《启蒙哲学》，山东人民出版社1988年版，第68页。

冷、硬、无色、无声的沉死世界，一个量的世界，一个服从机械规律性，可用数学计算的运动的世界。具有人类直接感知的各种特性的世界，变成仅仅是外面那个无限的机器所造成的奇特而不重要的效果，在牛顿身上，解释得很含混的，没有理由再要求人们从哲学上给予严重考虑的笛卡尔的形而上学，终于打倒了亚里士多德主义，变成现代最主要的世界观。①

其实早在19世纪40年代马克思、恩格斯就有类似的批评：

> 感性失去了它的鲜明的色彩而变成了几何学家的抽象的感性。物理运动成为机械运动或数学运动的牺牲品；几何学被宣布为主要的科学。唯物主义变得敌视人了。为了在自己的领域内克服敌视人的、毫无血肉的精神，唯物主义只好抑制自己的情欲，当一个禁欲主义者，要变成理智的东西，同时以无情的彻底性来发展理智的一切结论。②

马恩这里主要是对霍布士的批评，但似也可用于18世纪的启蒙学者，不过对这些启蒙学者说来，机械运动并不排斥感性，哲学决定论并不妨碍他们在伦理领域主张趋乐避苦的人性论和幸福主义，也不妨碍他们在个人生活领域大胆追求感性快乐，即决不禁欲，这是必须指出的。

更多的批评与决定论取消人的自由有关。早在1709年，对牛顿《原理》极为不满的贝克莱主教就这样写道："在浏览自然界这部大书时，要求做到把每一特殊现象都精密无误地归结于普遍法则，或者说明

---

① 丹皮尔：《科学史》，商务印书馆1979年版，第249页。
② 《马克思恩格斯全集》第2卷，第164页。

一个特殊现象怎样从普遍法则引导出来,这好像是贬低心灵尊严的事。"①

像贝克莱这种基督教阵营的人对决定论持不同意见可以理解,但不少倾向于启蒙的人对此也持保留态度,如狂飙突进运动中的歌德在读过霍尔巴赫《自然的体系》后写道:

> 我们发现自己打开这本书时的期望受了骗。这本书宣称要提出一个自然体系,因为我们希望从它懂得一点自然界——我们所崇拜的偶像……但在这忧郁的、无神论的一片朦胧中,大地的景色和天空的星辰全消失了,使我们感到非常空虚和失望。剩下来的只是亘古以来就在运动中的物质,而且只要靠这种向左向右和一切方向的运动,而不需要任何别的东西,就可以产生出无穷尽的存在现象来……我们固然承认我们离开不了日夜区分,季节变换,气候影响,物质和生命条件等的必要因素;但我们内心里仍然感到有某种像是完全自由的意志,同时又有某种企图平衡这种自由的力量。②

歌德代表的是德国的传统,即重视理性和主体能力,前引腓特烈的话也体现了德国的传统。其实,法国启蒙思想家对此也充满困惑,特别是伏尔泰这样的思想大师,一方面从内心赞叹科学革命的力量,因而乐意宣传科学革命的成果,传播科学文化知识,希望藉此战胜迷信与蒙昧;另一方面,也看到如彻底坚持机械决定论将取消人的自由的困境,那么人为启蒙所作的种种努力也将无益。这是他同样不愿看到的。两难处境使他心中困惑不已,这在他的一些论述中可以看出来。如他在《愚昧的哲学家》中说:"如果全部自然界,一切行星,都要服从永恒的定律,而有一个小动物,五尺来高,都可以不把这些定律放在眼中,完全任

---

① 梅森《自然科学史》,上海译文出版社1980年版,第271页。
② 梅森《自然科学史》,上海译文出版社1980年版,第326、327页。

性地为所欲为,那就太奇怪了。"①丹皮尔据此批评伏尔泰忽视人生的意义,人的心灵的才性和自由意志本质问题,其实伏尔泰何等人物,焉能对此视而不见?在《哲学辞典》中我们看到他对地理决定论不满,并说自然界并非如牛顿证明得那样没有空隙。"现在的事情并不是过去一切事情的后果;这些事情有它们的直接线索;但是千万条细小的旁节支线对于他们一点什么作用也没有"②。更能表现他的内心深处思想的也许是信件,在给他的学生爱尔维修的一封信中他承认了他的思想困惑:

> 我向你承认,当我在这个迷宫里长期彷徨摸索之后,当我多次失去指路的线索之后,我终于得出了一个结论,社会的幸福要求人认为自己是自由的。我们完全以这些原则为指南,我觉得在实践中承认我们在思辨中抛弃的东西,仿佛是有些令人奇怪的。我的亲爱的朋友,我开始认为生活中的幸福比任何真理具有更多的意义,如果宿命论不幸成为正确的学说,那我也不喜欢这种严酷的真理。③

困惑着伏尔泰的矛盾是非常古老的矛盾:必然还是自由? 或者说,人在诸如规律、天命、法则、理念等各种决定论面前是否有意志的自由? 如果没有,人如何保持自己的内心尊严? 从德谟克利特、伊壁鸠鲁与柏拉图、斯多葛派的对立,到基督教内部奥古斯丁与佩拉鸠的冲突,以及笛卡尔心物二元论,无不贯穿这个矛盾。启蒙运动时代毕竟是科学革命精神凯歌行进的时代,也是传统的神学目的论等级制世界观走向瓦解的时代,启蒙思想家为宣传新思想反对旧传统难免不遗余力地宣传唯物主义决定论,宣传普遍与规律,即使它带有某种决定论色彩。好在

---

① 丹皮尔:《科学史》,商务印书馆1979年版,第280页。
② 《爱尔维修的哲学》商务印书馆1962年版,第10页。
③ 《哲学辞典》,商务印书馆1991年版,第314页。

他们在其他领域没有这么迂阔和僵化,在生活实践中照样采取灵活、现实和实用主义的态度。因此机械决定论并不妨碍他们在政治领域以同样的热情宣传自由与权利,在伦理领域提倡大胆追求感性的幸福,直到时光过去一个世纪人们才能冷静的审慎地发现牛顿学说的局限以及机械决定论的缺陷。也许,本世纪在相对论、量子力学、系统论和耗散结构理论基础上建立起来的统计决定论为我们提供了一个富有弹性和张力因而充满机会的宇宙,从而为协调必然与自由之间的紧张关系,为人类自由和能动性的发展提供了更大的空间和想象余地。

(原载《学海》1997年第4期,《人大复印资料》转载)

全球化与文化认同

全球化在今日世界已成为无远弗届的力量,可以说浩浩荡荡,不可阻挡。在学术界,全球化话题也成为一大热点,在其之上重叠了民族主义与普世主义、本土化与世界化、同质化与差异化、传统与现代以及后现代与后殖民主义、东方主义与西方主义、大众文化与精英文化等多重话语。与之联系在一起的是,文化认同也成为关注的焦点。"我是谁?我从哪里来,到何处去?"这个带有存在主义色彩的深刻哲学难题与两千多年前古希腊德尔斐神庙"认识你自己"的神秘箴言一起走进千家万户,成为许许多多人关心的话题。

概念之意蕴

全球化意识之萌芽可以追溯得很早。天下一家的世界主义思想也许可以追溯到古希腊,虽然比较零散,没有大的影响,思想火花,倏忽即逝,但在古罗马却产生了实实在在的影响。在文化上古罗马兼收并蓄,在法律上推行天下一统的万民法,至少后期如此。古代基督教推重上帝面前人人平等,大家都是主的孩子,也有天下一家的思想。文艺复兴时期的但丁可以说是一个世界主义者,"我走到哪里哪里就是我的国家"之名言据说出自但丁之口。但这种世界主义意识在斯时不过是个别思想家的孤鸿绝唱,只是到了启蒙运动时期才成为许多一流思想家的共识。如百科全书派决心为整个人类造福;康德 1784 年撰写《世界公民观点之下的普遍历史观点》;席勒在《审美教育书简》中向往能同一个多才多艺、有自由思想并愿献身于人类幸福的世界公民为伴,他作于1788年向往世界大同的《欢乐颂》被贝多芬吸收进"第九交响乐",从而插上音乐的翅膀,产生了震撼人心的力量;同一年维兰德阐述世界主义的含义:"世界主义者货真价实地叫做世界公民,因为他们认为,世界上所有的民族都是一个大家庭的许多支系,宇宙则是一个国家,各个民族和无数别的智能生物都是这个国家的公民,每人都按照自己的特点为自己的福利工作,并根据普遍的自然规律促进整体的完美。"[①]

当然,这些世界主义言论还停留在理论层面,但随之而来的法国大革命则努力把这些思想付诸实践。当时的革命者想成立全世界议会,并向全世界的专制暴君宣战,甚至真的向周边国家输出革命,态度之激进,超过现在的自由主义,只是后来屡屡受挫才作罢。

所有这些变化的大背景就是现代化。世界主义的意识随着现代化的兴起而兴起,甚至可以说是其固有的一部分,并伴随其发展而愈益发展。如所周知,现代化是一个运动,从历史的角度看,新型城市文明兴起是其经济先声,文艺复兴、宗教改革、启蒙运动为其完成了思想的准备,而科学革命、资产阶级革命和工业革命则为其奠定了科学技术的、政治的和经济的基础。从结构的角度看现代化,则包含了资本主义市场经济、工业化、城市化、科技革命和议会民主制等基本因子。无论从哪个角度看,开放、扩张是其基本的特点,因为资本的发展需要市场,需要原料,需要全球的经济连成一股活水。这就是马克思、恩格斯在《共产党宣言》中所说的市场总是在扩大,需求总是在增加。世界市场使商业、航海业和陆路交通得到了巨大的发展。这种发展又反过来促进了工业的扩展。

资产阶级,由于开拓了世界市场,使一切国家的生产和消费都

[①] [德]巴莱特等著:《德国启蒙运动时期的文化》,商务印书馆1990年版,第151页。

成为世界性的了。不管反动派怎样惋惜,资产阶级还是挖掉了工业脚下的民族基础。古老的民族工业被消灭了,并且每天都还在被消灭。它们被新的工业排挤掉了,新的工业的建立已经成为一切文明民族的生命攸关的问题;这些工业所加工的,已经不是本地的原料,而是来自极其遥远的地区的原料……过去那种地方的和民族的自给自足和闭关自守状态,被各民族的各方面的互相往来和各方面的互相依赖所代替了。物质的生产如此,精神的生产也是如此。①

马克思是公认的最早论述资本全球化趋势的大家,上面所引的这段名言用在今天仍十分贴切。具体说来,全球化首先是经济全球化,经济则包括生产、消费、流通等多方面,如世界市场、跨国公司、产业资本、商业资本和金融资本的国际化等。从更大范围看全球化则体现在政治、文化、科学技术、环境保护、防止核战威胁等方方面面,如互联网上的信息共享,化天涯为咫尺,使时空的概念发生了改变。还有生活方式的趋同和价值观念的相互影响:今天世界的大部分地区和城市,能够看到差不多同样的建筑,同样的服装和时尚,以及人们对现代化生活差不多同样的追求。在文化方面也到处都有现代传媒的巨大身影。

有意思的是,现代化作为推动全球化发展的力量也是促进民族意识增长的力量。上述构成现代化的那些因子说到底是在民族国家内并通过民族国家而发展的,当然它们也反过来促进了民族国家的强大和发展。这是一个互动的过程。现代化在到处产生趋同趋势和均质化的同时也在产生差异化,或刺激差异化因素的发展,无论从现代化先行国家还是从当代民族独立和解放运动风起云涌以及民族主义精神崛起的角度看均如此。这种崛起的民族主义精神从文化的角度看就是文化认同。文化认同,无论从群体还是个体角度抑或从政治、伦理、宗教、语

---

① 《马克思恩格斯选集》第1卷,人民出版社1972年版,第254~255页。

言、心理等不同方面看都是一种共享的经验或体验,亦即同社会脱不开干系。

时下关于文化认同有很多说法,不少含糊不清,其实在我看来认同是主体对自己身份、角色、地位和关系的一种定位,一种认识和把握,也可以说是一种自我意识。身份和认同在英语中原是一个词,即identity,文化认同(culture-identity)即文化身份,实即对自身文化身份和地位的一种自觉和把握。在汉语中"身份"与认同有细微的差别,当我们说"身份"的时候,是对所说对象角色、地位的一种客观描述和指称,而说"认同"的时候则更强调该对象对自身角色、地位、关系的一种自觉认识和肯定。

对象有时是个体有时是群体,但身份和角色只有在一定的社会关系中才存在,因此可以说文化认同是一种共享的经验或体验。有了这种关于身份角色的共享经验或体验,人的存在才有一种意义感,一种归属感,其生活与生命才会觉得充实而富有内容,我们汉语中所说的安身立命,即同此现象联系在一起。

文化认同表现在方方面面,政治、经济、伦理、宗教、语言和观念,举凡同人的活动有关的一切领域几乎都是文化的领域,因而都有个文化认同的问题。然而,远古时代人的自我意识并不突出,文化认同意识也不强烈。只有进入文明史以来人们才开始关注人生的意义和价值,关注文化的认同和肯定。当然,在社会生活较为安定的年代这方面的问题也不突出,只有在社会动荡酝酿转型的时期人们这方面的意识才变得彰显起来。"我是谁？我从哪里来,到何处去？""人生命的意义和价值何在？"这些问题既是哲学家千百年来冥思苦想的难题,也困扰着许多善于思考的普通人的心灵。"我知道什么？我应当做什么？我希望什么？"康德关于"人是什么"的三大问题也是文化认同的问题。

我们国家过去没有类似于近代西方的民族主义,但认同的意识还是有的。张汝伦先生说传统中国没有认同问题,这个说法我不同意。"夷夏之辨"就是文化认同,其中甚至还有血缘方面的因素。当然认同成为压倒性问题则是在东西文化碰撞特别是鸦片战争之后,西方列强倚仗洋枪洋炮，强行敲开我中华民族的大门。清廷孱弱，但这次失败不独是一个满清王朝的失败，更被有识之士视为开天辟地之巨变。民族危机的深重唤醒无数国人投身到变法图强、保种救国和争取实现现代化的斗争中。这场斗争至今仍在延续。

现代化既是推动全球化的因素，也是造成民族危机和促进民族认同的力量。类似的现象一个多世纪以来在现代化后行国家一现再现，屡试不爽。因为在当代世界，民族国家才是最重要的政治单位，一定的社会秩序和法律上的合法性，民族文化传统的传承和公民利益的保障必须以它为存在的前提才能够得以实现，否则认同也无从谈起。当然，全球化现象近20年来才有了突飞猛进的发展，文化认同对许多民族说来也日益重要甚至成为性命攸关的问题。全球化与文化认同就是在这样一种相互对立又相互依存的情境中发展的。

认同的危机

像现代化一样，全球化的伟大历史功绩不可否认。它冲破了地域的种族的等级的利益集团的和政治的宗教的习俗的种种传统枷锁，使生活在这个世界上的大多数人享受到人类文明的共同成果，如科技进步、工商业的发展、文化知识和新观念的传播、普及教育、政治民主、国际贸易与生产的国际化分工、资讯与信息共享等。但像现代化一样，这个过程绝不田园诗般浪漫，而是充满了剥削压迫、血与火及其他不合理的东西。也就是说，全球化是一个双向的不对等的过程。对现代化先行和发达国家来说，全球化是西方的经济、政治、文化和观念向世界各地凯歌行进的过程，但这个过程并不完全是和平的，相反，常常同军事霸权和经济上的剥削压迫联系在一起。对那些后行的欠发达国家来说则常常伴随着受压迫受剥削的命运。对那些发达国家来说资本国际化和向全球输出的目的不是为了慈善而是为了赢利。这种输出客观上有助于其他地方共享高科技所提供的便利，但它不是免费的午餐，而有相当代价，代价就是高额利润和经济政治的控制权。弱势民族最好的办法当然不是回避而是迎头赶上,其实大家都在一个星球,想回避也回避不了。但迎头赶上又谈何容易,这个过程必然是漫长的且伴随大量痛苦与不平等。

全球化过程对弱势民族的不平等还表现在政治、文化等方面,其典型表现就是霸权主义。在政治方面的霸权表现为强行把自己的制度或观念强加于弱势国家,不顾别国的主权和具体国情,干涉内政,并实行双重标准。最明显的例子就是以阿冲突与科索沃战争。

文化方面的霸权是西方发达国家利用自己的优势地位到处推行自己的思想、观念和生活方式。报纸、电影、电视、广告,还有互联网均是维护其文化霸权的强大武器。当然,媒体本身是中性的,只是载体和工具,但西方作为现代化先行国家在貌似平等的竞争中无疑具有强势的地位;更何况报刊影视传媒等本来就是他们的原创,电脑和互联网所使用的支撑平台和语言也是他们的,这场竞争很难做到真正平等。于是有了关于文化帝国主义和后殖民主义的文化批评,但这些批评所使用的语言仍是西式的,第三世界国家的文化说到底仍处边缘,而非中心。

对于这样一种不平等状况,西方国家可能除少数左派知识分子外均比较赞同,但弱势民族就不同了。处于风雨飘摇中的民族文化和民族国家在这现代化和全球化浪潮风起云涌、强势国家咄咄逼人的时代如何生存和发展?或者说,能否应对西方的强大挑战,自立自主自强并为繁荣民族文化乃至世界文化作出自己的贡献?还是被冲击得花果飘零、危机丛生甚至被西方文化所吞噬?对于个人说来其生命所维系的文化是否还有其存在的价值?如果有,文化的命脉和根何在,其现实生命力何在?如果没有,个人安身立命之处何在,人生的寄托与终极关怀何在?

所有这些都是文化认同的问题。当代世界的特点是全球化在迅速发展,文化认同意识也在迅速发展。绝大多数第三世界国家在肯定西方的科学技术、市场经济、工业化、城市化以及程度不同地认同自由、民主、平等的价值观之同时,都十分注意发展和认同自己本民族的文化。当然,本土的东西在许多方面与全球化或者说以西方强势文化为主要内容的全球化并不一致。当这种不一致涉及的是实用的和工具的层面如科学技术时比较容易解决,即认同现代化;但在涉及重要的价值观念、宗教信仰和政治、伦理基本理念时就不同了,民族的传统的因素就会起重要的有时甚至是决定性的作用。按道理全球化并不排斥差异化和多样化,相反,应该在多样化中丰富与发展。但这是理论上的情况,或理想的情况,这种情况显然是不可能的,过去不可能,现在不可能,将来也很难如此。因而不同文化间的冲突在所难免。由于苏联东欧的解体,过去带有意识形态色彩的两大阵营对抗和冷战局面已不复存在,有不同文化背景的民族对抗变得突出。

以上是从民族或群体的角度谈文化认同及其危机,这种危机在多数情况下会成为促进文化认同因素进一步发展的契机,当然有时也不尽然。其实个体的角度也一样,群体由个体所构成,没有个体无所谓群体。反过来说也一样,个体依靠对群体的认同而存在,"皮之不存,毛将焉附"? 民族文化提供了个体成长的文化氛围与精神家园,也提供了他赖以认同的价值理念和安身立命的东西。这样一种价值和文化如果出了问题,那么他就可能成为精神上和文化上无家可归的人。按照一个古老的观点,无家可归,死了以后会成为孤魂野鬼,这是远比有所皈依而死更为可怕的事情。无所适从的个人,没有精神上的追求和依托,没有自己认同的文化与价值,就像伊壁鸠鲁的原子,脱离了轨道,乱打乱撞,非出问题不可。当年陈寅恪挽自杀身亡的王国维先生云:"凡一种文化值衰落之时,为此文化所化之人,必感苦痛,其表现此文化之程度愈宏,则其所受之苦痛愈甚……近数十年来,自道光之际,迄于今日,社会经济之制度,以外族之侵迫,到剧疾之变迁;纲纪之说,不待外来学说之掊击,而已消沉沦丧于不知觉之间;虽有人焉,强聒而力持,亦终归于不可治疗之局。盖今日之赤县神州值数千年未有之巨劫奇变;劫尽变穷,则此文化精神所凝聚之人,安得不与之共命运而同尽!"① 陈寅恪先

---

① 《王国维学术经典集》(下卷),江西人民出版社 1997 年版,第 497 页。

生这段名言正是对文化认同所产生危机之现象的深刻剖析,王国维投湖可以说是一个极端的例子,其实陈寅恪自己也对此危机感同身受,因此才会有强烈的共鸣。

具体说来,我以为转型时期个人无所适从的困惑有这样一些方面:第一,道德感的缺乏或道德危机。过去中国号称"礼仪之邦",以仁义道德立国,非礼勿听,非礼勿视,禁锢虽多,社会却井然有序,但所有这些传统的人伦道德均随着外来文化的冲击而"消沉沦丧于不知觉之间"。近年来兴起的市场经济大潮更使许多人的行为失范,卖假药假酒贪污盗窃行贿受贿等不仁不义之事,多有报道,兹不赘述。第二,理想的式微。过去国人或看重修齐治平、内圣外王;或向往自由、民主、平等,尊崇德、赛二先生;或提倡公而忘私、集体主义,还有英雄主义的热情,但这些均随着市场经济的大潮而烟消云散,或至少被暂时遗忘,实用主义、实利主义、实惠主义精神抬头,还有推重消费与享乐的大众文化崛起,崇尚崇高的精英文化的衰落似也在印证着理想的失落。第三,异化与物化。异化指主客体关系的颠倒,主体创造出来的力量不为人所用,反而转过来成为支配人奴役人的力量,使人与世界的关系变得疏远甚至对立。物化指沉迷物欲,也指人对物的屈从。所有这些现象在工业化、都市化、市场化以及民族国家机器变得日益强大的过程中都能找到,因而人的困惑、异己感在所难免。第四,存在意义感的丧失。由于从传统到现代转型变化的节奏过快,工业化、城市化、市场化均使许多人不那么适应,从而容易产生失落感、异己感和价值上的困惑感。这种困惑感从更深层次上说是一种由文化认同危机所带来的生存焦虑和意义缺失。焦虑与缺失乃是因为过去心灵所系的文化命脉没有了或从根基处动摇了,所有的价值和意义都得重估或重新寻找,"我是谁? 我从哪里来,到何处去?""人生的意义与价值何在"等文化认同问题重新成为时代的问题,而且愈益突出,拷问着许许多多人的心灵。当然,有的人以浑浑噩噩犬儒主义或及时行乐对之,但在此情况下问题不过被遮蔽了,并未消除,对于认真思考的人来说敞开的心灵仍然深受意义感丧失的焦虑之煎熬。第五,信仰的丧失。现代社会许多人是无信仰,无终极价值的追求,也没有能够认同的安身立命的东西。囿于篇幅,不再详述。

危机之超越

现在关于全球化和民族化、世界化和本土化的争论很多,更早还有关于传统与现代、中化与西化的论争同样不可开交,许多争论者各执一端,但往往各谈各的,互不相让,似乎很难统一。但对我们民族来说为了长远的和根本的利益必须寻找一条道路超越这种对立,从而化解危机,为民族文化的振兴乃至世界文化的繁荣作出自己的贡献。

1. 价值尺度的选择。

那些赞成全球化和现代化的人往往批评认同民族传统文化的人过于保守,跟不上时代步伐和世界潮流,不能够与时俱进且眼光狭隘,没有世界的胸怀;而认同民族传统文化的人则批评前者是数典忘祖,没有文化上的根,是全盘西化,自毁长城。这些争论由来已久,可以说从中西文化碰撞迄今从未停止,只是表现形式和争论重点时有不同。争论双方都以自己的追求为最高价值,所以很难讲到一起去,其实不然。我们应该重新选择价值尺度,应该以人以及由人组成的社会、民族、国家为更高的价值,其他各种文化观念、价值追求、社会制度、生产与生活的方式与之相比都是手段,或只具有次一级的价值,只要符合我们的利益、能够促进文化繁荣社会进步都可以拿来所用。这样我们无论在理论方面还是在实践方面进行价值选择的时候都不要有什么顾虑和偏好,而应有开放的心灵和宽广的胸怀;也不必担心什么"中化"、"西化"和保守激进的帽子,因为它们都是服务于现实人的利益的手段。如果我们以这样一种心态和尺度来对待全球化和本土化问题,有十多亿人口和数千年文明史的中华民族必定会在融入全球化的同时实现民族文化的振兴与繁荣,并对世界文化的繁荣作出自己的贡献。

2. 在全球化与本土化、普世价值与民族优秀文化传统之间保持一定的张力。

要实现民族文化的繁荣乃至为世界文化作出自己的贡献,全球化与本土化、普世价值与民族优秀文化传统均不可或缺,不应以彼抑此或以此抑彼。例如,借口民族的特殊性而否定全球化的作用与某些普世价值的存在是不对的,反过来说也一样。不过时至今日持如此极端态度的人是越来越少了,可以说世界上大多数人都会赞成把它们统一起来,即争取实现双赢。问题在于如何实现统一。窃以为统一的关键也许在于协调它们的关系,并在两者之间保持一定的张力。

3. 一体与多样相辅相成。

这里所说的一体与多样有两层含义:一是指全球经济的一体化与政治、思想、文化、生活方式、价值观念和社会制度的多样性。世界经济已形成一股活水,任何民族都不可能置身于外,否则就会封闭落后乃至被历史所淘汰,而加入其中则能共享信息、技术等共同成果,即使为此付出代价也在所不惜,这个道理前面已经说过。但具体的道路、制度、途径、价值观念和生活方式则不能强求同一,也不可能同一。事实上,现代化先行国家如英、德、法、美走上现代化的道路也各各不一,更何况文化上差异更大的后行国家呢?而全球化的丰富性必然包含了民族文化的差异性和独特个性,我们通常说民族的也是世界的道理正在于此。亦即有了独特个性才能为世界所承认从而为世界文化的丰富多彩作出自己的贡献。否则,没有个性和差异,完全被别人所同化,失去自我,那才可悲。二是指普世价值的统一性与各民族文化和这些价值具体实现形式的多样性。我们都是人,我们承认有一些共性的东西和普遍认同的价值存在,如真、善、美、自由、平等、人道、正义、理性等,可以说这是普世价值,是整个人类文明的成果结晶,并非西方所独有。在西方也是近代以来才逐渐彰显,在此之前则被许多地域、血缘、传统、习俗的东西所遮蔽。但普世的东西过于普遍抽象,其在不同民族和文化中的表现必然具有不同的形式和特点。也许,这些不同的表现形式和特点正是一个民族之成为该民族和一种文化之成为该文化的关键所在。而世界文化也正是从这许多不同的形式和特点中获得丰富性的。因此,对走向21世纪的中华民族说来,既不要坐井观天、夜郎自大,也不要妄自菲薄,而应以民族利益乃至整个人类的利益为价值尺度,认同自己的优秀文化传统,同时以开放的心灵和宽广的胸怀把世界文明的成果同本民族优秀文化遗产结合起来,把普世的价值与多样性的民族特点结合起来,在现代化基础之上重建中华文化本体,从而为世界文化的繁荣作出自己的贡献。

(原载《江海学刊》2002年第5期)

全球化与民族主义

当代世界全球化浪潮风起云涌，民族主义也声势浩大。两个潮流相互对立且都方兴未艾，这是很有意思的现象。本文试对此现象作出概括分析，进而从现代化所包含的内在矛盾以及普遍与特殊对立的角度，揭示其产生的历史背景和思想渊源，并得出一些重要的结论。

对立的潮流

所谓全球化指全球经济政治文化诸方面一体化的趋势。民族主义则是民族意识的一种觉醒或民族对自身地位、权利和利益的一种自觉，也可以说是一种观念、精神或意识形态。从历史的角度看民族由来已久，但作为民族主义的民族自觉意识之获得却是比较晚近的事。对此后面再谈，这里先从全球化的种种表现谈起。

经济全球化或全球经济一体化。经济全球化包括国际贸易、世界市场、跨国公司、生产的国际分工，还有商业与金融资本的国际化等。所有这些超越国家和民族的经济活动，对当代社会生活均有不可磨灭的影响。今天的世界经济实际上已形成一股活水，没有哪个国家能完全置身于外，否则闭关锁国，死路一条。如就中国而言，今天一个普通农民可能关心大洋彼岸的天气和收成，一个工厂劳资双方的收入可能同几千公里以外的股票市场价格波动有着密切的关系。目前中国合资或外资企业有成千上万，世界500强大多数在此有自己的公司、分厂，即使是国有或民营企业生产的产品许多也通过外贸出口，也就是说国际关联度相当高。各大中城市的商场摆满了来自世界各地的产品,中国的产品同样运往世界各地,这是实体经济。在虚拟经济或国际金融中也同样有着非常紧密的关系。今天中国有很多人参与炒汇,而世界外汇市场上一天的交易量高达数万亿美元,超过许多国家的外汇储备总和。当然,其中多数是为了赚取汇差的投机活动,即有虚拟和泡沫,但这种虚拟和泡沫在某种程度上却是实现资金和资源的最佳配置所必需的。其实,不仅股票和外汇市场,整个经济全球化过程的意义在很大程度上也是如此,即在全球范围内促进资本和资源的合理流动及更佳配置。当然,这个过程对发达国家意味着更大空间的市场、原料和利润,而对欠发达国家也意味着有机会分享经济分工、世界贸易和现代化的成果。可见这个世界真是各得其所,两全其美。当然,在西方的新左派知识分子和第三世界的激进民族主义者看来就是另外一回事了。

无国界的科技与开放的互联网:科学技术的全球化。科学技术是现代化的内在组成要素,也是当代最重要的生产力。从历史的角度看,近代科学技术最初产生于现代化先行国家,即在16、17世纪英、法等国出现的科学革命与18世纪工业革命,后来遍及整个世界。现代化运动正是在它们的推动下风起云涌,并成为不可抗拒的历史潮流的。从哲学的和逻辑的角度看,科学技术实乃植根于人类具有普遍意义的工具理性,因此才有可能超越民族的地域的社会制度和宗教信仰的狭隘界限,为不同民族、国家和地区的人们所用。当然,科学的和理性的精神必须在一定的文化氛围中才能成长,19世纪以来我们现代化的道路举步维艰可以说同此不无关联。但在接下来的20世纪中科技革命高潮不断涌现,科学技术的威力也不断显现,人们已较容易跨越价值观的和意识形态的界限去认识和把握科学技术的巨大作用。特别对于现代化后行国家或经济不发达国家说来,努力去学习和掌握先进的科学技术,并分享科技进步所带来的诸多好处,可以说前景无限,在全球化和科学技术有了突飞猛进发展的当代更是如此。例如,家用电脑与信息传播技术的全球化,互联网化天涯为咫尺,整个世界真正联成一体,时空概念也发生了改变。当然天下没有免费的午餐,不发达国家引入先进的科学技术肯定要付出某些代价。这代价对发达国家说来就意味着利润，对不发达国家说来则意味着交学费，并以此指望以后可以少走弯路，甚至能够寻找机会迎头赶上。因此对民族国家说来，全球化以科学技术的全球化最受欢迎，但为之需付出多大代价还是未知之数。

全球村意识或生态环境保护方面的全球化。全球村意识除全球经济一体化与共享开放无国界的科学技术之意识外，还有这样几方面内容：环保意识，生态保护与平衡意识，争取和平、反对战争特别是防止核武器和生化武器威胁要求，还有信息与资源的共享，类意识或世界主义意识的加强等。生态与环境的保护已越来越受到人们的普遍关注。过去人们为了生存，为了赚钱，对大自然竭泽而渔，没想到它们也有被耗尽的一天，没料到到头来受到惩罚。污染的环境直接威胁人类的身体健康，生态与资源的破坏也在使人类痛苦。那些工业化先行国家首先发现这个问题，他们最初的反应和对策是把那些重度污染的工厂搬迁到不发达国家。后者由于资金的匮乏和技术的薄弱，一般无法拒绝国际工业资本涌入的诱惑，但接下来很快会发现付出了青山绿水不再的惨痛代价。我们毕竟生活在一个地球上，若许多第三世界国家的空气与水质受到污染，那么另一半球的人似也很难独善其身。于是许多有远见的人开始从全球的角度考虑生态环境保护的问题，"我们只有一个地球"的思想开始深入人心，显然在此方面需要全球的通力合作。还有战争与和平特别是防止核战争威胁以及生化武器等对人类生存环境的破坏均是全球性问题，也需要大家共同付出努力才行。显然，人类生存环境与生态保护的全球化，是唯一可以解决问题之道。

文化与生活方式的趋同化。目前世界各民族的文化丰富多样，并且与全球化的过程并行不悖。也就是说，多样性与全球化未必矛盾。相反，全球经济的一体化并不影响各民族文化的多样性，反而在此多样性中实现自己的丰富性，统一并不排斥多样。另一方面，世界各地人民的生活方式确实出现趋同的趋势，如服装，时尚，音乐，建筑，体育，铺天盖地的广告，方兴未艾的大众文化，声势日大的新闻传媒，还有透过所有这些所表现出来的对现代化生活的同样追求，均在表明我们不仅生活在同一个世界里，而且有许多共同之处，相互间理应很好相处。并且，天下一家的世界大同理想也似乎离我们越来越近。当然，全球化的批评者观点与此相反。

普世价值。各民族在文化方面各有自己的特点，价值观的差异也在所难免。但即使如此，我们仍然发现有一些共同的追求和普世价值为世界各族人民所认同，如真、善、美、自由、平等、人道、正义、理性等。这样一些普遍认同的普世价值与追求指导着我们的行为践履，并对与己有关的所有事物作出自己的价值评价。能够进行这种价值评价，是我们与其他生物的一个本质区别所在，而且也是我们相互间能够进行交流的一个基础和尺度。当然，在不同时代不同民族对这些普世价值的理解侧重点可能有所不同，但在今日一体化的全球经济和开放世界中，人们的共同点和相互理解之处越来越多，因而能够去除过去各种限制因素，抛弃以往的狭隘眼界，达成对普世价值的共同理解。也就是说全球化的过程促进了对普世价值的理解与把握，这种理解与把握又反过来促进全球化过程的展开，成为全球化的一个显著标志。

全球化的影响在当代世界无远弗届，但它同时仍受到民族主义潮流的强有力挑战，具体地说挑战至少表现在这样几个方面：

民族国家的复兴和民族意识的崛起。民族国家是民族主义精神兴起的最强大根源。它的兴起最早可以追溯到西方中世纪后期，当时英、法、德等王国逐渐强大起来，成为民族的象征并成为保护资本发展的力量。当然，后来民族主义的发展超越了王权的限制，而成为统御整个国家与社会的精神。但这里所说的民族国家复兴不仅指西方，而且包括东方。特别是一、二战以来，许多第三世界国家获得独立和解放，成为有完整主权的民族国家。这种有独立主权的民族国家无论在何处兴起，都成为推动民族意识崛起和民族主义发展的最强大力量。国家强制性权力和政府形式上的合法性，与广大国民对自己文化和群体的认同结合到一起，必然成为压倒性的力量。伯恩斯与拉尔夫在《世界文明史》中曾谈到民族主义是1830年到1914年影响西方世界历史的最强大的力量之一，其实1914年以后特别是二战结束以来的世界情况也是如此。因此,即使在当代世界遇到全球化的强大挑战,民族国家的某些权力受到一些限制,如WTO对政府的经济管理权的限制,但从根本上说其决定性地位仍难以摇撼。

经济壁垒和保护主义。民族主义在经济方面与全球化对抗的表现是经济壁垒和保护主义。全球化的利剑是市场,是价格,是自由贸易乃至自由主义。民族国家则注意维护自己的民族工业和生产者利益,倾向于对外来产品征以高额关税,将贸易壁垒高高筑起。但这种壁垒也不能过了头,否则就不能够参与分享全球化的好处。于是又有了对应的最惠国待遇和自由贸易区,有了关贸总协定的WTO以及相关的苦苦谈判,这就是全球化的力量。但这种力量并非在任何情况下都稳操胜券,事实上许多壁垒和限制仍不同程度地存在着。即使那些推崇自由主义的全球化强势国家,在事关自己利益之处也常常胳膊肘向里弯,把保护主义的法宝高高祭起。如美国最近援引第201条款对进口钢材征以高额关税,在全世界触犯众怒仍一意孤行。按理,这样做的国家没资格指责别人搞保护主义,但它却经常这样做,这是典型的双重标准。可见全球化的进程即使在经济方面和发达国家,也受到民族主义的强力干扰,胜利并非易事。

霸权主义、沙文主义和帝国主义。全球化常常同自由主义的口号联系在一起,看起来这个过程是非常公正和平等的,但实际上该过程是极不对等的。美欧等现代化先行国家是这个过程的最大受益者,因为它们随着经济的扩张需要市场,需要原料,需要廉价的劳动力;后行国家要想分享全球化的好处,就必须接受或至少在一定阶段内接受其控制和剥削。这样一种过程也许在所难免,但问题在于那些富裕国家为长期维持自己的优势地位常常采取霸权主义的政策,大棒加胡萝卜,在国际交往中常表现出大国沙文主义乃至帝国主义。最近一个突出例子是美国的邪恶轴心说和把包括我国在内的七个国家列入其可能进行核打击的国家,直接威胁世界和平。这种霸权主义行径像下面要说到的宗教原教旨主义一样,是最偏狭的民族主义,而且危害性也许更大。

文化多元主义。文化多元主义是一种低调的民族主义,或至少是高调民族主义的同盟军。因为它主张文化多元,各种文化都是不同条件下的产物,因而都有其存在理由。即使在今天现代化和全球化条件下,文化发展的形式也应是多样的而不是单一的,这种多样的文化恰恰表现了世界文化的丰富性。对文化多样性的这种强调,在全球化与民族主义冲突的背景下有对前者的抗拒之意。文化多元主义在西方常常是一部分学者的书斋之谈,但在那些现代化后行国家或全球化的弱势国家则是保护民族文化乃至民族利益的有力武器。

文化保守主义。文化保守主义即文化民族主义,是一种认同本民族文化传统、抗拒全球化特别是西方文化侵蚀的民族主义,当然这种民族主义主要发生在那些全球化的弱势国家。但它在本国各种思想和文化碰撞过程中常常占据上风,因为它常常同爱国主义结合起来,受到民族国家的提倡和保护,并容易得到国人的认同和支持。整理国故,振兴国学,弘扬传统文化,保护文化遗产,均与之联系在一起。这些东西确实很重要,完全丢掉在文化上就没有了根。我国近年来在此方面下了不少工夫,可以说文化保守主义精神在崛起。但这是文化方面,经济方面改革开放的步伐一直没有停止。

宗教原教旨主义。宗教原教旨主义是一种激进的民族主义,就其本意而言主要在宗教教义方面主张回到过去,回到老祖宗的原初教义。这种主张多蕴含对现实偏离教义的强烈不满,因此属于激进的保守主义。由于宗教在社会与文化生活中具有突出地位和巨大凝聚力,这样一种主张必然对社会的政治经济文化产生巨大的影响。特别在民族矛盾尖锐和民族危机深重之际,这种影响尤为明显。又由于宗教是超理智和超理性的,常常同偏激的情感和情绪联系在一起,因而原教旨主义的主张极具煽动性和诱惑力,有时甚至有极大的破坏力。当代的极端例子是"9·11"撞机事件,还有一直在流血的巴以冲突。在与全球化的对抗中,宗教原教旨主义态度最为激烈。

同一个母体

全球化与民族主义虽然剑拔弩张、不可调和,但从历史的角度看它们同出一源。也就是说,孕育它们的母体是一个,那就是现代化,或者说是构成现代化运动的那些因子及其所蕴含的内在矛盾,如资本主义生产方式和市场经济、资产阶级革命等。

当然,全球化思想的萌芽可以追溯到更早。世界主义的意识、天下一家的情怀也许可以追溯到古罗马,至少可以追溯到中世纪的但丁。但古罗马囿于奴隶制的狭隘眼界,但丁的言论只是个别思想家的孤鸿绝唱,全球化真正成为趋势是现代化潮流兴起和资本登上历史舞台之后。所谓现代化是传统农耕或畜牧社会自然经济向现代市场经济工业文明转变的运动或过程,其基本的因子包括资本主义市场经济、工业化、城市化、科技革命和议会民主制等。无论从哪个角度看,开放、扩张、流动是其基本的特点,因为资本的发展需要市场,需要原料,需要全球的经济连成一股活水。正如马克思与恩格斯1848年在《共产党宣言》中分析由现代化和资本的发展所造成的全球化趋势时说,市场总是在扩大,需求总是在增加,世界市场使商业、航海业和陆路交通得到了巨大的发展。这种发展又反过来促进了工业的扩展[①]。今天的情况同过去相比当然有很大不同,但全球化的趋势从本质上说没有什么区别,如果说有变化,只是规模更大、一体化的趋势更强而已,因此马克思与恩格斯的论述即使放到今天仍十分贴切。

有意思的是,产生全球化的力量也是产生民族主义的力量。现代化运动兴起之前没有民族主义,民族概念如果有也至多是自在的存在,不是自为的意识。从词源上看,民族概念可溯源到罗马时代的natio,有出生和血缘意,英语nation的出现是19世纪的事。从历史上看,古

---

① 《马克思恩格斯选集》,第1卷,人民出版社1972年版,第254~255页。

希腊的城邦反对异邦人就像反对外国人一样。古罗马连年征战,整个国家像个民族大熔炉,国家主义无疑是有的,但没有近代的民族概念。中世纪封建贵族裂土封疆,各自为政,以致为领地斗来斗去,但不干农奴的事。农奴只是土地的附属物,常随着土地主人的变动变来变去,至于他们的利益、信仰和情绪则不予考虑。

民族意识的真正觉醒当是美、法国家革命时期。当然在此之前民族国家的意识已在增强,标志是专制王权的加强和贵族权力的衰落,还有与之相联系的理论上的一些变化,如主权理论、爱国主义等。韦尔斯在《世界史纲》中曾谈到这个时期国家开始高于君王,君王们来来去去,但国家却始终为一。人们越来越少地谈论某个君王的阴谋,而更多地谈论"法兰西的预谋"、"普鲁士的野心"。当然,民族主义真正破题是构成现代化运动重要组成部分的美法两大革命。

美国革命也是美国独立,本身即意味着民族意识的加强与胜利。在此之前的北美只是英国的一些殖民地,殖民地人民虽也产生了一些乡土的意识,但总的说来对母国还是很留恋的。是潘恩《常识》中的分立吁求打破了他们的依恋幻觉,而意识到自己的独立价值,并认同建立一个独立的国家,也是一个独立的民族。从此,民族主义和爱国主义成为激励人们行动的至高价值经常被人们所提起。如开国元勋华盛顿在离职时曾这样告诫他的同胞:

> 不论是出身于或选择住在这个共同的国家的公民,这个国家有权要求你们感情专注地爱它。美国人这一名称是属于你们的,你们都是国民。这个名称必须永远凝聚应有的爱国主义自豪感,要高于任何因地域差别产生的名称,你们之间尽管有一些差异,但毕竟有相同的宗教、风俗、习惯和政治原则[①]。

---

① 《华盛顿选集》,商务印书馆1983年版,第314页。

法国大革命更洋溢着以爱国为核心的民族主义精神。如卡米耶·德穆兰在1791年2月写道:"爱国主义,即博爱仁慈,它作为一种新的宗教将要征服天下。"同年罗伯斯庇尔在一次演讲中声称要把自己献给祖国,并说"共和国的灵魂是对祖国的热爱,是把一切私人利益汇集在普遍利益之中的无限忠诚"。翌年吉伦特派革命家罗兰在一封很有名的信中写道:

> 祖国绝不是想象中被美化的一个名词。它是一个存在物,人们曾为之作出牺牲。人们通过对它的关切表达对它与日俱增的热爱。人们为它的诞生付出了巨大的努力,使它在动荡不安中崛起。人们珍惜它是由于它来之不易,它使人充满希望①。

在接下来的大革命进程中,法国声称法兰西民族不使用武力反对其他民族的自由,但却想输出革命,支持所有被压迫民族起来反对该国暴君专制统治,结果惹火烧身,招来周边国家的一片反对,革命处于危亡之中。救革命于水火的也是爱国主义和民族主义,著名的《马赛曲》在此关键时刻诞生,迅速成为激励人心的巨大力量,推动革命出现一个又一个的高潮,并因之而不朽。

德国革命来得晚一些,但民族主义意识的觉醒却并不稍逊。大文豪歌德在1774年即写道:"我们有一个祖国吗?如果我能找到一个我们能够与我们的财物一起憩息的地方,一块供养我们的土地,一个容纳我们的家,在那里我们还会没有一个祖国吗?"与此同时赫尔德在《致德国人》一诗中竭力呼唤德国人的民族意识。而施莱尔马赫则宣称上帝直接为每一个民族安排了其在世间的明确责任和用一种明确的精神激励它,目的在于通过每一个民族以一种独特的方式来为它自身增添光

---

① [法]阿尔贝·索贝尔:《法国大革命史》,马胜利等译,中国社会科学出版社1989年版,第183页。

环,而"失掉民族理想和爱国之锚的四海漫游者多么不值得尊敬;仅仅依赖个人气质和秉性相同而不依赖对一个人可以为之贡献生命的更大的共同的整体的情感的那种友谊是多么愚蠢!"①费希特19世纪初《对德意志民族的演讲》更昭示着欧洲民族主义在理论形态上的成熟。从此,民族主义像自由主义、民主主义和理性主义一样登堂入室,成为激励人们争取独立、自由和利益的力量,甚至比后几个方面加起来都更强大,但也更有破坏性和杀伤力。因为民族主义常常同个人对更大群体的认同与效忠联系在一起,这种认同与效忠是一种强烈的情感,它超乎理性,也超乎个人之上。与效忠群体相关的爱国主义、国家主义以及沙文主义,均与此联系在一起。在其激励下,群体或更大整体若需要个人献身,个人常常会毫不犹豫地答应,生命都置之度外,自由、权利和利益更不足惜。对群体而言,这种献身当然十分需要,但遗憾的是不同群体间的利益和看法常互相对立,于是冲突和流血在所难免。对个人说来民族间的冲突固然为其爱国主义热情的宣泄提供了机会,但长此以往破坏性太大,而且常常被统治者所利用,成为为其谋私利的工具,个人自己的长远利益到头来仍将受到伤害。

当然,民族主义的作用不完全是负面的。人是社会动物,必须通过群体才能存在,鲁宾逊式的人物不过是文学家的想象。从历史的角度看,这群体有时是部落,有时是种族,有时是城邦,有时是贵族领地,而在近代最可能的形式是民族国家。民族主义对凝聚一个民族的精神和意识无疑具有正面的甚至是不可或缺的意义,爱国主义正从中来。但民族主义作为超理性和超个人的精神盲动性和进攻性实在太强,稍有些微因素刺激,就可能成为导致民族冲突的力量。从此角度看来,其影响确非自由主义和理性主义所能及,而所带来的负面因素也许更大。

现代化所以成为孕育两种对立因素的母体,实因其本身包含了矛盾的性质。一方面,构成现代化运动的资本、市场和大工业本性需要扩

---

① [英]埃里·凯杜里:《民族主义》,中央编译出版社2002年版,第68页。

张,需要整个世界的经济以及思想和文化紧密联系在一起;另一方面,这种扩张常常得通过民族国家来实现和进行,那些对资本全球化扩张感到强烈不满的现代化后行国家对全球化的抗拒更会以民族国家为圭臬,在当代世界似乎没有比这更现实和更有力的社会群体形式。即使有互联网,有 WTO 和联合国,仍不会有多大变化。即在那些政治经济文化法律的最基本方面,仍得惟民族国家马首是瞻,因此民族主义的发展仍有着深厚的基础。但资本扩张的趋势仍然在继续。因此,在可以预见的将来这两种对立的趋势仍然难以调和,它们将共同左右世界局势的发展。

更深的思想渊源

全球化与民族主义的对立若从理论层面看其思想渊源则更为深远,让我们从最抽象的哲学问题谈起。众所周知,西方哲学史上有两个非常重要的范畴——一般与个别,或普遍与特殊、共性与个性,每一个都代表着很悠久的传统。一般范畴的代表人物是毕达哥拉斯、苏格拉底、柏拉图,特别是柏拉图强调先验的共相和理念,万事万物对他说来不过是对普遍共相的分有或影子。这个思想在西方哲学史和基督教发展史上影响极为深远。亚里士多德的观点介于两者之间,他既重视一般的形式,又推崇特殊的质料。不过后来在中世纪经院哲学那里,他关于质料与个性的论述受到唯名论重视,因此被当作重视特殊传统的代表,而柏拉图则受到唯实论的推崇。新柏拉图主义把世间纷纭万象当作太一的流溢,这个思想直接为基督教所吸取,成为三位一体、道成肉身或基督就是道、就是逻各斯思想的来源。基督教的千年王国起初是柏拉图主义居优,后来是亚里士多德主义得势,特别在阿奎那之后。但科学革命和启蒙运动又把局面扭转了过来,普遍主义占据上风,理性主义、机械决定论的思想逐渐深入人心。世界是由一般规律支配的,现象后面有本质,透过纷纭复杂的现象把握一般的规律与本质,就能够认识世界乃至改造世界,这样一种观念左右着整个 19 世纪人们的思想。但至20世纪非理性主义影响渐大,在科学领域几率概念登堂入室,测不准定律和统计决定论思想声势日大,而爱因斯坦的统一场论始终没有成功。至此,一般与个别的关系似乎又是一个轮回,但很难说谁会一直占据上风。

不难发现,全球化的思想与强调普遍与一般的普遍主义传统相一致,而强调民族性的民族主义似乎与推崇偶然与个别的传统相符合。按此思路我们可以发现有两个系列的概念或范畴,一个与普遍主义的传统相联系,如一般、普遍、共性、规律、必然、本质、理性、决定论、统一性、整体性、世界主义、人类利益、普世价值、自由主义、社会进步、人民公意等。另一个与个别与偶性相联系,如个性、特殊、偶然、现象、感性杂多、世俗欲望、个人主义、多元化与多样性、爱国主义、传统文化、宗教原教旨主义、民族利益等。

这样的区分逻辑上当然可以成立,但问题的复杂性在于普遍与特殊并非绝对排斥,而是我中有你,你中有我,相互联系,并且在一定条件下相互转化。例如,民族对世界而言是特殊与个别,但对个人而言又是整体与普遍,而且是具有至高意义的整体与普遍。从此角度看它主张整体高于个人,民族、国家、社会的意义与价值远高于个人。个人不过是构成民族的分子,其卑微渺小的存在只有与之联系起来才有价值,正如水滴不能离开大海,否则就会被晒干。当然大海也离不开无数水滴,但作为整体的大海其价值无疑远高于个别水滴。因此个体融入整体之中,服从整体,必要时愿为整体的利益而献身是理所当然。成千上万的人自愿为民族利益奋斗和献身的奥妙正在于此。

当然,民族主义也从另外一个系列的传统中吸取力量。对更大更有普遍性的世界而言,它强调多元、多样,强调民族性,重视发展自己的独特文化传统,也强调自己的主权,强调自立自决和自治;对构成本民族的个体而言,它则强调服从、统一、认同和献身,因为它本身就是那至高无上的目标与价值所在。

由此可见,民族主义思想在当代世界之所以强大有力、根深蒂固而难以颠扑,从理论渊源的角度看乃是因为它承继了两大传统,一方面它对个人而言拥有普遍主义和整体主义的权威与力量,另一方面在与更大的普遍相对抗(以及其他文化冲突)之时它又从自由、主权、多样性和自身历史传统那里吸取诗情和支持,同时又有情感、文化、种族、血缘、地域、语言和宗教等多种因素在起作用。因此它在近两个世纪中与自由主义、理性主义发生冲突时常占优势,甚至与当代全球化浪潮和世界主义的普世价值对抗时也常居于不败之地,原因盖出于此。

几点结论

首先,全球化与民族主义是当代世界两个相互对立、相互排斥的潮流或趋势,但它们又相互影响、相互制约。因为它们从根本上说同出一源,即都来自于现代化或受到现代化运动的推动,也可以说是现代化运动所包含的内在矛盾趋势逻辑发展的结果。全球化来自资本扩张的冲动,亦来自政治、经济、文化的相互影响和融会贯通。但这种影响常得通过民族国家来实现,因此民族主义的因素也在发展。两种取向不同的因素难免相互冲突和对立,这种对立从思想渊源的角度看还可以在普遍与特殊的范畴对立中找到根据。普遍与特殊是相互对立又相互依存的,不存在谁吃掉谁的问题。因此民族主义与全球化二元对立的局面在可以预见的将来恐怕也很难改变。

其次,全球化与民族化相辅相成,互为对方的发展提供刺激和契机。例如,全球化的发展在许多地方冲破单个民族的狭隘眼界,使民族主义的意识淡化,但与此同时又激起民族主义者的反抗或抗拒,从而为民族主义的发展提供刺激和契机。另一方面,民族主义发展过甚也会带来很多负面的东西,如闭关锁国与盲目排外,还有对个人的压抑与牺牲等,这又转过来使人们想超出狭隘民族主义的限制,探索全球化的合作与互惠之路,如WTO、联合国和跨国公司、国际金融等。从此角度看它们在互相排斥的同时有时也相辅相成。

再次,无论是全球化还是民族主义,我们都既要看到其积极的方面,更要看到其负面因素。对于全球化过程我们一定要积极参与,要让我们民族的发展融入人类文明发展的主流；同时还不失自己的个性，即以自己的个性和贡献以及对民族优秀文化遗产的继承去丰富全球文化。另一方面，也不能把全球化过于理想化，而应看到其中包含的强势国家霸权，以及弱势国家的代价和贫困化。对此我们要有清醒的认识，并努力把负面因素减少到最小。

最后，对民族主义的负面因素尤其要警惕。当然，对其所包含的合理因素我们要坚持和弘扬，如爱国主义，对优秀文化遗产的继承，否则我们就没有根了。另外，即使是现代化和全球化我们也要坚持自己的民族特色，重视自己的国情和特殊性，全盘西化是不可能的。但所有这些不能成为抗拒现代化和全球化及拒斥普世价值的理由，否则就是闭关锁国，走回头路，没有前途。因此对民族主义所可能包含的盲目、封闭、狂热要格外警惕，因为全盘西化在目前没有市场，而狭隘的民族主义却很有迷惑性，也有破坏力。

（原载《南京师大学报》（社会科学版）2002年第6期）

波兰尼对自由主义市场乌托邦的批判

波兰尼是当代西方与哈耶克齐名的思想家。但我国知识界对波兰尼了解相对较少。他的代表作《大转型:我们时代的政治与经济起源》(以下简称《大转型》)新近由浙江人民出版社出版,为我们了解他的思想提供了契机。正是在这部堪与《通往奴役之路》、《自由秩序原理》相媲美的伟大著作中,波兰尼提出了对自由主义市场崇拜乌托邦的著名批判,该批判至今对我们仍有警示意义。本文将以此为线索,对波兰尼的市场崇拜乌托邦批判理论及其他相关理论作一梳理分析,并努力挖掘蕴涵其中的深刻涵义。

自由主义的市场理论:批评与反对

自由主义自洛克、斯密、密尔以来成为西方显学久矣!其间虽有社会主义、凯恩斯主义等各种思潮学派的有力挑战,但主流地位仍难以摇撼。其当代继承者新自由主义更独执西方思想界之牛耳,许多手握大权的政治精英也奉之为圭臬,如1979年及稍后当选的撒切尔夫人与罗纳德·里根都是著名的自由主义者。非洲、美洲、亚洲乃至我国的许多精英也深受其影响,对之顶礼膜拜。

自由主义的一个基本信条是对自由市场的崇拜。当然广义地看可以把自由主义理解为对个人自由与权利的推崇。个人自由与权利涉及方方面面,但主要是政治和经济,而经济与政治相比又更为根本,因为涉及到人的物质利益和最基本的生存需要。从此角度看政治不过是经济利益在上层建筑中的表现,即政治为表,经济为里。马克思也曾说过,资本主义社会政治领域的自由要求不过是经济领域自由的二次方。当然实际情况可能更为复杂,但从宏观视角看大致如此。因此自由主义的最重要内容为经济自由主义,它最关心的是财产权利与自由市场。其中,市场是个综合的概念,自由、平等、效率、利益与所有权都包含在其中,因此对市场的强调集中体现了自由主义几乎所有的理想和理念,可以说万千宠爱集于一身。

市场的地位确实至关重要,以物易物,互通有无,平等交换,促进生产效率的提高和资源的更佳配置,从而促进社会经济的发展,可以说善莫大焉!资本主义的兴起,人类社会从传统到现代的转变,还有近代以来仿佛从地底下呼唤出来的巨大生产力和物质财富,无一不是来自市场经济的推动。难怪自由主义者为之不断鼓噪。亚当·斯密著名的看不见的手的理论正从此而来。按此理论,市场经济社会每个人都追求自己的利益,但即使最自私的人在经过反复考虑和比较之后也会发现遵守市场法则对自己最有利。于是市场法则如同一只看不见的手在自发调节,促进市场中的每一个人在追求自己利益的同时也在促进社会利益,不管这是否出自他的本意。① 在这样的市场面前,一切外在的强制似乎都是多余,甚至政府权力也可有可无,最多充当守夜人而已。

但市场以及资本在现实生活中的表现并非那样完美无缺。竞争、两极分化、贫困和有效需求不足、周期性的经济危机,还有与之联系在一起的剥削、压迫、物统治人现象等都在说明它没有自由主义者描述得那样美好!正是在这里产生了市场经济乃至自由主义的一些重要批评者。

体制外的批评主要来自社会主义,尤以马克思为代表。马克思一方面以异化劳动理论批评市场资本主义违背人性,物统治人、压抑人,

---

① 参见[英]亚当·斯密:《国民财富的性质和原因的研究》(下卷),郭大力、王亚南译,商务印书馆 2003 年版,第 27 页。

或者说人生产出来的商品和财富不能被支配,反而转过来支配人、奴役人,在此情况下人不是感到自由而是感到不幸。这就是异化。另一方面马克思用劳动价值论和剩余价值理论揭示,在市场经济条件下,社会生产商品的劳动包含具体劳动与抽象劳动、使用价值与价值的对立与分裂,在此情况下个人劳动必须通过抽象的物(货币)作中介才能得到社会承认,成为社会总劳动的一部分。这就包含了异化的可能性。当然这是一种抽象的可能性,抽象的物与劳动力商品结合到一起才出现剥削与异化。资本家利用手中资本无偿占有工人的剩余劳动,这是剥削,也是异化。

体制内的批评者首推凯恩斯。凯恩斯认为市场可能会犯错误,政府对此不能完全自由放任。在他看来经济活动的水平由总需求水平决定,一旦总需求不足,就可能导致失业和衰退,从而产生周期性经济危机。周期性危机的观点颇类似于马克思,不过凯恩斯不认为危机靠体制内力量已不可克服,他主张通过扩大需求增加就业和调控税收来加以解决,政府应对此负有不可推卸的责任。通过调控,社会矛盾得到缓解,危机被完全超越也未可知。

20世纪30年代,前所未有的经济危机给凯恩斯主义一显身手的机会。面对危机,信奉自由放任的美国总统胡佛束手无策,黯然下台。罗斯福新政则因推行凯恩斯主义而出名。二战结束以后凯恩斯主义风头更健,资本与劳动的关系据此作出一定的调整,社会矛盾得以缓解,政府与工会也都有一定的施展空间,著名的"凯恩斯妥协"正因此而得名。国家向普遍福利的方向重建,社会因而得到稳定,经济也开始恢复并发展。一切似乎都很美好,直到20世纪70年代的危机把繁荣的泡沫无情吹破,凯恩斯主义失势,新自由主义取而代之。

新自由主义像传统自由主义一样重视市场的作用。对于凯恩斯主义关于"市场失灵"的指责,他们对之曰政府也会失灵,而且更糟,因为官僚主义缺少效率。当然他们比传统自由主义更为强调金融与银行的作用,并要求政府在减少管制、私有化和加强金融资本力量方面发挥作用。在新自由主义看来,市场是最佳的可以自我调适的社会结构,如果不受外来阻碍,就会最大限度地满足所有的经济需要,有效地使用所有经济资源,并自动为所有真正希望工作的人产生充分就业。因此市场的全球化将会是把这些好处带到整个世界的最佳方式。现代世界之所以拥有贫困、失业和周期性经济危机乃是因为市场受到工会、政府等诸多因素限制。全球化需要在全世界创造"对市场友好"的社会结构:通过削减工会的力量和国有企业私有化从而使它们的工人受资本权力的支配;以及向外国资本和商品开放国内市场。这是新自由主义的核心信条。新自由主义相信,市场诚然不是完美无缺,但却是所有可能世界中最好的一个。用玛格丽特·撒切尔的话说:"已经别无选择。"

市场真的如此美妙,而我们的任务就是听之任之,并排除一切干扰,让它自行发展自行调节,这样世界就自然会变得越来越好?许多自由主义信徒对此深信不疑,但事实与理想却有很大距离。如杰拉德·都曼尼与多米尼科·莱维所揭示,新自由主义实际上提出了一种新的资本主义运作规则,一种有利于中心统治边缘和资本统治劳动的新规则,即在中心与边缘、资本与劳动、市场与政府关系方面有利于前者驾驭后者。也就是说,在劳资之间有利于资本,在国家与地区之间有利于处于中心的发达国家,在发达国家之间更有利于美国,特别是美国的资本,在美国的资本中则更有利于金融资本,即有利于前者的财富与资源向后者流动。"这些机制证明新自由主义是一个掠夺性的制度,上层统治阶级力量的加强在不同范围内和程度上处处给增长带来损害,不论在他们自己的国家还是在边缘地带。的确,按他们自己的目标进行评估,新自由主义在恢复这些阶级的收入和财富方面还是很成功的,在巩固美国经济的领先地位方面也一样。但是,对于美国人民乃至世界的其余部分来说,这种领先地位的代价过大。"[①]

---

① [英]阿尔弗雷多·萨德-费洛、黛博拉·约翰斯顿编:《新自由主义——批判读本》,陈刚等译,江苏人民出版社2006年版,第22页。

波兰尼对市场自行调节乌托邦的批判

市场乌托邦即前述自由主义对市场自行调节无所不能的崇拜。在波兰尼看来,这种一切都能够自行调节的市场在历史上从来就没有存在过,因此是一种空想或乌托邦。波兰尼指出,"这种自我调节的市场的理念,是彻头彻尾的乌托邦。除非消灭社会中的人和自然物质,否则这样一种制度就不能存在于任何时期;它会摧毁人类并将其环境变成一片荒野。"①

波兰尼认为,19世纪以来的文明建立在四个制度之上,一是大国之间的实力均衡体系,二是国际金本位制度,三是造就空前物质财富的自我调节的市场,四是自由主义国家。其中金本位具有重要意义,势力均衡体系只是奠立在金本位基础之上的上层建筑,但金本位的基础又是自我调节的市场,而自由主义国家本身也是自我调节的市场之结果,因此归根结底自我调节的市场具有决定意义。然而这种能够自我调节自我修复的市场之存在在波兰尼看来只是一种乌托邦想象。因为市场自始就受到政府权力等因素的影响与制约,不可能在纯粹的状态下起作用。另一方面,市场的存在已在社会上产生贫富分化、分配不公、竞争压力、失业问题和周期性经济危机,还有资源破坏、环境污染、生态失衡等许多问题。若任其发展,真有可能出现波兰尼所说的将人类生存环境变成一片荒野,从而摧毁人类之灾难。

著名经济学家、诺贝尔奖得主约瑟夫·斯蒂格利茨在《大转型》前言中指出:"波兰尼是在现代经济学家界定自发调节市场的局限性之前写作《大转型》的,在今天任何有声望的知识分子都不会去支持这样一种看法,即市场本身就是有效率的,而不必去考虑它在公平上产生的后

---

① [英]卡尔·波兰尼:《大转型:我们时代的政治与经济起源》,冯钢、刘阳译,浙江人民出版社2007年版,第3页。

果。无论何时,只要出现信息不完备或者市场失灵——也就是说,本质上总是如此——那么干预就存在,而且从原则上讲,这种干预可以提高资源配置的效率。"①

波兰尼对市场乌托邦的否定当然不是出于个人臆断,而是他经过深思熟虑所得出的见解。这些见解在我看来贯穿着一种历史的观点与价值的观点。历史主要是社会经济史。《大转型》实际上是一本社会经济史著作,市场自行调节的情况不存在不是个人主观独断,而是经过充分论证的社会经济史实。波兰尼指出,在我们的时代以前没有市场主宰的经济存在过,斯密经济人的假设对早期人类并不适用。逐利动机与为报酬而劳动的原则都是以后出现的。这种出现得力于经济发展的推动,也得力于重商主义政府的帮助。因此市场经济与其说是内生的不如说是植入或嵌入的。诚然,劳动力、土地与货币是当代资本主义社会基本的生产要素,但它们的本根并非就是商品,只是在资本主义特定条件下才沉浸在市场经济的以太中。因此我们在肯定市场作用的同时一定注意不要把其理想化与永恒化。

正是在这里波兰尼的价值观充分彰显了:劳动力与土地亦即人与自然不是商品。在资本主义社会它们向商品原则低头或沦为商品这种现象不合人类善的理想。对此现象人类应加以限制或至少不能放任其发展,否则将给人类带来巨大灾难。他说:劳动力和土地只不过是构成社会的人类本身和社会存在于其中的环境。将它们囊括进市场机制就意味着使社会生存本身屈从于市场的法则。"如果允许市场机制成为人的命运,人的自然环境,乃至他的购买力的数量和用途的唯一主宰,那么它就会导致社会的毁灭。因为'劳动力'这种所谓的商品不能被推来搡去,不能被不加区分地加以使用,甚至不能被弃置不用,否则就会影响到作为这种特殊商品的载体的人类个体生活。市场体系在处置一

---

① [英]卡尔·波兰尼:《大转型:我们时代的政治与经济起源》,冯钢、刘阳译,浙江人民出版社2007年版,第2页。

个人的劳动力时,也同时在处置附在这个标识上的生理层面、心理层面和道德层面的实体'人'。如若被剥夺了文化制度的保护层,人类成员就会在由此而来的社会暴露中消亡;他们将死于邪恶、堕落、犯罪和饥荒所造成的社会混乱。"①在此情况下,环境与生态都会遭到破坏。而货币供给的涨落不定也会产生洪水般的灾难。"毫无疑问,劳动力、土地和货币的市场对市场经济而言是不可或缺的,但是,任何社会都无法承受这样一种粗陋虚构的体系所造成的影响,哪怕是片刻之间。除非人类的自然的实体以及商业组织都能得到保护,能够与这个撒旦的磨坊相对抗。"②

如何避免走向毁灭,或至少不做魔鬼撒旦的俘虏?波兰尼给出的答案是人道、公正、民主和自由,以此为价值观指导自己的行动,规范自己的行为,这样在与撒旦对抗过程中或许能够避免毁灭而走上一条幸福自由的坦途。

波兰尼指出:在长达一个世纪的盲目进步之后,人类正在恢复自己的家园。"若要使工业主义不致毁灭人类种族的话,就必须让它臣服于人类本性。"臣服人类本性显然是以人为本的人道主义价值观。因此,对市场社会的真正批判并不是因为它建立在经济之上,而是因为它的经济是以自利为基础的。波兰尼认为这种经济是反自然的。因此他不同意自由主义者关于依靠市场自行调节社会就能不断进步的观点,而认为必须从外部给予干预和制约。当然,干预有很多种,有民主的和贵族的,有立宪的和集权的;有社会主义的,也有法西斯主义的。波兰尼的理想是民主,还有自由。当然他所理解的自由与自由主义有很大区别。自由主义把自由与贸易自由和财产权联系起来,落到实处主要是大企业和大资本的自由,穷人或大众只有微薄的自由,波兰尼对此感到

---

① [英]卡尔·波兰尼:《大转型:我们时代的政治与经济起源》,冯钢、刘阳译,浙江人民出版社2007年版,第63页。
② [英]卡尔·波兰尼:《大转型:我们时代的政治与经济起源》,冯钢、刘阳译,浙江人民出版社2007年版,第65页。

不满。在他看来,自由问题表现在两个层面,制度层面和道德宗教层面。他认为后一层面更为关键,因为制度说到底是人类意义和意图的具体体现,而道德宗教中的价值观才是意义本身。

因此有些价值具有至高无上的地位,如和平与自由。波兰尼指出:"自由与和平必须成为我们向往的那些社会的既定目标。"和平取决于建立一个成功的国际秩序,个人自由则取决于创立保卫其存续和扩展的制度。"个体必须能够自由地遵从自己的良心行事,而不必畏惧社会生活某些领域中那些受行政委托的权力,科学艺术永远应该处在文学艺术界的保护之下。强制永远不应该是绝对的。"维护个人自由应该不惜任何代价。至于社会整合的进展,"应该伴随着自由的增长,计划的发展应该包括社会中个体权利的加强。人的不可取消的权利,必须在法律的保护下得以践行,即使是面对至高无上的权利,不论这种权力是个人的还是匿名的。"①

波兰尼认为,市场经济的逝去可以成为一个时代的开端,"这个时代拥有前所未有的自由,法律的和实际的自由能以比过去任何时候都更广泛、更普遍的方式存在;规制和控制不只是使少数人,而是使所有人获得自由。自由不是从源头上就腐败了的特权的附属物,而是作为一种远远超出了政治领域狭隘界限伸展至社会自身内部组织的规范性权利而存在。这样,老的自由和民事权利被添加上了新自由的基础,这种新的自由是由工业社会向所有人提供的闲暇和保障所产生的。这样一个社会能够同时承担起公正和自由。"②

---

① [英]卡尔·波兰尼:《大转型:我们时代的政治与经济起源》,冯钢、刘阳译,浙江人民出版社 2007 年版,第 120 页。
② [英]卡尔·波兰尼:《大转型:我们时代的政治与经济起源》,冯钢、刘阳译,浙江人民出版社 2007 年版,第 27 页。

波兰尼的启示及对张维迎的批评

我国改革开放特别是上世纪 90 年代市场大潮兴起以来，在物质财富生产方面取得不俗成绩的同时，许多地方出现贫富分化、分配不公、环境污染、生态破坏的现象，三农问题、上学难、看病难、房价贵及近期金融领域的巨大震荡都在说明听任市场法则泛滥的代价和波翁见解之深刻。改革开放当然应继续，市场的效率也是非常需要的，但我们再也不能完全自由放任，而应给之戴上公平、正义和人道的笼套，否则定会离撒旦的磨坊愈来愈近。中央近年来倡导以人为本和科学发展观，构建社会主义和谐社会，正是对前述偏差的纠正。但这方面的任务仍很艰巨。斯蒂格里茨说今天只有顽固分子才坚持市场自发调节的观点。这样一种实质是自由放任的市场乌托邦观点在当代世界仍有很大市场与影响，在当代中国也有很多信奉者甚至实践者，我们对之千万不能小视。君若不信，请看北大张维迎最近在《读书》杂志上发表的文章《理解中国的经济改革》。这篇文章先概括了经济改革以来五个方面的转变，对此我无异议，问题在于下面这段话：

> 遗憾的是，在改革开放已经进行了三十年之久的今天，社会上出现的一些舆论，政府出台的一些政策，却与这些转变背道而驰：人们对价格机制的信赖不是在继续提高，而是在下降，各种形式的价格干预在民意支持下频频出台；政府对社会资源的掌控不是在减少，而是在增加；企业的经营环境与创业条件不是在改善，而是在恶化，企业用工越来越不自由，新式"铁饭碗"重新成为社会就业的导向；地方政府的制度创新不是受到鼓励，而是受到指责，媒体和舆论把大多数经济问题的根源都归咎于他们……这些迹象表

明,中国市场化改革的前景不容乐观,改革任重道远。①

这段话在某些方面点到了问题,有合理之处,但总体倾向是全面拥抱市场,拥抱资本,对任何不利于其发展的干预举措都给予猛烈抨击,即使干预是为消除过分市场化的弊端,如两极分化、社会不公;即使是出于民意,在他看来,市场不受任何约束的发展和资本的利益无疑高于民意。因此他批评"企业用工越来越不自由"。其实在我国,资本目前拥有的自由仍远高于欧美,工人的待遇、福利和自由远不能同发达国家的同行相比。改革开放当然应拥护,但也不是任何具体举措都正确无比,不能调整和改变。众所周知,许多地方在改制时一风吹,低价贱卖,许多国有资产流失,资本得到较多好处,人民群众并无多少实惠。房价涨幅远高于人民收入增加水平,大量暴利落入房地产商之手。在开放方面,我们低价卖了很多银行和矿产的股权,让外资在很短时间内赚几十倍。市场大量开放了,但核心技术仍控制在人家手里。所有这些难道政府不应该调控或干预吗?

张维迎的文章来自他主编的十几位经济学家关于中国改革30年思考一书,这篇文章也上了2008年第7期《读书》杂志封面,足见其影响与分量。所以说对国内自由主义崇拜者的影响绝对不能低估,在此情况下,我们重温波翁半个多世纪前的论述显然极富教益。

具体地说,波兰尼的市场乌托邦批判理论至少在四个方面给我们以启发。

首先,在利用市场经济建设社会主义现代化的同时千万不能对市场过于迷信甚至崇拜,因而对之自由放任而放弃我们的责任。市场不是万能的,它的发展以及如何发展从来都需要借助于外力的支持。它自身也有很多问题与缺陷。如按路德维希·冯·米塞斯理论,新增货币总是流入到经济体系的一个具体点上。因此总是有些人近水楼台先

---

① 张维迎:《理解中国的经济改革》,《读书》2008年第7期。

得月。也就是说,市场经济的发展好处总是最先落到少部分人身上,他们或有权力,或有资源,或有信息,或兼而有之,因此占得先机,是强势群体。另一部分处于弱势,他们分享市场发展好处的机会相对较少,也较迟,但得其坏处却最早,如通货膨胀的压力他们最先感受,因此是市场竞争的最大受害者。贫富两极分化正从此而来,对此靠市场本身无法解决,因为它是始作俑者。

其次,不要对经济增长过于崇拜。经济增长是好的,市场经济带来效率也是好的,应予肯定。但我们不能为市场而市场,为增长而增长。增长的目的是为了人,市场经济也应服务于人,否则就会发生异化。不要认为增长自然会给人民带来福祉,其实未必。市场竞争中的弱势群体常可能是经济增长的受害者。这时候需要我们跳出市场法则之外给予关注与调节。斯蒂格里茨在《大转型》前言中说:"波兰尼的分析清楚地表明,广泛流行的渗透经济的教义——即包括穷人在内的所有人都会从增长中受益——得不到历史事实的支持。""自现代以来,有非常多的证据支持以下历史经验:增长可能会导致贫困的增加。但我们同样知道,增长可以为社会的绝大部分带来巨大的好处,正如在一些更开化的发达工业国家中所发生的那样。"①因此,我们应追求惠及全体人民的增长,至少不能损害弱势群体的利益。庇古的理论、福利经济学、波兰尼的增长理论以及更为晚近的罗尔斯正义论,都贯穿此思想。

第三,对于市场的问题与弊端要有清醒认识,同时要作具体分析。如前所言,市场经济中所产生的问题有的属于外部的,有的属于内部的。对于外部的要清除障碍,保证市场正常运行。内部的是市场本身的缺陷,那就要通过发展与改革来解决,辅之以看得见的手。其实不论哪一种情况,政府的干预都很重要。按照波兰尼的观点,市场的发展、

---

① [英]卡尔·波兰尼:《大转型:我们时代的政治与经济起源》,冯钢、刘阳译,浙江人民出版社2007年版,第2页。

推进与调节从来都需要政府的帮助。"通往自由市场之路的打开和保持畅通,有赖于持续的、由中央组织调控的干预主义的巨大增长。"①但知易行难,实践中做到并不容易。如哪些需要干预,哪些不需要干预,干预应如何把握分寸,做到既不过分也不会不足,或至少不应搞歪,如利用干预以权谋私等。这些都是社会生活中非常重要但并不那么容易解决好的问题。当代中国一大特点是多种因素叠加,时空错位,还有各种利益碰撞和观念冲突而难以把握。第二大特点是既得利益群体强大并掌握话语权,难免影响政策向对自己有利的方向发展。第三是政府掌握的权力与资源过多也过于集中,缺少有效的制约,难免出现官僚主义、好大喜功和以权谋私。我们经常发现许多地方往往该走市场的时候不走市场,该调控的时候不调控,不该市场的又搞了市场,这样就搞歪了。如卖医院和教育市场化,以建设为名强取农民土地,经济政策过于向资本倾斜,为赚钱与政绩破坏资源环境生态,还有利用双轨制吃差价和权力寻租,工程发包和政府采购中的行贿受贿以及利用改制化公为私等。

第四,超越和克服市场问题种种,关键是树立合理的价值观以指导现实实践,同时也应努力培育一种体现人的尊严的文化氛围。弗雷德·布洛克指出:"在波兰尼看来,市场自由主义最深刻的缺陷在于,它将人类目标从属于非人的市场机制的逻辑,他则认为人类应该使用民主治理的工具来控制和指导经济去满足我们的个体和集体需求。"②显然,波兰尼的价值观是公平、正义、人道和民主,还有自由。

当然,要在社会现实生活中完全落实这些价值并非易事,自有文明以来,人类一直在为之奋斗。波兰尼的论述无疑有理想主义色彩。但人类不能没有理想,特别在这个市场原则膨胀、物质主义拜金主义泛

---

① [英]卡尔·波兰尼:《大转型:我们时代的政治与经济起源》,冯钢、刘阳译,浙江人民出版社2007年版,第216页。

② [英]卡尔·波兰尼:《大转型:我们时代的政治与经济起源》,冯钢、刘阳译,浙江人民出版社2007年版,第217页。

滥、成千上万人沉迷物欲的年代,我们更需要理想之光的照耀,要避免波兰尼所警示的人与人及自然关系方面的灾难与毁灭也离不开这样一些价值理想的指导。

(原载《江海学刊》2009 年第 3 期)

论 气 节

——中华气节观的意蕴、内涵与作用

气节是中华文化的特有范畴,也是一个非常重要的范畴,几千年中华文明史离开它就无法得到全面理解。然而学界对之的专门研究似乎不多。本文抛砖引玉,提出一些自己的看法,求教于大方之家。

中国古代文献中较早把"气"和"节"联系在一起的是司马迁。二千多年前司马迁《史记·汲郑列传》描写汉初重臣汲黯,说他性傲、耿直,"然好学,游侠,任气节,内行修洁,好直谏,数犯主之颜色。"在司马迁心目中,"任气节"是同耿直、内行修洁、为坚持原则不避权贵这样一些品格联系在一起的。当然若从概念内容看对"气"和"节"两个词分别考察,则可以追溯的更早。如孟子曾对公孙丑说过一段非常有名的话:"吾善养吾浩然之气。""其为气也,至大至刚,以直养而无害,则塞于天地之间。其为气也,配义与道,无是,馁也。是集义所生者,非义袭而取之也。行有不慊于心,则馁矣。"(《孟子·公孙丑》)

孟子这里所说的气有两层含义:一方面,他所说的体之充和被气所帅之"气"主要是物质之气,但也不完全是物质的,因为这种气实际上是人所特有的一种主体状态,即主观能动性,这种主体状态和能动性可以说物质的和精神的因素兼而有之。其中,物质的因素是载体和质料,精神的因素是统摄和主导。如何统摄与主导?具体的指向由"志"来统率。因此志是气之帅。由志来统帅的气就是浩然之气。此种气主要是精神性的,并且是有具体的价值取向和伦理规范内容的,价值取向与伦理内容即孟子所说的志,即他所说的道与义。由志、道或义统率的气在他看来才称得上浩然正气和天地正气。这是孟子所说的气的第二层含义。

志或道对气的统率可以称作节。因此浩然之气也就是有节之气，即气节。节也是节操。志向如何，从节操中见，因此它们是一致的。关于节操之节和气节之节的重要性，孔子早有论说。据《荀子》记载：孔子说"大节是也，小节是也，上君也。大节是也，小节一出焉，一入焉，中君也。大节非也，小节虽是也，吾观其余矣。"(《荀子·王制》)孔子这里所说的"节"是人之节操，也可以说是气节，或气节之节。孔子这里显然看重大节。例如管仲事二主，帮助齐桓公成霸业，让平民百姓都得到好处，孔子在《论语》中就对之大加称赞。荀子也认为这"是天下之大节也"(《荀子·仲尼》)。他还谈到"治气、养心之术：血气刚强，则柔之以调和；知虑渐深，则一以之易良；勇毅猛戾，则辅之以道顺；齐给便利，则节之以动止；狭隘偏小，则廓之以广大；卑湿重迟贪利，则抗之以高志。"(《荀子·修身》)荀子这段话，"气"和"节"两个字都出现了，当然他所说的气主要是孟子所说的第一层含义，而他所说的节意思也相对较狭，只是道或义对气统率的一个方面，但荀子所说的治气之术包含许多方面，我们若把这些方面综合起来可以大致得出结论，孔门这两位著名弟子，也是战国时期两大思想流派代表的气节观可以说并无二致。

　　气节概念有何含义？在我看来，气节概念指称着我们民族每个道德主体对心中道德理想的一种坚守。这种坚守是一种自觉自愿的行为，所以可以说气节是道德主体的一种精神状态，一种坚持、实践和守护心中道德理想的精神状态。坚守什么道德理想？在中国传统文化中就是道、仁、义、礼、诚、信等。当然在孔孟那里这些抽象的道德范畴有着更为具体的含义，那就是亲亲尊尊，忠孝仁义。忠是忠君，孝是孝父以及尊重自己的长辈。这是仁义道德的主要内容。当然另一方面，君也应该爱民，一如父母应该爱子女。正所谓君君、臣臣、父父、子子。更为博大的理想是《礼记》中所说的"老吾老，以及人之老；幼吾幼，以及人之幼"乃至"天下为公"。但现实与理想总是有距离，"仁政"与"王政"尚难实现，"天下为公"就更加遥远了，所以孔孟才惴惴不安和心有戚戚，为社会上所充斥的缺德失礼的事情大加抨击。

　　以上说的是社会理想，下面谈谈人格理想。在孔孟乃至整个中国传统文化的人格理想中,一个有道德的人除具有前述美德外,还应该悌兄长、友朋友、守诚信、一诺千金,并且疾恶如仇,清正廉洁,不能与邪恶势力同流合污。如果他是一位儒家士大夫,则一方面应搞好个人的修身养性和道德完善,另一方面还应该关注社会,努力实现内圣外王。用孔子的话说就是要"乐以天下,忧以天下"。

如此看来,儒家乃至中国传统文化的思想境界是很博大的。从今天的眼光看,扬弃以忠君为绝对价值的伦理取向,如果从更为一般和更为普遍的角度看,仁、义、礼、智、信与气节这些道德范畴可以成为我们今天道德生活的积极要素。也就是说,可以从传统文化中吸取和获得有益的资源,从而丰富和促进我们今天的文化生活与道德建设。

以上关于儒家乃至传统文化中的伦理理想谈了很多,现在我们要问气节概念在其中占有什么位置,与这些伦理理想是什么关系呢?

我们要说,气节也是中华文化和伦理理想的一个重要范畴,但它与仁、义、礼、智、信这样一些范畴又有所区别,因为它不直接构成道德理想某一方面的内容,而是对所有这些道德理想的一种坚守。这是肯定方面。从否定方面看则是对所有不合价值理想的外在压力之抗拒。如何坚守与抗拒?孟子说得好:"居天下之广居,立天下之正位,行天下之大道;得志,与民由之;不得志,独行其道。富贵不能淫,贫贱不能移,威武不能屈,此之为大丈夫。"(《孟子·滕文公》)一个有气节的人才称得上大丈夫。这样的大丈夫居天下广居,立天下正位,行天下大道。朱熹说:仁为天下之广居,义为天下之正位。对这样的理想努力坚守之,"富贵不能淫,贫贱不能移,威武不能屈";即使泰山压顶,仍不屈不挠;虽千万人吾往矣!这就是气节,就是历来备受尊重的浩然正气。

中华气节观从其基本构成来看至少包含这样一些要素和内容:

1. **主体自觉**

气节意识的出现体现了人类一种主体自觉和个性意识。什么是主体自觉?就是说,气节的彰显乃人主体自觉自愿的行为。人作为主体意识到自己存在以及与周边他物的区别,他的个性特征与他人有别,他的行动是出于自己的思考和意愿,不是盲目冲动,也不是屈服于外力强制。能够自觉地区别自己与他物并按照自己深思熟虑的意愿自觉行动是人与动物的一大区别。动物的世界是本能的世界。原始先民的世界也是原始表象和集体无意识的世界。每个成员只是部落的一分子，没有离开部落独立自在的意义。个性意识的萌生和主体自我意识出现都是原始社会以后的事。这个过程与文明的发展、生产力水平提高和文字的出现以及社会分化、阶级、私有财产与国家的诞生大体一致。一般说来，先是贵族统治阶级自我地位和意识的崛起，继而是普通平民个性意识的诞生。

个性意识崛起和主体自觉的一个非常重要的标志是道德意识的出现，人按照"应当如此"的伦理理想来行动，对自己的行为进行自律，对周遭的事象进行评判，并且贬恶扬善。在中国的伦理理想中，气节是一个贯穿性的范畴。如前所言，气节不是一个具体的道德概念，而是涉及到所有道德理想的整体性概念。它不是某一个具体的道德原则，而是对所有道德原则和伦理理想的坚守。这种坚守不是出于外力强制，而是个人的自觉自愿，是经过自由选择的行为。因此，气节意识的出现充分体现了我们民族传统道德所能达到的伦理高度，这种高度来自并反映了道德主体的一种能动自觉。

2. 应有理想与道德原则及与康德道德律令的区别

主体意识觉醒与个性崛起表现在方方面面，如理性精神的诞生，对真善美的追求，对自由的向往，对绝对无限永恒等超越价值的追求等。其中，气节属于伦理道德范畴，体现了我们的古代先人对善的伦理价值的追求。当然，他们对何者为善的理解有些狭隘，表现出特定的社会历史局限性，但除去这些特定的社会历史形式，不难发现其中所包含的善的光辉。这种光辉体现了人性的力量，也是人性的光辉。

具体地说，气节作为伦理追求如何体现主体的力量与善的光辉？

让我们先从"应当"谈起。伦理理想与道德规范要求人们按照"应当怎样"来行动，而不是听凭欲望和本能。德国大哲康德曾把"人知道什么"与"人应当做什么"、"人希望什么"作为他所探讨的三大哲学问题，合起来就是"人是什么"作为他三大批判的核心问题。在"人应当做什么"的领域即伦理道德王国,人听从"善良意志",实行"道德自律",把伦理理想和道德规范当作"绝对命令"无条件执行。这种无条件的道德义务论与中华气节观颇有相类似之处。但是它们也有所区别:其一,气节是个人自觉的道德操守,其形成要靠个人在日常生活实践过程中自觉养成。而康德的道德自律来自绝对命令,这种绝对命令类似于客观法则或客观精神,但其起作用必须得到主体的认同,这样客观的东西才能转化为主观的东西,成为有约束力的道德意志。若主体不认同,则形同虚设。其二,康德的道德王国只停留在理想的彼岸,在此岸没有现实性。而气节概念则时时刻刻影响着精英和士人的行为实践。其三,康德的道德与应有较为抽象与宽泛,是一般意义上的伦理道德,而气节观则有更为具体的社会历史内容,如忠孝仁义等,当然,它又不是这些内容本身,而是表现为对这些内容的执著与坚守。

3. 对外在压力的抗拒与对内在理想的执著与坚守

对外在压力的抗拒与对内在理想的执著与坚守是气节意识的一大特点。当然,道德意识都有此特点,只是程度不同。例如,一个人按心中的道德原则而不是一己利益选择干某事和不干某事,这里面就有一个对理想执著与坚守的问题。气节意识主要与重大道德问题相关,如关系到国格、人格、族格和重要的政治立场。在这些场合,坚持原则,不为压力所屈服,这才彰显一个人的气节。正所谓:"大雪压青松,青松挺且直",大丈夫"富贵不能淫,威武不能屈,贫贱不能移",这才是中华文化气节的精髓。

其实,青松在大雪压来之前也是挺直的,但那个时候万物峥嵘,一片翠绿,青松之挺拔并不彰显。但在寒风凛冽、大雪飞舞之时就不同了,昔日争俏斗艳的万物已经凋零,青枝绿叶和鲜花已经不再,只有青松傲然屹立,郁郁葱葱,不为所动,这时候它耐寒和挺直的品格就显露出来了。人也一样。和平时期或在比较顺的情况下,没有外在压力和诱惑,芸芸众生,大家都差不多,无所谓谁更有气节,谁的道德感更强。但在压力之下就不同了,特别在重大的压力面前一个人的品格与气节将受到严重的考验。这压力可能来自社会,也可能出自自己肉身,如生存的压力、物欲的诱惑、功名利禄的吸引等。战争时期主要是生与死的考验，和平时期则有物质享受的诱惑，荣华富贵、声色犬马的吸引等。当然对穷人说来也有贫穷的压力，即满足生存的基本需要。所有这些压力对人说来都是来自于外，即使是自身的生存需要和享乐欲望也来自于人的肉身或感性存在，而非出自人的理性和精神，因此对人的内在理性精神而言也是外在的。但它们却不是那么容易被克服和忽视的，因为人皆有七情六欲，有肉身在里应外合，作强有力的吸引，因此对人说来想超越而难以超越。正是在这里才显示出气节的光辉："富贵不能淫，威武不能屈，贫贱不能移"，此之为大丈夫。

因此，气节是内敛的，也是外烁的。它一般只关乎那些重要的道德立场，即通常所谓大是大非问题。当然这并不表示在小是小非问题上气节就不存在，小是小非有时也与气节相关，但一般没那么严重，是所谓小节，但小节在某些情况下也会影响到大，所以我们也不能过于小视。当然在大多数事关小是小非的问题上气节是内敛的，即不直接显现出来。在此情况下一般不需要上升到大节高度来认识，否则就是上纲上线。但是我们也不能一味认为小节无害，毕竟小与大在许多情况下是联系在一起的，小中能够见大，在一定条件下小也能够发展为大。

4. 道、道义与道统

如前所言，与气节联系在一起的伦理道德不是一般的应有，而是贯穿所有应有和道德的原则与法则，是大是大非问题，用中国文化的概念来描述，那就是道。道颇类似与西方的逻各斯，是贯穿性的理念，起统摄作用的法则，但与西方比更具有伦理的色彩。当然我这里说的是儒家的道，而非老子的道。老子的道与西方相近，有更多自然的色彩。在中国文化中影响最大的是儒家的道，气节观更直接与之密切相关。这种道从伦理角度看是应有和善，从理性角度看又是真理，与之对抗既是邪恶又是谬误。从形上的角度看道甚至还是天命天意天之法则。因此，站在道的立场上，对之进行实践、捍卫和继承就是正义，用传统文化的术语，就是道义。君子应该铁肩担道义，妙手著文章。当然对道的研究本身也是一门学问，它既是学统又是道统，不过首先是道统。道德文章,首先做人,其次是学问。由此不难理解儒家士大夫乃至许多民族精英为何能在艰难困苦威胁利诱乃至泰山压顶面前能如此保持崇高的气节与理想,因为他们认为这样乃是捍卫了道,道义和真理在自己一边。如孔子云:"士志于道,而耻恶衣恶食者,未足与议也。""富与贵,是人之所欲也;不以其道得之,不处也。贫与贱,是人之所恶也;不以其道得之,不去也。君子去仁,恶乎成名?君子无终食之间违仁,造次必于是,颠沛必于是。"(《论语·里仁》)如孟子云:"士穷不失义,达不离道。穷不失义,故士得己焉;达不离道,故民不失望焉。古之人,得志,泽加于民;不得志,修身见于世。穷则独善其身,达则兼善天下。""天下有道,以道殉身;天下无道,以身殉道。"(《孟子·尽心》)这里说的是对理想与道义的坚守。这就是气节。

5. 自由选择与责任意识

气节的表现是一种自觉行为,这种自觉行为往往同主体的自由选择联系在一起。选择是主体在诸多可能性中所作出的抉择。一件事的处置和一个行为的取舍,对人类主体说来常常有多种选择的机会和可能性,他或她可以这样做,也可以那样做,可以选择 A 也可以选择 B,或者选择其他什么。多种选择的可能与机会是世界的开放动态性质和人类的自由本质使然。如果不是这样,世界就是命定的,一切对人类说来都是不可改变,那么也就没有自由和主体能动性,人也就不成为人了。这是从人类宏观和总体角度而言。对个体说来,如何选择,选择什么,基于什么考虑,出发点和根据是什么?则可能有很多因素起作用,如个人利益、爱好、需要、知识、能力、价值观等,还有外在的压力、理想的呼唤、做人的原则、主客观条件是否具备等等,在综合这些因素的基础上个人作出取舍和抉择。这就是自由选择。

但是,对于道德选择说来这仍属于不那么重要的场合,并不能反映你在更为重大问题上的立场与道德水准,更不直接关乎你的气节。如果一件事或一个行为可能给自己带来不利的后果但却可能有利于别人乃至社会,你在此之前可以选择这样做,也可以选择放弃。你若明知压力可能于己不利但不愿放弃,那就说明你有较为高尚的品德。你恪守这些信念和原则,即使明知此行艰难,要付出很多,而放弃却很容易,但你却坚持理想而不愿放弃。你的所作所为都出自自己的深思熟虑和自觉自愿,因此是自由的行为,也是有气节的行为,因而是值得尊敬和令人嘉许的。这样的品德与行为如同抵御外在的巨大压力联系在一起,那么气节意识就充分彰显了。所谓"富贵不能淫,威武不能屈,贫贱不能移",这样的磊落行为均是出于自己的自由选择,当人做出选择的时候不是不知道后果,也不是不知道富贵之诱惑、贫贱之痛苦与威武之压力,但为坚守心中的价值理想愿意与巨大的压力对抗,即使为之付出沉重代价也在所不惜,凛然的气节也在此过程中得到彰显。

这样一种选择也与一种责任意识有关。这里所说的责任有两重含义:一指选择的责任,二指对坚守价值理想的责任。两层含义相互联系又有所区别。选择的责任具有普遍意义。也就是说,凡选择就有责任。而选择的存在对人类说来也具有本质意义。世界是有规律的,但这有规律的世界是开放的不是封闭的,是不断发展变化因而充满着机会和不确定的,而不是刻板不变、天天如此、不可变更、不可抗拒的宿命,这就给人类能动性与自由的发展留下了广阔的空间。对人类说来每一次自主的活动都是一次选择。选择实现了人的自由,同时也给人带来了责任。因为所有的选择都是人自己作出的,因而必须为自己的选择负责,承担相应责任。当然选择各种各样,有政治抉择、军事上的战略战术与部署,也有伦理、宗教、法律等社会实践方面的选择,也有与个人日常生活行为实践关系更为密切的选择,如社会交往、学习工作与婚姻恋爱家庭事务,都有一个选择的问题。当然在某件具体事情上你可以不选择,但不可能每件事都逃避,其实逃避也是一种选择。有选择就有责任,因为选择是你自己作出的,选择的后果不可能与你无关。

与气节有关的选择责任主要同伦理道德和价值理想价值原则有关。价值理想、价值原则都属于精神价值,而且作为社会普遍认同的价值原则首先属于客观精神,但却为气节之士所信服,他们深感对这些价值理想的实现负有责任,因此愿意践行,必要时愿为之付出自己的生命。在此情况下外在的东西变成内在的东西,成为一种自觉的主观精神,一种自觉指导自己实践和约束自己行为的责任意识。孔子说:"为仁由己",这正是一种责任意识。更早《尚书》、《左传》也有类似的论述,如"天作孽,犹可违;自作孽,不可逭"(《尚书·太甲》);"善败由己,而由人乎哉!"(《左传·僖公二十年》)孔子弟子曾参说:"士不可以不弘毅,任重而道远,仁以为己任,不亦重乎?死而后已,不亦远乎?"(《论语·泰伯》)都在说明选择的责任。气节正通过主体的选择而显现。

责任是有层次的,既有社会层面的,也有个人的。一个符合儒家价值理想的仁义之士应当达则兼济天下,穷则独善其身。兼济天下是儒家士大夫对社会的责任,独善其身则是对自己的责任,也是一种底线伦理与气节。对大多数人说来,未必有兼济天下的机会,但独善其身的考验则有的是。儒家讲慎独,就是出于这个考虑。若平时不能严格要求自己,或高标准只对别人不对自己,恣意妄为,其个人品德就谈不上什么善,更不能指望他去治国平天下,为社会带来福祉。这样的个人责任对每个普通人也是适用的,即使他不一定是儒家信徒,但做人要有原则,社会公认的道德准则应该遵守。孔子说的"为仁由己"也就是这个意思。当然,如果你以天下为己任,以国家、民族和社会的利益为自己的责任,那么胸怀与立意就非常崇高了。如孔子"乐以天下,忧以天下",若有一人不被尧舜之泽仿佛自己把他(她)推到沟里一般,就是非常博大的社会责任。还有张载民胞物与,范仲淹先忧后忧,境界也与之类似。这些都是民族文化中非常宝贵的精神财富,也是一个人能够坚守气节的强大精神支撑。

6. 献身精神

气节意识的最高境界是献身精神。当然不是盲目献身。有气节者不是不知道生命之美好,人生之价值与生活之乐趣,但是为捍卫心中的理想与操守有时不得不选择献身。正如孟子所言:"鱼,我所欲也,熊掌亦我所欲也;二者不可得兼,舍鱼而取熊掌也。生亦我所欲也,义亦我所欲也;二者不可得兼,舍身而取义者也。生亦我所欲,所欲有甚于生者,故不为苟得也;死亦我所恶,所恶有甚于死者,故患有所不辟也。……一箪食,一豆羹,得之则生,弗得则死,嘑尔而与之,行道之人弗受;蹴尔而与之,乞人不屑也;万钟则不辨礼义而受之,万钟于我何加焉?"(《孟子·告子》)孟子这里所说的就是中华文化中气节之士的生死观。嗟来之食,一个有自尊的乞丐都不会接受,即使他饥肠辘辘有被饿死的危险。一个有气节的人更不会因一点物质上的诱惑放弃心中的价值理想,因为在他心目中理想的价值更高;甚至生命威胁也不能达到这个目的,因为他为捍卫理想已将生死置之度外。早期基督教徒有很多殉道者,这在国人看来也算得上有气节的行为。中华文化重气节的传统源远流长,非常有名的气节之士也是代有人出。这些人都为捍卫理想而献身,在此过程中表现出自己的崇高品质和高风亮节。从此角度看,一部中华历史是一代又一代精英为实践与坚守自己的价值理想而英勇献身的历史。这些人是中华民族的英雄与骄傲,也可以说是民族的脊梁与灵魂。尽管其中许多人献出了自己的生命,但他们精神不朽,英勇事迹永远为人们所牢记。

另一方面,也不要认为要想保持气节就要以丢掉生命为代价。从此观点看来,一部气节史也是一部悲情史和牺牲史,有气节的人往往难逃悲剧命运,似乎好人无好报,而那些道德感不强甚至寡廉鲜耻缺少气节的人反可能活得潇洒与滋润。这样一种不合理的反差现象历史上确实存在,但并非必然如此,也不能说明那些变节的人生活得很有价值。其实,并非对气节的所有坚守都将以生命为代价。那只是一些极端场合,多数情况下不一定有如此严重的后果。因此我们切不可认为凡讲气节就会受伤害,甚至不可避免作出牺牲。其实有义有节也有好结局的人也不少。俗话说,好心有好报,好人一生平安;天网恢恢,疏而不漏,说的正是这种情况。但那些为了心中的仁义理想而英勇献身的人事迹肯定更为感人,因此我们在讨论气节时很自然地把介绍他们的事迹作为重点。其实不必把坚守气节想象得那么悲惨和可怕,另一方面也应指出气节之士不害怕为坚守气节在必要时作出牺牲。要有这个胆量与气魄。这种胆量与气魄是一种献身精神。

7. 国格与人格,自觉的行为操守

气节与人格关系密切,在有些情况下甚至可以说它们是重合的。

所谓人格是人之为人精神特征的总和,当其同社会关于做人的伦理道德、价值观念重合时它们就是高度一致的。人格是人之为人的根本,因为它同人的特有个性、气质、心理、情感、理性和价值观密切相关,而这些东西正是规定人之为人乃至个人之为个人的本质东西。如果缺少这些东西,或者说这些东西偏离了正常的范围,受到遮蔽与歪曲,那么可以说其存在着人格缺陷。若这种遮蔽与偏离与伦理道德有关,可以说其在道德人格方面出了问题。这种道德人格在中国文化语境中正是气节。有了它,人格才巍然挺立,展现出迷人的魅力与光辉。孔子说:"三军可以夺帅,匹夫不可以夺志也"(《论语·子罕》)。孟子说:"居天下之广居,立天下之正位,行天下之大道;得志,与民由之;不得志,独行其道。富贵不能淫,贫贱不能移,威武不能屈,此之为大丈夫。"即指此意。

气节意识也是一种自觉的行为操守。以上所描述的所有与气节有关的良好品德都不会自动从天而降,而必须靠人们去自觉地学习、培养和加强。同时它也不是一旦学会就永远不变,因而一劳永逸的。事实上,变化是一直有的,包括外在的和内在的。道德在很多情况下是养成的和习得的。孔子说"性相近,习相远也"(《论语·阳货》);又说"为仁由己"、"求仁得仁","仁远乎哉?我欲仁,斯仁至矣"(《论语·述而》),子路向孔子请教何为君子。孔子的回答是"修己以敬"与"修己以安人"(《宪问》)。说的都是后天习得和修养的力量。孟子虽然认为人性本善,与生俱来,但这人性在后天无疑受到干扰与扭曲,因此他强调"养气"与"反求诸己",并说"人恒过,然后能改;困于心,衡于虑,而后作"(《孟子·告子》)。《中庸》说"君子不可以不修身",《荀子》也专门谈"修身",《大学》则指出修身必须先"正心诚意"、"格物致知",都是强调后天修养的作用。道德品格与高尚气节的保持乃至加强正与后天的不懈修养与操守联系在一起。

气节是对道德价值与文化理想的坚守。当然,道德价值与文化理想常具有一定的社会历史内涵,在中国古代主流是儒家的学说,不过儒家学说也是对此前伦理道德观的继承与发展,也可以说集大成。从理念上看儒家学说主要有仁、义、礼、忠、孝、诚、信等这样一些概念或范畴，这些理念或范畴都打上了所处时代烙印，具有一定的社会历史局限性，也可以说具有一定的糟粕。但若除去这些因素，从更高和更抽象的角度看，伦理道德告诉人们按照"人应当做什么"的价值理想来行动，自觉地追求善是人的主体性的突出表现，儒家理论乃至中华气节观告诉人们自觉按照一定的价值理想来行事，并且坚持不懈，富贵不能淫，贫贱不能移，威武不能屈，无疑具有非常积极的意义与作用。这样一种对伦理理想的坚守从个人角度看彰显人的主体意识，突出人的能力与个性，从社会角度看则能够砥砺风气，教化社会，引导和激励人们遵循和捍卫善的价值和理想，从而对社会与文化起到整合、稳定的积极作用。

传统气节观也有糟粕的因素，其主要的价值取向——忠君、孝父和婚姻方面的贞节观都程度不同地有糟粕存在，特别是妇女必须为男子守节的节烈观更是消极的东西居多，应坚决否定。本来，忠、孝、贞对人类说来都具有正面的道德含义，但什么东西都不能绝对化和强调过分，过犹不及，就容易僵化和出问题。古代贞节观的一大弊端是男女不对等，即只要求女子对男子守节而对男子无要求，男子甚至可以三妻四妾。在旧中国由于三纲五常的存在而使这种不平等大大强化。宋明以后的情况就是如此。无数臣民被视作奴才，无数妇女戴上贞节观的枷锁而幸福难觅，每一座贞节牌坊可以说都浸泡着许多妇女的痛苦眼泪。用戴震的话说："上以理责其下，而在下之罪，人人不胜指数。人死于法，犹有怜之者；死于理，其谁怜之！"（《孟子字义疏证》卷上）

戴震的批判非常有力。但从社会范围看对传统贞节观糟粕的认识与揭露主要是在西学东渐特别是五四运动以后。今天人们在现代道德观的指导和对比下更能看清楚其中的谬误和不足。不过这并不代表贞节观一无是处，对爱情忠贞不渝始终是一种值得赞美的美好品德。更为广义的气节观更是非常宝贵的中华文化遗产，值得我们去记取和弘扬，当然我们要取其精华，弃其糟粕。

（原载《学海》2009年第1期）

也谈超越与道统

《读书》2008年第11期杨念群《"道统"的坍塌》是一篇不错的文章。文章关于近30年历史研究乃至整个学术研究的路径和境遇,特别是关于"化约论"与"语境论"的概括与分析,令人耳目一新。但也有一些论述似乎包含着逻辑上的不一致,结论也有些独断,令人难以苟同。例如,文章的写作据作者云乃是"迫激于目睹中国知识界30年之怪现状,同时忧愤于国人的视而不见与麻木不醒",又谓近代以来"士林精神萎缩","知识人的精神境界日益呈现难以阻挡的下降趋势",由此看来作者的立场是道德主义和批判主义的;另一方面,板子又重点打在重视道德与理想的"语境论"屁股上,即批评它过于理想主义,过于强调精神的纯正和力量,是一种对历史的误读,也是一种病灶,他称之为"道统"的持守与迷失恐惧症。对道统理想的坚守者与语境论当然可以批评,但用如此强烈贬义的语言,认为是当代知识界怪现象和不良病灶,颇有将道统持守与道德迷失一锅煮的味道,似乎又有道德虚无主义或非道德主义之风。另外,对一些重要范畴的理解也有可商榷处,本文主要围绕文章两个重要概念"超越"与"道统"谈些自己看法。

首先谈"超越"。"超越"在杨文中具有重要的地位。杨念群认为它是道统形成的关键。更具体地说,超越在他看来指个人或群体与世俗权力的对抗,特别是思想超出权力的约束与藩篱。当然,超越有两种,一是西式的外在超越,二是中式的内在超越。杨念群认为,西方由于教权的强大给思想提供了庇护,使人能与世俗王权相抗衡。中国知识界给之起了一个动听名字,叫"外在超越",它使西人的精神能通过上帝召唤超越世俗约束。但中国没有强大的教权与教会,国人无法借助上帝力量超越自己的肉体和精神,只能靠内在的道德修炼来完成内心的自我完善。现代道学家遂发明了一个说法叫"内在超越"。其实在历史上真正能够达到此境界的人是寥若晨星,没有多少现实性。

我认为杨文对"超越"的理解不够准确。"超越"在西方文化语境中主要含义有两点,一指灵魂超出肉体的约束,或精神超出物质的束缚;二指个人超出自身有限,达于无限、永恒和绝对。灵肉分离是西方文化一个基本的主题,其重要性比我们的天人合一有过之而无不及。从毕达哥拉斯、柏拉图到斯多葛学派、新柏拉图主义及后来的基督教,还有更早的犹太教《旧约全书》都贯穿着这样的主题。上帝不过是绝对、无限和永恒的化身。因此在基督教话语中天上之国永远高于地上之国。但从历史角度看教权的显赫是君士坦丁以后的事。在此之前无数基督徒像乃祖耶稣一样为信仰受到罗马帝国的迫害,今日梵蒂冈彼得大教堂屋顶上矗立着的许多殉教士雕像可为佐证。也就是说,杨文把西式"外在超越"同强大神权对思想庇护使人能与王权对抗联系在一起是不准确的。在基督教成为国教前一样有对抗,即与王权抗衡和思想与精神超出自身有限达于无限的努力,而且更加悲壮,更加显出精神的力量。君士坦丁之后信徒想通过殉道卫道获得容光的机会消失,才出现许多极度苦修甚至不惜自残的苦行僧。那是后话。

当然教权与王权的对抗确是西方历史的一个重要特点,特别在中世纪。罗素在《西方哲学史》中曾说过,中世纪的二元对立与古代相比具有不同的形式,有僧侣与世俗之间的二元对立,有拉丁与条顿的二元对立,天上之国与地上之国的二元对立等,所有这些都可在教皇与皇帝的二元对立中表现出来。教皇与皇帝即教权与王权。西方王权的相对弱势确实同教权的强大与抗衡有莫大关系。而王权的相对弱势又确实十分有利于自由精神的成长,包括保护财产权的意识、政治民主和信仰自由等。但我以为若研究民主自由精神的生长应充分注意宗教的作用和教权与王权的对抗,但同杨文所说的超越似乎关系不大。而且在中世纪还有很多力量也很强大,如贵族的力量就是制约王权的重要因素,其作用似乎不在教权之下，如英国的自由大宪章即导因于这一对抗。不过这就扯远了。

杨文说"外在超越"指"精神能通过上帝召唤超越世俗约束"。其实在我看来"世俗"的含义有两重，一是世俗权力，二是世俗生活。对个人说来，摆脱第一重约束固然不易，但摆脱第二重约束也许更难，因为其根扎得更深更普遍也更久远，普遍存在的人性和灵魂与肉体冲突正是其赖以植根的肥壤沃土。从历史情况看，教权的强大固然给信教者提供保护，使其能与世俗权力对抗，凯撒的归凯撒，上帝的归上帝，但并不能直接提供对世俗欲望的超越。当年即使圣贤如保罗、奥古斯丁都曾为折磨自己的肉体欲望而深深苦恼，挥之不去，招之即来。基督教掌权以后，如所周知，中世纪教廷所产生的腐败绝不比其他任何掌权当局小，如行贿受贿、出卖教职、通奸纳妾之事曾长期盛行，还有女教皇偷生小孩的丑闻，路德宗教改革即因反对教廷兜售赎罪券而起。可见权力本身并不能提供思想对世俗欲望的超越，也许欲望的诱惑反而更多一些，因为得来容易。阿克顿说权力使人腐败，绝对的权力绝对使人腐败，也属此意。因此西人从性恶论（柏拉图、亚里士多德、马基雅维里、孟德斯鸠）和原罪说（基督教）出发反而产生权力制约的理论与实践。众所周知，他们最终诉诸制度而不是个人的超凡魅力和外在权力，即使该权力具有宗教的名义。

关于内在超越，据我所知，较早区分内在超越和外在超越的可能是牟宗三。牟宗三认为西人苦于灵肉二分和生命有限，试图通过虔信上帝超越自身有限而达于无限和永恒。此为外在超越。国人没有西式的灵肉紧张关系和宗教崇拜，但仍有对绝对无限永恒的追求，那就是内在的道。道不在有限自我活动之外，而在其中，在伦常日用之中。如春秋时叔孙豹的名言："太上有立德，其次有立功，其次有立言。虽久不废，此之为不朽。"（《春秋左传·襄公二十四年》）这种虽久不废之不朽即为内在超越。牟宗三的观点与杨念群有相似处，如认为国人无法（或没有）借助上帝力量超越自己肉身和精神，只能靠内在的道德修炼来完成内心的自我完善，这种自我完善亦即为内在超越。但也有重要差别，差别在于与权力的关系。如前所言,杨文认为超越在于个体精神与世俗权力的对抗,而牟先生所说的超越与权力没有直接联系。虽然权力在世俗生活中地位非常重要,但仍只是思想或精神赖以栖身的外在环境一个组成部分,不需要被另外单独提及。

我个人对牟宗三观点持"同情的理解"态度,认为其有较大的合理性,也较符合历史实际。《大学》中的"正心诚意"、"修齐治平"和《中庸》的"赞天地之化育"、"与天地参",孟子的"立天下之正位,行天下之大道;得志,与民由之,不得志,独行其道。富贵不能淫,贫贱不能移,威武不能屈,此之谓大丈夫",都是中国式内在超越。甚至禅宗的"担水砍柴,莫非妙道"也有此精神。实际都是讲中国人通过日常实践追求道的理想而超越一己小我之有限而达于无限。这是中国式的内在超越。外在超越指人通过对有限自我的否定和对外在上帝的信仰而达于无限。两种情况都与抗衡世俗权力没有直接关系。

下面该谈谈道统和道统的迷失了。杨念群认为,传统的道统学说营造了一个黑暗政治秩序外的清纯无比的世界,让人无限神往,但其清澈的程度令人起疑。从重建知识分子精神家园的角度把"士"、"道"等概念理想化情有可原,但若把"内在超越说"从一种思想状态的假设当作历史真相加以概括也无法令人接受。"历史的真实有可能是:士作为文化精神的承担者和传播者,从明清以来不断萎缩气短,越来越丧失了其独立的精神品格。我们看到的是这样一幅图画:'道统'不但越来越无法制衡王权的力量,而且也越来越无法成为'士'和'知识分子'真正的精神底蕴和行为基石。"

杨念群的论述很有见解,但我仍对其中一些重要提法有异议。

首先,杨念群批评道统学说过于理想化,把一种思想状态的假设当作历史真相加以概括和合理化,乃至"把一部不乏黑暗的中国历史画面涂抹上太过艳丽的色彩,作出太过乐观的解读"。我以为道统学说确有理想化和抽象化色彩,其实这也是许多思想家特别是道德理想主义者的通病,如柏拉图"理想国",亚里士多德的"至善",康德的"善良意志"。理论原点难免是抽象的和理想的,正所谓价值理想,"虽不能至,心向往之"。但道统学说的提出很大程度上是对不合理现实的批判。批评者不可能不知道自己的理想并非现实,以此对历史作出乐观解读也就无从谈起。如孔子感叹"道不行",牟宗三常讲"花果飘零",对文化和道统的现状很悲观,根本谈不上把一种思想状态的假设当作历史真相加以概括和合理化。

第二,关于"道统"无法成为制衡王权的力量。窃以为道统作为一种精神的力量与传统其作用有其限度,不能把王权缺少制衡的责任皆归罪于它。要达到这种制衡需要制度的建设,而这种制度需要在一定的文化氛围和一系列政治经济因素相互作用下才能生长。如西方中世纪王权受到教权、贵族、保护所有权传统、自然法理念、民主传统等多种因素制约,后来又受到文艺复兴、宗教改革和启蒙运动冲击,在此背景下才有专制王权的式微与近代民主精神的诞生。中国的道统孤掌难鸣。春秋时诸侯争霸,王权相对较弱,孔孟才敢对王权指手画脚,说什么"君之视臣如土芥,则臣之视君如仇寇","说大人则藐之"等。秦汉以后中国政治制度与社会结构向绝对君权的路子走,臣与士的独立空间愈益缩小,即使有道统激励,亦很难与王权抗衡。更何况任何时候总是关心自己功名地位的名利之徒更多。在他们那里,道统被弃置一边实属当然。董仲舒之后,君王更成为价值中心,道统尚需要与之联系起来才能获得合法性。在此情况下,对王权的有效制衡更成为空话。所以对道统不能过分苛责。

第三,关于道统的持守与迷失及对道统迷失的恐惧。道统的持守是对道统立场的坚持与守卫。道统迷失是对道统立场原则的破坏与摒弃。关于后一情况的出现,杨文认为近代以来主要源于两类因素的制约,一是王权政治的支配力,二是世俗化的侵蚀。其实这两种情况古已有之,孟子说的"富贵不能淫,威武不能屈"正反映此两方面的情况。不过近代的挑战与压力更大,这是不容置疑的。也有更多的人在重重压力之下放弃了理想,干出蝇营狗苟和趋炎附势之事,此谓道统的迷失。对于这种迷失,一说好得很,一说糟得很。糟得很是从道统立场出发对种种偏离持激烈批评态度。好得很则认为偏离有理,迷失有利,批评不当。为何不当,见仁见智。依杨文,乃是患了对道统迷失的恐惧症。当年牟宗三等人发表为中国文化前途告世界人士书,提出对中国文化要同情地理解。杨文的观点则可以说是对道统学说之不同情的理解,或含贬义的理解。这种贬义,在该文关于"不良病灶"和"种种怪现象"用语中非常明显!我在文章开头说的"道德虚无主义"正是由此而发!

在我看来,道统的持守大不同于道统的迷失,而对道统迷失的恐惧则在根本上大不同于道统迷失本身。

何谓道统?我认为道统乃指一种文化精神的传承,其特点是重视道德伦理、社会责任和道义承担。当然在中国传统文化语境中,还有着更为狭隘的忠孝仁义之含义。但今天我们不必受其束缚,尽可把狭隘的东西扬弃,或作出新的富有时代气息的阐释,使之具有更为积极的意义。即如林毓生先生在《中国意识的危机》中谈到五四运动时所言:看到社会有了问题,忧心忡忡,深感自己对之负有责任,因此试图去改变它,这就是五四精神,也是五四对中国古代重视道德伦理、社会责任和道义承担优秀文化传统的传承。这个精神,张横渠"民吾同胞,物吾与也";顾炎武"天下兴亡,匹夫有责";东林党人"国事家事天下事,事事关心";老人家"天下者我们的天下,社会者我们的社会",精神可以说一以贯之。

当然,我们仍要强调指出,精神、文化、道德乃至道统的作用有其限度,约束自己尚属不易,约束别人更难,更不用说去改造社会了。要知道西方即使像边奈狄克特这样的圣贤在笃信基督之后仍会受到肉欲的诱惑,去想他曾见过的女人,一度甚至想放弃修道,最后靠在荆棘丛中打滚才勉强自拔。吾辈凡夫要想做到清心寡欲肯定更难。至于兼济天下和改造社会,更是谋事在人成事在天。如能抗衡王权的民主精神之生长,需要一系列复杂的社会历史条件,这些条件在漫长的中国传统社会尚未完全生长出来。所以不能过于指望道统太多。

另一方面我们仍要指出,精神、文化、道德乃至道统有其作用,虽然作用有限,但绝不是无意义。因为人与禽兽区别几稀,道德即是其中之一。当然有的道德意识狭隘,有历史局限性,但有道德总比没有道德好,更比那些缺德失德不讲天理良心的行为操守好。尤其在当代社会,恪守道德理想即使有时形单影只力不从心,或阻力重重效果不尽如人意,但总比那些道德感缺乏、走私贩毒卖假药毒奶贪污盗窃之类人和事强,后一类现象从思想文化上看我们可归之为价值理想的迷失和道统的缺失。显然,对这些现象的忧虑与这些现象本身不可同日而语,即使忧虑可能于改变现实无助,也有很多缺点缺陷,但至少世风日下不是忧虑的错,我们不能把它们一锅煮,统统归之为"社会怪现象"和"时代病灶"。我猜杨先生可能有感而发,如目睹士风日下和对传统道学作用的过度拔高等,但即使如此也不应将之与真正的精神守望和理想持守混为一谈,或将其统统否定。这就是我对杨文的意见和看法,现写出来与杨念群先生商榷并求教于大方之家。

(原载《中国图书评论》2009 年第 6 期)

第三编

当代中国：文化与社会

当代中国：文化社会

第三卷

文化转型时期的价值关怀

——当代国人的精神危机及价值重建

当代中国正面临着深刻的文化转型,这次转型,从其酝酿发轫时算起,已有一个多世纪,但只是从十一届三中全会以来才达到最高潮。转型带来了震荡与冲突,也带来了深刻的精神危机,对许多人说来是心爱观念的毁灭,是痛苦、挫折和往事不堪回首;对有些人说来是成功和进取,以及无限多的机会和新价值的生成;对更多的人来说也许是困惑、迷惘、焦虑和不安……我们从何处来,向何处去?在巨大的文化转型和价值冲突面前我们的凭藉是什么?或者说我们是否有精神的凭藉,内以安身立命,外以兴国兴邦?在巨大的转型面前知识分子责任何在,人文关怀是否还有其价值?所有这些问题尖锐地摆在我们面前,启人深思,本文试图以文化转型为背景,从最一般意义上勾勒当代国人的价值取向,分析与把握其观念冲突及其蕴含的深刻危机,进而为超越危机提供一个可供选择的思路。

当代国人的价值关怀

价值观是文化的核心、时代精神的凝聚,它有一定的价值取向,并表现在人们的行为实践、活动方式中,实践作为有目的的人的能动活动受此价值取向的制约,从整个社会的范围看占支配地位的价值取向无非是同时代大多数人所希望、所追求、所为之奋斗不已的东西,从此角度透视当代国人,价值取向主要表现为:

1. 功利主义与拜金主义

功利主义是当代国人的压倒性价值取向,也是基本的价值关怀。君不见天下熙熙,皆为利来;天下攘攘,皆为利往;滔滔者天下皆是也。功利主义的价值关怀既表现在无数国人的行为中,也表现在各级领导干部的施政纲领与大政方针中。全党全国都以经济建设为中心,建设社会主义市场经济,努力实现工业、农业、国防和科学技术的现代化,均体现这一压倒性的价值取向,这是个了不起的变化,因为我们这个民族长期以来是忌言利、讳言利的。孔子罕言利;孟子义利之辨,主要是论证义大于利;封建统治者则缺少市民资产阶级那种无止境追求利润的冲动,他们的消费构成剥削的界限,而广大劳动者生产的财富已足够他们挥霍,因此他们对逐利无特殊兴趣,对儒家重义轻利的理论却大加赞赏。因为义主要被理解为忠孝仁义,于是重义轻利长期成为支配性精神,商人则是四民之末。

其实,物质利益作为人类社会存在与发展的杠杆不可能被取消。不过在中国漫长的封建社会中受到重义轻利的观念的束缚,商品经济未能充分发展,建国后儒家在思想界的影响地位倒了,但重义轻利观念却又深了一层,因为马克思主义已成为指导思想,而在马克思的理想中,钱与利、乃至商品与货币都没有位置。他认为人只要追求这些东西就会受缚于外在的物,没有真自由,只有出于内在要求而不是外在压力,行动才算真正自由。在此意义上他甚至认为以劳动时间作为财富尺度表明文明以贫困为基础,只有以可以自由支配的时间内个人创造性的发展为尺度才符合他的理想。马克思的理想无疑是崇高的,问题是在一个生产力水平并不发达的国家过早地否定利益的作用,只会如马克思所说造成贫困的普遍化,于是一切陈腐落后的东西会死灰复燃。改革开放前的中国的情况就是如此。总之,在条件并不具备的情况下否认利的作用,只会把国家搞得很贫弱,人与人之间的关系也搞得很虚伪,不真诚。因此,三中全会以后中央拨乱反正,搞开放改革,以经济建设为中心,还是很明智的。改革开放15年来的成绩世人共睹,巨大的物质财富和生产力被创造出来,而这些不久前似乎还长眠于地下。人民的生活水平也有了很大改善。然而,功利主义过甚也有很多弊端,其极端表现是拜金主义泛滥。拜金主义是对金钱货币的崇拜,本来货币作为人类劳动产品的一般等价物可充当价值尺度与支付手段,是人类经济发展的工具,但有了它就可以占有等量的社会财富,于是它的头足倒立着,在人们心中产生了比它自己跳起舞来还要奇怪的幻想,马克思在《手稿》、《资本论》中曾多次列举莎士比亚和哥伦布的话:"金子真是一个奇妙的东西!""谁有了它,谁就成为想要的一切东西的主人,有了它,甚至可以使灵魂升入天国。金子!黄黄的、发光的、宝贵的金子!只这一点点儿,就可以把黑的变成白的,丑的变成美的,错的变成对的,卑贱变成尊贵,老人变成少年,懦夫变成勇士。"我国东晋鲁褒写《钱神颂》,意思也与此相类,这样一种拜金主义在当前市场大潮中乘机泛起是很自然的,道德、法律、天理、良心、人情、理想,所有一切最神圣的东西都受到它的冲击和亵渎,知识也变得贬值了。"坑灰未冷山东乱,刘项原来不读书",这个市场只认钱说话,千千万万的人加入市场淘金大潮,鱼龙混杂,泥沙俱下。"一切向钱看",成为这个时代的口号,几乎所有单位包括政府机关、研究单位、部队、院校乃至所有个人均围绕这个轴心运转,尽管口头上可能不这样说。于是整个社会弥漫着拜金主义。这种拜金主义诚然可以一时刺激人们发展经济的热情,但经济发展无序,社会不安加剧,到头来肯定要为此付出代价;而且,一切为物欲所役,人也就不成其为人了。

2. 实用主义与短期行为

当代国人的实用主义精神很强。我们民族本来就有实用精神的传统。"平时不烧香,临时抱佛脚";"子不语怪力乱神";"祭神如神在",实用态度非常明显。李泽厚先生把实用理性概括为中国文化的一大特点,确有道理。不过传统文化把内圣外王、修齐治平乃至成圣成贤作为做人的准则,高则高矣,对普通人说来落不到实处,反而搞得人与人的关系很虚伪。这些理论离实用相差很远。儒家泛道德主义后来在林彪、"四人帮"的空洞说教中得到再现。空洞的道德说教不仅败坏了社会的风气,也给经济发展带来严重的不良影响。作为这种泛道德主义的反拨,实用主义态度广泛发展,它有负面的影响。例如,它同功利主义结合产生实利主义,对普通百姓说来则是实惠主义,即以实利实惠作为自己的生活态度和处世原则。实利主义发展过甚,难免急功近利,甚至产生短期行为。产生厌学经商、学者改行下海,企业以次充好,承包厂长只管承包期的利益最大化;领导干部只对自己任期的事关心不已,因为能产生眼前看得见的成绩在以后的考核中有用。有权不用,过期作废成为许多人的共识;甚至竭泽而渔,杀鸡取卵,今朝有酒今朝醉,长期见效的工程普遍受到忽视。孙立平先生把此现象称为"短期行为文化"或"短期行为价值系统","在此系统中任何长期行为都带有一种傻气,因为由于社会调控失序,长期行为得不到相应收益,难免出现短期行为的普遍化,这种普遍化是我们这个社会所患的一种近视症。"①

3. 个人本位主义与极端利己主义

传统社会是关系网络社会,人束缚在关系网络中,个人地位并不重要。市场经济把人从依附关系中解放出来,人成为孤立的原子、自由的个人,享有自主权与经济自由,这在西方中世纪后期被视为人的解放。这样一种解放在我国仍在继续,而且发展至高潮,因为广大农村从自然经济向商品经济的转变只是最近十年才实现的;在城市也出现计划经济向市场经济的转变,这是发生在当代经济领域的文化转型,精神领域的变化以此为基础。

过去,个人束缚在家庭、社团、单位、地域、户籍等各种关系和制度中,并无多少自由,如今农村出现财产权利与人身自由两大解放,城市的开放性与流动性也大大加强,最重要的,市场经济确立了个人的经济地位,也唤醒了人的个体意识与主体意识,于是重视个人价值个人权利个人利益的观念崛起,这种精神或价值取向也可以说是个人主义,不过时下个人主义一般被当作贬义词,因此权且称作个人本位主义,其实市场经济突出个人的地位与作用,个人本位主义只要不损人利己是很正

---

① "短期行为症",《东方》1994 年第 1 期。

常的价值取向。在马克思的价值理想中,每个人的自由发展是一切人自由发展的前提,集体是个人在其中充满个性与自由的集体,他讨厌在集体中泯灭个性,认为这是虚假集体,是异化。当然个人只有在集体中才能获得自由,这实际上是相辅相成的,因此过分贬抑集体主义、突出个人的地位是不对的,反过来也一样。在西方个人主义被视为基本的价值,不过也不能把这种个人主义等同于利己主义与自私自利,只要遵循市场规则与法律,不违反一般社会公德,个人主义仍被视为合理的价值取向,受到尊重。在我国个人受到集体主义的制约,集体主义作为官方提倡的价值受到推崇,但另一方面,重视个人利益和价值的观念却在市场经济环境中悄然生长。但它是畸形的,首先它没有名分,因而从不以个人本位主义而堂而皇之存在;其次它缺少合理的价值取向,缺少适当的道德、法律、市场规则来限制,因而表现出来的常常是肆无忌惮的极端利己主义、拜金主义、道德沦丧、腐败、社会不公平等种种丑恶现象,均与之有关。

4. 世俗化与物欲横流

粉碎"四人帮"以后的中国经历了一个世俗化过程,世欲化有两重含义:一是从个人崇拜与极左思潮鼓吹的意识形态神话中解放出来,破除种种迷信与思想禁锢,以理性精神考虑问题,以现实态度处理周遭事务;二是破除禁欲主义束缚,追求现世的幸福、生活的乐趣,特别是感性的快乐,这里主要从第二方面谈起。

追求现世幸福世俗快乐是西方文艺复兴时期人文精神的主要内容,过去人束缚在基督教禁欲主义中上千年,中世纪后期新型城市文明兴起,市民力量渐大,才出现了世欲化过程与文艺复兴和人文精神,粉碎"四人帮"后的中国与当时情况有某些类似,因此也出现了相似的世俗化过程,人们不再愿过禁欲的生活,而要在此生就过快乐的生活。改革开放又使人知道外面的世界之精彩,于是在亿万普通人中产生了强大的压力:过现代化的生活!于是出国潮风起云涌,留下来的也设法挣钱以实现家庭生活的现代化。的确,中国家庭从缝纫机、自行车、手表到洗衣机、电视机、电冰箱再到音响、空调、电话等三大件更新速度之快,远过西方。当然,这说明改革开放成绩巨大,另外中国作为后行国家不必样样走前人之路,但发展速度这样快,家庭生活现代化的压力无疑起了极大的推动作用。

更堪忧虑的是物欲横流,许多人把物质享受作为自己的最高追求,既然禁欲主义受到摒弃,可以堂而皇之地追求感性快乐,而市场经济与现代科学技术的发展又为满足物欲提供了非常多的条件,于是一个个弄潮儿竞相投入充满感性刺激的高级消费场所。现在的穷人已无冻死之虞,但却有儿童失学的威胁,也有不少生活困难,与此成鲜明对比的是,款爷们早已鱼肉吃厌,而向山珍海味、珍奇动物进攻,派头阔多了。

5. 理性主义与非理性主义

当代国人的理性主义大大增强。过去国人或束缚于忠君孝父的道德伦理传统,或束缚于极左思潮的个人迷信和道德说教,个人的理性精神受到压抑。现在这些权威倒了,行为做事靠自己的理性判断力,不再人云亦云,听人摆布,吾爱吾师,吾尤爱真理,实践是检验真理的唯一标准,学术界一时争论鹊起,空气活跃,普通人对问题也有自己的看法,不盲目听从别人。

理性主义不仅表现在个人行动中,而且表现在政治经济制度的构建与运作中。重视法制,重视民主,防止文革悲剧重演,所有这些口号都体现着理性的精神,因此以理性态度构建制度,使之对人有益成为人们共识,这里面既有价值理性,又有工具理性。

另一方面,当代国人也深受非理性主义的困扰,如前面提到的奢侈消费的末日观就是属于非理性主义。这种非理性主义又从西方获得一些灵感。本来西方自科学革命和启蒙运动以来是理性主义一统天下,但发展过甚,人的非理性一面受到压抑。于是非理性和唯意志论,存在主义竞相争宠,人的非理性一面得以充分发展,以六十年代性解放为高潮,但很快遭艾滋病当头棒喝:人不是动物,过分纵欲会遭天谴人责!所有这些现象在当代中国都有所表现,如有人公开声称:"我们的生命就是要除去一切妨碍我们达到此种物质与精神的销魂境界的障碍,舍此之外,我看不出还有什么值得人类追求的。"①

另外,赌博、迷信、吸毒都是非理性行为,还有些行为从个体角度看是合理的,如弃农经商,弃学下海,还有以次充好,偷工减料,倒卖批文,任人唯亲,拉帮结派都是为自己的利益,但却体现了更大的不合理:整个社会政治经济蕴含的不合理性。按斯密理论,市场经济条件下有一只看不见的手在调节,促使哪怕是最自私的人也要遵守法律,努力工作,靠本事挣钱,因为他反复比较,发现还是这样对自己最有利,我们现在离此情况还有距离。那些利己心重的拜金主义者宁可投机取巧,钻国家空子,也不愿挣老实钱,即所谓:马无夜草不肥,人无横财不富。到头来还是人民受苦,这是恶性循环。政治经济秩序的合理化是当前亟待解决的大问题。

当代中国还有一些重要的价值取向,如集权与拜权,"左"与"右"等,权力集中是中国政治一大传统,目前受到企业分权与市场取向的冲击,但权力仍高度集中,也许,在初级阶段建立社会主义市场经济新秩序一定的集权是必要的,何况国家那么大,没有一定的权威不行,但问题是国人的权力崇拜意识太强了,而权力过于集中也易产生腐败,目前反腐败措施多是治标,建立民主政治才是长治久安之策。

另外,由于权力高度集中,最高层路线趋"左"或趋"右"也是影响大局的关键因素。"左"或"右"都有特定含义,同意识形态争论有关,也代表一定的价值取向,小平同志搁置意识形态争论,集中精力搞现代化建设还是很高明的,但那些不同价值取向仍然存在,并会在相当长时间内影响局势的发展,因篇幅计就不展开谈了。

价值理想的失落:当代国人的精神危机

中国现在歌舞升平,经济繁荣,已是历史上少有的太平盛世,但问

---

① "必要的冷淡",《读书》1992年第9期。

题也很多很严重,特别精神世界蕴含着深刻的危机,这种危机表现在不同的层面:

1. 道德感的缺乏或道德沦丧

这是最普遍的精神危机。道德感的缺乏甚至道德沦丧乃无可争辩的事实。随着现代化建设的发展出现了许多新的观念与风尚,如民主与法制意识、自由与权利意识、竞争与效率意识等,但一般社会道德水准下降了。违反社会公德的事层出不穷,如公共场所不讲秩序不讲卫生不讲礼貌,甚至化公为私盗窃公物道德腐败,还有卖淫嫖娼,造假药,卖假酒,偷税漏税,拐卖妇女儿童,见死不救等,按理,这么大国家,各种怪事出一些不稀奇,但问题是这些现象普遍存在,特别拐卖妇女儿童,影响之坏,涉及面之广令人震惊,而我们的法律对之似乎太软弱,如对人贩子的处罚比对毒贩子轻得多,而人的尊严非物所能比拟。

2. 存在的危机:意义感之丧失

比道德感缺乏更深层的危机是存在意义感的迷失,这里所说的存在意义主要是指人的主体意识,自我意识和个性意识,在更深意义上还有生命本体的感悟,生存意义的体认。例如,我是谁?我从哪里来?到哪里去?生命的意义是什么?我将怎样实现人生的价值与意义,度过自己的一生?所有这些充满哲学意味的问题在当代中国几乎消失,活着就是活着,没有价值,没有意义,或者说没有比眼前利益更高的意义,于是偌大一个中国成了庸人倍出的世界。

(1)浑噩意识 八年前我曾在一本书中谈到"浑噩意识"的基本特征:浑浑噩噩,没有激情,没有个性,没有较高的人生价值追求,不关心自我以外的东西,得过且过,做一天和尚撞一天钟;或饱食终日,无所用心,糊里糊涂地生活,至于同胞的事情社会利益更漠不关心,麻木不仁,"如此生活,没有创造,没有热情,没有理想与追求;无大悲,亦无大喜,无大痛苦,亦无大欢乐。"[①] 王干最近在一篇文章中所说的"平面人"境

---

① 参见拙著《兴衰与追求》,贵州人民出版社1986年版,第228页。

界也与此相似:"没有思想的负荷,没有价值的规范,没有灵智,不追求意义,不相信永恒,感官的浅层刺激与审美的程式化,电子化,流行色是平面人的文化消费面。"①

这些人也类似于马克思所批评的庸人,他说,旧世界是庸人的,所谓庸人是世界之主,不过是说世界是充满了庸人及其伙伴,庸人社会需要的只是奴隶,而这些奴隶的主人并不需要自由。奴隶及其主人都是庸人,庸人需要的是生存和繁殖即动物希求的,这些庸人是构成君主制的材料。马克思认为,应当唤起这些人的自尊心即自由意识。② 这些论述值得我们深思,时下许多作品喜欢表现普通人,这是对帝王将相英雄崇拜意识的反叛,说明现代社会普通人地位在崛起,但问题是普通人也应该有个性,有较高的追求,不人云亦云,随遇而安,得过且过缺少个性就是庸人。

(2) 享受人生　认为人生的价值与乐趣在于享受、在于吃喝玩乐、感官欲望的满足,正所谓对酒当歌,人生几何;人生一世,吃喝二字,实际上是酒肉人生。金钱名利荣誉地位都是奋斗的目标,本来人各有志,中国儒家传统也不禁欲,但把这些东西作为最高的、终极的价值加以追求,甘愿为物欲所役,未免太鄙俗了。

(3) 痞子文化　痞子文化是当前一大特色,一些人游戏人生,嘲弄人生,翻云覆雨,蔑视神圣,反成为时代的骄子,因为这个时代既是庸人倍出的时代,也是痞子成功的时代,如王力雄先生在《渴望堕落》一文中指出:当代中国从道德社会向功利社会猛转,道德禁忌消失,这时"从来没有道德束缚的痞子却生逢其时,在时代交替的空白中抢到起步的先机,并由此奠定后续发展的优势,原来为'正派人'最看不起的懒汉、二流子、流氓、不法分子们首先迈入万元户、老板、私营企业家的行列……而在随后越来越赤裸裸的利益竞争中,相应规范与制约(更别说社会价

---

① 《作家》1994 年第 4 期。
② 参见《马克思恩格斯全集》第 1 卷,第 409~412 页。

值系统)远不能同步建立,更使得竞争具有强烈的恶性性质,这种恶性最突出的表现就是,谁有道德意识,谁在竞争中就只能处于下风,任何人若想在这个新时代获得成功,就不能不与痞子采取同样的行为准则,像他们那样敢于不受道德的束缚。"[1]王先生说的也许绝对了些,但无可否认当代许多痞子春风得意,这种痞子化不仅表现在嘴脸上,更表现在精神上。

甚至知识分子也痞子化了,王力雄认为精神的痞子化比嘴脸的痞子化更接近"痞"的实质:"丧失人格,渴望堕落,厚颜无耻,出卖原则,逐利投机,亵渎神圣,蔑视理想。"于是痞子文化应运而生,王朔的名言:"玩的就是心跳,过把瘾就死,我是流氓我怕谁。"成为许多痞子的座右铭,他的自白已成为向知识分子及其使命感宣战的宣言:

> 我没念过什么书,走上革命的漫漫道路受够了知识分子的气,这口气难以下咽,我这种粗人,头上始终压着一座知识分子的大山,他们那种无孔不入的优越感,他们控制着全部社会价值系统,以他们的价值观为标准,使我们这些粗人挣扎起来非常困难,只有给他们打掉了,才有我们的翻身之日。[2]

3. 物化与异化

物化与异化是马克思批判资本主义社会物统治人,人生产出来的财富及生产过程与人相疏离,不受人支配,反而转过来支配人,或成为资本家奴役人的力量,是为异化。在马克思的价值理想中,主体与客体、人与物应当是统一的,而且应当主体支配客体,人支配物,这样的主体才是自由自觉的主体。马克思的理想中没有商品与货币的地位,他认为商品经济货币交换即隐藏使用价值与交换价值的分离,交换价值

---

[1] 《渴望堕落》,《东方》1994年第1期。
[2] 参见《文艺争鸣》1993年第1期。

或价值的独立化,为转过来支配人提供了可能,此亦即商品拜物教根源,这种分离如同货币原始积累、自由劳动力存在结合到一起就可能产生资本主义,现在实践证明在社会主义社会消灭商品货币既不必要也不现实,相反应大力发展社会主义商品经济。于是给物化、异化现象的存在提供了可能。事实上,许多人沉浸在物欲中,甘愿为物欲所役,干出那蝇营狗苟之事,甚至伤天害理。还有拜金主义泛滥,权力崇拜意识严重,都是物化、异化的表现,即人创造出来的东西与人相疏离,甚至转过来支配人。当然异化现象更发生在精神领域,人为物欲所役,为权力所压制,不得自由,不能从心所欲干自己想干之事,发挥自己的能力与创造性,为此感到痛苦,感到不幸,想改变又无力改变,此亦即异化。在更广泛意义上,人类由于城市化、工业化发展速度加快所带来的人与人之间的隔膜、疏离、孤独感与不信任以及资源破坏,环境污染生态失衡带来的工业病、城市病或现代化病都是异化。这种广义的异化或物化在当代中国都已出现了,这是我们从传统社会向现代化社会迅速转型过程中出现的一种新的精神危机,对之我们应认真对待。

4. 价值理想的丧失:安身立命之本何在?

现在我们进而探讨更深层次的精神危机:价值理想的丧失。价值理想是支撑一个社会或一个人精神的理想与原则,但不是一般的观念,而是一些根本性的东西,它可以是一些价值观念、理念、理想原则,也可以是信仰甚至宗教,总之,涉及到终极关怀,终极价值,是人之为人的安身立命之本。

本来,人与动物的根本区别即在于人在事实世界之外拥有一个意义世界或价值世界,或者说人为自己创造了一个价值世界与意义世界,并以此评判自己一切行动及周遭的一切事象,寻求和建立生命的意义,文化的意义,有了这种意义感价值感人的生命才会觉得充实,他甚至觉得自己的有限生命同无限、永恒、绝对联系起来,因此人才能自觉用道德原则价值理想规范自己的行动,指导自己的行为,亦即超越一己的生命本能和利欲需求,按心中的价值理想道德律令行事。即使为此抑制自己的感官欲望甚至损害自己的利益也在所不惜,必要时甚至愿意为此献出自己的生命,如此方充分显示人作为自由道德主体的尊严。在所有价值理念中必然有根本的原则起统摄作用,是为终极价值,对社会与文化起整合的作用,使社会能有序而合理的发展。因此终极价值与理念也是文化的核心与灵魂,它甚至能超越国家民族乃至时空的界限,对整个人类产生长期影响。在西方,这样一些具有超越意义的终极价值除上帝外还有:自由、平等、正义、理性、自然法等,从古希腊罗马到近现代西方都能看到它们的影响。本世纪自尼采以来一切价值受到重估与怀疑,在法学界新潮法理学也对自然法大不敬,认为只是一些人为公设,并非非如此不可,但二战后审判战犯时人们发现仍得搬出这些基本的价值理念,否则无从审起,因为战犯们声称自己是军人,以执行命令为天职,战争中所有行为都是执行上级的命令,具有合法性,于是自然法原则重新闪光,战犯们助纣为虐,违背自己良知,也违反人类公认的自由平等、正义、博爱等价值,因此应予严惩,于是人类基本的文化价值得到确认,它是支撑人类信念的根本。

在我国,长期以来,支撑人们精神文化的根本价值是儒家的仁义道德,内圣外王、修齐治平,这样一些观念自五四运动以来受到极大冲击,西方的自由、民主、科学的观念不断介绍进来,同传统观念发生碰撞,乃至出现变形。建国后,马克思主义作为党和国家的意识形态受到广泛宣传而家喻户晓,但极左路线把它的作用夸大歪曲到极致,文革后受到冷遇是不奇怪的。人们更关心的是自己的当下利益,这种关怀是现实的合理的,但问题是在许多人心中支撑性的价值与信念没有了,儒家那些价值理论早已被冲击得七零八落,西方的东西扎根也不深,马克思主义的意识形态的影响也相对说来较浅,于是人们的安身立命之本没有了。或说得严重一点,大多数人现在实际上是无信仰,无理想,无价值理念,这是当前道德感缺乏意义感丧失精神危机的根,也是我们在巨大的物化力量面前不能保持人的尊严与自由的原因。

5. 知识分子:人文精神的失落

当代精神危机的一个重要表现是知识分子人文精神失落。多年来,中国知识分子自认为是道统的继承者,道统是儒家的价值理想、最根本的观念和信条,他们认为这是普遍的天道天理,因此具有神圣的尊严与超越的意义,高于政统甚至君王的权势,董仲舒说道之大原出于天,天不变道亦不变,即是此意。具体说来儒家的价值理念包括:忧国忧民的忧患意识;道济天下的社会责任感;自任以天下之重的胸怀抱负;如有一人不被尧舜之泽,仿佛自己把他推到沟中的承担精神;内圣外王、忠孝仁义观念;大丈夫舍生取义、杀身成仁的气魄。孔子"己欲立而立人,己欲达而达人","博施于民而济众";孟子"行天下之大道;得志,于民由之,不得志独行其道。"曾子"士不可以不弘毅,任重而道远,仁以为己任,不亦重乎?死而后已,不亦远乎?"后来汉末李膺"欲以天下之风教是非为己任";范仲淹"士当先天下之忧而忧,后天下之乐而乐";明末东林党人"家事国事天下事事事关心",精神可谓一以贯之。

在西方主要自启蒙运动以来知识分子以"社会的良心"而自觉,承担起继承和维护文化基本价值的责任,他们具有独立的批判意识与理性精神,愿为社会公正和大众利益而献身,精神与中国知识分子颇相似,虽然基本的文化价值理念还有较大的差异,这两种传统对现代中国的知识分子都产生了重大的影响。

然而,这样一种人文精神在当代失落了,构成人文精神的社会责任感、忧患意识、承担精神、献身精神以及独立的批判意识和理性精神受到轻视甚至嘲弄,这一方面由于市场大潮的影响,市场经济的发展使一些边缘人先富起来了,起初,知识分子还能保持自身的清高,后来由于差距日益拉大而心态失衡,乱了方寸。另外,物价上涨,家人盼望过现代化生活的要求,都给他们造成内外的压力。现在的时代骄子不再是诗人、文学家、哲学家、专家教授,而是企业家、个体老板、那些腰缠万贯的人。于是,知识分子受到有史以来最严重的挑战,当然,科技型知识分子因为能提供有用的服务而受到欢迎,但那是因为技术而不是人文精神,人文学科的知识分子除了讲课编(应用型)书提供文凭外几乎被世人遗忘。

与此同时,痞子文化兴起了,那些略通文墨又善于迎合时尚的人不仅在市场大潮中如鱼得水,而且对知识分子及其维护的价值理念竭尽嘲笑之能事,前面引过的王朔自白充分表现了这样一种情绪。

还有一种观点比较温和,但同样反映了知识分子人文精神的失落。近年来有一些知识分子在《读书》、《东方》、《学人》等杂志上发表一系列文章,批评中国的知识分子社会责任感太强,他们自以为是社会的良心和文化基本价值的维护者,动辄以天下为己任,关心政治,忧国忧民,而历史与现实证明,这纯粹是自作多情,自寻烦恼。有人认为这是一种文化激进主义,这种文化激进主义从五四运动以来就活跃在中国的政治文化领域,产生很大的负面影响,应予批评,如陈平原先生提出,"知识分子应当保持人间情怀,至于政治,可以关心,也可以不关心。如果关心,那也主要体现为一种人间情怀而不是社会的责任",这样做不是过分爱惜自己的羽毛,而是承认政治运作的复杂性,说白了,不是当'国师',不是'不出如苍生何。'万一我从政那也不过是保持古代读书人的以天下为己任的精神,是道德自我完善的需要,而不是社会交给的责任。"①

这番话说得异常理智、冷静、精明,不掺杂一点个人情感,它出自当代一流人文学者之手,不能不说是人文精神的一种失落。因为它过于冷静,不掺杂一点个人情感,对世事无爱也无恨,是非界限一笔勾销,又过于理智和精明,逻辑上滴水不漏,确保在任何情况下个人羽毛完整,虽然也声称不过分爱惜自己的羽毛,但明眼人一看就清楚这样比那些自诩为社会的良心而忧国忧民的人安全多了,因为社会难免存在缺陷与不公,转型时期尤为如此。路见不平,挺身而出,或妄议朝政,风险极大,历史上常常是这样的人作出牺牲,如古之屈原,近代之谭嗣同、邹容,国师的位置不大可能轮到他们,相反,保守主义者或不妄议朝政是非的人却容易羽翼丰满、活得潇洒,那些当朝的国师很可能从他们中产生,或至少能得到国师般的待遇。

其实,历史上符合孔孟士之理想的人很少,或者说,怀士之理想,持

---

① 《学者的人间情怀》,《读书》1993 年第 5 期。

独立之品格,立卫道之志,愿为理想与苍生献身的人历来不多;相反,趋炎附势,无道之理想,只为稻粱谋或只为利禄忙碌的人却很多很多,对他们说来,社会责任感即使有也没有个人利益重要。当然,人各有志,道之理想在各人心目中有多重要完全是自己的事,无需苛求。"人间情怀"亦很重要,在我看来人间情怀本身也体现人文精神,但同社会责任感相比属较低层次,人文精神至少应包括两个层面,一是个体层次,包括人情、人性、人欲之满足,发挥人的个性、能力等;二是社会的层面,包括类意识、博爱心、社会责任感,显然第二个层面更高更博大,但若有人只对第一个层面感兴趣,也不失为一种选择,不过说这种选择体现人文精神主要针对禁欲主义而言,如果禁欲主义不存在或不构成很大压力,那么这种平淡无奇,而且如果把人的欲望与需要强调过甚,甚至把它同第二层面相对立,嘲笑第二层面,那就同动物式欲望没有多少区别了。这样主次混淆颠倒,最崇高的东西与最平凡的东西就没有什么区别了,这样一来,人类历史中最激动人心的价值与传统就没有了,屈原与庸人无分高下,这样的价值评价似乎很难令人接受。

当然,大多数人都是普通人,关心衣食住行,重视人间情怀,并不一定想去做屈原或谭嗣同。但我们不能因之取消伟大与平凡之间的差别,更不能贬抑伟大。试想,如果一个国家一个民族每一个成员都非常世故,只重视自己的当下利益,不愿为社会大众的利益承担任何风险,即使有社会不公也视而不见,充耳不闻,那么这样的民族与国家就没有希望,文化也会缺少生气和活力,因为激动人心的价值没有了。

我很赞成学术归学术、政治归政治;当代中国的知识分子应克服浮躁,埋头学术,争取拿出象样的东西,但我以为人文学者在保持学者风范和拥有人间情怀的同时仍可以有社会责任感,它们并不是截然对立的。实际上较早区分学术与政治的余英时先生和较早批评文化激进主义的林毓生先生的许多文章字里行间仍时常表现出强烈的社会责任感,或可称之为"社会良心"的东西,读来令人尊敬,当然是否同意其学术观点是另外一回事。如笔者不太赞同林先生及陈平原先生对20世纪文化激进主义的批评,窃以为文化激进主义诚然矫枉过正,但决非我们国家现代化建设发展缓慢的原因,相反,主要责任也许在保守主义者、国粹派、守旧派身上,建国后极左思潮虽猖獗一时,但主要是政治激进主义,在文化领域活跃的主要是一些跟风者,不足为训。

从当代中国的情况看,既然转型的震荡给国人带来精神的痛苦与危机,既然价值困惑,意义感丧失,人文精神失落,芸芸众生仍多沉迷于拜金主义之中,浑浑噩噩,没有更高的价值追求,那么作为社会良心承担者,具有自由之精神,独立之品格的知识分子不是多了而是太少了。社会良心不是空话,意味着责任,意味着付出和献身,意味着先天下之忧而忧,后天下之乐而乐,即使为此遭诸多磨难,也是九死而无悔。近年来学术界已有一批人对知识分子人文精神失落问题给予关注,这是颇堪告慰的,但还远不够。

价值重建:我们向何处去?

行文至此,已嫌太长,但不写第三部分似不完整,而且此部分内容又很重要,现在提出思路,权作引玉之砖。

1. 确立心中的价值理念

当代国人价值重建,首先目标是重新确立价值理想。价值理想是文化的灵魂、做人的根本,人赖以安身立命的东西,没有它,行为就失去意义感,占支配性的是个人利欲私利,于是损人利己、缺德失德的事会层出不穷,社会就会一片混乱。

对作为终极价值的价值理想可以从这样三个层面来理解:第一个层面较高,即马克思揭示的共产主义理想,在此理想社会中,每个人的自由发展是一切人自由发展的条件,也就是说,每个人的能力、个性和创造性自由的充分发展是最高的价值理想;这种发展又是同人与社会、人与自然、人与人的关系和谐统一高度一致的,因此与此价值理想相比其他一切均是手段,如革命、发展生产力、社会制度、意识形态、政党与国家、改革与开放等与之相比,都是手段,因有助于最高价值的实现而具有次等的价值,对共产主义者来说任何时候都不能主次颠倒。

第二个层次要低些,但更切近更现实,即我们通常所说的社会利益或从社会角度看的利益,如民族兴盛、国家富强、人民幸福常被我们当作最高利益或最高价值。共产主义毕竟太遥远,此生此世更现实的事是关心同时代人的幸福,本文所说的人文精神、社会责任感主要即从此而言,现在党中央提倡改革开放,提出三个有利标准,都体现出此方面的关怀。

第三个层次是个人的,即个人安身立命的价值理想。根据宪法规定的信仰自由,个人信仰什么完全是自己的事,不能强迫,但我以为把个人信仰同前两个层次的价值理想结合起来无疑是高尚的。或者,以西方文化的某些价值理念如民主、自由、人道、理性、博爱、平等;或东方文化的某些价值理念如仁、义、礼、智、信、恭、宽、敏、慧、恕;抑或兼而有之,作为自己心中的信念、做人的准则,在此指导下遵纪守法,恪守公德,或兼济天下,或独善其身,都是好的,甚或信仰某一宗教,也是一种选择。最怕是无信仰、无信念、无价值理想和道德感,那样就堕落了,也许入地狱也难以超生。

2. 超越中化与西化的僵硬对立,在现代化的基础上重建中华民族文化本体

既然价值理想已确立,其他都是手段,中化与西化的争论就不是那么重要。许多人执著于中化还是西化的争论,甚至把之作为政治问题,实在不必。我认为为了民族富强人民幸福和现代化,我们应该具有开放的胸怀、超越的心灵、现实的态度,不论是中还是西、传统还是现代,只要有利的东西尽可能拿来为我所用,都是手段。有些人的传统文化认同感特强,认为不这样就没有根了,这就把本来是手段的东西当作目的本身了。其实,我们立国的根本在现代而不在过去,过去的东西是流而不是源,只要现代化搞上去,我们的立国之本就牢固了,而不必为西化还是中化而烦恼。本来东与西的区分也是相对的,现在视为西方价值核心内容的许多东西也是外来的,如民主制首先产生于小亚细亚城,后来传到雅典,在西哲史上占有重要地位的毕达哥拉斯、柏拉图都受到

东方思想的影响,灵肉分离的观念就来自古埃及,后来深深影响到西方理念世界与现实世界,乃至宗教与尘俗、信仰与理性的二分法。其实从人种看西方人几乎都是外来的(如古罗马人、古希腊人、古日耳曼人,还有美洲的白人),但他们没有执著于某一种文化和价值,而是以现实的态度创造的心灵对待之,终于率先走上现代化道路。这样说不意味着传统不重要,而是不要把它作为价值理想本身、最高的目的,这样就是死人拖住活人了。从此角度看我们应超越狭隘的文化保守主义与激进主义,以开放的心灵、现实的态度吸取一切中西文化特长,加以创造性的结合和发展,在此基础上重建中华民族文化本体。

3. 知识分子的使命:人文精神的重建

当代中国正在进行改革开放与现代化建设的伟大实践,这是利国利民功在千秋的事业,要取得事业的成功,知识分子作用不可缺少,不仅科技型知识分子,而且也包括人文知识分子,特别是知识分子的人文关怀人文精神不可替代,因为科学技术只能解决"实然"或"实有"的问题,而人文精神却能告诉我们"应有"、"应然",给我们提供一个价值的世界,在那里充满着善的光辉;或者说能给我们提供一种价值取向,指向一个不仅充裕、富强而且符合人的尊严的世界。

如前所言,人文关怀不是空的,对知识分子而言,一方面应以自己的行为实践道德文章作出榜样,作出导引;另一方面应有自由之精神,独立之品格,对社会不公现象敢于批评;同时在可能的条件下,做些启蒙工作。说到启蒙,可能又有人批评这是露"导师心态",自以为是,自作多情,但我仍倾向认为"先知"与"后知"的区别是存在的。许多人浑浑噩噩,不知权利与自由为何物,许多人持草民意识,希望清官大老爷从上面赐给阳光雨水。知识分子作为文化和价值的承担者有责任传播现代思想。马克思说唤醒庸人的自由意识,列宁说对工农群众从外"灌输"思想,都有启蒙含义。这种启蒙在保守主义历来强大的中国,绝无导师般的尊荣,而多半是充满风险和坎坷之举。但这是自觉自愿的选择,绝无外力强制,除了心中的价值理想,没有什么力量能强迫人这样做,这种价值理想类似于康德所说的绝对命令,指引我们走向一个善的王国。献身意味着付出,但不是胡来,而是在合理合法的前提下做力所能及的事,只要我们选择了这个目标,并扎扎实实的去做,我们就心中无愧,只要有愈来愈多的知识分子正视自己的责任,不忘人文关怀,那么许多同胞在市场大潮中就不易迷失方向,我们的未来就会充满生机和希望。

(原载《南京社会科学》1995年第2期,《人大复印资料》转载)

"人文精神失落"新议

时下人文精神是一个学界热门话题,但人文精神究竟有何含义,其在当前的状况如何,或者说,人文精神是否失落,甚至我们是否有过人文精神,都聚讼纷纭,莫衷一是。本文试从一新的角度对此问题作一回答,以求教于学界。

人文精神之意蕴

人文精神的含义有广狭之分。狭义的指意大利文艺复兴时期兴起的人文主义精神,其特点是重视人的价值、地位,追求现实幸福和个性发展,反对禁欲主义。这种重视和追求在当时常同一些复兴古代文化的活动联系在一起。广义的人文精神泛指一种重视人和文化的思想,也可以说是一般意义上的人文主义。不过由于对人和文化的理解形形色色、五花八门,因此人文主义的含义也是仁者见仁,智者见智。各种各样的争论和分歧也正出在这里。下面试从人和文化的角度对人文主义的含义作一分析,再进而考察当代的精神处境。

1. 人文主义的最基本含义是重视人

人文主义的最基本含义是重视人,重视人的价值、人的地位、人的自由、人的幸福、人的个性和能力的充分发展,所有与之有关的东西,可以说都体现了人文的精神。从此角度看,人道主义的精神与之相近。事实上,人道主义与人文主义在西语中是同一个词,二者本出一源,不过它们也有细微的差别,相对说来人文主义文化的意味浓些,也可以说是一种文化意识,而人道主义伦理价值观的色彩更重些。

现代意义上的人文主义自文艺复兴始。不过同样是对人的重视,理解强调的重点却往往不一,表现出价值取向的差异。因此我们通常所谓人文主义一语的名下常常包容着许多种不同的观点。例如,"人"的概念至少包括两个不同的强调重点:强调个体与强调类。每个方面又有许多种不同的理解。强调个体即强调个人的自由、幸福、欲望的满足,价值的实现,个性与能力的发展。强调类即强调社会,社会的形式有时是集体,有时是民族,有时是城邦,有时是国家,有时是整个人类,后者才是完全意义上的"类"意识。总之,类的意识超越了一己个人的狭隘眼界,关心更大范围内人的幸福、人的价值、人的自由。我们通常所说的社会责任感,世界主义、集体意识,共产主义均与之相联系。

从历史的角度看,文艺复兴时期人文思想家所倡导的人文精神主要强调个性的发展与个人的解放,反对禁欲主义,大胆追求现世的快乐。这在当时基督教禁欲主义已束缚人心人性上千年的西欧其进步性是不言而喻的。但如果始终以此作为人文主义的主导倾向那就很可笑了。在禁俗主义不成为精神障碍之时,大胆追求感性快乐和肉欲,仅此并不构成人文精神。启蒙运动时期也追求个性的解放,但主要是人的理性的一面。即弘扬理性主义,推崇个人的独立判断力。从此角度看就不难理解康德对启蒙运动所下的定义:"启蒙运动就是人类脱离自己所加之于自己的不成熟状态。不成熟状态就是不经别人的引导,就对运用自己的理智无能为力。当其原因不在于缺乏理智,而在于不经别人的引导就缺乏勇气和决心去加以运用时,那么这种不成熟状态就是自己所加之于自己的了。要有勇气运用你自己的理智!这就是启蒙运动的口号。"① 从此理性主义执欧洲精神界牛耳。但理性主义发展过甚,感性的一面就受到压抑,或至少受到忽视。于是19世纪末20世纪初各种非理性主义思潮鹊起,至今仍兴盛不衰。其实人类精神从来就

---

① 《历史理性批判文集》,商务印书馆1991年版,第22页。

是既有感性,又有理性,问题在于怎样保持一种平衡。这是个人的角度,也是西方精神的主流一面。

另一条线索是社会或类。普罗米修斯式的献身精神,但丁的世界主义,百科全书派为人类幸福而启蒙的精神,康德、费希特关于人类解放和人类共同体的理想,空想社会主义者人类大同的愿望,以及马克思主义的共产主义理想,着眼于类的人文精神可谓一以贯之。当然我们不能把如此多的思想全归结为人文主义,而是说可以从人文精神的角度对之作一理解与联系。

比较起来,类或社会的意识明显带有利他的色彩,为之愿牺牲自己的利益甚至生命,境界更为博大。而个性意识较易落到实处。当然中世纪,社会上据支配地位的意识形态束缚个性的发展,如欧洲有基督教禁欲主义,中国有理学礼教、三纲五常。在此情况下追求个性的自由发展也是一件很不容易的事。

中国的人文传统主要同第二条线索有关,个人追求幸福与自由方面并不突出,这是文化差异所然。如儒家主张"仁者爱人",老吾老以及人之老,幼吾幼以及人之幼;乐以天下,忧以天下;若有匹夫匹妇不被尧舜之泽者,若己而内之沟中;先天下之忧而忧,后天下之乐而乐;民吾同胞,物吾与也,等,无一不表现出崇高的社会责任感和天下一家,仁爱万物的博大情怀。虽然有忠孝仁义的历史限定,但若除去这些狭隘的内容,不正可以看到作为第二层含义的人文精神吗?当然,第一层含义也不是没有,只是相比较而言发展不够充分罢了。

若从词源上考察,人文主义是一外来概念。《易传》中虽有"观乎人文以化成天下"语,但同今之所谓人文精神还是有很大区别。其实现在许多用语均来自于外。若从基本精神的角度考察,如前所述,中国文化还是有同人文精神相通的东西。现在有人认为中国文化从来没有过人文精神,这是不确的。当然若看不到传统人文精神狭隘的一面也是不妥的。

2. 人文精神是一种文化意识

人文主义精神在重视人的同时还十分重视文化,事实上它本身就

是一种文化意识。对此至少可以从这样几个方面来解释:

首先,人文精神产生于文化,也兴盛于文化。如所周知,广义的文化包括构成人类文明的所有活动,而狭义的文化则指人类的精神生产活动,如文学、艺术、哲学、科学等。我们这里所说的文化意识同广义的文化有联系,但主要还是狭义的,即同文、史、哲、艺、宗教等方面的活动有关。人文精神可以说是其精神的积淀与凝聚,同时又表现为对文化的推重。如我国古人早就有人文化成之说,孔孟儒家更十分重视礼乐文化。司马光在《传家集》中说:"古之所谓文者,乃诗书礼乐之文,升降进退之容,弦歌雅颂之声",离我们今天狭义的文化概念相去不远。西方近代人文主义精神的兴盛得益于复兴古代文化甚多。文艺复兴时期最流行的做法之一就是崇古与敬文。这样做固然想从古代文化中吸取营养和力量,但说到底还是因为人文精神是文化意识的流溢。

其次,文化表现人性。人性凝结为文化。人性有多丰富,文化就有多丰富。反过来说也一样。不过一个属于主观精神,一个属于客观精神。人文主义作为重视人和文化的意识是贯穿于其中的东西。正如黑格尔在谈到艺术和人性的关系时说:"所谓'人'就是人类心灵的深刻高尚的品质,在欢乐和哀伤,希求,行动和命运中所见出的普遍人性。从此艺术家从他本身上得到他的艺术内容,他变成实际上自己确定自己的人类精神,对自己的情感和情境的无限方面进行观察、思索和表达,凡是可以在人类心胸中活跃的东西对于这种人类精神都不是生疏的。""正是不朽的人性在它的多方面意义和无限转变中的显现和起作用,正是这种人类情境和情感的宝藏,才可以形成我们今天艺术的绝对的内容意蕴。"[①]其实不仅艺术,举凡文化的所有方面几乎都从不同角度不同层面表现人性,或者说表现人,人文精神则是其概括和集中表现。文、史、哲等传统学科之被称为人文学科,原因大概正出乎于此。

第三,人文学科的发展,人文精神的弘扬,离不开一些文化人,即知

[①] 黑格尔:《美学》,第2卷,商务印书馆1984年版,第380、381页。

识分子的活动。中国早就有道统学统之说,而且两方面的传统是联系在一起的。曾子早就说过,"士不可以不弘毅,任重而道远。仁以为己任,不亦重乎? 死而后已,不亦远乎?"①孟子也认为"无恒产而有恒心者,唯士为能。"都突出了士即知识分子在明学卫道弘扬一种文化理想方面的重要作用。范仲淹"士当先天下之忧而忧,后天下之乐而乐"的名言与之精神一脉相承。西方古代虽无士的阶层,但苏格拉底、柏拉图、亚里士多德等人整日谈理性、讲法制、著书立说,其身份属于知识分子当无疑,在捍卫和弘扬一种文化理想方面也并无二致。文艺复兴、启蒙运动的兴起和传播都离不开知识分子的活动。当然,东西方知识分子,对知识和道亦即文化理想的理解方面是有差别的。

3. 人文精神是一种价值理想、价值关怀

这种价值理想或价值关怀指向人和文化。当然文化说到底也表现人,但人通过文化来表现,所以称之为人文精神。重视人,重视人的价值、人的地位、人的自由、人的幸福,本身即是一种价值观,人道主义的价值观,同时亦是一种文化理想。价值理想,虽不能至,心向往之。人文理想从古至今不知激励多少志士仁人为之奋斗和献身。这种理想与激情达于极致时颇类于宗教情操,人们作为一种有超越意义的终极价值加以追求,从而产生责任感与使命感,于是生活觉得充实,工作富有激情,必要时愿为之牺牲自己的利益甚至生命。当然这里所说的人文理想主要同类或社会相联系。至于个人追求自己的幸福,除了在反对强权压迫和禁欲主义束缚的意义上无所谓发扬人文精神,只是个人的行为。

然而,上述所有人文主义观点在当代受到了严重的挑战。

人文精神受到挑战

人文精神在当代受到了严重的挑战。概括地说,挑战主要来自这

---

① 《论语·泰伯篇》。

样几个方面：

第一，转型时期的价值冲突、道德失范、信仰危机。当前我们面临着空前的文化转型，从传统到现代，从计划经济到市场经济，从农业文明到城市工业文明，从封闭和极左到改革开放。转型给社会生活带来了极大震撼，人们的思想和精神也面临着巨大的挑战，价值冲突，道德失范和信仰危机由此而来。过去人们的思想靠意识形态整合在一起，而意识形态又深受极左思想的影响。如今极左思潮受到否定，工作中心转向了经济和现代化，给人们的思想和行动留下了较大的空间和自由度，而市场经济的兴起又给人们宣泄欲望和施展才能提供了不竭动力和无数机会。于是千百万人活跃起来，奔向经济大潮，奔向钱、性和财富。于是传统的道德规范和价值理想被丢置一边，似乎被压抑了数千年的欲望现在才有尽情表现的机会，于是人性中最丑恶卑劣的一面被调动了起来，干出无数蝇营狗苟之事。无怪有人说"世风之破败无过于今日"。从此角度看，现在国人的精神状况的确离人文的理想相距甚远。

第二，大众文化的兴起与精英文化的衰落，知识分子退居文化的边缘。这也是当前文化的一大景观。过去知识分子处于文化的中心地位，虽然在社会的权力结构中并无如此显赫，只是附庸和工具。但在文化中的优越性非常明显，可以当精神贵族，达则兼济天下，穷则独善其身。责任感与使命感都溢于言表。大众也对之敬畏万分。这种情况在中国历史上尤为明显，西方只有启蒙运动时期庶几近之。但当前这种情况却发生了根本的改变。过去平民大众如墙上野草，任风吹拂，在文化方面只有让知识分子来代言。文革期间更有极左的意识形态强力整合，知识分子无独立性可言，更何况普通大众。如今靠意识形态整合在一起的文化一分为三，一方面是官方意识形态话语，一方面是大众话语，一方面是人文知识分子话语。在非神袭圣以后大众不再对自己不感兴趣的东西感兴趣，而只关心感性的东西，关心钱和性。

人文知识分子已有自己的独立地位，可以讲自己的话语，讲修齐治平，治国安邦，讲自由、平等、博爱、民主、理性、人道的价值观，讲天下大同的理想,但有谁来听呢? 民众关心的是另外一些事情。如果你要想在这个崇尚功利的时代获得成功就必须赢得他们的关注,讲他们感兴趣的东西。于是大众文化兴起,通俗文化盛行。那些丢掉旧关怀搞起新行当专门炮制文化快餐的新型文人腰包鼓起,他们活得潇洒,觉得这个时代简直好极了。可是那些不善于或不愿意转轨的人则有一些相反的看法。无论如何精英文化是明显地衰落了。著名作家冯骥才曾著文专论这一现象:"不知不觉,'新时期文学'这个概念在我们心中愈来愈淡薄。那个曾经惊涛骇浪的文学大潮,那景象、劲势、气概、精髓,都已经无影无踪,魂儿没了,连那种'感觉'也找不到,何必硬说'后新时期',应当明白地说:这一时代已然结束,化为一种凝固的、定形的、该盖棺而论的历史形态了。""每一文学运动都离不开信徒般的读者推波助澜,如今,'新时期文学'的读者群已然涣散,星河渐隐月落西,失去读者拥戴的'新时期文学'无疾而终。""时代终结,作家依在。他们全要换乘另一班车。但是,下一个时代未必还是文学的时代。历史上属于文学的时代区区可数,大多岁月甘于寂寞。作家将面临的,很可能是要在一个经济的时代里从事文学。一个大汉扛着舢板寻找河流,这是我对未来文学总的感觉。"①

冯骥才这里所谈的是文学,而且是新时期文学,但新时期文学正是我们这个时代的精英文化。春江水暖鸭先知,由于文学在文化中的先锋地位及其与大众的密切关系,它率先走向低潮也许正兆示着整个精英文化的衰落。

第三,知识分子人文精神的失落。这也是当代非常引人注目的文化现象。具体表现有三:一是如前所说,一部分知识分子热衷于炮制快餐文化,并对过去奉之为神圣的东西大肆攻击,或嬉笑怒骂亵渎之。这方面最典型的是王朔,他的名言"玩的就是心跳,过把瘾就死,我是流氓我怕谁"成为痞子文学的箴言。各种各样的街头小报地摊文学统统围

---

① 《文学自由谈》1993 年第 3 期。

绕性与欲这个中心,离传统文化的关怀当然相去甚远。二是有些学者抨击传统的人文精神、忧患意识和社会责任感是自作多情,露导师心态,想为天下师,其实学术归学术,政治归政治,游戏规则不一样。知识分子应力戒浮躁,研究学问。对于政治,可以关心,也可以不关心。即使关心也是道德自我完善的需要,而不是出于所谓社会责任感。此种观点以北大陈平原君为代表。三是用西方的实证主义、解构主义和后现代主义批评人文精神是"形而上学"、"超验的话语",甚至是"最后的神话"。按逻辑实证主义观点,凡不能用经验证实的东西都是形而上学,需加以拒斥。按此标准,人文精神甚至所有价值观都在拒斥之列。后现代主义更取消崇高,主张无深度,平面人,无时空感,只剩下反讽、狂欢、零散和不确定。于是几千年来的人类文明传统被轻轻否定,激进地反传统甚于尼采,尼采当年也不过主张一切价值重估。从此角度看,人文精神至多不过是一种话语,一种神话,甚至是"最后的神话"(张颐武语),按此理解,似乎人类从此既没有善也没有恶,只是活着说话而已。是非善恶都属于超验的价值判断,无从实证,所以只能一种话语和叙事。既是话语和叙事就可以这样说也可以那样说,因此从今以后任何神圣的东西都没有了。

"人文精神失落"新议

由以上概括不难理解人文主义在当代面临着多大的挑战!不难理解为何有那么多的人文学者忧心忡忡,惊呼世风日下、道德失范、信仰危机和人文精神失落!对此笔者也曾颇有同感,认为一个人应当有价值方面的追求,一个民族更应有精神方面的支撑,即终极价值,或者说安身立命的东西;从此角度看,人文精神永远不会过时,相反,应成为我们民族文化重建的力量。不过笔者对人文精神失落似乎觉得情况也许并不那么糟。

首先,从学者层面看,持后现代主义观点和否定人文精神的只是少数,当然人数不是最重要的,真正人文精神强烈、责任感使命感意识彰著的人也不会很多,大多数人是普通人,干普通的事,有普通的追求。最重要的是价值意识作为人类精神的重要组成不可能消失,它依然在人类社会生活中发挥着极重要作用,以后还会这样。而那些千百年来为人类所认同的价值理念如自由、平等、正义、真、善、美以及人道理想、人文精神至今仍熠熠生辉,仍在作为当代社会秩序的重要的精神支撑。西方虽有尼采价值重估,后现代主义否认一切价值和崇高,但那只是一部分书生之言,社会的经济、政治、法律、伦理等并不按他们的方式来运作。这是一大幸事。而后现代主义的理论正在变成了一种话语,一种叙事,如此而已。而真、善、美的理想,自由、平等、正义的理念和人文精神一方面作为价值原则属于主观精神,另一方面,又直接影响到人的实践,人的法律,人的行为,从此角度看,主观的东西变成了客观的东西,外在的东西变成了内在的东西,形上的东西变成形下的东西,人文精神就不单纯是一种话语,一种叙事,而渗透到现实生活和人的行为实践之中。例如,再激进的人也不能蔑视法律,否则就要受到严惩。而当代的法律是保护人权,保护人的自由平等的。二次世界大战以后审判战犯的根据是自然法而不是实在法。战犯们声称自己是军人,以执行命令为天职,一切行为具有合法性。对此从新潮法学的观点角度确实无法审判,但从自然法的角度就不同。战犯们助纣为虐,违背天理良心,犯下滔天罪行,理当严惩。当然战犯们所以束手受审,主要还是战争实力说话,但有谁能否认自由、正义的理想在反法西斯斗争中的激励作用呢?

其次,从大众的层面看,确实对精英的话语不感兴趣,对人文精神四个字所知甚少,似乎一些知识分子在忧国忧民,而他们作为被忧的对象却无动于衷,甚至乐此不疲。究竟是谁出了问题,忧者还是被忧者?被忧者出了问题是明摆着的,具体已如前述,可是忧者本身不也应该反思一下吗?人文精神的含义究竟是什么?不就是希望人的幸福与自由吗?现在大众的生活可以说已经向这个理想大大迈进。同已往任何时代相比,现在人民生活富足康乐安定,也有相当多的自主权和自由去实现发家致富的梦想。诚然有很多不尽如人意甚至非常糟糕的地方,但总的说来国泰民安却是一个不争的事实。要知道,孟子的王政理想也不过是 70 岁的人能吃上肉,而过去人生七十古来稀,即使理想实现能吃上肉的人也是寥若晨星。今天虽也有相当多的人生活困难,但也有数以亿计的人食只求精,烩只求细,远过于孔孟的理想。我们不能叶公好龙,当这个理想向我们走来的时候又把它拒之于门外。

当然,人是要有一些精神的,我们不能只看到物质财富的增长和物欲的满足。人之为人,很重要的一点在于精神,在于价值意识和价值追求。正像马克思在《资本论》中所说的自由王国必须以必然王国为基础,但人不能只束缚于必然王国即沉溺于物欲,而应有更高的追求,追求自由、个性和创造性能力的发展。从此角度看,当前的精神处境的确离人文理想相距甚远,缺德失德和胡作非为之事也许比贫穷落后僵化封闭时更多,特别贪污腐败现象,令人触目惊心。还有许多人浑浑噩噩,道德意识薄弱,没有比金钱更高的价值追求。一个人可以不要理想,不要人文精神,不要比满足物欲更高的追求,但一个民族、一个国家都这样肯定不行。民族与国家需要精神方面的支撑,现代化事业需要价值观的导引。在此情况下在肯定社会进步的同时正视在精神方面存在的问题,在发展经济的同时着重提出弘扬人文精神,乃至创建社会主义精神文明,无疑是很有现实意义的。

当前我们正面临着民族文化重建和建设社会主义现代化的历史重任。现代化不单纯是经济、技术和生活水平的现代化,同时还是人的思想素质、精神风貌和价值观念的现代化。对我们民族说来也是深刻的文化转型和全方位的革命。现代化不会从天而降,而要靠我们去努力和争取。在此过程中,我们作为建设者与参与者需要有精神方面的支撑。当前我们所面临的问题:如何在一个市场经济、商业社会、物欲横流、国人皆向钱的社会确立合理的价值理想,从而使我们的社会成为一个不仅充裕,而且也是善和美的社会,一个更符合马克思自由之国理想的社会。在此情况下,人文精神的价值和意义凸现了。

从理论角度看,人文精神的弘扬一方面与马克思主义自由与人道的理想相通,另一方面又承接西方文艺复兴、启蒙运动和我国儒家的人文传统,具有综合的与贯通的意义。从实践的角度看,它作为价值理想既是一定的理念与原则,又时时指向人们的现实生活与经常日用;既是善的观念,又指向人们的现实幸福;既是个人的自觉行动,又指向国家与社会;既是精英的终极关怀,又指向大众当下的经验世界,因此我们在当前应努力弘扬人文精神,超越感性与理性、理想与现实,东方与西方,大众话语与精英话语乃至主流意识形态之间的分裂,为民族文化的重建和现代化贡献力量。

对于每个普通人说来,世俗的幸福可以去争取,心中的价值理想不应忘怀;内在之光应时时照耀在胸,至少不要被物欲冲昏头脑。对于以弘扬人文精神为己任的知识分子,则应重新审视自己在当今社会变革中的地位和作用,从而确立自己的批判意识,摒弃导师和贵族心态,努力投身到现实大潮中,寻找人文精神与现代化建设以及大众情怀的结合点和生长点,多做沟通三种话语的实践工作,以重建和繁荣我们的民族化。也许这正是我们的希望所在。

(原载《江苏社会科学》1997年第6期)

"五四"意义再评价

近十年来,对"五四"运动的评价发生了巨大变化。十年前的主流话语是现代化,而"五四"所高扬的民主与科学正是现代化的灵魂,因此被奉之崇之弘扬之,视为全民族的宝贵精神财富。实际上不仅80年代,整个20世纪乃至1840年以来的中国近现代历史都是中国人民争取赶上世界潮流实现现代化的历史,但只有"五四"运动最早接触到那可以构成现代精神之魂的东西,并以之唤醒人民即启蒙。人民群众登上历史舞台,中国开始真正意义上的现代史。虽然后来因民族危机深重救亡压倒启蒙,但救亡之后实现现代化才能自立自强,现代化仍是当之无愧的中心。现代化成为压倒性的主流话语,宣扬民主与科学的"五四"精神理所当然地受到推崇。但众所周知,90年代以来"思想家淡出,学问家凸显",而"五四"运动作为中国现代史的开端和激进主义的源头(当然还有辛亥革命)更成为众矢之的。弘扬传统文化和反激进主义成为90年代的一种时髦。历史仿佛与我们开了一个大玩笑,一个世纪时光流过,终点又到了起点。本文对此变化不合时宜地唱点反调。

"五四"与反传统

在文化保守主义看来,"五四"运动的一大罪状是全盘地反传统,导致我们在文化上断了根,即中断了与老祖宗的联系,因而丧魂失魄,一片混乱。这也被认为是本世纪激进主义发展过甚的一个根源。其中最有代表性的批评者是美籍华人林毓生先生。他的《中国意识的危机》副标题即是"五四时期激烈的反传统主义"。他在该书中说:"这种反传统主义是非常激烈的,所以我们完全有理由把它说成是全盘的反传统主义。就我们所了解的社会和文化变迁而言,这种反崇拜偶像要求彻底摧毁过去一切的思想,在很多方面都是一种空前的历史现象。"①他认为现代化建设应从过去吸取营养,全盘的反传统非现代化过程所必须,它只会带来无序与混乱。例如,"普遍王权"是几千年来传统价值体系的中心点或"卡里斯玛",反掉了"必然导致文化失范和道德混乱"。②民国初年的动乱、鲁迅所揭露的国民性之弱点乃至 20 世纪中国实现现代化道路之艰难可以说均与之有关。

我以为林先生所言似可商榷。首先,对传统应加以区别。"五四"运动所反对的主要是中国文化传统,特别是只知道忠君孝父、三纲五常、君权绝对和不知民主为何物也缺乏近代科学意识的传统。这样的传统在中国土地上已延续了几千年。它的存在自有其理由与根据,也有其所长,但毕竟属于同西方不同的路子。按此路子,很难发展出科学、民主和现代化来。科学、民主和现代化均是西方文明的产物,或者说最先来自西方,后来才传向世界。它们的产生与传播需要一定的历史条件。我十年前纪念"五四"运动的两篇文章即以此为题。我认为,西方科学与民主的精神与古代特别是古希腊传统有着渊源关系。古希腊人通过长期的航海经商殖民活动冲破了普遍王权的束缚,经历了从血缘到契约的转变,建立了城邦民主制度。特别是梭伦改革重视保护私有财产,为民主制度奠定了经济基础。后来中世纪封建制也重视土地产权与契约关系,封建制实是日耳曼首领与随从赏赐与效忠互惠关系与罗马产权观念的结合。中世纪贵族与王权的斗争乃至中世纪的自由均与之相联系。《自由大宪章》即是此斗争的成果。另外还有教权与王权的对立、灵界与俗界的对立和自然法、习惯法的观念等都在限制着

---

① 《中国意识的危机》,贵州人民出版社 1988 版,第 6、41 页。
② 《中国意识的危机》,贵州人民出版社 1988 版,第 6、41 页。

君王的权力。这就是近代西方民主所产生的历史氛围。对科学革命的出现也可从西方历史文化发展的角度作一分析，总之，近代西方相继出现新型城市文明和文艺复兴、宗教改革、启蒙运动、科学革命和工业革命绝非偶然。现代化运动则是它们的综合和汇聚。这就是西方历史发展的脉络，也可以说传统。

我们的文明从一开始就走了与西方不同的路子。专制王权，特别在秦汉以后这种权力更大得漫无节制。宗法血缘关系，以及与之相联系的伦理道德、纲常名教和内圣外王、重农轻商等价值观念。还有天人合一的思维方式也有别于西人灵肉二分。这样一种文明系统若从文化人类学的角度看自有其存在理由和精妙之处。同西方相比也无所谓高下。但若从现代化的角度看就不同了。它很难产生出民主制度、科学革命、工业革命、资本主义生产方式和现代化出来（这已经为几千年的历史所证明，新儒家的内圣也开不出现代化的外王）。而资本的本性是扩张，它必然要到处寻找原料和市场，同时带来自己的生产方式和价值观念。因此不同文明的碰撞在所难免。这也正是中国近代鸦片战争、洋务运动、戊戌变法、辛亥革命和"五四"运动的历史背景，也是我们的传统。所以我们不能不加区分地责备"五四"全盘地反传统。"五四"反的是不能产生现代化反而成为障碍的传统，即在当代社会不能带来国富民强反而落后挨打的传统。这同西方不一样。着眼点还是民族利益。

至于民国初年的文化失范、道德混乱，似也不能过于归罪于"五四""反传统"和辛亥"革命"。从19世纪末西方传教士明恩、何天爵等人的著作来看，我们同胞所具有的保守、狭隘、好争斗、好猜疑、麻木不仁、缺少同情心、有私无公和裙带关系等国民性弱点由来已久，并非自辛亥革命与"五四"全盘反传统始。其实，老子的"刍狗"、孔子的"草民"观念并不着重普通百姓的道德意识。儒家视君子外的"小人"、"野人"如墙上草，风吹必偃，只能自生自灭。从此角度看国民性问题如同中国文化的所有光荣与局限一样能够从老祖宗那里得到理解，或至少有某种历史的关联，不能单纯归罪于"五四"。从此也可看出国民性改造任务之艰巨,很难短期内毕其功于一役。我们到现在仍在吃这方面的苦头。

还有辛亥革命后的军阀割据、战火动乱,其实也不是本世纪所特有的现象,而在漫长的中国历史上屡见不鲜。可以说几乎每个朝代的更替都经历了长时间战争动乱的阵痛。许多惨烈程度和持续时间,远过当代。而那时中国文化的传统没有受到任何严重的挑战。改朝换代、权力更替都在传统文化的圈子里打转,农民起义和蛮族入侵也如此。在此意义上我们甚至可以把动乱视作历史传统中固有的一部分,无论从时间跨度还是从许多内乱来自于传统文化的某些结构性弱点的角度看都可作此理解。如果这个说法可以成立的话我们就不必对辛亥革命与"五四"运动过分苛求。当然,我们可以希望文化转型的阵痛少一些,但不能据此否定转型本身,或奢望一点痛苦也没有,毕竟,对中华民族说来辛亥革命与"五四"运动所带来的转变乃"开天辟地之剧变"。

"五四"与文化激进主义

如前所言,"五四"激烈地反传统常被批评为文化激进主义,这种文化激进主义是本世纪给国家或民族带来巨大灾难的政治激进主义的源头,或至少有某种密切的渊源关系。如林毓生先生在《中国意识的危机》中曾把"五四"与"文革"相比,认为它们都是借思想文化解决问题和全盘反传统的文化激进主义。陈来在《二十世纪文化运动中的激进主义》一文中提出,二十世纪中国文化运动从"五四"到"文革"再到80年代文化热,始终是文化激进主义占据主流,构成三次文化批判运动的高潮。① 许明《人文理性的展望》一文也把"五四"与"文革"相比,认为从历史的眼光看,"文革"代表的是一种扭曲了的文化激进主义思潮,是"五四"以来的文化激进主义的一个令人难堪的休止符。② 陈晓明认为

---

① 《东方》1996年第3期。
② 《文学评论》1996年第7期。

激进主义在现代中国历史上制造并囊括了所有的政治灾难和文化恶果。① 与之相联系,革命作为政治激进主义受到谴责,保守主义的价值则受到推重。在这方面最有影响的要数李泽厚先生在《东方》杂志发表的《关于文化现状、道德的对话》。

应当说这些批评有其合理之处。对传统文化过于激进地反对确有其片面之处。林先生的这番话确是有见之言:"人们可以抨击所觉察出的传统中的有害部分,而不必一定要全盘地谴责过去。根除某一传统中不合时宜的或有害的毒素,通常不一定含有全部否定文化遗产的意思。如果某一传统内的改造潜力是巨大的,那么在有利的历史条件下,对该某些符合和价值经由改造还可提供有利于变迁的'种子'"。② 人们在经历半个多世纪的风风雨雨、特别近二十年来保守主义与激进主义力量的此消彼长之后更不难发现其中的道理。但如前所言,我们的传统有别于西人的传统。"五四"人物是在我们民族老路已走不通、几十年变法图强和现代化道路又屡遭挫折和饱经苦难而保守主义势力仍十分强大的情况下向传统文化发出挑战的,其情境和心情绝非我们今天心平气和的讨论所能比拟。所以,我们一方面承认"五四"精英反传统之完全、彻底,另一方面大不可把他们所说的一些过分偏激的话当真,如鲁迅所说的不读中国书,钱玄同所说的废除中国文。鲁、钱等人不过一介书生,并非一言九鼎,不必要也不可能为影响更大的权势人物行为负责,更与后来的政治激进主义无必然联系。文化激进政治保守或政治激进文化保守同样可能。如德国宗教改革领袖路德的政治观点就很保守。而教廷一派的教会法学家却主张人人自由平等的自然法,因为他们想以之限制君权。至于当代思想大师贝尔声称自己文化上是保守主义、经济上是社会主义更众所周知。因此我不同意刘东把给中国社会造成价值迷失、文化失范和道德沦丧的政治激进主义简单地说成是

---

① 《东方》1994 年第 1 期。
② 《中国意识的危机》,贵州人民出版社 1988 版,第 6、41 页。

"五四"文化激进主义的姻亲。① 实际情况要复杂得多。事实上,就"五四"人物而言,鲁、钱等也肯定继续看中国书、写中国文,关心中国的文化建设。对于他们的偏激言论,我们只能理解为恨铁不成钢和爱之深、责之切也。事实上任何文化传统都不可被全盘清除掉,而必然潜移默化地融合到新文化的形成之中,当然以什么方式在什么程度上是另外一回事。

但我以为把"五四"与"文革"相提并论或放到一起作为文化激进主义加以批判是不妥的。"文革"是中国共产党内极左派反对稳健派的一场政治斗争。文化只是徒有其名。或者毋宁说是反文化的。当然极左也是激进,一种极端的政治激进主义。正是它给本世纪中国的经济与文化带来巨大的灾难。不过激进还是保守全看你从哪个角度看。"文革"破四旧,立四新,焚书批儒,反对一切帝王将相、才子佳人,从此角度看是非常激进的。但它大搞文化专制、政治专制和一言堂,跳忠字舞,知识和理论受到排斥,知识分子受到空前的打击,也可以说斯文扫地,这就同民主与科学的精神背道而驰。我们只能从中国古代的绝对君权、帝王专制和愚民愚忠观念中找到相一致的传统。事实上"文革"不倡民主(它的大民主是虚假的,所谓民主是手段,集中才是目的,"四大"之"民主"不过是任意整人即践踏人权的同义语),不反专制。可见把"五四"比同于文革完全似是而非。虽然文革也反传统反孔儒,但与"五四"的着眼点根本不是一回事。我们不能把之简单混同。

至于 80 年代的文化热同"五四"运动确有相通之处,如推重民主、科学和思想启蒙等。但准确地说这些观念在 80 年代的弘扬主要是思想解放运动的成果,文化热只是其中的一小部分。而思想解放运动是反对文化专制和主张百花齐放的。因此在文化热中,批判传统、宣扬西学的激进主义与肯定传统价值的保守主义并驾齐驱,不存在一个压倒一个的问题。在学者以及在官方那里均如此。若论受到的尊重和待遇,保守的国学大师比激进的启蒙精英可能要高得多。片面地把80年

---

① 《东方》1994 年第 4 期。

代的思想解放运动说成是文化热,把文化热又说成西学和反传统独领风骚不符合事实,仿佛文化保守主义者在那十年受足了委屈、就像"文革"似的。其实,从80年代以降,文化保守主义者在社会上和官方那里的生存空间要远大于文化激进主义者。后者的处境和下场常常可能很糟糕。而前者虽然在90年代最红,但早在80年代已经养尊处优。近来海外有人批评国学热和后学合谋,唾弃精英启蒙立场,大约正因为此。对此这里不予评价,只是指出80年代的文化热并非全面地反传统,将之简单地比作"五四"似也有牵强之处。

现在我们来谈谈政治激进主义特别是革命的历史作用。这里主要谈的是辛亥革命。时下批评革命的文化保守主义观点流行,其中最有代表性的观点由李泽厚先生所表述:

> 我认为,辛亥革命是搞糟了,是激进主义思潮的结果:清朝的确是已经腐朽的王朝,但是这个形式的存在仍有很大意义,宁可慢慢来,通过当时立宪派所主张的改良来逼着它迈上现代化和"救亡"的道路,而一下子痛快地把它搞掉,反而糟了,必然军阀混战。所以,自辛亥革命以后,就是不断革命:"二次革命"、"护国、护法"、"大革命",最后就是49年的革命,并且此后毛泽东还要不断革命。直到现在"革命"还是一个好名词、褒词,而"改良"则成为一个贬词,现在应该把这个观念明确地倒过来:"革命"在中国并不一定是好事情。①

革命与改良本身确不能证明自己的合理性。只要转型成功,代价当然愈少愈好。从此角度看或在此前提下,确可以说改良优于革命。但中国的情况不同于西方。西方现代化先行国家英国是带有改良色彩的"光荣革命",法国是诉诸暴力的"大革命",美国虽然打了仗,但主要

---

① 《东方》1994年第5期。

是争取民族独立,宪制建立过程本身是和平的(而且带有社会工程设计色彩,即先有理论,后有实践,并且相当成功),当然后来为保卫宪法和国家统一也爆发过战争。英国的光荣革命虽然没流血,但在此之前的1640年革命却把查理一世送上了断头台。保守派与革命派也打了很多年的仗,流了很多血。这些在1688年当然具有威慑作用。若更具体地分析,英国贵族与王权的对抗历史久远。其实整个中世纪都贯穿着贵族与王权的对抗。若追溯更早,在古希腊罗马有贵族与平民的斗争,与此相类。它们的共同特点是利益集团之间的对抗,对抗的结果不是你吃掉我、我吃掉你,或成者王、败者寇,而是双方让步达成妥协,以法律的形式把双方的利益关系确立下来,也就是说,在西方至少从古希腊罗马开始王权就是有限的(贵族统治也是这样),法律是更高的东西,至少形式上如此。当然这是理论的情况,实际上在某些时候可能会有偏差。如罗马帝国某些皇帝作恶不比中国的暴君少。但这种极端的帝王专制相对说来持续时间较短暂,并且是不合法的,即在形式上法律地位更高。在中世纪不仅贵族和封建习惯法是制限王权的因素,还有教权与人人自由平等的价值观念和自然法也都起着限制的作用。所有这些都为近代的革命与改良准备了条件。

　　这是西方的情况。我们则与之不同。没有贵族与王权的斗争,至少秦汉以来如此。没有法治的传统,没有能与世俗权力相抗衡的宗教,有的只是绝对君权的传统。当然依靠明智君王进行成功改革的例子不是没有,如俄国彼得大帝,还有日本明治维新。但中国当时的权力主要掌握在保守派手里,虽然有洋务运动、戊戌变法,但成不了气候。保守派反而大打出手,改革受到抑制,外交丧权辱国。因此才有谭嗣同英勇就义,才有辛亥革命与"五四"运动。历史不是没有给改良和渐进的变革以时间,但由于保守派势力过于强大而进展缓慢,跟不上列强入侵的速度,甚至比我们晚被打开国门的日本也加入了瓜分者的行列,而且更贪婪更凶残。在此情况下革命实是万不得已的选择。如所周知,孙中山早年曾上书李鸿章,意在补天,后来才成为革命者。而革命由于保守势力的阻挠一直举步维艰。因此窃以为与其批评革命派不如批评保守派,与其批评谭嗣同,不如批评那些杀谭嗣同的人,以及出于个人私利想签署"二十一条"的人。他们更应该对中国现代化的挫折负责。

这样说丝毫不意味着不对后来政治激进主义所造成的恶果进行反省,也不意味着取消它们应负的历史责任。但如前所言,从文化激进主义推不出政治激进主义,从此时此地的政治激进主义推不出彼时彼地的政治激进主义。正所谓此一时彼一时也。我们用不着把辛亥革命、"五四"运动硬同"文化大革命"联系到一起,进而通过否定后者而否定前者。这样一来不但黑白混淆,反而取消了某些当事人的责任,取消了偶然,其实若非某些权势人物的性格和品质,历史发展的另外一种面貌不是没有可能。

"五四"、启蒙与后现代

"五四"是作为伟大的思想启蒙运动载入历史史册的。民主与科学是它高举的两面旗帜。启蒙,按康德的说法:"就是人类距离自己所加之于自己的不成熟状态。不成熟状态就是不经别人的引导,就对运用自己的理智无能为力。当其原因不在于缺乏理智,而在于不经别人的引导就缺乏勇气和决心去加以运用时,那么这种不成熟状态就是自己所加之于自己的了。Sapereaude! 要有勇气运用你自己的理智! 这就是启蒙运动的口号。"①在西方启蒙运动滥觞于17世纪的英国,在18世纪的法国达于高潮。文艺复兴,17世纪英国资产阶级革命和新兴城市文明为其提供了历史前提。"五四"与启蒙运动确有相通之处,甚至可以说一脉相承,都是为解除人民的不成熟状态,也都高扬民主、理性和科学的旗帜。

当然我们也可以在儒家先忧后乐的忧患意识和先知觉后知、先觉觉后觉、将以斯道觉斯民的精英意识和社会责任感、使命感中找到渊源

---

① 《历史理性批判文集》,商务印书馆1991年版,第22页。

关系。这种渊源关系甚至比西方的启蒙运动来得更为密切、更为直接，也更有亲和力。毕竟，我们都是龙的子孙。当然民主与科学的思想或理念来自西方。"五四"精神实际上是这两方面传统的融合，而且是中西传统中比较优秀的东西之融合。无论"五四"人物反传统如何激烈，传统的某些因素必然要对他产生作用。毕竟他身上的血流的是中华民族的血。而保守主义者无论如何拒斥西学，现代化的东西也不可能完全不用，除非躲在森林中与世隔绝、刀耕火种。

正因为"五四"人物承继了中西两大启蒙传统，因为他们思想之崇高、境界之博大，献身精神之难能可贵，"五四"精神历来受到众多人士的尊敬，不仅激进的革命者，甚至许多文化保守主义者也对之称赞有加。如林毓生先生就这样高度评价"五四"精神：

> 什么是"五四"精神？那是一种中国知识分子特有的入世使命感。这种使命感是直接上承儒家思想所呈现"先天下之忧而忧，后天下之乐而乐"与"家事、国事、天下事，事事关心"的精神的……这种使命感使中国知识分子以为真理本身应该指导政治、社会、文化与道德的发展。我们这些追求真理的人看到了政治上、社会上的不合理现象，便极感不安，深觉自己应该加倍努力，一方面觉得应该参与爱国运动，另一方觉得自己的工作与国家前途甚有关联，只要把它做好就是救国之一途。这种使命感发展到最高境界便是孔子的"知其不可为而为之"的悲剧精神。即使我们对政治与社会许多不平、不合理的现象深感愤慨，但，我们不消极，不气馁，不自怨自艾，不上山静思，也不玩世不恭（做这类事的当然也有，不过，那不是中国知识分子的主流）。这种入世的使命感是令人骄傲的"五四"精神，我们今天纪念"五四"，要承继这种"五四"精神，发扬这种"五四"精神。①

---

① 《中国意识的危机》，贵州人民出版社1985年版，第335、336页。

林先生的这段话极精彩。不过林先生认为这种精神与西方以政教合一为背景而发展出来的近代西方知识分子的风格有很大出入,但他又认为"五四"的目标与自由、民主、法治、科学分不开。我以为这些目标不可能不体现"五四"精神,或者说离开这些目标或理想"五四"精神无从谈起。从此角度看仍可以说"五四"融合了中西两大传统。

　　然而,这样一种启蒙的精神以及自由、民主、科学、人道等理想在90年代以来受到了怀疑。怀疑主要是来自两个方面。一是新国粹派,或新潮文化保守主义,二是后学论者或后现代主义。

　　新国粹派亦是新国学派,其兴起似同80年代末那场政治风波有关。由于突然遭受重大挫折,许多知识分子的政治热情从沸点降至冰点,干脆放弃文化批判和参与意识,转而研究国学,埋头国故。起先,也许出于生存策略的考虑,但蔚然成风以后话语的变化就兆示着时代精神的转变。所谓90年代"思想家淡出,学问家凸显",说的正是这个情况。而重视思想、关注社会在上一代知识分子那里无论其倾向激进主义还是保守主义都是共通特点。如上述林毓生先生对"五四"精神的评价,文化激进主义者看了会同样激动。但新一代国学派则会不以为然,认为这是文人"自作多情"、"露导师心态",[①]至少也是政治上不成熟的表现,令90年代年青而老成的国学大师见笑矣。所以他们是新国学派。其中许多人对传统文化不仅在学理上深入进去,而且感情甚深,对西方的东西则高度警惕。这样一种民族主义情绪同新国学结合在一起即构成了新国粹派。他们有的人提出"反激进主义,恪守学术化立场,推崇保守派价值,回归中国传统文化资源,反省现代性……这是一个顺理成章的逻辑推论,也是合乎历史变化的实践移位。"[②]有的人更一厢情愿地提出21世纪是中国的世纪。这些说法或者失之空泛,或者受情绪主宰,或者过于爱惜自己身上的羽毛,让人觉得比起他们的前辈也是

---

① 参见《学者的人间情怀》,《读书》1993年第5期。
② 参见《东方》1994年第10期。

倒退。

后学或后现代主义更是新潮学说，在西方兴盛也不过数十年。从思想传承关系上看后现代主义是现代主义的进一步发展。现代主义作为一种文化思潮，产生于上一世纪后半叶，特点是以象征的手法寓意主观的情感，特别是人的精神中灰暗的一面，以此来揭露现代化过程中所有病态的东西，并对传统持激烈的否定态度。这种现代主义是对当代工业资本主义的强烈抗议。后现代主义则又进了一步，以零散、平面、多元、去中心来消解现代性，以机械复制、时空距离消失、他人引导、文化工业、大众消费来诠释或抨击当代文化，以取消宏伟叙事和从根本上否定启蒙运动以来就占据主导地位的理性精神和自由、民主、人道的价值理想。这样一种文化思潮当然不是凭空自生或少数文人的杜撰，而在当代社会能够找到深刻的根源。工业化大生产日益把人分割成零散碎片，城市化的发展反使人们相互间变得更加隔膜，文化、资本和高科技结合起来把挑逗人们消费欲望的文化商品成批地复制或生产出来。享乐主义与大众文化流行，启蒙的理想当然被弃置一边，理性主义在哲学领域成为众矢之的被大加讨伐，似都在说明一个后现代主义时代的来临。

后现代主义学说80年代中期传入我国，起初并未引起广泛注意，90年代却一跃成为显学，后现代、后殖民等后学词汇充斥报章，成为一种文化时髦。市场经济的兴盛和大众文化的繁荣似也在为之发达提供背景和佐证。80年代的启蒙思想受到抛弃，人文精神则饱受嘲弄，社会责任感更成了过时的玩意，精英文化衰落，痞子文学走红。我们这个时代似乎离"五四"越来越远了。零散，碎片，多元，去中心，机械复制，文化工业，取消宏伟叙事和深度模式，告别崇高，玩的就是心跳，过把瘾就死，别把我当人看，我是流氓我怕谁……所有这些词汇与现象的流行似乎都在说明我们这个社会虽然经济上欠发达一些，但在思想和精神上和洋人也相差不远，甚至可以说处在同一个发展阶段。梦幻、零散、碎片，多中心，平面无深度，时空距离消失，前后无逻辑联系，欲望的海洋。这些就是后现代的品质。

现在我们回过头来看看中国的后现代主义者,不难明白他们把中国看成巨大的后现代文本的理论是多么苍白！中国的土地上虽不乏痞子,不乏复制,不乏零散、碎片及对理想、启蒙和任何宏伟叙事都无兴趣的人,但社会的政治、法律、伦理、道德和经济不可能以他们的理论来建构,现代化的大厦也不可能建立在他们的基础之上。尽管在中国20世纪90年代的背景下,后现代主义、文化保守主义和痞子文化客观上构成了反对80年代乃至"五四"启蒙精神的一种"合谋",但历史会证明"五四"的精神更现实,更积极,更富有建设性,因而更加垂之久远！

（原载《学海》2000年第3期）

后现代主义离我们有多远？

一个幽灵在中国大地上徘徊。"什么幽灵？""后现代主义的幽灵。"
世事难料，沧海桑田。记得不久前国人还在为四个现代化的目标热血沸腾，学界也一直把现代化作为主要的关怀，甚至是压倒性的主题、无远弗届的力量。可是曾几何时，以后现代主义为代表的后学在中国大地登堂入室，并影响渐大，近年来更成为显学，声势竟在现代化之上。以北京青年学者张颐武、陈晓明等张、陈二"后主"更年青气盛、咄咄逼人，大有放逐"自由"、"理性"、"启蒙"、"人道"等所有现代化话语之势。市场大潮的兴起，还有大众消费文化的崛起与精英文化的衰落，似也在为此转折提供佐证，痞子文学的走红更为之推波助澜。现代化过程中一切曾令人激动不已的东西似乎突然失去了它们的价值和光彩。真令人感叹世事如棋局局新。莫非我们真的在世纪末乘上了削平一切的后学之船，来到后现代称王的新千年，在那里没有深度、没有意义，千年如一日，活与没活也差别不大？

窃以为后现代主义的产生与流行能够从人类精神的历史发展和当代社会中找到深刻的根源与依据，对于人们把握和认识现代性的弊端也不无裨益，但其取消一切价值的企图只能是一厢情愿，在现代化仍是压倒性任务的中国要放逐自由、理性等现代精神更是不切实际的空想。下面试从此角度对后现代主义作一简单梳理，有不妥处敬请指教。

对现代性的反叛:后现代主义的兴起

后现代主义作为一种文化思潮从一开始就是对现代性的反叛。现代性即现代精神主要包括自由、理性、人道或人文主义、个人主义及与此联系在一起的启蒙等。后现代主义则取消一切宏伟叙事,削平一切深度,主张平面、多元、多中心甚至无中心,而崇尚零散、不确定等。我曾在一篇文章中戏称"梦"几乎具备所有后现代的品质。类似地还有尼采的"酒神状态的迷狂"、福柯的"疯狂"。博德里拉和詹姆逊所说的后现代"类像"也许是产生这种类似于"梦幻"、"醉"和"迷狂"的后现代状态之原因。这里面的联系的确值得探讨。但后现代精神的产生无疑有着更为深刻的原因和更为久远的渊源。要说清楚这里面的关系也许得从现代性本身所包含的矛盾谈起。

现代性的矛盾:理性与自由

理性与自由是现代性的两大原则。特别理性更是统御一切的精神。黑格尔说世界那时是用头立地的;恩格斯说思维着的悟性成了衡量一切的尺度,一切都押上理性的审判台,说的都是启蒙运动时期理性主义君临天下的情况。当然,现代性的根可以追溯得更早。上一个千年在意大利兴起的新型城市文明可以说是最早最深厚的基础。接下来的几个世纪相继发生的文艺复兴和宗教改革、科学革命更在思想文化领域为理性主义的兴盛开辟了道路。特别是科学革命起了关键的作用。现在不少后学家讲现代性特别是理性一般都讲到笛卡尔,殊不知思想家个人的作用有限,而在笛卡尔之前西方理性主义传统也不绝如缕,使此传统能够走进社会、深入人心的非科学革命莫属。在此之前的中世纪世界观是等级制和目的论的,还有基督教神学的唯意志论和宿命论。那个时候的人渺小又卑微,虽然据说上帝把人放在宇宙的中心,但人在巨大而盲目的自然力量面前还是自豪不起来。科学革命使这一世界观从根本上动摇了。世界原来受统一的力学规律支配,而这规律居然让人找到了。从此普遍主义的观点、决定论的观点深入人心。人可以运用自己的智慧发现这些规律,勘天役物,造福于人类。人类的自信心和理性主义精神大大增强。这是18世纪启蒙运动和工业革命的根,也是现代性的根。现代化运动从此蔚为大观,不可阻挡。黑格尔把此过程称为合乎理性目的的过程,韦伯说是合理化的过程。均是说明理性精神的作用。

另一方面,现代化的过程也可从自由的角度作一理解。自由,按西方观点,是人的行动不受外在束缚,自己立法,自己遵守,并充分表现自己的能力和创造性。从此角度看,西方世界从中世纪世界观解魅的过程正是人认识世界和改造世界的能力和自信心大大增强的时期,亦是人的自由意识和选择能力大发展的时期。从更具体的角度看,自由在经济领域表现为财产权的保护和经济自主,在宗教领域表现为信仰自由和宽容,在其他思想领域表现为言论自由、新闻自由,在政治领域表现为民主、人权等等。所有这些既是合理化的过程,也是自由的过程。从此角度看自由的发展与理性的发展并无二致。然而也有一些不和谐的东西。这些东西在现代化的初期无伤大雅,但随着时间的推移会变得日益突出,我以为从19世纪到20世纪现代主义的反叛和非理性主义精神的崛起乃至后现代主义的产生似均可从此看出一些端倪。

不和谐指与理性统治联系在一起的普遍主义、决定论、必然观与人的自由天性多少有些不一致。因为一切都由规律决定了,人的自由与能动性也就无用武之地。启蒙思想家教育人民乃至改造人心改造社会的努力也就归于无益。起初,启蒙思想家激动于科学革命的伟大发现,并热心地把普遍主义的观点、决定论的观点推向社会。另一方面又认为专制制度和宗教蒙昧压制人性,应当用新的科学与理性的观点教育群众和唤醒他们改造社会,从而引出革命的结论。但这样一来出现了两方面的问题。一方面,五光十色、多姿多彩的世界在他们眼中只剩下普遍和抽象,世界的丰富性和人的能动性就没有了。马克思、恩格斯1844年说"感性失去了它的鲜明的色彩而变成了几何学家的抽象的感性。物理运动成为机械运动或数学运动的牺牲品;几何学被宣布为主要的科学。唯物主义变得敌视人了。"①此番论述正可看作对此问题的批评。另一方面，认为可以通过启蒙和教育来改变社会，岂非是意见支配世界，同普遍主义与决定论的观点似乎并不一致。

有许多思想深刻的人发现了这里面的问题。在启蒙的阵营之外，贝克莱在18世纪初就认为在考察自然时把每一现象都精密无误地归于普遍法则似乎是贬低心灵尊严的事。腓特烈大帝则批评《自然的体系》的作者把人的全部活动归于受一种宿命的必然性支配，人变成一种盲目力量所牵动的木偶，同时又突然爆发反对牧师、政府和整个教育制度的热情，显然自相矛盾。在启蒙阵营内部，歌德也对《自然的体系》及其所代表的观点心存失望。他说我们固然承认季节变换、气候影响等自然规律，但我们内心仍感到自由的意志和某种平衡自由的力量。更早伏尔泰在给他的学生爱尔维修的一封信中也吐露了他类似的思想困惑。他说他在实践中承认思辨所抛弃的原则，因为生活的幸福高于抽象的理论，因此他不喜欢宿命论，即使它不幸而正确。卢梭对情感的推重更偏离了理性主义的主流，这使他成为浪漫主义的先驱人物。

我以为，所有这些不和谐本身并不能直接推出现代主义或后现代，但它们作为对普遍主义的不满和对理性主义的一种偏离在精神气质上为现代主义或后现代主义的更激进反叛作了某种准备，也可以说是先声或预兆。

非理性主义与现代主义的反叛

19世纪虽有浪漫主义狂飙突进，现代派也开始崭露头角，但总的说来在思想文化领域仍是理性主义的一统天下。普遍主义、决定论挟科学革命和工业革命雄风继续高居欧洲精神界王座。但理性主义的统治太久了，与其强大统治联系在一起的自然规律、道德律令、普遍主义和因果决定论过于束缚人的精神和情感，使人唯唯诺诺、生气皆无。这

---

① 《马克思恩格斯全集》，第2卷，第164页。

种情况招致很多人的不满。罗曼罗兰曾谈到他年青时候在上一代观点的阴影下苦恼挣扎。斯图亚特修兹也谈到19世纪末的年轻人对当时占统治地位的理性主义和机械决定论的不满："这些权威的断言,在我们今天看来只不过是过甚其词的说法,但是在当时却等于是一个重担,年青、富有想象力的心灵,在它的压力底下感到窒息。"[①]这样一种不满日积月累,终于为非理性主义和现代派观点的产生提供了氛围与条件。至19世纪末和20世纪初,各种非理性主义观点流行起来。有崇尚情感的浪漫主义,有崇尚意志的叔本华、尼采,有推重直觉的柏格森,有重视本能和欲望的弗洛伊德主义,重视经验与实证的实用主义和实证主义,还有重视人的存在的存在主义,重视象征、寓意、意识流以及新奇、变动与丑恶等负面因素的文学现代派。其中尤以尼采重估一切价值和崇尚丑恶、荒诞的现代派对后现代主义影响巨大。

当然,所有这些变化并非皆归于自由与理性的冲突,但它肯定与现代化的内在不和谐因素有关。如工业化造成环境污染、人与自然关系的破坏以及传统生活方式的瓦解,城市化使人与人关系疏远,资本主义生产方式更使物凌驾于物之上,使人与人关系变得对立和充满敌意。这样一些变化给非理性主义与现代主义思想的流行提供了肥壤沃土。理性主义的统治在它们的重击下摇摇欲坠。

后现代主义的崛起

20世纪下半叶以来现代主义的能量逐渐耗尽,反叛日益变得琐碎无聊,用贝尔的话说,像泼尽了水的空碗。就在这时后现代主义崛起了。由于科学技术等因素的迅速发展这个世界也的确变得不同于以往。信息、网络、传媒、大众文化这些前所未有的东西均具有举足轻重的地位。从此角度看把当代社会称作信息社会、网络社会甚至后现代社会确乎可以成立。但不要忘记后现代主义的主要特点零散、不确定、

---

① 《意识与社会》,联经出版事业公司1982年版,第36页。

多元、取消宏伟叙事、去中心仍继承了现代主义反对理性主义、普遍主义和因果决定论的特点,并且作了更进一步的发展。从此角度看与前述理性与自由的矛盾在精神上一脉相承。

后现代主义的主要代表人物有福柯、拉康、德里达等后结构主义者,还有利奥塔德、哈贝马斯、阿多诺、博德里拉、詹姆逊等阐释者。他们的观点不尽一致,有的还截然不同,但总的说来它们大都拒绝总体性的理论和普遍主义,而倾向于强调差别、零碎和多元。这种拒绝和强调对于批判现代性中所包含的固有矛盾和弊端,破除已往人们对理性、自由、人权等现代价值理想的过分崇拜的确不无裨益,许多论述读来令人耳目一新,但总的说来破坏有余,建设不足,缺陷也很明显。

后现代主义理论的缺陷

首先,从时代上看后现代并不构成能与现代相提并论并取而代之的一个时代或社会。现代与传统相对应。传统社会人类束缚在与自然、地域、血缘、等级特权的狭隘关系中,无论农耕、畜牧、渔猎都与直接的自然物打交道,生产力水平低下自不待言。现代社会是工业社会,也是人广泛运用科学技术从而带来生产力大发展的社会。从政治角度看是民主社会、法制社会,从经济上看是商业社会、契约社会。从传统到现代的转变若从工业革命算起不过两百多年,至今方兴未艾。当代社会虽然信息、网络和服务业的作用凸显,制造业的地位在下降,尤其在股市等虚拟经济中,但落到实处人还是靠那些实实在在的产品过日子。所以从根本上说当今社会仍是工业社会,是现代社会,当然可以说处于一个新的阶段。试想一下,人类社会还很年轻,若现代运行两百年就进入后现代,以后还怎么个后法。我们自以为近几十年又有很大变化,但若放到千百年的人类历史长河中也许算不了什么。

其次,后现代主义反对自由、理性、普遍主义和总体主义的宏伟叙事不遗余力,其实这些东西尽管有其内在的缺陷,但其积极的作用肯定更大。人类文明的大厦不可能建立在后现代主义充满虚无色彩的零散、碎片、去中心、不确定等原则之上。事实上,西方社会无论从政治、经济、法律的角度看其根基仍是现代化，或者说在现代化过程中所确立的基本结构仍然存在，并生气勃勃地起着作用。对之后现代主义者可以在精神上加以蔑视或大不敬，但他很难在实践上真正超越。原因很简单，他不可能违背法律，亵渎宪法，侵犯人权，也很难不享受现代文明的好处，同时得尊重现代文明的规则。说到底，他生活在现代，而不是别的什么时代。后现代主义虚无主义和否定一切的色彩太重，除了在文学艺术和哲学等较为虚玄的领域有所建树以及对城市建筑的理念有所影响以外，在其他方面很难有所作为，只能是当代西方文化的一个支流或余脉。正如凯尔纳与贝斯特在《后现代理论》中所言：普遍权利与价值还有自由都是历史建构的。后现代主义怀疑普遍主义的宣称隐藏着特殊的利益，有其合理之处。然而，如果要想建立一个公正的社会，就必须确立某种普遍的价值，诸如平等、法治、自由、民主参与等。"以现代性和现代理论为攻击目标的极端后现代批判，在抛弃现代性的可疑方面时，错误地把启蒙、民主及社会理论等进步遗产也一同抛弃了。我们发现，对于那些仍然有价值的理论和政治计划来说，许多后现代批判有些太过分、太抽象且具有颠覆性。"

我以为凯氏和贝氏的批评对我国的后现代主义也很适用。

中国后现代主义的出场

环境与条件

后现代主义理论最初为国人所知是 1985 年。美国著名后现代主义哲学家詹姆逊于该年在北京大学作了题为"后现代主义与文化理论"的轰动性演讲，翌年讲稿由陕西师大出版社出版，后学理论才逐渐走进国人的视野。但也主要在学术界圈子，虽说有人把此演讲的重要性与几十年前罗素那次著名访问相比。整个 80 年代国人的兴奋点均在改革开放和现代化之上。后现代理论在较大范围引起关注是 90 年代市场大潮兴起以后的事。

后现代理论本身纯属舶来品,但该理论所描述的现象在中国却不是完全子虚乌有。概括地说来,其在当代中国出场的历史条件有:

(1) 现代化过程本身暴露出很多问题。如工业化城市化所造成的环境污染、资源破坏、人与人关系的疏离和异化,使得人们更多地看到现代化过程中的负面因素。另一方面,网络、信息、大众传媒等后工业因素在中国也有相当地发展,从此角度看中国的后现代理论似不完全是无源之水。

(2) 大众文化的兴起与精英文化的衰落。造成两方面因素的此消彼长原因当然很多,但主要同90年代扑面而来的市场大潮有关。大众文化既是文化的普及也是低俗化,从殿堂到茅屋,从天上到人间。有人说是文化"民主",也不无道理。但肯定是与削平深度和平面化联系在一起。宏伟叙事受到冲击。开始,思想解放运动破除空头政治和极左路线的危害,神化的观念得到解魅。但启蒙与现代化的宏伟目标还在。市场大潮兴起之后人们忙着挣钱,对此已兴趣不大。新一代后现代理论家正是在此氛围中长大或脱颖而出,所以他们后来干起"文化弑父"的勾当轻车熟路,毫无心理的负担。而精英文化似乎无可奈何花落去。这也是历史性的转变。

(3) 西方现代主义文学和哲学的影响。改革开放以来,西方各种思想潮水般涌进来,泥沙俱下、鱼龙混杂。当然80年代的主旋律是现代化,影响较大的也主要与现代性有关。但我们不要忘记,西方的后现代思想也是从现代派思想递嬗而来。从此角度看80年代大学校园里的现代西方哲学热与文艺界风行一时的现代主义艺术和思潮均为90年代后现代思潮的流行提供了精神上的准备。

现代西方哲学主要指19世纪末以来西方所流行的非理性主义哲学,如尼采的学说、存在主义和弗洛伊德的理论等。特别尼采非神亵圣,重估一切价值,对现代派乃至后现代主义均影响巨大。这三大派的理论在80年代均成为显学。还有与后现代关系更为密切的结构主义理论、语言哲学等也有一定的传播,因此90年代人们谈起解构与重构、能指与所指、话语与权力才驾轻就熟。事实上无论现代主义还是后现代主义在中国之被传播和接受都是对西方话语权力的认同。这一点与西方启蒙思想的传播并无区别。只不过在后学论者看来他们的话语更新,因此似应更有权力,或至少他们隐隐有一种优越感,因为他们在时间上已占得先机,古典的东西似乎已经过时,退场认输实属当然。

在文艺界现代主义或先锋文艺主要兴起于80年代中期,其主要特点是:(1)反对传统,追求新奇,重视实验;(2)逆公众而行,不随波逐流;(3)追求自由、自主;(4)重视表现人的精神中负面的东西,如孤独、痛苦、焦虑、迷惘、绝望甚至妄想、怪诞。余华、孙甘露、苏童、北村、格非等人的先锋实验小说,艺术界从1983年复旦大学画展、1985年浙江美院新空间画展到1989年在中国美术馆举办的"中国现代艺术展"均明显表现出现代派的影响。所有这些均为后现代主义的流行准备了思想上的氛围与条件。

表现与影响

如前所言,后现代主义理论80年代初我国已有所闻,也有一些学者开始这方面的研究,但真正成了气候是90年代的事。一大批译介和评述的书籍和文章问世。如佛克马编的《走向后现代主义》(1991),王岳川编的《后现代主义文化与美学》和著《后现代主义文化研究》(1992),哈桑的《后现代主义转折》(1993),陈晓明的《无边的挑战》,张颐武的《在边缘处追索》,王宁的《多元共生的时代》(1993),93年以后就更多了。今天,后现代理论与有关的后学几乎是最显赫的学说,在新潮学者看来不了解它就意味着落伍,连说话的资格也没有,更遑论话语霸权。

在文学界,也出现了一些有后现代风格的作品文本,如马原、格非、余华、苏童、孙甘露的实验小说在语言叙说、叙事结构和价值取向上即有后现代色彩,即叙事零散、能指滑动、零度写作。我们知道后现代主义本自现代主义脱胎而来,所以对昔日的现代派先锋说来具有后现代色彩并非难事。当然还有王朔的作品,嬉笑怒骂,冷嘲热讽,玩世不恭,流氓加无赖,嘲笑一切理想和道德,活生生一副痞子模样。如果出在20年以前乃至更早几百年,最多被当作流氓自白,不足为训,也无人注意。但它生逢其时。传统理想主义已被"文革"和空头政治糟蹋得声名狼藉,大众的政治热情也被几十年的极左路线耗尽,现代性讲了十来年屡遭现代主义的反叛,后现代主义更取消深度,取消所有的宏伟叙事,理想主义、英雄主义都成隔日黄花,市场经济和大众文化也对这些不感兴趣。所有这些均为痞子文化的走红提供了肥壤沃土。尽管王朔本人对把他的作品归于后现代不以为然,说这是哪对哪,但他的作品与后现代的价值取向暗合也是不能否认的事实。还有刘震云、刘恒、池莉等人的新写实作品,用似真性的修辞大量描写日常生活的琐碎细节,意识形态话语、崇高的价值理想和年轻时"少年壮志当拿云"的豪情抱负都消解在鸡毛蒜皮的生活琐事之中。最典型的就是刘震云的《一地鸡毛》,还有池莉的《热也好冷也好活着就好》,仅从题目即可看出深度消失、零散化的后现代味道。

在学术界,具体说来后现代研究包括这样三个群体,一是专门的研究者,即尽可能不带偏向地对后现代主义理论及其传播这个文化现象作客观地研究和分析。二是反对者,即对后现代主义取消深度奚落崇高和不要价值理想的虚无主义强烈不满和坚决反对者。他们又包括主流意识形态派和人文精神派,人文精神派又包括启蒙派(西学)和传统文化派(国学派),另外还有民族主义者。他们观点各异,有时甚至尖锐对立,但有时也相互交叉,如反对不要理想、主张人文精神为一。三是信奉者和推介者。他们完全以后现代主义者自居,并著文为其无理想、反传统颠覆一切旧有的价值喝彩。如笔者书桌上就放着一本后现代代表人物谢冕、张颐武著《大转型——后新时期文化研究》。该书的基本观点是:"在中国文化思潮从80年代向90年代的演变中,在世界格局由两极对立转为多元共生的喧闹中,现代性知识型在中国文化中的权威地位不可逆转地衰落了。""现代性作为一种现实进程正趋于完结。"[1]其矛头不仅仅是传统的价值理想启蒙精神,而是现代性本身。

---

[1] 《大转型——后新时期文化研究》,黑龙江教育出版社1995年版,第18页。

应当说该书写得还是很精彩的,特别是拆解80年代的文化观念文学精神乃至人类千百年来的理想方面确实笔锋犀利语言尖刻给人留下深刻印象。但它充其量具有破坏性,而缺少建设性。当然他也提出"中华性"概念,但含义是什么语焉不详。其实中华性已经存在几千年了,它只是中华民族的民族性,而不是别的。在当今世界潮流和文化交融中我们应保持自己的特性,不失民族本色,但不能以之对抗现代化的世界潮流。事实上对抗也对抗不了,后学本身来自西方,再强硬的民族主义者和传统派恐怕也不拒绝现代化的许多好处,对抗只是姿态罢了。

无论如何,后学理论在当代的传播产生了很重要的影响。王岳川先生曾从5个方面概括这一重要影响。首先它促成了写作观的转型,使国家话语转向个人话语,由代神代政代集团立言转向代自我立言。二是语言观的转型,即不谈世界、对象、真理,只谈语言、符号、本文等。三是阐释观的转型。冷漠叙事,作者在本文中看不到作家自我,从而产生"误读"。四是批评观的转型。以怀疑为武器,通过边缘、外在、他者对中心的秩序和意义进行消解,嘲弄,而主张多元和不确定。五是价值观的转型。怀疑一切,真理、历史、进步、理想和终极价值统统在怀疑之列。①

王先生的概括很精彩,其实还可从历史观人生观等多重视角进行概括。但我以为所有这些转变均可从价值观的角度作一理解,写作、批评、阐释和语言本身都是一些操作层面的技术性问题,如何操作,倾向性如何等意义层面的问题则同价值观相联系,历史观人生观更同价值观不可分。从此角度看,从国家话语向个人话语转变,只谈语言、符号,不谈世界和真理等其实精神为一。这样一种转型对于打破人们对旧体制旧观念的崇拜方面确实威力巨大,甚至比现代主义的反叛威力还更大些,因为现代主义只是对现存秩序的反叛,而后现代主义把现存的东

---

① 参见《中国"后现代"文化检视》,《人文杂志》1995年第5期。

西连根端了,世界在他们心目中已经零散化。但我觉得王先生把后现代主义的这种积极作用似乎高估了。未来的世界不可能没有是非界限,没有秩序和法,没有对真善美的追求和对假丑恶的鞭挞,甚至也不可能没有信仰和对终极价值的追求。所有这些与人类文明共存的东西不可能因一些人玩世不恭就会消失。王先生谈到后现代批评只能保持边缘性的位势,永远成不了中国文学批评的主流。这是有见之言。其实,后现代主义即使在西方也不可能成为主流文化,只能是边缘。道理很简单,文明与秩序的大厦不可能建立在一片废墟之上,更不用说现代化了。当然,它也不是毫无意义,至少它可以作为文明和理性发展过度的解毒剂而丰富着人类文化。在我国当前,有时能充当破坏对传统体制和观念崇拜的利器。即使如此,对其正面作用不可高估,对其缺陷或弱点则应有着更为清醒的认识。

弱点与问题:中国离后现代有多远?

具体说来,中国后现代主义的致命弱点有:

(1) 脱离实际,食洋不化。尽管中国的当代文化多元并存,杂语共生,时空大错位,各种文化多少都能找到一些存在的根据,但总的说来中国仍处在一个历史性的现代化潮流之中。这股潮流尽管可追溯到一个多世纪以前,但也只是近20年才达到高峰,并且还有很漫长的路要走。因为同现代化先行国家相比,无论在人的素质还是经济总量、管理水平和科学技术等方面均有很大的差距。对于大多数中国人来说衣食住行等物质方面的需求仍是头等重要的问题。不似发达国家的西人,自己早已吃饱喝足,对基本的物质需求已不甚在意,而主要关心精神方面的需求,以及丛林中动物的生存权利。还有封建专制、愚昧迷信、贪污腐败的传统之残余仍在相当程度上存在,并毒害着我们,使我们现代化的道路举步维艰。而自由、民主和科学的现代性传统之稀薄是众所周知。因此我们可以肯定地说,中国在相当长的时间内主要不是后现代或实现了现代化以后怎么办的问题而是现代化的问题。要知道,连写出公认的削平深度之痞子文学的王朔对于把自己的文本归于后现代还说这是哪对哪,可见在当代中国后学理论是多么具有反讽意义。更何况在西人那里后现代本身也不过是一个不占主流地位的话语。所以我们千万不能把后现代的东西过于当真。否则就是食洋不化、脱离实际了。

(2) 虚无主义。后现代主义的一大弊端是虚无主义,否定一切价值。从此角度看后现代主义的确非常激进,拆解传统文化的所有遗产不遗余力,对现代性的解构也非常彻底,不作一点保留。可以说非神亵圣、无君无父,激进程度更在现代派之上。但我很怀疑这在很大程度上是一种姿态,很难想象人能完全脱离传统的规范,纯粹靠破坏性、异质性和不确定性过日子。中国的后学派也取消一切宏伟叙事,这些叙事不外包括三个层面,一是主流意识形态,二是传统文化特别是儒家的学说,三是西方近代启蒙思想,即"五四"以来所宣扬的民主、科学,80年代的现代性等。这种取消对于拆解被"文革"发展到极端的空头政治、虚伪说教的确作用很大。王蒙大概正是在此意义上很欣赏王朔的痞子文学。但其致命的缺陷仍是破坏有余,建设不足。偶然发发议论,拓宽思路可以,靠此安身立命肯定不行。十亿人民不能靠说说俏皮话和"聒噪"过日子。当然我们不能要求某一个作家承担这么重的使命,但后学理论本身摆出否定一切的"大模样",令人不能不从此大处考虑。事实上当代国人在经历了"文革"后的神圣解魅和世俗化以后思想上的禁锢早已松弛,再加上市场大潮的冲击和现代消费主义的诱惑,心中方寸已乱,很少有人整日想的是宏伟叙事而不是个人的利欲享受。但一个国家一个民族都这样肯定不行。应该有比利欲享受更高的精神追求和合理的价值观导引。无论东西,概莫能外。正是在这里,理想和价值的意义凸显了。因此人类不可能完全离开宏伟叙事。当然,强调过甚或价值取向不合理也问题多多,但一点不要肯定不行。问题在于限度和合理化,而不是否定一切。特别对于当代身处转型而心灵无着的中国人说来更是如此。

(3) 保守主义。后现代主义理论作为怀疑一切价值的虚无主义理论是非常激进的学说,另一方面它对现代性的反叛又带有浓厚的保守色彩。其实激进还是保守全看你从哪个角度看。我们注意到前些时候关于后学的争论国内外学者对其激进还是保守争论不休。其实后学本身兼具两方面的品格,关键看你用什么参照系。如海外学者赵毅衡先生在香港《二十一世纪》(1995年2月号)上发表《"后学"与中国新保守主义》的著名文章,该文认为中国大陆的后现代主义是一个强大的新保守主义思潮,并历数其表现:对八十年代文化热的忏悔;回归传统文化;自我唾弃精英立场而转向对俗文化的认同。他对本来在西方属激进主义的东西到了中国成为保守主义的力量感到奇怪和痛心。赵氏的论述引起国内学者的广泛关注,批评意见也有不少。如许纪霖先生认为该文贴错了标签,大陆学界一般都认为"后现代思潮是一种相当激进的思潮,因为它在拒斥宏伟叙事的同时,将人类文化几千年来遗传下来的意义系统、价值基础一并颠覆了。"[①]还有人认为后学的流行和大众文化的兴盛构成了与官方权力话语的一种合谋。但某旅美著名学者对大众文化能消解主流意识形态的论述却引起了高层的震怒。事实就这么复杂。我以为所有这些矛盾现象与后现代主义的颠覆性本身兼有的矛盾品格有关。就其怀疑一切的虚无主义而言它肯定是激进的,但就其把主张革新的要求也颠覆掉而言它客观上与保守的力量遥相呼应。当然激进和保守本身不一定是负面的价值,关键看激进什么保守什么。即使在西方后学也一身而二任,也有保守的一面。如凯尔纳与贝斯特就指出:"如果要想建立一个公正的社会,就必须建立某种普遍的价值,诸如平等、法治、自由、民主参与等,而那些批评这些观念的后现代理论势必为保守势力推波助澜,因为将民主权力、自由和价值抛置一边正是保守势力梦寐以求的事情。"[②]在现代化任务远未完成的中国建立这种普遍价值的需求显然更为迫切,从此角度看后现代理论在当代中国负面

---

① 《寻求意义》,上海三联书店1997年版,第274页。
② 《后现代理论》,中央编译出版社1999年版,第313页。

的因素要更大。因为对大多数中国人说来,更要紧的是吃饭、穿衣、提高生活质量以及建立那些普遍价值,而不是理性与自由等普遍价值已发展过甚、应该连同禁锢人的极左思想一块颠覆的问题。要颠覆那些禁锢只有靠建立合理的普遍价值而不是一股脑地全部抛弃。从此角度看,我们不禁要对诸位后学家发问:"中国离后现代究竟有多远?"

(原载《江苏社会科学》2000年第3期)

精英文化的衰落与大众文化的兴起

从20世纪80年代到90年代的过渡,文化领域的一大景观是精英文化的衰落与大众文化的兴起,经济领域则是市场大潮拍岸而来。这两者似乎是密切联系在一起的。经济作为基础当然是决定性的因素,起着制约的作用。但文化也非常重要,政治思想领域的变化也不可缺少。例如,市场大潮的兴起固然有其自身内在逻辑,但人的观念的转变特别是小平南巡讲话也起到至关重要的作用。从思想文化的角度看,精英文化的衰落也同80年代末那场政治风波有某种关联,当然只是契机的作用。政治与文化的变化必须在社会经济中找到呼应和支撑。这是一个互动的过程,有一系列复杂的因素在起作用。总之,那股以启蒙为己任,以改革为号角,以居高临下唤醒大众主体意识为鹄的,从而实现现代化强国之梦的文化激进主义思潮,伴随着70年代末80年代初思想解放的洪流而生,在风云激荡的80年代纵横驰骋,但最后风头出尽,盛极而衰。昔日的启蒙骁将偃旗息鼓,或远渡海外,或从政经商乐不思返,或钻到故纸堆里不愿出来。与此同时,昔日不登大雅之堂的俗文化却乘机崛起了,而且声势日盛,大有压倒一切取而代之的气势,精英文化则雄风不再。这是当代中国文化一次深刻的转变,其产生的影响和作用迄今仍在继续。

市场大潮的兴起

市场大潮的兴起是当代中国社会转型最有历史意义的现象,其深远影响也许很多年以后才能充分看出。此前的中国经济主要有两大传统，一是自然经济，二是社会主义计划经济。商品经济虽古已有之，但一直不发达。重农轻商，重本抑末，既是历史的传统，也是历代封建王朝奉为信条的既定方针。即使是建国以后，也是自然经济长期占主导地位，特别在农村。而城市主要是计划经济居支配地位，当然主要在1956年以后，工商业的社会主义改造已经完成，工矿企业清一色为全民所有制和集体所有制，实质是公有制或国家公有制，国家机关根据计划设想的社会需要下达生产任务，调节分配和流通。但其实社会经济是一个无限复杂的开放系统，特别在当代，设想用一个详尽无遗的计划把整个社会的生产、分配、流通和消费事无巨细统统纳入预定的轨道，肯定会陷入空想，除非有拉普拉斯式的精灵或妖精存在才可能驾驭。但妖精之事本属虚妄，拉普拉斯今天已成为机械决定论的代名词。几十年的计划经济实践已经把社会搞得全无生气，人心思变。当然，变不是不要计划，当代社会即使是西方国家在凯恩斯以后也知道要有宏观调控，但那是市场已相当发育的资本主义社会。而我们的市场从未充分发育，上述两传统又积淀深厚，要实现现代化和跟上世界潮流，发展市场经济的要求就更为迫切。因为只有市场才能提供社会发展所需要的充分的信息、动力和人才，合理配置资源。但中国的国情是意识形态理念仍具有十分重要的地位，计划经济即属于这样的理念。过去对此不敢越雷池一步，但思想解放的洪流和实践标准的讨论已为此提供了可能。更何况还有邓小平的重要指示，特别是1992年南巡讲话指出计划与市场都是手段，不是衡量姓资姓社的标准，终于为冲破禁锢提供了强大推动力。要知道，在当时的国情下小平的话仍一言九鼎。这是从政治思想的角度看。另一方面从实践的角度看，在现实生活中市场经济的因素已经在到处发展，并显示其优越之处。农业产品的商品率越来越高，乡镇企业更是异军突起，城里的企业也得面向市场，还有很多个体的民营的企业更是市场经济的产物，因而在市场经济之中如鱼得水。正是它们为日后市场大潮的崛起奠定了雄厚基础。上述诸方面因素结合到一起，终于促成90年代市场大潮波澜壮阔，浩浩荡荡。时至今日,已成为社会经济生活的主流,不可忽视,不可抗拒。其对社会政治、经济、文化和观念的影响可以说至深至巨,精英文化衰落与大众文化兴起正是在此背景下展开的。

精英文化的衰落

90年代中国文化的一大特点是精英文化衰落。过去,精英文化一直处在话语的中心,士大夫知识分子是社会主流文化的承担者和价值观念的捍卫者。即使在有的朝代他们遭到排斥,那也只是个别权势人物的一时之举,知识分子作为传统文化与观念的承担者的地位仍无可替代,也不可能有什么新的文化对之作出有力的挑战。士大夫作为知识精英也勇敢地负起了自己的责任,所谓"先知觉后知,先觉觉后觉",将以斯道觉斯民;"先天下之忧而忧,后天下之乐而乐",还有修齐治平,内圣外王,"道统"与"学统",都充分表现了他们的使命感与责任感。知识分子即使处逆境,居陋室,一瓢饮,也如孔颜乐处,因为他们有一种文化上的优越感,即有道统作为精神上的支撑;学统则提供知识和学理上的资源。而大众也的确对这两大传统又敬又畏,即所谓"君子之德风,小人之德草,草上风必偃"。普通百姓是没有什么自己的立场的,就像那随风倒的墙头草。君子士大夫则责无旁贷地承担起风的责任,把自己的思想观念适时地向草吹拂。甚至君王们对之也有几分敬畏之心。当他们发现这些观念的传播不仅不会危及反而可能有利于自己统治时,也奉儒家为正统,封死去多年的孔子为空头素王。汉武帝罢黜百家、独尊儒术,从此儒家文化成为主流文化,直到五四运动把矛头指向孔家店,它才第一次受到强有力的挑战。但受到挑战的是儒家的观念,而非知识分子作为文化承担者和代言人的地位。换言之,精英知识分子仍居文化的中心,不过由于时代变化,占主流地位的是一些新型的知识分子,他们有的传播西方启蒙的理念,如民主、自由、平等、理性,有的宣传马克思主义,即革命的理想。这两种观念的差别当然很大,强调重点也各有不同,但精英知识分子的话语中心地位则一,这种情况直到

80年代仍无根本的改变。如70年代末80年代初一些知识分子写出的作品往往万人捧读，洛阳纸贵，如刘心武的《班主任》、徐迟的《哥德巴赫猜想》、刘宾雁的《人妖之间》、遇罗锦的《一个冬天的童话》，还有《人到中年》、《高山下的花环》，都曾产生轰动性的影响。刘心武说自己曾是很中心的人物，确乎如此。那个时候的文学书籍动辄印上几十万，上百万册也很平常。哪像现在，除了复习材料，印几万册就算不错了。

90年代情况急转直下，因为文学，这里说的当然主要是精英以卫道言志为己任的严肃文学，在大众心目中的地位在急剧变化。而在市场经济条件下有了大众也就有了市场，也就有了钱和生命。许多刊物不能适应这一变化，垮了。还有许多"老大嫁作商人妇"，生存了下来，有的已经发达。如有人对以前曾登过不少好文章的南京《青春》杂志沦为地摊文学大惑不解，说"《青春》杂志怎么啦？"其实这正是当前精英文化衰落和大众文化崛起的一个缩影、佐证和象征，精英从主流退居边缘，文学在市场面前低下了高贵的头。

记得数年前《文学报》曾登载过这样两个故事。一个是说有四个毕业自中文系和历史系的大学生几年前分到同一单位，他们有一个共同的爱好就是热爱文学。他们经常在一起交谈读书心得，为一个作家常争得声嘶力竭。深夜他们在唯一亮灯的办公室坐着谈着，颇有点"举世皆浊我独清"的味道。半夜从某个人家里出来，越想越觉得生活有奔头，如珠妙语在彼此刺激下随着才思不断迸发。但最终随着时间推移和市场大潮冲击，他们忽如鸟兽散。一个中文系的去了美国，一个历史系的当了处级干部，权力不小，但整日事务缠身，再无谈文学的雅兴。一位下了海，钱赚了一点，但同样的忙。只剩下一位捧着莎翁的《哈姆雷特》，茕茕孑立，形影相吊。这大概就是文学爱好者的当代境遇。还有一个故事说的是一位20多岁的安徽农村姑娘，爱读书，尤对鲁迅与沈从文着迷。她看书看得越来越兴奋，也越来越孤独。她家里很穷，爸妈不停地叫她干活，但她不愿干，看谁也看不惯，看谁也俗气。她不想同人说话，别人也不理解她。她觉得生活既美好又悲惨,美好是别人的,悲惨是自己的,世界好像是一个既吸引她又拒绝她的神秘之境。于是她一个人来到上海,可是到了上海也没找到人同她谈鲁迅……

这两个故事不要什么注解了,文学爱好者乃至精英文化的命运已昭然若揭:如果不能融入当代生活,必然会遭到生活的拒绝。由此不难理解,80年代曾不断产生轰动的新时期文学为何至90年代突然偃旗息鼓。这个现象正如文学家冯骥才所描述的:

> 不知不觉,"新时期文学"这个概念在我们心中愈来愈淡薄。那个曾经惊涛骇浪的文学大潮,那景象、劲势、气概、精髓,都已经无影无踪,魂儿没了,连那种"感觉"也找不到了。何必硬说"后新时期",就当明白地说这一时代已然结束……"新时期文学"……使命也已完成。
>
> "新时期文学"以它强大的思想冲击力和艺术魅力……吸引了成千上万读者。从伤痕文学、反思文学,与作家一同思考,到寻根文学、实验文学,与作家一同审美或审丑。"新时期文学"拥有属于它的雄厚的读者群。每一文学运动都离不开信徒般的读者推波助澜;每一时代的读者都有着特定的阅读兴趣和审美内涵。如今,"新时期文学"的读者群已然涣散,星河渐隐月落西,失去读者群的"新时期文学"无疾而终。
>
> 一年来,市场经济劲猛冲击中国社会。社会问题性质、社会心理、价值观念等等变化剧烈,改变着读者,也改变着文学。文学的使命、功能、方式,都需要重新思考和确立,作家面临的压力也不同了。如果说,"新时期文学"是奋力争夺自己,现在则是如何保存自己。一切都变了,时代也变了。
>
> 时代终结,作家依在。他们全要换乘另一班车。但是下一个时代未必还是文学的时代。历史上属于文学的时代区区可数,大多岁月甘于寂寞。作家将面临的,很可能是要在一个经济时代里从事文学。一个大汉扛着舢板寻找河流,这是我对未来

文学总的感觉。①

冯先生的论述很精彩，但新时期文学的终结其意义恐远非此十年，也远非一个短短的文学时代，而是数千年未有之变局，即精英文化衰落与大众文化崛起。春江水暖鸭先知，文学作为时代精神的感性显现最直接最敏感也最迅速地反映了这一变化。其他属于精英文化的东西，如哲学等人文科学也同样出现了从中心到边缘的变化，不过因为在社会上影响相对较小，不那么引人注意罢了。例如，在哲学领域出现众所周知的"哲学的贫困"和"贫困的哲学"。其实，在市场经济条件下哲学工作者相对贫困乃十分自然之事，因为哲学烤不出面包。虽然据说它能够"提供上帝、自由、不朽"，但这些东西毕竟有些玄虚，大众更关心"实"的东西。即使哲学家也须混饱肚子以后才能谈天说地。古希腊的哲学家因为有奴隶劳动才能徜徉在逍遥道上谈公义，讲至善，论述世界的本质。古代社会后期和中世纪前期基督教盛行，人们关心出世也是因为此岸生活了无乐趣。不像现在，诱惑多多，此岸享福还来不及，哪顾得上死后种种。不错，改革开放前哲学曾在社会上走红，但那实不能说是一种正常情况，而只是极左路线宣扬空头政治的需要，哲学被当作政治理论和意识形态，实际上是沦为替极左政治论证的工具。80年代这种情况当然有了根本的改变。哲学于是从天上降到人间，甚至在人间也饱受冷遇。普通人不关心抽象思辨的哲学问题，对形上的东西没有兴趣，虽然在大专院校的课堂上政治课依旧，但效果甚微，这是大家都知道的事。这对哲学发展未必是坏事，真正的哲学只有摆脱对政治和权力的依附才能发展，在当代还要摆脱对市场与金钱的依附。但是，要取得社会的关注和居于文化的中心地位，那就是另外一回事了。受冷落和遭贫困几乎是哲学工作者的宿命，甚至所有的人文学科都是如此，要搞下去就必须耐得住寂寞。这样至少产生了两方面的效应。一

---

① 冯骥才：《一个时代结束了》，《文学自由谈》，1993年第3期。

方面，真正有志于哲学等人文学科的人会留下来，这对学问的发展和净化无疑是件幸事，坚持下去，说不定能搞出真正有哲学意识和原创性的著作出来。但另一方面，人不可能生下来就注定成为哲学家。绝大多数人都是可塑之才，可以这样，也可以那样，不过由于后天影响和个人不同机遇，才选择了所操之业。如果一个社会的资源不向某行业倾斜，或对之极不重视，那么优秀人才就很难为之吸引，长此以往，就难逃衰颓之势。也许，当前学界对精英文化衰落的远虑近忧正在这里。

大众文化的崛起

大众文化的兴起与精英文化的衰落是意义同样深远的现象，也许还更大些，因为它代表现在，说不定还代表未来，至少部分如此，而精英文化的兴盛则属于过去。

所谓大众文化，是一种以大众为主要消费对象，以娱乐为主要功能，并辅之以现代传播手段和经营、生产方式的文化。大众过去就有，文化也与历史同在，甚至大众喜闻乐见的俗文化也一直存在，但不占主体地位，更未同现代的经营和生产方式结合起来。因此，真正意义的大众文化是现代社会的产物。在我国主要是进入90年代以后兴起的。这种现象绝非偶然，而有着一系列的历史条件。

首先，改革开放以后我国社会出现了一个世俗化的过程。这样一个过程从政治的角度看表现为非神化，非宗教化。这里说的神化和宗教化都是一种借喻。事实上与西方民族相比，国人的宗教感历来都不强。但在改革开放前由于多方面的引导，群众对革命信仰确实有着宗教般的虔诚，对领袖则有着近乎对神一样的崇拜。其产生的恶果已众所周知，无需多说。因此改革开放后破除个人迷信和偶像崇拜构成了社会世俗化的第一步，也可以说第一方面，虽然更大的变化还在其后。价值追求与生活方式从理想到现实，从抽象到具体，从理性到感性，就属于这样的更大的变化或世俗化。其集中表现是从禁欲主义到现实主义、功利主义，或大胆追求现实的幸福与感性的快乐。过去除对领袖的神化崇拜以外,革命理想主义与革命英雄主义高于一切,个人与之相比真是既渺小又卑微。除了顶礼膜拜以外就是狠斗私字一闪念,个人只有把自己无私地奉献给组织和整体的目标,自己是谈不上什么独立的利益和要求的,事实上是过着一种禁欲主义的生活。因此改革开放后中国大地上出现了要求实现现实幸福的世俗化潮流,这与西欧文艺复兴有某种类似,虽然在细节上有很多差异。陶东风先生认为中西人文精神的出场语境不同,从 90 年代看有些道理,80 年代似乎不能这样说。

其次,政治环境的相对宽松,为大众文化的兴盛提供了必不可少的社会氛围。过去,极左路线束缚着人们的精神,脱离政治被视作极大的恶,而政治主要被理解为革命事业和阶级斗争,轻松娱乐一律被视为资产阶级思想,应予摒弃。在此情况下大众文化不可能有什么独立自在的意义。70 年代末、80 年代初的思想解放运动冲破了这些禁锢,人们开始追求自己的生活,才有了日后大众文化的一番繁荣景象。

另外,还有市场推动、利润动机、文化产业的兴起、现代科技手段和传播媒介的作用等一系列因素的交互作用,均是推动当代社会大众文化繁荣的强大动力,因篇幅关系不一一细述。

具体说来,大众文化具有这样一些特点:

通俗性。大众文化通俗易懂,因而为大众所喜闻乐见。其实俗文化什么时候都有,但只有在这个时代才上升为文化的主流。而且俗与雅的区别是相对的,在一定条件下可以转化。如《诗经》中的许多爱情诗在当时无疑是通俗的,如今是标准的雅文化和严肃文学。西方 19 世纪末和 20 世纪初的现代派文学在当时不登大雅之堂,如今已为学院派所接受。在我看来,大众文化所"通"的"俗",除通俗易懂外还有这样几层含义:世俗、媚俗、庸俗、鄙俗。

世俗主要指俗人的追求,即普罗大众和平民百姓的爱好与追求。这种追求天生是倾向于感性的,爱好感官欲望的满足。欲望有很多,感性的东西也五光十色,但落到实处主要是钱和性。钱能买到所有这些能满足感官欲望的东西,性则是最强烈最刺激的感性对象。大众文化纷纭万象,不离其宗,钱与性,此为世俗的焦点,大众关怀的所在。这些东西并不绝对就是坏的东西,追求感性的快乐实乃植根于人性深处的追求。禁欲主义时代几乎摒弃所有的享乐,实是违背人性的行为。马克思在《1844年经济学—哲学手稿》中也曾肯定人对感性世界的全面占有,这种占有是实现完整的人性之需要或体现。问题在于不能强调得过了头,不能用此否定理性的价值。大众文化很容易有此倾向,因为它以反映大众的追求为己任,而不愿意或不能够像精英文化那样力图用自己的观念去影响大众。恰恰相反,由于市场机制的作用,它反而竭力宣扬或迎合大众。从此角度看,它天生就是媚俗的。它没有批判性,因为它没有立场和理想,或者说它的立场和理想就是无批判地附和大众、讨好大众,以赚取白花花的银子。这种无批判的迎合很容易走向庸俗、鄙俗、低俗或低级趣味。这方面例子很多,兹不赘述。

娱乐性。大众文化轻松愉快,娱人耳目,悦人身心,有娱乐性的功能。它不追求高深的学问,也不受制于什么崇高的理论,没有什么心灵的重负和十字架。它只追求快乐,或给大众带来快乐。正因为如此,大众才愿意慷慨解囊,让文化商赚得盆满钵漫也心甘情愿。这也与时代的精神相合,大众文化流行的时代必然也是享乐主义精神流行的时代。人们纷纷摒弃抽象的理想、玄妙的神学、超验的终极关怀,而关心此岸的幸福、现实的快乐。大众文化迎合这一潮流,并为之推波助澜。娱乐性功能是其基本要求,也是其表现。电影、电视、报刊、杂志、广告、流行歌曲、畅销小说等,只要是大众喜欢的,无一不具有此项功能。相应的,电影电视明星、歌星、球星、导演、音乐制作人、畅销书作家或写手,取代了昔日诗人、文学家、哲学家、国学大师和道德圣徒的位置,成为新时代的文化英雄。就像马克思在《资本论》中说将军和银行家取代了昔日贵族和帝王将相,成为时代骄子。今天银行家当然还是社会风云人物,那是经济领域。在文化领域,则是大众文化明星及其制作者的天下,他们是时代的英雄和大众的宠儿。不过现在经济与文化已不能截然分开,文化渗透了经济,经济在打文化的牌。总之,银行家、当红明星和文化商携起手来一起向大众使出媚眼,大众喜欢什么他们就表演什么、生产什么、投资什么。大众当然喜欢感性的东西,追求感性的快乐。于是他们也以制造感性快乐为己任,格调与情趣再低也在所不惜,制造了当代大众文化一个又一个狂欢节,媚到极处,甚至充满肉欲,以满足观众的窥淫癖。当然,在大众看到肉欲的地方,明星和商人都看到了钱。钱和欲是推动娱乐型的大众文化繁荣兴盛的不竭动力。

消费性。大众文化是消费的文化,大众是消费的主体,文化是消费的对象。无论这些对象过去有多么显赫的地位,如文学艺术被称为女神,诗歌是皇冠上的明珠,哲学被称为科学的科学,理性则是世界的立法者,如今统统低下高贵的头。市场成为当今社会的主宰,大众则是市场最广大的消费群体,可以说是市场的主宰。因此昔日的诗艺女神老大嫁作商人妇,向大众低头,献媚邀宠,就完全可以理解了。大众既然获得全胜,也就当仁不让地把艺术家、文学家、演员歌手明星和小报记者、大报的通俗专栏作家的几乎所有作品来者不拒,一一拿来消费受用。这些作品全都是作者揣摩大众心理即兴创作的,其中虽有优秀之作,但大多数是即时消费,一用即扔,只图当时的快感,并不想回味无穷,追求不朽和永恒。因此只能是一些文化快餐,是语言自来水和文字麦当劳一类东西。这些东西是被批量生产出来的,生产的目的只是为了利润,或通过走向市场大众消费获取利润。于是文化成为产业,成为商品,大众作为消费主体则成了上帝。当然,从个体或微观角度看,大众的地位仍很卑微,影星、歌星、球星、名作家、名记者、名导演仍是他们心目中高高在上的英雄。这些时代骄子向崇拜他们的人摆臭架子也不鲜见。但对于整个大众群体就不同了,他们必须想方设法献媚邀宠,讨好大众,当"大众情人",否则就会被市场淘汰。那就不仅是自绝于人民,而且是自绝于金钱,而在市场经济中钱总是不会嫌多的。

平面性。大众文化既然是消费的文化,一用即扔,即时享用,就不可能是什么深度性的文化。深度主要指思想深度,即思维模式和价值理念超出一般的现象层次,超出个体的感官欲望与感性享受,追求更高更深更有价值的东西,如理性、道德、真善美的理想和绝对无限永恒等终极价值。杰姆逊认为存在四种深度模式,即黑格尔本质与现象的辩证法,弗洛伊德的"明显"与"隐含",存在主义的本真与非本真,符号学的能指与所指。其实类似的还可以列举出一些,如基督教的罪与救赎。在我国主要是三大传统,即儒家的传统,西方启蒙传统以及革命的传统,特别是革命传统作为主流意识形态在文革时期发展到登峰造极的地步,后来政治开始淡化,极左的东西受到唾弃,但该传统的主流地位仍无可争议。然而所有这些深度模式在当代无景深的大众文化中都被消解了。大众文化似乎不要理想,不要价值,上下平直,时空消失,人只是活着而已,或迷失在当下的快感之中。当然这是极而言之,其实大众文化中仍有自己的价值系统,并根据这些对剧中人物褒贬臧否,甚至替天行道,惩恶扬善。但天不是超验的上帝,而是此岸的大众。大众的价值系统是它们的价值系统,即以大众之是为是,大众之非为非。大众总是现实的实用理性占主导地位,重视追求功利和感性的东西,不关心高深玄妙的东西,对过于崇高的理想与价值也无兴趣。大众文化更有意识地迎合这一点,渲染这一点。它创造了一个个郎才女貌、才子佳人、有情人终成眷属的故事,而且善有善报、恶有恶报、正义终将战胜邪恶,以廉价满足小市民的审美快感。这几乎就是大众文化所具有的全部深度。类似的模式一再重复,故事的结局一目了然,这样的文化其思想深度有与没有也就差不多了。由此不难理解为何近年来鼓吹"时空距离消失"和"平面无深度"的后现代主义文化走红,为何当年写《组织部新来的青年人》的大作家王蒙如今呼吁"告别崇高",而发表《班主任》首开新时期文学先河的刘心武提出"直面俗世"。这些大作家并非拒斥一切理想,他们也许对极左政治的理想与崇高泛滥成灾不满,但更多的无疑是认同大众的现实追求。这种追求同以往的各种深度模式相比,无疑是当下的、直接的和平面的。

复制性。大众文化平面无深度的特点很大程度上与其复制性的特点有关,当然反过来说也一样,大众文化诸特点本来就是密切联系在一起的。复制,一方面因为模式相似,便于复制;另一方面因为文化成为产业,成为商品,因而有强大的内在动力将之一批批大量生产出来,以便为文化商带来可观的利润,也为大众带来大批可供消费的"文化快餐"。过去,文化是精英们高度个体的活动,他们的产品带有他们个性的印记,难以重复,也难以替代。这正是精英们值得骄傲的地方,也是大众对之敬佩不已的地方。西方宗教改革前,识字的人都很少,《圣经》也不许随便读,文化为上层阶级所垄断。中国古代虽然有教无类,但一直是识字的人少,不识字的人多,平民百姓对文字本身有一种敬畏感。在此情况下文化只能是有闲阶级的专利品,不可能普及为大众所用。这样做也缺少技术上的手段。所有这些在当代社会已不成为问题。文字和教育日趋普及,现代传媒和高科技手段更能迅速而成本低廉地将之传播到每一个角落。虽然精英们靠着对价值理念和深度模式的垄断仍把统治权维持了一段时间,但在市场经济兴起以后很难继续下去了。理想主义的神秘光环已遭亵渎,追求享乐的潘多拉盒子已被打开,市场经济的兴起更为之提供了无穷无尽的动力,还有高科技的手段,现代产业制度的介入,都为文化产品的批量生产提供了可能和推动力。这种批量生产的文化产品当然是复制的,就像其他标准化和制式化的工业产品一样,这种复制的批量生产的文化产品与以前相比当然缺少个性和创造性,但它却能够普及,能够便于普罗大众的消费,而不像过去只是精英的孤芳自赏。从此角度看,这样一种现象是进步,是文化的民主化;同时亦是倒退,是个性的毁灭和沉沦。是好是坏,全看你从哪个角度看。

　　虚幻性。大众文化给数以亿计的消费者带来快感,这是它的一大功绩,但遗憾的是这种快感却是虚幻的。本来文化产品作为人造物与现实就有一定距离,也可以说有一定的虚幻性,但在大众文化中这种虚幻却被大大放大了。因为大众文化着重表现的是感性的东西,现代科技又辅之以各种高超的手段,使它能惟妙惟肖地提高到似真的享受,如电影、电视、广告等。而传统的文化产品则重理性,重价值,重说教,也重个性,因此文化的受众能够很清楚地知道自己与对象的差别和距离,一般不会迷失其中。而现代大众文化则以审美距离消失著称,如广告中的产品常常同美丽的场景和美丽的形象在一起,暗示你能得到类似的享受,刺激你的购买欲。而电影电视报纸传媒更以满足大众的窥淫欲和窥私癖为基本手段,同时也廉价提供惩恶扬善和有情人终成眷属的美满故事,使人们的心灵得到安慰。这也不同于传统的文学,以悲剧为更高的审美形式,以表现人性的冲突和毁灭给人以心灵的撞击,并鞭挞黑暗,抨击丑恶。在这里,人间的矛盾和欠缺一一化解了,几乎不会留下什么遗憾,虽然现实生活中的憾事和丑恶依然如故。因此,大众文化诚然能给人带来一定的抚慰,但代价还是嫌大了些,它的非现实性、无批判性和虚幻性客观上具有一种保守性,有利于既存的秩序。它充其量是一个令人短暂高兴的"白日梦",仅此而已,我们也不能要求更多。正如尹鸿先生所言:文化工业用令人兴高采烈的预购,来代替现实中陶醉和禁欲的痛苦。"这种梦幻的享受,助长了人们逆来顺受、听天由命的意识。于是大众们越来越习惯于将自己封闭在这个安全的梦境之中,逃避对于现实的介入,逃避对于必然性的束缚的实践的改造。大众文化有效地取消了人们对于世界和自身的现实处境的实际感受,同时也使人们将对于改造世界的实践热情遗弃在那些灾变的影像奇观和天道有常的幻想之中。文本中那些欢声雷动的场面是公众廉价的避难所,它是一种逃避,而且不只是逃避现实行动,也是逃避对于现实的思想。"[1]当然,我们不能要求大众文化承担起改造世界的重担,但既然它取代精英文化占据了主流的地位,就不能不对之有所批评,否则若整个社会都沉浸到大众文化中不能自拔,大家都唱《后庭花》,肯定不行。当然,也有不同的看法。90年代知识分子第一次大争论——关于人文精神的讨论正是围绕此展开的。对此当另文论之。

(原载《南京师大学报》2001年第4期,《人大复印资料》转载)

---

[1] 黄会林:《当代中国大众文化研究》,北京师范大学出版社1998年版,第22页。

从身份社会到契约社会

英国思想家梅因有一句名言:"所有进步社会的运动,到此处为止,是一个'从身份到契约'的运动。"①我国改革开放 20 多年来的历史也可作如是观。本文试探讨"身份社会"与"契约社会"的含义,并从此角度梳理我国改革开放和现代化的历史进程,分析当前仍存在的身份与契约的冲突,进而为超越冲突实现更伟大的转变提出自己的看法。

梅因的命题:从身份到契约

梅因的名言出自他的代表作《古代法》。这是一部西方思想史上堪与亚里士多德《政治学》、孟德斯鸠《论法的精神》相媲美的伟大著作,而"从身份到契约"则是其中最著名的命题。

梅因在《古代法》中谈到,法典或成文法的出现对人类从野蛮到文明的过渡至关重要。几乎每一个古代文明都出现过法典,但其中绝大多数社会在有了法典以后就很少有变动的愿望,于是在此情况下法律成了限制社会进步的因素。用梅因的话说:"世界有物质文明,但不是文明发展法律,而是法律限制着文明。"②但在极少数的例子中,法律在不断变化,而且在变得越来越好。梅因说在此社会中社会的需要与意

---

① [英]梅因:《古代法》,沈景一译,商务印书馆 1995 年版,第 97 页。
② [英]梅因:《古代法》,沈景一译,商务印书馆 1995 年版,第 14 页。

见或多或少走在"法律"的前面。人们可能接近它们的缺口结合处,但永远存在的趋向是把这缺口重新打开。因为法律是稳定的,社会是进步的,人民幸福的大小则取决于缺口缩小的快慢程度。众所周知,梅因所说的个别例子就是罗马。而他所说的"从身份到契约"则是罗马社会乃至整个人类社会进步的重要标志,也是贯穿其中的主要内容或主线。

那么具体地说"身份"与"契约"有何含义呢?《古代法》中从一般意义上谈论"身份"的并不多,它论述的主要是具体的身份如家族、妇女、奴隶等。但在阐述从身份到契约的社会进步运动轨迹时,梅因仍阐述了身份的含义:

> 在"人法"中所提到的一切形式的"身份"都起源于古代属于"家族"所有的权力与特权,并且在某种程度上,到现在仍旧带有这种色彩。因此,如果我们依照最优秀著者的用法,把"身份"这个名词用来仅仅表示这一些人格状态,并避免把这个词适用于作为合意的直接或间接结果的那种状态,则我们可以说,所有进步社会的运动,到此处为止,是一个"从身份到契约"的运动。①

梅因还谈到在家庭等身份关系中人受外在因素支配,本身不具有为自己利益作出决定的能力,亦即他们缺乏用"契约"达到定约的必要条件。我们记得康德在谈到什么是启蒙时说启蒙就是提倡人自己的事情自己作出决断,而蒙昧就是缺乏这样的决断能力。可见他们指称的是同一个过程。而韦尔斯在《世界史纲》中说人类历史上存在着两种共同体,一种是基于同意的共同体,一种是强制的共同体,也引入了约定与合意的概念。我们可以把这些论述联系起来理解。

从梅因的观点看,身份是对人格状态的一种限定,它标志着人处于外在关系的制约之中,或强制之下,自己没有自主个性和独立决定权,

---

① [英]梅因:《古代法》,沈景一译,商务印书馆1995年版,第97页。

因而既没有自由,也无所谓平等。而契约则是独立个人间的自主约定或合意行为。按罗马法定义,"一项契约是两个或更多的人之间就契约规定的作为所导致的同一效果达成意思合致的协议"①。这种当事人达成的意思合致或意见一致是双方契约的基础。合意不仅意味着双方同意,而且也体现人与人之间的平等关系而非强制的关系,因为约定是个人自己自觉自愿和自主作出的。因此契约也是一种人格的状态,一种有别于特权、强制,即个人在事关自己的事情上有自我决定能力的状态。因此,从身份到契约既是社会的进步也是个人的进步,个人从各种禁锢包括家庭、血缘、宗法、地域、阶级、等级、传统、习俗和性奴役中解放出来,成为自主自为从而自由的个人。这个过程从世界史的角度看与从传统到现代的转变是一致的,当然在西方这个过程开始得更早些。

然而,对契约的自由也不必过分美化。个人虽然从种种禁锢中解放出来,但并非天马行空,独往独来,他仍然生活在社会之中,与其他人发生关系,对社会负有义务,对家庭负有责任,即有所为有所不能为。但在契约社会所有的约束都是一种自由合意的行为,即经过个人的认可与同意。个人承诺接受一定的约束,承担一定的义务,同时也取得一定的权利,保证一定的利益。这是双向的和互惠的过程。在此过程中他尽可使自己的能力、个性得到发展。大家都这样做了,社会的自由乃至进步也就在其中实现了。这里描述的是理想情况,其实,在形式平等的过程中常常包含许多内容的不平等。但在任何方面都实现平等无异于天方夜谭,而形式上的平等至少比形式上的不平等好得多,因为它为人的能力发展乃至以后更充分的自由平等开辟了道路与创造了条件,比之更好更现实的途径迄今还没有发现。

从西方历史的角度看,基于合意或同意的契约一直有着重要的作用。在罗马法中,契约精神主要体现在三个方面:第一,个人与家族、与社会的关系表现为一个从身份到契约的发展过程。过去,家族血缘关

---

① 江平,米健:《罗马法基础》,中国政法大学出版社1987年版,第236页。

系是基本的社会关系,个人不过是家族中的一分子,本身并无多少独立权利可言。家父对子女的生命财产有生杀予夺之权,甚至可以把子女出卖三次。但随着商品经济的发展和个性意识的崛起,古罗马原有的血缘关系逐渐松动。帝国时期家父权受到很大限制,主人对奴隶、男人对女人的束缚也渐渐松弛,直至在法律上享受平等的权利。"其特点是家族依附的逐渐消灭以及代之而起的个人义务的增长。'个人'不断地代替了家族,成为民事法律所考虑的单位。"①第二,在经济方面契约精神表现为契约自由与完备的契约法的出现。早期罗马契约简单且有强制性,后来逐渐发展为口头契约、文书契约、要物契约和诺成契约四种形式。这些形式在现代社会仍有重要作用。第三,在政治方面契约精神表现为统治者与被统治者之间合意的权利与义务关系。如西塞罗在《法律篇》中谈到:"法是正义与非正义事物之间的界限,是自然与一切最原始的和最古老的事物之间达成的一种契约。""法律当然是为了平民的安全、维护国家和人类生活的安宁和幸福创造的。"②

《圣经》中也常说到上帝与人立约,如著名的"西奈山之约"。基督下凡,代人赎罪,人信仰基督就是上帝,这也是神人之约。这个思想对西方的历史与文化均有重大影响。更早在古希腊就有法是合意行为以及国家起源于社会契约的思想。古雅典的城邦民主制本身即带有契约色彩,这种制度在古代的其他地方的确没有出现,从此角度看韦尔斯的说法不是没有根据。但从身份到契约的真正转变是在古罗马特别是帝国时期完成的,如奴隶制的废除、家族权的衰微等,罗马法的进步则是这一转变的结晶和集中表现。当然,至近代随着市民经济和资本主义兴起,契约精神才成为压倒性力量,并随着现代化运动的发展而走向世界。

---

① [英]梅因:《古代法》,沈景一译,商务印书馆1995年版,第96页。
② 《西方法律思想史资料选编》,北京大学出版社1983年版,第77~78页。

20多年的进展：从身份到契约

我国改革开放20余年,社会经济、政治、文化等各方面均出现了巨大变化,也可以说是进步神速,令世人瞩目。所有这些进步与变化似乎均可以从一个角度加以理解,那就是梅因所说的"从身份到契约"。

在改革开放之前虽有建国近30年的种种革命成绩,但国人在许多方面仍深受各种关系与身份的束缚,其中有旧的,也有新的。前者如宗法观念家族关系,虽屡受冲击,但仍不绝如缕,在每个私下场合和许多革命锋芒未能及的地方起着作用。后者如新的政治身份:家庭出身、阶级成分、城乡之别、公私之别和户籍制度等,均具有政治上的合法性而受到国家保护和提倡,成为新的身份传统,束缚着人们的身心。其中影响最大者无过于农民的人民公社社员身份和所有人按先定的家庭出身和有很大主观任意性的政治态度划分成所谓阶级成分等政治身份。

农民在合作化以前和土改以后分得了土地,劳动者与劳动资料直接获得统一,心情舒畅,积极性高涨,也很感谢共产党。但合作化特别是人民公社化以后他们事实上失去了对土地的支配权,也失去了自由。因为他们的身份变成了人民公社社员,名义上他们是公社主人的一员,但实际上他们所有经济活动必须听从社队领导的安排,没有自主权,不能随便上街赶集,更不能随意改变农民的身份,离开家乡去经商务工。户籍制度是刚性的,受到法律的强制保护,一旦拥有终身难变,而且传及子孙。农民和城里人一生的命运生下来就注定了。对农民来说,他的权利或者说义务就是每天去公田劳动。整日劳作,辛劳不已,又缺少自由,生产积极性和劳动生产率低下可想而知,生活也极为困难。改革开放前人民公社制度已难以为继。

按家庭出身和每个人的所谓政治表现划线是当代最粗陋的身份政治,改革开放前却把这两个方面结合了起来。出身是先定的,每个人无法选择,完全是血统和血缘在起作用,个人的能动性为零。这是非常古老落后的传统。须知,在最早实行宗法制度的西周也是君子之泽,五世而宰,更何况两千多年以后的现代中国呢！按政治表现划线主观任意性更大,因为真正有意反党反社会主义的人即使有也是极少数,绝大多数还是拥护党和社会主义的。但改革开放前我们从极左的阶级斗争理论出发并为获得威慑力量而不断制造政治运动,将一些人随便扣上帽子打倒,从而使大家都噤若寒蝉,人人自危,尊严都没有了,个性与自由更无从谈起。这些东西在当时也确实被当作资产阶级（坏蛋同义语）东西被大批特批。特别是"反右运动"和"文化大革命",更使一大批稍微敢说一些真话的人遭受涂炭,他们的子女和朋友也受牵连。受"臭老九"和"黑五类"影响的人可以说成千上万。这就是身份政治的恶果。

所有这些人为制造的身份束缚,改革开放以来逐渐瓦解。农民包产到户,分得了土地,有了经营的自主权,因而也就有了自由,虽然深度和广度还有待于拓展,但他们的积极性空前迸发,劳动生产率迅速提高,千百年来没有得到解决的温饱问题迎刃而解。户籍的束缚也渐次松弛,农民可以外出打工,也可以经商办厂,不需要担心投机倒把的帽子,也不用担心黑户口。买了房还可以入当地蓝印户口,乃至投资达到一定数额可以拥有正式户口,成为城市市民。不过各地的门槛不一,小城市门槛低些,大城市要求高些。但无论如何改革开放以来大批人迁往城市,大大加速了我国城市化的进程。成功的农民企业家早已身价过亿,甚至过十亿,成为改革开放以来的首批富翁。这确实是翻天覆地的变化。政治上的禁锢也被打破,年年讲月月讲的阶级斗争之弦被抛到爪哇国里,一个人在社会上的成功乃至贡献与回报要靠自己的能力与奋斗,而不是出身、成分和几句政治的套话空话,更不能靠瞎整人,这样的观念逐渐深入人心。而教育制度上的最大变化莫过于高考制度的改革,不是出身、关系、推荐和走后门而是凭自己的成绩考进大学校门,这样一种转变对于改变世道人心和传统的身份政治作用极大。十几亿中国人乃至他们的子孙后代的价值取向都将受之影响。

其他还有一些身份观念和制度上的变化,如所有制之别、公私之别和官民之别。过去大搞兴无灭资,狠斗私字一闪念。"资"是灭了,"无"却没有兴起来,但人们对"私"和"资"的恐惧却日盛一日。私有制受到谴责,公有制内部也分等级,小集体不如大集体,大集体不如国营,地方国营又不如更高级别的国营。农民则不如工人,工人不如干部,所有这些身份一旦确立了很难改变,绝大多数人一生的前途命运都受之影响,直到改革开放的春风将这些禁锢一吹而去或加以淡化。

上述所有变化都可以从契约角度加以理解。包产到户是政府同农民立约,许诺政策至少15年不变,以后又说至少50年不变,并表示只要农民没意见50年以后也不会改变。"一平二调"没有了,所有交换和经济往来都必须遵守价值规律,并讲求自愿,按契约精神办事,至少在很大程度上是如此。恢复高考制度是政府与民立约,一方面废除以成分划线和任意性很大因而漏洞百出的政治推荐,另一方面完全按分数录取,分数面前人人平等,或至少一个省范围内是平等的。村民自治乃至社区自治的推广也是政府与民立约。一方面政府权力退出,并承诺不再直接干预,另一方面村民与居民自己管理自己,这也是契约精神的增长。虽然目前刚起步,问题还很多,但起步就能使我们看到希望,有比没有总是要强。90年代市场经济大潮兴起,更使商品契约关系有了前所未有的发展。如今,就业、信贷、商业买卖乃至所有经济活动无不与签约立约有某种关联,可以说契约关系已无所不在,现代中国社会的存在与发展离开它是很难想象的。

转型的阵痛:身份传统犹在

当代中国的现代化运动确实取得了很大进展,但无可讳言,身份传统在某些方面依然存在,有的还很严重,可以说从身份到契约的转变仍未完全完成。在某种意义上,甚至可以说今日社会依然是身份社会。当然这是极而言之和在一定范围内,但这一定范围内旧传统的严重存在仍常使我们感受到转型的阵痛和现代化任务之艰巨,对此千万不可小视。

概括地说,当代中国社会的身份壁垒主要有:

城乡之别。城乡之别是乡村农民与城市居民之间的区别。这个区别过去是刚性的,而且非常大。城市户口意味着城里人有权享受城市现代化的生活,包括得到现代教育的机会和在城里就业,过文明和体面的生活,至少不会为生计发愁。而农村则是贫穷落后、愚昧无知和吃苦受累的代名词。区别的手段是严格的户籍管理,农民没有迁徙的自由,更不能转到城市。这种户籍传及子孙,因此在农民的眼里城乡差别有如天堑。改革开放把这个鸿沟填平了许多,使成千上万的农民得以进城打工甚至经商办厂开公司。还有一些地方的农民在自己家乡办厂,或搞多种经营,收入超过城里人。这确实是一个历史性的进步。但在更多的地方城乡差别仍严重存在。农村人到城市打工,成功者是少数,多数仍生活在城市的边缘,被视作外来的农民工,干的是最繁重的劳动,拿的是低工资,还受到各种歧视。留在农村者得忍受各种名目繁多的收费负担和日见增长的生产资料费用,而农产品的价格一直在低位徘徊,农民的生活仍然艰难。从曹锦清的《黄河边的中国》到李昌平的《我向总理说实话》再到陈桂棣、春桃的《中国农民调查》,可得知这样一种状况近年来愈演愈烈,农民早已不堪负担,许多人生存都成了问题,纷纷逃离祖辈生养自己的家乡和土地,亦即想改变自己的身份,为此不惜付出很大代价。李昌平"农村真苦,农民真穷,农业真危险"的警言对许多政府要员来说已如雷贯耳,他们也花了不少力气想予以改变,但迄今收效不大。这个现象非常值得关注和警惕。

官民之别和官本位。中国官本位传统历来十分深厚。官民有别,不可混同,否则为大不敬。新中国成立后工人阶级成了领导阶级,但实际承担领导工作的是代表他们的干部。在编制上干部与工人不能混同,至今依然。这也许是管理的需要,但身份的壁垒也就此生根。70年代搞了以工代干,少数人或许还有转干的机会,现在连这个也没有了。当然现在干部与工人之别从另一角度看也有所淡化,因为传统的官民区别已被市场经济大潮冲淡,但这是一方面;另一方面,官本位无所不在,官与民的区别仍严重存在。如正副部司局处科的官位阶梯目前已硬化成可上不可下的政治等级,至少在大多数情况下是如此。还有相关的权位待遇不能降低这样一种观念在社会生活中都非常深入人心。即使不是政府机关,只要是国有单位也无不有一定的级别和官位,无论学校、工厂、公司或其他研究院所等事业单位均不例外,处级和尚与局级和尚的说法并不全是笑话。这些级别不仅意味着名利地位,而且还常意味着特权与好处。近年来政府企业常搞脱钩,但实际上许多仍钩而不脱,因为有这些特殊的地位与好处。例如,政府办的大企业很容易得到银行贷款和有关业务,而民办企业一般很难。更糟的是官办企业多数效率不高,浪费了钱财,又恃官办的身份不愿按契约还款,银行也无可奈何,以致呆账越来越多。其实这些钱也并非从天而降,而是人民的存款,到头来还是人民吃苦。国营厂的工人就是下岗了也能向政府要补助,民营厂与农民就难了,还是身份有别。等级与特权作为身份的硬化与象征本是封建社会的产物,新中国成立以来又相继受到现代文化与市场经济大潮的冲击,影响已趋衰微,但无可否认它们在某些方面仍在相当程度上存在,有的还日益为甚。这是很奇怪的现象。如干部的薪水、房子、待遇全部同职务高低和级别有关。这如果从按劳取酬原则角度看似乎也无可厚非,但问题在于能上不能下和待遇终身制。当然,具体的职位由于退休制度的实行已不可能当作一己私产,但级别和待遇一旦有了就可以抱定终身。国人还特别吃这一套,任何触动都可能阻力重重。于是官越养越多,许多地方的财政已无法负担。也就是说,把职位当作不可变更的身份等级,不仅在理论上与人民公仆和三个代表理论相抵触,而且在技术上即财力上也难以为继。这个问题的严重性早就被高层所察觉,废除干部终身制和能上能下早就在谈,也作了些尝试,但关键在人们心目中和日常操作上级别已硬化成身份和等级,待遇不能变,否则简直是冒天下之大不韪,因此迄今无实质性进展。西方社会早有自治传统,地方官员直选和轮流干乃是常事,因此难有特殊身份和高人一等的特权。记得日前看报纸,德国中等城市杜塞尔多夫的市长是个掏烟囱的工人,每个星期在市政厅上几个小时班,领几个小时薪水,剩下大多数时间还得靠掏烟囱为生。当然,管理是门艺术,掏烟囱工人能否当好市长又当别论,但这样一来确实难有强大的特权与身份传统生根。反之,权力经济、以权谋私、寻租与后门、特权腐败等违反契约原则的现象均与身份传统存在有关,当然这些现象也是当代社会身份传统的集中表现和象征所在。

家族关系。家族关系也是当代中国重要的身份传统。每个人都有一定的出身和血缘亲属关系,这种关系是个人的根系所在和发源地,也是成长的舞台与地平线,并提供对个人说来非常重要的社会关系资源。当然个人也深受它的约束,一方面,对长辈必须服从与敬重,对传统与习俗必须遵守与维护,另一方面对家族的发展与利益负有不可推卸的责任。一损俱损,一荣俱荣,情大于法,身份压倒个性是历来的传统。这种传统近代以来受到革命风暴和市场经济的冲击,但仍不绝如缕,一有机会就顽强地表现出来,并且无所不在,近年尤甚。所不同的是在农村以显性的形式表现出来,如家族或宗族势力影响渐大,甚至成为左右村民选举的力量。大姓欺负小姓,兄弟阋墙、外御其侮的现象非常普遍,政府的法令也大打折扣。在城市,家族关系一方面压缩为温情的小家庭关系,另一方面则隐性地表现为关系学、人情风等现象的泛滥。温情的家庭关系使许多人在法律与亲情冲突之时义无反顾地倾向于亲情,而冒犯法律。关系学则使更多的人身陷其中,每个人都在放大的亲缘关系中扮演一定的角色,认同一定的身份,并以此为基础开展各种社会活动,结交关系,履行义务,承担责任,争取最大限度的利益,必要时甚至不惜向社会的各种显规则发出挑战。近年来裙带风和走后门及利用关系搭便车走捷径现象的流行即与此有关。显然,这类现象多了,现代契约关系和法治传统就难以生根,现代化大厦的基础也难以牢固。

另外,我们社会还有体脑之别、劳资之别或贫富之别,还有男女之别,这些都是重要的身份差别,因篇幅关系,容当后述。

告别身份传统,走向契约社会

我国当前正面临从传统到现代的深刻社会转型,告别身份传统,走向契约社会是这个转变的题中应有之义。我们已经向这个方向前进了许多,然而还不够。哪些地方不够,如何赶上?窃以为仅从以上角度而言,至少还应做到:(1)平等化;(2)民主化;(3)市场化;(4)观念更新与现代化。

(1) 平等化。像梅因把人类社会进步概括为从身份到契约一样,托克维尔在《论美国的民主》中把人类从传统到现代的转变和民主的进展概括为"身份平等"的社会进步运动;黑格尔则在《历史哲学》中把人类历史进程说成是人类不断取得自由的过程,不难理解这三种提法是从不同角度对同一伟大过程的不同表述。这里先从托克维尔的平等观谈起。托克维尔认为,随着研究的深入他愈加发现"身份平等是一件根本大事,而所有的个别事物好象是由它产生的"①。他还说身份平等的逐渐发展是势所必至,其特点是普遍的和持久的,时刻都能摆脱人为的阻挠。但我们目前的问题是这种人为阻挠仍严重存在,如前述城乡之别、官民之别,还有种种等级特权等,仍未受到彻底的冲击和淡化。当然,完全没有也很难,至少在目前情况下条件还不具备。但平等化的条件不是突然从天而降,而要靠我们去努力争取或创造,消极等待或强化它肯定不行。如对农民的种种不平等待遇,如仍在实行的官僚等级待遇制。应该如李昌平所言给农民平等的国民待遇,也应尽可能淡化官民界限,做到能上能下和不在其位不谋其政,原级别待遇也不一定终身不变。毛泽东在五六十年代就谈到北洋政府的总理唐绍仪下来后能去当县长,我们号称人民公仆的共产党人为何做不到? 这是身份政治在作怪,应予坚决破除。

(2) 民主化。铲除身份政治和不平等必须有观念上的转变,也须有制度上的保证。其中最重要的莫过于民主制或民主化。这种民主制或民主化实际上是民众参与所达成的政治合意或契约。我国自改革开放以来提政治制度改革已有多年,但总的说来进展不大。这里面有主观上的原因也有客观上的原因。从客观角度看,中国地广人多,又无民

---

① [法]托克维尔:《论美国的民主》(上卷),董果良译,商务印书馆 1988 年版,第 4 页。

主的传统,实施起来的确不易。另外,经济上落后,举国的注意力都在发展经济,搞经济体制的改革、开放与现代化。这样做当然有其理由,民主与自由的生长需要一定的物质基础和经济条件。但改革开放迄今已有20多年,仍在民主化方面无所作为就有些说不过去。而民主化的滞后反过来也会影响到经济上的改革开放与现代化。腐败丛生和身份传统的存在即是明证。人民群众对此也很不满意。因此,我们应在大力发展经济的同时,把政治体制改革和民主化也提上议事日程。我们很高兴地看到最近村民自治的实践,当然其中问题很多,但无论如何是向民主化的方向前进了一步,应当总结坚持并发展。我们更希望看到乡乃至县一级实行直接选举。县乡范围有限,选民对候选人相对熟悉,因此这样做技术上也有可能。目前至少可以先试点。在县以上的间接选举也应多搞差额。这样当选者就会真正知道他的权力来自人民,因此工作就更加恪尽职守,兢兢业业,而不是只把眼睛对着上面。如此,身份传统才能彻底颠覆,腐败擅权现象才会真正减少。

(3) 市场化。市场化或市场经济是推动民主、法制与平等的强大力量。市场是天生的平等派,它与身份传统及等级特权格格不入。若无市场经济的发展,所有的平等与民主都会陷入空谈。我国自改革开放特别是90年代以来市场经济与契约精神有了长足发展,无论城市还是农村,可以说每个人的生活都空前地与之相关。但仅此还不够。在身份与特权存在的地方,市场原则都举步维艰,甚至被扭曲、强奸,被利用成为少数特权分子牟私利的工具。如双轨制所造成的价差,政府购买与政府工程发包权的个人独占,土地批租的巨大利差,改制中的国有资产流失,均与市场经济的精神相悖,也是产生一批又一批腐败分子的渊薮。这种情况亟待改变。好在发展社会主义市场经济已成为全民共识和基本国策,从传统到契约的转变也是不可抗拒的历史潮流,正所谓时代潮流,浩浩荡荡,顺之者昌,逆之者亡。相信随着时间推移我勤劳勇敢智慧的中华儿女定能在市场经济大潮中驾长风破万里浪,阔步前进,自由、平等和民主的精神也会相应生根和发展。

(4) 观念更新与现代化。任何社会进步和制度上的变革必然伴随着观念更新和思想上的突破。当前身份传统依然存在并发挥着负面的作用可以说同身份等级特权的旧观念密切相关,当然反过来说也一样,这是一个互动的过程。虽然从本体论上说物质的东西更为根本,但历史唯物主义承认观念的东西一经产生就有着相对独立性,而历史辩证法亦承认观念的能动性和反作用。因此,铲除身份传统,实现从身份到契约的伟大转变离不开观念更新的巨大作用。即使目前还做不到完全铲除,甚至在头脑中和思想上也很难做到完全决裂,但我们至少不要对之盲目崇拜,或把之神圣化、合理化和永恒化,而应努力创造条件清除之,逐步树立现代意识和观念。即使不能完全清除和一劳永逸,但至少可以使之减少些,使之不那么猖獗。就像梅因所说的社会进步与法律传统之间的缺口,我们可尽量使缺口变得小些,使人民的幸福程度相应变得大些。从身份到契约的转变正是如此,社会主义现代化的目的也在于此。

(原载《南京师大学报》(社会科学版)2005年第1期)

转型时期的人文关怀

当代中国正面临着深刻的社会转型。转型带来震荡与冲突,亦带来困惑与不安。对人文知识分子来说,这方面的感受也许更深。当年陈寅恪挽王静安先生云:凡一种文化值衰落之时,为此文化所化之人,必感痛苦,其表现此文化之程度愈宏,其所受之苦痛亦愈深。今天的人文知识分子其文化生命当然不是维系于旧文化,实际上他们是这场转型的热心鼓动者,因而无须为旧文化的衰落与新文化的崛起而抛洒感伤之泪,更不会像王国维那样自沉于昆明湖。但当前的转型从逻辑上可以说是陈寅恪、王静安所面临的赤县神州数千年未有之巨变的进一步延伸和发展,因此出现可能在哲人心中掀起波澜的社会变动大背景,从抽象意义上讲并无二致。我们的问题是:在如此深刻的社会转型面前当代人文知识分子价值关怀何在?或者说,他们如何应付这巨大的挑战而自处自立,并有所关怀?本文试从90年代知识界思想重心的变化对此问题作出梳理和回答。

人文精神的争论:解构还是重建?

进入90年代以来,人文精神概念凸显,关于以前中国有无人文精神以及该精神是否失落或此失落好得很还是糟得很,争论得不可开交,可以说紧扣许许多多知识分子的心弦。90年代以前,没有这些问题,或者说也没有这样突出,引起社会范围的关注。因为人文精神的争论一方面是知识分子对不合自己理想的周遭环境之批判,当然此理想因人而异;另一方面,它是知识分子的一种自救运动,是处在新变局中的知识分子对自身生存处境以及地位和作用的一种反思,或自处、自律、自为的一种努力,而此新变局90年代以来才逐渐凸显,虽然其萌芽可以追溯得更早。更具体些说,人文精神的讨论与90年代市场大潮以及精英文化衰落、大众文化兴起这个历史性变局联系在一起。许多文化人对此变化感到不安或困惑,他们不喜欢大众文化之媚俗、鄙俗和庸俗,对文坛种种衰败现象更感到愤怒,于是拿起笔来口诛笔伐,抨击这个时代是"文化溃败"的时代,也有人说是"文化失衡"、"文化失语"、"文化失败"、"粗鄙化"的时代,总之,意义缺席,是一个危机的时代,失落的时代。如上海理工大学许纪霖先生在《商品经济与知识分子的生存危机》一文中所言,当代中国的知识分子正面临着一个严峻的生存挑战。偌大的神州,已放不下一张平静的书桌。

关于人文精神失落与否的讨论正在此背景下展开。该讨论首先由华东师大王晓明先生与其研究生的一次关于人文精神危机的对话所引发,对话内容登载在1993年第6期《上海文学》杂志上。

一石击起千层浪。人文精神的讨论很快在全国引起强烈反响。许多杂志开设了这方面的专题,仅《读书》杂志1994年3—7月就有"人文精神:是否可能与如何可能"、"人文精神寻踪"、"道统、学统与正统"、"我们需要怎样的人文精神"、"文化世界:解构还是建构"等系列讨论文章相继发表。许多知识界人士加入了这场讨论,并为人文精神的评价以及解构还是建构争得不可开交。起初,《读书》、《上海文学》等杂志发表的文章和讨论主要是肯定派,即对人文精神本身或当代中国十分需要人文精神持肯定态度,同时对当前文化界乃至思想界现状和人们的精神状态提出尖锐的批评。但很快出现不谐和的声音,出现批评意见甚至否定的态度。两种意见截然对立,非常鲜明地表现了当代知识界思想取向和价值关怀的差异与分歧。当然,无论是肯定意见还是否定意见都是对人文精神这个笼而统之的命题表现出来的笼统立场或大致的思想取向,事实上,它们内部也是充满着分歧和差异的。如就肯定派而言,大致可分为道统派、学统派和信仰派或终极关怀派。道统主要重视思想、理念和道德理想、伦理价值,学统主要看重学术传统的延续和学术生命的传承,信仰则意在终极关怀、超越现界的东西。其强调重点各有不同,但重视理想与普遍价值为一。道统派不仅对现实中不合理想与价值的东西强烈不满,而且会力图改造之,即在此岸就实现自己的理想。学统派则可能对世俗的东西不屑一顾,而满足于在自己封闭的小圈子里孤芳自赏、独善其身。而信仰派在弱势时也如此,但极端的宗教信仰派在得势时会强行推行自己的理想,因为他们认为这是一种神圣的使命。但这在目前知识界只是一种理论可能,而非现实。

道统派是人文精神派的中坚,但亦非铁板一块,其中包含了两种几乎完全不同的观点:传统派和西学派,或国学派和启蒙派。它们在历史与现实的许多重大问题上几乎是完全对立的,只是在赞成存在一种高于世俗的人文理想这个笼而统之的问题上结成很有限度的统一战线。因为他们发现,在市场大潮汹涌而来、大众文化声势日大和痞子文化走红的情况下得携起手来为自身生存而战,也为心中的理想而战,至于理想之差异是第二位的事。西学派的思想资源或价值理想主要是西方启蒙运动的理念,如自由、平等、博爱、理性、正义等,文艺复兴时期的个性发现和重视人的存在思想一般的说也在其中,但反对禁欲主义追求人的世俗幸福却不在内,至少不是重点。这个差别已为陶东风先生所察觉。其实任何学说的传入难免有所损益,强调重点也会不同,反映了人们价值取向与现实需要的差别。我国的启蒙传统,前承西方启蒙运动,中接20世纪初五四运动,后启80年代思想解放和文化启蒙,虽不能说渊源久远,积淀深厚,但也有近一个世纪历史累积,多少热血青年英勇献身,80年代末虽有挫折,但声势和影响还在,特别在许多知识分子心目中启蒙的理想之光从未熄灭,90年代人文精神的讨论必然会在他们心中引起强烈共鸣。

总之,人文精神的讨论观点不尽一致,影响也相对有限(主要在文人圈子,而且是部分),但它的意义却不可否认。它在市场大潮兴起、社会沉迷物欲和文化激进主义遭受挫折之时重新燃起了理想主义的火焰。这理想就其自救和自保而言是低调的、低沉的,但就其文化批判的含义而言对于那个低沉的时代无疑是高调的和激进的,表现出相当一部分人文知识分子在被认为"文化溃败"的年代其希望之光并没有完全失落,相反,人文关怀仍在,人文精神的追求不绝如缕。也许,正是这种关怀和追求使我们能在物欲泛滥的年代保持心灵的清明并重燃对未来的希望。

保守主义与激进主义的争论

80年代文化走势的一大特点是激进主义的崛起以及激进主义与保守主义的对峙。这里所说的激进主义,当然是文化激进主义而非政治激进主义,虽然它们之间有着某种关联,但落到实处价值取向相差大矣!所谓激进主义,一般指对传统、体制和权威的不妥协态度,与之激烈地对抗或坚决反对之。文化激进主义则主要指对民族传统文化持激烈反对态度,主张援引西学,或全盘西化,在此基础上实现民族文化的现代化。政治激进主义则主张以激烈的手段改造社会。从历史的角度看,文化激进主义主要兴起于新文化运动,后来革命浪潮风起云涌,政治激进主义占了上风。直到改革开放以后,沉寂多年的文化激进主义才在方兴未艾的现代化热潮中找到回应。但80年代末,文化激进主义的路似乎已经走到尽头,文化批判、文化启蒙、危机论、文化救国论和文化救世论,所有这些在80年代名噪一时的理论似乎都雄风不再,过去不受注意的一些观点却从边缘涌向前台,引起人们关注,如文化弘扬、传统继承和整理国故等。造成这种现象的原因看似偶然,不过因一场政治风波而中断,其实在现象深处有着更为深刻的背景和原因。

首先,文化激进主义本身包含着诸多问题,难以解决,已很难再进一步发展。例如,激进地反传统,否定传统文化,不仅招致保守主义的强烈反对,而且在高层乃至社会公众的层面引起反感甚至震怒,以至于失去了民意基础和上层支持。从实践的角度看,文化激进主义者的理论在许多方面同中国的现实脱节,即不一定合中国国情。1989年政治风波以后,许多"精英"人物跑到海外,远离生养自己的祖国,客居他乡,只能偃旗息鼓,余者也多重新反思自己的观点,从而为文化激进主义的衰落和社会风气的转变埋下伏笔。另外,从更为深广的角度看,80年代末文化激进主义的衰落同当时面临的社会转型不无关联。虽然这样一种转变正是80年代启蒙精英的文化理想。但有意思的是,它的到来却并未促成文化激进主义的兴盛而是相反。历史似乎给人开了一个大玩笑,其实自有其原因。市场经济中起驱动作用的是人之欲望、人之需要,通行的是物质利益原则和等价交换规律,所有观念的东西均退居次要地位甚至不予考虑。从此角度看,文化激进主义者的热忱理想在这个"世上熙熙,皆为利来,世上攘攘,皆为利往"的时代被冷落一边实属当然。

然而,保守主义崛起了,人们重新开始重视传统的继承,还有个人的得失,激进的理想遭到唾弃。两种力量此消彼长,类似的现象让我们联想到法国大革命以后的情况。当然历史不能简单类比,今天的情况与往日不可同日而语,但在某些方面似有可比之处,如理想的激情消退,个人关心自己的利益,学者的注意力也从社会转向书斋,转向纯粹的学术。具体说来,从文化的角度看90年代兴起的保守主义表现为:从关注社会到关注个人;从热衷启蒙到埋头学问;从理想主义到告别崇高直面世俗;从激进地反传统到重视传统文化的价值和继承;从批判不合理的现实到全面认同现实与随波逐流。我们通常说90年代知识界"思想淡出,学问凸显",说的也正是这种情况。许多人文知识分子从启蒙立场乃至儒家士大夫坚守了数千年的道统立场退却,而只关心学统和学问。在此方面北大陈平原君及其主编的《学人》、《原道》等刊物很有代表性。

90年代第一份具有民间色彩的学术刊物《学人》1991年在京创刊。陈平原主编在后记中写道:"几年来,孜孜以求,不想惊世骇俗,但愿能'理得'而'心安'。"在《文学》第一辑后记中再一次强调他们的追求:"追求持重厚实的学术品格。没有惊世骇俗的高论,大都是平正通达的研究,言必有据,据必可稽。强调引文注释的规范化,无非是想提倡一种老老实实读书,认认真真作文的学术风气;但愿能免'不贤识小'之讥。"

如果说这些论述的保守主义色彩还比较隐晦,那么在其对启蒙意识和社会责任感的批评中表现得就非常明显。如陈平原在《学者的人间情怀》一文中批评中国知识分子的社会责任感太强,自以为是社会良心和文化基本价值的维护者,动辄以天下为己任,关心政治忧国忧民,而历史与现实证明这纯属自作多情。他认为知识分子应当保持人间情怀,至于政治可以关心,也可以不关心。如果关心,也出于人间情怀而不是社会责任。这样做不是过分爱惜自己的羽毛,而是承认政治运作的复杂性。说白了,不是当国师,"不出如苍生何",只能是道德自我完善的需要。如此一来知识分子就完成了从政治到学术、从社会到个人、从献身启蒙到人间情怀的转变。

与此同时,对文化激进主义的批判也日渐激烈。如陈来1993年在《东方》杂志创刊号上发表《二十世纪文化运动中的激进主义》一文,提出整个20世纪中国文化运动受激进主义所主导。陈晓明《反激进与当代知识分子的历史境遇》一文认为激进主义在现代中国历史上是一种无所不包的神话,它制造并囊括了所有的政治灾难和文化恶果。90年代盛行保守性的价值取向,从"稳定压倒一切"这句口号即可看出其厚实的社会心理基础。他指出:"反激进主义,恪守学术化立场,推崇保守派价值,回归中国传统文化资源,反省现代性……这是一个顺理成章的逻辑推论,也是合乎历史变化的实践移位。"[①]王力雄也著文强调他从一浪高过一浪的"革新"与"变易"中感到"保守之可贵"。类似例子还可以举出很多,它们充分说明当代保守主义思潮之强大。尤其值得注意的是,许多批评来自80年代的文化精英,他们曾在当时的启蒙大潮中驰骋纵横,也可以说指点江山,激扬文字,粪土当年万户侯,而如今他们的态度已经发生变化。似乎时代精神正在向保守主义的方向走。

但也必须指出,强大的保守主义思潮正在受到越来越多的批评。

[①] 《知识分子立场——激进与保守之间的动荡》,时代文艺出版社2000年版。

批评来自于上,亦来自于下;来自于内,亦来自于外。官方或主流意识形态的批评主要对其否定革命的倾向不满。学界的批评则是在学理层面,如海外华人赵毅衡著文批评国内学界的新保守主义放弃文化批判,而对80年代的过激言论忏悔自罪:自我唾弃精英地位和责任,转向对俗文化的认同,是"集体自焚,认同市场,随波逐流,全面抹平"。甘阳认为与80年代知识界朝气蓬勃的开放心态相比,90年代更多自我封闭的故作老成。王岳川认为,坚持在中国传统文化地基上开启中国文化乃至人类文化的未来,骨子里头是一种浪漫主义。杨春时认为新儒学和国学热的新保守主义以传统对抗现代,以落后诋毁进步。而讨论人文精神失落的新理性主义缺少启蒙的精神,龟缩于个体精神的小天地,"反映了90年代中国知识分子的失败主义和无所作为心态,他们不敢战斗,又不甘沉沦,他们不再以启蒙战士自居,而成为文化守望者或者仅有岗位意识的消极社会角色。"

当然,也有一些不同意见,如赵敏与赵毅衡之间的批评与反批评。对此,不可能一一细述,可以肯定的是,保守主义与激进主义之争论无论深度与广度的确超出了人文精神失落与否的争论,反映了当代人文知识分子在更深的层面反省历史,也反省社会与自己。

对后学的研究与批评

当代中国文化的一大景观是多元共生、时空大错位,既有传统的又有现代的,既有东方的又有西方的,既有民族的又有世界的,既有精英的又有大众的,既有主流意识形态即马克思主义的又有边缘的和非马克思主义的,新近又有后学兴起,即所谓后现代、后殖民、后工业社会,还有后新时期、后结构主义等等。真是令人眼花缭乱、目不暇接。在所有这些景观中,传统与现代是个贯穿的线索,当然还有后现代。事实上,80年代文化思潮的表现之一是现代主义的兴起和先锋意识的出现,90年代的走势则是从现代主义转向后现代主义。但另一方面,现代化建设仍是当代中国压倒性的中心,现代性或现代精神仍是当今社会不可替代的主题。这样一种错综复杂的现象的确令人难以把握。

广义的现代主义不仅是一种文艺思潮,而且也是文化思潮、社会思潮,因而折射时代精神;狭义仅指文艺界的现代派,也称先锋派。因此现代主义在80年代中国的影响也表现在两个层面,广义的在整个思想文化领域,如存在主义、尼采、叔本华的唯意志论,还有弗洛伊德的思想都有相当的影响。狭义的指文艺领域的先锋文艺,其主要特点是:(1)反对传统,追求新奇,重视实验;(2)反公众,不随波逐流;(3)追求自由、自主;(4)重视表现人的精神中负面的东西,如孤独、痛苦、焦虑、怀疑、绝望、迷惘乃至妄想、怪诞。

进入90年代以来,市场大潮勃兴,大众文化崛起,精英文化衰落,不管是启蒙话语还是先锋话语,抑或国学话语都被冷落一边。即使在精英的西学领域,后现代主义也大有取而代之之势。昔日的先锋今日当然还在,特别在艺术领域,新奇的试验90年代仍然在搞,但已无往日锐气。面对市场大潮以及在此潮流中前进的现代化运动,他们感到软弱无力,甚至于西方文化和东方文化都感到隔了一层,因而漂浮无根,没有归属感。许多人归入后现代主义的门下。后学的门庭确实人丁兴旺、香火旺盛,除后现代主义外,还衍生出后殖民主义、后结构主义,还有后工业社会理论等等,基本上都是西方的显学,而且是最新最时髦的学说。而在最新的话语理论中新即意味着权力,因为喜新厌旧是我们人类的通病,而话语就是我们时代的文化。

后现代理论本身纯属舶来品,但该理论所描述的现象在中国却不是完全子虚乌有。概括地说来,其在当代中国出场的历史条件有:(1)现代化过程本身暴露出很多问题。(2)大众文化的兴起和精英文化的衰落。(3)西方现代主义文学和哲学的影响。现代西方哲学主要指19世纪末以来西方所流行的非理性主义哲学,如尼采的学说、存在主义和弗洛伊德的理论等。特别尼采非神亵圣,重估一切价值,对现代派乃至后现代主义均影响巨大。这三大派的理论在80年代均成为显学。还有与后现代关系更为密切的结构主义理论、语言哲学等也有一定的传播,因此,90年代人们谈起解构与重构、能指与所指、话语与权力才驾轻就熟。事实上无论现代主义还是后现代主义在中国之被传播和接受都是对西方话语权力的认同。这一点与西方启蒙思想的传播并无区别。只不过在后学论者看来他们的话语更新,因此似更有权力,或至少他们隐隐有一种优越感,因为他们在时间上已占得先机,古典的东西似乎已经过时,退场认输实属当然。

在文学界,出现了一些有后现代风格的作品文本,如马原、格非、余华、苏童、孙甘露的实验小说,在语言叙说、叙事结构和价值取向上即有后现代色彩,即叙事零散、能指滑动、零度写作。后现代主义本自现代主义而来,所以对昔日的现代派先锋说来具有后现代色彩并非难事。后现代的价值取向暗合也是不能否认的事实。还有刘震云、刘恒、池莉等人的新写实作品,用似真性的修辞大量描写日常生活的琐碎细节,意识形态话语、崇高的价值理想和年轻时"少年壮志当拿云"的豪情抱负都消解在鸡毛蒜皮的生活琐事之中。有许多小说和电影题目即有深度消失、零散化的后现代味道。

在学术界对后现代主义的研究逐渐成了气候。一大批译介和评述的书籍和文章问世。具体说来后现代研究包括这样三个群体,一是专门的研究者,即尽可能不带偏向地对后现代主义理论及其传播这个文化现象作客观地研究和分析。二是反对者,即对后现代主义取消深度奚落崇高和不要价值理想的虚无主义强烈不满和坚决反对者。他们又包括主流意识形态派和人文精神派,人文精神派又包括启蒙派(西学)和传统(国学派),另外还有民族主义者。他们观点各异,有时甚至尖锐对立,但有时也互相交叉。三是信奉者和推介者。他们完全以后现代主义者自居,并著文为其无理想、反传统颠覆一切旧有的价值喝彩。如代表人物张颐武著《大转型——后新时期文化研究》,基本观点是:"现代性作为一种现实进程正趋于完结。"[①]其矛头不仅仅是传统的价值理

---

① 谢冕、张颐武著:《大转型——后新时期文化研究》,黑龙江教育出版社1995年版,第18页。

想启蒙精神,而是现代性本身。应当说,该书写得还是很精彩的,特别是拆解80年代的文化观念文学精神乃至人类千百年来的理想方面确实笔锋犀利语言尖刻,给人留下深刻印象。但它充其量具有破坏性,而缺少建设性。虽然他也提出"中华性"概念,但含义是什么语焉不详。其实中华性已经存在几千年了,它只是中华民族的民族性,不是别的。在当今世界潮流和文化交融中我们应保持自己的特性,不失民族本色,但不能以之对抗现代化的世界潮流。

后学派理论招来很多批评,其中主要有:(1)脱离实际,食洋不化。(2)虚无主义。(3)保守主义。如前述海外学者赵毅衡先生认为中国大陆的后现代主义是一个强大的新保守主义思潮,并历数其表现种种。他对本来的西方属激进主义的东西到了中国成为保守主义的力量感到奇怪和痛心。赵氏的论述引起国内学者的广泛关注,批评意见也有不少。如许纪霖先生认为该文贴错了标签,因为后现代主义是一种相当激进的思潮,它在拒斥宏大叙事的同时,将人类文化几千年来遗传下来的意义系统、价值基础一并颠覆了。还有人认为后学的流行和大众文化的兴盛构成了与官方权力话语的一种合谋,但上面对此似乎并不认同。事情就这么复杂。我以为所有这些矛盾现象与后现代主义的颠覆性本身兼有的矛盾品格有关。就其怀疑一切的虚无主义而言它肯定是激进的,但就其把主张革新的要求也颠覆掉而言它客观上与保守的力量遥相呼应。当然激进和保守本身不一定是负面的价值,关键看激进什么保守什么,即使在西方后学也一身二任,也有保守的一面。在现代化任务远未完成的中国建立现代普遍价值的需求显然更为迫切,从此角度看后现代理论在当代中国负面的因素更大。因为对大多数中国人来说,更要紧的是吃饭、穿衣、提高生活质量以及建立那些普遍价值,而不是理性与自由等普遍价值已发展过甚、应该连同禁锢人的极左思想一块颠覆的问题。无论如何,学界关于后学和后现代理论的讨论很有意义。如王岳川先生所言,后学理论的传播促进了国家话语向个人话语的转变。个人话语本质上属于现代而非传统。

自由主义与新左派的争论

自由主义在不久前似乎还是一个不祥的字眼,至少也是敏感的问题,令许多人望而生畏。但所有这些都被90年代铺天盖地而来的市场经济大潮冲淡了,还有大众文化的冲击和所谓解构。精英知识分子从中心退居边缘,许多人对自己重新定位,不再轻率地自任以天下之重,但仍有学者在悄悄地关心社会,关心精神方面的价值,其中,自由、平等、民主等问题仍是许多知识分子挥之不去的心头情结。90年代中后期自由主义一词在报刊中多次出现,而且不带贬义,只是介绍一种学理,甚至还有赞同的文章。朱学勤先生在《1998:自由主义学理的言说》一文中认为1998年的中国学术思想界,最值得注意的景观之一,是自由主义学理立场的公开言说。尽管它还很弱小,时常处于各种误解、歪曲与压制之中。他说的情况大致不差。1998年中国知识界的自由主义思想确实有较大的发展。他认为这一年李慎之先生在《顾准日记》的序言中第一次从自由主义的角度对中国近代史作一梳理和概括,至此,自由主义才"第一次破题"。其实自由主义的公开言说早几年就开始了,如刘军宁先生曾发表了多篇这方面的论著,有的影响还很大。但1998年无疑是自由主义思想发展的重要年份,无论从肯定、否定两方面看都是如此。从肯定方面看,除李慎之概括性"破题",还有刘军宁先生著作《保守主义》、《共和民主宪政——自由主义思想研究》也都在这一年出版,这两本书把当代自由主义的理论阐述的非常透彻。论文除前面提到的朱学勤文外,还有任剑涛的《解读新左派》、徐友渔的《九十年代社会思潮》、《新世纪对自由主义的重新诠释》等写的都很精彩。而从否定方面看,亦有批评自由主义的重要文章发表,其中影响较大和较有深度的是汪晖的《当代中国的思想状况与现代性问题》和甘阳的《自由主义:贵族的还是平民的》。汪晖的文章笔锋犀利,思想深刻,内容丰富而全面,值得一读。甘阳的文章也很有思想,但似乎偏激了些。其他有些新左派文章,恕我直言,不敢恭维。但无论如何,自由主义与新左派堪称对手。他们之间的争论不仅在1998年破题,而且一下子就达到很高的水平。这主要同前20年理论研究的累积有关。争论双方的高手在80、90年代的学界已崭露头角。还对西学有较为细致的了解,对中国当下现实也很关心,当然理解各有不同。

自由主义的含义,刘军宁、徐友渔、任剑涛、朱学勤等人都有过概括。如任剑涛认为,自由是凸现权利而限制权力的,是以制度化安排来保障公民安适,与容忍不公、打压公民不相容。从经济角度讲是一种有利于社会总的财富积累的活动方式,它对财产权的强调并不偏向资本的占有者,而是肯定公民财产权的普适性和重视财富分配的公平。从政治角度讲,其制度安排是在威权政府与无政府之间寻求一种政府与社会健全互动的合理正义形态的制度努力。在社会的介入机会上则注重平等性。徐友渔则在《自由主义与当代中国》一文中指出:自由主义把个人自由放在最优先的地位,认为自由首先是个人的自由。对个人财产的保护是保障个人自由的重要条件,并认为对个人自由的最大威胁来自政府,因此提出权力机构之间的制衡。自由主义还始终倡导多元的文化观。朱学勤先生则在《1998:自由主义学理的言说》中阐述自由主义道:

> 首先是一种学理,然后是一种现实要求。它的哲学观是经验主义,与先验主义相对而立;它的历史观是试错演进理论,与各种形式的历史决定论相对而立。它在经济上要求市场机制,与计划体制相对而立;它在政治上要求代议制民主和宪政法制,既反对个人或少数人专制,也反对多数人以"公意"的名义实行群众专政;在伦理上它要求保障个人价值,认为各种价值化约到最后,个人不能化约,也不能被牺牲为任何抽象目的的工具。[①]

---

① 《学说中国》,江西教育出版社1999年版,第204页。

至此,我们对自由主义者的观点引证已很详细。这些观点均非他们的首创,而基本上是舶来品,只是在当代中国首次达到公开而清醒的认识,因而具有思想史的意义。新左派不同意自由主义对自身弱势地位的看法,他们不仅认为自由主义是当今学界的主流观点,甚至在社会上已甚嚣尘上20年。如甘阳认为,90年代的思想轨迹是从批判激进主义日益走向保守主义,这种保守主义的基本形态是以自由主义为名贬低民主与平等,结果把自由理解成少数人的特权,而且非所有人的权利,还有人把自由与竞争混为一谈。这种最大的谬误现在成为"中国知识界的集体信仰,亦即把自由归纳为市场的自由,认为自由经济能自动地实现最大的自由。"甘阳把这种集体信仰称为"中国知识界的集体道德败坏症"。

甘阳的论述无疑是偏激的。首先,他不知道在广大的中国知识界真正自觉持自由主义观点的人并不多,虽然有些人在某些方面认同自由主义的观点,但不知道和无所谓的肯定更多。甘阳久居海外,也许对国内的真实情况有些疏离。其次,几十年的经验教训告诉人们,人人自由平等的高调自由听上去激动人心,但空洞虚玄,难以落到实处,反而不如自由主义者低调保守的自由来得实际。当然,目前文化重建重点是高调自由还是低调自由,这本是个见仁见智的问题,一部分有识之士痛感几十年的政治高调危害甚烈而提倡低调的自由主义观点,根本谈不上集体道德败坏。

韩毓海的观点更为激烈,他甚至认为自由主义要为整个"二十年目睹之怪现状"负责,他说:"自由主义近20年的得势既不是因为它独立于政治,也不是因为它创造了最好的政治模式。自由主义的得势是因为它为右派政治提供了摆脱政治合法性危机的理论借口。这一政治合法性危机是指:现代国家的'公共性'名义和它实际上的'资产阶级资产管理委员会'的实质之间的矛盾。"[①]

[①] 《边缘思想》,南海出版公司1999年版,第351页。

当代的自由主义者肯定不知道自己已经得势了20年,他们或认为自由主义1998年刚刚挤出门缝,它还很弱小,并经常处于误解和歪曲之中,如朱学勤;或认为目前自由主义话语面临困难,其在制度层面可操作性的劣势和温和、理性的态度使之与其他话语竞争时处于不利地位,如徐友渔;或认为自由主义在中国从未特别发达过,甚至到了21世纪中国人还得重操培育自由主义之树的未竟之业,如刘军宁。为何他们与新左派如韩毓海先生的判断相差那么大呢?这里面似有理解上的差异。

原来,朱、刘、徐等人所说的自由主义主要是一种学理,即自觉持有的一种观点和信念。这是从主观方面看。从客观方面看,它还应体现在经济、政治、法律等制度层面。目前从主观方面看自觉认同的毕竟是少数,从客观方面看差距就更大。至今国内主流思想对之仍不太认同。

而韩毓海等人心目中的自由主义含义则更为宽泛。在他们看来,自由主义既然赞同市场经济、自由竞争,还重视保护私有财产,那么市场经济、自由竞争和私有财产的出现都与之有一定关联,这些现象所产生的全部恶都要由它来承担。如腐败,两极分化,工人下岗和国营企业关停并转,社会风气败坏和私有化等。显然理解有重大差异。

自由主义和新左派的争论涉及到很多重大问题,因篇幅关系不可能一一缕述。我们感兴趣的是争论本身很有意义。我们记得90年代初关于人文精神的讨论虽有文化批判色彩,但主要还是知识界自身的自救行为,调子还是很低沉很压抑的。后来,关于激进主义与保守主义、现代主义与后现代主义的争论表明知识界的注意力已经转向更为现实的问题。至自由主义与新左派的争论,变化更为显著,相当一部分知识分子对社会问题和当代政治表现出明显的兴趣,而讨论一些非常敏感也非常重要的现实问题,如自由与民主,现代化的道路,所有制问题,个人与集体、与国家的关系问题,并围绕这些问题展开了激烈的争论。争论难免掺杂一些情绪和个人偏好,但对国家、人民和社会的关心则一。中国知识分子忧国忧民的传统可谓不绝如缕,市场经济和消费主义的大潮也不可能完全冲去。

总而言之,90年代人文知识分子的思想发展轨迹似乎是先是抽象学理和个人自救,然后转向思想,转向现实和社会。十年时间流过,终点又回到起点,知识分子似乎又回到那充满火和热的80年代,指点江山,激扬文字,粪土当年万户侯……但逝去的已经逝去,人类永远不可能踏入同一条河流。综观这些争论文章,少了些激情,多了些思考,学者们似乎变得成熟起来,但忧国忧民的情怀则无二致。在精英文化衰落、大众文化崛起、市场经济挟雷霆万钧之势而来之时,这样一种情怀和意识在许多人的心目中燃起价值关怀的希望之光,它将照耀着人们大踏步跨入21世纪。

(原载《学海》2003年第3期)

转型时期的社会公正

当代中国正面临着深刻的社会转型,从传统到现代,从身份社会到契约社会,从计划经济到市场经济,从政府高度集权到民众个人权利扩张的巨大转型。转型带来了新的生气与活力,也带来了不同利益的碰撞和新旧观念的冲突以及由此产生的社会震荡与形形色色的社会问题,如贫富差距拉大和两极分化、三农问题、下岗与失业、弱势群体问题、城乡差别、体脑差别和东西部差距加大、官员以权谋私和腐败,还有恶性案件增多以及道德失范、价值困惑和社会失序问题,等等。我以为在众多的社会问题中有一个贯穿性的线索或者说牵一发而动全身的问题亟待解决,那就是社会公正。本文将从理论与现实两个角度探讨转型期的社会公正问题,并提出解决问题的思路,希望能够促进社会各界对此问题的关注和解决。

概念意蕴:理论的和历史的考察

何谓公正?公正是人类调整社会秩序和人与人关系的一种行为准则和规范,也是一种价值理念或观念,其基本点是公平、正义和正当。正当指人的行为符合一定的善的理念和道德规范,正义则主要是从宏观或社会秩序角度看这些理念和规范得以实现,公平则指人与人关系或权利的平等或一视同仁,这种平等也是一种基本的善或价值理念。因此它们的含义是相通的,在许多情况下可以互换,其间的区别只是具体用法和强调重点的不同。当然近代以来也有人认为正义高于善,但这也只是价值观之一种,这里不作更细的分别。不过古代人们普遍重视的是正义,后来才逐渐转向公正与人的行为。这可能同远古社会尚未充分分化、人们的整体意识普遍较强有关。如毕达哥拉斯认为构成万物始基的数目特性之一就是正义,稍后流行的自然法理论更把之视作一个根本原则,它与理性、自然与自由等一起构成天地之大道,统摄性的根本法则,其实从现在眼光看就是普世价值。柏拉图把正义视作四主德之一,亚里士多德则更多地从人的行为伦理规范角度理解公正,这就同现代含义非常近了。如在《尼各马科伦理学》中亚里士多德引用谚语说"公正是一切德行的总汇",可见不是一般的德,而是根本大德;并说公正是完全的德性,因为它作为关心他人的善能够影响到别的德性。这同当代伦理学家罗尔斯说"正义是社会制度的首要价值"的语言很相象。但罗氏强调的是制度建构,而亚氏则重在人的德行和行为。这正体现了古代与当代的区别。亚里士多德还说"公正分为两类,一类表现在财物和荣誉等等的分配中,另一类则在交往中提供是非的标准。""在不公正是违法和不均,在公正则是守法和均等"。① 亚氏的论述有一种平等的精神,两类正义的划分也很类似于我们现在所说的分配正义、结果正义与过程正义或奥特弗利特·赫费所说的交换正义,当然内容与现代不可同日而语,奴隶被亚里士多德排除在平等与公正的范围之外,狭隘的奴隶制束缚了他的眼界。

近代以来正义论和公正观林林总总,有目的论的、义务论的,功利主义的和自由主义的,还有实用主义和社会主义的,等等,当然它们的观点也相互交叉渗透,同时又各有特点。如目的论为人的行为与过程预设先验的目的,或对之作合目的性的解释,符合即为公正,不过此目的有时被认为是至善(柏拉图、亚里士多德、尼采),有时被设想为快乐(伊壁鸠鲁),有时是绝对观念(黑格尔),有时是"最大多数的最大幸福"

---

① 亚里士多德:《尼各马科伦理学》,苗力田译,中国社会科学出版社1990年版,第91页。

（边沁）。康德则是义务论的代表，因为他把道德、公正和善都理解为一种绝对命令，人应当无条件地遵守与服从。当然目的论、直觉主义和自由主义也都能从康德的理论中吸取资源。

相对来说，功利主义是一种较有影响的理论。诺贝尔奖获得者阿马蒂亚·森教授曾将社会公正理论归纳为三派，即功利主义、自由至上主义和罗尔斯的正义理论。而罗尔斯本人也将功利主义视作主要理论对手，在《正义论》中对之详加评析。功利主义的特点是重视过程的结果和社会整体的利益，即所谓"最大多数的最大幸福"。这样一种价值观诚然崇高，但却有忽视人的个性与权利之嫌。因为按此理论，只要"最大多数"的"社会幸福"总量增加，即使少数人的利益受损和作出牺牲也忽略不计，或可以接受，这是特别重视个体权利的自由主义者所不能容忍的，他们常常对之进行抨击。

自由主义是西方占主流地位的思潮，特别是现代。自由主义主要观点是：(1) 个人主义，特别重视个人的权利；(2) 在经济领域则重视个人利益，特别强调对财产的保护和经济自由；(3) 契约论，对社会政治制度与经济关系作契约论解释，即强调人的行为与关系自觉自愿自律和平等；(4) 民主主义，主要在政治领域。当然自由主义也有多种，有古典的和现代的。古典自由主义在经济方面强调自由放任，如亚当·斯密的"看不见的手"理论，在政治方面则强调抽象的自由与平等权利，如法国启蒙思想家。这样一种思想在现代受到很多挑战与批评，但影响力仍不可忽视，自由至上主义可以说是其进一步的发展。1946年美国制造业联合会对自由放任的精神作了这样的经典表述：

> 自由地追求我们的幸福，而不受国家的干涉，这是人类所知道的最大限度的行动自由。意识到自己拥有无限机会的个人，出于对成功的爱慕，出于对利润的渴望，出于对财富带来的舒适、权力和影响力的雄心，跃跃欲试地在自由竞争的市场上生产商品，提供服务。当这些个人信心十足地设计自己的命运时，除了警察的保

护之外,勿须政府更多的帮忙。①

按此思路,自由放任就是善,就是公正,反之即为不公和不善。此种观点显然对资本有利,而忽视那些在竞争中处于弱势和穷人的利益。为此它招来很多批评。批评来自于外,也来自于内。来自于外的有功利主义、社会主义特别是马克思主义,来自于内的则有凯恩斯主义、福利经济学派和罗尔斯等。

马克思用剩余价值学说揭露了自由竞争资本主义形式公平掩盖的实质不公平,他在《资本论》中的名言是:

> 实现劳动力的买卖的商品流通领域,确实是天赋人权的真正乐园。那里占统治地位的只是自由、平等、所有权和边沁……一离开这个简单流通领域……就会看到,我们的剧中人的面貌已经起了某些变化。原来的货币所有者成了资本家,昂首前行;劳动力所有者成了他的劳动者。一个高视阔步,踌躇满志;一个战战兢兢,畏缩不前,像在市场上出卖了自己的皮一样,只有一个前途——让人家来揉。②

马克思的批评不完全是从理论出发,事实上现实生活中自由竞争资本主义已暴露出很多弊端和问题,社会主义思潮的兴起正是对此弊端和问题的抗议。恩格斯《英国工人阶级状况》、马克思《1844年经济学—哲学手稿》和《资本论》举出了很多这方面的例子。这样一些事例既促发了社会主义运动风起云涌,又促使许多西方学者从内部反思这些问题。于是有了国际共产主义运动和形形色色的社会主义,也有了

---

① 引自 R.F. 诺兰等《伦理学与现实生活》,姚新中等译,华夏出版社1988年版,第325~326页。

② 马克思:《资本论》,中国社会科学出版社1983年版,第162页。

后来的凯恩斯主义、福利经济学派和当代流行的哈耶克、诺齐克、罗尔斯的正义理论。

凯恩斯主义产生和流行于20世纪30～40年代。当时西方资本主义不仅问题丛生,而且面临着空前危机,1933年的经济大危机和在此前后相继爆发的两次世界大战就是明证。原有的自由放任和不作为的政府已于事无补,凯恩斯在此情况下提出扩大政府职能,对经济强力干预,认为这是能使现行制度免于毁灭的唯一方法。但这样一来个人的权利与自由必然受到严重的挑战,至少必须作出重大的让步。凯恩斯指出:

> "认为个人在经济活动中一向拥有'天赋自由',这个说法是不确的。世间并没有'合约',对于有所占有或有所取得的那些人,曾给以永恒权利。说是私人利益与社会利益一定互相一致,这一点并无根据。""不能让经济力量自由运用,须由政府来约束或指导;但是还有很大一片园地可以由私人负责,由私人策动。在这园地以内,个人主义之传统优点还是继续存在。"①

二战后凯恩斯主义流行,适当扩张政府权力以推动经济增长和分配方面的社会正义成为各市场经济国家的共识。权力扩张这里权且不说,在分配的调节方面西方事实上一直有社会救济的传统,19世纪的英国关于济贫多次立法,虽然力度有限,并且有人批评,但至少政府不是完全不作为。20世纪随着社会主义运动的兴起和凯恩斯主义以及社会民主主义的流行,政府在扶持社会正义方面的作用更加凸显。但也有一些重要的批评者,如反对政府干预的新自由主义、现代货币主义和供给学派,还有大名鼎鼎的哈耶克。

---

① 凯恩斯:《劝说集》,商务印书馆1962年版,第236页;《就业利息和货币通论》,三联书店1957年版,第323页。

哈耶克是当代著名的自由主义者。他出于捍卫个人权利和反对威权主义考虑,提倡"程序正义"和"行为正义",除此之外不承认任何"分配公正"和"社会正义"的存在。他说公正只有在作为人类行为规则时才有意义,所谓"社会公正"不过是空洞的套话,没有意义,它的流行不过成为特殊群体希望获得更多社会福利份额的要求。"自由主义关心的是交换的公正,而不是所谓的分配公正,或现在经常谈论的'社会'公正。""彻底的自由主义者为何必须否定这种公正,其原因有二,一是根本就不存在公认的分配公正的普遍性原则,也找不到这样的原则,二是即使能在这样的原则上取得共识,在一个生产力取决于个人能够自由利用自己的知识和能力追求各自目标的社会里,也不能采用这样的原则。"[1]

哈耶克的论述诚然捍卫了个人的权利与自由,但自由竞争条件下存在严重的两极分化和社会对立乃是不争的事实,无视这个事实既不公正也不利于社会稳定,而不稳定对那些有钱的富人未必有利,因此无论从公正还是稳定角度都应对此现象进行调控,政府对此负有不可推卸的责任。这实际上也是近几十年各国政府所努力做的。从此角度看哈耶克的论述是个倒退。

对哈耶克理论的重要修正来自诺齐克与罗尔斯。他们的名字在当今世界都大名鼎鼎。诺齐克与哈耶克的差别不是很大,因为他们都是信奉程序正义的自由主义者。但诺齐克对古典的自由放任理论明显不满,在《无政府、国家与乌托邦》中他称"古典自由主义的守夜人的国家,其功能仅限于保护它的所有的公民免遭暴力、偷窃、欺骗之苦,并强制实行契约等"是"一种最弱意义上的国家"。[2] 他提出以一种"持有正义"和"转让正义"来"超越最弱意义的国家"。所谓持有正义和转让正

---

[1] 哈耶克:《经济、科学与政治》,冯克利译,江苏人民出版社 2000 年版,第 348 页。

[2] 诺齐克:《无政府、国家与乌托邦》,何怀宏等译,中国社会科学出版社 1991 年版,第 35 页。

义实际上是"起点公正",即财产的来源必须公正或正当,亦即"应得正义",在此前提下才谈得上程序正义。

对哈耶克理论的更大挑战来自罗尔斯。不过在谈罗尔斯之前有必要谈谈"帕累托最优"、福利经济学家及更早的庇古。20世纪初意大利经济学家帕累托提出,任何重新改变资源配置以改善某人处境的方法只要不使任何人处境变得更糟就是最好或最佳。此亦即著名的"帕累托最优"。更早还有庇古提出检验社会福利的标准,即凡能增加国民收入总量而不减少穷人的绝对份额,或增加穷人的绝对份额而不影响国民收入总量的,都意味着社会福利的增进。这些都是福利经济学的代表观点,今天的经济学家对之已耳熟能详,下面要说的罗尔斯正义论对此观点可以说一脉相承。

不久前才去世的罗尔斯是当代西方最著名的伦理学家,他的代表作《正义论》则是最负盛名的伦理学著作。《正义论》值得注意的观点有三:一是作为公平的正义;二是平等的自由;三也是最值得我们关注的是互惠互利的差别原则与对弱势群体的补偿原则。正义或者说社会正义,在罗尔斯看来是社会的基本结构和制度安排问题。罗尔斯要讨论的是理想情况或组织良好的社会,即从理想和正义角度考虑社会制度安排和权利分配应当遵循什么原则和规范。在罗尔斯看来,"正义否认为了一些人分享更大利益而剥夺另一些人的自由是正当的,不承认许多人享受的较大利益能绰绰有余地补偿少数人的牺牲。所以,在一个正义的社会里,平等的公民自由是确定不移的。"①从此观点看来,罗尔斯属于自由主义,因为他强调个人的权利,即使以多数人的名义也不能随便侵犯;同时又是平等主义的,因为他强调平等的自由,公平的正义。从此出发罗尔斯引出他的著名的正义论两原则:

第一个原则要求平等地分配基本的权利和义务;第二个原则

---

① 罗尔斯:《正义论》,何怀宏等译,中国社会科学出版社1988年版,第2页。

则认为社会和经济的不平等(例如财富和权力的不平等)只要结果能给每一个人,尤其是那些最少受惠的社会成员带来补偿利益,它们就是正义的。这些原则拒绝为那些通过较大的利益总额来补偿一些人的困苦的制度辩护。减少一些人的所有以便其他人可以发展——这可能是策略的,但不是正义的。但是,假如另一些并不走运的人们由此也得到改善的话,在这样一些人赚来的较大利益中就没有什么不正义。[①]

关于这两个原则罗尔斯还有许多具体的论证,从原初状态到差别原则和补偿原则的根据等,因篇幅关系这里不去细述,总之在罗尔斯看来,自由、差别、效率和不平等之所以能够允许和容忍,乃是因为它们必须建立在公平和有助于或至少不伤害弱势群体利益的基础之上,这就是"社会正义"或"作为公平的正义"。罗尔斯的《正义论》发表以后在西方也有不少批评者,但无论在伦理学界还是社会上一直影响巨大,究其原因,除其论证缜密、结构谨严和学理服人外,更重要的是现实生活中的逻辑已与此相近,福利经济学与福利国家,凯恩斯主义与政府看得见的手,社会民主主义,还有高额遗产税的征收及许许多多的社会救济与慈善事业都在体现社会对弱势群体的人文关怀,也昭示着时代的公平和正义。因此罗尔斯的正义理论对我们考察转型期的社会公正很有借鉴意义。

国情与理论

以上梳理了西方的正义理论,这些理论并非完美无缺,也不可能完美无缺,众多的争议和观点分歧也在说明其问题不少。正如现实生活中的正义状况仍问题丛生,就像中国老子所说的大道废,有仁义。正是

[①] 罗尔斯:《正义论》,何怀宏等译,中国社会科学出版社1988年版,第12页。

因为现实生活的种种问题,才促使人们重视仁义道德和正义的价值理念。但西方毕竟是现代化先行地区,其在建立与整合现代社会秩序和发展市场经济方面有许多做法和观念、意识值得我们借鉴。当然我们有自己的文化传统和特殊国情,不可能样样照搬西方,但公平、正义与自由的普世价值不可能超越,特别是目前我们正处在从传统到现代转型的关键时期,各种制度模式纵横交错,各种观念碰撞渗透,各种利益冲突抵牾并且在转型过程中重组,公平与公正的问题必然变得非常突出和重要。

更具体地说,公正问题在我国现阶段日益凸显乃是由于这样一些特殊的国情:

第一,我们没有西方的自然法和正义论传统,即把正义放到头等重要的地位,甚至超越实在法,并作为普世价值制约着实在法。这对西方公正精神在理论与实践两个层面的发展非常重要。当然我们有天理良心与公平的观念,但可能同商品经济不发达有关,公平观念只在较低层面和有限范围内发挥作用,王公贵族和精英士大夫始终对之不够重视;而天理良心的说法又太虚玄,缺少能够落实的法律制度层面,因而影响始终有限。

第二,近半个世纪以来我们在理论层面主要是马克思主义的实质正义和分配正义理论居主流地位,在实践层面则是社会主义计划经济居支配性地位。实质正义理论的特点是重视内容和结果,轻视程序和形式,相对说来,对自由也不及对平等更为重视。计划经济的特点是政府的高度控制,从社会的生产、分配、流通到个人的衣食住行事无巨细都纳入统管的渠道。从理想的角度看这种理论确实比较崇高,对那些利用财产和地位进行剥削压迫的不平等和不合理现象批判非常有力;气魄也很大,想一举消灭千百年来盘根错节根深蒂固的所有不平等不合理现象,毕其功于一役。马克思的理想是消灭剥削压迫,各尽所能,按需分配,但他也深知必须以生产力巨大发展、财富充分涌流和人的觉悟极大提高为基础,否则就会陷入空想和贫穷的社会主义,"而在极端贫困的情况下,就必须重新开始争取必需品的斗争,也就是说,全部陈腐的东西又要死灰复燃。"①马克思这段论述的意义我们也是在经历了共产风、三年灾害和国有企业长期效益低下,付出惨重代价后才有所认识的。于是有了改革开放,有了实践标准的讨论和中国特色的社会主义现代化道路的探索。如今市场作为现阶段资源配置和促进生产力发展的最佳手段已成为公众常识,民营经济和外资企业也有了相当的发展,但政府的力量仍强大无匹,在社会政治经济生活中地位与作用远大于西方凯恩斯以后的强势政府,当然在对待社会公正的问题上也应负有更大的责任。这是我们的一个基本国情。

第三也是最重要最基本的国情是前面说到的转型,即我国从传统到现代的社会转型,这个转型若从西学东渐和中西文化碰撞时算起已有一个多世纪,但只是改革开放以来才达到高潮。转型涉及到方方面面,从经济基础到上层建筑,从生产方式到生活方式、思维模式和价值观,从社会结构到政治制度和文化观念,都发生了深刻的变化。转型也是利益格局的重组。特别是,市场经济的发展极大地调动了人们追求利欲的热情,同时也为重新分配社会所创造出来的巨大财富提供了刺激和机会,那些因各种原因在竞争中处于优势地位的人无疑在财富分配和利益重组过程中处于有利位置,成为财富新贵,而那些因种种原因处于劣势地位的人则屡遭挫折、生活艰难或至少处境不妙。市场经济的本性是优胜劣汰,不相信眼泪,但那些突然暴富的人不乏利用不当手段巧取豪夺和以权谋私者。这对那些竞争中处于劣势甚至被剥夺的人说来无疑是不仁不义,也不符合公平、公正和正义的精神。当然,利益冲突和社会不公现象什么时候都有,但在从传统到现代的转型期这类现象无疑特别严重,我们理应给予更多的关注。

那么在此情况下我们的社会当前通行哪些重要的公正理论呢?

首先,效率优先,兼顾公平。这是当前最重要的公正理论。过去几十年我们承继的主要是马克思的公正理论,特点如前所言,重视内容与

---

① 《马克思恩格斯选集》第1卷,人民出版社1972年版,第39页。

实质,特别是结果与分配的公正。当然在马克思看来分配只是社会经济相对次要的环节,更重要的是生产,是生产资料所有权,在此方面实现公正就要消灭私有制,从此角度看是平等主义的;当然从结果角度看消灭了剥削压迫,人民过上幸福生活,从此角度看又是功利主义的,是社会功利主义。所有这些理论在马克思看来不是个人臆测而是历史规律,顺应潮流和规律是人间正道,也是社会历史的正义所在。但我们搞了几十年社会主义实践,发现马克思的理论过于崇高和理想主义,要实现这些理想至少目前条件不具备。特别在生产力水平相对落后的国家要实现共同富裕必须有生产力的高度发展,而要实现生产力的发展必须向西方国家学习,搞现代化和市场经济。当然我们是中国特色的社会主义现代化,可以让一部分人先富起来,但目的是为了以后的共同富裕。于是在公正方面有了"效率优先,兼顾公平"的理论与实践。

"效率优先"之"效率"不是"帕累托最优"即西方福利经济学所说的"效率",有"公平"的底线含义,即不损害每个弱者的利益,在此基础上增加财富才为效率,而是纯技术意义上的,省时省物多干事多产出即为效率,或者说单位时间内生产的财富和物增多即为效率,当然从宏观角度看整个社会生产出来的物质财富增多也是效率,至于财富和物如何分配则与之无关。即只关心技术进步,不考虑人文关怀。这个含义如马克思在《资本论》中从劳动一般抽象角度说生产单位商品的社会必要劳动时间减少,或如在《政治经济学批判大纲》中所说的社会物质财富和"物化劳动"的增加,亦即如《共产党宣言》和《德意志意识形态》中所说的"生产力发展"。因此,在此意义上仅仅提"效率优先"是不够的,还必须有"人文关怀",那就是兼顾公平,8个字连起来才算完整。但效率与公平虽然连起来了,但气势上却低了一筹,因为效率是"优先"的,公平只是处于兼顾的地位。不似帕累托最优,把公平置于前提、基础和底线的地位。因此与帕累托最优相比,该理论只是一种相对较弱的公平理论。

现实生活中公平与效率的关系大抵也如此,甚至还更弱些,各级干部普遍关心的是效率、政绩和GDP,公平公正方面的问题不甚重视,或虚于应付,甚至有时为了效率牺牲公平,或置公平于不顾,致使转型期本来就很突出的公正问题变得更加尖锐。当然产生这个现象的原因很大程度上也与我们的经济基础多年来积贫积弱有关,我们的许多干部太想尽快改变这种局面,因此抓起生产来不遗余力,而对应当兼顾的公平公正则较为忽视。但长此以往社会难免积累很深的矛盾。

其次,从更高的指导思想层面看,对社会公正的理论与实践影响较大的主要是实践标准和三个有利于标准、集体主义价值观和三个代表思想。实践标准的讨论兴起于改革开放之初,当时主要是为了解放思想,从权威与迷信的种种禁锢中解放出来,当然其意义不止于此,因为所有认识包括社会公正理论正确与否都得经受实践之火的检验。当然价值判断必须设定参照标准,于是有了"三个有利于",即凡有利于生产力发展,有利于提高综合国力和有利于提高人民群众生活水平的都是正确的,都可以去做。在社会公正问题上答案也一样。三个有利于的威力是巨大的,在那个充满繁琐争论和思想禁锢的年代起到了不亚于奥康剃刀的作用,同时也为开辟中国特色的社会主义现代化道路扫除了思想障碍,理论意义与实践意义都不可低估。从公正理论的角度看,三个有利于颇类似于功利主义和结果正义的公正理论,生产力发展和国力提高与人民生活水平提高与"最大多数的最大幸福"并无二致,只不过更为具体了。这不难理解,三个有利于以及三个代表思想承继的是马克思的社会主义思想,也可以说是社会主义思想的中国化及其在中国的发展,而社会主义的正义理论历来是以"分配正义"和"结果正义"称著于世的,还有集体主义价值观一直具有重要地位,亦即理论上社会主义与功利主义有相通之处,所以公正理论的类似也不奇怪。

功利主义在理论上常受到两个指责,一是置最大多数以外的少数人于不顾,甚至不惜牺牲他们的利益;二是整体主义,忽视个体与个性。但我们必须指出,社会主义的价值观确实是集体主义的,不过马克思所向往的集体是个人在其中具有个性的集体,这一点《德意志意识形态》

说的非常清楚①。当然马克思说的是理想社会,但罗尔斯说的同样是理想社会。另外,从保护社会安全和秩序角度看,任何国家对少数破坏分子都必须施以打击,即使是自由主义的守夜人式的弱势政府也必须具备此功能,至少不能让人趁夜深杀人、月高放火,否则没有存在意义,社会非乱不可。也就是说,不打击和牺牲少数人的社会是不存在的,问题在于惩治要合理合法,打击面尽可能少些;更在于多数人的利益要真正有所保障。

另一方面必须指出,社会主义理论与三个有利于和三个代表思想与自由主义、福利主义经济学乃至罗尔斯的正义理论也有某些相通之处。自由主义主张"程序公正"、"过程公正"、"起点正义"和"应得正义"。社会主义也重视物质利益,并对合理合法的利益进行保护,也不允许人随便盗窃抢劫和贪污腐化。当然,社会主义建立来自一个革命的起点,革命不仅仅是权力更替,它更是财产制度的变迁,也是各方面利益的重组。这样一种过程有渐进的,也有激烈的,无论怎样都不可以常理计。但革命总非常态,激进的变革过去以后,社会恢复安定和秩序,日常生活的法则占据上风,在此情况下所有合法的财产和利益理所当然地应当受到保护。有人主张"应得正义"应追溯既往,但追溯总得有个限度,也有一定的时间和条件,条件不具备不妨留待以后从长计议,但革命以后发生的不义不在保护之列,该追溯的都要追溯。从此角度看"起点正义"与"程序正义"也是题中应有之义,不会受到拒绝。而且,三个有利于和三个代表思想主张代表最广大人民群众的利益。最广大人民群众是谁? 无疑主体是工人农民劳动者阶级,而他们是市场经济条件下最容易处于弱势的阶级,特别在我国现阶段知识和资本一直是紧缺的资源,官员由于拥有权力更处于强势,而普通劳动力一直是过剩的,因此在竞争中难免处于下风。造成这种局面的主要是市场经济的法则即自由主义者所提倡的"程序"和"过程"。当然也有以权谋私

---

① 参见《马克思恩格斯选集》第1卷,人民出版社1972年版,第82~85页。

即起点不公和策略上的失误即结果不公,但主要还是市场的法则。在此情况下政府可以并应当运用看得见的手加以调节,重视保护弱者的利益,使社会经济秩序向更加公正的方向发展。这也是社会主义的分配正义和罗尔斯的正义补偿原则所强调的。三个有利于和三个代表思想要求代表最广大人民群众的利益无疑符合这个方向,理论上没有什么问题,问题在于实践中如何落实和真正做到。我们的问题也出在这里。对此下面还要详加讨论。

第三,理论界目前关于社会公正的理论主要分成两派,一是自由主义,二是新左派。自由主义主要主张"程序公正",特别信奉哈耶克的观点。代表人物有刘军宁、朱学勤、徐友渔、任剑涛等。他们的观点也有细微的差别,但在信奉"程序正义"上是高度一致的。他们认为改革开放所遇到的所有问题乃至当前所有的社会不公几乎都是在程序正义方面出了问题,也相信只要坚持了程序正义,这些问题会迎刃而解。新左派的看法恰恰相反,他们认为所有问题几乎都是来自自由主义所坚持的所谓"程序"和"过程",这些过程实际上是资本主义市场经济的法则,因而有利于资本而不利于劳动者。他们主张或更重视"起点"与"结果"上的公正。观点分歧如此尖锐,其实是各执一端,各有片面,也各有合理之处。影响现实的主要是上述两点,我们下面的分析也主要以此为参照。

理论与现实的巨大反差

首先必须指出,改革开放二十多年成绩巨大,中国人民的历史命运已发生翻天覆地的变化,十多亿人民实现温饱,走向小康,有相当一部分主要是沿海地区和几亿城市人口已经从小康走向相对充裕和富裕,过上现代化生活。这是一个了不起的变化,要知道充斥旧中国几千年历史的主要是战争、动乱、灾害和饥饿,现在则是前所未有的太平盛世。这些都拜改革开放和现代化所赐,还有三个有利于与三个代表思想的指导。当然我们这个社会并非完美无缺,仍有很多问题,有些还很严重,其中有的是转型中的问题,也许在所难免,但我们仍有理由要求少一些和不那么严重,有的则完全是人为处置不当,应当避免。特别在社会公正方面的问题直接关系到社会秩序和稳定,理应引起我们的高度重视。其中危害最烈者有这样几个方面:第一,贫富悬殊,两极分化。第二,三农问题。第三,教育卫生费用分配的不公。第四,腐败。第五,官员对速度和政绩的痴迷以及对民生的漠视。每个方面都可以列举很多材料,但因篇幅关系,不予展开。

分析与建议

现在我们用前述公正理论特别是三个有利于和三个代表思想以及程序正义、起点正义和结果正义理论分析上述社会不公现象,并提出我们的建议和思路。

我们认为,中国是共产党领导的社会主义国家,目前正在从事改革开放和现代化建设,发展社会主义市场经济,并经历从传统到现代的巨大转变,这些都是当代中国的最大国情。要在此情况下实现现代化,同时又尽可能地实现社会正义和保持社会稳定,理所当然地要以社会主义理论和三个代表思想为指导,同时也应尽可能吸收西方正义理论中合理的部分,用之分析现实生活中的不合理现象并解决之。

前述种种社会不公现象很复杂,有的是起点方面的问题,有的不符合程序正义或过程正义,有的则是结果或分配方面的问题,有的则兼而有之,是综合性的问题,不过侧重点有所差别,因此应具体情况具体分析。但无论哪一种都是对社会主义理想和三个代表理论的背离。

例如,贫富差别和两极分化就属于综合性的问题。其中,对富人财富增长过快,或财富过快向富人手中集中现象,似应首先分析其财富来路是否正当,即是否符合起点正义和应得正义。如果不义,如贪官手中的来路不明的财富,经济领域蛀虫化公为私、鲸吞国有资产,一旦查明当然应予惩处和纠正,因为不合法,也不合理,人民群众对之意见也最大。如果是合法收入,即来路干净,自己靠本事挣来的,起点与程序都没有什么问题,当然应予保护。不能吃大户和搞平均主义。事实上,由于中国是一个有十多亿人口的现代化后行国家,普通劳动力人口总是剩余的,资金总是短缺的,对于那些有本事合法致富的人给予奖励也未尝不可。但由于劳动力处于弱势,资本处于强势,容易受到伤害的往往是弱者而不是强者,因此政府在制定政策时更要注意保护弱者的利益,同时在可能的情况下给予补偿或有助于改善弱势群体的境遇才为公正。这也正是罗尔斯正义论的精神。其实马克思主义的科社理论对之阐述得更好也更早。更具体地说,应该通过税收如所得税、遗产税等手段对过高的收入进行调节,对过低收入的穷人进行扶持,如是方为分配正义和结果正义。哈耶克式的完全自由放任是不对的,仅凭过程正义无法解决人文关怀问题。事实上有了分配正义和人文关怀也有利于社会稳定,而社会稳定富人的得益将更大,即使从功利的或富人的角度看也是十分划算的事。

当然财富起点的问题比较复杂,且面广量大,难以一一认定。有人认为中国当前多数富人的钱来路不干净。还有人据此批评改革开放以来的方针路线,认为有利于资本,是权力与资本的合谋。这似是少数新左派的偏激之词,实际上人民群众的生活水平比改革开放前还是大有提高的,至少温饱能够解决,当然近年来部分弱势群体收入相对较低,贫富差距拉大,但这是发展中的问题,不能因噎废食,否定改革开放。而且,所有的不义之财都是违背党的宗旨和三个代表思想而不是与之一致的结果,也不符合社会主义现代化的要求,因此我们不能随便归罪。当然,三个代表理论与社会主义要求在改革开放和现代化条件下应当有一套落到实处行之有效的办法和制度,这是我们正在探索的事情。还有人认为要实现起点正义震动太大,会影响社会稳定和生产力发展大局,不如全部使其合法化,宣布私有财产神圣不可侵犯,使其放心发展经济,至少不思外逃。因为我们现在的资本不是多了,而是太少了,否则各地花那么大力气引资干吗?这又是一种极端观点,少数自由主义者观点。我们认为此观点也属偏颇,来路干净的私有财产当然应该受到保护,通过合法途径把资产做大做强仍然受到各级政府的鼓励和提倡,但不干净的不能受保护,也不能使其合法化。事实上反洗钱反来路不正的黑钱是全世界通行做法,更何况我们社会主义中国呢？其实只有打击了这部分黑钱才有社会公正,也才对保护真正合法的财产有利,否则劣币驱逐良币,干净钱反受排挤。问题在于定性难,我们不可能从头开始再去搞一场政治运动或革命,但即使如此也不意味着放弃我们的责任,而应加大纪律检查、行政监察和法治的力度,发现一个,惩治一个,并且追溯以往和法不阿贵,使那些"乱臣贼子惧",当然超过法律规定时效的又当别论;同时花更大的力气搞好制度建设,防患于未然,并适当调节国民财富的二次分配,做到向弱势倾斜和结果正义。这样才能从根本上长治久安,使人民群众走上安居乐业和共同富裕的道路。

三农问题也是一个综合性的现象,但主要是过程正义的问题,当然也有结果或分配方面的问题。过程正义主要是制度合理性的问题,三农问题积淀或凝集了众多的制度不合理,如剪刀差,如农业税(税收本正常,但通过剪刀差得到了那些财富再收农业税即为不合理),如各种额外的费和为庞大的乡村政权所承受的沉重负担,如土地被廉价强制征用,如农民工进城所受到的各种制度歧视,等等。所有这些大都是合法的,但不合理,也不公正,理应纠正。向农村投入过少,包括科技、教育、医疗卫生等,属于分配方面的问题,应逐步纠正。当然,干部贪污、化公为私和没有合法手续欺骗性地强占土地属于起点方面的不义,应坚决纠正并对责任人予以惩处。不过村一级由于在国家财政范围之外,有点天高皇帝远的味道,能否廉洁很大程度上取决于当事人的品质,里面的问题可能更多些,也较难处置。但难处置不意味不处置,村一级的不义也应查实一个处理一个,同时应尽可能地搞好和完善村民自治制度。

教育和卫生的问题属于国民收入分配与二次分配问题。对国民收入来说,首先是税收多少为合适;其次,收进来的钱如何用,或者说蛋糕如何分配。这里有国家战略问题,战略重点不同,投入的比例当然不同。过去实行先生产后生活,生活也只是解决基本生存需求,很少顾及更高的要求,这在当时有其原因和合理性,但现在搞市场经济和现代化建设肯定不行。我们认为,无论从三个代表和执政为民的理论还是考虑到我国转型期的现实情况出发,当前都应该尽可能轻徭薄赋,藏富于民,如减免农业税,降低所得税,或至少国企与外企同等待遇,不能厚此薄彼;同时让人民财富的增长高于或至少同步于经济增长速度,而不是目前总是更低。那么政府手中的钱少了怎么办?很简单,第一,国家从竞争性领域逐步退出,不与民争利,把投资办厂的事尽可能交给市场,也有利于降低风险和提高效率。第二,基本建设应该适度,至少应量力而为,不能竭泽而渔,消耗过多财富。第三,小政府大社会,不要什么都管,什么都管什么都管不好。目标应该是有限的,力量也是有限的,有限政府做有限的事,也可以大幅度削减政府人员与开支。第四,把省下来的钱用于提高人民生活水平,特别是增加农业补贴和大幅度提高对教育与医疗卫生事业的投入,这就同我们这里所说的主题相契合了。教育不能搞市场化,医疗也不能搞市场化。现在有的地方政府又卖中学又卖医院,肯定不对。这是政府该管的事,不能交给市场。否则既不符合三个代表理论与社会主义原则,也不合分配正义与人文关怀。

关于腐败,既不合法,也不合理,而且极不合理,既违反执政为民的观点和三个代表理论,又违反起点正义和程序正义,也为人民群众深恶痛绝,当然应予严惩。这是没有疑义的,关键在于要有好的制度来落实,使腐败现象尽可能少些。

如何有好的制度并落到实处?这是一个大问题,也是一个很难解决的带有普遍性的问题。我以为阿克顿勋爵关于权力使人腐败、绝对权力绝对使人腐败的警示以及孟德斯鸠关于以权力制约权力的格言可以作为我们的借鉴。我国现行体制有两大弊端,一是权力高度集中于一把手,二是权力高度集中于上而不是来自于下。前者容易滋生腐败,后者容易使官员重视政绩及与上面的关系而忽视民生。当然一定的集中是必要的,特别在我们这么大国家,经济基础差,又无民主传统,在此情况下搞搞现代化建设,没有一定的权力集中肯定不行,可以说在相当长时间内我国的权力体制仍会是以集中为主的。但什么事情都要有度,过犹不及,过于集中容易产生腐败,也不公平,反影响社会稳定。好在中央对此问题已有清醒认识,最近相继有关于加强党内监督特别在政治局这个最高层次的民主监督规定出台,可以说重视程度前所未有。上面加强监督,下面怎么办？我以为可以考虑在乡镇一级逐步实行直选,县市一级选举也要多搞差额,尽可能地扩张民众的民主权利和参与意识。政府也不要什么都管,全能主义是计划经济和军事共产主义产物,市场经济肯定不行。市场经济需要的是有限政府,即政府在有明确限定的范围内行使责任和权力,不与民争利,更不急功近利,相反,而应想方设法为民众谋利益,关注民生,关注公平,关注弱势群体的利益和权利,如他们的收入,他们的生活和医疗卫生、教育的状况,这种关注应该在政府拨款和国民财富二次分配上体现出来。对于强势群体,如资本,只要不设置发展的障碍,同时加强引导和调控即可,无需给予更特殊的政策和高人一等的待遇,更不能帮助它挤压弱者。当然弱者也不应该仇富,只要人家收入正当,谁富谁光荣,应当向他学习,自己也加入到辛勤劳动和创业的队伍,不要有依赖思想,依赖政府最多能够解决吃饭而不可能致富。创业就不同了,在公平竞争的条件下创业将成为一切财富的源泉和生长点。政府是公平竞争的裁判而不是参加者,当然事关国计民生、国家命脉的除外。在此情况下,可以想见一个繁荣、公正且充满活力的现代化中国就会呈现在我们面前。

（原载《学海》2005年第1期,《人大复印资料》（伦理学）2005年第7期转载）

转型的阵痛

——重读亨廷顿《变化社会中的政治秩序》

当今中国文坛可以说杂语共生，多重语境，热闹非凡。有致力于挖掘传统资源的，有大谈现代性及其所带来的疏离、焦虑和困惑的，还有后现代的，特别后现代话语，作为最新的舶来之学或西方文化思潮，更是风头正健，很有破坏性：去中心，拆解所有宏大叙事，否定或重估以往一切价值，所到之处，无不所向披靡，一片狼藉，只剩下零散的碎片。然而这些东西毕竟有些虚玄，因为发生在思想领域，热闹在象牙塔之中，离现实生活有些远。在社会现实生活中涌现出来的那些话题，如三农问题、民生问题、贫富差距和弱势群体问题、经济发展与社会稳定问题，还有曾以为解决但实际上解决得不怎么样的公平与效率问题，都是那么实际，又是那么沉重，让人们觉得现代化本身仍是个大问题，我们现在仍处在从传统到现代的转型时期，转型的阵痛仍在时时折磨着我们。在此情况下从故书堆中找出美国著名学者塞缪尔·P. 亨廷顿的《变化社会中的政治秩序》重读一番无疑极富现实意义。

现代化与经济发展

经济发展是我国当前各项工作的重中之重，这一点似乎自十一届三中全会和改革开放以来已成为全社会的共识，对政府、对企业、对个人说来均如此。笔者前年到台湾开会，同行们也都认为中国大陆当务之急是把经济搞上去，然后再搞民主化。从政府角度看，更毫无疑问一心围绕经济建设这个中心。在 70 年代和 80 年代，各级干部都普遍关注上项目,到上面要资金,要计划,直接投资办厂和扩大再生产,千方百计把地方的 GDP 搞上去。90 年代特别是市场经济大潮兴起以来,许多原来政府自己办的事情逐渐交给了市场,直接投资办厂的事少了,特别在竞争性领域。政府官员旺盛的精力投向哪里? 投向基础建设领域,还有城市建设。一个省会城市财政收入一年两百多亿,城建投入可达三百多亿,许多是卖地的钱,美其名曰经营城市,市政府成了房地产行业最大卖家。官员们关心的无非是卖地,还有引资,两大兴奋点。当然这样做的目的还是经济,是 GDP。政府这样做有充分的理由,我们的国家经济发展水平太低了,脱贫致富仍是一代代中国人招之即来挥之不去的梦魇。"三个有利于"和"三个代表"重点都是发展生产力,人民群众虽然也占其一,但次序靠后,且落实处主要是以后的人民,这一代似乎还得勒紧裤带,为发展生产力多作贡献。道理很简单,若生产力不发展,人民利益也是一句空话。生产上去了,其他问题包括稳定、贫穷和现代化都肯定会迎刃而解。这似乎是举国上下一致的看法,但事情真是这样吗? 其实仍有疑问。

亨廷顿指出,现代化是一个包含都市化、工业化、世俗化、民主化、教育及传播媒介参与的多方面变化过程。从政治的角度看它包含两大类的内容,一是社会动员,二是经济发展。前者是人们告别所有陈旧观念,开始接受新的社会化和行为模式的过程;后者则是整个社会经济活动的发展和产量的增长,它可用人均国民生产总值、工业化水平和国民福利水平来衡量。前者是社会与个人期望的提高,后者是人们能力的提高。现代化要求两者并行发展,但问题在于两者并不一定一致,特别对处在转型期的国家说来尤其如此。用亨廷顿的话说:"实际上,经济发展和政治稳定是两个相互独立的目标,在二者的进展之间没有必然的联系。""事实上现代性孕育着稳定,而现代化过程却滋生着动乱。"①

---

① [美]塞缪尔·P. 亨廷顿著:《变化社会中的政治秩序》,王冠华等译,三联书店 1989 年版,第 6 页、第 38 页。

个中原因当然有很多,亨氏也有很多论证,对此下面再谈,我们这里更感兴趣的是对"经济发展"的理解。

何为经济发展,我们注意到亨氏有两个重要的诠释,一是前面提到的经济活动发展与产量增长,这与我们的许多政府官员的理解非常相似,但亨氏的经济发展不完全是抽象的 GDP 数字,因为它可用人均国民生产总值、工业化水平、国民福利水平来衡量,而国民福利水平又可用平均寿命、卡路里摄取量和医疗水平这些指标予以测定。另外在谈到美国人关于经济发展促进政治发展的假设时他又指出经济发展在于"彻底消灭贫困、疾病和文盲"。①

综合地看亨氏所说的经济发展包括两个方面:人均 GDP 水平和国民福利水平,而国民福利水平又是可以国民富裕程度、医疗教育水平和平均寿命来测量的。如此看来我们许多官员的理解瘸了一条腿,只有 GDP 总量没有社会福利水平,或口惠而实不至,口头上有高调的人民利益、社会幸福等,但落到实处的政策重点主要是 GDP 水平。对干部的考察考核指标主要在此,各级领导干部的政绩和兴奋点也主要在此。瘸了腿的经济发展难以走远,对民生问题的漠视产生了诸多的严重问题,到头来也影响社会的稳定与发展。

例如,我们的税收太重,政府的花费太多,用于基建和盖楼堂馆所的费用太多,用于改善人民生活的费用太少,在某种意义上可以说是与民争利。事实上各级地方政府财政收入的增长幅度普遍大于人民群众收入的增加幅度,而用于基建和城建的经费增加幅度又远大于财政收入增加幅度。可能有官员说城建欠账太多,费用是卖地和经营城市所得,但要知道在人民生活方面欠账更多,为什么不能把财富增长的空间优先给予人民,即让人民群众特别是普通劳动者的收入优先或至少与国民经济同步增长呢?也许有人说我们的税比欧美要低,但要知道人

---

① [美]塞缪尔·P.亨廷顿著:《变化社会中的政治秩序》,王冠华等译,三联书店1989年版,第6页。

家全民皆有低保,还有医疗教育等福利,而我们的低保不仅水平低,而且是把农民和农民工排除在外的。谈到医疗,不妨引用近期《读书》杂志王绍光文章的数字,我们医疗费用的增长负担绝大多数落在居民个人身上,而 OECD 三十个成员国居民医疗费用绝大多数由政府承担。2000 年世界卫生组织对 191 个成员国公平性排名我们是 188 位,属于最不公平的国家。关于教育,据有关资料,中国的公共教育经费在全世界居倒数几位,连穷国乌干达都比不上。教育经费占国民生产总值的比例只有 2%,仅仅是联合国建议的三分之一。而政府公共预算又只占教育总经费的 53%,剩下的 47% 则要求家长或其他来源去填补。高校产业化更大大加重了家长的负担,许多贫困的家庭已无力培养孩子读大学和中专。农村学校的条件之差,使温总理多年后仍记忆犹新。而城市教育还歧视贫穷的民工子女,向他们另收高额学费,这显然不公平。也许我们的财力有限,毕竟属于初级阶段,但是我们的城建费用可是天文数字,还有政府的开支、招待费用、养车费用均属惊人,如果能够挖一块出来资助教育、卫生和科技多好。还是指导思想问题和理念问题。我以为宁可经济发展慢一些也应把民生问题优先解决,更何况民生问题本就属于经济发展,否则就是跛了一条腿,"三个代表"与人民利益落不到实处,从长远看经济也很难发展。

现代化与平等、正义

平等与正义是人类的价值理想。从传统到现代的转变是社会进步,当然它并不意味着正义与平等会从天而降,但它无疑拓宽了通往自由、平等和正义的道路,这也正是它在当代社会的合法性与合理性根据所在。如托克维尔把近代社会的进步归结为平等精神的进步。但拓宽道路是从长远视角而言的,若从传统社会向现代转变初期的角度看也许反而会带来不平等,这种不平等难免为社会不稳定埋下种子。亚里士多德早在两千多年前就说过在所有情况下我们总是能够在不平等中找到动乱的根源。亨廷顿则指出转型期的现代化通过两种方式引起经济不平等,从而带来政治不稳定。第一,贫穷国家的财富和收入分配通常比发达国家更不平均。在传统社会这种不平均被认为是自然生活方式的组成部分,即天经地义,但在转型社会由于现代思想的传播使人们对这种不平等产生怀疑乃至忿恨,社会动员使这些怀疑和忿恨转化成为造反的催化剂。第二,从长远看经济增长当然会创造比传统社会更为平等的分配方式,但在转型初期反可能扩大这种不平等。因为"经济迅速增长的集中受益者往往是少数人,而大多数人却蒙受损失;结果,社会上日益穷困的人便会增加。迅速增长常伴随着通货膨胀;通货膨胀时期的物价上升总是比工资增长得快,其结局则是趋向更加不平等的财富分配。"①亨廷顿列举了50、60年代的印度、菲律宾、巴基斯坦和许多拉美国家的例子,其实我们自己的感受来得更加真切。

我国居民的生活水平总的说来比改革开放前有较大的增长,但这增长在80年代似乎更为普遍和明显些,90年代主要是东南沿海地区特别是城市居民,而城市居民又主要是商人、企业家、政府官员、白领和工程技术人员增加较快,普通体力劳动者、工人、农民收入基本上没有增加,但生活的费用特别是医疗、教育的费用却在大大增加,因此实际收入和生活质量是在下降的。下岗工人、贫困地区的农民生活状况更差。两极分化日趋严重,其严重不仅表现为抽象的基尼系数远远超过西方许多资本主义国家乃至国际警戒线,更表现为富人灯红酒绿纸醉金迷一挥万金的奢靡消费景象与成千上万穷人为生计发愁的状况形成强烈反差。当然,老亨也说过,现代化所带来的经济增长初期难免会带来经济的不平等,还有亚非拉的现代化后行国家为证,但我们有充分理由让这样的不平等尽可能少些,而不是多些。

首先,从价值论角度看我们是社会主义国家,理想是共同富裕,还有"三个代表"的指导思想,要代表最广大人民群众的利益,从此立场出

---

① [美]塞缪尔·P.亨廷顿著:《变化社会中的政治秩序》,王冠华等译,三联书店1989年版,第53页。

发当然不能听任一部分人特别是广大农民和部分城市居民继续贫困下去。其次,从功利角度看弱势群体不扶持不利于社会稳定,而社会稳定富人从中得益比穷人更大,理应多拿出一些帮助相对较穷的人。第三,从刚去世的著名哲学家罗尔斯正义论角度看,正义主要是社会结构和社会成员权利、义务的制度安排问题。一个组织良好的正义社会不仅应该提供自由,而且应该提供平等,对于那些因各种原因较少受惠的社会成员应该提供补偿才为正义。其实早在20世纪初意大利经济学家帕累托就提出任何重新改变资源配置以改善某人处境的方法只要不使任何人变得更糟即为"好"或"最佳"。更早还有庇古提出检验社会福利的标准,即凡能增加国民收入总量而不减少穷人绝对份额,或增加穷人的绝对份额而不影响国民收入总量的,都意味着社会福利的增进或发展。这是福利经济学的基本观点。实际上在马克思的科学社会主义思想传播和国际共产主义运动兴起以来社会正义的思想已非常流行,特别是二战之后许多西方国家已经尝试对财富占有方面的不平等进行宏观调控,如征收高额累进的所得税和遗产税以及惠及全社会的福利制度等,尽量减少基尼系数,我们社会主义国家理应做得更好。目前现实与理想仍有相当差距。近年来片面强调效率优先,兼顾公平,其实"公平"的地位已远落后于"效率",各级领导都忙于抓生产力,招商引资,公平能兼顾多少,很难说。实际上对于资本,对于强势群体,政府给政策就行了,而应该把精力用于关注民生问题。如财政上加大对弱势群体的扶持,大幅度减少基建费用和政府开支,用于扶贫和医疗、教育事业。否则若民众贫穷房子盖得再高路修得再好又有何用?农业税人家国家不收,我们也可以不收。开发区对农民土地近乎剥夺式的征用,好处多落入资本和权贵之手,这种做法应当废止。我们并不反对资本发展,但代价要合理,地价多少应该让市场说话,而不是官员和资本合谋,有限的费用有时还到不了农民之手。类似地还有城里土地拆迁与商品房开发等。收容恶法如果不是李志刚事件引起社会公愤,肯定不会这么快废除。在此之前它肯定是存在的,而且臭名昭著,我们不能说存在的就是合理的,而应该尽可能让不合理的东西少一些。令人欣慰的是这里所说情况有些最近已经有了变化,但只是开始。

现代化与腐败

　　腐败在人类历史上司空见惯,阿克顿的名言"权力使人腐败,绝对的权力绝对使人腐败"已为人们所熟知,并且屡试不爽。但在从传统到现代化的转型期腐败现象显然更为严重些。亨廷顿说:"显然,在所有国家都存在着腐化。但同样明显的是,某些国家中的腐化现象比另一些国家中的腐化现象更普遍;某个国家处于变革时期的腐化现象比该国在其他时期的腐化现象更为普遍。大致看来,有理由认为,腐化程度与社会和经济迅速现代化有关。"①如19世纪的美国与更早一些的英国。当然,腐化是衡量政体是否缺少有效的政治制度的一个尺度。一旦对官员缺少必要制约就有人可能利用手中权力以权谋私。在不同地区腐败普及程度可能有所区别,"但在绝大多数文化中,腐化现象在现代化进程的最激烈的阶段,就会最广泛地蔓延于整个官场。"②

　　亨廷顿认为,腐化的原因主要有三个。一是现代化及其带来的社会基本价值观的转变,新的认同标准、价值尺度和行为规范形成。一些在传统社会习以为常的东西从新角度看可能就是腐败,如挪用公款、裙带关系等。当然得对权贵的社会角色与个人角色作出区分,如慈禧修颐和园挪用海军银两,从家天下角度看合法,从现代角度看则是非法与腐败。二是由于现代化开辟了新的财富和权力来源,从而进一步助长了腐化行为,"因为这些新的财富和权力的来源与政治的关系,在该社会居统治地位的传统规范中没有明确的定义,处理这些新旧财富和权力的来源的现代规范也没有被该社会内部居统治地位的集团所接受。

---

　　① [美]塞缪尔·P.亨廷顿著:《变化社会中的政治秩序》,王冠华等译,三联书店1989年版,第54页。
　　② [美]塞缪尔·P.亨廷顿著:《变化社会中的政治秩序》,王冠华等译,三联书店1989年版,第54页。

从这个含义上来说,腐化是握有新资源的新集团的崛起和为使自己在政治领域内产生影响所做的努力的产物。"①亨翁这段话很容易使人联想到那些暴发户对权贵的腐蚀,这类事报上常有披露,但它们似还没上升到影响政治的程度,所有的贿赂一心所想无非是利用权力谋得更大私利与好处。也许是火候没到,无代议士不纳税远未成为政治诉求,但我们对之应当头脑清醒。三是现代化通过在政治体制输出方面所造成的变革来加剧腐化的产生。现代化的发展必然伴随着政府权威的扩张和管理功能的加强,法律也会相应增多,这就产生了腐化的潜在可能。当然可能成为现实还需要一些条件。在一些转型国家,"贸易、海关、税收方面的法令和管理那些牵涉面广而又有利可图的行当,诸如赌博、卖淫和贩卖烈性酒等方面的法令,就成了刺激腐化的温床。所以在一个腐化成风的社会里,采用严厉的反腐化的法令只会增加腐化的机会。"②

"腐化的形式大都涉及到政治行为和经济财富之间的交换"③,即我们通常所说的以权谋私。但不同社会具体形式各异。在一个财富机会较多、获取政治权力机会较少的社会,腐化的主要形式是用前者换后者。在美国,财富往往是获得政治影响力的途径,但利用职权发财者较为少见。当然可以迂回地获益,最近看到报载那些曾以巨款资助布什的公司在伊拉克都揽到了大业务。而在现代化中国家由于对政治经济权力的垄断,政治成了获取财富的主要途径。而且权力越大,腐败越甚。这种现象当然与政治发展背道而驰,但在亨廷顿看来,腐败并非一无是处,在许多情况下腐败是改良的替代物,而且在政府集权过多和传

---

① [美]塞缪尔·P. 亨廷顿著:《变化社会中的政治秩序》,王冠华等译,三联书店 1989 年版,第 56 页。

② [美]塞缪尔·P. 亨廷顿著:《变化社会中的政治秩序》,王冠华等译,三联书店 1989 年版,第 57 页。

③ [美]塞缪尔·P. 亨廷顿著:《变化社会中的政治秩序》,王冠华等译,三联书店 1989 年版,第 61 页。

统体制与经济发展不相适应的情况下腐化也有可能刺激经济的发展，因为腐化可能成为打破传统法律与行政行规的一种手段。他说："从发展经济的角度来看，僵化、过于集中但却诚实的社会还不如一个同样僵化、过于集中然而带有欺诈性的社会。一个相对说来不太腐化的社会——例如在传统规范仍然强大有力的传统社会——可能会发现，一定量的腐化不失为一种打通现代化道路的润滑剂。发达的传统社会能因有少量的腐化而使自身得到改善——至少可以使它现代化；但是在一个腐化已很盛行的社会里，腐化进一步蔓延就于社会无所裨益了。"①

亨廷顿的话有些道理，80年代我国苏南乡镇企业的崛起是钻了僵硬的计划经济体制的许多漏洞和空子，还有许多私营企业的第一桶金与后来发展在许多时候肯定利用了"一定量的腐化"，从此角度看腐化似曾有过正面的效应。但这种看法似乎在为许多欺诈行为镀金，令人不敢苟同。因此我很不赞成亨廷顿对"一定量的腐化"的肯定，因为在我看来，某个微观场合的"欺诈"或"一定量的腐化"之得益是以全局的受损为代价的，这对别人说来无疑是不公平，也不合程序正义；而社会风气搞坏了更是大家都受害。腐化的进一步蔓延也无疑是从"一定量"开始的。很难想象在腐败丛生的沙滩上能够建立起巍峨的现代化大厦，亨翁自己所说的社会不会因腐败的蔓延而得益也与此意思相近。当然我们也不能过于理想主义，要求转型期不产生一点点腐败，但我们可以在制度设计和建构上尽力让腐败现象尽可能少些，而不是任其发展，甚至把之合理化。

如何让腐败行为减少，亨廷顿认为，"在一个国家里要肃清腐化常常包括两个方面，一方面要降低衡量公职官员行为的准则，另一方面则要使这些官员的行为大体向此种准则看齐。"②这段话颇有见地。我们

---

① [美]塞缪尔·P.亨廷顿著：《变化社会中的政治秩序》，王冠华等译，三联书店1989年版，第64页。
② [美]塞缪尔·P.亨廷顿著：《变化社会中的政治秩序》，王冠华等译，三联书店1989年版，第58页。

历来对官员采用无限善的高调标准,如古代推重内圣外王、修齐治平,当代则有无产阶级革命事业接班人的六条标准,还有党员标准,选拔干部的标准,都是无限的善,听起来很高尚,其实难以真正落到实处,反容易失之空洞、浮泛甚至伪善。不如一开始就把标准定得低些,现实些,相对容易做到。我觉得西人从性恶论出发,假定人都是有私心的,因此不能赋予掌权者无限权力,而应从制度上制约,还有民选及舆论的监督,反能使官员的行为有所改善,腐败现象相对少些。这个做法值得借鉴。

我们这些年来腐败现象日趋严重,当然反腐败的成果也很大,一年查处数千个县处级,数百个司局级,十多个省部级,但贪官们仍前赴后继、层出不穷。这也正是吴敬琏先生最近提出反对权贵资本主义的社会背景。我对此当然表示赞同。但我们似乎应着眼于制度的改革和建构,即应该努力建立这样的制度,坏人在其中也想当好人,而不是好人掌了权也变成坏人。因此还是应牢记孟德斯鸠的话,以权力来制约权力,以及加强舆论监督乃至在可能的情况下(如县、乡)变选拔为选举,使向上表现的政绩冲动转化为为下面着想的造福行动,腐败现象就会少得多,久而久之,民众就会真正得益。当然我们对之也不能过于理想化,如亨翁所言,有穷人的腐化,也有富人的腐化,"一方用政治权利去换取金钱,另一方则用金钱去换取政治权力。但两者都是通过出卖某种公物(一张选票或是一官半职或是一项决议)来达到的。"①如今天西方的黑金政治。民主有很多东西不尽合理,至多符合程序正义,政客们也喜欢作秀。但成功的现代化必须实行全社会的政治动员和广泛的政治参与,如此政府权力才能取得合法性。窃以为政客们喜欢表演就让他们表演好了,因为只有拿出点真功夫出来才能真正叫座,而且长期有好戏看观众又何乐而不为?这样的局面长期存在下去,那些只关心GDP数字和自己政绩与升迁落到实处却漠视民生的事就会少得多,腐

---

① [美]塞缪尔·P.亨廷顿著:《变化社会中的政治秩序》,王冠华等译,三联书店1989年版,第56页。

败也会相应减少。

　　亨翁的书内容丰富,语言精辟,对我们转型期的国家尤有启发意义。我本来还想写"现代化与农民"、"现代化与社会稳定"等内容,但文章实在太长,只得就此打住。好在农民问题在谈及民生时已有涉及,而社会稳定实际上与上面所有内容有关,因为亨翁的书通篇都是在谈稳定。这从《变化社会中的政治秩序》书名即可看出,如亨氏开篇时所言,谈秩序实际上谈的是无序,正如一些名为谈经济增长的书其实是谈衰退和危机。这当然是幽默之言,但不无道理。亨翁所说的"秩序"是一种目标而非现实,因为许多后行的现代化国家的政治秩序实在太糟糕了。造成这种不稳定的原因是什么,亨廷顿指出:"在很大程度上,这是社会急剧变革、新的社会集团被迅速动员起来卷入政治,而同时政治制度的发展却又步伐缓慢所造成的。"[①]如亚非拉的许多国家出现的政治不稳定,就是由于现代化(包括工业化、都市化、教育水平提高与传媒影响扩大)运动发展太快,提高了人们的政治意识和政治需求,动摇了传统政治权威与制度的根基,也使人们在新的基础上创造既合法又有效能的政治制度任务变得复杂而艰巨。

　　"社会的动员和政治参与的扩大日新月异,而政治上的组织化和制度化却步履姗姗,结果,必然发生政治动荡和骚乱。政治上的首要问题就是政治制度化的发展落后于社会和经济变革"。[②]

　　我勤劳勇敢智慧并正在走中国特色社会主义现代化道路的十多亿人民能避免此宿命乎?

(原载《中国书评》第四辑,广西师范大学出版社2006年版)

　　[①] [美]塞缪尔·P.亨廷顿著:《变化社会中的政治秩序》,王冠华等译,三联书店1989年版,第4页。

　　[②] [美]塞缪尔·P.亨廷顿著:《变化社会中的政治秩序》,王冠华等译,三联书店1989年版,第5页。

问题与主义

一个多世纪以来的中国一直处于现代化的旋涡之中。现代化是集城市化、工业化、市场化和科学革命、思想启蒙与民主政治于一体的全方位社会运动，也是一场深刻的变革或革命。在此过程中资本的力量还有工人阶级的队伍不断成长壮大，昔日的统治阶级如封建君王、贵族、地主还有僧侣的地位不断没落，行会师傅与帮工、手工业者与小资产阶级也走向衰微，还有依附于土地的农民的地位与影响也在下降。马克思、恩格斯在《共产党宣言》和《资本论》中曾描述过这个过程。

在中国从传统到现代的转变来自于近代中西文化的碰撞，特别是鸦片战争以后所强行灌输进来的欧风美雨，后来才有革新派人士的鼎力提倡。但它自始就遭到保守势力的顽强抵抗。因此中国的现代化开始就是畸形的，一方面，包含了西方列强把我国变为殖民地与半殖民地的狡诈，另一方面有种种保守势力掣肘，因而道路曲折生长艰难，20世纪以来更经受了民主革命的长期阵痛。民主革命包括旧民主主义革命和新民主主义革命。旧民主革命以资产阶级、小资产阶级民主派和其他开明进步人士为主体，以孙中山为代表的中国国民党为领导，以民族、民生和民权即三民主义为鹄的。新民主主义以中国共产党为领导，以马克思列宁主义为指导，以工人、农民、热心青年和其他进步爱国人士为主体，以建立社会主义为目标。其中，农民的人数最多，革命的根据地又是在广大农村，因此中国的新民主主义革命完全可以说是农民革命，农民是基本的主体和人数最多的参与者。于是在半封建与半殖民地的中国出现了马克思当年始料未及的情况：农民而不是工人是革命乃至现代化运动的最大主体和参加者。按照《共产党宣言》的分析，农民的社会地位原本应随着包括工业化和城市化在内的现代化过程而走向衰落的。可是由于中国革命的特殊性，农民反而比工人成了更为热心的革命者。城市暴动除了热血青年和激进的革命党人外在工人那里响应者始终寥寥，也无一例外地以失败而告终，在农村即使同样有血雨腥风的威胁，但在农民那里却始终能够得到最强大的支持和最无私的援助。这也就是效法俄国的立三路线迅速失败而毛泽东农村包围城市的革命路线最终取得辉煌胜利的主要原因。

然而，以农民为主体的中国革命终究只是中国现代化漫长过程的一个阶段和组成部分，马克思所揭示的现代化规律从长远角度看终究要发挥作用。当然以何种形式表现出来却未必是一种宿命，而是我们人为过程的结果。不过结果如何要到许多年以后才能逐渐看出。在上世纪50年代农民以欢欣鼓舞来迎接社会主义革命的到来。土地改革，互助组、合作社、人民公社，还有工商业的社会主义改造，一系列的社会变革纷至沓来，令人简直目不暇接。包括工人农民在内的社会各界对之无不抱着欢迎的态度，这一方面由于党的崇高威信，另一方面则由于权力，民众无论作为革命的对象还是动力几乎没有别的选择。也许多数人仍是茫然的，变化毕竟来得太快了，社会主义和现代化对他们说来究竟意味着什么一时还无法理解。

在新建立的社会主义秩序中，工人是领导阶级，也是社会主义现代化的主力军，农民则是同盟者和被领导阶级。当然，昔日造反成功的农民在经历了枪林弹雨的洗礼之后多成为革命干部，完成了身份的转变。只有那些多年来一直在田野里劳作不已的泥腿子和本分庄稼人仍保持农民的身份，继承先祖的事业。不过同旧社会当长工做牛做马已不一样，毕竟是领导阶级的同盟军与革命主要参加者，土地，工厂乃至国家理论上属人民所有，工人农民则是人民的基本组成，翻身当家做主人并非政治家的空洞口号和文艺家的诗意描述，而是很大程度上的活生生现实。劳动光荣剥削可耻乃至卑贱者最聪明高贵者最愚蠢的观念也非常深入人心。不过他们的领导地位主要是理论上而非实际内容上的，绝大多数工人农民仍得靠种田做工为生，政治上的事无暇也没有能力顾及，得交给代表他们的干部或官员。官员名义上是人民的公仆与勤务员，实际上权力地位和待遇远高于普罗大众。用马克思的话说这似乎是一种异化，用毛泽东的话说这是一种资产阶级法权，但对人类文明史而言，这种异化与法权却难以避免：毕竟治理国家的经国大业得靠专门的阶层来进行。当然社会主义社会的官员仍不同以往，他们得兢兢业业地为民工作，想人民所想，急人民所急，甚至与人民同吃同住同劳动，还得经受许多政治运动的考验。从此角度看人民群众的确受到前所未有的尊重，甚至也可以说主人翁地位名不虚传，当然实际上仍有很大的距离，仍处于被领导和被管辖的地位，没有多少自由。

于是出现了这样的有意思现象，一方面工人农民不仅被称为社会主义现代化建设的主体，而且在政治上是领导阶级，虽然是理论上的，但毕竟理论也会在相当程度上影响到现实，影响到许多普通劳动者的命运。这可以说是开天辟地未有之巨变，因为以往的历史一直是帝王将相达官贵人统治的历史。另一方面，除了少数提拔上去的积极分子外，大多数劳动者的生活状况实际并没有多少变化。城市的工厂由国家任命的厂长经理管理，农村人民公社则有社长、队长和书记，普通劳动者似乎只有接受领导和按要求劳动的自由，并无多少主人翁之感，也没有多少劳动的积极性。生产效率和生活质量长期低下是可想而知。改革开放前工人长期低工资，而农村经济则到了崩溃的边缘。

改革开放是对平均主义大锅饭的贫穷社会主义的拨乱反正，包产到户，物质鼓励、利益原则和国企改革，效率优先，兼顾公平，三个有利于，让一部分人先富起来，引进外资，发展民资和股份制等，构成了中国特色社会主义道路的基本内容。改革开放20多年，生产力确实得到了迅速发展，综合国力有很大提高，人民群众也得到不少实惠，特别在沿海发达地区与城市。在农村上世纪80年代广大农民也曾为包产到户欢呼雀跃，时人曾誉之为身份自由与财产权利两大解放。只是近10年来由于负担过重和农产品价格过低及生产资料乃至教育卫生费用增长过快而陷入重重危机。在城市,工商业者、机关干部、科技人员和知识分子的收入随国民经济增长而增长,但国企的工人除一些垄断行业外许多由于企业效益低下被关停并转而下岗吃低保,渐沦为都市中的弱势群体。当然他们如果年轻力壮或身有技术,可以选择再就业,到外资厂或民营厂仍旧是响当当的骨干,甚至自己创业,但工人作为群体的命运仍是向弱势的方向走。平心而论,当代社会处于强势的是资本,还有权力,其次是知识或技术。如果这三种资源一样也没有,只有一身力气,或只有普通的技术,在市场经济的激烈竞争中难保不处于劣势。这样一种状况由于我国普通劳动力严重过剩而资本特别紧缺所大大加剧了。

于是,在激烈的市场竞争中,昔日的虚幻"主体""主人翁"地位没有了,其境遇和现状每况愈下或相对弱势,也可以说是"主体的黄昏"。关于"主体的黄昏"之具体状况,农村先后有曹锦清《黄河边的中国》、李昌平《我向总理说实话》和陈桂棣、春桃《中国农民调查》作了详细而震撼人心的描述;城市则有纪录片《铁西区》作了更为形象而具体的再现。笔者很遗憾未亲睹《铁西区》这部极有启示意义的纪录片,但吕新雨先生新近在《读书》杂志上发表的有关介绍与评论却让我感到震动。吕先生写道:

> 马克思在他的时代观察到资本依赖对劳动力的压榨来完成资本主义原始积累。于是他给了劳动力高于自然力的地位,这也是因为黑格尔主义的历史辩证法对历史动力的主体需求预设了工人阶级的历史主体性。但是工人阶级与最先进生产力的结合却并没有因此得到保证和实现,当代工人阶级的命运恰巧是被最先进的生产力所排斥,资本密集与技术密集替代了劳动力,科学技术成了生产力……生产力就是把自然资源转化为资本的能力,而代价则是整个地球生态的严重危机。这正是为什么最早的工人运动都是以捣毁机器为开端的,机器是非人的,当机器占据了人的位置,人

就变成了物,世界就无可避免地物化了。①

其实在马克思看来,机器的出现不仅意味着人的肢体延长而且也是人脑的扩展,是人的主体性能力的进步和充分显现。不过在资本主义社会这种进步与显现从属于资本,机器和科学成了奴役工人的力量,好处则落入资本之手。这在马克思看来是异化、物化和主客体的颠倒。所谓异化就是人创造出来的物和力量不归人所有,反而成为支配人的力量。而人无论从人高于物的理念还是人充分支配物的理想出发都应该是物的主人和支配者。我以为这才是马克思给予劳动力高于自然力地位的原因和逻辑,而不仅仅是因为看到资本靠奴役劳动完成原始积累。另一方面,商品出现,人生产出来的物在市场上表现为价值与使用价值和具体劳动与抽象劳动的分离,这在马克思看来也包含了异化和物统治人的可能性,不过可能变为现实需要条件,其中最重要的条件是市场经济发育和资本的出现。在此情况下,劳动力变为商品,雇佣劳动出现,机器、科学和货币都帮助其所有者成为资本奴役劳动的力量,这就是异化或物化,也是主客体的颠倒。马克思认为,异化和大工业的发展、科学技术进步也包含了扬弃异化的力量,那就是工人阶级意识到自己是先进生产力的代表并团结起来推翻资本的统治,把异化的形式扬弃掉,建立生产资料公有和各尽所能和按劳取酬的社会主义社会。在此过程中工人是当然的主体,既是革命的主体,也是建设的主体,是整个社会的领导阶级。应当说马克思的论证确有黑格尔辩证法痕迹,但在马克思看来黑格尔辩证法本是现实辩证法的颠倒反映,他所做的是把颠倒的东西再颠倒过来,有黑格尔主义色彩也不奇怪。在他看来工人阶级的主体性并不完全是借助黑格尔主义主观预设的,而是客观的规律和科学,当然规律的实现还得靠人的能动活动与一定的历史条件。我国建国后的大锅饭社会主义可以说不具备条件,因而失败并受到惩

---

① 吕新雨:《〈铁西区〉:历史与阶级意识》,《读书》,2004年第4期。

罚。改革开放和发展生产力正是为创造这方面条件,当然也是为提高人民生活水平和综合国力,即为民族富强和人民幸福。但在实践中现实与理想却渐行渐远,工人乃至农民的主体性逐渐丧失了,或者说原来有但比较虚幻,现在连虚幻的形式也没有了,只剩下赤裸裸的物统治人,物不仅包括机器,更包括商品、货币和资本,还有最新的科学技术。普通劳动者在市场经济中的境遇处于弱势,或者说处于"主体的黄昏",吕新雨的文章揭示了这样一种处境,这是该文的震撼力所在,当然这种力量归根结底来自于现实的震撼。那么,造成这样一种"主体的黄昏"原因何在呢?换言之,我们的社会在哪些方面出了问题,我们应该如何去面对呢?

当代中国现实问题

当代中国社会现实问题是什么?自由乎?民主乎?理性乎?资源乎,环境乎?民族乎,民权乎,现代化乎?抑或价值困惑理想失落与道德重建?这些问题都有并且很重要,但窃以为它们不是现实层面最迫切需要解决的社会问题,最迫切需要解决的是民生,是公平,还有前述"主体的黄昏"与"异化"。

从我国当前情况看,资本与权力的强势乃至对工农劳动者的挤压已经到了非常严重和令人无法容忍的程度,其突出表现就是现实生活中出现很多严重的社会问题,诸如贫富两极分化,三农问题,工人下岗和城市弱势群体问题,教育、卫生中的不公平问题,以权谋私和腐败,等等。关于贫富两极分化,据有关资料显示,改革开放前我国的基尼系数为0.25左右,属于世界上比较低的。然而改革之后,特别是20世纪90年代以后,我国的基尼系数一路攀升,目前已接近0.5。据新华社2004年2月25日披露的中国社科院经济所花数年时间完成的全国性调查报告,我国城乡之间人均收入比由1995年的2.8提高到2002年的3.1,若把医疗、教育、失业保障、住房补贴等因素考虑进去,差距可能达到5～6倍,为世界之最。另据《财政》2003年第8期统计资料指出:高中低收入户的比例呈金字塔形。2000年,城乡高收入户占总户数的2%,中低收入户占18%,低收入户占80%。这说明少数人占有了社会大量的财富,而多数人处于绝对或相对贫困当中。数字是枯燥的,现实生活中随处可见的是富人挥金如土,而穷人生活艰难,看不起病甚至吃不上药、上不起学的事比比皆是。

关于三农问题。新中国成立以来对农产品长期实行剪刀差的政策以支持城市工业的发展,从1952~1986年,国家通过价格剪刀差从农业中隐蔽地抽走了5823.74亿元的巨额资金,加上收缴的农业税1044.38亿元,34年间国家共从农业抽走了6868.12亿元的资金,而在上世纪60年代整个国家每年的财政收入只有几百亿元。很难想象没有农村的支撑,中国的现代化建设会有今天的成就。这是亿万农民为我国工业化付出的代价,也是党内农业专家杜润生说我们对不起农民的主要原因。当然改革开放后农民的生活状况有了很大变化,农产品的价格也逐步与市场同步,但农业生产资料的价格仍远高于国际市场。这是另一种形式的剪刀差。更为突出的是由于各种名目繁多的开发与土地征用,失地农民高达数千万,直接经济损失两万亿。许多农民被迫离开土地,到城里打工,还受到种种歧视和不平等待遇。这个问题目前已受到社会各界的关注。

教育卫生方面的问题主要是政府的支出相对较少,而且有限的支出分配又不够公平,绝大多数负担落到收入相对较低的人身上。据2003年9月22日《参考消息》,联合国官员托马赛夫斯基女士说中国的教育经费只占全国生产总值的2%,仅仅是联合国所建议的三分之一;而且政府公共预算只占教育总经费的53%。医疗费用这些年来与国民经济同步增长,但政府的支出相对较少,负担绝大多数落在居民个人身上。只有国家公职人员享受公费医疗,而这一部分人恰是经济状况和福利待遇较好的一群。当然由于实行分级财政,有的穷县公费医疗也吃紧,但公职人员毕竟好出普通百姓许多。而OECD30个成员国的所有居民医疗费用绝大多数由政府承担。根据2003年第7期《读书》杂志王绍光先生文章,2000年世界卫生组织对191个成员国公平性排名我国是188位,属于卫生费用支出最不公平的国家。

关于腐败,据中国社科院报告,从上世纪90年代中期起,每年外商实际投资350亿至450亿美元,但是每年外汇非正常流失到海外高达400亿至550亿美元。黄金外流年达50吨至60吨,占年产黄金的40%。该报告披露,国家一级、省一级工程费的相当一部分实际上进了私人口袋。美国"卡内基国际和平基金"中国问题专家研究结果也表明,中国的腐败问题日趋严重,在过去的十几年间,贪污腐败活动使中国政府的经济损失约占国内生产总值(GDP)的15%左右。去年1月至9月,被惩处的处级以上官员已经超过2000人,其中省部级官员10多人,许多是一把手,如在沈阳市慕绥新、马向东等违纪违法案件涉案的23名领导干部中有17人是党政一把手,占涉案人员的74%。还有很多高官携巨款外逃。根据民意调查的结论,今日中国腐败行为,吏治腐败高居榜首,司法腐败紧随第二,其余才是经济腐败及其他各类腐败。至于腐败的形式,有行贿受贿、索取回扣的,有利用双轨制或土地批租赚取差价的,有利用上市公司巧取豪夺大赚特赚的,还有利用国企改制和最时髦的MBO低估低买使国有资产流失的。真是名目繁多、花样百出,实质都是一个:利用公共权力中饱私囊,损害国家和人民利益。真是腐败不除,国无宁日!

问题与主义

问题确实惊心动魄,令人无法容忍。当然,由于历史发展的必然性,"主体的黄昏"和腐败也许在一定阶段难以避免,特别在现代化初期,但我们仍有充分的理由让转型的阵痛尽可能少些,让过程进行得更为文明、公平和人道些,更符合人的尊严。至少,不能让腐败现象猖獗。因为现在已是21世纪,作为现代化后行国家无须样样走先行国家老路,甚至在它们失误的地方也重蹈覆辙;更何况我们有社会主义的理想和儒家仁义传统,有几十年的经验教训和三个有利于、三个代表思想的指导。但我们要问在已有这些理想、理论与传统的情况下,现实生活中为何仍产生如此多问题,而且日趋严重呢?

原因是多方面的,这里只择其要者谈三点:

首先,权力过于集中而缺少有效监督。权力集中是我们的一个传统。有史以来我国的权力体制一直是高度集中的。当然春秋时期有贵族士大夫掣肘,君权相对较弱,秦汉以后君权至上而漫无节制。而西方由于有贵族、教权和自由、民主、自然法观念牵制,王权从未强大起来,至少不似我们强大无匹。革命战争时期由于斗争需要又强化了这一传统,建国后为此吃了不少苦头。改革开放后国家制度有了不少调整,但权力过于集中的状况并无根本改变。多数地区和单位都是一把手说了算。这种局面有利于统一管理和令行禁止,但却很难避免腐败。阿克顿"权力使人腐败,绝对的权力绝对使人腐败"论断仍旧是至理名言。毛泽东时期靠无休止的政治运动对此趋势有所遏制,但在以经济建设为中心的情况下不灵了,特别改革开放以来为提高效率大搞市场经济,还有双轨制、土地批租、工程建设、MBO等,简直为权力寻租和腐败提供了肥壤沃土。一任任贪官前赴后继,乐此不疲。腐败成为一种普遍的趋势,不从制度上改变难以逆转,普通劳动者的利益必然受损。

其次,权力对政绩与速度的痴迷以及对资本的偏爱和对民生的漠视。权力腐败和民生问题很大程度上不是某个人的道德品质问题,而是体制和制度问题。从个人道德品质上讲掌权者也有很多品德高尚律己很严并关心民间疾苦者,而不从政者也有很多卑鄙小人。关键在于现行干部管理体制对上不对下,致使官员的政绩冲动集中于经济发展的速度和GDP总量的增长。这样做当然有其理由,因为我们的经济确实太落后了,急于把经济搞上去是多少代人的梦想,更何况还有政绩的光圈与之相伴,还有很多个人的好处。于是有了无数急功近利的冲动,也有了对资本的偏爱和对民生的漠视。因为如前所言,在我们这个人口众多经济落后的国家,资本一直是紧缺的资源而劳动力是过剩的,尽管名义上是为人民利益,还有三个代表理论指导,但理论上的东西毕竟有些抽象,缺少制度上的建构,三个代表最被看重的是生产力,而生产力又主要被理解为速度与数字,现在我们已经知道这不是科学的发展观,但已付出的代价可谓大矣重矣!人民的利益若落到实处应体现在国民收入分配和最广大人口收入增加上,还有投资的重点与比例也应向之倾斜,而不应是口头上的表面文章,口惠而实不至。

第三,市场大潮兴起和社会急剧转型所带来的价值困惑、理想迷失和道德危机使无数人沉迷于拜金主义和片面追求物欲的满足,而忘记了自己的社会责任。社会对资本也过于宠爱,而缺少必要的限制和导引。当然资本本身的责任感与使命感也不强,许多人只知道一味赚钱,并且自我意识膨胀和为富不仁。在民营企业,工人超负荷劳动和长时间加班已成为常态,司空见惯。主体的地位已无从寻踪,但农村更为恶劣的生活状况却使他们被迫与资本签订不平等的城下之盟。贫富分化严重和巨大的经济、心理压力更加深了弱势群体的挫折感,空洞的说教已归于无效,道德意识的缺失则可能使相当一部分人想投机取巧,不劳而富,甚至铤而走险,从而给社会带来众多的不安定。

问题已经产生,如何解决?答案有很多,有自由主义、功利主义、社会主义和马克思主义,还有民主主义、民粹主义、民族主义、人道主义、社会民主主义,近来还有人提出所谓小资产阶级社会主义,等等。

这么多理论与主义,如何选择?窃以为在当代中国马克思主义、社会主义、三个有利于和三个代表思想在意识形态上的指导地位是不可缺少的,因为中国共产党领导是中国的最大国情。但仅停留在这种理解上是不够的,因为这种状况已经存在半个多世纪了,它不能解释为何近年来现实生活中仍出现了这么多问题。我们不能简单地把问题归于这些指导理论,但至少可以说还缺少有效的能够把崇高理想落实的制度架构。事实上,为了解决前所未有的问题完成前所未有的任务我们需要全人类的智慧。也就是说,为了解决这些问题我们不仅需要有马克思主义和社会主义思想作指导,而且需要吸收上述所有理论与主义中的合理因素,再加以创造性综合。我以为上述理论与主义之所以能够出现并产生这样那样的影响乃是因为它们或多或少包含了一些真理性的颗粒。例如,解决公正问题仅仅讲效率优先兼顾公平是不够的,也难以把公平与正义落到实处,可以考虑吸收自由主义如哈耶克的"程序正义"或"过程正义",诺齐克的"起点正义",赫费的"交换正义"以及罗尔斯给弱者提供补偿的"公平的正义"。在罗尔斯看来,正义是社会秩序和利益的制度安排问题,自由、差别、效率和不平等之所以能够允许和容忍,乃是因为它们必须建立在公平和有助于或至少不伤害弱势群体利益基础之上,这就是"社会正义"或"作为公平的正义"。[①] 罗尔斯的思想与马克思主义的公平观颇有相通之处,可以作为我们今天构建社会主义新秩序的借鉴和参考。

更具体地说,在过去的二十年我们曾从实际出发创造性地以思想解放对待思想僵化,以改革开放对待教条与封闭,以实践标准来对待两个凡是与个人崇拜,以发展生产力来解决贫穷落后,以效率优先兼顾公平来代替平均主义和大锅饭,以三个有利于对待形形色色的"左"的怀疑与责难,在进入21世纪的今天我们还应该与时俱进以民主与法制来限制权力,以正义与责任来约束资本,以公平与效率并重来代替效率优先兼顾公平,以价值理性与程序理性来规范市场秩序,以人文精神来统摄知识与技术,以自立、自强、自主、自为来引导劳动,以起点正义与程序正义来限制财富,以分配正义来调节国民收入,以科学发展观来发展社会经济,以人为本来指导政府行为,以人的全面发展来造福于普通民众,以理想、信念和道德来净化国人的心灵重建精神支撑!

(原载《学术界》2006年第2期)

[①] 参见罗尔斯:《正义论》,中国社会科学出版社1988年版;《作为公平的正义》,上海三联书店2002年版。

精神家园：心系何处与如何共建？

精神家园是我们文化上的根，也是我们心灵的憩息地和灵魂的安顿之乡，更是我们的精神支撑和力量源泉。对当代国人来说，源远流长的中华文化是滋润我们民族精神五千年生生不息的源头活水。然而众所周知，我国近代以来东西文化剧烈碰撞，军事冲突和政治运动接连不断，精神家园受到严重的挑战，改革开放和市场大潮的兴起更使之达到前所未有的深度和广度。在如此巨大的挑战面前我十多亿同胞目前的精神面貌究竟怎样？换言之，十多亿中华儿女在前所未有的压力与挑战面前有无内在的精神支撑，内以安身立命，外以兴国兴邦？正是在这里凸显了胡锦涛总书记在党的十七大报告中提出弘扬中华文化、建设中华民族共有精神家园的号召的深远意义：一方面我们的行为实践应从绵延不绝的五千年文化中获得精神支持和支撑，另一方面应在改革开放和现代化建设背景下对之作进一步发展丰富或改造重建。这意味着既要继承所有民族文化的优秀遗产，同时必须从现代视野出发和迎接21世纪挑战高度吸取一切有益的精神营养，即融中西文化所长，进行新的创造，使我中华民族自立于世界富强民族之林并作出自己的贡献。其意义之大，怎么估计也不会过分。

哲学是研究精神家园的学问，关心安身立命，探究终极关怀，倡导人文精神，理当为弘扬与共建作出贡献。其实不仅哲学，整个人文学科都关心精神家园问题。关于人文精神如何坚守、如何建设，还有内涵与意义等近年来学界已有不少讨论，不过多停留在抽象学理层面。我以为关于精神家园的研究似可包括两个层面，一方面纯学理的研究应当深化，另一方面实证的调查也许更有现实参考意义。也就是说，可以学习借鉴社会学方法搞一些社会调查，具体了解当代国人精神面貌究竟怎样，我们应该从何处切入，弘扬我们的文化，建设我们的精神家园。最近江苏省社科规划办组织一个思想道德文化方面的大型调查，历时两年，涵盖省内外公务员、大学生、青年知识分子、农民、工人、企业家等七大群体。该调查也可以说是对精神家园现状的调查，因为思想道德文化正是精神家园的植根处。现调查已完成。本文写作主要依据我所主持的文化调查，江苏参与调查的七大群体2261人，包括农村181、城市弱势群体187、新兴群体174、公务员444、企业员工485、大学生400、青年知识分子390。其中年轻人相对较多，18岁至30岁1204人，31岁至40岁609人；学历也相对较高，大专及以上1666人，超过70%，初中及以下只有276人，刚过12%。学历高与被调查者结构有关。年轻人与参与调查人数较多的几个群体文化水平普遍较高，基本上可以说是当今中国社会的主流群体。

另外还有一些材料来自樊和平教授主持的涵盖广西、新疆、江苏三省区1166人的综合性调查，特此说明。

我知道什么——国人文化知识和文化观念调查

如何把握当代国人的内心世界和精神家园？我们将从几个康德式问题入手，即了解当代国人知道什么和认同什么，相信什么，应当做什么和希望什么，亦即了解他们的知识、观念、信念、信仰和价值观，有何理想，未来愿景怎样，喜欢什么和不喜欢什么等。

关于被调查者的文化素质和文化知识如何，主要看其学习和受教育情况，还有平时所参加的文化活动，如读书读报、看电视、参加各种知识和技能培训、参观文化场馆，还有子女接受教育情况等。

那么被调查的七大群体的2261人，其文化观念和文化认同怎样，平时又是如何进行文化消费和参与文化活动的？

您家庭中最主要的文化支出用于:(选出前三项)(总 2261 人)

选择排序 选择内容	第一		第二		第三	
	人数	占总数比	人数	占总数比	人数	占总数比
(1) 子女教育	1386	61.3	108	4.78	104	4.6
(2) 购买书籍	283	12.52	754	33.35	275	12.16
(3) 旅游或摄影	241	10.66	293	12.96	366	16.19
(4) 学习进修	464	20.52	491	21.72	292	12.91
(5) 收藏	37	1.64	162	7.16	98	4.33
(6) 购买网络游戏装备	42	1.86	119	5.26	157	6.94
(7) 观看文艺演出	17	0.75	117	5.17	551	24.37
(8) 其他	10	0.44	57	2.52	189	8.36

您和您的家庭每年用于文化方面的支出约占年收入的比例大约是:

选择内容	30%以上	20%左右	10%左右	5%左右	5%以下
人数	675	789	515	241	227

您所看的电视节目以哪些内容为多?

选择内容	新闻与评论	综艺节目	纪实访谈	法制节目为主	色情暴力	历史剧	知识教育体育	进口大片	日韩台言情剧	港台无厘头片
人数	1256	850	708	486	54	235	635	328	119	75

  根据调查,675 个家庭年收入 30%以上用于文化方面的支出,789 个家庭这方面支出在 20%左右,这个比例较国家统计局前几年统计数字为高,说明大多数家庭在收入提高以后逐渐增加在文化方面的支出,恩格尔系数相应降低。

  在文化支出方面,1386 人首选子女教育,464 人首选学习进修,283 人首选购买书籍,但在第二选项中购买书籍跃居第一,有 754 人,选学习进修的也有 491 人,也不算少。说明大多数家庭在文化方面的支出大头是子女教育,次为自己学习进修。学习型社会初见端倪。

对国人思想影响较大的文化观念、思潮是什么,最有影响的人物是谁?从调查来看,影响最大的是父母或老师。其次是孔子或老子,首选415人,加上第二、三选项共945人,再次是马克思,首选235人,加上第二、三选项共715人。首选排第四的是佛,112人,加上二、三选共394人。首选英雄模范的不多,37人,但也名列第五,值得注意的是将之列入二、三选项的人不少,分别为360和440人,加到一起共837人,直逼第二多的孔子或老子。接下来是科学家,三选共432人。再接下来是明星271、基督126,其他也有570。国人的精神世界从此可见一斑。

您认为对自己人生观影响较大的人是:(选出前三项)(总2261人)

选择内容 \ 选择排序	第一		第二		第三	
	人数	占总数比%	人数	占总数比%	人数	占总数比%
(1) 孔子或老子	405	17.91	306	13.53	234	10.35
(2) 佛	112	4.95	180	7.96	102	4.51
(3) 马克思	235	10.39	311	13.75	169	7.47
(4) 父母或老师	1324	58.56	465	20.57	166	7.34
(5) 居里夫人等科学家	17	0.75	245	10.84	170	7.52
(6) 耶稣基督	15	0.66	50	2.21	61	2.7
(7) 英雄模范	37	1.64	360	15.92	440	19.46
(8) 影视明星或球星	4	0.18	107	4.73	160	7.08
(9) 其他	8	0.36	88	3.89	474	20.96

调查表明:对当代国人思想影响较大的观念和人物首推父母或老师。其实这是一个中性的回答,因为父母和老师的文化倾向并未明确,但我们至少可以认为多数人的倾向是社会所认可的一般倾向,它和我们的常识与习惯相符,同时也是实用的或世俗化的。其次,传统文化在目前仍有相当大的影响。第三,对多年来马克思主义宣传的影响不应

高估,但也不应低估。第四,宗教在社会上也有不小影响,特别是本土宗教。第五,英雄主义精神仍未完全淡去。第六,科学家的影响似乎不太大,但科学文化知识的作用仍得到肯定,后面将要指出,许多人认为它是判断是非的基本依据,并希望自己的孩子成为科学家。即使是农民种田和打工,也普遍认为文化素养与科技知识"非常重要不可缺少"。

您认为文化素养与科技知识对于种田和打工来说:(农民 157)

选择内容	非常重要不可缺少	不太重要	没什么用处	有比没有强
人数	107	13	7	30

我相信什么——国人信念信仰调查

"您对社会文化现象是非判断的主要依据"是什么?根据对广西、新疆、江苏三省1166人的调查,排前两位的回答是"理性与科学"和"传统道德",分别为28.13%与27.19%,第三、四位是"天理良心"、"意识形态",为16.98%和13.46%,余为"社会舆论"、"个人利益"和"个人兴趣",分别为4.72%、3.52%、2.92%,都不多。

据对江苏2261人的调查,"当前社会一个人成功主要靠什么?"对此问题的选择多种多样,其中,选"知识和能力"最多,653;"运气"次之,441;"家庭关系"330,"扎实工作"186,"讨好领导"177,"勇敢和毅力"100,"远大理想"59。正面的负面的价值与中性的兼而有之,正面的相对更多些,表明越来越多的人,他们愿接受现代化的洗礼与挑战,去争取成功。

在诸如"财富"、"权力"、"名声"、"知识"、"能力"、"健康"、"美貌"等正面价值中你最看重什么?城市弱势群体的回答首先是重视财富,其次是权力,然后是健康、名声等。能力、知识的得分不高,不比美貌与快乐更高,与前述是非判断依据回答不太一致,反映弱势群体对财富的渴求与对权力的敬畏,同时也折射出个人主观努力与社会客观实在的落差。

您认为当前社会一个人成功主要靠:(选出前三项)(总 2261 人)

选择排序 选择内容	第一		第二		第三	
	人数	占总数比	人数	占总数比	人数	占总数比
(1) 运气	441	19.50	185	8.18	341	15.08
(2) 家庭关系	330	14.60	454	20.08	226	10.00
(3) 知识和能力	653	28.88	466	20.61	363	16.05
(4) 讨好领导	177	7.83	144	6.37	154	6.81
(5) 勇敢和毅力	100	4.42	447	19.77	235	10.39
(6) 独特个性	41	1.81	109	4.82	147	6.50
(7) 远大理想	59	2.61	50	2.21	138	6.10
(8) 扎实工作	186	8.23	181	8.01	420	18.58

您认为当前社会人们最看重的是:(选出前三项)(城市弱势群体 187 人)

选择排序 选择内容	第一		第二		第三	
	人数	占总数比	人数	占总数比	人数	占总数比
(1) 财富	73	39.04	38	20.32	15	8.02
(2) 权力	44	23.53	48	25.67	17	9.09
(3) 名声	16	8.56	17	9.09	13	6.95
(4) 知识	8	4.28	18	9.63	4	2.14
(5) 科学	7	3.74	10	5.35	5	2.67
(6) 能力	9	4.81	15	8.02	13	6.95
(7) 健康	11	5.88	25	13.37	55	29.41
(8) 美貌	14	7.49	11	5.88	34	18.18
(9) 快乐	4	2.14	10	5.35	26	13.90

关于国人的宗教信仰，从前引关于文化观念调查来看，影响不是很大，但也不是很小，"佛"和"基督"纳入前三选择的也有 500 余人，若加上"老子"更多。当然主要是第二、三位选择，而且本土宗教的影响显然更大。总的说来信仰在文化影响因子八个选项中名列第四，在"父母或老师"、"孔子或老子"和马克思之后。说明宗教信仰在目前仍有相当影响，对之应给予足够重视和认真应对。

另据广西新疆江苏卷，1166 位被调查者对一些与信仰有关的命题作出判断，选"没有鬼神，人应自己掌握自己的命运"最多，75.3%，但也有 49.1% 的人选"我相信因果报应，不是不报，时候未到"。另外，"对鬼神问题不知道如何回答"29.4%，"人生有命，富贵在天"26.8%，"平时不烧香，临时抱佛脚"、"风水占卜信则灵"分别为 14.4% 与 13.8%，"我相信鬼神存在"也有 11.5%。调查说明我们十多亿同胞与"世界最大无神论群体"称号大体相合，但仍有很多人不那么坚定，程度不同地受到有神论、宿命论、因果报应论、风水论的影响，也有不少人对鬼神问题持怀疑论或实用主义的态度。

从调查来看，我们对国人的信念和信仰有三个基本看法：首先，在价值观方面基本上是传统观念与现代意识，个人内在的信念、价值观与外在的宣传教育和意识形态影响平分秋色，它们均是影响人们作出是非判断的重要依据。第二，那些起主导作用或具有压倒性影响的信念或观念又往往与人类大多数人的认同相一致，也可以说与人类共通的普世价值高度一致，如天理良心伦理道德和理性与科学。对此下面还要谈及。第三，在信仰方面，国人也介于传统与现代之间。无神论与有神论，个人奋斗与宿命论，多样化与并存，但主基调仍向前者倾斜。

我应当做什么——国民伦理道德意识调查

"您认为当今中国社会最重要也是最需要的德性是什么"？广西、新疆、江苏 1166 人的回答依次是："爱"81.6%，"诚信"64.2%，"责任"56.5%，"宽容"43.3%，"正义或公正"41.5%，"义"40.7%，"善良"

20％、"理智"18.2％、"正直"、"教养"、"恭敬"约16％，其余依次为"孝悌"、"谦让"、"知行合一"、"勇敢"、"节制"、"忠恕"、"中庸"、"守节"，分别为9.8％、8.4％、8.3％、7.8％、7.4％、3.7％、3％、1.8％。

"您认为在中国现代社会实际奉行的道德价值是什么"？回答"义利合一，以理导欲"最多，50％，次为"见利忘义，人欲横流"24.27％，"人人为自己，上帝为大家"17.58％，"存义去利"4.03％，其他约4％。

调查表明，当代国人对德性、伦理和善的正面价值予以充分的肯定，当然强调重点有别，但排在前面的几个如"爱"、"诚信"、"责任"、"宽容"、"正义或公正"、"义"、"善良"的确都是非常重要的价值，也可以说是国人心目中主要几个善的理想。但现实与理想又常有距离，因为现实生活中人的行为常常受利益与欲望所左右，特别在市场经济条件下。现实生活中的人也许应寻找两者的结合点。调查显示，50％的人认为现代社会实际奉行的道德价值是"义利合一，以理导欲"，显然有其合理性。但仍有相当多的人选择"见利忘义，人欲横流"和"人人为自己，上帝为大家"，说明我们这个社会仍有很多人道德感不是那么强。他们更热衷于追求个人利欲的满足。

个人利欲意识的抬头同市场经济发展有很大关联。如关于当今我国社会道德生活主流，回答最多的是"市场经济中形成的道德"，35.33％，其次"社会主义道德"24.96％、"个人主义"18.01％、"传统道德"只有11.06％。但众所周知，市场是逐利的，起作用的是工具理性，不是价值理性，若听凭其泛滥，社会的道德意识难免弱化，甚至可能出现价值迷失，道德底线也会被一再突破。当前许多问题就出在这里。

对一些不同社会现象与行为方式的道德评价也因人而异。从对2261人的调查看，"人际关系重要平时要培养"认同度最高，1030人，次为"说实话但可能得罪人"，924人，"说空话但可能领导喜欢"599，"标新立异"553、"维持面子"545、"冒险活动"493、"事不关己高高挂起"475、"只要挣钱手段无所谓"375。"只要挣钱手段无所谓"、"不甘寂寞寻找刺激"、"奇装异服"相对较少。调查说明国人总体的价值取向仍是传统的。

您对如下行为是否赞成:(总 2261 人)

选择内容	赞成人数	赞成百分比
(1) 奇装异服	357	15.79
(2) 标新立异	553	24.46
(3) 不甘寂寞寻找刺激	344	15.21
(4) 冒险活动	493	21.80
(5) 说实话但可能得罪人	924	40.87
(6) 只要挣钱手段无所谓	375	16.59
(7) 事不关己高高挂起	475	21.01
(8) 说空话但可能领导喜欢	599	26.49
(9) 维持面子	545	24.10
(10) 人际关系重要平时要培养	1030	45.56

当代国人有无荣辱感或耻辱感?据广西、新疆、江苏三省调查,28.73%回答是"有",34.48%回答是"有,但是严重退化了"。23.5%的人认为"很少",7.63%的人认为"有,但不健康",4.55%的人则认为"没有"。

关于当前中国社会个体道德所存在的问题,大多数人(78.73%)认为"有道德知识,但不见诸行动",9.01%认为是道德上的无知,9.43%的人认为是"既无知,也不行动"。

哪种因素应对当今不良道德风尚负主要责任?大多数人认为是"官员腐败"与"社会的不良影响",分别是63.6%与58.5%,再次是"学校教育功能弱化",25.8%,"企业不讲诚信和损害社会利益"23.1%,"家庭伦理功能式微"11.7%。

调查表明,当代国人在理念层面普遍认同世所公认的道德价值,这些价值也可以说具有普世的意义,如"爱"、"义"、"善良"、"诚信"、"责任"、"正义或公正"等。但在实践中人们更为现实和更为关注物质方面的利益,如肯定义利合一。在具体的价值判断上则倾向于多样和多元。也有些人道德意识薄弱,没有多少荣辱感或耻辱感,为追求一己私利的满足不择手段。对于产生缺德失德现象的原因人们主要归之于社会,如官员、学校、企业和社会环境等,对于个人自己的责任似乎注意不够。

我希望什么——爱好、理想、未来愿景调查

如果让您选择,您更愿意过哪种生活?(总 2261 人)

选择内容	人数	占总数百分比
(1) 成家立业,过平淡稳定生活	610	26.98
(2) 风险与刺激	69	3.05
(3) 努力改变命运,不愿过传统生活	369	16.32
(4) 为创业多吃苦、多付出	326	14.42
(5) 有铁饭碗,生活稳定实惠	414	18.31
(6) 讨好领导,争取提拔得好处	75	3.32
(7) 不甘平庸,争取出人头地	343	15.17
(8) 努力创新,实现能力追求卓越	394	17.53

2261 人中选"成家立业,过平淡稳定生活"最多,610 人;"有铁饭碗,生活稳定实惠"次之,414 人,均是传统的求稳怕变重实惠心理。第 3—6 才是具有现代意识的选择,即"努力创新,实现能力追求卓越"394,"努力改变命运,不愿过传统生活"369,"不甘平庸,争取出人头地"343,"为创业多吃苦、多付出"326。加到一起人也不少,超过前两项,反映越来越多的人正以积极的态度参与对未来的创造。

您对"祖国是我母亲,我们应当竭尽全力为祖国多作贡献"这句话的态度是:

选择内容	(1)完全同意	(2)基本同意	(3)部分同意	(4)不同意	(5)说不清楚
人数	801	849	408	20	141

从调查情况看,对"祖国是我母亲,我们应当竭尽全力为祖国多作贡献"这个命题表示完全同意的有801人,基本同意的849人,加到一起1650人,占绝大多数,72.9%。还有408人是部分同意,不同意的只有20人,不足百分之一,选"说不清楚"的141人,占6.23%,可见认同自己的祖国,像爱自己母亲一样爱自己祖国,愿意为祖国繁荣昌盛贡献全部力量,成为大多数人的信念和追求。说明中央六中全会提出爱国主义作为民族精神的核心,并以之作为社会主义核心价值体系的重要内容是有深厚民意基础的。法国著名革命家罗伯斯比尔曾说过:"共和国的灵魂是对祖国的热爱,是把一切私人利益汇集在普遍利益之中的无限忠诚。"[1]另一位著名革命家罗兰也在一封信中写道:"祖国绝不是在想象中被美化的一个名词。它是一个存在物,人们曾为之作出牺牲。人们通过对它的关切表达对它与日俱增的热爱。"[2]从调查情况看大多数人的追求已经近之,当然还有些距离,因为有很多人是有保留与有条件的,而且从实际情况看大多数人的热情似乎没有如此激昂。当然革命时期理想主义和英雄主义激情高涨,不能以常理度之。和平时期许多人对国家的认同度不高甚至淡化可以理解,但骨子里头仍是爱国爱家的,一旦有事许多人特别年轻人仍会热血沸腾,所以我们不必对民族未来抱悲观的看法。另一方面许多人淡化也说明爱国主义教育仍有待于进一步深入。

孩子是祖国的未来,在他们身上负载了家长最诚挚的希望。对"您希望您的孩子成为什么样的人"问题,农民、城市弱势群体和新兴群体542人选科技人员和知识分子的最多,280人,一半以上,接下来白领83,军人45,老板68,影视明星42,英雄模范12,政府官员59。农民8,工人16。

---

[1] 乔治·勒费弗尔:《法国革命史》,顾良等译,商务印书馆1989年版。

[2] 阿尔贝·索贝尔:《法国大革命史》,马胜利等译,中国社会科学出版社1989年版。

您对 21 世纪中华文化腾飞于世界的前景与愿景是何看法？（总 2261 人）

选择内容	有充分信心	信心不足	有些信心	不抱希望	不感兴趣
人数	372	544	655	242	165

对 21 世纪中华文化腾飞于世界的前景有些信心和有充分信心的 1029 人，信心不足、不抱希望、不感兴趣的共 951 人。还是有信心的居多。这是好事。但从群体来看在社会中具有强势或未来将具有重要地位的青年知识分子、大学生和公务员有信心的比例远较农民为少。这是值得注意的。

您认为重建 21 世纪中华文化应当首先加强哪些方面：（广西、新疆、江苏卷）（总 1166 人）

选择内容	弘扬传统文化	学习西方文化	马克思主义指导	发扬科学民主精神	加强法制建设	政府加大投入	重视教育下一代	提高公民素质	发展科学技术
人数	555	104	131	458	464	266	314	510	155
百分比	47.6	8.9	11.2	39.3	39.8	22.8	26.9	43.7	13.3

调查表明，国人对未来生活的期盼是稳定与创新、平淡与奋斗兼有之。对自己的孩子更希望他们成为一个知识分子或科技人员。对于中华文化的未来多数人抱有较大的信心和希望，而这信心和希望又主要同加强民主与法制、提高公民素质和弘扬优秀传统文化的诉求联系在一起。

总的说来，当代国人的精神世界是丰富的，复杂的，多样化的，也包含着一些内在的矛盾与冲突，就像马克思在《资本论》中所形容的浮士德，"胸中有两个灵魂，一个要想同另一个分离"[①]。这不难理解，精神所赖以滋养的当代文化处于从传统到现代、从改革开放前国家统管一切的计划经济与农村自给自足技术落后的自然经济之混合向市场经济

---

① 马克思：《资本论》，中国社会科学出版社 1983 年版。

和高科技时代转变之中，难免带有过渡性、多样多元多变、充满矛盾和冲突的特点。转型期的精神世界也一样。

更具体地说，我们这个时代的精神处于传统与现代、东方与西方、理想与现实、精神与物质、价值理性与工具理性、人文精神与金钱崇拜、主流意识形态宣传与市场经济社会个人对利欲的追求、国家主义民族主义与个人本位主义等各种矛盾冲突之中，还有德与非德、有信仰与无信仰、理想主义与价值迷失、英雄主义与利己主义等现象之间的对立与对抗都在搅扰着我们，使我们困惑、迷惘和不安。有时候我们为收入增加和生活水平提高感到高兴，为国家地位提高和影响增大而感到自豪，有时候又为自己实际收入下降感到失落或为长期没有升迁感到不满乃至心理不平衡，为自己或别人待遇不公感到愤怒，为社会变化太快感到惶惑，对于社会上那些不道德之事也不以为然，对官僚主义和腐败现象更是嗤之以鼻，甚至切齿痛恨，但如果牵涉到自己的利益又可能是另外一回事了。

转型过程中各种矛盾和对抗在所难免，关键在于目前感到困惑的人很多，还有相当多的人道德意识薄弱（如对荣辱观调查所示），价值迷失，甚至无信仰，无终极关怀，无精神上的支撑，而只在意个人一己私利的满足……许多人利用转轨期的各种漏洞、制度不健全或利用手中缺少监督的权力干出那蝇营狗苟之事。当然也有很多人理想主义、英雄主义精神没有消失，而是隐而不彰，在关键时候却能迸发火花和放出光彩，如抗震救灾涌现出的许多英雄。多数人良知未泯，判断是非的标准还在，也爱国爱家乡，愿为之发展进步贡献力量，并对未来有所期待，但同时他们又为前述转型期精神方面种种冲突和诱惑困惑不安，有时候甚至无所适从。这样一种精神状态固然能使我们民族在危机突起的关键时候挽狂澜于既倒，如抗震救灾，但应付平时的挑战和搞市场经济距现代化的要求还有相当的距离，离马克思的理想相差更远，亟待我们进一步地改革制度，更新观念，提高素质，迎接新的挑战。

如何迎接新挑战？一方面我们应以人民幸福、社会进步和国家富强为目标，将东西方一切有益的东西拿来为我所用，同时大力改革所有不合这个价值目标和现代化要求的体制、制度和观念。权力过于集中容易使官员迷失于弄权和享受而滋生官僚主义和腐败的体制应该坚决改,否则以其昏昏如何使人昭昭,国人精神的面貌又如何振奋和符合现代化要求？政府应以服务公共利益为中心,官员不仅应具有现代文化知识和管理能力,而且还应有社会责任感,对国家的前途抱有信心(目前从调查看很不够,甚至不如农民和弱势群体),同时严于律己,做道德上的楷模(目前差距很大,群众也很不满)。这不应是空洞高调的字眼,而有完善的制度来监督和落到实处。当前应当以民主来制约权力,以人文精神和价值理性来统领工具理性,以积极健康的精神面貌和作风心态来带动大众和社会。

对于多年来进行的马克思主义主流意识形态教育不要估计过高,但也不要估计过低。要以党中央近年来提出的以人为本的科学发展观来指导工作和教育干部群众。这里有三个关键词,人,科学,发展。人是价值目标和尺度,以人为本就是要以人民利益和幸福为各项工作的根本,科学属工具理性,指为人民服务的各项工作要合理而有效。显然,工具理性必须接受价值理性统领,价值理性必须以工具理性作为手段和技术支持。发展是结果,也是价值理性与工具理性的落实处。发展是个综合概念,既有物质,又有精神和文化,物质财富的丰富固然很重要,精神面貌的现代化更加不可少,还有民族优秀文化传统的传承与弘扬,以及在现代化基础上的发展与重建,均是中华民族十多亿同胞建设 21 世纪共有精神家园不可缺少的前提和条件。

然而行文至此仍有必要指出,对个人说来,积极健康健全的精神面貌不会从天而降,社会环境与氛围固然需要,但个人后天自己的努力更加重要。从社会范围内来看如果公众普遍缺少社会道德意识,或者犯罪率高,治安不好,我们当然可以批评社会,但在大致相同的情况下有人犯罪有人不犯罪,有人道德感强,乃至拒腐蚀永不沾,有人道德意识薄弱,乃至失德缺德甚至贪污腐败,那就要承担个人的责任。因为选择是自己作出的,责任不可推卸。同样,要建设中华民族的精神家园,从宏观角度看政府当然有责任,弘扬文化,加强精神文明建设和倡导树立健康向上的人生观、世界观,并且为人表率和加强制度建设。另一方面从微观角度看,我们每个人都应该自律自立自重自强,有原则有理想有信念和合理的价值观,有积极健康的精神状态和健全的内心世界,能自觉把个人的努力同社会发展进步联系起来,在此情况下个人的行动获得了价值感与意义感,而社会与民族也就有了不断发展的活力与动力。这样的现象在社会上蔚然成风,中华民族共有精神家园的建设就可以说实现在其中了。

(原载《南京师大学报》(社会科学版)2009年第2期)

第四编

语调哲学

第四編

語原哲學

语调哲学:一种新型的话语哲学

话语研究是当代显学,语言哲学常被视为当代最新潮,也是最根本的哲学。据一种很流行的观点,当代世界的一切观念、思想和文化的研究差不多都可以溯源到语言。正因为此,对语言的研究越来越受到当代学者的重视。语辞、语形、语用、语义、语法、语言符号、语言结构,能指所指,还有话语等,都被研究了个透,有关论著可以说汗牛充栋,足令后来者仰止。然而笔者不经意间发现,似仍有一重要领域或者说方面迄今还在人们的视野之外,或很少被研究,那就是"语调"。"语调"是语言不可分割的要素。它不仅仅是一种声音,一种纯物理的声波振动,它作为语音本身就是语言整体非常重要的组成部分,举凡人类在语言中所要表达或传递的一切信息意义必在语调方面有所表露。从此角度研究人的行为乃至与人的行为有关的一切领域必有所获,至少可以拓宽视角,开阔视野,丰富对现有人类思想和文化的了解,因为这是一个全新的角度。

语调哲学:是什么和不是什么?

说语调研究完全在学者的视野之外,其实不太准确,似应说我所理解的语调迄今仍在人们的视野之外,而日常用语中作为讲话声音的语音语调则早在哲学家和语言学家的视域之内。如亚里士多德说过,"言语是心境的符号,文字是言语的符号"。他区分了表现人的心境的两种符号系统,其中言语在逻辑上先于文字。黑格尔在《美学》中这样论述与听觉相联系的声音：

> 听觉所涉及的不是形状和颜色之类,而是声音,是物体的震动。听觉也不像嗅觉,它不需要对象经过分解,只需要对象的震动,对象在震动中也不受损伤。这种观念性的运动使物体仿佛凭它的声音表现出它的单纯的主体性和灵魂,人耳掌握声音运动的方式和人眼掌握形状或颜色的方式一样,也是认识性的,因此音乐使对象的内在因素成为内在因素本身。①

黑格尔这段论述很有名,后来许多语言哲学家都引用它,当然褒贬不一。这段论述把听声音的过程同观念性的运动,以及同认识变外在为内在的过程联系起来理解,思想是很深刻的。黑格尔的观点与他的理念论相一致,德里达批评它是逻各斯中心主义和言语中心主义,因为声音被他视为与存在绝对贴近,用现在的话说就是零距离。其实黑格尔只是把声音视作"表现精神的一种感性材料",这种材料在他看来仅仅在音乐中有独立存在的价值,对于诗歌和表现精神世界的观念内容来说,"仿佛就是这种内容意义的纯然外在的符号"②。这在我看来仍是一种外在的理解。

索绪尔的观点与黑格尔有相似之处,他一方面区分语音与文字,并厚音薄文,因为前者属于自然,后者属于人为;另一方面,他认为声音:

> 对语言来说,它只是第二性的东西,只是语言使用的物质材料。一切习惯的价值观念都表现出不能与有形因素混淆的特点,而这些有形因素乃是它们存在的基础。

---

① ［德］黑格尔:《美学》第三卷(上),朱光潜译,商务印书馆1984年版,第14页。
② ［法］德里达:《论文字学》,汪堂家译,上海译文出版社1999年版,第20页。

符号表达的观念或其语音质料与它周围的其他符号相比显得无足轻重。①

德里达在《论文字学》中对索绪尔厚音薄文深为不满,但对引用这两段贬抑语音的论述还是很高兴,可见在此方面他们观点相近。也许,19世纪初的德国著名学者洪堡特对语音作用的论述更接近我所说的语调之功能。在《论人类语言结构的差异及其对人类精神发展的影响》一书中洪堡特谈到:心灵内部的火焰忽强忽弱,忽明忽暗,它倾注入每一个完整的思想和每一串涌流而出的感觉的表达,从而使其独特的本性从中直接映射出光辉。

历经千百年而形成的所有语言的经验事实都证明,在不断发展的运用过程中,智力概念和源自内心感受的概念会把一种……更富有灵意的内容授予表达它们的语音。

自生成第一个要素起,语言的创造就是一种综合的运作过程,而且是真正意义上的综合。……因此,只有当语音形式的整个结构与内在的形式构造于同一时刻牢固地结为一体时,综合的目标才告实现。……一旦达到这个目的,内在的语言发展就不致走上脱离语音形式创造的片面的窄路,另一方面,丰富多样的语音也不致超出思想的适当需求而恣意繁衍。相反,促使语言进行创造的内在心灵活动会把语音引向和谐及韵律。……沿着这条道路,先是思想将生命力注入语音,而后,语音也根据自身的特性,反过来为思想提供了一种激励原则。②

洪堡特的论述很精彩,不过他关于语音作用的论说最终似乎仍停

---

① [法]德里达:《论文字学》,汪堂家译,上海译文出版社1999年版,第74页。
② [德]威廉·冯·洪堡特:《论人类语言结构的差异及其对人类精神发展的影响》,姚小平译,商务印书馆1999年版,第110～112页。

留在语言的声波节奏韵律即感性形式方面,就此而言,与黑格尔、索绪尔、德里达并无原则区别。而我对所谓语调的理解则与他们不同,因为它超出了外在的形式,而与语言的内容、意义或者说所指不可分割地联系在一起,而且侧重点在内容、意义与所指,也就是说,在于"思想"。这也是我所说的"语调"与其他语言哲学之区别。若从他们的角度看,我说的语调也许只是一种派生和借用,但在我看来则是一种拓宽与创新,而且是一种很有意义的拓宽与创新,因为它有助于从一个全新的视角认识以往所有文化。

具体说来,我所谓的语调有何特点?它与通常的语言哲学研究对象如语形、语义、语音有何区别呢?换言之,它是什么和不是什么?让我们先从它不是什么谈起。

首先,它不是纯粹的语言表现形式或符号系统,因为它与语言的内容,与思想、感情、倾向或价值取向,与所指和意义密不可分。从此角度看它不同于所有的分析哲学、符号学和逻辑语义学。

其次,它不是纯粹涉及语言的内容,否则就仅仅是思想,是与语言研究无关的其他哲学或人文学科,而不是语言哲学或语调哲学。亦即是说,我所说的语调哲学固然以思想为主要研究内容,但它同时也与一种语言表现形式紧密结合在一起。语调本身就有形式的含义,如高调、低调、平调、单调、复调均是声音的一种表现形式,虽然也贯穿着内容,但本身却不为内容所限,无论其内容关乎中外东西、古往今来,均不能构成限制,而是寓于其中,并因之得到相应的表现。

第三,它像语义学一样既关乎语言的形式又关乎其内容,但它却不同于语义哲学重点仍在于形式,而是把关心的重点置于语言所表述的意义和内容。它关心语境的影响,更关心主体的强调重点,特别是价值取向和行动策略。从此角度看它超出了以往所有语言哲学的范围,而同更为重要的"思想"和价值观联系在一起。

第四,它在理论上固然有迹可寻,但它又不是纯理论和纯理性的,因为它有实践的功能,语言上看起来很细微的差别在实践中往往会产生极重要的结果和影响,正是在这里显示出语调哲学与其他语言哲学的重大差别。而且,语调如何,常常同一定的情感、情绪、个人好恶和希望、倾向等相联系,即超出纯粹理性的狭隘范围。同时它在很大程度上又是一种生存策略和处事技巧,一种人生的智慧,一种行动的哲学。当然,它也不仅仅是一种策略与技巧,因为人的行动受一定价值观的指导,因此它同时又与一定的理论和思想相联系。

第五,它不仅仅同语言学和话语学有关,而且广泛涉及政治、经济、文化等人类所有实践的领域;同时又与本体论、存在论、价值论等形上领域的理论、理念密切相关,因此它是哲学,是与语调有关的哲学,是一种人生哲学、价值哲学、政治哲学和行动的哲学。

正因为语调哲学有以上特点,不难理解,从其出发几乎可以对迄今为止所有的人类知识、文化和语言作一拆解、解构或重释。例如,我们可以把语调的类型区分为高调、低调、正调、反调、平调、单调、复调、强调、弱调等等。循此思路,几乎可以把绝大多数的概念、判断和命题作一区分,有些是高调的,有些是低调的,有些是平调的,等等。当然在大多数情况下一个概念、判断和命题本身孤立地看无所谓低调、高调,必须联系特定的语境,分析其所由针对的对象和特有涵义,分析其强调重点和可能产生的影响,才能对其语调有所把握。就此而言,语调哲学与语用学和日常语言学派有相似之处,但语调哲学更为重视各种不同语境和语用中所使用的语调,并以此思路分析概念和命题的组合,以及所由产生的不同话语,分析其内容、意义和思想倾向。正是在这里,语调哲学显示出其独特之处和巨大作用。

高调主义与低调主义:两种基本的语调哲学

关于语调哲学可以从许多角度加以分析,本文只突出重点,就两种最基本的语调——高调主义与低调主义——做一简单探讨。

所谓低调、高调或低调主义与高调主义,实际上是通过一定的语调所表现出来的一种做人做事的姿态,也是一种行动的哲学。做人无非行为处世,言行践履,待人接物;做事即处理周遭事务的态度和方法。

人的行动常受一定的观念和目的指导,并且涉及方方面面,因此如何做人做事,调子高低,态度与倾向如何,常涉及一定的理念、价值观和人生哲学,从此角度看,低调主义与高调主义同时也是一种价值哲学、人生哲学和行动哲学,不过它们的强调重点和价值取向相反而已。具体些说,低调主义为人处世和说话的姿态较低,常留有余地,而高调主义则相对说来较为张扬和激进。

也许有人会说为人处世是行动而非语言,但如前所言,人的行动均受目的的指导,而目的是一定的思想、观念、情绪、好恶、需要和价值观的综合,因此在我看来任何行动不论其是否公开亮出纲领和旗号,均无不表现出一定的行为语言,这种行为语言即包含着一定的语调和指向。也许有人认为行为的指导思想似乎只涉及语言的内容与意义,而与语言的形式、结构、符号,或一言以蔽之,与能指无关。从此角度看说其为语调或行为语言似乎只是一种借题发挥。但窃以为前人对语言内容与形式的理解似乎有些狭隘,因为形式与内容不可分,所指与能指不可分,即使像价值理念、行动策略这些看起来距语言表达形式比较远的内容也完全可以从语言形式特别是我所说的语调如低调主义、高调主义角度作一理解。因此,我认为从以前狭义的语言哲学到现在广义的以语调为研究对象的话语哲学之变化实是一种拓宽和创新。这样一种拓宽和创新不是文字游戏,而有着非常重要的理论意义和实践意义。因为一定的语调,无论是低调主义还是高调主义,作为价值哲学、政治哲学和行动哲学在生活和实践中产生的影响和结果都非常重要。不过正因其重要,当分门别类另文专论,下面仅从一般角度谈谈低调主义与高调主义的话语或语调有何特点与区别。

首先,高调主义重理想,低调主义重现实。理想与现实,对人类说来都不可或缺。试想,人若没有一点理想,整日浑浑噩噩,其生活与动物何异?若一点不关心现实,如同生活在云里雾里,跳出三界外,不在五行中,出家修行可以,六根清净却难,红尘中生活更无法想象。可见世俗中人,与理想、现实都脱不开干系,问题是哪种多些,哪种少些。相比之下,高调主义更看重理想的作用,看重与理想联系在一起的精神方面的因素,如道德,如伦理,如价值,如政治;个人的因素不是不考虑,但排在后面,或在关键时刻要给理想让位。而低调主义则更有现实感,对与现实有关的因素,如物质,如利益,如经济,如权力,如个人的名利地位考虑得更多些,也可以说患得患失,因而行为处事也更谨慎些。

从历史的角度看,有的时代人们更看重理想,看重精神方面的价值,高调主义更多些;有的时代则看重现实的利益,低调主义色彩更浓些。如18世纪法国启蒙运动到大革命时期,都是理想主义和英雄精神占优的高调主义时代。雅各宾之后人们的理想主义激情耗尽,价值关怀重归庸俗和自我,是低调主义占优的时代。当然,总的说来近代资本主义兴起之后人们的现实感更强些,铜臭味也更多些。我国自上世纪90年代市场经济大潮兴起前后的情况也与此类似。从民族与地区角度看特点也各有不同。众所周知,英美民族信奉经验主义和实用主义,现实感更强些,低调主义非常明显;而法、德有玄思的传统,重视理论和理想,高调主义传统更为深厚。思想人物和流派也可从此角度作一梳理,虽然不能一概而论。

其次,高调主义重激情,低调主义重理性。理想是同激情联系在一起的,理想主义的语言慷慨激昂,无不受到激情的激励。而这种语言的慷慨激昂正是高调主义的典型表现。相比之下,低调主义的语言则要低沉得多。个人的利益和经济上的掂量与患得患失使得语言和语调平淡无奇,没有任何激动人心的地方,或激动也只能激动某个个人的私欲,不可能使不相干人听上去为之从心灵深处感动或激动不已。但低调主义的语言常常是从现实理性和普通常识出发的,它们在指导个人的实践方面有时很管用,并透着一种明智的实用理性精神。关于这两种精神的区别,颇可以法国启蒙运动时期的卢梭与伏尔泰为代表和象征,正如杜兰特在谈到他们的区别时所言:

法兰西复杂的灵魂似乎一分为二在这两个人的思想中显现出来,尽管他们泾渭分明,却都体现了地道的法国精神。尼采曾谈论过"轻盈的脚步、机智的热情、优雅严密的逻辑、目空一切的智慧、群星灿烂的舞蹈"——毫无疑问,他想到的是伏尔泰。紧接着伏尔泰便是卢梭:烈火与幻想的化身,满怀高尚而天真的憧憬,资产阶级淑女心中的偶像,他像帕斯卡一样宣称,心灵自有头脑永远领会不了的理性。①

更早一些的古希腊的酒神精神和日神精神似乎也可作为这两种不同精神的表征甚至源头,对此尼采也有很多论述。总之,理性与激情古已有之,均对人类历史与文化影响至为深巨。只是有的时候有的方面或在有的人身上理性压倒激情,有时相反。在前一种情况下往往是低调主义居优,在后一种情况下往往是高调主义称著,当然这是大致情况,并非毫无例外的通则。

第三,高调主义重社会或群体,低调主义更看重个人。这一点与前述区别有联系。视社会或群体的利益在个人之上,一般被认为是一种高境界的价值。高有高尚之义,大我压倒小我或小我自觉为大我利益而献身,常被社会公认为高风亮节,品德高尚,崇高义举,甚至惊天地泣鬼神。另一方面,高也有高调之意。孔曰成仁,孟曰取义,还有范仲淹先忧后乐,张载民胞物与,均慷慨激昂,调子不可谓不高,然千古传颂,听者无不耸然动容,肃然起敬。即如孟子所言,闻圣人之风者,"顽夫廉,懦夫有立志","薄夫敦,鄙夫宽。奋乎百世之上,百世之下,闻者莫不兴起也"。② 因为这些高调的语言不仅仅是语音语调,还更是激励人们为理想、为社会利益献身的价值理念和精神动力。舍生取义,杀身成仁,人们在这样做的时候不是不知道所可能出现的后果和给自己带来的伤害,但他们为理想与社会自觉自愿做出牺牲,其境界显然高于那些只知道一己私利的人,如杨朱虽拔一毛利天下不为也,如曹操宁负天下

---

① [美]威尔·杜兰特:《哲学的故事》,朱安等译,文化艺术出版社1991年版,第257页。

② 《孟子·尽心》,《孟子译注》,中华书局1960年版。

不让天下负我,都是很典型的自私道德,境界很低。但是,舍生取义的境界高则高矣,却难以持久,也难以长期普遍推广。因为大多数人都是普通人,芸芸众生,不可能都去治国平天下,自己的生计都难以维系,虽然不致都学曹操、杨朱,但绝大多数精力放在与己有关的卑微小事上是可以想见的。不可能个个学屈、杜,身在江湖草堂却整天心忧天下。其人生哲学和行动哲学更近于低调主义是很正常的。这是问题的一方面。另一方面,市场经济的兴起促使人们把兴奋点与注意力集中于个人的利益。斯密的看不见的手理论也告诉我们,在市场经济大潮中价值规律像一只看不见的手,推动着每个想赚取蝇头小利的人去参与市场交换体系,做对社会发展有利的事,其功效甚于许多慷慨激昂的高调宏论。这是合理的个人主义之力量,也是合理的低调主义之力量。

第四,在人生观或对人性的看法方面高调主义更为乐观和积极,而低调主义则更为悲观和消极。我国最典型的例子也许是孟子的性善论与荀子的性恶论。孟子认为人之初性本善,理由是恻隐之心,人皆有之,这是仁义礼智之端。他与告子关于人性善还是不善的辩论很有名。众所周知,在我国两千多年的封建社会里孟子的思想居于主流,流传甚广的《三字经》就是明证。这是典型的高调主义。因对人性的乐观态度,儒家的社会理想也很高,不仅希望仁政王政,而且向往人人皆舜尧。低调主义则远没有那么乐观。荀子认为"人之性恶,其善者伪也"①。柏拉图、亚里士多德虽推崇至善,但同时却认为达于至善的至德之人极少,绝大多数人有贪欲私欲,因此对掌权者得加以限制。近代孟德斯鸠的权力制约说与其他启蒙思想家的人性论、合理的利己主义学说以及亚当·斯密的看不见的手理论可以说是对此理论的继承与发展。于是出现这样的有意思现象:性善论虽然在高尚理想方面给人以鼓舞,在道德教化方面给人以榜样,并代表人类在追求崇高价值方面所能达到的高度,但在运用于社会现实方面,低调主义理论产生的建设性成果更多

---

① 《荀子简注》,上海人民出版社1974年版,第258页。

一些。

第五，在行动策略方面，高调主义偏于激进，低调主义偏于保守。偏于激进的进取心更强些，而偏于保守的相对更稳健些，进取心和进攻性也差些。虽然不能一概而论，但大致的差别还是存在的。至于哪一种更好、对人们更为有利，则离不开具体的情境。一般说来，在社会酝酿大变革的时代进取求变总比求稳怕变因循守旧好，在稳定的时代则可能是另外一种情况。当然，不变是相对的，变是绝对的，问题在于如何变，是大刀阔斧彻底决裂还是按部就班循序渐进，这里面的学问大得很，全靠当事人的把握。从历史的角度看革命总非常态，因此在大多数情况下也许是低调稳健一些更好，但若超过度就会成为僵化落后的代名词，迟早会被历史淘汰。

关于高调主义与低调主义还可以从很多角度加以把握，例如，在政治方面，一般说来高调主义更推崇平等和民主，而低调主义更重视自由与个性。这里面的差别对人的实践来说并非无关紧要，但因篇幅关系不一一缕述。总之，以上所说的特点与区别是相对的，实际情况总是更为复杂。一个人可能在政治上保守，文化上激进，即在政治领域低调，在文化领域高调；也可能倒过来，政治激进，文化保守。甚至一个流派乃至一个时代也可能出现高调低调相互渗透相互转化或一身二任的复杂情况。总之，生活是复杂的，应具体情况具体分析，不能拿一个共性的结论到处乱套。

从语调哲学出发解构以往所有话语

这里所说的话语解构不是拆毁，而是一种对以往思想和文化所作的全新理解。新理解需要新思路，语调哲学就属于这样的新思路。从此出发能够实现对以往话语的一种新理解，从而发现新意义。前面，我们已经从高调主义和低调主义角度对历史上的一些著名人物、思想流派和理论主张做出初步梳理，这里试再作进一步的分析。

先从中国的角度看。中国几千年文明史居主导地位的思想或话语是以孔孟为代表的儒家文化。儒家文化,尽管也包含着诸如"过犹不及"、"中庸"、"三人行,必有我师焉"、"知之为知之,不知为不知,是知也"等低调主义的智慧火花,但其在伦理道德和政治学说上的理想主义、英雄主义和泛道德主义是以高调主义主张称著于世的。当然,从其对待权力和权威的态度看是倾向于保守和低调的,但它(特别是董仲舒以后)却将这样一种态度神秘化,认为儒家忠孝仁义的信条是天下之达道,甚至就是天命,于是又高调化了,而且达到空前的高度。这样一种理论后来经历代帝王的提倡神化成为高高在上的教条与经典,不容怀疑,在很长时间统治中国人的心灵,渐渐失去初创时的朝气,成为禁锢,受到后人的批判。

与儒家相比,老庄和道家的理论是十分低调的,尤其是老子。《道德经》五千言,充满着低调主义的警句格言,如:

上善若水,水善利万物而不争,处众人之所恶,故几于道……夫唯不争,故无忧。

物壮则老,是谓不道,不道早已。

柔弱胜刚强。

道常无为而无不为。①

语调和姿态简直不能再低了。它似乎是一个处于兵荒马乱、民不聊生时代的文人自保之策,但又不仅仅如此,因为"物壮则老"、"柔弱胜刚强"和"无为无不为"的命题中包含着很高深的哲理与聪明而狡黠的人生智慧。这种智慧在许多时候很管用。《庄子》"天地与我并生,而万物与我为一"的气势很大,调子当然很高,但关于"不材"、"无用之用"与"至人无己,神人无功,圣人无名"的论述仍与老子一脉相承。以老庄为

---

① 《道德经》第八、三十、三十六、三十七章,《道学精华》,北京出版社1996年版,第3~12页。

代表的道家理论历来是失意文人退隐山林、独善自处的低调主义哲学，并与有进取精神志在治国平天下的儒家理论构成互补，一起丰富着古老的中华文化。

从西方思想史角度看，苏格拉底、柏拉图、亚里士多德都崇奉"至善"概念，就此角度看属于高调，但至善在他们那里只是构建体系需要的一个虚设，在大多数情况下被束之高阁，回到现实，在许多情况下他们有时又可能倾向于低调。特别是亚里士多德，虽曾贵为帝师，但在政治权力等理论问题上仍保持清醒的低调主义，同时在为人处世上提倡中庸之德。罗马帝国后期与整个中世纪是信仰的时代。基督教信仰的特点是否定现世，向往来世和崇拜上帝，就此而言，其人生观和社会观是相当低调的，而且低至极致，但就其对罗马帝国后期腐朽统治的批判意义而言又是相当激进的。执西方精神界牛耳之后，基督教内部的各种流派仍有激进保守、低调高调之分。如早期的奥利金和阿里乌斯异端与一些苦行隐修士的信仰观就比较激进和高调，正教的理论相对温和和低调。在教政关系上教皇尼古拉一世、格雷高里七世和英诺森三世等非常激进与高调，他们力图让教权凌驾于王权之上，后来的教皇远没有这样的野心，当然这也同实力有关。经院哲学中唯实论更近于高调主义，而唯名论则更近于低调主义。宗教改革时期路德的信仰观高调而激进，政治观则低调得多。教廷阵营的教会法学家正好相反。事实就是这么复杂，但说穿了也很简单：在各种高调低调的语调背后有利益在做主宰。近代以来，流派纷陈，百家争鸣，思想或话语的语调更为繁杂，但高调低调的大致区别还是有的，特别是在涉及道德、宗教和政治以及与价值评价、行为践履有关的问题上。

不难看出，高调低调的区别非同一般，因为它涉及的常常是对人类来说非常重要的领域，也是非常敏感的问题，理论上一些看上去不算太大的差异在实践中都可能产生非常重要的后果，特别当其运用于群体的活动和社会实践之时。如自由、平等、博爱、民主、正义这些非常抽象的理念（话语）在运用于社会实践时都会产生许多理解上的歧义和强调重点的差别，并在实践中产生非常重要的影响，有时甚至是决定性的。

正是在此意义上，本文最后仍要以重语调强调包括低调、高调在内的语调哲学研究有着重要的理论和实践意义，我们千万不可小视之。

(原载《江海学刊》2003年第6期，《新华文摘》2004年第6期转载)

作为价值哲学的低调主义

低调主义是一种行为处事不过分和不走极端的人生态度或人生策略,也是一种行动的哲学。当然"低调"是同"高调"相比较而存在的,高调主义也是一种人生策略或行动哲学,不过取向与低调主义相反而已。它们都对人的行为实践言行践履产生非常重要的影响,特别当其涉及到政治、伦理和价值观的领域时。对此,国内外学界似乎还缺少足够的注意。本文试从价值观或价值哲学的角度对低调主义的内容、影响及其与高调主义的关系作一探讨,希望能引起人们的关注。

需要说明的是,低调、高调并不是一种新的价值,能够与真、善、美或自由、平等相并列,它只是与其相关而对人的观念和价值观念和行为取向产生重要影响。具体说来作为价值观的低调主义表现在这样几个层面:底线准则;道德规范;价值理想;信仰。下面试分述之。

底 线 准 则

底线准则是人们所能接受的最低限度的价值准则,包括文明底线、做人的起码准则和底线伦理或人们所普遍认可的一般社会公德。如公共场所不要随地吐痰和大声喧哗,爱护公物、不能随便杀生和盗窃他人财物等。这些底线价值和起码准则不是随意制定或外在强加的,它们实际上是在人类漫长的历史过程中逐渐形成并得到普遍承认的。这当然有着很重要的意义。一方面,它们的存在为形成一定的人类社会秩序所必需,没有它们人类社会非乱成一团不可;另一方面,它们的制约作用也为千百年来的文化传统和风俗习惯所认可,不能违反,否则会受到社会舆论的谴责,严重者甚至会被绳之以法。如摩西十诫除少数有宗教色彩外多属于这样的底线准则,如孝敬父母、不可杀人、不可奸淫、不可偷盗、不可作假证陷害别人、不可贪恋他人财物与妻女等①。《圣经》中耶和华上帝也有很多类似的戒律,如不可欺压邻居,不可欺负聋子瞎子,善待雇工,买卖公平等②。这些戒律不仅受到社会舆论的赞同,而且受到宗教法的保护,具有某种神圣的光圈,凛然不可侵犯。我国古代孔子、孟子关于忠孝仁义的许多论述也与此类似。忠孝仁义一方面被视为起码的底线伦理,违背它们即意味着不忠不孝,如同禽兽也。这样的行为在古代当然会受到惩罚。另一方面仁义价值其实又包含强烈的高调主义色彩,因为仁义的理想一直被认为体现了天道天命,是至高无上的价值,有了它即可与天地参。

另外,许多历史上长期流传的箴言、格言和家训中的内容很接近我们所谓社会普遍接受的底线准则,如"毋私小惠而伤大体,毋借公论而快私情。毋以己长而形人之短,毋因己拙而忌人之能。毋恃势力而凌逼孤寡,毋贪口腹而恣杀牲禽。"③等,这些准则即使今天看也不失其意义。

底线准则是最低层面的价值标准,也是从价值观角度看最低层面的低调主义。高调主义对此并不反对,有异议则是嫌其低而已。在更高的价值层面如道德规范、价值理想、信念与信仰中才显示出低调主义与高调主义的重大差别。

道 德 规 范

在一般意义的道德规范上,低调主义与高调主义开始产生严重的

---

① 《旧约全书·出埃及记》,第二十章。
② 《旧约全书·出埃及记》,第二十二章。
③ 《传统蒙学书集成》,岳麓书社1996年版,第27页。

分歧。低调主义由于对人性问题持较为消极的看法，因此对人类道德标准的要求也相对较低，可以说比底线伦理高不了多少，因为标准的低调主义认为在不损害他人利益的地方就是个人自由的领域，个人尽可按自己愿望和爱好干自己喜欢干的事，不必顾忌其他。高调主义就不同了。高调主义因其对人性更为乐观的看法和对社会责任更强烈的感受而对道德标准有更高更严格的要求。从历史的角度看高调主义的伦理价值观大致表现在这样几个方面：

第一，性善论。如孟子认为人性本善，恻隐之心，人皆有之，这是仁义礼智之端，也是人性本善的根据。因此，"仁义礼智，非由外铄我也，我固有之也。"（《孟子·告子》）荀子虽有性恶论与之相左，但不占上风。宋王应麟的《三字经》作为蒙学第一名篇在中国古代启蒙教育中的突出地位可以说无人不知，性善论对于中国文化的影响不可低估。

第二，至善标准，圣贤人格。如儒家的人皆为舜尧理论。其实西方也有至善理论，如苏格拉底、柏拉图、亚里士多德都以至善理念为最高价值，从此角度看也是高调主义。但西人的特点是天人相分，灵肉相分，至善理念再好属于天上世界和理想领域。现实世俗的人的欲念需求和名利之心即恶的法则在起作用，因此得降低标准。即使是君王也以凡人心视之，对其可能滥用权力抱有警惕，而想从制度上提防。如亚里士多德说："让一个个人来统治，这就在政治中混入了兽性的因素。常人既不能完全消除兽欲，虽最好的人们（贤良）也未免有热忱，这就往往在执政的时候引起偏向。法律恰恰正是免除一切情欲影响的神祇和理智的表现。"[①]同儒家至善观相比显然是低调主义。

第三，不仅自己严格要求，慎独和律己，而且要去影响别人乃至社会，正所谓道德教化，先知觉后知，先觉觉后觉。这是高调主义较为崇高的一面。当然落到实处效果如何是另外一回事。

第四，泛道德主义。用道德标准解释一切，历史、社会、自然似乎都

---

① ［古希腊］亚里士多德：《政治学》，吴寿彭译，商务印书馆1983年版，第169页。

受一定的道德规范所制约。最典型的就是董仲舒的天人感应说,以及所谓道之大原出于天,天不变道亦不变。还有孟子的"尽心知性知天"等。文学等人文学科在此观点看来不过是表现道德观念的载体或材料,如"诗言志"、"文以载道"、"道德文章"等。在我国由于儒家文化几千年来举足轻重的地位,高调的道德理念一直具有主导地位,政治、法律、宗教、哲学等均受之统御,即所谓"道德立国"、"礼仪之邦"、"半部论语治天下"等,其正面的作用与负面的作用都很明显,从现代化的角度看也许负面作用更大些。

相对于高调主义,低调主义对人性的看法远没有那么乐观,人的本性在他们看来不仅不是生来就善的而且很可能生来就恶。如告子就认为人性如杞柳,可善可不善。柏拉图承认人生来就善,但认为这样的人非常少,因此得依赖法律来统治。亚里士多德观点与此类似。基督教认为人生下来就有原罪,与生俱来,终身难去,是最低调最悲观的人性恶论者。马基雅维里的君主论认为政治权力运作完全受利害关系所驱使,君王应该像狮子般残忍,狐狸般狡猾①,这简直就是中国儒家一直批评的"寡仁少义"的秦始皇之翻版。其实,中国文人虽然一直宣扬和向往"周公之治"和圣人统治,至少也是推崇"王政"、"仁政"和明君之治,但实际历史上明君极少,昏君、暴君、秦始皇式的人物却层出不穷,而西方主流的人性观虽然看起来消极低调,但反而促使人们注意对掌权者的权力制约,因而产生的成果却富有建设性。英国的自由大宪章,孟德斯鸠的权力制约和三权分立说以及英美法革命实践可以说均与此密切相关。

低调主义由于对待人性没有过高的要求和希望,反而促使它对正常的人性人欲持肯定或至少也是宽容的态度,只要不违反法律和损害他人利益,并不被视作破坏了一般道德准则。而高调主义由于对人性

---

① 参见[意]马基雅维里:《君王论》,惠泉译,湖南人民出版社1987年版,第74~76页。

和道德持过高的标准，反而落到实处时对世俗的快乐和欲望容易持否定的态度。这是很有意思的现象，非常值得研究。

当然，高调的道德理想能够唤起那些道德意识比较强烈者的道德热情，从而作出许多崇高的献身举动。但这样的标准对圣贤人格有激励作用，对普通人可能效果就差多了。遗憾的是这个社会上俗人多，柏拉图、亚里士多德当年的发现在今天可以说没有一点改变。因此若从社会层面考虑道德规范还是低调主义更为实在些。如我国历史上儒家一直推崇至善理想，重视道德教化，也出现了很多可歌可泣的事迹，但总的说来效果并不显著。西方中世纪推重神性，否定人性，调子比圣贤还高，但社会经济、文化一片荒凉，史称"黑暗时代"。近代启蒙思想家的人性论和自然状态理论，承认人皆有利己之心，但不企望去消灭它，相反，肯定世俗的欲望，大胆追求现实的幸福和快乐，只要不损人利己，危害他人，均无不可；另一方面，用合理的利己主义与价值规律对之作合理的导引，反而促进社会文化与经济的繁荣兴盛。如爱尔维修一方面肯定人的自爱自保趋乐避苦的天性，另一方面指出公共利益是一切美德的原则和立法的基础。霍尔巴赫在《自然的体系》中提出以自然的名义享受幸福，并说：

> 让我们把情欲引向有益于他们自己也有益于别人的那些事物上去！让教育、政府和法律，使他们习惯于把情欲引向有益于他们自己也有益于别人的那些事物上去！……人的情欲，要不是一切都伙同起来把它们往坏处引，并不见得是那样危险可怕的东西。①

亚当·斯密看不见的手理论是更为有名的低调伦理观。他认为追求私利是人的本性，它本身不是恶，毋宁说是较低程度的善，因为它对

---

① [法]霍尔巴赫：《自然的体系》上卷，管士滨译，商务印书馆1964年版，第131页。

社会繁荣有益,如果引导得当的话。其实个人在通常"所盘算的也只是他自己的利益。在这场合,像在其他许多场合一样,他受着一只看不见的手的指导,去努力达到一个并非他本意想要达到的目的。也并不因为事非出于本意,就对社会有害。他追求自己的利益,往往使他能比在真正出于本意的情况下更有效地促进社会的利益。"①

霍尔巴赫与斯密的理论看起来低调,但作用与影响却非同小可。霍氏的论述作为启蒙运动的主流观点直接成为点燃法国大革命的思想火炬,斯密的理论更成为近代以来资本主义社会的支配性思想和主导精神,近年来虽时有抨击和挑战,但统治地位仍无可替代。可以说只要市场经济在,斯密的看起来平淡无奇但实际上闪烁真理光芒的低调理论就难以超越。而市场经济从我们现在的眼光看在可以预见的将来仍是社会实现资源配置和流动的最佳手段,因此低调主义的经济理论和道德理论仍不失其价值,当然在许多情况下还需要高调主义作必要的补充,对此下面再谈。

价 值 理 想

道德价值也有价值理想色彩,尤其当涉及到高调道德时。但道德作为伦理范畴,主要适用于个人私域。价值则广泛涉及真善美、自由平等正义各领域,举凡同人的活动、人的希望、人的选择和评判有关的地方都与之有着密切联系,而且它既涉及个人,又关乎社会,特别关于社会的价值理想对人类说来十分重要,正是在这里显示出高调主义与低调主义的重大差别,因此有必要另论之。

高调主义的价值理想把价值关怀的重点置于社会,当然对社会的理解或侧重点有所不同,有的是国家,有的是集体,有的是民族、民众乃

---

① [英]亚当·斯密:《国民财富的性质和原因的研究》下,郭大力等译,商务印书馆1979年版,第27页。

至整个人类。但他们一致认为社会的利益高于个人之上,个人的追求只有同社会联系起来才有意义,才有价值,如是个人才会觉得活得充实而富有内容。因此必要时他们愿为之付出自己的利益乃至生命。这样做是出于个人自觉选择而非外在强制,因此是很高尚的行为;反之若为了个人一己私利损害他人乃至集体利益那是非常可耻的举动,死了以后也许会堕入阿鼻地狱万世不得超生!君不见杭州西湖秦桧夫妇像一直跪在岳坟前已近千年?从历史上看高尚理想的传统源远流长而且闪闪发光,人类许多光辉篇章与之联系在一起。西方远古有普罗米修斯为人类盗火的神话,近代有启蒙思想家特别是百科全书派的献身精神,马克思更早在少年时代就在作文中立志为人类幸福而献身,这是大家都知道的。中国这方面的传统更为深厚。孔孟忧患意识,乐以天下,忧以天下,将以斯道觉斯民;范仲淹先忧后忧;张载民胞物与,均体现出强烈的社会责任感和崇高的献身精神。这两方面的传统在新中国成立后融合为一,并发扬光大,在改造世道人心和促进社会主义建设方面起了很大的作用。但它不是万能的,也不是没有欠缺的,"文革"极左路线却打着政治挂帅精神万能的旗帜把它神化和推向极致,反而使其走向反面和荒谬化。改革开放以后低调的实用主义和实利主义价值追求抬头。80年代初关于人生价值和意义的大讨论已显示出对崇高价值的怀疑,90年代低调的保守主义崛起,市场经济大潮更为之推波助澜。于是时代精神似乎换了个个,虽然官方的主流意识形态高调话语还在,只是温和了些;学界许多人也为价值失衡不满,而讨论人文精神是否失落和重建的问题,但在社会上和大众那里兴奋点已迥然不同,理想主义、英雄主义似乎已经成为过去。在文化领域最突出的标志是精英文化衰落和大众文化兴起。令人吃惊的是过去高举理想主义旗帜的王蒙也著文"告别崇高",另一位新时期文学领军人物刘心武也声称"直面俗世"。难怪有旅外学者著文批评大陆学界90年代保守倾向抬头,特点是自我唾弃精英地位和责任,转与俗文化认同和丧失批评精神。陈晓明形容是"集体自焚,认同市场,随波逐流,全面抹平"。所有这些似乎都是低调主义惹的祸,或至少脱不开干系。

就我而言,思想上和情感上都更为认同高调的即崇尚社会责任感的理想主义传统。我深知该传统是千百万志士仁人的青春和热血所凝成,人类文明史特别是我中华文化史许多闪光的部分离开此就不可能存在了,而且人类以后的发展也离不开对人类前途与命运等高调主义问题的关心,至于中华民族的前途和命运包括民族文化的复兴和繁荣以及在现代化基础上重建等更离不开对这类高调的大问题或宏伟叙事的关心。当然,一个人可以不关心,十个人也可以不关心,但十几亿人都这样行吗?而且有些人十分自私,损人利己、奸猾卑鄙,已超出了底线伦理、做人准则,若否认崇高取消宏伟叙事则小人与君子无别,这也是包括我在内的许多人很不愿看到的。

然而理智上我也看到高调主义之弊端,特别在被不适当地强调之时,容易空洞而落不到实处,反而滋生华而不实和虚假浮夸的东西,人性受到扭曲,社会风气被败坏,人的个性也易受到压抑。特别在假大空的理论与权力相结合之时,许多人的生命和激情为空头高调的理论所诱,献身于看起来高尚其实虚无缥缈的东西,甚至成为某些人谋私利的工具。"播下的是龙种,收获的是跳蚤",这样的人生虽多经艰辛和痛苦但却谈不上有很多意义,至少不那么令人向往。也许,当前低调主义的人生观抬头、理想与崇高遭受冷落是对这样一种现象的反动和抗议;也许可以把它们看作高调主义空头政治的解毒剂,虽然似乎矫枉过正了些。

信　　仰

信仰一般指对终极价值的信仰。对信徒说来终极价值是至高无上的价值,具有绝对、无限和永恒意义,其他价值只有同它联系起来或服务于之才获得次等的价值,反之则是负面的价值应予排斥和摒弃。在迄今为止的人类历史上,具有终极意义的价值在大多数情况下是由宗教中的神灵特别是上帝来承载的。

信仰的对象既然是终极价值,具有绝对、无限和永恒意义,显然是高调主义,而且是姿态最高的高调主义。例如,宗教热情远比其他热情来得疯狂,在其激励下信徒会毫不犹豫地为之献身,或干出许多常人难以想象的冲动之举。他们不是不知道这样做的后果,但是为了心中的宗教理想和至高价值他们心甘情愿这样,为此他们甚至感到幸福,感到充实,感到获得一种崇高感和意义感,因为自己的有限存在同无限永恒绝对联系到一起了,即使死也死得其所。由此不难理解宗教对人类社会的影响力为何是如此之大,无论此力量是以创造的形式还是以破坏的形式表现出来。

然而,作为价值理念的信仰仍有低调与高调之分。一方面,因为与信仰有关的理论往往深邃而复杂,并凝聚了历代人的心血,随着历史的变迁,不同时代的理论和兴奋点往往有所差别,即使是宗教原教旨主义所信奉的早期理论,后人的理解和强调重点也往往有所不同,低调与高调的不同取向总是存在的。另一方面,信仰往往具有在社会范围内影响人的思想乃至左右人的心灵的力量,因而难免对人的行为实践产生重要的有时甚至是决定性的影响。这种影响从历史的角度看常关乎社会的政治、经济、军事等重要领域的行为,而这些实践领域具体政策、策略、路线和行动目标与斗争纲领的选择在当事者那里常常有着一些重要的分歧,这些分歧可能产生于对所信仰理论的不同理解,更可能产生于不同的利益要求,因此实践领域行动纲领和政策选择上的低调或高调、激进与保守之差别总是存在的。

例如,我们可以把信仰中那些较为极端的观点理解为高调主义,反之,相对较为温和的观点即是低调主义。在基督教历史上,耶稣区分地上的国与天上的国,说恺撒的归恺撒,上帝的归上帝,并让下层信徒服从那在上有权柄的,从政治角度看属于低调主义;后来许多教皇想用天上之国压倒地上之国,让教权凌驾于王权之上,那是高调主义。经院哲学中唯实论强调普遍,强调共相,唯名论则强调个别和经验,它们之间的斗争颇有高调主义与低调主义之争色彩。宗教改革时期,路德新教大胆否认教廷的特权,主张因信称义,信徒皆教士,人人可通过《圣经》接近上帝,是很激烈的高调主义;但对世俗权力则强调服从,又是低调的保守主义。在当代,原教旨主义者一般属于激进的高调主义者,特别在伊斯兰人那里,而比较世俗化的宗教一般属于低调主义,当然不能一概而论。激进与保守,虽然在许多情况下与高调与低调的关系重合,但也不尽然,因为极端的保守与极端激进一样在我们看来都是高调主义。另外,政治、经济、道德之间也不能直接划等号,有些人可能政治激进,经济保守,或宗教激进,政治保守,如路德。还有人前期后期观点可能有所不同。总之生活是复杂的,应具体情况具体分析。我们也不能简单地说哪一种观点好,哪一种观点坏,其实好与坏全看你从哪个角度看。

在低调与高调之间把握一定的张力

低调与高调作为两种不同的价值取向和行动哲学也许在人类社会任何阶段都会存在,只不过力量和影响此消彼长,很难说一个会完全吃掉另一个。就其特征和区别而言似乎一个重理想,一个重现实;一个充满激情,一个理智冷静;一个更关心行为的动机,因而更加冠冕堂皇,一个更关心行动的效果,因而建设性成果更多一些。

从历史的角度看,中国和西方都有高调主义和低调主义的传统。不过除了信仰的层面西方低调主义的传统更强些,特别中世纪后期以来,低调务实的理性主义和功利主义理论占据上风,"看不见的手"理论成为市场主宰,在政治领域则有权力制约说和议会民主制在分兵把守,防止手握大权的人欲望横流。高调的宗教领域上帝本来就是虚置,近代以来影响又受到宗教改革的冲击,向更加世俗化的方向走,而嬗变为韦伯所说的资本主义精神。现代化运动最先在西方滥觞绝非偶然。

中国社会的特点是:第一,高调的信仰影响相对较小,中国人的宗教意识并不强,平时不烧香,临时抱佛脚,谈不上虔诚和崇拜,这是世所皆知。但在更为重要的伦理道德和政治等领域高调主义的影响要大得多,可以说这方面传统积淀深厚,影响久远,低调主义的影响则远不能与之相比,只是停留在自发层面,缺少理论论证和合法地位,只能自生自灭。第二,自改革开放以来国人的价值观念处于从推重高调到重视低调的转变之中。在许多方面已经取得了可观的成果,如极左路线受到摒弃,价值取向更为务实,更贴近改革开放和现代化,但在有些方面高调主义的传统犹存,特别是其负面的因素仍然在禁锢着我们。如思想理论舆论宣传工作中仍有唱高调现象,制度建设、政治体制改革的进展可以说差强人意。各级领导干部手中权力仍然过大,缺少有效的制度制约,因为他们的权力主要是上面赋予的。而干部选拔的标准仍然是无限的善,即高调主义。甚至"文革"假大空作风也不能说完全绝迹。君不见官样文章、形式主义和权力腐败现象不仍在许多地方大行其道吗?但这只是问题的一方面,另一方面,由于政治淡化和市场大潮崛起,传统的高调极左政治和孔儒伦理又受到冲击,社会的道德状况急剧恶化,许多人道德意识淡薄,甚至连起码的底线伦理都没有,干起造假卖假,走私贩毒、贪污盗窃的勾当。但这些现象不完全是低调主义惹的祸,而毋宁说是对起码的底线伦理和低调主义违背的结果。当然,这些现象的肆虐同心中没有较高的价值理想也没有值得敬畏的信仰对象不无关联,因此仅有低调主义的理论还远远不够,还需用高调的价值理想乃至信仰理论给予教育和导引。

有鉴于此,笔者提出:

(1) 中国当前在经济、政治、法制等领域低调主义不是多了,而是少了。应该继续进行从重视高调主义到重视低调主义的历史性转变。转变的重点是制度建设,其次是理论建构。

(2) 在伦理道德和思想信仰的领域应低调主义与高调主义并重。一方面,狠抓公民道德素质教育,让社会公德和一般道德规范深入人心,成为人们的自觉操守,至少不要违反底线伦理。另一方面,应该告诉人们,理想、信仰、崇高等高调主义的东西永远有其不可磨灭的价值,任何时候不能抹杀,不能否认,只是不要把它们强调得过了头。也许,对人类说来最好的办法是两者的合题,扬二者之长,避二者之短。要能够审时度势,在高调主义与低调主义之间把握它们的张力。

(3) 对学界说来"低调主义"和"高调主义"都是全新的研究课题。

在当前重视研究和探讨低调主义的价值哲学既有重要的理论意义亦有非常现实的意义。

(原载《江苏社会科学》2003年第4期)

高调主义、低调主义的冲突和超越

高调与低调是话语中两种最基本的语调分野,由这种分野引出的观念和行为上的矛盾,也是一门重要的语调哲学,它们之间的冲突构成了人类思想与文化的一个基本主题。探讨高调主义与低调主义概念之含义以及它们之间的矛盾关系,对于推动哲学思维和实践的发展是颇有意义的。

概念之意蕴

所谓高调、低调乃是两种不同的话语语调,而高调主义与低调主义则是与此相联系的两种价值取向不同的语调哲学。那么何谓语调?何谓语调哲学?顾名思义,语调是说话或表达话语语言的音调或调子,既是调子难免有的高些,有的低些,有的介于高低之间,是平调,也有强调、弱调、单调、复调等区别。然而,由这些物理声波所负载的内容或思想,它们所表现出的主体姿态、情绪、倾向、态度和观念是积极的还是消极的,是强烈的还是平静的,是张扬的还是沉稳的,是激进的还是保守的,是肯定性的还是否定性的等等,却直接指导或影响着人们的行为实践,从而对我们的社会生活产生重大的影响。

因此,低调、高调或低调主义与高调主义实际上是通过一定的语调所表现出来的一种做人做事的姿态,也是一种行动的策略。人的行动常受一定的观念和目的指导,而如何做人做事,调子高低,态度与倾向如何,常涉及到一定的理念、原则和价值观。从此角度看低调主义与高调主义同时是一种价值哲学、人生哲学和行动哲学,因此也是语调哲学。

有人认为行为的指导思想似乎只涉及语言的内容与意义,而与语言的形式、结构、符号,或一言以蔽之,与能指无关。这是一种狭隘的理解。实际上,形式与内容不可分,所指与能指不可分,即使像价值理念、行动策略这些看起来距语言表达形式比较远的内容,也完全可以从一定的语言形式,特别从语调角度,如低调主义、高调主义角度作一理解。因此我认为,从以前狭义的语言哲学到现在广义的以语调为研究对象的话语哲学,这是一种拓宽和创新。这样一种拓宽和创新不是文字游戏,而有着非常重要的理论意义和实践意义。

差异与区别

第一,高调主义重理想,低调主义重现实。理想与现实,对人类说来都不可或缺。试想,人若没有一点理想,整日浑浑噩噩,只知道最基本的需求,其生活与动物何异?若一点不关心现实,如同生活在云里雾里,跳出三界外,不在五行中,出家修行可以,六根清净却难,红尘中生活更无法想象。可见世俗中人与理想、现实都脱不开干系,问题是倾向于哪种多些,哪种少些。相比之下,高调主义更看重理想的作用,看重与理想联系在一起的精神方面的因素,如道德,如价值,如政治,如信仰;个人的因素不是不考虑,但排在后面,或在关键时刻要向理想让位。而低调主义则更有现实感,对与现实有关的因素,如物质,如利益,如经济,如权力,如个人的名利地位考虑更多些,也可以说患得患失,因而为人处世从自己客观境况方面考虑多些,也更谨慎些。

从历史的角度看,有的时代人们可能更看重理想,看重精神方面的价值,高调主义追求更多些;有的时代则更看重现实的利益,低调主义色彩更浓些。如18世纪法国启蒙运动到大革命时期,都是理想主义和英雄主义精神占优势的高调主义时代。雅各宾之后人们的理想主义激情耗尽,价值关怀重归庸俗和自我,是低调主义占优势的时代。当然总的说来近代资本主义兴起之后人们的现实感更强些,铜臭味也更多些。我国上世纪90年代市场大潮兴起前后的情况也与此类似。这是历史的角度。从民族与地区看,特点也各有不同。众所周知,英、美民族信奉经验主义和实用主义,现实感更强些,低调主义非常明显;而法、德有玄思的传统,重视理论和理想,高调主义传统更为深厚。思想人物和流派也可作类似梳理,当然不能一概而论。

第二,高调主义重激情,低调主义重理性。理想是同激情联系在一起的,理想主义的语言慷慨激昂,无不受到激情的激励。而这种语言的慷慨激昂正是高调主义的典型表现。相比之下,低调主义的语言则要低沉得多。个人的利益和经济上的掂量与患得患失在语言语调上平淡无奇,没有任何激动人心的地方,或激动也只是刺激某个个人的私欲,不可能使任何不相干的人听上去就为之从心灵深处感动或激动不已。但低调主义的语言常常是从现实理性和普通常识出发的,它们在指导个人的实践方面有时很管用,并透着一种明智的实用理性精神。关于这两种精神的区别,颇可以法国启蒙运动时期的卢梭与伏尔泰为代表和象征,正如杜兰特在谈到他们的区别时所言:"法兰西复杂的灵魂似乎一分为二在这两个人的思想中显现出来,尽管他们泾渭分明,却都体现了地道的法国精神。尼采曾谈论过'轻盈的脚步、机智的热情、优雅严密的逻辑、目空一切的智慧、群星灿烂的舞蹈'——毫无疑问,他想到的是伏尔泰。紧接着伏尔泰便是卢梭:烈火与幻想的化身,满怀高尚而天真的憧憬,资产阶级淑女心中的偶像,他像帕斯卡一样宣称,心灵自有头脑永远领会不了的理性。"[①]更早的古希腊的酒神精神和日神精神似乎也可作为这两种不同精神的表征甚至源头,对此尼采也有很多论述。

总之,理性与激情古已有之,均对人类历史与文化影响至为深远。只是有的时候有的方面或在有的人身上理性压倒激情,有时则相反。

---

① [美]威尔·杜兰特著:《哲学的故事》,文化艺术出版社1991年版,第257页。

在前一种情况下往往是低调主义居优,在后一种情况下往往是高调主义称著。当然这是大致情况,并非毫无例外的通则。

第三,高调主义重社会或群体,低调主义更看重个人。这一点与前述区别有联系。视社会或群体的利益在个人之上,一般被认为是一种高境界的价值。一方面,高有高尚之义,大我压倒小我或小我自觉为大我利益而献身,常被社会公认为高风亮节,品德高尚,崇高义举,甚至惊天地泣鬼神。另一方面,高也有高调之意。孔曰成仁,孟曰取义,还有范仲淹先忧后忧,张载民胞物与,均慷慨激昂,调子不可谓不高,然千古传颂,听者无不耸然动容,肃然起敬。即如孟子所言,闻圣人之风者,"顽夫廉,懦夫有立志","薄夫敦,鄙夫宽。奋乎百世之上,百世之下,闻者莫不兴起也"①。因为这些高调的语言不仅仅是语音语调,还更是激励人们为理想、为社会利益献身的价值理念和精神动力。舍生取义,杀身成仁,人们在这样做的时候不是不知道可能出现的后果和给自己带来的伤害,但他们为理想与社会自觉自愿作出牺牲,其境界显然高于那些只知道一己私利的人,如杨朱虽拔一毛利天下不为也,如曹操宁负天下不让天下负我,都是很典型的自私道德,境界很低。但是,舍生取义的境界高则高矣,却难以持久,也难以长期普遍推广。因为大多数人都是普通人,芸芸众生有时连自己的生计都难以维系,不可能都去治国平天下,虽然不致都学曹操、杨朱,但绝大多数精力放在与己有关的卑微小事上是可以想见的。不可能个个学屈、杜,身在江湖草堂却整天心忧天下。其人生哲学和行动哲学更近于低调主义是很正常的,也是合乎情理的。这是问题的一方面。另一方面,市场经济的兴起促使人们把兴奋点与注意力集中于个人的利益。著名的斯密"看不见的手"理论也告诉我们,在市场大潮中价值规律像一只看不见的手,推动着每个想赚取蝇头小利的人去参与市场交换体系,做对社会发展有利的事,其功效甚于许多慷慨激昂的高调宏论。这是合理的个人主义之力量,也是合

---

① 《孟子·尽心》,《孟子译注》,中华书局1960年版。

理的低调主义之力量。

第四,在人生观或对人性的看法方面,高调主义更为乐观和积极,而低调主义则更为悲观和消极。我国最典型的例子也许是孟子的性善论与荀子的性恶论。孟子认为人之初性本善,理由是恻隐之心,人皆有之,这是仁义礼智之端。这是典型的高调主义。众所周知,在我国两千多年的封建社会中孔孟的思想居于主流。因对人性的乐观态度,儒家的社会理想也很高,不仅希望仁政王政,而且向往人人皆舜尧。低调主义则远没有那么乐观。荀子认为"人之性恶,其善者伪也"[①]。柏拉图、亚里士多德虽推崇至善,但同时却认为达于至善的至德之人极少,绝大多数人有贪欲私欲,因此对掌权者得加以限制。近代孟德斯鸠的权力制约说与其他启蒙思想家的人性论、合理的利己主义学说以及亚当·斯密的看不见的手理论可以说是对此理论的继承与发展。于是出现这样的有意思现象:性善论虽然在高尚理想方面给人以鼓舞,在道德教化方面给人以榜样,并代表人类在追求崇高价值方面所能达到的高度,但在运用于社会现实方面,却没有低调主义的理论所产生的建设性成果更多一些。

第五,在行动策略方面,高调主义偏于激进,低调主义偏于保守。偏于激进的进取心更强些,也更富有进攻性;而偏于保守的相对更稳健些,进取心和进攻性也差些。虽然不能一概而论,但大致的差别还是存在的。至于哪一种更好、对人们更为有利,则离不开具体的情境,也看你从哪个角度看。一般说来,在社会酝酿大变革的时代,进取求变总比求稳怕变、因循守旧好,在稳定的时代则可能是另外一种情况。当然,不变是相对的,变是绝对的,问题在于如何变,是大刀阔斧彻底决裂还是按部就班循序渐进,这里面的学问大得很,全靠当事人的把握。从历史的角度看革命总非常态,因此在大多数情况下也许是低调稳健一些更好,但若超过度就会成为僵化落后的代名词,迟

[①]《荀子简注》,上海人民出版社1974年版,第258页。

早会被历史所淘汰。

关于高调主义与低调主义还可以从很多角度加以把握,例如,在政治方面,一般说来高调主义更推崇平等和民主,而低调主义更重视自由与个性,因篇幅关系不一一缕述。总之,以上所说的特点与区别是相对的,实际情况总是更为复杂。一个人可能在政治上保守,文化上激进,即在政治领域低调,在文化领域高调;也可能倒过来,政治激进,文化保守。甚至一个流派乃至一个时代也可能出现高调、低调相互渗透相互转化或一身二任的复杂情况。总之,生活是复杂的,应具体情况具体分析,不能拿一个共性的结论到处乱套。

理想的冲突

高调主义与低调主义在价值取向和强调重点方面存在如此多差异,相互之间发生许多思想上的碰撞与冲突在所难免,特别是当其运用于实践之时。仔细分析,对这许多冲突似乎可以从这样一些角度加以把握:

首先,思想冲突与价值冲突。这是思想的层面,也是观念的层面,包括不同个人和群体之间在思想观念、理念原则、价值理想、道德伦理等方面所发生的冲突。这些冲突主要属于精神领域,但却是高调主义与低调主义冲突的主要方面,因为人的行动无不受一定的思想、观念和精神的指导,两种不同语调理念或者说哲学之间的冲突几乎时时会通过行动表现出来。前述高调主义与低调主义强调重点的区别正是产生诸多冲突的重要原因,特别在涉及到政治和伦理领域之时。当然,在观念冲突的背后常常有利益的冲突。

从西方历史的角度看,古希腊苏格拉底、柏拉图、亚里士多德都推重至善的理念,就此而言是高调主义;但他们特别是后两者都看到人间真正符合至善理想的人很少,因此又诉诸制度建构和权力制约,以此来约束那些掌权的人,就此而言又属于低调主义。由于不同的语调理念用于不同的对象,因此在他们那里高调主义与低调主义之间的冲突并不明显。但在中国就不同了，中国自始就存在着强调人性善的孔孟儒家与强调人性恶的荀子、韩非子和法家的基本分野。孟子和告子关于人性善还是不善的争论非常有名。老子说大道废有仁义，对高调的儒家理想持批评态度。这些都属于价值理想的冲突。当然在汉武帝之后，儒家思想由于官方的提倡长期居主导地位，但其间仍常遇到来自道家和佛教低调主义义理的挑战。

近代以来，理想与价值的冲突大大加剧。在西方，文艺复兴之人文精神对基督教罪感学说的批判，宗教改革之新教个人主义对宗教蒙昧的批判，启蒙运动之自由平等博爱和民主精神对封建专制的批判，都是高调的理想主义之胜利。但若从另一角度看，追求个人现实幸福的人生观比起自由平等博爱的社会理想又是低调的。而以路德为代表的宗教改革派对教皇权力激烈抨击，对世俗权贵却俯首顺从，也有从高调宗教观到低调政治观的变化。我国近代以来价值观的冲突更为剧烈。在西方列强的大兵压境，古老的文明风雨飘摇之际，是变法图强还是抱残守缺、顽固僵化，从语调哲学的角度看即包含了高调主义与低调主义的冲突。20世纪革命与不革命、左与右思潮的交锋同样是该冲突的表现，而且表现得更为激烈。不过左的东西后来被"四人帮"推向极致，高调的理想主义、英雄主义和献身精神在尽情宣泄之后终于走向反面，低调务实的作风抬头，80年代开始的改革开放和思想解放，90年代兴起的市场大潮，均与此转变有着某种密切的关联。另一方面，重视实惠实利和自甘平庸的思想抬头，痞子文学开始流行，甚至一些80年代的启蒙精英在90年代也大喊"告别崇高"、"直面俗世"。于是招来理想主义者的强烈不满，他们批评这是人文精神的失落甚至堕落。当然被批评者不是这么看。从中我们能够看到高调主义与低调主义两种理念和语调的冲突。

其次，策略冲突与路线冲突。高调与低调很大程度上是一种行动的语言或话语语调，它指导人如何行动，如何应对和处理当前的问题，或对周遭的事项持什么样的态度。该话语就其理论层面和价值层面而言，是一种行动的哲学；就其应对的技巧而言则是一种行动策略。我们通常所谓激进主义与保守主义的分野,在许多情况下与我所说的高调主义与低调主义之区别相重合,当然也不尽然。例如,我们可以从人生观角度对高调主义或低调主义作一理解,说某人为人处世低调高调,却不宜随便说他做人激进或保守。高调低调、激进保守之间虽然有着某种联系,但不能划等号。一般说来,激进与保守多用于政治场合和社会事务方面,而高调低调的运用则较为灵活和宽泛,当然在大多数情况下它们有很强的关联性。无论高调低调、激进保守,当其涉及到人的行动时就可以从行动策略的角度加以理解;当其涉及到群体或社会比较重要的事务时就是路线,就是行动的纲领和方针。而前述高调与低调的所有对立包括热情与理智、浪漫与现实、理论与经验、理想与平实、崇高与鄙俗、英雄主义与庸常意识等,在日常生活和行为实践的领域均可能成为策略冲突和路线冲突的缘由和焦点。

例如关于人生策略或怎样做人的行动哲学,孟子与荀子的分歧及与告子的争论古已有之。更早老子提倡"圣人处'无为'之事,行'不言'之教","柔弱胜刚强","道常无为而无不为",并提出"绝圣弃智"、"绝仁弃义",低调主义溢于言表。儒家高调的仁义道德在他看来至多是小道,即所谓"大道废,有仁义;智慧出,有大伪;六亲不和,有孝慈;国家昏乱,有忠臣"(《老子·第十八章》)。当然儒家不是这么看。儒家提倡达则兼济天下,穷则独善其身;但即使退了也心忧天下,仍希望能够内圣外王,修齐治平,致君尧舜上,再使风俗醇,调子依然很高。老庄与孔孟儒家的冲突贯穿了两千多年的几乎整个中国古代史。这种冲突既是理念上话语上的,也是策略上的,是行动哲学的冲突。该冲突迄今仍没完结。

路线冲突主要见于政治领域,特别是近代政党的行动纲领和阶级、集团之间的斗争。如强调自由还是强调平等、强调个人还是强调社会、强调人权还是强调平等,不同话语和语调之间难免发生激烈的冲突。如法国大革命时期先是第三等级以高调的民主自由平等博爱理论推翻了一、二等级及专制王权的统治,继而是下层革命群众和雅各宾派用更为激进和高调的平等理论压倒吉伦特派的低调自由与人权理论。后来大革命失败,高调的理想与激情随之式微,平庸而现实的市侩主义重占上风,即低调主义卷土重来。这样的轮回历史上曾一现再现,其重要性和对社会与人生的重大影响毋庸置疑。

第三,外在冲突与内在冲突。关于高调主义与低调主义的冲突也可以从外在、内在的角度作一理解。我把人与他人、与社会以及集团与集团、政党与政党、阶级与阶级之间在高调与低调的理念、价值和策略方面所发生的冲突称之为外在冲突,而把在一个人精神内部或心灵深处所发生的冲突称之为内在冲突。不难发现,前面所述高调主义与低调主义冲突表现种种差不多都属于外在冲突,但实际上该冲突也经常发生在人的心灵深处,惟其如此,才会给人带来深深的困惑、焦虑和精神上的痛苦。

一个人可能因环境、条件和各种主观的和客观的原因而在政治上高调激进,文化上或宗教、道德上低调保守;也可能反过来,政治上低调保守,文化、宗教上或伦理道德社会风化方面高调激进。如宗教改革时期路德是后一倾向的例子,而路德的反对派、天主教廷的法学家则属于前者的代表。当代著名思想家贝尔也说过自己在经济问题上是社会主义,在政治上是自由主义,在文化上是保守主义,也是高调与低调的混合。但高调低调的这种不一致有时能很好地并存于一个个体,而不引发严重的冲突,因为它们毕竟发生在不同的方面。我们更为关注的是另外一种,即在同一个人因特殊情境和主客观因素所致而产生的不一致,他又想这样,又想那样,又无法统一,因而无所适从,无法选择,或勉强选择了心理也极不平衡,从而造成精神上的莫大痛苦。关于这种痛苦,马克思在《资本论》中曾引用过歌德对浮士德的一段描述:他崇高的心中冲突着两个灵魂,一个想要同另一个分离。歌德本人在强调自由还是强调必然方面也有类似的困惑。

20世纪弗洛伊德关于自我矛盾的心理分析也是如此:"可怜的自我,其所处的情境更苦:它须伺候三个残酷的主人,且须尽力调和此三人的主张和要求。这些要求常互相分歧,有时更互相冲突。无怪自我在工作中常常不能支持了。此三个暴君为谁呢?一即外界,一即超我,

——即伊底……它感到三面被围,复受三种危险的威胁,抵不住压迫了,因而导致了焦虑。"①不难发现,高调主义与低调主义,一重激情,一重理智;一重理想,一重现实;一重崇高,一重世俗;一重个人,一重社会。当这些不同的价值取向发生在一个人的身上,需要作出取舍又难以取舍时,就会出现类似的焦虑与困惑。这些困惑无疑使我们的精神产生许多痛苦,但同时也在丰富着我们的阅历和内心生活。

在我国历史上,文人士大夫常常有进还是退、学习孔孟还是效法老庄的困惑。当然,总的说来两千年来儒家兼济天下的取向占据上风,高调低调的矛盾不是十分突出。近代以来救亡图存成为压倒性要求,虽然在如何救亡上存在严重分歧,但知识分子和精英人士济世救民的志向则一以贯之,低调的声音有,但不占主流。直到20世纪90年代随着市场经济大潮兴起以及精英文化的衰落与大众文化的崛起,高调的推崇崇高和献身理想的价值取向才从根本上受到严重的挑战。一方面,由于"文革"极左路线把高调主义推向极致,走向反面,人们不再对"假、大、空"的空头政治感兴趣,而普遍关心现实生活和实际利益,上层的政治路线也变得务实;另一方面,由于市场的诱惑和刺激,人们心灵深处的"伊底"与欲望都被煽动起来,又缺少有效的高调理论(超我)在制约,于是普遍走向世俗、平庸甚至低俗、鄙俗。就在这时,主张去中心、取消宏伟叙事和零散化边缘化的后现代主义思想传了进来,也在为告别崇高的低调主义推波助澜。所有这一切导致高调的理想主义和价值取向在我国遇到前所未有的挑战。有人称之为价值困惑、价值失衡,有人称之为精神危机甚至道德沦丧,也有人认为好得很,要"告别崇高"、"直面俗世"。于是有了90年代初关于人文精神失落与否的激烈争论,这场争论从参与者的角度看似乎属于外在冲突,即人与人之间的争论,但实际上对许多参加者和未直接参加者而言,该冲突更发生在精神内部,发

---

① [奥]弗洛伊德著:《精神分析引论新编》,商务印书馆1987年版,第60~61页。

生在人的心灵深处,并迄今仍在继续。

崇尚社会责任感的理想主义传统是千百万志士仁人的青春和热血所凝成,人类文明史特别是中华文化史许多闪光的部分离开此就不可能存在了,而且人类以后的发展也离不开对人类前途与命运等高调主义问题的关心,至于我中华民族的前途和命运包括民族文化的复兴和繁荣以及在现代化基础上重建等,更离不开对这类高调的大问题或宏伟叙事的关心。当然,一个人可以不关心,十个人也可以不关心,但十几亿人都这样行吗?而且有些人十分自私,损人利己,涂炭生灵,奸诈卑鄙,已超出了底线伦理、做人准则,若否认崇高取消宏伟叙事则小人与君子无别,似很难对之作道义上的谴责,这也是许多人很不愿看到的。

然而高调主义在被不适当地强调之时,容易空洞而落不到实处,反而滋生华而不实和虚假浮夸的东西,导致人性受到歪曲,社会风气被败坏,人的个性也易受到压抑。特别在虚假的理论与高层权力相结合之时,许多人的生命和激情往往为抽象空洞的高调理论所诱导献身于看起来高尚其实虚无缥缈的东西,甚至成为某些人谋私利的工具。"播下的是龙种,收获的是跳蚤",这样的人生虽多经艰辛和痛苦但却谈不上有很多意义,至少不那么令人向往。也许,当前低调主义的人生观抬头、理想与崇高遭受冷落是对这样一种现象的反动和抗议;也许可以把其看作高调主义空头政治的解毒剂,虽然似乎矫枉过正了些。

即使如此,对于许许多多人文知识分子和关心国家、社会及民族命运的人说来,理智与情感、低调与高调的对立依然存在,它依然在我们的内心深处产生困惑、焦虑和不安。这样一种精神上的苦痛似乎很难避免,也许这是我们为精神的丰富和文化的繁荣所不得不付出的代价。

第四,逻辑冲突与历史冲突。对于高调主义与低调主义之冲突还可以从逻辑的和历史的角度加以把握。逻辑的角度是理论的角度,即从理论上分析高调主义与低调主义所可能有的对立与冲突,并剖析其理论背景与思想根源。当然,这种剖析离不开具体历史。事实上,纯理论的分析只是我们头脑中的抽象,在现实生活中历史的与逻辑的是统一的。前面的论述主要是从逻辑角度进行理论分析和推导,但仍经常引用历史材料作为印证,历史与逻辑已经尝试统一,因篇幅关系这里就不另展开论说了。

把握张力,超越冲突

高调主义与低调主义的冲突在人类社会引起无数的对抗与纷争,更在我们的心中产生许许多多的困惑和烦恼。它虽然也在丰富着人们的精神生活,但我们有时仍嫌代价太大,希望痛苦与烦恼能少些,矛盾与冲突能少些,生活、行动与事业能更顺利些。为此笔者在此提出:把握张力,超越冲突。

超越冲突不是没有对立,没有分歧,事实上高调主义与低调主义的对立永远不可能完全消除,因为与人性联系在一起的热情与理智、理想与现实、理性与经验、价值与事实、信仰与世俗、平等与自由的对立永远不可能完全消除。但我们可以尽量减少不必要的纷争,让无谓的冲突少一些,让持不同观点的对立双方相互理解,以及尽可能使每个个人对不同观点、价值和语调的理解更多一些。

超越冲突的关键在于相互理解、求同存异,同时尽量保持对立语调之间的张力。正所谓文武之道,一张一弛。该张则张,该弛则弛;张弛都不能过分。同样道理,行动哲学或语调话语,该高则高,该低则低,高低都不应过分。当然这样一般说说容易,问题在于何时高何时低,何时张何时弛,以及到什么程度不为过分。这就有个度的问题,过犹不及。但在某个具体问题上何为度、何为过,如何把握,语调哲学只能给以忠告,给以看问题的方法,而不可能提供具体的结论。因为具体的情境纷繁复杂,且因时因地因人而异,不可能有什么普遍适用的模式,只能靠当事人的当下判断、把握和领悟。但语调哲学并非没有价值,它至少可以告诉人们以更合理的态度去看待问题,处理问题,掌握火候,避免绝对,并注意理解相反的立场和语调,从而在不同话语的碰撞中找到更为合适的策略与理念。若此,对不同语调之间冲突的超越也许就实现在其中了。

是所望焉!

(原载《社会科学》2003年第6期)

低调主义:一种行动的哲学

低调主义是一种人生态度,一种人生策略,也是一种行动的哲学。本文所说的低调主义主要是从后一意义而言的,但它与前述含义也不矛盾,相反,而是把之包容其中,以之作为一种行动的方针与谋略,故为行动哲学。当然"低调"是同"高调"相比较而存在的,高调主义也是一种行动哲学,不过取向与低调主义相反而已。那么具体说来,作为一种行动哲学的低调与高调有何含义,特别当它们运用于实践领域时会产生哪些重要的差异和影响呢?对这些问题国内外学界似乎没有专门的探讨,本文权作引玉之砖。

概念之意蕴:低调与高调

本文所说的低调乃指做任何事情都不要过分的态度,也可以说不走极端。而高调就类似于走极端。从此角度看低调与中庸之道颇有相通之处,孔子说"君子中庸,小人反中庸"(《中庸》);"中庸之为德也,其至矣乎,民鲜能久矣。"(《论语·雍也》)中庸被视为至德,老百姓缺乏很久了。《论语》中还说"过犹不及"、"毋意,毋必,毋固,毋我"(《论语·子罕》);仲尼不为已甚,即做什么事情都不过分。《中庸》更把中和视为天地之大本和至道。这些论述充分凸显不走极端和把握处理事情火候之重要。但是许多人把"中庸"理解为不偏不倚,哪一方也不偏向,所谓"执其两端用其中",即以中立为中道,这就同本文所说的"低调"有所区别了。举个简单的例子,一个表示长度的坐标系,中间为中或零,左边为左,右边为右,或左边为正,右边为负。这是很常见的图示。在中立主义者看来,中即意味着中间位置或中间立场,否则非左即右,此即为偏向。但本文所说的低调主义立场却有所不同,低调主张勿走极端,但也不意味着持中间或零的骑墙立场,而是有所倾向,有所坚持,但不要过分。例如,在两个极端和零之间寻一立场。从左的角度看也许是倾向中左的观点,从右的角度看也不是极右,而是更为温和的右。

如是也不难理解低调高调与激进保守的关系。不能简单地把低调理解为保守,把高调理解为激进,虽然它们之间有着非常密切的联系。从低调主义角度看来,毋宁把高调理解为极端,而低调则是对极端的弱化,或者说更为温和的观点。而极端则可能表现在两个方面:左或右,激进或保守,虽然在不同时代和不同的情境之下重点表现的通常是一种倾向。而本文所说的低调在很多情况下指的是介于正端和零之间的立场,即更为温和的左或更为弱化的激进。当然,在端点和中点之间是个区间,具体取何位置,要看当事人的悟性以及对当时情境的把握。分寸把握得好,即为火候,即为度,即为关节点,亦即为中庸。此为低调主义的至境。

以上所说的低调之含义看起来非常简单,但它包含的道理却深邃而重要,特别当它同我们的生活、同我们的政治立场和价值理想联系起来时。概言之,本文所说的低调主义既是一种生活的智慧和艺术,也是一种人生策略和行动哲学,这种行动哲学当其运用于社会的政治经济和伦理时就是一种政治哲学、伦理哲学,在实践中往往产生非常重要的影响。下面先从人生智慧谈起。

作为一种人生智慧的低调主义

低调主义作为一种行动哲学、实践哲学,首先是指导人行为处世的人生策略,一种指导人如何行动的方法论,这种方法论看似简单,但实际体现了一种非常深刻的人生智慧。对于这种智慧在人类早期思想史上往往只有顶尖哲人才能揭示一二。在西方如亚里士多德,在中国如孔子。不过也许由于中国的哲人更讨厌玄思而更贴近人生，因而对于这样一种人生智慧的揭示似乎更为充分些。

例如，前述孔子不为已甚，还有过犹不及、毋固毋必和温良恭俭让、欲速则不达等论述；与孔子同时代的老子关于"物壮则老，谓之不道，不道早已"（《老子·三十章》）的论述；更早《周易》中关于"亢龙有悔"的论述以及谦卦中无咎和无不利的卦语均透出这样一种低调主义的人生智慧。《中庸》中关于中庸、中道、中节、中正、中和的论述不过是对这种人生智慧的进一步发挥而已。

《中庸》以降，不为已甚、过犹不及的低调主义人生智慧已经渗透到以儒家文化为代表的整个传统文化中。一个集中的表现是，那些在社会上广为流传的谚语、格言、箴言多体现此精神，如"满招损，谦受益"、"物极必反，器满则倾"、低调做人，不事张扬，留有余地和"枪打出头鸟"、"出头椽子先烂"等。《重订增广》中关于"路逢险处，为人辟一步周行，便觉天宽地阔；遇到穷时，使我流三分抚恤，自然理顺情安"；"知足常足，终身不辱；知止常止，终身不耻"；"差之毫厘，谬以千里"；"勿贪意外之财，勿饮过量之酒。进步便思退步，著手先图放手"；"贵善勿过高，当思其可以；攻恶勿太严，要使其可爱"；"得意时须早回头"；"物盛则必衰，有隆还有替"，等等①，无不表现出低调主义的人生智慧。不过这是我们的传统，现代低调主义还包容了近代西方的一些传统，如保守主义、经验主义、自由主义、理性主义、现实主义、怀疑主义、实用主义均有些内容与低调主义精神相契合。如保守主义与自由主义对人类权力和人性至善理想的怀疑，经验主义、现实主义对人的行为践履和现实事务分寸的把握，理性主义、怀疑主义对所有不合人类理智传统的拒斥，实用主义对此岸有限但能够靠得住的利益的强调均闪烁着当代低调主义的人生智慧。

具体地说，当代低调主义的人生智慧主要体现在这样几个方面：

---

① 《传统蒙学书集成》，岳麓书社1996年版，第32～38页。

(1) 不走极端。不行过分之举,如前述孔子不为已甚。

(2) 对绝对、无限、永恒和至善持审慎的怀疑态度。但不是全盘否定,而是不赞成无条件肯定。在低调主义看来,这些终极价值对人类说来高则高矣,但没有多少现实性,它们诚然能够指导人类进行一些价值追求,但我们千万不能以此为标准来认识现实人性,设计社会制度,至少从大众的角度看如此。

(3) 不求最佳,但求较佳;不求最好,但求较好;不求绝对,但求相对;不求完美无缺,但求较为满意,或至少错误与问题相对较少;不求虚无缥缈的永恒,但求目前实实在在的利益;不求无限,但求此岸能够实现的有限东西。

(4) 不喜玄思,不尚空谈,重视经验,也重视传统中有用的东西。

如此看来,王蒙"告别崇高",并提倡"中道"、"中和"和重视经验与常识,颇有低调主义之风,但我们仍要指出:第一,合理的低调主义并不贬抑崇高,相反,对那些能够超出庸常追求和一己私利的所有崇高行为抱有敬意,只是依据低调主义常识对把圣贤人格要求用于普罗大众表示怀疑。第二,低调主义绝非与恶势力妥协,相反,由于其对人性的低调立场和对崇高理想的审慎态度反而在制度建构上持积极立场,从而对许多潜在的恶产生限制并对社会的民主与自由产生富有建设性的影响。对此下面还要谈及。

作为政治哲学的低调主义

低调主义在政治领域的影响最著,也最为重要。下面试从一般政治以及自由、平等、民主的政治理念谈起。

低调政治。低调与高调相对而言,首先谈谈高调政治。高调政治在我们现在的语境中至少包括这样三层含义:第一,高调的政治口号与理念。这是高调政治的旗帜。如传统文化中的理想君王是无限善的化身,因此以德配天,受天命统治天下。而儒家理论主张人性善,至少每个读书人和士大夫应该是圣贤人格或以此标准要求自己。还有"文革"

的极左理论都属于高调政治。第二，全能主义。要求当权者承担无限责任，拥有无限权力。如改革开放前的计划经济体制，对体制中的人吃喝拉撒尿、生老病死什么都管，当然也管思想、管工作、管政治态度。企业也处于父爱式的管理之下，自主权是谈不上的。结果整个社会都缺少活力。第三，集权主义。权力高度集中，既是实现高调政治的需要，也是为全能主义的高度控制的需要。当然还有集权传统的影响。

谈了高调再谈低调就比较容易理解。低调政治首先在政治目标和指导思想上就是低调的。它对那些过于宏伟但短期内可望不可即的抽象目标不感兴趣，而宁可把注意力放在那些较为切近的具体目标上。对于人性的理解也持远更悲观的态度，宁可相信人性恶，而不相信人生下来就善。因此对所有的掌权者都保持高度的警惕，而致力于制定制度限制他们的权力，特别是要防止对权力的滥用。如古希腊的梭伦、亚里士多德，近代的马基雅维里、孟德斯鸠、汉密尔顿、阿克顿等。英国的自由大宪章、光荣革命，美国的独立宣言和宪法可以说是低调政治的典范，而法国大革命高调政治的色彩更浓些。

我们改革开放前特别"文革"时期极左路线猖獗，空头政治盛行，不着边际的高帽子口号满天飞，是不折不扣的高调政治，而且发展到极致。从农村的人民公社到城市严密的户籍制度和各单位各系统的严密控制，是很有代表性的全能主义政治。结果整个国家被搞得经济停滞、活力全无，从上到下干部群众对空头政治均深恶痛绝，因此才有后来的改革开放和现代化运动。从此低调务实的政治路线占据上风并受到人民群众的欢迎。以经济建设为中心，摸着石头过河，不管白猫黑猫捉住老鼠就是好猫，实践是检验真理的标准等，均体现出低调政治的智慧和务实的精神。我们国家能有今天的面貌可以说皆受其赐。

低调民主。所谓民主指主权在民、人民统治。民主精神最早在古希腊萌生。古希腊城邦小，实行主权在民、轮番为治。近代国家大了，摘代议制，落到实处只是一批职业官僚政客统治，但民有、民享、民治的基本原则仍不能违反，至少形式上如此。从我们现在眼光看来前者类似于高调民主，而后者更接近低调民主。似乎不能简单地说哪一种好哪一种不好。伯里克利时期高调民主搞得颇像回事,只是后来走火入魔,国家搞得混乱不堪,做出很多荒唐事,苏格拉底只是牺牲者之一,最大牺牲是古希腊民主和文明本身。具体说来高调民主重视抽象民主理念的实现,亦即十分重视每个民众的权利,重视平等,并致力于实现之。从近代看卢梭的观点庶几近之,罗伯斯比尔则是其实践者。由于近代国家人数众多,且意见不一,每个民众的意志和利益很难一一落到实处,故高调民主落到实处的往往是掌权者或以民众名义掌权者在擅权弄权。这种民主实际上与专制独裁相差无几,甚至更有甚之,因为它声称代表广大民众利益,能够像过去的皇帝一样替天行道,因此一旦作恶民众个人更难以抗拒。这种绝对民主制的弊端亚里士多德在两千多年前就深恶痛绝并在《政治学》中一再批判过,后来出现的低调民主可以说是对其的修正。

所谓低调民主指这样一种精神,其对抽象的民主理想持审慎的态度,而致力于制度建设和程序的合理性。因此它一方面关心效率,另一方面对人性持消极悲观的态度,因而对掌权者的道德素质不抱很高的希望,对权力有可能出现的滥用却抱有高度警惕,因此很关心用制度来制约之,使其容易干好事,而不大容易干坏事。从此角度看,民主并非完美无缺,也不是最高价值。最高价值是人的自由而非民主,但这个最高价值的实现却需要民主来作为保障。民主不过是相对缺点较少的制度而已,是为了大善而必须加以容忍的小恶。当然高调主义者不同意这个观点,在他们看来民主就是最高的价值,他们甚至一想到它就为之激动,愿意为之作出牺牲。因此高调与低调在政治领域的分歧很重要,斗争常常是很激烈的。

我们改革开放前极左路线横行,高调民主的东西更多一些。有时甚至连高调民主也不要,因为民主被明确地宣布为是手段,不是目的,集中才是目的。但在其他一些时候民主被宣布高于资产阶级民主千百倍,从此角度看是很强烈的高调民主。"文革"后痛定思痛,空头政治被摒弃,政治向务实的路子走,但政治体制改革仍在进行中而非完成式,而且进展并不算快。在学界高调民主与低调民主仍聚讼纷纭,各有各的拥护者。民主制度建设在中国仍有很长的路要走。

低调平等。仍先从高调谈起。高调平等指在平等问题上持理想主义和激进主义的态度,如希望实现全社会各阶层的平等以及每个人在政治、经济、文化诸方面实现全方位的平等。而民主的原则是主权在民和民有民享民治,显然贯穿着强烈的平等精神。因此高调民主主义者是天然的高调平等主义者,反过来说也一样。当然它们的强调重点有所差别。遗憾的是不同事物之间发展有差异和不平衡乃是常态,无差异的平衡反是偶然。发展最为复杂的人类社会更是如此。人与人之间由于历史的、生理的、先天的和后天的种种因素制约,差异与不平衡更是普遍存在,即使在理想的情况下人的个性与能力也很难想象是完全平等的。这种差异和不平衡并非全然是坏事,相反,它是激励人类社会不断竞争和发展的不竭源泉。当然它也产生了不平等,产生了剥削压迫等种种恶。平等主义者从崇高的人类大同理想出发对之进行批判并愿为消灭它而奋斗,这是值得尊敬的。但低调的平等主义并不奢望一下子全部消灭这些差别,因为在它看来有些差别也许永难消灭,如个性,如能力,如个人的勤奋程度和机遇。不仅如是,它甚至认为这些差别作为促进人类社会进步的因素应当加以保护,应当消灭的只是一部分不平等,如特权,如等级,如歧视,如经商做工的种种禁锢。因此不要致力于那些做不到的东西,而应关心那些能够做到也应该去做的东西,如制度建设。于是低调平等在许多情况下成为低调民主以及自由主义者的同盟军,而高调平等则从激进的民主主义那里找到呼应。在我国,"文革"时破资产阶级法权,兴平均主义之风(实是普遍贫穷),在思想上削平小资情调,也不允许讲个性,大家都认同于集体,认同于单位,认同于工农兵;更早还有人民公社共产风,一平二调,一大二公,都属于高调平等,或与之有着密切的联系。而改革开放后效率优先,兼顾公平,让一部分人先富起来然后再实现共同富裕则近似于低调平等。孰优孰劣全看你从哪个角度看。

低调自由。前面谈到自由主义常是低调平等的同盟军,但自由观念本身仍有低调高调之分。由于自由观念涉及范围广泛,有政治自由、经济自由、思想自由、道德自由、社会自由、个人自由、个性自由等，经济自由又可分为财产自由、土地自由、劳动自由、买卖自由、雇佣自由……思想自由又可细分为信仰自由、言论自由、学术自由、新闻自由，等等，每一方面对今人说来皆非同小可，所以观点上看起来很细微的差别在实践上也可能产生很重要的结果。

谈到自由我们知道伯林关于消极自由与积极自由的区别很有名。当然，关于自由问题我们完全可以从前述分析高调政治与低调政治的三个方面加以分别，但伯林的定义很有名也很有用，所以不妨拿来所用。伯林把形形色色的自由观概括为两种：积极自由与消极自由。所谓积极自由指人内在地自我决定、自我创造、自我发展和自我实现的自由，自己决定自己干什么，不受外力强制。消极自由则指一定限度内的自由，它关心自由与不自由的界限，把那些不自由的东西先找出来，排除掉，才是自由；过此界限，即为不自由。马克思在《政治经济学批判大纲》中批评斯密只看到劳动的消极方面，没有看到创造的自由；在《资本论》中区分受外在需要制约的必然王国与人内在自我决定的自由王国，也有消极自由与积极自由思想。不过他更为向往的是在未来生产力高度发展的基础上实现积极自由，而伯林更看重的是消极自由，即重视在此岸保护个人的权利与利益。两种取向，前者更崇高，后者更现实。从历史的角度看，自由大宪章、光荣革命、独立战争以及洛克、伏尔泰、孟德斯鸠、汉密尔顿、密尔近于消极自由，而卢梭、法国大革命、青年黑格尔派、巴黎公社和十月革命都近于积极自由。当然区别是相对的，而且有时你中有我，我中有你，相互渗透，很难截然分开，但大致的差别还是存在的。哪一种观点更为优越，也很难从理论本身得到证明，只能从效果的角度看。

我国学界关于自由主义与新左派的争论已展开有年，这种争论颇类于低调自由与高调自由的争论。任剑涛先生把新左派的观点概括为高调政治是有见之言。这两种观点在现实生活中均有所指，前者把国家发展的希望寄托于对公民财产和权利的保护以及对权力的制度制约，后者则对日益拉大的社会差距以及日甚一日的腐败和不公深表忧虑,因而高举高调自由与高调民主平等的大旗努力批判之。应当说他们各有各的理由与根据。就我个人而言理智上似乎更倾向于低调主义,因为我对那些过于激进的高调观点之效力表示怀疑,对其可能产生的负面作用却十分担心。而且我认为腐败、不公和两极分化似不应归罪于政治观点的过于低调,相反,可能是对其原则违背的结果,因为消极自由十分重视制度建设和权力制约。对此下面再谈。

作为价值哲学的低调主义

说低调主义是一种价值哲学,也许不太准确,低调并不是一种新的价值,能够与真善美或自由平等并列,它只是一种与之有关的观点、姿态和策略,但它既然对持什么样的价值观本身产生重要影响,也不妨把之看作一种与价值观有关的理论或哲学。

具体说来作为价值观的低调主义表现在这样几个层面:(1) 底线准则;(2) 道德规范;(3) 价值理想;(4) 信仰。因信仰属于终极价值,观点虽仍有低调高调、温和激进之别,但比较复杂,因篇幅关系,权且不论,下面试从前三方面分述之。

底线准则。包括文明底线、做人的起码准则和一般社会公德。如公共场所不要随地吐痰和大声喧哗,爱护公物等。这些底线和起码准则为人类社会秩序所必需,也为千百年来的文化传统和风俗习惯所认可,不能违反,否则会受到社会舆论的谴责,严重者甚至会被绳之以法。如摩西十诫除少数有宗教色彩外多属于这样的底线准则,它们不仅受到社会舆论而且受到法和宗教的保护。底线准则可以说是最低层面的价值标准,低调主义与高调主义对此均无异议。

道德规范。这里说的是一般意义的道德规范,正是在这里低调主义与高调主义产生了严重的分歧。低调主义由于对人性问题持较为消极的看法,因此对人类道德标准的要求也相对较低,可以说比底线伦理高不了多少,因为标准的低调主义认为在不损害他人利益的地方就是个人自由的领域,个人尽可按自己愿望和爱好干自己喜欢干的事,不必顾忌其他。高调主义就不同了。高调主义因其对人性更为乐观的看法和对社会责任更强烈的感受而对道德标准有更高更严格的要求。其诸方面表现是：第一，性善论，认为人之初性本善，如孟子认为恻隐之心，人皆有之，这是仁义礼智之端。第二，至善标准，圣贤人格，如儒家的人皆为舜尧理论；第三，不仅自己严格要求，慎独和律己，而且要去影响别人乃至社会，所谓道德教化，先知觉后知，先觉觉后觉。第四，泛道德主义，用道德标准解释一切，历史、社会、自然似乎都受一定的道德规范所制约。最典型的就是董仲舒的天人感应说，以及所谓"道之大原出于天，天不变道亦不变"。还有孟子的"尽心知性知天"等。文学等人文学科在此观点看来不过是表现道德观念的载体或材料，如"诗言志"、"文以载道"、"道德文章"等。在我国由于儒家文化几千年来举足轻重的地位，高调的道德理念一直具有主导地位，政治、法律、宗教、哲学等均受之统御，即所谓"道德立国"、"礼仪之邦"、"半部论语治天下"等，其正面的作用与负面的作用都很明显，从现代化的角度看也许负面作用更大些。

价值理想。道德价值也有价值理想色彩，尤其当涉及到高调道德时。但道德属于伦理范畴，主要适用于个人私域。价值则广泛涉及真善美、自由平等正义等各领域，举凡同人的活动人的希望人的选择和评判有关的地方都与之有着密切联系，而且它既涉及个人，又关乎社会，特别关于社会的价值理想对人类说来十分重要，正是在这里显示出高调主义与低调主义的重大差别，因此有必要另论之。

高调主义的价值理想把价值关怀的重点置于社会，当然对社会的理解或侧重点有所不同，有的是国家，有的是集体，有的是民族、民众乃至整个人类。但他们一致认为社会的利益高于个人之上，个人的追求只有同社会联系起来才有意义，才有价值，如是个人才会觉得活得充实而富有内容。因此必要时他们愿为之付出自己的利益乃至生命。这样做是出于个人自觉选择而非外在强制，因此是很高尚的行为；反之若为了个人一己私利损害他人乃至集体利益那是非常可耻的举动，死了以后也许会堕入阿鼻地狱万世不得超生！君不见杭州西湖秦桧夫妇像一直跪在岳坟前已有数百年。从历史上看,高尚理想的传统源远流长而且闪闪发光,人类许多光辉篇章与之联系在一起。西方远古有普罗米修斯为人类盗火的神话,近代有启蒙思想家特别是百科全书派的献身精神,马克思更早在少年时代就在作文中立志为人类幸福而献身,这是大家都知道的。中国这方面的传统更为深厚。孔孟忧患意识,乐以天下,忧以天下,将以斯道觉斯民;范仲淹先忧后忧;张载民胞物与,均体现出强烈的社会责任感和崇高的献身精神。这两方面的传统在新中国成立后融合为一,并发扬光大,在改造世道人心和促进社会主义建设方面起了很大的作用。但它不是万能的,也不是没有欠缺的,"文革"极左路线却打着政治挂帅精神万能的旗帜把它神化和推向极致,反而使其走向反面和荒谬化。改革开放以后低调的实用主义和实利主义价值追求抬头。80年代初关于人生价值和意义的大讨论已显示出对崇高价值的怀疑,90年代低调的保守主义崛起,市场经济大潮更为之推波助澜。于是时代精神似乎换了个个,虽然官方的主流意识形态高调话语还在,只是温和了些;学界许多人也为价值失衡不满,而讨论人文精神是否失落和重建的问题,但在社会上和大众那里兴奋点已迥然不同,理想主义、英雄主义似乎已经成为过去。在文化领域最突出的标志是精英文化衰落和大众文化兴起。王朔的"痞子"在文学中和生活中似乎都很走红。更为令人吃惊的是过去高举理想主义旗帜的王蒙也著文"告别崇高",另一位新时期文学领军人物刘心武也声称"直面俗世"。难怪有旅外学者著文批评大陆学界90年代保守倾向抬头,特点是自我唾弃精英地位和责任,转与俗文化认同和丧失批评精神。陈晓明形容是"集体自焚,认同市场,随波逐流,全面抹平"。所有这些似乎都是低调主义惹的祸,或至少脱不开干系。

就我而言,思想上和情感上都更为认同高调的即崇尚社会责任感的理想主义传统。我深知该传统是千百万志士仁人的青春和热血所凝成,人类文明史特别是我中华文化史许多闪光的部分离开此就不可能存在了,而且人类以后的发展也离不开对人类前途与命运等高调主义问题的关心,至于我中华民族的前途和命运包括民族文化的复兴和繁荣以及在现代化基础上重建等更离不开对这类高调的大问题或宏伟叙事的关心。当然,一个人可以不关心,十个人也可以不关心,但十几亿人都这样行吗?而且有些人十分自私,损人利己、涂炭生灵、奸邪卑鄙,即超出了底线伦理、做人准则,若否认崇高取消宏伟叙事则小人与君子无别,似很难对之作道义上的谴责,这也是包括我在内的许多人很不愿看到的。

然而理智上我也看到高调主义之弊端,特别在被不适当地强调之时,容易空洞而落不到实处,反而滋生华而不实和虚假浮夸的东西,人性受到扭曲,社会风气被败坏,人的个性也易受到压抑。特别在假大空的理论与权力相结合之时,许多人的生命和激情为空头高调的理论所诱导献身于看起来高尚其实虚无缥缈的东西,甚至成为某些人谋私利的工具。"播下的是龙种,收获的是跳蚤",这样的人生虽多经艰辛和痛苦但却谈不上有很多意义,至少不那么令人向往。也许,当前低调主义的人生观抬头、理想与崇高遭受冷落是对这样一种现象的反动和抗议;也许可以把它们看作高调主义空头政治的解毒剂,虽然似乎矫枉过正了些。

从高调主义到低调主义

低调与高调作为两种不同的人生智慧和行动哲学也许在人类社会任何阶段都会存在,只不过力量和影响此消彼长,很难说一个会完全吃掉另一个。就其特征和区别而言似乎一个重理想,一个重现实;一个充满激情,一个理智冷静;一个更关心行为的动机,因而更加冠冕堂皇,一个更关心行动的效果,因而建设性成果更多一些。中国社会的特点是:第一,高调主义的传统积淀深厚,影响深远,低调主义的影响要小得多,或停留在自发层面,缺少理论论证和合法地位,只能自生自灭。第二,自改革开放以来处于从重视高调主义到重视低调主义的转变之中。在许多方面已经取得了可观的成果,但在另一些重要方面是高调主义的传统犹存,特别是其负面的因素仍然在禁锢着我们。如制度建设、政治体制改革的进展可以说差强人意。我们的各级领导干部手中权力仍然过大,而缺少有效的制度制约,因为他们的权力主要是上面赋予的,而干部选拔的标准仍然是无限的善,即高调主义。甚至"文革"假大空作风也不能说完全绝迹,君不见官样文章、形式主义和权力腐败现象不仍在许多地方大行其道吗?在学界低调主义的一些理论仍不为许多人所认同,而高调空洞的东西反而可能有一些市场,虽然不一定有新意,但至少在政治上是保险的,不会给自己带来多少麻烦。相反,低调主义的东西则可能有某种风险。

有鉴于此,笔者提出:

1. 中国当前的低调主义不是多了,而是少了。应该继续进行从重视高调主义到重视低调主义的历史性转变。

2. 转变的重点是制度建设,其次是底线伦理,再其次是理论建构。学界的讨论可以说是第三层次的工作,但也不是可有可无,有与没有全一个样。毕竟,理论的澄清有助于现实实践,而低调主义正是在此意义上是一种行动的哲学。

3. 理想、信仰、崇高等高调主义的东西永远有其不可磨灭的价值,任何时候不能抹杀,不能否认,只是不要把它们强调得过了头。也许,对人类说来最好的办法是两者的合题。扬二者之长,避二者之短。要能够审时度势,在高调与低调之间把握它们的张力。

4. 对当前学界说来重视研究和探讨低调主义既有重要的理论意义亦有非常现实的意义。

(原载《学海》2004年第1期)

以言行事与以行表言

传统观念认为,言是言,行是行,语言与行为之间有一道难以逾越的鸿沟。中国文化要求言行一致,知行合一,以诚信为美德,言必行,行必果,一诺千金,真君子大丈夫也!可见言和行远非一回事。许多事情说说容易,做到很难,言和行统一很不容易;即使统一,也不能说它们没有差别就是一回事,而是当事人付出努力的结果,并不是每个人都能达到的,因此才值得赞扬和提倡。西方文化也以诚实守信、言行一致为美德。事实上,这是整个人类文明的公分母,也可以说是普世价值。在语言学家那里,语言与行为也是泾渭分明,两回事情,当然,他们主要以前者为研究对象。但是在上个世纪50年代奥斯汀和他的学生塞尔提出言语行为理论,在语言学界和哲学界使人们为之一振。

奥斯汀是英国牛津大学哲学教授,他1952年就开设"言与行"(Words and Deeds)课程,1955年应邀到哈佛大学发表"怎样用词做事"演讲,引起轰动,从此言语行为理论受到普遍关注。以前马林诺夫斯基也曾指出语言的原始功能是一种行动方式,但影响比较大自奥斯汀始。

奥斯汀在研究中发现人类的语言不仅仅是语言,人们所说出的每个句子几乎都可以用来实施行为,不是一个行为,而是三个行为。第一个行为是通常意义上的说话行为,即说话者用发音器官发出语音,这些语音代表一定意义的语词,这些语词又按一定规则排列成句子。这是我们都很熟悉、也是语言学家研究透了的说话行为。二是表明说话人意图或表达意义的行为,奥斯汀称之为"行事语力"。三是"取效行为",

指言语的事后效应。如"我答应……"(I promise that …),就是完成了一个允诺行为。说"关上门"则可能是命令,也可能是请求、希望,总之是完成了一个言语行为,它们的共同特点是有一定的表述语力。也就是说,所有话语都既是表达含义的,又具有力量。按此观点,罗纳德·沃德华说,一旦我们开始从施事的角度来观察话段,就会看到每个话段都是某种言语行动,也就是说它们拥有了某种独立于所使用的词语及语法结构之外的功能价值。这些行动可能不像"出去"、"我愿意"或者"我在此呼吁"那么明显、直接,但无可争议的是,即使是说"我早上看见约翰"这样的话也是一种行动,至少这是一种讲述事实(或你认为的事实)与否的行动。①

奥斯汀的学生、美国加利福尼亚大学伯克利分校教授塞尔对言语行为理论作了进一步发展,指出任何语言交际模式都必须包含一个语言行为。语言交际的单位不是通常人们认为的符号、语词或语句,而是在完成言语行为中给出的标记,更确切地说,以言行事的行为是语言交际的最小单位。在完成一种言语行为中人发出的声音或做出的标记在特征上被看成是具有意义的。与此相关的第二个区别是,从其特征上看,人通过这些声音或标记意谓某种东西,而且他所说的东西,即他发出的一串词素,其特征就是具有意义。他说:

> 有一种包含说者、听者以及说者所作的表述在内的典型言语境况中,有许多行为与说者的表述联系在一起。从特征上看,说话者将移动他的颌、舌并且要发出声音。此外,从特征上看,他将完成像通知、激怒和打搅他的听者这样一类行为;从特征上看,他将进一步完成像指称肯尼迪、赫鲁晓夫或北极这样一类行为;而且他也将完成像作陈述、提问题、下命令、作报道、致以问候和发出警告

---

① [加]罗纳德·沃德华:《社会语言学引论》,雷红波译,复旦大学出版社2009年版,第338页。

这样一类行为。这最后一类中的行为就是奥斯汀所说的以言行事的行为……与以言行事的行为相联系的一些英语动词和动词短语有：陈述、断定、描述、警告、议论、评论、命令、指令、请求、批驳、道歉、指责、批准、欢迎、允许、表达赞成和表达遗憾。①

Z. 文德勤在《论说出某句话》一文中也指出：

> 所谓以言行事的行为，就在于作出带有某种以言行事语力的表述。所有"措词恰当的"或"成功的"表述除了具有它们的意义之外，还都具有这样一种语力。这些语力规定了上述那种表述打算派什么用场，即那种表述打算产生什么样的效果（包括认知的、动机上的、社会的或法律的），从而应该在什么尺度（真、可行、适当等）上对它们进行评价；例如，那种表述是具有一种陈述的"力量"，还是具有一种警告的"力量"，或者还是具有一种允诺、一种命令等等的"力量"。在多数情况下，以言行事的语力是隐含的。在一种特定的场合下，说话者常常无需明确地规定应如何去领会他的表述，因为环境与语境可能足以决定这一点。在其他情况下，说话者可能通过使用某些语言手段，像适当的语调模式、语句变换或完成行为式动词等，来作出一种暗示或不仅仅是作暗示。②

在《心灵、语言和社会》一书中塞尔进一步深入探讨这样一个问题："我们是怎样从所发出的声音达到以言行事的行为的？"他说，这个问题实际上同"心灵是怎样对单纯的符号和声音赋予意义"的问题是相同的。要回答这一问题就要对我们用来解释语言如何与实在相关联的意义概念作出分析。语言通过意义与实在相关联，但意义就是一种把纯

---

① [美]A. P. 马蒂尼奇编：《语言哲学》，商务印书馆 2004 年版，第 229 页。
② [美]A. P. 马蒂尼奇编：《语言哲学》，商务印书馆 2004 年版，第 249 页。

粹的发声变为以言行事的行为的属性。因此,"什么是意义","语言怎样与实在相关联","以言行事的行为的性质是什么"这三个问题都是同一个问题,即:关于心灵如何对声音和符号赋予意向性,由此而赋予它们意义,并因此将它们与实在关联。① 当然我们也可以把前一问题表述为:"说话人何以能够把意义加在他们口中说出的纯粹的声音或写在纸上的符号上?"塞尔的回答是:

  理解意义的关键就是:意义是派生的意向性的一种形式。说话人的思想的原初的、或内在的意向性被转换成语词、语句、记号、符号等等。这些语词、语句、记号和符号如果被有意义地说出来,它们就有了从说话人的思想中所派生出来的意向性。它们不仅具有传统的语言学的意义,而且也具有有意图的说话人的意义。一种语言的语词和语句的传统的意向性可以被说话人用来执行某个言语行为。当一个人执行一种言语行为时,他便将他的意向性赋予这些符号。②

  语言对人类的重要性是毋庸置疑的。塞尔相信语言是人类的根本制度。其他一些制度,如货币、政府、私有财产、婚姻、游戏等都需要语言,或类似于语言的符号系统,但语言的存在则未必需要前者。
  人类之所以能够以言行事关键还是在语言的表达功能,即以语言为符号表达一定的意义。塞尔说,人类具有一种特殊的能力,即使用一个对象来代表、表示、表达或象征某种另外的东西,他认为这是制度性事实的一个本质性的预设前提。他说的其实就是语言的符号功能,通过一定的符号表达一定的意义。正因为如此,不管是在语词的意义方

---

① [美]约翰·塞尔:《心灵、语言与社会》,李步楼译,上海译文出版社 2001 年版,第 133 页。
② [美]约翰·塞尔:《心灵、语言与社会》,李步楼译,上海译文出版社 2001 年版,第 135 页。

面,还是在说话人的意义方面,人们作为语言的使用者都能够把某种功能加在书写的字符或者声音振动这样的物理现象上。

我们可以用语言表达一切,我们也能力求做到对一切事物互相理解。诚然,我们总是受到我们自己的能力和可能之有限性的局限,而只有一种真正无止境的对话才能完全实现这一要求,这也是事实。①

说和同意这样的词传达的概念是不同的。作者在描写对话如何进行时还可以用很多其他动词,所有这些动词传达的感觉和意义都是不同的。例如,让我们考虑一下下面这些可能伴随对话出现的动词:说,吼道,答道,回答,宣布,断言,尖叫,发嘘声,勃然大怒,同意,作出反应,反驳,命令,耳语,嘀咕,告诉。②

奥斯汀、塞尔等人的言语行为理论令人感到耳目一新,很有启发。但事情似乎并没有到此结束。因为人能够用一定的语言符号表达一定的意义,从而以此做许多事情,即以言行事,但也能够直接用自己的身体或行为动作表达意义,如肢体语言、行为动作与更大规模的群体实践等。在此情况下,人的动作或身体成了表达一定意义的符号,等待相关者去理解。这样一种情况也可以说是以行表言。这不难理解,本来行动与言语的区别就是相对的,其间没有不可逾越的界限。

也许我们可以把从以言行事到以行表言的认识变化看作类似于哥白尼式的变化,从地心说到日心说之转变。这当然是一种文学夸张的说法,是极而言之,但这里面确实有思维范式的转变,这转变开拓了我们的视野,令我们有许多新的思考。过去我们的视角主要投向语言,有

---

① [德]汉斯-格奥尔格·伽达默尔:《真理与方法(诠释学Ⅱ)》,洪汉鼎译,商务印书馆2007年版,第242页。

② [美]伯格:《通俗文化、媒介和日常生活中的叙事》,姚媛译,南京大学出版社2000年版,第48~49页。

声的或有图形文字的语言,现在则转向我们自己,转向我们的行为,我们的举止,我们的身体。

其实,已有很多学者早就发现了身体与行为的符号功能,可以而且经常用于表达一定的意义。例如,罗兰·巴尔特说:

> 语言首先是表达意义的一种方式,是我们拥有的表达意义的方式。"表达意义"就是说建立与世界的联系。"与世界的联系"意味着把我们的身体置于时间和空间之中。语言再次地生产我们是其行为者的事件。它再次地生产,它能在另一种方式上重新开始。但这另一种形式不是虚构,它还是现实。说话,这是现实;声音,这是现实。声音属于身体,它是身体的表达。歌声是身体的表达,动作是身体的表达。在真实与虚构之间没有分离。我们说话的时候,总是处在现实中的。我们写的时候,是正在告诉别人我们是谁。在写作的时候,我们让自己为人所识。我们说我们是谁,我们打算做什么。①

德里达也指出:表达是一种志愿的、坚定的、一部分一部分地意识到的、意向的内在化。如果没有使符号活跃起来的主体意向,就没有能赋予主体一种精神性的表达。在表述中,使符号富有生气需要两个条件:符号的身体——它并不是一种气流,和被指示物——世界中的一种实存。在表达中,意向是绝对明确的,因为它使一种声音富有活力,这种声音仍然完全是内部的,因为被表达的是一种意义,即一种并不存在于世界之中的理想性。② 表现的功能(KundgebendeFunktion)是一种表述。在此,我们就接近了表述的根本;每当行为赋予意义的时候,赋

---

① 罗兰·巴尔特:《罗兰·巴尔特文集》,《符号学历险》,中国人民大学出版社 2008 年版,第 36 页。

② [法]雅克·德里达:《声音与现象》,杜小真译,商务印书馆 1999 年版,第 41 页。

予活力的意向、即"意谓"的生动的精神性并不完全在场的时候,表述就都会存在。①

还有学者提出述体理论,与我们所说的以行表言有很多相通吻合之处。如高概在《话语符号学》中谈到,一个意义的空间事实上是由一个述体生产出来的。述体是什么?按我理解,述体就是说话者,广义的说话。广义的话语有时是人的声波语言,有时是人写下的文字,有时是人的行为动作,在此情况下,身体作为意义的表达者成为述体。用高概的话说,这是一个语言的行为,一个表述的行为,所以称为述体。述体概念的引入凸显了身体的意义,它使每个人首先是人的身体在宇宙中、在世界上被认识。当然在社会生活中有群体的行动和群体的话语,在此情况下,人们根本不再能看到是谁在说话,这是一种集体行动元、一个集体述体在说话。对于这样的集体述体,虽然看不到任何具体的人,但高概认为"它有真理的、职责的和确定规范的授权。这样,就有三个层次:身述体、人述体、投射述体"②。例如:

  这里的世界是述体的世界,劳拉作为述体,制造一个世界,一个意义的世界。她演绎出一个意义的世界。这种情况下话语即话语语言学和话语符号学中的话语是什么呢?话语是由一个或数个述体制造出的意义世界。劳拉的世界就是一个意义的世界。③

还有很多学者注意到身体在作为话语符号和意义表达方面的作用。如皮尔士早就谈到:"人所使用的言语和符号就是人本身。像任何思想都是符号的事实——要与生命是思想流动的事实一起加以考虑——证明人是符号一样,任何思想都是外部符号的事实证明人是外

---

① [法]雅克·德里达:《声音与现象》,杜小真译,商务印书馆1999年版,第48页。
② 高概讲演:《话语符号学》,北京大学出版社1997年版,第81页。
③ 高概讲演:《话语符号学》,北京大学出版社1997年版,第41页。

部的符号。在语词 homo 和 uomo 是等同的同一意义上讲,人和外部的符号是等同的。这样,我的语言便是我本人的整体,因为人是思想。"①

  任何一种知觉,任何一种以知觉为前提的行为,总之,任何一种人对身体的运用都已经是最初的表达,——不是用已知符号的意义及其使用规则代替已知符号的这种派生作用,而是首先用符号构成符号,通过符号的排列和形状的唯一表达力使表达内容寓于符号中,把一种意义放入没有意义的东西中的最初活动。②

  本韦尼斯特指出:"一个述体不能只是一个形式述体即像纸上的符号一样带着书写的标记。纸上的字符、广告上的形状,这些是形式述体。不只是这个。首先,并且同时与形式述体有关的,还有实质述体。意义正是从那儿出来的。"

  身体是联系着世界和感受经验的,而人努力地把一个不属于他的领域的东西表述出来,也就是说,他努力地表达身体的感觉经验……身体不言语,它行动,它感受痛苦,感受愉悦,但它不说话。只有理性的人才能把身体的行动、痛苦及愉悦表述出来。③

  身体之所以能够成为述体,一方面因为人的身体说到底是从事意指性实践的能动主体,另一方面因为人通过语言把包括自己在内的世界符号化。既然人作为万物之灵长把与己相联系的周遭世界全都语言化与符号化,自己的身体和行为当然也包括在内,而且是非常重要的一

---

① 高概讲演:《话语符号学》,北京大学出版社1997年版,第65页。
② 加达默尔:《加达默尔集》,上海远东出版社1997年版,第82页。
③ 高概讲演:《话语符号学》,北京大学出版社1997年版,第21页。

部分。对人说来,整个世界都开口说话,作为人认识和表述对象的人的行为举止当然也如此。也就是说,每个举动每个行为都是人通过身体在开口说话,所说话语也许伴随声音,但也可能没有声音和文字,但肯定有意义。在此情况下,人的身体就是述体,人的行动就是文字,语言、语调乃至所包含的意义均蕴藏其中,等待人们用智慧之眼去发现,用心灵之耳去倾听。

对述者来说,话语需要表述,意义需要表达;对听者来说,话语需要聆听,意义需要理解。对于行为语言来说,理解显得更加重要。有很多思想家论述过理解对于把握语言意义的作用,如洪堡特指出:理解在心灵中只能借助人本身的活动进行,其实,理解和讲话只不过是同一种语言力量的不同作用。相互间的交谈绝不等于相互之间传递同一种语言材料。理解者必须像讲话者一样,借助自己的内在力量重新把握同一些语言材料。克罗齐也认为,理解是意义的再认识和重构,就是要再认识和重构"以客观化的形式向思维着的精神说话的精神,这个说话的精神感到自己与那个思维的精神在共同的人性中亲密无间:这就是使那些形式转回去、与它们由之产生出来而后又与之分离开的那个内在整体会合并重新结合。这就是使这些形式内在化的过程,但在这一过程中,它们的内容被转入一个与原始的主体不同的主体之中。因此,我们所讨论的是在解释过程中对创造过程的某种倒转(倒置),按照这种倒转,解释者在其解释学的道路上必须历经相反方向的创造之路,对这种创造之路的反思他必须贯彻于自己的内心"[①]。

梅洛—庞蒂则认为,语言的意义一定要在人的活生生的存在活动中寻找,也就是在介入世界的身体本身的表现活动中寻找。身体不是自在的微粒的集合,也不是一劳永逸地得以确定的过程的交织,"因为我们看到身体分泌出一种不知来自何处的'意义',因为我们看到身体把该意义投射到它周围的物质环境和传递给其他具体化的主体。……

[①] 加达默尔:《加达默尔集》,上海远东出版社1997年版,第395页。

是身体在表现,是身体在说话"①。

高概指出:"首要的问题是尽力收集能让我们准确理解意义的所有材料。在这些材料之中,最重要的就是我们的身体。我们的身体是甚至早于我们言语的表达意义的关键因素。换句话说,表达意义的方式包括身体的方式,而身体、我们的身体是登录、嵌入于空间之中并与时间发生关系的。"②

所有这些论述都涉及对人类语言意义的理解,一般意义的语言,而非行为语言。其实,行为语言的意义更需要理解。正如利科尔从历史活动角度所揭示的:

> 人类行为的意义也是某种对不可数的"读者"做演说的东西……正如黑格尔说,它是历史本身。世界历史就是世界法庭。那意味着,像本文,人类行为是开放的工作,是一种"悬而未决"的思想。就是因为它"展示"新的资料并且从他们那里接受新关系,人类行为也是有待于决定它们的意义的新解释。这样,一切有意义的事件和行为,都是对这种当前的实践开放的。同样,事件的意义就是它的行为解释的意义。③

至于这些行为语言所包含的语调意义,更需要我们用心去领悟。日常生活中常常有这样的例子,同样的现象或事情在有心人和无心人眼中大不一样。例如,对于人的行为所包含的语言信息,有的人可能不太重视,或不那么信服,也有不少人甚至熟视无睹,但《行为语言学》一书却给了这样一些充满感情的描述:

---

① 转引自姜宇辉:《德勒兹身体美学研究》,华东师范大学出版社2007年版,第57页。
② 高概讲演:《话语符号学》,北京大学出版社1997年版,第32页。
③ [法]保罗·利科尔:《解释学与人文科学》,河北人民出版社1987年版,第218页。

行为语言是各种各样用物品和举动进行交际的方式方法的总称。它包括的内容很多,有的典雅妩媚,有的气势恢弘,有的真情回馈,有的资讯燃情,有的鸣唱变换,有的凸现个性,有的是生命体验的沉思,有的包容多少代人的青春与梦想,有的是新旧交替文化的载体,有的是与国际接轨全球同步的直通车,有的是给人关爱无微不至的高姿新颜,有的是宣示新奇……林林总总,给人的感受是不一样的。①

　　这里所说的行为语言之典雅妩媚、气势恢弘、真情回馈、资讯燃情、以及鸣唱变换,凸现个性和生命体验的沉思等,正是行为语言之语调特征之概括,它们之间的差别也是行为语言语调之差别。实际上正是因为有这么多各种各样形形色色的语音语调,行为语言的内容才那样丰富和精彩。当然这种精彩,需要你有智慧之眼和心灵之耳来把握。如果你有这样的领悟能力,即使是面对抽象的结构分析和枯燥的数学公式,也能发现和把握其中所蕴含的语言之语调和情调。君若不信请看德里达一段论述:

　　　　由于我们还靠着结构主义的丰繁性过活,现在就去解除这梦境还为时过早。我们应当在它身上冥思它的可能寓意……这也正是为什么人们有时能从那些伴随"结构"分析技巧与精妙数理逻辑的喧嚣后面感受到一种深沉的调子,一种忧郁的情绪……它是一种对已成的,已构筑过的,已创立的东西的反省。②

　　还有巴特所说的体现"文之悦"美学的"大音写作",属于生成之文和意指过程,"含孕于声音的结晶体内,其因此而与语调一道也可以成

---

① 宁基编著:《行为语言学》,北京师范大学出版社2003年版,第14页。
② [法]雅克·德里达:《书写与差异》,张宁译,三联书店2001年版,第4页。

为一门艺术的实体:左右自身身体的艺术",直接把声音、语调和身体联系起来。这样的大音把人的行为也包孕在内,是为大音。

既然有那么多人论述过行为语言和肯定以行表言,那么我的新理解何在呢?概括地说有三点:

第一,我所说的行为语言不仅仅指人的肢体语言,甚至主要不是,而是指人的所有行为实践,包括个人的、群体的和社会的。

第二,人的所有行为活动都可以从行为语言角度作一理解乃是因为它们都是意指性实践活动,表达了一定的意义。当然对此意义的把握要运用概括和抽象。这种概括和抽象实际上也是一种对象化和符号化的过程。也就是说,我们可以把行为理解为诉说,把认识理解为聆听。聆听的不是直接的物理声波语言,而是其中所包含的目的与意义。对此目的意义的把握必须运用概括和抽象,也就是说,有抽象化和符号化的过程。

第三,行为语言包含了语调的因素。此语调当然不是直接的声波音调,而是人的行为所包含的主旨、意向和基调,如某个行为和举动高调还是低调、强调还是弱调、复调还是单调、老调还是新调等。德里达说"精妙数理逻辑的喧嚣后面感受到一种深沉的调子","语调之所以打动我们,引起我们的兴趣,激发我们的情感,主要是因为它进入了我们的灵魂深处"[①],巴赫金也曾说"作者把主人公的每一个细节、每一个特征,把主人公生活中的每一个事件、主人公的每一个行为和他的思想感情都语调化了"[②],还有巴特所说的"大音",实际上都讲到了行为语言之语调。本文使之更为明确一些,同时也指出人们在认识人的行为乃至周遭世界的过程也是使之对象化、符号化、语言化和语调化的过程。如是理解,世界与对象、人类行为实践、语言、符号和语调完全打通

---

① [法]雅克·德里达:《论文字学》,汪堂家译,上海译文出版社1999年版,第349页。

② 巴赫金:《巴赫金文论选》,佟景韩译,中国社会科学出版社1996年版,第345页。

而圆润无二。这样对人的语言、行为乃至以言行事和以行表言的认识才谈得上完整。海德格尔老人当年曾说"语言破碎处,世界不复存",对行为和语调的作用都可从此角度作一理解。因为行为是世界的一部分,语调是语言的一部分,语调失落了,语言也就破碎了,在此情况下,安有对世界或人类社会的完整认识?对人之行为的认识也一样。

(原载《江淮论坛》2010年第4期)

第五编

自序与译序

第五編

自序及譯序

《西方精神史》自序

本书的写作最早可追溯到 1986 年。那时我正应一稿约撰写《价值观念与社会发展》一书，该书后来以《兴衰与追求——价值观与东西方社会发展》为名由贵州人民出版社出版（1988 年）。当时的流行看法是，价值观是文化的核心，文化比较和重建应从价值观入手。我却在撰写该书过程中突然出现一个想法，或者也可以说是顿悟：精神是更核心的东西，价值观对它而言也是现象，因为任何价值观都是时代精神的体现。只要我们承认经济是基础、物质第一性、实践是源泉，说精神是核心并无不可。我们似乎可以以时代精神的历史演进及其与社会实践的互动为主线，对东方乃至西方的历史作出全新的理解。这样一种理解既显且微，既外且内，既是理性的又是感性的，既是本质又是现象，既是整体又是部分，既是断代的也是连续的，既有大人物的活动也有小人物的追求，既有理论也有实践，文史哲经社法，还有宗教、科学，各种形上的和形下的历史全部打通，因为它们所描述的对象即川流不息的现实生活本来就是浑然一体的。而精神则是其中贯穿性的灵魂、起统摄作用的东西，它最精致、最精微、最有生气，始终骚动不宁，又直指人心……我为这样一个想法所激动，并决心用几年的时间分别撰写《西方精神》、《中国精神》和《当代中国精神》三本书。最先准备写的是《当代中国精神》，因为在火热的 80 年代再也没有什么比当代的精神更吸引我关注的了。

我开始搜集这方面的资料，并整理出写作提纲和写出部分初稿。但 80 年代末的形势急转直下，滥觞于 70 年代末、以启蒙和现代性为主流话语的那股文化激进主义思潮在尽情宣泄和巨大挫折面前终于盛极而衰。我作为个中一员裹挟于其间也感到惶然不知所措,许多过去自以为看得比较清楚的问题一下子如坠五里雾中,《当代中国精神》是难以落笔了,否则是以其昏昏,使人昭昭,于是《西方精神史》的写作放到了第一位。其实我研究西方精神的着眼点仍是现代化,即探讨现代精神产生的历史条件,想搞清楚现代化为何产生于西方而不是东方,中国搞现代化为何这样难。问题是 80 年代式的,或带有那个时代的色彩,但研究和解答则是纯学理的,即必须花大力气对所有相关的材料进行深入的研究乃至创造性的综合,才可能作出真正有价值的学理性回答。笔者当年不知深浅,以为用三年左右的时间即可完成,没想到耗去近 10 年的时光(如从 1986 年的部分初稿算起还超过 10 年),个中甘苦,惟有自知。有意思的是,这一过程恰与 90 年代"思想淡出,学问凸显"的学界取向相合。

按理,西方精神史的研究应由在西方留学多年、在西学里浸透了的硕学宏儒来承担,至少也应精通几门西语。当然,由洋人自己来写、我们翻译过来更为理想,但洋人没写,或千数百年来只有黑格尔、斯宾格勒、汤因比寥寥数人的著作略有近之;完全按我的思路,打通文史哲经社法政治宗教,打通思想史、理论史、经济史、政治史和社会生活的历史,还有帝王将相和芸芸众生的历史,把握贯穿于其中的时代精神演进及其与社会实践的互动,可以说还没有。就我而言,完成此任务的先天条件不是很好,虽然也曾借助于字典的帮助译过几本英语著作,但离精通还远着呢。至于直接利用第一手的资料,完成此研究更近乎天方夜谭。要知道,用并不完备的中文资料我尚且劳作了近 10 年,要充分占有西方多语种千百年来浩如烟海的材料肯定非我个人力量所能及。真是俟河之清,人寿几何?但洋人没搞,不意味着我们不能搞,我们原不必事事跟在洋人后面拾其余唾。特别是,在一个世纪以来西方的典籍已大量翻译过来的情况下,问题的关键也许在于如何占有分析已有的资料。当然以后新的资料还会被发现,新的书还会被翻译,但那多半只会增加我们对细节的了解,要把握总体的情况,鸟瞰西方几千年来的历史发展,揭示活跃在各时期的时代精神,现有的材料我以为大致已够了。我们既然能运用这些材料编出西方的哲学史、文学史、美学史、法制史、政治史、经济史和宗教史,那么也就可能对之进行创造性的综合,写出一部《西方精神史》出来。这样一部著作,在学术上无疑有原创的意义,同时又可以为我们当前的现代化实践提供借鉴,为民族文化重建提供参照,现实意义也无须多言。

我于是下决心花大力气写出这样一部有价值的著作。那个时候的我年轻气盛,志向说得好听些较为"远大",难听些则有点"狂"。我决心以太史公为楷模,"究天人之际,通古今之变,成一家之言",写出一部高质量的著作,纵不能有把握看到其出版,也争取藏之名山,传之后世。回想起来,颇有些"早岁哪知世事艰,北望中原气如山"的味道。如1991年的写作提纲有这样的语言:"吾辈晚生,撞入学海爬格子不算很久,但看看年龄已向不惑之年接近,深感学海无涯生有涯,以有涯随无涯,殆矣!因此暗自下决心集中一些时间和精力撰写一部有份量的书,一部既有重大现实意义又有重要学术价值并能够传之久远的书……"

那个时候的我的确不知天多高地多厚,竟然凭着一时血性在心中暗自向国外一些大师叫板,如今这样的"雄心"已消退大半。一方面,经过十多年时间磨炼,深知大师们的东西仰之弥高,钻之弥深,还有天时地利人和之便,非吾辈凡夫所能仿效。另一方面,昔日的豪情和感觉已不再。举个例子,我现在已开始撰写《当代中国精神》一书。但这在我心目中只是写书而已,同别人和以前的劳作没有多少区别,并无在写传世之作的使命感,要写的东西在孕育之际就定下来是肉体凡胎。当时却不一样,自以为自己是做非常有意义的大事情,它值得自己花时间投入精力甚至付出一些代价,什么职务、职称、名利、地位都不在我眼里,那是俗人的追求。整日埋头故纸堆,在市场大潮卷起巨澜,世上熙熙皆为利来、世上攘攘皆为利往以及后学在学界走红而现代性话语衰落的整个90年代,我却把时间和精力一门心思用于遥远的几千公里以外几千年前发生的事情,确实有些不合潮流。这段时间无论是国家与社会的面貌,还是周边政界、同学、商界、亲友、学界、同仁的地位财富和职称都有很大变化,我却基本上变化不大,特别在心理上。我曾戏称自己在社科院修炼,洞中才数日,世上已千年。一位同学在酒后曾直言我混得不怎么样,按世俗标准看确乎如此,但这些我都不在乎。我愿意按自己方式自由自在地生活,更重要的是,我有我的事业,那就是《西方精神史》。正是因为有这种抱负和使命感,我才敢拿青春作赌注,十年如一日,撰写谁知道能不能出版的《西方精神史》。回过头来看,我不为过去的选择而后悔。但若放到今天,我也许没有这样的豪气了,因为牛犊已老,时过境迁。

但无论如何,这本以10年时间为代价、以宏大构思为特征的书也许还值得一读。该书熔文、史、哲、经、社、法、宗教、政治、伦理于一炉,既是思想史、文化史,又是社会史、经济史、政制史,也可以说是文明史,但不是一般人心目中死的历史,而是有时代精神活跃其中的活的历史。在其中,各个学科不再各各独立、分裂支离,而是统一的精神洋溢其间,因而相互打通,并充满生气和活力,而内在联系成一个整体,同时又不失其个性。从此视角或高度,社会历史的方方面面乃至各学科的历史也得到深刻而全新的理解。从此角度看,说本书是一部构思新颖、带有原创性和集历史、文化和哲学意识于一身的人文著作,也许并不为过。又因作者向来不喜晦涩枯燥的文风,论述力求生动活泼,寓深刻新颖的阐述于流畅优美的语言之中,因此该书可读性的特点也非常明显,相信会受到各界读者的关注。

当然,作为一本没有先例的探索性著作,缺点、弱点也在所难免。有些是资料上的问题,有些则是作者本人的局限,可能心有余而力不足。因前后拖得时间较长,有的地方作者自己现在也不够满意,但还是那句老话,俟河之清,人寿几何? 我不想再等一个10年了。丑媳妇总是要见公婆的,我还是决心让书稿出版,同时以惴惴不安的心情等待国内外学界和读者最严厉的批评。

本书的出版得到江苏省社会科学院院长宋林飞教授、江苏人民出版社社长、总编辑吴源先生的大力支持,若无他们的帮助,本书出版将会更加困难。担任本书责任编辑的有我的复旦校友前贤周文彬老师与王保顶博士、杨建平博士,没有他们的辛勤劳动和严谨作风,本书也不会以这样的面貌问世。我上一本书的责任编辑、河南人民出版社的张存威先生也很关心本书的出版。对此,我一并表示衷心的感谢。这些话虽近乎客套,但却是心里话。毕竟,出书非易事,一个人一生能写几本这样厚的书?

2000.7 于南京

(原载《西方精神史》卷首,江苏人民出版社2000年版)

《自由史论》著译者言：自由的真义

十九世纪英国著名思想家阿克顿的名言"权力会产生腐败，绝对的权力绝对会产生腐败"在今日中国几乎无人不晓，但对他倾注毕生心血的自由史研究似乎还知之不多。从最近翻译出版的《自由史论》中，我们可以看到阿克顿对其一生所关注的中心问题——自由的研究。他认为自由是人类历史发展的中心线索，也可以说是贯穿人类几千年历史的惟一内在连续性和一致性的因素。这是他的历史哲学的基本要义，从此角度看与黑格尔颇有相似之处。黑格尔的历史哲学也是把人类历史解释为自由原则实现的历史。不过黑格尔所谓自由说到底是理念的自由，人充其量是实现这一理念或原则的工具。而阿克顿所说的自由则是活生生的人类的自由。它一方面是人类历史发展的贯穿性线索；另一方面是历史发展的产物，它与不自由相伴而生，并且直到近代才发展成熟。本书开篇说自由二千四百六十年以前在雅典播种，但不久前才"在我们民族成熟收获"，即是此意。

实际上阿克顿这里所说的自由与约翰·密尔在《论自由》一开始所说的自由涵义颇相近，即不是与那被误称为哲学必然性的教义不幸相反的东西，即不是所谓意志自由，而是政治自由、公民自由或社会自由，是社会所能合法施用于个人的性质和限度。用阿克顿自己的话说：

> 我所谓自由意指这样一种自信，每个人在做他认为是他自己的分内事时都将受到保护而不受权力、多数派、习俗和舆论的影响。国家只有在直接与之相关的领域能够合法地分配职责和划清

善与恶的界限。超过为其福祉服务的必要界限,它只能促进那些能够成功抵抗诱惑的影响——宗教、教育和财富分配,来间接地帮助生存斗争。①

如此看来,阿克顿所说的自由主要是贡斯当、伯林还有马克思所谓的消极自由,即在一定限度内保护人不受侵犯的自由,而不是人自觉自愿去做什么的自由。这种在一定范围内保护人的行动不受侵犯的自由正是保守的自由主义真髓。它看起来消极低调,但在这个充满了限制和冲突的社会却很实在,就像笛卡儿心物二分,为唯物主义和自然科学划界。消极自由也是界,它保护个人在此范围内的行动自由,个人尽可在此范围内自我创造、自我实现,表现自己的个性,发展自己的能力。做到这一点并非易事,要知道,人类几千年文明史基本上是个人以外的力量十分强大的历史,只不过这个十分强大的力量在有的时候表现为氏族、部落或城邦,有的时候表现为国家、民族和政党,有的时候表现为传统、习俗、宗教和伦理道德,有的时候则表现为钱、市场经济和跨国公司,还有社会舆论、大众文化和新闻传媒,无一不强大有力,而常常压抑着个人的生存空间。当然,人是社会的人,没有这些东西,社会从而人也就不存在了。个人小我必须为大我的存在付出代价。问题在于付出多少,多了个人受到压抑,少了则容易陷入混乱。最好是保持一定的张力,当然这张力因时因地而异。在免于混乱的前提下,对个人说来当然圈越大越好,因为个人发展自己能力的空间就越大。事实上马克思的理想是每个人的能力与个性都得到充分而自由的发展,是圈最大主义,但不是纯粹空想,因为必须以生产力的高度发展为前提。他在《资本论》中说人类自由王国必须以必然王国为前提,既有消极自由又有积极自由的思想。保守的自由主义只看到消极自由,虽然在社会具体问题上多有建树,但境界和层次未免低了些。阿克顿的思想虽近于之,但不

---

① 约翰·阿克顿著:《自由史论》,胡传胜等译,译林出版社2001年版,第5页。

完全,因为他既有消极自由,也有积极自由思想,有自己的理想和至高无上的价值追求,虽然他的理想和积极自由主要同道德和宗教相联系,而不同于马克思的无产阶级社会主义革命。如:

> 这个伟大的问题发现,不是政府规定什么,而是它们应当规定什么;因为任何违背人类良知的规定都没有合法性。在上帝面前,不分希腊人或野蛮人,不分富人或穷人,奴隶和他的主人一样的善,因为所有的人生来都是自由的;他们都是遍布全世界的人类共和国的公民,都是我们家庭的兄弟,上帝的孩子。我们行为的真正指导不是外在的权威,而是上帝的声音,他就居住在我们的心中……①

自由也许是所有"宏伟叙事"中最值得我们追求的东西,虽然它不是人生的全部。阿克顿说:"一个胸怀坦荡的人宁愿他的国家贫穷、弱小,无足轻重但自由,而不要强大、繁荣和奴役。即使当阿尔卑斯山的小国公民,其影响不出狭隘边界,也好于当其阴影笼罩了半个亚洲和半个欧洲的专制大国的臣民。但是另一方面也可以认为,自由不是人生应当追求的全部事物的总和或替代物;它的含义确实应当加以限定,其界限则变动不居。"②

阿克顿的自由观包含着非常丰富的内容,诚然,他没有完成他想写的《自由史》,但我们仍可根据他撰写的文章及他对从古希腊到近代的全部研究了解他的观点,概括或演绎出他对自由在各历史阶段的发展以及对自由与平等、与民主、与国家、与专制、与大多数的统治以及与财产、与宗教、与信仰和良心、与个人、与民族、与历史等一系列重大问题的看法。

---

① 约翰·阿克顿著:《自由史论》,胡传胜等译,译林出版社2001年版,第22页。
② 约翰·阿克顿著:《自由史论》,胡传胜等译,译林出版社2001年版,第21页。

在自由与国家、与专制、与大多数统治的关系上，在阿克顿看来，国家固然给个人自由带来很多限制，但个人的自由却离不开国家的保护，因此是为了实现自由这个最高的善必须忍受的恶。问题在于必须对其权限和责任加以限制，否则难免走向专制。他说，文明的发展增加了国家的权力和责任，并把越来越多的负担和限制加之于国民；一个有高度教养和知识的社会会认识到强制性义务的好处。当然，"一个自由的国家在发展宗教、防止恶行和减轻痛苦方面可以少做一些事，但不要在遭遇重大紧急事件之时退缩为牺牲个人的某些权利或做某种集权"。①其实平时大量存在的集权更得提防。西方从柏拉图、亚里士多德到马基雅维里、孟德斯鸠都是性恶论的政治学，认为人有七情六欲，认识也有不完善之处，因此任何人掌权都必须在制度上加以防范，否则难免擅权误事。这套理论看起来消极低调，对人不大信任，但在实践上却很管用。西方的制度防范比柏拉图的理论还早，如贝壳放逐法。但阿克顿似乎更重视思想和理论，重视自由精神的传承。

当然古希腊自由也有它的制度缺陷。如大多数的统治或绝对民主制。这种绝对民主制不仅不公正地处死了柏拉图，而且把好端端的城邦文明搞得乌烟瘴气、七零八落。亚里士多德《政治学》和托克维尔《论美国的民主》对此多有批评，阿克顿也对之深恶痛绝。他说：

> 拥有无限制的权力，这种权力腐蚀良心，麻木心灵，使君主丧失理智力，也败坏了灿烂的雅典民主制。少数压迫多数是不好的，但多数压迫少数更糟。因为它把潜在的权力留给群众，如果它运作起来，少数人很难抵抗。但面对全体人民的绝对意志，没有上诉，没有补救，除了背叛以外没有避难所。雅典最低微、人数最多的阶级与立法权和司法权联系起来，还部分拥有执行权。那时占主导地位的哲学也告诉他们，没有什么法高于国家法律。立法者

---

① 约翰·阿克顿著：《自由史论》，胡传胜等译，译林出版社 2001 年版，第 21 页。

则在法律之上。①

显然，对自由应当保护，对权力则应当加以限制。不管这权力是什么个人、组织或以什么名义行使，都不能是绝对和无限制的，否则必然会产生腐败，人的自由到头来也会受到伤害，这就是他那句脍炙人口的名言之真义。在《美国革命的政治原因》一文中他大段大段引用美国政治家卡尔霍恩的论述，如"我不关心什么形式的政府；如果政府是专制的，不论它不受限制地是个人的，还是少数人的，或多数人的，它都一文不值"。② 一文不值是说话者的价值评价，在现实生活中专制现象仍不鲜见并且威力巨大，它给人类带来巨大灾难，绝不是虚幻的和空洞的东西。我们得花大气力与之作斗争。

密尔在《论自由》中曾谈到认为真理自然会战胜谬误，是一种空洞无根的热情。卡尔霍恩也谈到"巨大而危险的错误来自于这个流行的观点：人生而自由、平等，没有什么比起它来更虚幻，更荒谬"。③ 这样一些观点肯定在阿克顿那里引起强烈共鸣。要知道在十九世纪"人生来自由和平等"已不仅是卢梭这样的启蒙思想家个人洞见，更作为人权宣言被多次写入宪法，当年连路易十六都向其低首致敬，要说其完全虚玄也不合实际，但若认为自由平等已到处实现则更是一厢情愿。事实上人类的不平等、不自由也许更多。在当代要特别警惕以平等，以人民、民族和民主的名义对自由带来的伤害。法国大革命以平等压自由，边沁的最大多数人最大利益强调的仍是整体而非个人，实质仍是大多数人的统治，而个人的自由难免受到伤害，这些都是阿克顿所不喜欢的。他说法国革命给自由带来如此灾难的是其平等的理论。自由是中产阶级口号，平等是下层阶级口号。中产阶级从最初的革命中得到了好处，穷人却在挨饿。于是穷人向富人开战，向富人的自由和财产权开

---

① 约翰·阿克顿著：《自由史论》，胡传胜等译，译林出版社2001年版，第11页。
② 约翰·阿克顿著：《自由史论》，胡传胜等译，译林出版社2001年版，第259页。
③ 约翰·阿克顿著：《自由史论》，胡传胜等译，译林出版社2001年版，第253页。

战。"由于这种平等的理论,自由熄灭于血泊中。"①他还说:"民主制的一个常见的恶是大多数的暴政,或宁可说是政党的而并不总是大多数的暴政,因为政党通过暴力或欺诈成功地操纵选举。"他说不平等的选举并没有给大多数人带来安全,平等的选举也没有给少数人带来什么。关键在于内容和实质。

对阿克顿说来,实质的民主、实质的平等是对伤害个人的东西加以防范,同时个人的行动强调自觉自愿,强调同意、约定和契约,这实际上同个人的自由密切联系在一起。因此他对那些伤害自由的假民主给予无情的揭露:

> 真正的民主原则,即没有人有凌驾于人民之上的权力,被理解为没有人能限制或逃避其权力。真正的民主原则,即不应迫使人民去做其并不想做的事,被理解为它从不需要容忍它不喜欢的事。真正的民主原则,即每个人的自由意志应当尽可能地不受约束,被理解为集体的自由意志不能有任何束缚。宗教宽容、司法独立、对集权的担心、对国家干涉的提防,在国家的集权力量被人民之手拓宽之时,都成为自由的障碍而非自由的保护装置。民主不仅声称是惟一至上的东西,没有比之更高的权威,而且声称是绝对的……对它必须交出那属于恺撒以及属于上帝的东西。必须克服的敌人不再是专制主义的政府,而是国民的自由。②

阿克顿这里所说的"真正民主"更像是在说"自由"。这也可以理解,自由在他看来是至高无上的目的,而真正的民主则是保障这种自由得以实现的手段,其精神并无二致。

近代自由或者说近代西方自由主义的自由常常同财产相联系,即认为财产权乃是人的自由的落实处,虽然有关的思想古希腊罗马就有,

---

① 约翰·阿克顿著:《自由史论》,胡传胜等译,译林出版社2001年版,第75页。
② 约翰·阿克顿著:《自由史论》,胡传胜等译,译林出版社2001年版,第79页。

但至近代才变得彰著起来。我们注意到在《自由史论》中阿克顿批评洛克的自由观狭隘,只看到财产,他似乎更重视精神的自由,如良知,如信仰自由,如道德价值。但阿克顿绝不是不重视财产,如在《自由史论》中他多次联系美国革命的情况阐述无代议士不纳税的近代自由主义政治原则,为美国革命的合法性做辩护。事实上一个多世纪前的英国革命也确以此原则为圭臬,而不久后爆发的法国大革命也是以此原则为突破口的。但美国革命对阿克顿说来有些不同,它是直接与其深爱的祖国对立和分裂的。阿克顿对此事件的价值判断没有让民族主义蒙住自己的眼睛,因为他心中有更高的自由主义精神在闪光。他说,英国议会是否向其殖民地臣民征税的权利,很难从法律字面上说清楚,但可以诉诸自由的原则。从此角度看,"一次受嘲笑的选举所产生的议会没有正当的权利统治没有代表的民族"。正如卡姆登勋爵所言:"征税与代表权是不可分割的。上帝把它们连接在一起。没有能把他们分开的英国国会。"[①]对我们说来,这个原则在现在仍有着很强的警示意义。

阿克顿的自由观包含着许多方面的内容,不可能一一缕述。从阿克顿所有关于自由的论述中我们不难发现一个词,或者说一个概念,一个精神,那就是——个人主义。它重视个人的自由、个人的价值、个人的能力和个性,但不是不要社会,不要国家权力,不要强制性的法,而提倡在制度上加以限制,如有限政府、权力分立、代议制、信仰自由和新闻自由等。另一方面,对阿克顿说来,自由是一活的发展过程,它是在历史实践过程中后天习得的而不是天赋的,是由一系列历史经验累积的而不是纯理性的推理或逻辑演绎,是由许多具体的权利而非抽象理念构成的。对于我们这个自由传统长期阙如、制度建设也不够完善的国家说来,阿克顿一个多世纪以前所阐述的自由精神之真义确有许多东西值得我们去记取和回味。

(原载《读书》2002 年第 11 期)

[①] 约翰·阿克顿著:《自由史论》,胡传胜等译,译林出版社 2001 年版,第 48 页。

《新自由主义批判》译序:必须另有选择

新自由主义自上个世纪70年代以来执思想界之牛耳,不仅在学界登堂入室,成为支配性学说,而且在政治、经济领域具有压倒性地位;不仅在西方和欧美称霸,而且君临拉美、非洲、亚洲,甚至在中国也影响渐大。当然清议者未必吃香,但实践领域的追随者却可能春风得意,风头甚健。新自由主义的霸权地位主要确立于70年代经济危机之后。其时欧佩克石油价格冲击和越南战争次第袭来,还有金融危机相继出现,战后原有的主流理论凯恩斯主义应对这一局面显得捉襟见肘,标志性事件就是布雷顿森林体系瓦解,二战后曾给人无限遐想的"凯恩斯妥协"解体与"黄金时代"终结。新自由主义应运而生。80年代与90年代的金融危机更使之影响渐大。撒切尔夫人(1979年)与罗纳德·里根(1980年)当选被认为是新自由主义支配地位的官方标志。至80年代末苏东阵营瓦解,新自由主义更踌躇满志,环顾世界罕有对手。正是在此背景下,撒切尔夫人提出了"别无选择"(TINA)唯我独尊的口号。

面向21世纪的人类难道真的舍此无他、别无选择?

非也!人类的选择从来就是多样的,否则就没有自由。西方学者常用来批评唯物史观宿命论的观点正可用来作为回答。其实这些年在资本主义阵营之外,社会主义的实践与探索仍然在继续。在主流的西方国家,各种来自于内外的异议也一直不断。我和几位同仁翻译、由江苏人民出版社出版的文集《新自由主义:批判读本》可以说是新近的一个代表。该文集共收入了30篇评论文章,作者皆出身名门、成果累累。这些文章对新自由主义基本上持批评态度。批评不是喊口号简单棒杀,而是有深度的分析,并辅之以翔实数字,因此颇值一读。

关于新自由主义的评论涉及到一些深层次问题,用该书作者的话说,关及"本根处"。其实是价值评价的根本标准问题。例如,人类组成社会的最高目的和行为实践的最高价值是什么? 在亚里士多德那里,城邦的最高目的就是培养好的公民。中世纪基督教的天上之国高于地上之国。新型城市文明兴起与公民社会登场以后出现了世俗化,还有利益原则与自由平等的精神。文艺复兴、宗教改革与启蒙运动都是此精神在不同领域的伸张。作为自由主义的思想来源,有这样几种理论值得注意。一是洛克、密尔的政治自由学说和财产所有权理论,二是启蒙思想家合理的利己主义学说,三是亚当·斯密"看不见的手"理论,特别后者直接成为自由主义最重要的理论基础。按此理论,市场的自然法则犹如一只看不见的手在引导人们的行为,即使是最自私的人在反复比较考虑之后也发现这样对自己最有利。于是市场的地位凸显,而政府变得不那么重要,至多是守夜人而已。这里评判重要与否的标准是人——人的自由,人的价值,人的需要,人的利益——但落到实处,突出的是市场和资本。生产效率的确大大提高了,但社会矛盾也空前尖锐。自由主义的产生从来就是一柄双刃剑。

19世纪以降,以"看不见的手"理论为主要内容的自由放任资本主义或者说自由主义受到两个方面的严重挑战。一是体制外的,那就是社会主义思潮特别是马克思主义。马克思主义揭示资本主义所包含的自由平等只是形式上的,实质仍是资本对劳动的压迫与奴役,并指出它包含内在的不可克服的矛盾与危机。在马克思主义指导下,一个多世纪以来,社会主义运动风起云涌。另一重要挑战来自体制内,即20世纪的凯恩斯主义。所谓体制内挑战就是不涉及体制根本,只是在此范围内作些重要修正。凯恩斯认为,市场可能会失灵,政府对此不能完全自由放任。因为在他看来经济活动的水平由总需求水平决定,一旦总需求不足,就可能导致失业和衰退,从而产生周期性经济危机。周期危机的观点颇类似于马克思,不过凯恩斯不认为危机靠体制内力量已不可克服,而主张通过扩大需求、增加就业和调控税收来加以解决,政府应对此负有不可推卸的责任。通过调控,社会矛盾得到缓解,危机被完全超越也未可知。

20世纪30年代前所未有的经济危机给凯恩斯主义一显身手的机会。面对危机,信奉自由放任的美国总统胡佛束手无策,黯然下台。罗斯福新政则因推行凯恩斯主义而出名。二战结束以后凯恩斯主义风头更健,资本与劳动的关系据此作出一定的调整,社会矛盾得以缓解,政府与工会也都有一定的施展空间,著名的"凯恩斯妥协"正因此而来。国家向普遍福利的方向重建,社会因而得到稳定,经济也开始复苏和发展。一切似乎都很美好,直到70年代的危机把繁荣的泡沫无情吹破。凯恩斯主义失势,新自由主义取而代之。

新自由主义像传统自由主义一样重视市场的作用,对于凯恩斯主义关于"市场失灵"的指责,它对之曰政府也会失灵,而且更糟,因为官僚主义缺少效率。当然它比传统自由主义更为强调金融与银行的作用,并要求政府在减少管制、私有化和加强金融资本力量方面发挥作用。用本书的概括,新自由主义把市场说成是最佳的可以自我调适的社会结构,如果不受外来阻碍,就会最大限度地满足所有的经济需要,有效地使用所有经济资源,并自动为所有真正希望工作的人产生充分就业。因此市场的全球化将会是把这些好处带往整个世界的最佳方式。现代世界的我们之所以拥有贫困、失业和周期性经济危机,乃是因为市场受到工会、政府等诸多限制。全球化需要在全世界创造"对市场友好"的社会结构:通过削减工会的力量和国有企业私有化,使它们的工人受资本权力的支配;新自由主义相信,市场诚然不是完美无缺,但却是所有可能世界中最好的一个。用玛格丽特·撒切尔的话说:"已经别无选择。"

更具体地说,在西方发达国家,新自由主义主要与"美国模式"相联系。其特点是减少对金融市场的控制、私有化、削减社会保障和福利、削弱工会与减少对劳动力市场的保护、缩小政府、削减最高税率、开放国际商品和资本市场,以及放弃自然失业率之下的充分就业。在国际经济政策方面则有著名的"华盛顿共识",除前述内容外,还特别提倡发展中国家为经济稳定而削减政府开支,减少对穷人的资助,放松对国内市场的管制,经济向外国商业与金融开放,以及出口引导的经济增长。

如本书所揭示,新自由主义实际上提出了一种新的资本主义运作规则,一种有利于中心统治边缘和资本统治劳动的新规则,即在中心与边缘、资本与劳动、市场与政府关系方面有利于前者驾驭后者。也就是说,在劳资之间有利于资本,在国家与地区之间有利于处于中心的发达国家,在发达国家之间更有利于美国,特别是美国的资本,在美国的资本中则更有利于金融资本;即有利于后者的财富与资源向前者流动。在本书中所有这些都不是一般的指责与批判,而是有具体数据作为佐证。

新自由主义全球化是"新右派"和资本特别是金融资本的胜利,也是左翼力量、工人乃至整个工人运动的失败。到上世纪80年代,资本主义核心地带的左翼要么放弃向社会主义转变的主张,要么面临选举败北。在外围地带,1989—1991年的苏东巨变使非资本主义道路的前景变得更加难以捉摸,一些非洲国家在柏林墙倒塌之后,只花几个月时间就从往昔"倾向于社会主义的国家"粉墨登场为"新自由主义新兴市场"。在这种左派意识形态国际性溃败的气候中,新自由主义反革命几乎不可阻挡地轻易横扫了政治领域。

关于自由与民主的关系,如本书所介绍,新自由主义"所偏爱的政治形式是相对的民主:民主,但不要太多"。这种新民主是脆弱而又贫乏的,它最好是有所限制和代议制的。迄今为止淹没于政府重压之下的个人自由获得了新自由主义意识形态的强调,不过作为一种政治表现制度的民主却遭到了贬低。市场的规则也被应用到了政治中。金钱前所未有地成为政治影响力的关键所在,政治就像任何其他商品一样打包待售和商品化了。许多公民丧失了政治兴趣。政治选择变得极为有限,以至于新自由主义经济议程成为大多数政党共享的基础,而政治差异则变得无足轻重了。

新自由主义当然并非一无是处。它对自由市场地位的维护和对政府失灵弊端的批评无疑有助于提高市场效率,对金融作用的推重则抓住了现代经济的要害,这些对摆脱东南亚等地的金融危机均不无裨益,其对全球化的提倡与推动也顺应了人类现代化的历史潮流,虽然过于突出发达国家特别是大资本的利益,用本书的话说,那是它自己的全球化,但我们可以批评其偏向,不能否认全球化本身。事实上新自由主义在当今世界仍声名赫赫,霸权依旧,很少遇到有力度的挑战。但是它对当代人类话语权的垄断过于霸道,更何况话语权不仅仅是话语,而涉及人们的价值、信念、利益乃至人类进行自由选择的权利。例如"别无选择"这一口号就过于独断,不仅在理论上难以自恰,如漠视平等、限制民主和对自由与人权的双重标准,而且在实践中也暴露出很多问题。对这些问题,许多西方主流经济学家和政治家也有所察觉,试图作出某些改变,如书中提到的信息经济学和第三条道路等。其效果如何,仍有待于观察。

事实上,选择什么样的生活方式,应该由各国人民根据自己的国情作出选择,走什么样的现代化道路更应该有多种选择。这样不仅符合自由的价值与人权,而且可能更符合实际,对大众而言效果也可能更好,对世界文化发展而言也不啻为福音,因为文化可能因此而变得更加丰富多彩。

本书对新自由主义负面的东西分析与批判甚为有力,但对如何替换,论述仍嫌不足,即拆解有余,建树不足。当然,书中也提到对新自由主义全球化最伟大的挑战是一种替代资本主义的全球民主之挑战,另外还有马克思主义的批评与挑战。但具体如何,语焉不详,也很难详。窃以为,我们目前至少可以对新自由主义在三个方面说"不":第一,人类的选择权不应当被垄断或排斥;第二,前述种种弊端应尽可能避免;第三,对非资本主义因而也不同于新自由主义的现代化道路的探索,应当受到鼓励。在此方面,社会主义的中国理应发挥重要的作用。

下面该谈谈中国问题了,这是我们更感兴趣的。中国像世界其他地方一样,身处现代化与全球化的潮流之中,又进行了改革开放和大力发展市场经济,因此也难免受到西方自由主义思潮的影响。在本书作者看来,由于中国政府的审慎领导,中国向现代化迈进所付出的代价与经受的阵痛比俄罗斯等国要小得多,而取得的成绩则大得多。但是负面影响同样不可忽视。书中指出,中国市场经济发展同样出现了原始积累的过程。例如,"从1978年开始,在农村,有千百万的中国人离开了土地,也就是说受到了有力的剥夺和无产阶级化了"。在城市中,雄心勃勃的资本家获得了资本使用权,通过贪污、挪用国家基金,也就是说,通过获得非资本主义资源的使用权而建立私营企业。由此就推动了资本家阶层的产生。最后,大量的国有企业工人下岗,来到了劳动力市场,也就是说,二个资本主义的无产阶级部分被创造出来。因此,非资本主义来源对于资本形成的资助,农村劳动力与生产资料(尤其是土地)的分离,工人从国有企业下岗,这些过程都是非常清楚的。它们都是国内原始积累形式。书中所揭示的这个过程令人惊心动魄,虽然它就发生在我们身边,但从新自由主义批判的角度,用如此清晰的语言概括出来,仍令我们动容。我们不想完全否定这一过程,它的来临多少有些不以人的意志为转移。但我们完全可以使这个过程所引起的阵痛更轻一些,代价更小一些,公平和人道更多一些,腐败也更少一些。对于资本、市场,我们应当从更高价值观和人民利益角度出发,力求用其利而避其弊,对新自由主义也可以作如是观。如果举国上下都能对此问题有清醒的认识,那么我们的现代化道路就会有充分的选择余地,我们超越新自由主义弊端之努力一定能够获得成功。

本书主要由江苏省社科院哲学与文化所几位研究人员承译。翻译与出版得到江苏人民出版社的大力支持,在此一并表示感谢。

(原载《中国图书评论》2007年第7期,《马克思主义文摘》转载)

《马克思主义理论的当代意义》自序

马克思主义在当代社会仍有着不可磨灭的价值和不可超越的意义。这个命题在当今世界受到许许多多人的赞同,特别在有十多亿人口的中国更会受到绝大多数人的肯定与支持。众所周知,马克思主义指导地位在我国的确立乃是亿万人民的历史选择。当年毛泽东在天安门城楼上宣布"领导我们事业的核心力量是中国共产党,指导我们思想的理论基础是马克思列宁主义",这句话可以说振聋发聩,令人们至今仍记忆犹新。从法律的角度看,马克思主义的指导地位不仅写进了党章,而且也写进了宪法,从而具有了神圣不可侵犯的地位。因此马克思主义的当代意义与价值应无可怀疑,在此情况下提出此命题并研究和论证之是否多余?

个人以为,若口头简单重复或再宣布马克思主义在今日中国具有指导地位至少没有新意,因为已是众所周知的常识和活生生的事实,无须我们再为之饶舌。但另一方面,无可讳言,马克思主义理论的当代意义确实在某种程度上受到遮蔽、悬置甚至淡化,需要我们为之澄清、正名和落到实处。我这里说的遮蔽和悬置主要指理论研究和现实实际的脱节,以致马克思主义理论所包含的巨大意义与价值在现实生活中没有得到充分的认识和挖掘,许多情况下只是悬在空中或停留在形式上和理论上具有至尊地位,实际在很大程度上没有完全落实,有时甚至成为摆设和招牌。

举个例子,市场经济的地位与作用在今日中国已无远弗届,其巨大的影响力也已成为时代潮流,浩浩荡荡,难以阻挡,顺之者昌,逆之者亡。还有招商引资、发展民资也是各地正在热火朝天所做的事。可是在马克思那里,市场、商品、资本在很大程度上是负面的东西。当然,它们有其历史作用与地位,但归根到底仍与抽象劳动与具体劳动相分离、价值与使用价值相分离、私人劳动与社会劳动相分离这些社会现象密切联系着,而这些在马克思看来包含了异化的抽象可能性,即人创造出来的东西与人相疏离,并转过来支配人。当然可能变为现实需要一定的条件,但马克思的理想社会是对这些分离与异化的否定,却是没有疑义的。与之相联系的还有生产资料公有与按劳分配、计划经济等,这些都是社会主义的基本要素。可是,我们多年的社会主义实践表明大锅饭养懒汉,计划经济容易僵化,而市场能给经济发展带来活力。于是有了改革开放如火如荼的实践,还有20世纪90年代兴起的市场大潮。在市场推动下经济确实得到了较快发展,人民生活水平也有了相当提高。但是也存在一些重要问题:第一,大力发展市场和资本似乎与马克思主义理论有些距离,也可以说有一种理论与现实的紧张关系,如何应对? 实际工作者可以暂时搁置,但我们理论工作者必须思考与回答,而不能满足于理论与实际两张皮。第二,现实生活中暴露出很多问题,如贫富分化社会不公,靠市场本身已难以解决。第三,即使市场经过调整对贫富分化社会不公等问题有所解决,但我们能够依靠它实现人的自由全面发展的社会主义乃至共产主义理想吗?

现实生活的许多问题照搬过去的理论似乎不能说明。事实上这些年来我们的理论研究包括马克思主义研究在一定意义上被经院化了,学校、教科书和研究者的论文论著与它们所阐述的那些学理同现实相距甚远。我们记得威廉·詹姆斯在《实用主义》一书中说,有两个互不相干的世界:"那具体的个人经验的世界,即街市所属的世界,是意想不到的杂乱、纷繁、污浊、痛苦和烦扰。而哲学教授介绍的世界,是单纯、洁净和高尚的,没有实际生活的矛盾。它的建筑是古典式的。它的轮廓是用理性的原则划成的;它的各个部分,是用逻辑的必然性粘合起来,它所表现得最充分的是纯洁和庄严。"[①]詹姆斯指出,这种哲学避开

---

① 威廉·詹姆斯:《实用主义》,商务印书馆1983年版,第14页。

杂乱的事实，但却不能解释具体的世界。我们现在许多教师课堂上所讲的马克思主义乃至许多人著书立说所写的马克思主义还有许多领导在会议上夸夸其谈所说的马克思主义理论与现实世界的关系有些与此相似。如此情况我们说是遮蔽与悬置，并不为过。

在我看来，马克思主义理论的当代意义在于仍能够清楚说明这些现实生活中的感性杂多，但又不沉迷其中，因为它立意更高，即理想和理性的崇高光芒依然照人，因而能够为我们的现实实践提供理论指导。这种指导不是悬在空中做样子的，而是真正的行动指南。例如，关于市场的作用和负面因素，马克思论述得都非常清楚；另一方面，社会主义社会市场因素的存在仍不可避免，也讲得非常清楚。我们应把这些论述挖掘出来，指导我们的现实实践，一方面，对市场的积极作用尽可能利用之；另一方面，对市场的负面因素保持清醒认识，并采取切实措施将之减少到最大限度，即尽可能地用其利而弃其弊。同时不忘崇高理想，在可能的情况下努力创造条件让社会每个人向自由而全面的方向发展。

有些人对市场盲目崇拜，认为市场万能，其实市场有利有弊，也不是万能的，而常有失效之处，也缺少人文关怀，人文精神也应从市场外部注入。还有人谈限制市场作用时言必称凯恩斯主义，其实马克思对市场和资本负面因素的批判最为深刻，也比凯恩斯早得多。问题在于我们要把这些论述综合起来完整准确地理解，并用之分析现实，指导未来。这就是我所理解的马克思主义理论的当代意义与价值。

从上述角度看马克思主义理论值得探讨和挖掘的东西很多。本书主要围绕马克思的物、人、市场、资本、异化、自由、人的全面发展等概念为专题展开探讨，还有以人为本与科学发展观、公平正义与构建社会主义和谐社会等方面内容，既考察马克思在这些问题上的基本观点和思路，又努力挖掘其所蕴涵的当代意义，为我们今天的现实实践提供理论指导和精神支援。显然，这是一个很大的问题，也非常有意义，需要许多人认真研究。从此角度看本书的写作只是个尝试。

（原载《马克思主义理论的当代意义》卷首，光明日报出版社2008年版）

陈刚著作要目

一、独著

1.《兴衰与追求——价值观与东西方社会发展》,贵州人民出版社1988年版。

2.《人的哲学》,南京大学出版社1992年版。

3.《马克思的自由观》,河南人民出版社1996年版。

4.《西方精神史》(上、下卷),江苏人民出版社2000年版。

5.《文化转型时期的人文关怀》,南京出版社2004年版。

6.《气节》,南京大学出版社2008年版。

7.《马克思主义理论的当代意义》,光明日报出版社2008年版。

二、主编

1.《新编哲学辞典》,副主编,南京出版社1990年版。

2.《领导科学新编》,主编,南京大学出版社1991年版。

3.《当代中国文化走向》,两主编之一,河海大学出版社2000年版。

4.《江苏文化蓝皮书》,两执行主编之一,江苏人民出版社2004年版。

三、译著

1.《比较哲学与比较宗教》(巴姆哲学文集一),合译,四川人民出版社1996年版。

2.《有机哲学与世界哲学》(巴姆哲学文集二),合译,四川人民出版社1998年版。

3.《重组的世界》,[美]乔治·布什著,合译,江苏人民出版社2000年版。

4.《自由史论》,[英]阿克顿著,合译,译林出版社2001年版。

5.《后现代转向》,[美]贝斯特、凯尔纳著,合译,南京大学出版社2002年版。

6.《新自由主义——批判读本》,[美]萨德·费洛、约翰斯顿编,担任主译及校对,江苏人民出版社2006年版。